나폴레온 힐
성공의 법칙

The Law of Success

나폴레온 힐
성공의 법칙

• 나폴레온 힐 지음 | 김정수 편역 •

이 책의 저술에 도움을 준 사람들

이 성공학 강좌는 각 분야에서 독보적인 성공을 거둔, 500여 명에 달하는 남녀의 필생의 업적을 면밀하게 분석하여 이루어낸 산물이다.

나는 이 책의 기반이 되는 15가지 법칙을 정보의 채집, 분류, 실험과정을 거쳐 체계화하는 데 무려 20여 년의 시간을 소요하였다. 그 작업을 하면서 다음에 열거한 위대한 성공을 거둔 사람들과 직접 대면하거나 그들 필생의 사업을 연구하여 강좌의 틀을 형성할 수 있었다. 그들은 다음과 같다.

헨리 포드(Henry Ford)	에드워드 보크(Edward Bok)
토머스 에디슨(Thomas A. Edison)	사이러스 커티스(Cyrus H.K. Curtis)
하비 파이어스톤(Harvey S. Firestone)	조지 퍼킨스(George W. Perkins)
존 록펠러(John D. Rockefeller)	헨리 도허티(Henry L. Doherty)
찰스 슈왑(Charles M. Schwab)	조지 파커(George S. Parker)
우드로 윌슨(Woodrow Wilson)	헨리 박사(Dr. C.O. Henry)
다윈 킹슬리(Darwin P. Kingsley)	러푸스 아이어 장군(General Rufus A. Ayers)
윌리엄 리글리 2세(Wm. Wrigley, Jr.)	엘버트 게리(Elbert H. Gary)
래스커(A.D. Lasker)	윌리엄 하워드 태프트(William Howard Taft)
필렌(E.A. Filene)	엘머 게이츠 박사(Dr. Elmer Gates)

제임스 힐(James J. Hill)	존 데이비스(John W. Davis)
조지 알렉산더(George M. Alexander)	다니엘 라이트(Daniel T. Wright)
(내가 과거 보좌했음)	(나의 법률자문 변호사)
사무엘 인슐(Samuel Insull)	울워스(F.W. Woolworth)
휴 챌머스(Hugh Chalmers)	엘버트 허버드(Elbert Hubbard)
에드윈 반스(Edwin C. Barnes)	루터 버뱅크(Luther Burbank)
로버트 테일러(Robert L. Taylor)	해리먼(O.H. Harriman)
조지 이스트먼(George Eastman)	존 버로우(John Burroughs)
스태틀러(E.M. Statler)	해리먼(E.H. Harriman)
앤드류 카네기(Andrew Carnegie)	찰스 스타인메츠(Charles P. Steinmetz)
존 워너메이커(John Wanamaker)	프랭크 밴더립(Frank Vanderlip)
마셜 필드(Marshall Field)	윌리엄 프레치(Wm. H. French)
시어도어 루스벨트(Theodore Roosevelt)	

알렉산더 그레이엄 벨 박사(Dr. Alexander Graham Bell)(1장의 이론적 기초를 제공)

그 중에서도 이 책의 저술에 막대한 영향을 끼친 사람으로서 헨리 포드와 앤 드류 카네기를 들지 않을 수 없다. 카네기는 나에게 《성공의 법칙》의 기반이 되 는 원리를 연구하는 계기를 제공하였고, 헨리 포드의 업적은 이 강좌의 모든 요소의 완벽한 결합체로 이루어졌다.

일부는 이미 유명(遺命)을 달리했으나 앞의 모든 분들에게 감사를 드린다. 그 들은 나에게 막대한 도움을 주었으며 이들의 협조가 없었다면 이 책은 쓰지 못 했을 것이다.

나는 앞에 거론한 대부분의 인사들을 개인적으로 가까이서 연구할 수 있었 다. 그분들과 교류가 없었다면 알아내기 힘들었을 그들의 철학관을 직접 접할 수 있었다.

나는 이 책의 저술과정에 지구상에서 가장 강력한 사람이라 할 그들에게서 도움을 받을 수 있었던 특권에 깊이 감사하고 있다. 그분들은 모두 미국의 경영, 산업, 정계의 초석이자 골격을 이룬 사람들이었다.

《성공의 법칙》은 이분들이 각자 자신의 분야에서 강력한 힘을 가져다준 철학과 법칙들을 요약해 놓았다. 나는 이러한 법칙을 최대한 간결하게 써서 고등학생 정도의 젊은이들도 이해할 수 있도록 구성하고자 하는 생각을 하였다.

기본적으로 1장(章)에 제시된 심리학적 법칙 '마스터 마인드'를 제외하고는 내가 새롭게 창조한 것은 없다고 봐야 할 것이다. 그러나 나는 이러한 예전의 진리와 이미 알려진 법칙을 '실제적이고 유용한 형태'로 전환시킴으로써 간단명료한 철학을 선호하는 현대인들이 쉽게 이해하고 적용에 적합하도록 만들었다.

《성공의 법칙》을 읽고서 변호사인 엘버트 H. 게리는 다음과 같이 평하였다.

"나는 이 책의 내용과 관련해 두 가지 사실에 깊은 감명을 받았다. 첫째로 이토록 뛰어난 철학이 이처럼 간단명료하게 서술이 되었다는 점이고, 둘째로 그 타당성이 누구에게나 확연히 드러나 즉각적으로 흡수된다는 점이다."

독자들에게 꼭 당부드리고 싶은 것은 이 책을 다 읽을 때까지는 성급한 판단을 유보해 달라는 것이다. 특히 개론 부분을 접할 때는 다소 기술적이고 과학적인 소재를 다룰 필요성이 있었으므로 더욱 주의하기 바란다. 여러분이 이 책을 다 마친다면 나의 당부를 이해할 수 있을 것이다.

성공학 강좌를 접할 때 '열린 마음'으로 접하고 마지막 장까지 이런 태도를 견지한 독자라면, 이전과는 다르게 인생을 전체적으로 조망할 수 있을 것이며 좀더 넓고 정확하게 보는 안목을 얻게 될 것이다.

나폴레온 힐(Napoleon Hill)

성공은 '미래의 가치'에 달려 있다

우리는 지금 삶의 환경들이 급격히 변화함으로서 확실성이 담보되지 않는 시대에 살고 있다. 그 어느 때보다 '미래'라는 덕목이 중요한 때이다. 이는 어제의 생각으로 오늘을 살 수 없듯이 오늘의 생각이 곧 내일의 답이 될 수 없음을 의미한다.

이렇게 현란한 복잡성과 불확실성이라는 특징을 지닌 현대사회는 현재와 미래에 대한 자신의 좌표(座標) 설정이 중요하다. 더 나아가 어제와 오늘의 토대 위에서 내일을 예측하는 것이 필요하다.

많은 사람들은 보통 세상만사가 합리적으로 이뤄진다고 생각한다. 언제나 능력 있고 훌륭한 사람이 지도자가 되고, 가장 일을 잘하거나 다른 사람에 비해 두각을 나타내는 사람이 간부나 임원으로 승진하며 또한 그들이 부자가 된다고 믿고 있다.

다시 말해 사회는 항상 가장 합리적인 원칙과 판단에 의해서 움직일 것이라는 생각, 즉 일종의 고정관념이 지배한다. 하지만 우리가 목도(目睹)하고 있듯이 실제 사회는 그렇게 일정 궤도를 따라 움직이지 않으며 비합리적인 면이 너무나 많다.

반면에 현대사회는 수많은 기회들로 넘쳐나고 있다. 그 넘쳐나는 기회를 자기 것으로 만들려면, 즉 정상을 향한 끊임없는 욕망이나 그 정상을 향해 뛰고 있는 많은 사람들이 꿈을 이루고 기회의 주인공이 되고자 한다면 하나의 전제 조건이 필요하다.

그것은 자신의 신념의 바탕에 확고한 '성공철학'이 자리잡고 있어야 한다는 점이다. 이는 자신의 삶의 좌표를 분명히 해야 한다는 의미이기도 하다.

부연하자면 기회는 넘쳐나지만 예전과 같은 구태의연한 대처로는 아무것도 얻을 수 없는 시대가 된 것이다. 지금처럼 하루가 다르게 급변하는 사회에서는 적절한 기술과 인간에 대한 철저한 이해력이 요구되기 때문이다. 자기 나름의 뚜렷한 원칙이 필요한 이유이다.

이 책의 주제인 '성공' 역시 마찬가지다. 어떤 분야에서든 성공이란 인간 본연의 갈망이며 최극상의 욕구로서 사람들은 바로 이 목적지에 도달하기까지 수없이 많은 시행착오를 거듭하게 된다.

안타까운 것은 성공에 대한 막연한 기대나 화려한 상상만으로는 결코 그것을 쟁취할 수 없다는 점이다.

성공의 정의가 어떤 뜻을 세워 목적을 달성하고, 사회적 지위나 부를 얻는 것이라고 한다면 그 성공이란 진부한 타성을 과감히 떨쳐버리고 낯선 세계를 향해 보다 도발적이고 적극적인 자세로 임하는 자의 것이다.

많은 성공자들은 말한다. 자신은 오래 전부터 '성공하거나 부자가 되고 싶다는 소망을 마음속 깊은 곳에 간직하고 있었다'라고. 이 이야기는 성공을 확신하는 자만이 성공할 수 있다는 의미가 된다.

결국 치열한 삶의 현장에서 '성공을 제일의 목표'로 매진하고 있는 사람들에게 그 성공을 하나의 실체(實體)로 가시화할 수 있는 원칙이 주어지고 그것을 확신할 수 있다면 그들의 성공을 향한 발걸음은 훨씬 가벼워질 것이라는 점은 분명하다.

당신이 지금 손에 쥐고 있는 이 책은 많은 내용을 담고 있다. 바로 '성공의 원칙'을 다루고 있다. 이 책은 자기계발과 관련된 분야에서 시대를 초월하여 독자들의 꾸준한 사랑을 받고 있는 이미 고전의 반열에 오른 책이다.

그러나 이 책은 한 걸음 더 나아가, 성공과 부의 원리를 당신의 문제와 결부시키고, 당신의 문제에 깊이 공감하며, 그 같은 문제에 관해 지혜의 신과도 같은 충고를 해줄 수 있는 남다른 능력을 가진 책이다.

이 책의 저자인 나폴레온 힐(Napoleon Hill)은 1883년 버지니아주(州) 남서부의 와이즈 카운티라는 작은 마을에서 가난한 대장간집의 아들로 태어났다. 12세가 되기 전 일찌감치 어머니를 여의고 친척들에 의지해 자라야 했을 만큼 그의 어린 시절은 빈곤과 역경으로 점철된 것이었다.

다행스럽게도 그에게는 계모였지만, 침착하고 인내심 강한 어머니가 있었다. 그녀는 힐이 잘못된 길에 빠지지 않고 교육을 받을 수 있도록 이끌어 주었으며, 그가 더 높은 삶의 목표를 세울 수 있게 도와주었다.

대학에 진학한 그는 학교를 졸업한 후에는 법학대학원에 진학하겠다는 꿈을 갖고 있었지만 스스로 생활비를 벌기 위해 신문사나 잡지사의 기자로 사회생활의 첫걸음을 시작했다.

그런데 그 올챙이 기자 시절에 한 인터뷰에서 당대의 대 성공자 앤드류 카네기(Andrew Carnegie)를 만나면서 그의 인생은 송두리째 바뀌게 된다. 철강왕으로 더 알려진 카네기와의 만남을 계기로 나폴레온 힐의 삶은 전혀 예기치 않는 방향으로 턴을 하게 된다. 그때가 1908년 가을이었다.

당대의 거인 카네기는 젊은 기자인 나폴레온 힐을 친히 그의 피츠버그 저택으로 초대했고, 두 사람은 실제로 사흘 동안 연속해서 만남을 가지게 된다.

그 당시 이미 노인이었던 카네기는 자기계발의 대가들이 걸었던 삶을 낭만적으로 들려주었고, 이들의 사상이 여러 세기에 걸쳐 우리 문명에 미쳤던 영향에 관해 자세히 이야기한다.

카네기의 이야기는 젊은 나폴레온 힐에게 깊은 감동을 주었다. 그리고 그는 카네기의 요청으로 만인이 활용할 수 있는 성공비결의 체계화에 착수하게 된다.

우선 카네기가 주선해준 당대의 성공자 507명을 한사람 한사람씩 만나 그들로부터 성공의 비결을 듣고 그것을 정리하기 시작한다.

그로부터, 즉 카네기와의 만남 이후 장장 14년만인 1922년에 나폴레온 힐은 '더 사이언스 오브 퍼스널 어취브먼트(The Science of Personal Achievement)'라는 최초의 성공 프로그램을 마무리한다.

이후 프로그램을 더욱 보완하여 다시 6년 후, 그러니까 카네기와 약속한 20년 후인 1928년에 전 8권으로 된《성공의 법칙(The Law of Success)》을 완성한다. 드디어 나폴레온 힐은 카네기와의 약속을 지키게 된 것이다.

그 준비 기간만큼이나 이 책은 엄청난 센세이션을 불러일으키면서 단숨에 대단한 베스트셀러로 떠오르게 된다. 전무후무한 507명의 성공원리를 바탕으로 정리된 그의 책은 시대를 뛰어넘어 수많은 사람들의 삶에 지대한 영향을 미치게 된다.

여러분이 지금 들고 있는 이 책은 그《성공의 법칙》을 텍스트로 하고 있다. 그러므로 여러분은 한 사람이 무려 20년이라는 세월을 열정을 다해 펴낸 책을 보고 있는 것이다.

그 뒤 1930년대에 미국에는 대공황이 엄습한다. 이때 나폴레온 힐은 백악관에서 프랭클린 루스벨트 대통령의 보좌관으로 종사하면서 경제부흥에 주력하는 한편, 실의에 빠진 사람들을 동기부여시킬 목적과 자신의 프로그램을 세계에 보급할 생각으로 기존《성공의 법칙》의 보급판 책의 집필에 착수한다.

그 책이 바로 1937년에 출간한《생각하라 그리고 부자가 되어라(Think and Grow Rich)》이다. 이 책도 역시 큰 베스트셀러가 되면서 많은 사람들의 기억에 남는 책이 되었다.

이후에도 나폴레온 힐은 많은 책을 펴냄으로서 자신의 철학을 전파해나간 다. 그가 78세가 되는 1960년에는 클레멘트 스톤이라는 사람과 손잡고 PMA(Success Through A Positive Mental Attitude) 프로그램을 완성한다. 이 는 카네기와의 만남 이후 실로 52년 후의 일이다.

그로부터 10년 후인 1970년 11월에 나폴레온 힐은 사우스캐롤라이나주(州)의 콜롬비아에서 88세를 일기로 그의 파란만장했던 삶을 마친다! 인류에게 영원 히 살아있는 성공철학을 유산으로 남긴 채 그는 우리 곁을 떠난 것이다.

나폴레온 힐은 이 책《성공의 법칙》에서 많은 이야기를 하고 있다. 당연히 복 잡해 보인다. 그러나 무릇 위대해 보이는 것도 알고 보면 기본적인 사실은 아 주 간단하다.

이 책의 특징도 역시 마찬가지다. 정리해놓고 보면 의외로 단순하다. 왜냐하 면 그것은 사람들로 하여금 해야 할 일을 명료하게 제시하고 있기 때문이다.

나폴레온 힐이 이 책에서 가장 강조하는 핵심은 다음과 같다.

첫째, 사람은 '명확하고 중요한 목표를 가져야 한다' 는 점이다. 목표를 가져 야만 지금보다 더 나은 단계로 발전할 수 있다는 점을 강조하고 있다.

또한 어떤 목표를 쟁취하고자 할 때는 어떠한 사고방식을 가지느냐로부터 성공이 결정된다는 점을 강조하고 있다. 이는 성공은 '성공에 대한 소망' 으로 부터 비롯된다는 것의 다른 표현이다.

둘째, 명확한 목표가 확립되었다면 '함께 일할 팀이 있어야 한다' 고 얘기한 다. 그것을 힐은 '마스터 마인드' 라고 명명(命名)하고 있다.

이 세상에서의 성공이란 언제나 개인적인 노력의 문제이다. 그러나 다른 사 람의 협력 없이도 성공할 수 있다고 믿으면 그것은 스스로를 기만하는 것이다. 성공이 개인적인 노력의 문제라고 하는 것은 무엇을 원하는지를 자기의 마음속에서 결정해야 한다는 것을 의미한다.

이러한 관점에서 본다면 성공의 성취는, 어떻게 하면 다른 사람들의 협력을 좀더 기술적으로, 그리고 재치 있게 얻어낼 수 있느냐의 문제와 결부된다.

물론 책에서는 이 부분에 대해 많은 지면을 할애하지만 용어가 무엇이든 그 명칭이 중요한 것이 아니라, 사람들과 함께 일해야 한다는 사실이 중요하다는 것을 강조한다.

이런 몇 가지 근거들로 미루어보면 나폴레온 힐의 주장은 성공의 결과론(結果論)이기보다는 성공의 과정론(過程論) 혹은 개척론적인 의미를 갖는다고 할 수 있다.

어떤 주장이나 철학의 가치는 그것을 접한 후 각자의 마음에서 사고를 행동으로 촉진할 때에 있는 것이지, 그 자체로는 단지 이론에 불과하다. 결국 어떤 이론이나 법칙 혹은 원리를 막론하고 그 최종적인 평가는 '실제적으로 효과를 내느냐'에 달려 있는 것이다. 이것이 뒷받침되지 않는다면 제 아무리 훌륭한 얘기도 공허할 뿐이다.

편역자와 나폴레온 힐과의 인연은 1989년으로 거슬러 올라간다. 그 당시 직장을 사직하고 인생에 대해 진지하게 고민할 때 나폴레온 힐의 책들을 만났고 편역자는 그의 철학에 깊이 심취했다.

책에서 주장하는 일관된 메시지는 '성공'이었으며 편역자 또한 그것을 갈망할 때였다. 당연히 책에서 배운 내용들을 비즈니스에 적용하였으며 그 결과는 프리덤(freedom), 즉 '돈과 시간으로부터의 자유'였다. 작지만 세속적인 의미의 성공에 접근한 것이다. 그야말로 '실제로 효과를 낸 것'이다.

그런 인연이 있었으므로 이 책을 '편역'해보지 않겠느냐는 제안을 받고 무척 행복했다. 나폴레온 힐의 책을 접하고 생활화하면서 언젠가 때가 되면 저자의 철학을 내 나름대로 해석해 보리라는 처음의 꿈을 이룰 기회가 다가왔기 때문이다.

그러나 한편으로는 두려움이 앞섰다. 몇 권의 저서가 있긴 하지만, 편역자는 전문 번역가는 아니며 기본적으로는 비즈니스와 성공학 강의, 즉 파이를 만드는 일이 주업인, 이른바 '야전군(野戰軍)'이기 때문이었다.

그런 이유로 큰 작품을 감당할 수 있을까 하는 걱정이 앞섰다. 하지만 용기를 내어 작업을 진행한 데는 앞에서 소개한 개인적인 인연과 함께 다음과 같은 이유들이 더 크게 작용했다.

성공 혹은 비즈니스란 기본적으로 미래를 위해 오늘의 시간을 담보하는 것이다. 과거나 현재가 아닌 '미래'가 중요하며 성공은 원칙적으로 '미래의 가치가 어떻냐'에 달려 있다. 이 책은 그 점에서 충실했다. 책의 내용이 어제의 이야기를 담고 있는 것 같지만 오늘에 맞는 주제였으며, 더 나아가 내일에의 해답을 제시하고 있다.

다음으로는 이 책이 성공학(學)을 표방하고 있음에도 내용적으로는 성공술(術), 즉 '방법론'을 다루고 있기 때문이다. 과학이 있으면 기술이 있어야 하듯이 학(學)은 술(術)을 통해서만이 비로소 현실세계에서 자신을 입증할 수 있는 것이다.

그런 부분들이 편역자의 생각과 일치했으며 작업을 시작한 이유이기도 했다. 돌이켜보면 이 책과 씨름한 거의 1년여 동안 몸은 힘들었지만 정말 행복했던 시간이었다. 원하는 일을 원하는 방식으로 할 수 있었으므로……

물론 편역 작업은 쉽지 않았다. 대개의 고전이 그러하듯이 전달하고자 하는 좋은 메시지에도 불구하고 딱딱하다는 점과 지나치게 현학(衒學)적인 표현으로 이루어져 있다는 것, 그리고 예문 등이 요즘과는 약간 거리가 있다는 점 등이 문제였다.

간단히 얘기해서 《삼국지》를 원문대로 읽으라면 쉽지 않은 것과 같은 이치로 일반 독자들이 나폴레온 힐의 철학에 쉽게 접근하도록 하는 것이 편역의 관건이었다.

저자의 의도를 훼손하지 않으면서 글의 메시지를 가장 명료하고 간결한 방법으로 전달해야 하는 것이 편역자에게 주어진 숙제였던 것이다. 한마디로 편역이란 나름대로의 관(觀)을 요구하는 작업이었다.

어쨌든 이런 과정들을 거쳐 이 책이 세상에 선을 보이게 되었다. 독자들이 이 책에서 교훈을 얻는다면, 그래서 '성공'이라는 실체에 접근하게 되었다면 그것은 전적으로 저자인 나폴레온 힐의 몫이다. 반면 이 책에서 부족한 부분은 순전히 편역자의 천학비재(淺學非才)에 기인한다. 독자제현의 아낌없는 질책과 성원을 바란다.

김정수(金正秀)

약 30년 전에 갠솔러스(Gunsaulus)라는 젊은 목사가 다음주에 다음과 같은 주제로 설교를 한다는 내용의 광고를 시카고의 한 신문에 실었다.

'만약 나에게 100만 달러가 생긴다면 무엇을 할 것인가!'

이 광고가 당시 '통조림의 왕'이라 불린 자산가 필립 D. 아머(Philip D. Armour)의 눈에 띄었으며, 그는 이 설교를 들어보기로 하였다.

설교에서 목사는 젊은이들에게 이론적인 교육보다는 실용적으로 사고하는 능력을 배양하는 교육방식으로 기술학교를 세우고 싶다고 하였다. 그 학교에서 학생들은 '행하는 가운데 배우게' 될 것이라고 하였다. 이 목사는 '만약 내게 100만 달러가 있다면 나는 그런 학교를 세우겠다'라고 하였다.

설교가 끝난 후 아머는 설교 단상으로 다가가 자신을 소개하고 "저는 당신이 설교대로 뜻을 이룰 것을 믿습니다. 내일 아침 제 사무실로 오신다면 당신이 원하는 100만 달러를 기증하겠습니다"라고 제의하였다.

실질적인 계획을 세우고 실천하는 자에게는 충분한 자금이 생기게 마련이다.

이것이 바로 미국 학교 중 실용적인 교육으로 유명한 '아머공과대학'의 시초이다. 이 학교는 한 젊은이의 '상상력(想像力)'에서 비롯되었으며, 만약 그의 상상과 필립 아머의 자금이 없었다면 그 젊은 목사의 이름은 그가 활동하고 있는 조그만 시골 외에는 알려지지도 않았을 것이다.

거대한 철도회사, 명망 있는 경영기관, 거대기업과 위대한 발명은 바로 한 사람의 '상상력'에서 시작되었다.

F.W. 울워스(F.W. Woolworth)는 할인점인 '파이브 앤 텐 센트 스토어(Five and Ten Cent Store)' 설립 계획을 상상하였고, 결국 현실이 되었을 뿐 아니라 수백만 달러를 벌어들였다.

토머스 A. 에디슨(Thomas A. Edison)의 녹음기, 활동사진, 그리고 백열전구 및 기타 여러 발명품들도 그의 상상력에서 비롯되어 현실화되었다.

시카고 대화재 당시 수많은 상점이 불에 타 잿더미로 변했고, 상인들은 비탄에 잠겨 대부분 다른 도시로 가서 새로 시작하는 길을 택했다. 하지만 마셜 필드(Marshall Field)는 상상 속에서 자신의 상점이 불탄 바로 그 자리에 세계적인 상점이 들어서는 것을 보았다. 그의 상상은 결국 현실이 되었다.

다행스럽게도 오늘날 젊은이들은 상상력을 이용하는 법을 배울 수 있으며 기회가 풍부한 시대에 살고 있다.

상상은 사용할수록 개발되고 확장된다. 이것이 사실이 아니라면 이 저술도 불가능했을 것이다. 결국 이 책도 앤드류 카네기(Andrew Carnegie)와의 취재 중 그가 우연히 던진 한마디에서 내가 얻은 영감(靈感)으로부터 비롯된 '상상'의 산물이기 때문이다.

여러분이 어디에 있고 어떤 사람이고, 어떤 직업에 종사하든 상상력의 개발과 사용을 통해 더 생산적인 방법으로 더욱 유용한 존재가 될 수 있다.

성공은 개인의 노력에 달려 있다. 여기에는 예외가 있을 수 없다. 그러나 타인과의 협력 없이 성공할 수 있다고 믿는다면 이는 자기기만에 지나지 않을 것이다. 성공이 개인 노력의 산물이라 함은 자신이 원하는 바가 무엇인지 '상상'을 통해 스스로 파악해야 한다는 점에서만 그러한 것이다.

그 결정에 필요한 것이 바로 '상상력'이다. 이후 성공의 실현은 기술적이고 세련되게 타인으로부터 협력을 끌어내는 데 달려 있다.

타인의 협력을 확보하기 전에, 아니 타인으로부터 협력을 요청하기 전에 반드시 먼저 그들과 협력할 의지를 보여야 할 것이다. 이를 위해 9장 '보수보다 많은 일을 하는 습관'을 신중히 살펴보길 바란다. 이 법칙만으로도 사실상 자신이 하는 모든 일에서 성공을 거둘 수 있게 해줄 것이다.

이 책의 개론(槪論)에 해당하는 1장의 뒷부분에는 10명의 유명인사 분석표가 실려 있다. 이를 연구하고 비교하길 바란다. 이 표를 주의 깊게 관찰하게 되면 실패한 사람들이 간과한 항목들을 발견하게 될 것이다.

분석의 대상이었던 10명 가운데 8명은 성공인으로 알려졌으며 2명은 실패자로 간주된다. 이 2명이 왜 실패자의 부류에 속하게 되었는지 파악해두길 바란다.

그러고 나서 자기 자신을 분석하라. 이러한 목적을 위해 표 옆에는 두 칸의 공란이 있다. 책을 처음 접할 때 15가지 성공의 법칙 항목마다 자신을 평가하고, 책을 다 읽고 나서 마지막으로 자신을 다시 한번 평가하여 그 사이에 어떤 진전이 있었는지 살펴보길 바란다.

《성공의 법칙》의 목적은 자신의 분야에서 어떻게 더 유능한 존재가 될 것인가를 발견하게 하는 데 있다. 이를 위해 여러분은 자신의 자질을 분석하여 분류를 하게 될 것이며 종국에는 그들을 조직하고 효율적으로 사용하게 될 것이다.

아마 여러분 가운데 지금 종사하고 있는 일이 마음에 들지 않는 사람도 있을 것이다. 그 일에서 벗어날 수 있는 방법은 두 가지가 있다.

하나는 '그럭저럭 해나가기'에 충분할 만큼만 목표를 정하고 그 정도만 신경을 쏟는 것이다. 그렇게 하면 머잖아 그 일에서 벗어날 수 있을 것이다. 왜냐하면 당신의 서비스에 대한 수요가 멈출 것이기 때문이다.

좀더 바람직한 방법은 지금 자신이 일하는 곳에서 필요하고 능률적인 존재가 되는 것이다. 그렇게 하면 당신이 좋아할 일을 제시하거나 그런 부문으로 승진을 시켜줄 수 있는 사람의 주의를 끌게 될 것이다. 어떤 길을 택할지는 당신에게 달려 있다.

또한 여러분에게 이 책의 9장에서 다루는 내용들을 상기시키고 싶다. 그 원칙들을 실천함으로써 '바람직한 방법'으로 자신을 개발시킬 수 있을 것이다.

수많은 사람들이 '칼루멧(Calumet) 구리 광산'을 지나갔지만 아무도 이를 발견하지 못했다. 오직 한 사람만이 자신의 '상상'을 이용하여 땅을 파고 탐사를 한 결과 세상에서 가장 풍부한 구리 저장고를 발견하게 되었다.

당신을 비롯하여 모든 사람이 자신의 '칼루멧 광산' 지대를 걸어가고 있다. 발견은 탐사와 '상상력'의 사용에 달려 있다. 성공의 15가지 법칙은 여러분을 칼루멧으로 이끌어 줄 것인데, 바로 지금 당신이 속하고 있는 업무에서 자신이 광산지대에 올라서 있다는 것을 깨닫고 놀라게 될 것이다.

러셀 콘웰(Russell Conwell)은 그의 저서 《다이아몬드의 땅》에서 '기회는 멀리서 찾을 것이 아니라 바로 우리의 발밑에 있다'고 설파하고 있다. 바로 우리가 서있는 곳에 기회가 있다는 것이다. 이것은 가슴에 새길만한 진리이다!

나폴레온 힐(Napoleon Hill)

1장 마스터 마인드

2장 명확한 중점 목표

3장 자기 확신

4장 저축하는 습관

5장 솔선수범과 리더십

6장 상상력

7장 열정

8장 자제력

9장 보수보다 많은 일을 하는 습관

10장 유쾌한 성품

11장 정확한 사고

12장 집중력

13장 협력

14장 실패로부터의 교훈

15장 인내

16장 황금률의 이행

1장
마스터 마인드
The Master Mind

Napoleon Hill

시간은 일시적 패배의 상처를 치료해주고 부당
함을 공정하게 만들어주며 세상의 악을 바로잡아
주는 만병통치약이다. 시간이 해결해주지 못하는
것은 없다.

마스터 마인드

'믿어라! 당신은 해낼 수 있다!'

이 책은 성공의 원리에 관한 나의 강좌를 정리한 것이다.

넓은 의미로 본다면 성공이란 조화와 균형의 정신으로 다양하고 끊임없이 변화하는 환경에 자신을 적응시킬 수 있는가에 관련된 문제이다. 조화는 자신의 환경을 구성하고 있는 요소에 대한 이해를 바탕으로 가능하다.

이 강좌는 독자로 하여금 자기의 인생을 성공으로 이끌어주는 청사진의 역할을 충실히 할 것이다. 왜냐하면 독자들로 하여금 주위의 환경적 힘을 이해하고 또 그 힘을 이용할 수 있도록 안내하기 때문이다.

이 책《성공의 법칙》을 읽기 전에 알아두어야 할 것이 있다.

이 책에서 소개하는 법칙과 원칙들을 흡수하게 되면 무엇을 얻을 수 있는지를 알아야 한다는 점이다. 아울러 이 강좌가 여러분이 처한 환경에서 도움을 줄 긍정적인 영향과 함께 그 한계도 염두에 두어야 할 것이다.

오락성의 관점에서만 고려한다면《성공의 법칙》은 오늘날 신문 가판대에서 쉽게 살 수 있는 '과장되고 겉만 요란한' 흥미 본위의 간행물에는 크게 뒤처질 것이다.

이 책은 인생에서 성공을 달성하기 위해 자신의 시간을 투자할 의향이 있는 진지한 사람들을 위해 저술된 것이다. 그러므로 《성공의 법칙》은 순전히 오락성을 추구하는 책들과 경쟁하기 위해 씌어진 것이 아님을 알아야 한다.

이 책의 근간이 되는 강좌를 준비하면서 나에겐 크게 2가지 목적이 있었다.

첫째: 수강생들이 자신의 결점을 파악하는 데 도움을 주고자 하였다.

둘째: 그러한 약점을 극복하기 위한 '명확한 계획'을 설정하도록 도와주고자 하였다.

크게 성공한 사람들도 대부분 성공하기 전에 그들이 가지고 있는 성격상의 결점을 고쳐야만 했다. 사람들을 성공과 실패의 갈림길에 놓이게 하는 가장 대표적인 약점들을 나열해보면 **끈기 부족, 탐욕, 욕심, 질투, 의혹, 복수, 이기주의, 자만, 남의 공을 가로채려는 성향, 수입에 비해 과다한 소비 습관** 등을 들 수 있다.

이 책 《성공의 법칙》은 정상적인 지적 수준을 지닌 사람이라면 그런 약점들을 쉽게 극복할 수 있다는 전제하에 그런 인간의 보편적 단점들 – 앞에 언급되지 않은 것도 포함하여 – 을 다루었다.

마스터 마인드 법칙

《성공의 법칙》은 처음에는 강의로 시작되었고 내가 직접 7년여에 걸쳐 미국 전역의 수많은 대도시와 지방도시를 방문, 강연하면서 전파되었다. 이것은 《성공의 법칙》이 이미 체계적인 실험단계를 거친 지 상당 기간이 흘렀고 진지하게 분석할 가치가 있는 많은 성공사례를 탄생시킬 수 있었음을 의미한다.

아울러 강좌의 이론들은 실제 적용을 통해 실험되고 뒷받침되어 왔다는 것도 밝혀둔다.

강의가 진행되는 동안 나의 조수들이 수강생들의 반응을 알아보려는 목적으로 청중 속에 함께 섞여 강의를 수강하였고, 이를 통해 강좌가 청중에 미치는 영향에 대한 정확한 판단이 가능해졌다. 이러한 연구와 분석의 결과, 강의에 많은 수정이 가해졌고 오늘날의 모습을 갖추게 된 것이다.

이 장(章)의 개략적 소개를 읽을 때 몇몇 개념은 명확히 이해가 되지 않을 수도 있을 것이다. 그러나 이에 신경을 쓸 필요는 없다. 처음 읽을 때 이러한 용어들을 이해하려고 집착할 필요는 없다. 강좌의 나머지 부분을 읽고 나면 점차 이해가 쉬워질 것이다.

이 개론(槪論) 부분(마스터 마인드)은 뒤에 나올 15개 장의 배경지식으로 제시되었을 뿐이므로 이것의 이해 유무로 자신을 시험할 필요는 없다. 다만 여러 번 읽게 되면 매번 그 전에는 얻지 못한 생각과 아이디어를 얻을 수 있을 것이다.

만약 당신이 누군가를 꼭 비방해야겠다면 말하지 말고 써라.
파도 옆에 있는 모래사장에.

– 나폴레온 힐(Napoleon Hill)

❋ 성공 비결의 배후에 존재하는 것

개론 부분에서 개인적 성공의 토대가 되는 새로운 심리학적 법칙에 관한 설명을 접할 수 있을 것이다. 나는 이 법칙에 '마스터 마인드(The Master Mind)' 라는 이름을 붙였다. 이는 주어진 **과제의 수행을 목적으로 연계된 두 명 혹은 그 이상의 사람들 사이에 조직화된 협력을 통해 개발되는 심성(心性)을 의미한다.**

만약 여러분이 자기 자신을 파는 분야에 종사하고 있다면 일상 업무에서 '마스터 마인드' 의 법칙을 충분히 경험하고 있을 것이다. 이 법칙은 6~7명의 세일즈맨 그룹에서 효과적으로 적용되면 판매실적은 믿을 수 없을 정도로 급증하게 된다.

예를 들어 생명보험은 여타 다른 상품에 비해 가장 판매하기 어렵다고 한다. 생명보험의 필요성에 비추어보면 얼핏 이해가 안 가지만 실제로 판매가 어려운 것이 사실이다.

실적이 뛰어나지 않았던 푸르덴셜생명보험회사 내의 몇몇 세일즈맨이 '마스터 마인드'의 법칙을 실험하기 위한 목적으로 협력적인 그룹을 결성하였다. 그 결과 약 3개월 만에 그 전 해에 거두었던 실적보다 많은 양의 보험을 계약해내는 성과를 거둘 수 있었다.

마스터 마인드의 법칙을 어떻게 적용하는지 깨우친 생명보험회사의 세일즈맨의 경우에서 볼 수 있듯, 낙관적이고 상상력이 풍부한 사람이라면 이러한 원칙의 적용으로 어떤 것들을 성취할 수 있는지 상상만으로도 즐거울 것이다.

물론 이것은 여기에 그치지 않는다. 다른 제품의 판매, 예를 들어 생명보험과 달리 유형의 서비스를 제공하는 세일즈맨에게도 동일한 법칙이 적용된다.

이렇게 《성공의 법칙》은 개론만으로도 많은 사람들의 인생을 획기적으로 바꿔놓았다. 그런 것들을 지금 읽고 있는 개론 부분에서 접할 수 있다는 사실을 마음에 새기기 바란다.

성공을 결정하는 이면에는 '성품(personality)'이 있다.

성품을 변화시켜 고객에게 더욱 즐겁고 매력 있는 사람이 된다면 사업은 성공할 것이다. 미국 전역에 산재한 수많은 상점에서 가격과 품질이 비슷한 상품이 팔리지만 다른 상점보다 장사가 잘 되는 상점이 있게 마련이다.

그 비결의 배후에는 분명히 고객과 대면하는 판매원들의 좋은 자질(성품)이 있을 것이다. 사람들은 상품 자체를 사는 만큼이나 사람을 산다. 그리고 여기서 알 수 있는 것은 소비자가 상품에서 받는 영향보다는 접촉하는 사람의 됨됨이에 더 영향을 받는다는 점이다.

생명보험의 경우 이제는 가격이 매우 저렴해져 구입하는 회사 상품에 관계없이 가격 면에서는 큰 차이가 없지만, 수백 개 생명보험회사 중에서 단지 10여

개 회사가 전미 시장의 대부분을 장악하고 있다. 비결은? 바로 성품 때문이다!

생명보험증권을 구매하는 100명 중 99명이 증권의 내용에 대해서 아는 바가 없고 더욱 놀라운 것은 별로 신경도 쓰지 않는다는 것이다. 그들이 구매하는 것은 긍정적 성격 개발의 가치를 알고 그것을 활용하는 세일즈맨의 유쾌한 성품(자질)인 것이다.

인생에서 여러분의 목표는 – 혹은 적어도 가장 중요한 것 중의 하나는 – 성공하는 것이다. 물론 앞으로 소개하는 성공의 15가지 법칙에서 자세히 그 의미를 밝혀가겠지만, **성공이란 '타인의 권리를 해치지 않고 자신의 명확한 중점 목표를 달성하는 것'이다.**

인생의 가장 커다란 난제는 다른 사람과 어떻게 하면 슬기롭게 조화할 수 있는지를 배우는 것이다. 그러므로 여러분 인생의 중점 목표가 무엇이든지간에 유쾌한 성품을 형성하는 방법, 그리고 주어진 업무를 수행할 때 충돌과 질시 없이 다른 사람과 연계하는 기술을 배운다면 성공은 그리 어렵지 않을 것이다.

이 강좌는 어떻게 하면 일생을 통하여 조화와 균형의 자세로 협상할 수 있는가를 가르쳐 매년 수백만 명의 사람들에게 고통과 결핍으로부터의 자유, 그리고 사람들에게 실패를 안겨주는 불화나 마찰 등에 따른 파괴적인 결과로부터 벗어나게 하는가에 그 목적을 두고 있다.

자기 자신이 저지른 모든 실수의 정확한 원인이 무엇인지 거울을 들여다보듯 들여다보지 않는 한 그 누구에게도 영원한 성공을 즐길 기회는 결코 오지 않을 것이다.
– 나폴레온 힐

❈ 성공을 위한 15가지 법칙

여러분이 힘이 없다면 인생에서 빛나는 성공을 이룩해낼 수 없을 것이고, 타인으로 하여금 조화의 정신으로 당신에게 협력하도록 할 수 있는 충분한 성품을 갖추지 못한다면 결코 그러한 힘을 지닐 수 없을 것이다.

《성공의 법칙》에서는 어떻게 하면 그러한 성품을 갖출 수 있는지 단계별로 차근차근 보여줄 것이다. 그리고 《성공의 법칙》에서 얻을 수 있는 것으로 기대되는 15가지는 다음과 같이 정리해볼 수 있겠다.

1. **명확한 중점 목표**에서는 대다수 사람들이 일생의 목표를 찾느라 소모하는 에너지를 어떻게 하면 효과적으로 줄일 수 있는지 그 방법을 다룰 것이다. 또 이 장에서는 무(無)목적적인 삶을 끝내고 일생 사업으로 구체적이고 틀이 잡힌 목표에 집중할 수 있는 방법을 찾도록 도와줄 것이다.

2. **자기 확신**에서는 어떻게 하면 모든 사람이 가지고 있는 6가지 기본적인 두려움 – 가난에 대한 두려움, 건강 상실에 대한 두려움, 늙음에 대한 두려움, 타인의 비판에 대한 두려움, 사랑 상실에 대한 두려움, 그리고 죽음에 대한 두려움 – 을 극복할 수 있는지 다룰 것이다.

3. **저축하는 습관**에서는 소득을 체계적으로 분배하여 일정비율로 꾸준히 저축을 함으로써 개인의 가장 위대한 힘의 원천을 형성하도록 도와줄 것이다. 돈을 저축하지 않는다면 어느 누구도 성공할 수 없다. 이러한 규칙에는 예외가 있을 수 없으며 누구도 이를 벗어날 수 없다.

4. **솔선수범과 리더십**에서는 어떻게 하면 자신이 처한 분야에서 추종자가 아니라 리더, 즉 지도자가 되는가를 알려줄 것이다. 또 이 장에서는 각자가 자신이 연관된 모든 업무에서 점차 최고가 될 수 있도록 리더십을 개발하는 데 도움을 줄 것이다.

5. **상상력**에서는 여러분의 마음을 자극하여 아이디어를 고안하고 명확한 중점 목표를 달성하도록 도와줄 새로운 계획을 개발하도록 해줄 것이다. 이 장에서는 '옛 벽돌로 새 집을 지을 수 있는' 방법을 배우게 될 것이다. 이미 잘 알려진 개념으로부터 새로운 아이디어를 창조하는 방법과 기존의

아이디어를 새롭게 사용할 수 있는 방법을 보여줄 것이다.

이 장 하나만으로도 세일즈맨십을 위한 실제적인 강좌로 손색이 없으며, 그런 이유로 구하는 자에게는 틀림없이 지식의 금광이 될 것이다.

6. **열정**에서는 여러분과 여러분의 생각에 관심을 보이는 모든 사람을 몰두시킬 수 있도록 도와줄 것이다. 열정은 유쾌한 성품의 기초가 되며 타인이 여러분과 협력할 수 있게 하려면 이러한 성품을 지녀야 할 것이다.

7. **자제력**은 여러분의 열정을 조절해 여러분이 원하는 곳까지 이끌어주는 '중심축'이다. 이 장에서는 실례(實例)를 통해 여러분을 '운명의 주재자, 정신의 주인공'으로 만들어 줄 것이다.

8. **보수보다 많은 일을 하는 습관**은《성공의 법칙》중 가장 중요한 장 가운데 하나이다. 어떻게 하면 수확체증(收穫遞增)의 법칙의 혜택을 받을 수 있는가를 보여줄 것이고, 이는 결국 여러분이 제공하는 서비스보다 더 많은 금전적 보수를 받게 될 것이다. 보수보다 많은 일을 하는 습관을 실천하지 않으면 어느 분야를 막론하고 그 누구도 진정한 의미의 리더가 될 수는 없는 것이다.

9. **유쾌한 성품**은 여러분이 노력의 지렛대를 놓을 '지렛목'으로 지혜롭게 배치된다면 산적한 장애물들을 제거해줄 것이다. 이 장의 강연만으로도 세일즈의 달인들을 배출할 수 있었고, 보통사람을 하루만에도 리더로 만들어낼 수 있었다.

이 장에서는 여러분의 성품을 어떻게 변화시킬 수 있는지를 보여줄 것이다. 그 결과는 여러분이 어느 환경, 어떤 성격의 사람과도 쉽게 적응할 수 있게끔 해줄 것이다.

10. **정확한 사고**는 성공의 전 과정을 통해 매우 중요한 역할을 담당하는 초석이다. 이 장에서 여러분은 단순한 '정보'로부터 '사실'을 분리해내는 법을 배울 수 있다.

또한 이렇게 알아낸 사실을 어떻게 '중요한 것'과 '중요하지 않은 것'의 두 부류로 분류할 것인지 보여줄 것이다. 아울러 어떤 것이 '중요한' 사실인지 결정짓는 능력을 길러줄 것이다. 이 원칙은 이러한 '사실'을 이용하여 업무를 수행하기 위한 구체적인 사업계획을 수립하는 방법을 알려줄 것이다.

11. **집중력**에서는 어떤 작업을 수행하기 위한 실제적인 계획을 완전히 실현할 때까지 그 주제에 집중하는 방법을 다룰 것이다. 본인과 다른 사람을 어떻게 연계하며, 타인의 지식을 여러분의 계획과 여러분의 목적을 이루는 데 어떤 방식으로 이용할 수 있는가를 제시할 것이다.

   아울러 실제 작업에 필요한 지식을 보여주고 여러분의 이익을 촉진하기 위해 이러한 힘을 이용할 수 있는 방법을 제시할 것이다.

12. **협력**에서는 여러분이 하는 일에서 팀워크가 가지는 중요성을 다룰 것이고, '마스터 마인드'라고 묘사된 법칙을 적용하는 방법을 배울 것이다.

   이 장에서는 분쟁, 질시, 다툼, 시기, 그리고 탐욕 등이 배제된 협력으로써 자신과 타인의 노력을 조화하는 방법을 보여줄 것이다. 또한 여러분이 관여하는 업무에서 다른 사람이 터득한 것을 활용하는 방법도 습득하게 될 것이다.

13. **실패로부터의 교훈**에서는 어떻게 하면 여러분이 과거와 미래의 모든 실수와 일시적인 실패를 딛고 일어설 수 있는지를 보여줄 것이다. 여기에서는 또 '실패'와 '일시적 패배'의 차이점을 밝히는데 이 양자의 차이점은 매우 중요하다.

   그리고 어떻게 하면 여러분의 실패와 다른 사람의 실패로부터 교훈을 얻을 것인가를 알려줄 것이다.

14. **인내**에서는 종교와 인종에 대한 편견에 따른 재앙 - 수많은 사람들이 어리석은 논쟁에 휩쓸려 자신의 마음에 해를 끼치고 이성과 분석의 문을 닫아버린 채 패배에 이르게 하는 - 을 피하는 방법을 다룰 것이다. 이 장은 정확한 사고의 장과 쌍둥이라고 할 수 있는데, 이는 인내 없이 정확한 판

단을 내릴 수 없기 때문이다.

편협한 사람은 책을 덮으며 "됐다! 나는 다 알고 있는걸!"이라고 외칠 것이다. 편협함은 친구가 되어야 할 사람을 적으로 만들어 버린다. 그리하여 기회를 잃게 되고 마음에는 의심과 불신, 편견으로 가득 채우게 된다.

15. **황금률의 이행**에서는 어떻게 인간행위의 보편적 법칙인 황금률(黃金律)을 활용하여 개인과 그룹을 막론하고 조화로운 협력을 쉽게 이끌어내도록 할 것인가를 다루고 있다. 황금률의 철학을 토대로 하고 있는 법칙(남에게 대접을 받고자 하는 대로 너희도 남을 대접하라. – 누가복음 6장 31절)을 이해하지 못해서 수백만 명의 사람들이 실패하고 일생을 빈곤과 결핍 속에 보내게 되는 것이다.

또한 이것은 어떤 종교적 의미나 종파와는 관계가 없으며, 아울러 《성공의 법칙》의 다른 장도 특정 종교와 관련이 없음을 미리 밝혀둔다.

여러분이 대략 15주에서 30주의 기간을 통해 이 15가지 법칙을 마치고, 그 내용을 자신의 것으로 소화시킨다면 명확한 중점 목표의 달성을 이룰 수 있는 충분한 개인적 역량을 갖추게 되는 것이다.

15가지 법칙의 목적은 여러분이 현재 취득했고 또 향후에 취득할 모든 지식의 개발과 그 활용을 통해 지식을 힘으로 전환시키는 데 있다.

여러분은 이러한 법칙을 여러분 주위 사람에게도 알려야 할 필요가 있다. 잘 알듯이 어떤 대상에 대해 가장 잘 알 수 있는 방법은 다른 사람에게 그것을 가르쳐보는 것이다.

어린아이가 있는 집안의 가장이라면 이 15가지 성공의 법칙을 그들 마음속에 깊이 심어줌으로써 그 아이들의 인생을 바꿔놓을 수 있도록 해야 한다. 가정을 이룬 사람이라면 배우자도 함께 공부해야 하는데, 그 이유는 개론 부분을 읽으면서 자연스레 이해하게 될 것이다.

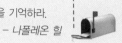

❈ 마스터 마인드와 마음의 화학작용

힘(Power)은 세 가지 인간 활동 중 기본이 되는 하나이다. 힘이란 두 종류로 나뉠 수 있다. 물리법칙을 따라 형성된 힘과 지식을 조직하고 분류하는 과정에서 형성된 힘이다. 이 중 조직화된 지식으로부터 형성된 힘이 더욱 중요하다고 볼 수 있다. 다른 종류의 힘을 변형하고 재조정하고 사용할 수 있게 하는 도구를 갖추기 때문이다.

이 책의 저술 목적도 여러분이 여러 사실들을 모아 지식의 직물을 짜나가는 데 안전한 이정표가 되고자 하는 데 있다.

지식을 수집하는 데에는 두 가지 주요한 수단이 있다. 타인으로부터 조직된 사실들을 연구, 분류, 축적함으로써 얻는 지식과 자기 자신이 스스로 수집, 조직, 분류하여 얻는 지식으로 '개인적 경험'으로 통칭되기도 하는 방법이다.

이 강좌에서는 타인으로부터 수집되고 분류된 사실들과 그 수치들을 연구하는 방법론을 택하였다.

● 마스터 마인드

이제는 두 사람 혹은 그 이상 되는 사람들의 조화로운 연대(連帶)를 통해서 유용한 지식을 수집, 분류하고 조직하는 수단과 방법에 대해 논의할 단계로 넘어왔다. 이러한 조화를 통해 마스터 마인드가 자라나는 것이다.

'마스터 마인드'라는 용어가 선뜻 와닿지 않을 것이다. 한 사람의 마음이 다른 사람들의 마음에 끼치는 영향을 깊이 연구해 본 사람 – 극소수의 – 이 아니라면 지금까지 알려진 단어 가운데 이에 해당하는 개념을 찾아볼 수가 없을 것이다.

나는 인간의 마음을 대상으로 한 교재와 에세이집들을 가능한 한 모두 찾아 보았으나 어디에서도 내가 이 책에서 제시하고 있는 마스터 마인드에 참고할 만한 단서조차도 발견할 수 없었다. 이 용어는 내가 앤드류 카네기(Andrew Carnegie)와의 인터뷰 중에 힌트를 얻게 되었다. 그 경위에 대해선 2장에서 밝히고 있다.

● 마음의 화학작용

나는 마음, 즉 사람의 정신도 우주를 채우고 있는 에테르(모든 물질을 움직이게 하는 '유동체'를 말하는데, 나는 에너지도 우주의 전 공간을 채우는 에테르라 명명된 우주 '유동체'와 같다고 주장한다. 또한 공기는 소리 진동의 도체(導體)이지만 빛과 더 높은 진동의 도체는 에테르이다. 그러므로 에테르는 소리에서 사고에 이르기까지 모든 진동의 도체인 셈이다)를 구성하는 것과 같이 동일한 '유동적' 에너지로 이루어진 것이라고 생각한다.

또 나는 '사람의 마음'이 유동체나 에너지 – 혹은 그것이 무엇이든지간에 – 로 이루어져 있고, 이는 에테르와 비슷할 가능성이 매우 높다고 생각한다. 두 개의 마음 사이에 접촉이 이루어지고 이 '마음'(에테르의 전자라고 부르기로 하자)의 결합이 화학반응을 일으켜 두 사람을 기쁘게, 혹은 불쾌하게 만드는 진동을 발생하는 것이다.

그래서 어떤 사람들은 '첫눈에 반하는' 경우가 있는데, 이 또한 자연스러운 적응의 결과라고 할 수 있다. 이러한 현상을 겪어보지 않은 사람이 있겠는가?

반대로 어떤 사람들은 처음 만나자마자 서로 적개심을 품기도 한다. 이러한 현상은 단 한마디의 대화 없이도, 그리고 사랑이나 증오를 일으킬 만한 어떤 특별한 자극이 전혀 없이도 발생하는 경우가 허다하다.

반면에 서로 만났을 때는 강한 적개심이 있었는데 그것이 호감으로까지 가는 것을 고려해 볼 때 한 마음이 다른 사람의 마음에 미치는 다양한 작용의 가능성이 매우 넓은 범위로 존재함을 알 수 있다.

　두 마음이 서로 만남으로써 발생하는 효과는 제삼자에게조차 확연하게 드러
난다. 모든 효과에는 원인이 있게 마련이다. 이제 막 접촉한 두 사람의 마음에
태도의 변화를 가져온 원인은 전자의 교란이나 접촉으로부터 이전의 마음을
새로운 상태로 재배치하는 작용이라고 보는 것이 타당하지 않을까?

　지금까지 이 강좌를 견고한 토대에 올리기 위해 많은 지면을 할애하였다. 그
것은 개별적인 마음들이 만나고 또 접촉할 때 특기할 만한 효과가 일어난다거
나 접촉 전의 상태와는 전혀 다른 마음의 상태가 형성된다는 사실을 설명하는
것이었다. 그리고 이 과정을 통해 우리는 성공으로 가는 여정을 수행해왔다.

　한 마음이 다른 마음에 반응하게 되는 요인이 무엇인지 굳이 밝힐 필요는 없
을 것이다. 매 순간 이러한 반응이 일어나고 있다는 사실만으로도 우리는 '마
스터 마인드'가 무엇을 의미하는지 설명할 수 있기 때문이다.

> 모든 실패는 그것 없이는 배울 수 없는 것들을 제공하는 가면 속의 축복이다. 소위 실패
> 는 대부분 일시적 패배에 불과하다.
> ― 나폴레온 힐

●●●
완벽한 조화의 정신

　마스터 마인드는 두 사람 이상의 마음이 완벽한 조화의 정신으로 함께 섞이
는 과정을 통해 생겨날 수 있다. 또한 **마스터 마인드는 개별적인 마음 사이에
호의적이고 조화로운 결합이 존재하는 한 지속될 것이다.**

　그러나 호의적인 결합이 깨어지는 순간 이 마스터 마인드는 붕괴되고 사라
질 것이다.

마음의 화학작용은 '영혼의 동반자'니, '영원한 삼각관계' 같은 현상을 일으키는 원인이어서 불행하게도 이혼 법정에 서게 되기도 하고, 혹은 위대한 자연의 법칙에 대한 현상을 이해하지 못하는 무지한 사람으로부터 조롱을 당하게 되기도 한다.

결혼 후 2, 3년이 지나면 두 사람 사이에 불화가 생겨난다는 사실은 세상이 다 아는 사실이다. 이 기간은 '적응'의 기간으로 만약 이 고비를 넘기게 된다면 영원한 결합으로 지속될 가능성이 높아진다. 아마 결혼한 사람이라면 이를 인정할 것이다. 여기서도 우리는 그 원인은 정확히 알 수 없지만 분명히 존재하는 마음의 화학작용 효과를 살펴볼 수 있다.

그리고 남자와 여자가 10년에서 15년을 같이 살게 되면 그때는 사랑이라고 부를 수는 없다고 해도 이미 상호간에는 없어서는 안 될 존재가 된다는 것은 잘 알려진 사실이다. 게다가 이런 지속적인 이성간의 접촉이 두 사람의 마음에 자연스런 애정을 일으킬 뿐 아니라 두 사람의 표정도 비슷하게 되고 다른 여러 가지 부분에서 비슷하게 닮아간다.

인간의 본성을 분석하는 사람은 일단 남편을 소개받고 나면 낯선 군중 속에서도 그의 부인을 찾아낼 수 있다고 한다. 결혼을 통해 오래도록 지속되어온 관계라면 눈에 실린 감정, 얼굴의 윤곽과 목소리 톤이 눈에 띌 만큼 비슷해진다는 것이다.

또한 사람 마음의 화학작용은 감지될 정도로 드러나므로 강단에서 연설하는 연사도 청중들이 그의 연설을 어떻게 받아들이는지 즉각 알아차린다. 1천 명 가운데 단 한 명이라도 적의를 품고 있으면 연사는 곧 이 감정을 느끼고 그 상황을 접수하게 된다. 뿐만 아니라 연사는 청중의 표정을 살피지 않고도 이러한 판단을 내릴 수 있다.

반대로 이런 사실을 근거로 청중은 그 얼굴에 만족 혹은 불만족의 의사를 전혀 드러내지 않고서도 연사의 웅변을 최고조로 이르게 할 수도 있고 또 실패하게 할 수도 있다.

❋ 성공 달성을 위한 필수적인 요소

'훌륭한 세일즈맨'이라면 누구나 종결해야 할 심리학적 시간이 언제인가를 알아차린다. 이는 잠재적 구매자가 그렇게 말을 해서가 아니라 세일즈맨이 마음의 화학작용으로 그렇게 '느끼거나' 해석했기 때문이다.

말이라는 것은 때론 그 말을 하는 사람의 의도와 배치될 때도 있다. 하지만 마음의 화학작용에 대한 정확한 해석은 추호의 착오도 있을 수 없다. 또한 유능한 세일즈맨들은 대부분의 구매자가 구매를 결정하려는 순간에 부정적인 태도를 보이는 경향이 있다는 사실도 알고 있다.

유능한 변호사는 육감을 가지고 있는데, 거짓말을 하는 영악한 증인이 교묘히 미리 준비해 둔 진술로 일관할 때에도 '낌새'를 채고 오히려 마음의 화학작용을 통해 증인의 마음에는 무엇이 있는지 짚어낼 수 있다.

많은 변호사들이 이 힘의 출처를 모르면서도 이러한 능력을 개발시켰다. 즉, 그들은 이것을 가능하게 한 것에 대해 과학적인 이해 없이도 실질적인 기술을 보유하게 된 것이라 할 수 있다. 이는 세일즈맨의 경우에도 마찬가지인 것이다.

다른 사람의 마음에서 일어나는 화학작용을 올바로 해석할 수 있는 사람은 비유적으로 말하자면, 남의 집에 들어가 여유로이 저택을 돌아보고 구석구석 파악한 후 나올 때는 그 집 주인이 자신의 집에 대해 아는 것보다 더 온전하고도 완벽한 이해를 하게 되는 경우와 같다고 하겠다.

11장 '정확한 사고'에서 이러한 원리가 실제적으로 사용될 수 있음을 밝힐 것이다. 다만 여기에선 이 강좌의 주요 원칙에 대한 접근을 위해 간략히 설명을 해두는 것이다.

나는 **정상적이고 자연스런 상태에서 마음의 화학작용은 개인의 신체적 기질과 그 마음을 차지하고 있는 생각의 특질에 의해 결정된다**고 믿는다. 그리고 개인의 철학과 사고의 관습이 마음의 화학작용을 변화시키며 이에 따라서 마음도 끊임없이 변화한다고 생각한다.

이러한 사실들로 미루어 누구든지 자신의 마음의 화학작용을 변화시켜서 그들과 접촉하는 사람들을 끌어들이기도 하고 쫓아버리기도 한다는 것은 이미 주지(周知)의 사실이다.

달리 표현하면 이는 **누구든지 언어, 얼굴 표정, 기타 신체 표현이나 태도를 통하지 않고서도 다른 사람을 즐겁게 혹은 적개심을 품게 하는 정신적 태도를 지닐 수 있음을 의미한다.**

다시 '마스터 마인드' 의 정의 – **완벽한 조화의 정신으로 두 사람 혹은 그 이상의 마음의 결합과 연대를 통해 생겨나는 마음 상태** – 로 돌아가면 여러분은 여기서 언급된 '조화' 라는 단어의 의미를 이해할 수 있다.

두 개의 마음 사이에는 완벽한 조화의 요소가 없다면 잘 결합하지도 않을 것이고, 바로 그 이유로 모든 사업과 사회관계에 실제적으로 작용하는 성공과 실패가 판가름나게 된다.

세일즈 매니저, 군 장교, 그리고 어느 단체이든지 리더(지도자)라면 단결심 (espirit de corps), 즉 상호간의 이해와 협동이 성공을 달성하는 데 필수적인 요소라는 것이라는 것을 알고 있다.

이러한 조화로운 단체정신은 규율을 통해서 – 그것이 자발적이든 혹은 강요를 통해서든 – 얻어질 수 있는데, 이것은 개인의 마음이 서로 섞여 마스터 마인드가 창조되는 전형이다. 이는 개개인 마음의 화학작용이 섞여서 마치 하나의 마음처럼 작용하도록 변화되는 것을 의미한다.

이러한 혼합과정이 이루어지는 방법은 다양한 형태의 리더십만큼이나 많은 모습을 보여준다. 모든 리더(지도자)는 추종자의 마음을 조합하는 나름의 수단을 가지고 있다. 어떤 이는 강제적인 수단을 사용할 것이고 어떤 이는 설득의 수단을 사용할 것이다.

또한 주어진 그룹의 개별적인 마음들을 하나의 거대한 마음으로 섞여들게 하기 위해 어떤 이는 처벌의 두려움을 이용하는 반면, 보상으로 이끄는 자도 있을 것이다.

여러분은 개개인의 마음을 하나의 마음으로 혼합하는 과정이 리더로부터 어떻게 이루어졌는가를 보기 위해 정치가나 사업가의 역사를 깊이 연구할 필요는 없을 것이다.

본래 **역사상 가장 위대한 리더는 다른 마음을 끌어들이는 핵으로써 마음의 화학작용의 조합에 능한 사람들이었다.** 나폴레옹은 마음에 자석을 지닌 사람의 훌륭한 예가 되는데, 그는 그가 만나는 모든 사람을 끌어당길 만한 능력을 가지고 있었다.

바로 이처럼 사람을 끌어당기는 그의 특성 때문에 병사들은 나폴레옹을 따라서라면 죽음도 불사하고 어떤 상황에서도 전혀 망설임이 없었다. 사실 그의 사람을 끌어당기는 특성은 이 장에서 얘기하는 마음의 화학작용이었던 것이다.

그룹 내에 한 사람이라도 극단적으로 부정적이고 거부하는 마음을 가지고 있다면 마스터 마인드로 조합할 수 없다. 부정적인 마음과 긍정적인 마음은 마스터 마인드로 혼합되지 못하는 것이다.

이러한 사실에 대한 무지(無知)는 유능한 리더로 성장할 수도 있었던 사람들을 실패하게 만드는 요인이 된다.

마음의 화학작용에 대한 원리를 이해하는 리더라면 어떤 그룹의 사람들이라도 혼합하여 하나의 거대한 마음을 이루게 할 수 있지만 이러한 결합도 그 리더가 사라지는 동시에 붕괴되고 말 것이다.

만일 당신이 협동의 위력을 믿지 않는다면 바퀴 하나가 빠진 마차가 굴러갈 수 있는지를 상기해보라.

✸ 마음의 화학작용과 경제력

성공적인 생명보험 세일즈 조직이나 혹은 다른 대부분의 세일즈 단체들도 일주일에 한 번, 혹은 그보다 자주 미팅을 하는데 그 목적은 무엇일까? **그것은 각자의 마음을 마스터 마인드로 융합시켜 제한된 기간 동안 각 개인에게 자극을 주기 위해서이다!**

사실 그룹의 리더들은 이러한 그들의 회합에서 – 소위 동기부여를 위한 모임으로 불리는 – 실제로 어떤 현상이 벌어지고 있는지 인식하지 못하는 경우가 대부분이다. 보통 이런 모임은 리더나 그룹의 다른 구성원의 발언으로 진행된다. 물론 이따금씩 그룹 외부에서 사람을 불러 의견을 청취하기도 하는데, 이런 일련의 과정을 통해서 개별 구성원들의 마음이 서로 접촉하고 상호 충전을 하게 된다.

인간의 뇌는 전기 배터리와 비교되기도 한다. 다 소모되고 나면 소유주는 의기소침하여 활력이 부족한 상태가 된다. 이런 느낌을 한번도 가지지 않은 사람이 있을 수 있을까?

인간의 두뇌는 고갈된 상태에 이르게 되면 반드시 재충전을 요하게 된다. 이는 자신보다 활력 있는 마음들과의 접촉을 통해 가능하다. 위대한 지도자라면 '재충전' 의 필요성을 충분히 이해할 뿐 아니라 어떻게 재충전시키는지도 알고 있다.

이러한 지식은 리더와 그 추종자를 구분하는 중요한 덕목이다. 이러한 원리를 충분히 이해하고 있는 사람은 자신보다 생기 있는 사람과 정기적으로 만남으로써 자신의 두뇌의 활력을 유지하고 재충전시킨다.

이성(理性)적으로 맺어진다면, 서로 호감을 가지고 있는 남성과 여성간의 이성(異性)적 결합이야말로 가장 효과적으로 인간의 마음이 재충전될 수 있는 촉진제이다. 이와 달리 단순한 성적 결합은 오히려 활력을 없앨 것이다.

54

침체된 마음을 재충전시키는 방편으로의 이성적 결합에 대한 언급을 끝내면서 꼭 밝히고 싶은 것은 그들이 몸담고 있던 분야가 무엇이었든지간에 위대한 리더들은 왕성한 정력가였다는 사실이다('성(性) : 섹스(Sex)'라는 단어를 수록하지 않은 사전이 없다는 점에 주목한다면 여러분은 이 단어가 점잖지 못한 단어가 아님을 인정해야 할 것이다).

사람의 두뇌활동이 침체되고 활력을 잃게 되면 이는 곧 만병의 근원이 된다는 것이 요즘 의사와 건강 관련자들의 의견이다. 다시 말하자면 활력이 넘치는 두뇌를 가진 사람은 모든 질병으로부터 – 전부는 아니라 하더라도 – 면역성을 가지고 있다고 할 수 있다.

유능한 의사라면 질병을 고치는 것은 자연, 혹은 마음의 힘이라는 것을 알고 있다. 약, 신앙, 지압요법, 안마술을 비롯한 기타 등등의 많은 치료법이 사실은 '자연'의 형태, 좀더 정확히 말하자면 마음에 화학작용을 일으켜 신체의 세포와 조직을 재건하고 두뇌에 활력을 불어넣어 몸을 정상적으로 작동하게 하는 방법인 것이다.

그렇다면 마음의 화학작용이 계속 발전하면 앞으로 개발 가능한 것은 무엇이 있을까?

마음의 조화로운 화합을 통해 완벽한 건강을 즐길 수 있을 것이다. 동일한 원리를 이용하면 모든 사람을 끊임없이 짓누르고 있는 경제적 압박의 문제도 쉽게 풀 수 있는 충분한 힘을 기를 수 있게 된다.

과거에 이루어졌던 여러 성과들이 대개는 우연한 발견을 통해 이루어졌거나 여러 마음이 모이는 가운데 이루어진 것임을 상기하면서 그것들을 고려해 보면 마음의 화학작용의 미래 가능성들을 알 수 있다.

이제는 대학의 교과과정에서도 지금의 여타 교육과정과 마찬가지로 마음의 화학작용에 대한 강의를 할 때이다. 이렇게 되면 이 강좌에 대한 연구와 실험으로 학생들의 가능성을 더 넓게 열어줄 수 있을 것이다.

● 마음의 화학작용과 경제력

마음의 화학작용이 경제와 산업 세계의 일상 업무에 적용될 수 있다는 것은 증명 가능한 사실이다.

완벽한 조화의 정신을 바탕으로 두 사람 혹은 그 이상의 정신을 화합시킴으로써 마음의 화학작용 원리는 개인으로 하여금 초인적인 업적을 수행하도록 충분한 힘을 발휘할 수 있다.

힘은 인간이 성공을 성취하기 위해 사용하는 동력이다. 그러므로 그룹 구성원들이 자신의 능력과 개인적 이익을 구성원간의 마음의 혼합을 통해 완벽한 조화에 이르게끔 한다면 무한한 힘을 향유할 수 있는 것이다.

이 강좌의 개론에서만 봐도 '조화'라는 단어가 얼마나, 어떻게 사용되었는지 생각해볼 일이다. **완벽한 조화가 없다면 '마스터 마인드' 또한 생길 수가 없는 것이다.** 두 개의 마음이 완벽한 조화의 정신으로 활기를 띠어야만 각자의 마음이 다른 마음과 어울릴 수 있다. 개인의 이익에 따라 각각의 마음으로 분열되면 호의적이고 조화로운 결합에서 비롯된 제3의 마음, 이른바 마스터 마인드는 붕괴된다.

용기는 정복과 약탈, 그리고 예속으로부터 자신을 보호해 주는 정신의 상비군이다.
– 헨리 반 다크(Henry van Dyke)

※ 헨리 포드, 토머스 에디슨, 파이어스톤

여기서 이 원리를 이용하여 엄청난 힘(거대한 부)을 축적한 저명인사들을 살펴보도록 하겠다. 경제, 경영 및 과학 등 각기 자신의 분야에서 위대한 성과를 올린 세 사람을 살펴보도록 하자.

그들은 헨리 포드(Henry Ford), 토머스 에디슨(Thomas A. Edison), 그리고

하비 파이어스톤(Harvey S. Firestone)이다.

세 사람 중에서 경제와 재정능력을 따져볼 때 **헨리 포드**가 단연 가장 막강한 사람이라고 할 수 있다. 포드를 연구했던 많은 사람들이 그를 이제까지 살았던 인물 중에 가장 강력한 사람이라고 평가하고 있다. 포드는 미국에서 자금동원력이 가장 뛰어난 사람이다.

포드는 해변에 노는 아이가 양동이에 모래를 가득 채우는 것처럼 아주 쉽게 수백만 달러를 모을 수 있었다. 포드를 가까이에서 보았던 사람들에 따르면, 그는 - 필요하다면 - 10억 달러(1백만 달러의 1천 배!)를 단 일주일 만에 동원할 수 있다고 한다.

포드의 능력을 아는 사람치고 이 사실을 의심하는 사람은 없다. 그를 아는 사람들은 이런 일이 그에게는 보통사람이 방 월세를 만들기 위해 들이는 노력보다 쉽다고 말한다. 그는 원하기만 하면 언제라도 그런 큰 돈을 구할 수가 있다. 이는 《성공의 법칙》의 기초가 되고 있는 원리를 적용함으로써 가능한 일이다.

포드의 자동차 모델이 1927년에 완성되었을 때 그는 37만 5천 대의 수량에 대해 선금으로 현금을 받았다고 한다. 당시 차 한 대당 600달러라고 추산하면 이는 2억 2천5백만 달러에 달하는데, 2억 달러가 넘는 어마어마한 금액을 차 한 대 넘기지 않고 벌어들인 것이다.

이것이 바로 포드의 능력 가운데 자신감의 위력이다.

토머스 에디슨은 철학자이자 과학자, 발명가이다.

그는 아마도 지구상에서 자연의 법칙에 가장 민감한 사람일 것이다. 에디슨은 자연의 기록에 예리한 통찰력을 지녔다. 아울러 그를 돋보이게 한 것은 그 통찰력을 인류의 행복을 위해 갈고, 닦고, 결합시킬 수 있는 능력과 조화시켰다는 점이다. 그 결과 자연의 법칙에 관해서라면 역사상 어느 누구도 그를 능가할 수 없을 것이라는 평가를 얻고 있다.

바늘과 회전하는 레코드를 결합하여 인간 음성의 진동을 녹음하고 이를 근대적 재생기를 통해 재생한 사람이 바로 에디슨이다(사람의 목소리를 녹음하고 재생시킨 것과 마찬가지로 지금 우주의 에테르에 기록되고 있는 사고의 진동을 채집하고 정확히 해석할 수 있는 사람도 에디슨일 것이다).

번개 에너지를 이용해 백열전구를 밝히고 이를 인간생활에 최초로 이용한 사람도, 그리고 현대적인 것과 같은 영화를 처음으로 발명한 것도 에디슨이었다.

이런 것들은 모두 에디슨이 이룬 성취의 일부분에 지나지 않는다. 그가 이룩해낸 이러한 – 물론 이들은 초인간적인 힘을 가장한 속임수가 아니라 과학의 가장 정교한 원리로부터 일어난 기적이다 – '기적'들은 인간이 공상과학소설 속에서 만든 상상의 산물보다 더 기적적이다.

하비 파이어스톤은 오하이오주의 에이크론(Akron)에 소재한 그 유명한 파이어스톤 타이어사(社)의 창시자로 살아 움직이는 전설이다. 자동차를 타는 사람이라면 이에 대한 특별한 소개가 따로 필요없을 정도로 타이어 업계에서의 그의 성취는 눈부시다.

이들 세 사람 모두 자본도 없고 일반적으로 '교육'이라고 불리는 정규학교를 거의 다니지 않은 상태에서 각기 사업을 시작하였다.

그러나 이제 그들 모두는 잘 교육된 사람들이 되었다. 그들 모두 부유하고 막강한 영향력을 지니게 되었다. 그들의 부와 힘의 원천은 과연 무엇일까. 그것을 자세히 알아보자. 다만 우리는 그 효과 내지 결과만을 다루게 된다. 이런 효과를 내는 원인의 규명은 철학자들의 몫으로 남겨두자.

이 세 사람은 사적으로 친밀한 관계이고 오랫동안 서로 교분을 쌓았다는 것은 모두에게 알려진 사실이다. 그들은 휴가와 명상을 위해 함께 깊은 산중을 찾아가곤 하였다.

반면, 그들끼리는 의식하고 있었는지 알 수 없지만, 이들 세 사람간에 유대가 있어서 그들의 힘의 원천인 마스터 마인드가 생길 수 있었는지에 대해서는 잘 알려져 있지 않다.

이들 세 사람 마음의 협력에서 조성된 집단정신이 일반인들은 이해하기 쉽지 않은 하나의 동력(動力) – 그리고 지식이 원천 – 에 그들을 맞출 수 있게 하였다.

※ 마음속에 있는 지식의 창고

만약 여러분이 이 원리나 효과에 대해 의심이 든다면 여기에 거론된 이론의 과반수 이상이 이미 널리 알려진 사실임을 알아두기 바란다.

예를 들어 세 사람이 모두 엄청난 힘을 지녔다는 것은 의문의 여지가 없다. 또한 그들이 부자라는 것도 널리 알려져 있으며, 처음에는 이렇다 할 자본이나 교육 혜택도 별로 받지 못한 상태에서 시작했다는 것도 잘 알려진 사실이다.

그들이 정기적으로 접촉을 했다는 것, 그리고 서로 협력하고 상호간에 호의적이었다는 것도 이미 알려진 사실이다. 그들 각자가 자신의 분야에서 이룬 업적은 그 분야의 어느 누가 이룬 업적과도 비교할 수 없을 정도로 뛰어나다는 것도 잘 알려진 사실이다.

이러한 모든 '결과' 는 실질적으로 문명사회의 학생들에겐 매우 친숙한 내용이어서 이런 결과에 관해선 아무도 논쟁을 하려들지 않을 것이다.

또 이 세 사람의 성취를 가능케 한 '원인' 에 대해서는 그들의 성취가 속임수나 어떤 초자연적 현상 등으로 저절로 이루어진 것이 아닌 것에도 이의가 없을 것이다. 이들에게서 눈속임이라고는 찾아볼 수가 없다. 그들은 자연스런 법칙을 따랐던 것이다.

이러한 법칙은 경영인과 과학 분야의 지도자에게서 쉽게 찾아볼 수 있다. 그런 결과는 마음의 화학작용에 토대를 두고 있지만 안타깝게도 그 사실은 간과

되고 있다. 마음의 화학작용은 과학자들로부터 아직까지 충분히 검증되지 않아서 증명된 법칙의 대열에 합류하지는 못한 까닭이다.

조화의 정신으로 마음을 잘 화합시키는 사람들이 구성원으로 있는 그룹이라면 '마스터 마인드'가 생겨나는 데 지장이 없다. 그룹은 두 사람 이상의 구성체를 의미한다. **최상의 결과를 도출하기 위해서는 6~7명으로 구성된 조합이 가장 이상적이다.**

예수는 마음의 화학작용을 어떻게 활용하는지 발견한 사람이다. 그가 일으킨 기적들은 그와 열두 제자와의 마음을 조화시키는 과정을 통해 생성된 힘으로 이루어낸 것이라는 주장이 제기되고 있다. 열두 제자 중 한 사람인 유다가 믿음을 깬 바로 그때 마스터 마인드가 붕괴되어 예수 그분 인생에서 가장 커다란 시련을 겪게 된 것이다.

대중연설가는 특히 이러한 마음의 화학작용의 영향을 민감하게 느끼기 때문에 청중들과 조화를 이루게 되면(연사 마음의 진동에 맞추어) 연사의 마음에 열정이 생기게 되고, 이러한 상승작용으로 종종 청중뿐 아니라 자신도 놀랄만한 연설을 하게 되는 것이다.

대개 연설 시작 5분에서 10분 정도는 '워밍업'의 단계라 할 수 있다. 이 단계는 연사와 청중의 마음이 완벽한 조화의 정신으로 섞여 들어가는 과정에 소요되는 시간이다. 연설자는 이러한 '완벽한 조화'의 상태를 청중에게 실현시키지 못하면 어떻게 되는지 잘 알고 있다.

부흥집회에서 초자연적으로 보이는 현상이 종종 일어나는 것은 집회 참석자들 각자의 마음 상호간에 작용하는 결과에 따른 것이다. 이러한 현상은 대개 10분에서 20분 사이에 일어나기 시작하는데, 이 정도 시간이 그 자리에 참석한 사람들의 마음이 조화 혹은 화합하는 데 필요한 시간이기 때문이다.

부흥집회의 신도들이 접수하는 '메시지'는 대략 다음의 두 곳에서 기원한다고 볼 수 있다.

첫째, 그룹 내 구성원의 무의식 창고에서, 둘째, 모든 사고(思考)의 진동이 보존되어 있는 에테르의 우주창고에서 비롯된다고 볼 수 있는데, 후자의 경우일 가능성이 더욱 크다.

특히 과거 존재했던 사람들과의 의사소통에 대해서는 현재 어떤 이론도 이를 증명해내지 못하고 있다. 마음의 화학작용 원리를 통해 다른 사람의 마음속에 있는 지식의 창고를 탐험할 수 있을 뿐 아니라 이러한 힘은 에테르를 통해 전달되는 모든 진동과의 접촉까지 가능하게 한다고 할 수 있다.

사고의 파장처럼 주파수가 높고 좀더 정교한 진동의 경우는 에테르에 보존되어 있으며, 이는 생성되거나 소멸되지 않는다는 이론이 있다. 이처럼 '불현듯' 떠오르는 어떤 종류의 진동은 에테르에서 채집되고 흡수되며 영원히 존재한다고 보는 편이 타당하다. 이에 비해 파장이 낮은 진동의 경우는 아마도 일반 생명체와 같이 생성되고 소멸될 것이다.

소위 천재라고 불리는 사람들도 우주의 에테르에 기록되어 있는 거대한 지식의 보고에 접촉함으로써 그들 마음의 진동을 가동시켜 다른 마음들과 연대를 형성함으로써 궁극적으로 명성을 얻게 되었을 것이다.

내가 검증한 바에 따르면, 모든 위대한 천재는 왕성한 정력의 소유자였다. 이렇게 성적(性的) 결합이 가장 강력한 마음의 촉진제라는 사실로부터 현재 기술하는 이론적 근거를 찾을 수 있다.

사람들은 남들의 한계를 발견하게 되면 그들에 대한 흥미를 잃게 된다. 모든 원인은 한계에서 기인한다. 당신이 그의 한계를 인식하는 순간 그는 매력을 잃고 만다.
— 에머슨(Emerson)

※ 6인의 거물(Big Six)과 경제적 성공

사업 분야의 업적으로부터 경제력의 원천에 관한 분석을 하자면 '6인의 거물(Big Six)'로 알려진 시카고의 그룹을 예로 볼 수 있다.

우선 자신의 이름을 딴 껌회사를 소유하고 있으며 연간 1,500만 달러를 웃도는 개인소득을 올리는 것으로 알려진 윌리엄 리글리 2세(Wm. Wrigley, Jr.), 역시 자신의 이름을 딴 간이식당 체인을 경영하고 있는 존 톰슨(John R. Thompson), 로드 앤 토머스(Lord and Thomas) 광고 에이전시를 소유하고 있는 래스커(Lasker), 미국에서 가장 큰 운송회사인 팜리 익스프레스(Parmelee Express Company)를 소유한 매컬로프(McCullough), 택시 사업체 소유주인 리치(Ritchie)와 헤르츠(Hertz)가 그 구성원이다.

공신력 있는 재정 분석회사에 따르면, 여섯 명의 연간 수입은 2,500만 달러를 웃돌며 개인적으로는 평균 400만 달러를 웃돈다고 한다.

이들을 분석한 결과 그 누구도 특별한 교육의 혜택을 받은 적이 없으며, 사업 시작 당시 자본금이나 뚜렷한 신용도 없었다고 한다. 그들의 경제적 성취는 개인의 계획에 따른 것이지 요행에서 비롯된 것은 아니라는 사실이다.

여러 해 전에 이들은 사교적 모임을 결성하여 경영에 대한 다양한 아이디어와 제안을 상호 교환하고자 정기적인 모임을 열었다.

리치와 헤르츠 두 사람을 제외하고 법적인 동업관계로 연결되어 있는 사람은 없었다. 모임의 목적은 상부상조 정신으로 서로 아이디어를 주고받는 협력관계의 구축에 있었지만, 사업상 도움이 필요할 때는 금전적인 도움을 주기도 하였다.

'6인의 거물' 그룹에 속한 각 개인은 하나같이 백만장자이다. 이러한 사실에 대해서는 더 이상 말할 필요성이 없을 것이나, 그들이 경제적 성공을 거둔 것과 관련된 원인에 대해선 언급할 가치가 있다. 이를 연구, 분석할 가치도 충분하다.

그들이 성공을 거두게 된 것은 자신의 마음을 다른 사람들과 조화의 정신으로 화합하게 하는 방법을 알고 있었다는 점이다. 그에 따라 마스터 마인드를 생성시켜 그들 각자는 마음의 문 – 대부분 닫힌 채로 있는 – 을 열 수 있었기 때문이다.

US 철강회사(The United States Steel Corporation)는 지구상에서 가장 강력한 산업조직 중 하나이다. 이 거대한 산업기구는 시카고 근교 일리노이의 작은 마을 태생인 평범한 지방 변호사 엘버트 게리(Elbert H. Gary)의 가슴에서 탄생하였다.

게리는 완벽한 조화의 정신으로 그와 다른 사람들의 마음을 화합하는데 성공하여 '마스터 마인드'를 창출하였다. 이것이 바로 위대한 US 철강회사의 원동력이다.

여러분 주위에서 사업, 재정 혹은 어느 분야에서든 탁월한 성공을 거둔 사람들을 자세히 살펴본다면 그 성공의 이면에는 마음의 화학작용 원리를 적용했으며 그로부터 마스터 마인드가 생겨난 것을 알 수 있다.

얼핏 성취는 한 사람의 공로인 듯 보일 때가 많지만, 조금 더 자세히 살펴보면 이면에는 그와 마음을 조화시킨 사람들이 있음을 알 수 있다. 두 사람 이상의 사람이 있으면 마음의 화학작용 원리를 통해 마스터 마인드를 창출할 수 있다는 것을 기억하길 바란다.

자신의 실수나 한계를 인정하고 이를 자신의 탓으로 돌리지 않는 자는 무슨 일을 하더라도 그가 속한 집단에 영향력을 끼칠 수 없고 큰 성공을 거둘 수는 없을 것이다.

조직화된 지식의 원리

힘(Power)이란 지적인 노력을 통해 표현될 수 있는 조직화된 지식이다. 그룹의 구성원이 그들의 지식과 에너지를 완벽한 조화의 정신으로 통합시키지 않는 한 그 노력은 조직화되었다고 할 수 없다. 이러한 조화로운 협동에의 노력 결핍은 사실상 모든 경영 실패의 주요인이다.

나는 아주 촉망받는 대학생들에게 흥미로운 과제를 부여한 적이 있다. 그것은 '헨리 포드가 부유하게 된 원인과 방법'에 대한 보고서를 작성해보라는 것이었다.

이 과제에서 학생들은 포드의 진정한 자산은 무엇이라고 생각하는지, 그리고 그 자산은 무엇으로 이루어져 있는지 구체적으로 서술하라는 지침을 받았다.

※ 포드의 부자가 된 원인과 방법

대부분 학생들이 재정적인 면과 재산목록으로 포드의 자산을 분석하였으며 이런 것들이 그가 이룬 부의 원천이라고 제시하였다. 은행잔고, 창고의 원자재와 완성품, 부동산과 빌딩, 신용 등을 '포드의 부의 원천'으로 꼽았던 것이다. 그러나 단 한 명의 학생만이 다음과 같은 분석을 하였다.

헨리 포드의 자산은 크게 2가지로 나누어 볼 수 있다. 즉, ① 자본금, 원자재와 완성품, ② 헨리 포드 자신의 경험으로부터 얻은 지식, 그리고 이러한 지식을 최대로 이용하는 방법을 아는 훈련된 조직과의 협력이다.

이러한 두 종류의 자산 가치를 정확하게 달러와 센트로 나누어 그 기여도를 분석하기란 불가능한 일이지만 그들의 가치는 대략 다음과 같다고 생각한다.

- 포드를 포함한 조직의 조직화된 지식 : 75%
- 자본금, 원자재, 완성품을 포함한 물질적 자산 : 25%

나는 이러한 분석이 학생 혼자 힘으로 가능했다고는 보지 않으며 숙련되고 분석력이 뛰어난 어떤 사람의 도움을 받은 것으로 보인다.

의심할 여지없이 헨리 포드의 가장 커다란 자산은 그의 두뇌이다. 그 다음으로는 산하 조직과의 연합이라고 볼 수 있다. 이는 이러한 협동을 통해서 그의 물질적 자산이 축적되었기 때문이다.

포드자동차회사 계열의 공장을 다 파괴시킨다고 가정해보자.

기계를 하나하나 남김없이, 원자재와 완성품 모두, 진열된 모든 자동차들, 은행의 산고를 깡그리 없앤다고 하더라도 포드는 여전히 경제적으로 세계에서 가장 강력한 사람일 것이다. 포드사를 만들 수 있었던 그의 두뇌는 가까운 시간 내에 이 모든 것을 재생해낼 것이다. 자본은 포드와 같은 두뇌에게는 언제나 무한정 조달할 수 있는 길이 열려 있게 마련이다.

내가 인식하고 있는 범위 내에서 볼 때 **포드야말로 조직화된 지식의 원리를 가장 실제적으로 파악하고 있는 사람**이기 때문에(경제적인 관점에서) 이 지구상에서 가장 강력한 사람이라고 할 수 있다.

비록 현재는 강력한 힘과 재정적인 성공을 이루고 있지만, 그가 이러한 결과를 만들어가는 과정에서 적용한 원칙 가운데 때로는 실수도 있었을 것이다. 그러나 포드가 주위의 협력을 구해나가는 과정에서 정도를 벗어났던 적이 없었다.

물론 세월이 지남에 따라 자연적으로 수반되게 마련이지만, 지식과 경험의 적용법을 터득하기까지 그는 초년시절에 이에 필요한 많은 실전경험을 쌓았을 것이다.

사업 초기, 특히 에디슨을 비롯하여 다른 많은 사람들과 밀접하게 연계할 기회가 있어 마음의 화학작용 원리를 적용할 수 있었다는 데에는 이의가 없을 것이다. 그러나 포드는 에디슨이나 파이어스톤을 만나기 훨씬 전에 이미 그의 아내와 만났기 때문에 이 원칙에 대한 그의 탁월한 식견이 이때부터 시작되었다고 보는 것이 더욱 설득력이 있다.

자신의 성공이 배우자와의 마스터 마인드의 작용을 통해 비롯되는 것임을 모르는 사람이 많다. 포드 여사는 상당히 지적인 여성으로 나는 그녀의 마음이 포드와 잘 결합되어 그가 힘을 모을 수 있는 진정한 원천이 되었다고 믿는다.

에디슨이나 파이어스톤은 상대적으로 지식의 습득과 적용에 탁월한 재능을 타고났다. 그러나 포드에게서 그들보다 힘겨웠던 것은 그의 인생 초반에 문맹과 무식이라는 막강한 적과 맞서 싸워야 했던 점이다. 포드는 아직 다듬어지지 않은 거친 목재 상태로부터 자신의 재능을 끌어내야 했던 것이다.

믿을 수 없을 만큼 짧은 기간에 포드는 인류의 가장 커다란 3가지 적을 정복했을 뿐 아니라 그 적들을 그의 성공의 토대를 이루는 자산으로 전환시켰다. 그 3가지 적이란 무식, 문맹, 빈곤이다.

이 3가지 가혹한 힘으로부터 자신을 지켜낼 수 있는 자는 – 이것을 갈고닦아 좋은 방향으로 이용하는 것은 차치하고라도 – 성공에 좀더 가깝다고 할 수 있겠다.

※ 파워의 근원은 조직화된 노력

우리는 지금 경제가 힘인 시대에 살고 있다! 모든 힘의 근원은 조직화된 노력에 있다.

한 산업체 내에서 고용인이 효과적으로 구성되었을 때만이 아니라 사업체간의 합병이 능률적으로 이루어져(US 철강회사의 예에서도 볼 수 있듯) 이러한 결합으로 무제한적인 힘을 행사하게 된 예를 봐도 조직화된 노력이 가지는 힘을 알 수 있을 것이다.

오늘날 신문의 지면에 기업체와 사업체, 재정기간간의 합병에 관한 보도가 나지 않는 날이 거의 없으며, 그들은 다시 하나의 경영권 아래 막대한 자원을 모으고 강력한 힘을 이끌어내고 있다.

하루는 은행간, 또 하루는 철도회사, 다음날은 철강회사 등등 모든 합병은 고도로 조직화되고 협동적인 노력을 통해 힘을 개발하려는 데 그 목적이 있다.

방치되고 조직화되지 않은 상태의 지식은 힘이 될 수 없다. 그것은 진정한 힘으로 개발될 여지가 있는 잠재적인 힘에 불과하다. **도서관에는 현대 문명사**

회를 가능하게 한 모든 지식의 기록들이 보존되어 있지만, 이러한 지식은 조직화되지 않았기 때문에 힘이라고 볼 수 없다.

모든 형태의 에너지와 모든 동식물은 생존을 위해 조직화되어야 한다. 지금은 멸종하여 자연의 묘지 한 귀퉁이를 채우고 있는 거대한 몸집의 동물들은 - 오늘날 말이 없지만 - 조직화되지 않은 것은 결국 멸종한다는 것을 여실히 보여주고 있다.

물질의 최소단위인 원자로부터 우주의 가장 커다란 별, 그리고 이 두 양극단 사이에 존재하는 모든 물질에서 자연의 제1법칙은 조직의 법칙이라는 것을 알 수 있을 것이다. 이러한 법칙의 중요성을 인식하고 자신의 사업에 적용할 방법을 모색하는 사람은 당연히 큰 이득을 볼 수 있다.

기민한 사업가는 조직화된 노력의 법칙의 중요성을 인식할 뿐 아니라 이 법칙을 자신의 힘의 기틀로 삼을 것이다.

마음의 화학법칙에 대한 지식이 없는 상태에서, 혹은 이런 법칙이 있다는 사실조차 인식하지 못하는 많은 이가 그들이 가지고 있는 지식을 조직함으로써 거대한 힘을 지니게 되었다.

우연한 기회에 마음의 화학법칙 원리를 발견해 이를 마스터 마인드를 개발하는 데 이용한 대부분 사람들도 이의 진정한 특성이나 그들 힘의 원천을 인식하기에 이르지는 못하였다.

나는 현대인들을 볼 때 두 사람 이상이 화합을 이루고 힘을 기르는 과정에서 마음의 화학작용 법칙을 의식적으로 사용하고 있다고 생각한다. 만약 이런 추측이 사실이라면 여러분은 마음의 화학작용이라는 원리가 과용(過用)될 일말의 가능성은 거의 없다는 점을 알 수 있을 것이다.

경영을 하는 사람에게 가장 힘든 일 중의 하나가 자기와 관련된 사람들을 조화의 정신으로 협동하도록 하는 일이라는 것은 누구나 쉽게 수긍하는 일이다.

주어진 업무가 무엇이든지 구성원간에 끊임없는 협력을 유도하는 일은 거의 불가능에 가깝다.

유능한 리더만이 이처럼 고난도의 일을 수행해 낼 수 있으며 이러한 리더는 산업, 금융, 경영의 장에 이따금씩 등장한다.

예를 들면 헨리 포드, 토머스 에디슨, 존 록펠러(John D. Rockefeller), 해리먼(E.H. Harriman) 경 또는 제임스 힐(James J. Hill)과 같은 사람들이 그들이다.

힘과 성공은 사실상 동의어이다!

이 둘은 서로 상관관계에 있다. 그러므로 지식을 보유하고 힘을 개발할 능력을 보유한 사람이면 구성원들의 마음의 조화로운 협력을 통해 모든 업무에서 성공적인 결말을 거둘 수 있을 것이다.

 인류 역사를 돌아보건대 지금처럼 자신의 몫을 챙기기 전에 기꺼이 봉사부터 하려는 사람에게 기회가 넘쳐났던 때가 없었다.

※ 조직화된 에너지들의 조화

인간의 두뇌와 신경세포는 이해가 어려운 복잡한 기관이다. 적절하게 조절되고 지도를 받게 된다면 이 기관은 놀라운 성취를 이루어내지만, 이것이 잘 되지 않는다면 정신병원에 입원한 환자의 경우처럼 괴상한 현상을 나타낼 수도 있다.

인간의 두뇌는 인간을 사고하게 만드는 에너지의 끊임없는 유입에 직접 접촉하는 기관이다. 두뇌는 이 에너지를 받아들여 체내에 섭취된 음식물로부터 생성된 에너지와 혼합하여 혈류와 신경계의 도움을 받아 몸 구석구석에 분배해준다. 이렇게 생명활동이 이루어지는 것이다.

도대체 어디서 이런 외부의 에너지가 유입되는 것인지 아는 사람이 없는 것 같다. 우리가 아는 것은 단지 이러한 생명활동을 해야만 하고 그렇지 않으면 그것은 곧 죽음을 의미한다는 사실뿐이다. 아마도 이 에너지는 에테르라고 보는 것이 타당할 것이며, 호흡을 함에 따라 공기 속에 산소와 함께 체내로 흘러들어오는 것으로 보인다.

정상인이라면 누구나 화학 창고를 지니고 있으며 이러한 화학물질은 호흡, 흡수, 체내로 들어온 음식물의 혼합과 분해작용을 통해 영양소가 필요한 곳으로 운반, 분배될 수 있도록 하는 작용을 한다.

수많은 실험을 통해 인간과 동물들은 음식물을 분해하는 과정과 신체에 흡수 가능한 요소로 변환시키는 과정에 마음의 작용이 매우 중요한 역할을 한다는 사실을 알아냈다.

불안, 초조, 흥분, 공포 등은 소화작용을 방해하고 극단의 경우에는 모든 생리 작동을 멈춰 질병이나 죽음에 이르기까지 한다. 이런 사실로 미루어 마음이 음식물의 소화와 분배라는 화학반응에 관여한다는 것은 거의 확실하다.

과학적으로 증명된 사실은 아니지만 권위 있는 과학자들에 따르면, 마음이나 사고라고 알려진 에너지가 부정적이거나 비신사적인 요소에 오염되면 모든 신경계통이 장애를 일으켜 소화작용이 저하되고 이는 갖가지 질병을 유발한다고 한다. 예를 들어 재정상의 어려움이나 일방적인 짝사랑의 경우가 이런 정신상 장애의 수위(首位)를 차지할 것이다.

가족 구성원이 끊임없이 잔소리를 하거나 어떤 일에 방해를 하는 등의 부정적인 환경에 놓이게 되면 그 안의 개인은 마음의 화학반응이 방해를 받게 되고, 결국 야망을 잃고 점차 세상에서 망각되어 버리는 운명을 맞이하게 될 것이다.

그래서 여자는 남자를 잘 만나고 남자는 여자를 잘 만나야 인생이 제대로 열리지, 그렇지 않으면 인생을 그르칠 수도 있다. 이 말은 문자 그대로 참이다. 이에 대해서는 앞으로도 계속 강좌를 통해 언급하게 될 것이다.

우리가 먹는 음식물도 경우에 따라서는 사람의 위에 들어가면 소화불량에 걸리거나 격심한 고통을 유발하기도 하고 심지어는 사망에 이르게까지 한다. 건강이라는 것도 사실 부분적으로는 음식물이 조화를 이루었느냐에 달려 있다고 할 수 있다.

그러나 음식물의 배합이 조화를 이룬 것만으로는 건강을 논하기에 충분하다고는 할 수 없다. 건강을 위해서는 마음이라고 알려진 에너지간에도 조화가 이루어져야 한다. 결국 신체 건강은 마음의 건강과 마찬가지로 조화의 원리에 기초하여 가능하다.

이렇게 '조화'는 자연법칙의 하나라고 볼 수 있으며, 이것 없이는 조직화된 에너지라든가, 생명이라는 것도 있을 수가 없다. 조직화된 에너지의 조화가 깨지면 에너지(힘)는 무질서의 카오스 상태에 이르게 되고 힘은 작용을 하지 못하거나 멈추게 된다. 가령 신체의 장기가 조화롭게 기능을 하지 못하게 될 때 생명은 와해되고 죽음에 이르는 것이다.

조화는 또한 '마스터 마인드'로 내가 명명한 마음의 화학작용 원리가 제대로 적용되는 중심축이다. 그러므로 이 조화가 깨지게 되면 이는 곧 개개인들의 마음이 서로 협력하여 생성된 그룹의 힘이 파괴되는 것을 의미한다.

나는 틈이 날 때마다 앞의 원리를 반복하였다. 그 이유는 여러 번에 걸친 강조를 통해 여러분이 이 원리를 이해하고 적용하기를 바라기 때문이다. 그것이 안 된다면 이 강좌는 아무런 소용이 없다.

인생에서의 성공은 - 그 의미가 무엇이든지간에 - 크게 자신과 자신이 처한 환경 사이에서 조화가 성립될 수 있는 방향으로 적응시키는 것이라고 볼 수 있다.

대궐에 사는 임금님도 궁내에 조화가 없다면 오두막집에 사는 소작농과 다를 바 없다. 반면 오두막의 소작농일지라도 조화를 이룬 삶을 산다면 대저택의 부자보다 행복한 삶을 살아갈 수 있다.

완벽한 조화가 없다면, 가령 우주의 별과 행성이 조화를 잃게 되면 이들은 서로 충돌하여 모든 것은 혼돈과 무질서의 상태에 이르게 될 것이다. 이렇게 되면 천문학은 아무짝에도 쓸모없는 학문이 될 것이다.

조화의 법칙이 적용되지 않는다면 도토리는 밤나무, 포플러, 단풍나무가 마구 섞인 이질적인 종에서 자랄 것이다. 조화의 법칙이 없다면 머리카락이 자라나야 할 두피에 손톱이 자라나 머리에 뿔이 난 사람이 생겨날 것이다.

조화의 법칙이 없다면 지식의 체계 또한 없을 것이다. 왜냐하면 체계화된 지식이라는 것도 사실과 자연법칙의 조화에 지나지 않기 때문이다.

인간사의 동업관계에 적용되는 조화이든, 천체 행성들의 일괄적인 움직임에 적용되는 조화이든, 불일치의 싹이 보이면 조화는 벌써 뒷문으로 빠져나가기 시작한다.

만약 여러분 생각에 내가 과도할 정도로 조화의 중요성을 강조한다는 느낌을 받았다면, 이 **조화의 결핍**은 **실패로 이르게 하는 첫 번째이자 마지막이며 그리고 유일한 원인**이라는 것을 알아두길 바란다.

조화가 존재하지 않는다면 가치 있는 시도, 음악도, 웅변도 주의를 기울일 만한 성취를 이루지 못한다.

훌륭한 건축물은 조화의 소산일 경우가 대부분이다. 조화가 없이는 건축물이라는 것도 건자재더미에 지나지 않을 것이며 그것은 아마도 괴물 같은 모습을 보일 것이다.

튼실한 경영 또한 조화 속에서 원동력을 찾을 수 있다.

잘 차려입은 남녀는 조화를 보여주는 움직이는 표본이다.

세상사에 – 아니 전 우주에 걸쳐 – 이처럼 조화로 이루어지는 일이 많은데, 지각이 있는 사람이라면 이 조화와 인생의 '명확한 목표'를 따로 떼어놓고 생각할 수는 없다. **목표에서 제일 중요한 기반이 되는 조화를 빠뜨리는 것은 곧 '명확한 목표'가 없는 것과 같다**고 할 수 있다.

성공 에너지의 개발

사람의 인체는 장기, 내분비선, 혈관, 신경, 두뇌세포, 근육 등의 복합적인 체계이다. 행동을 유발하고 신체 각 부위를 조정하는 마음의 에너지는 다양하면서도 변화하는 에너지의 복합체이다. 출생에서 사망에 이르기까지 마음의 힘 사이에는 끊임없는 투쟁이 벌어진다.

예를 들면 선과 악 사이에서 발생하는 인간의 욕망과 자극 사이에서의 영원한 투쟁은 이미 잘 알려진 사실이다. 사람은 누구나 두 가지 이상의 복합적인 마음의 힘이나 성격을 지니고 있는데, 한 사람 안에 6가지 서로 다른 성격이 발견되기도 한다.

그러므로 모든 이에게 주어진 과제는 어떻게 하면 이러한 마음간에 조화를 이루어 주어진 목표를 달성하는가에 있을 것이다. 조화의 요소가 없다면 어느 누구도 명확한 판단을 내리는 것은 힘들 것이다.

이렇게 보면 재계나 정계 혹은 다른 분야의 지도자가 그룹의 구성원들을 조직하여 서로 충돌하지 않고 주어진 목표를 달성하도록 하는 것이 얼마나 어려운가를 아는 것은 그리 이상하지 않다. 각 개인은 이미 자신 내부에 – 가장 조화로운 상태에서 이루기 좋은 환경에 처해 있을 때조차도 – 조화시키기 어려운 요소들을 지니고 있기 때문이다.

자신도 자신의 마음의 요소들을 조화시키기가 쉽지 않은데, 그룹 구성원의 마음을 마치 하나인 것처럼 기능하게 하는 '마스터 마인드'가 얼마나 어려울 것인가를 생각해보자.

❈ 마스터 마인드의 에너지 창조

'마스터 마인드' 의 에너지를 개발해내고 성공적으로 이끌 수 있으려면 리더는 재치, 끈기, 일관성, 자신감, 마음의 화학작용에 대한 지식(완벽한 균형과 조화의 상태)과 시시각각 변하는 상황에도 당황하는 기색을 보이지 않고 적응할 수 있는 능력을 갖추어야 한다.

얼마나 많은 사람이 이러한 요구사항을 충족시킬 수 있을 것인가?

성공적인 리더라면 매 상황에 따라 자신의 마음을 카멜레온처럼 바꿀 수 있는 능력을 지니고 있어야 한다. 게다가 이렇게 마음을 바꿀 때 자신감이 결여된 듯하거나 흥분한 듯한 조짐을 내비쳐서도 안 될 것이다.

성공적인 리더는 15가지 성공의 법칙을 이해하고 어떤 상황이 닥치더라도 이 15가지 법칙을 실행할 수 있어야 한다. 이러한 능력이 없다면 리더는 강력한 힘을 지닐 수 없으며, 힘이 없는 리더는 오래 지속될 수 없는 것이다.

● 교육의 의미

'교육' 이라는 단어의 해석에는 오랜 기간 부적절한 정의가 유포되고 있었다. 사전 또한 이러한 오해의 여지를 제거하는 데 하등 도움이 되지 못했는데, 사전은 교육을 '지식을 전하는 행위' 로 규정하고 있기 때문이다.

'교육하다' 라는 단어의 어원은 라틴어인 'educo' 에 있다. 그 의미는 **내부로부터 개발해낸다**는 뜻이다. 따라서 끌어내다, 이끌어내다, 추출하다, 자라다(사용의 법칙을 통해) 등의 의미를 지닌다.

자연은 어떤 존재이든 게으른 것을 가장 싫어한다. 자연은 사용되고 있는 존재에게만 지속적인 생명을 선사한다. 팔이나 혹은 신체 다른 부위를 묶어서 사용하지 않으면 그 부분은 퇴화되고 곧 활동을 멈출 것이다. 반대로 무거운 망치를 하루 종일 휘두르는 대장장이처럼 팔을 평소보다 많이 쓰게 되면 – 내부로부터 개발되어 – 그 팔은 튼튼하게 될 것이다.

힘은 조직화된 지식에서 자라나지만 중요한 것은 이를 적용하고 사용했을 때 '그로부터 자라난다'는 것이다. 걸어다니는 백과사전이 있다 해도 사실 이 지식은 아무런 가치도 없다. 지식은 체계를 갖추고 분류되고 실제로 사용되었을 때 힘을 얻는 것이다.

유명한 사람이 알고 있는 지식은 사실 바보보다 적을 수 있다. 다만 전자의 경우 그들이 지니고 있는 지식을 사용하고 후자는 아무런 적용도 하지 않는다는 차이가 있을 뿐이다.

'교육받은' 사람이란 자기 인생의 목표를 달성하기 위해 다른 사람의 권리를 침해하지 않고도 원하는 것을 얻는 방법을 알고 있는 사람이다. 소위 '배웠다'는 사람들은 사실상 그들이 '교육된' 사람의 축에 끼지도 못한다는 사실이 다소 충격적일 수 있다. 또한 자신은 '배운' 것이 없다고 생각하는데 누구보다 잘 '교육된' 사람이라는 것을 알게 되면 그 사람 역시 놀라게 될 것이다.

유능한 변호사가 꼭 법을 조목조목 다 외우고 있을 필요는 없다. 오히려 유능한 변호사는 적용할 만한 법이 어디에 있는지를 알고 주어진 사건에 맞추어 그 원리를 지지해줄 다양한 의견들을 찾아낼 수 있는 사람이다.

다시 말하자면 유능한 변호사는 그가 원할 때 원하는 조항을 어디서 발견할 수 있는지 아는 사람인 것이다. 동일한 원리가 기업과 경영에도 적용된다.

당신의 마음을 상하게 할지라도 진실을 말해주는 사람을 찾아 조언을 구하라. 입에 발린 칭찬은 당신의 상황을 개선시켜주지 않는다.

�֎ 진실로 '교육된' 사람이란?

헨리 포드는 초등학교를 간신히 수학하였을 뿐이지만 그는 자연과 경제의 법칙을 통합하여 그가 원하는 물질은 무엇이든 얻을 수 있는 힘을 지녔기 때문에 세상에서 가장 '교육된' 사람이라고 할 수 있다.

세계대전 중에 포드는 〈시카고 트리뷴(Chicago Tribune)〉을 상대로 소송을 낸 적이 있다. 이 신문사가 그를 '무식쟁이' '무식한 반전(反戰)주의자'로 비방 기사를 낸 것에 대해 명예훼손으로 소송을 제기한 것이다.

소송 중 법정에서 〈시카고 트리뷴〉의 변호사는 그들의 주장이 옳다는 것, 즉 포드가 무식하다는 것을 밝혀내기 위해, 또 이를 인정하게 하기 위해 다방면에 걸친 질문으로 그를 시험하였고 추궁하였다.

질문 가운데 하나는 다음과 같았다.

"1776년 식민지인 미국의 반란을 진압하기 위해 영국에서 파병한 병사의 숫자는 몇 명이었습니까?"

이 질문에 포드는 약간의 미소를 지으며 다음과 같이 대답하였다.

"글쎄요. 영국에서 얼마나 파병했는지는 모르겠소만, 무사히 귀국한 사람 숫자보다는 많았다고 들었소."

그 대답을 듣고 배심원, 방청객을 비롯한 온 법정, 심지어는 질문을 한 변호사까지도 웃고 말았다.

이와 같은 질문공세가 한 시간여 계속되었고 포드는 계속해서 침묵을 유지하였다. 어쨌든 그는 이 똑똑한 변호사 양반이 지칠 때까지 떠들도록 내버려두었다가 특별히 무례하고 불쾌한 질문에 닥쳐서는 몸을 곧추세우고 심문하는 변호사를 손가락으로 가리키며 대답하였다.

"만약 내가 방금 당신이 한 바보 같은 질문과 또 지금까지 당신이 했던 그 질문들에 대답하고자 마음만 먹는다면, 내 사무실 책상에 있는 전자 버튼을 누르기만 하면 그 모든 질문에 대답하고 당신도 대답하지 못할 질문이나 질문도 못한 질문에 모조리 답할 수 있는 사람이 달려올 것이요. 나는 내가 부르면 달려와 이 모든 것을 대답해줄 사람이 있는데, 굳이 이런 쓸모없는 질문들에 대답하기 위해 내 시간을 쏟아야 하는 이유가 뭔지 한번 들어나 봅시다."

앞의 대답은 내 기억에서 나온 것이지만, 포드가 하고자 했던 대략적인 의미는 아마 정확히 전달하고 있을 것이다.

순간 법정에는 침묵이 감돌았다. 심문에 열중이던 변호사는 입이 벌어지면서 눈은 휘둥그레졌고 판사는 몸을 기울여 포드를 내려다보았으며 배심원들은 무슨 폭발소리라도 들은 것처럼 깨어나 두리번거렸다.

당시 법정에 있었던 저명한 성직자는 후에 그때를 회고하면서 마치 예수가 '진리란 무엇인가?' 라는 질문에 대답했던 그 유명한 답변을 연상시켰다고 한다.

포드의 발언은 심문자를 얼어붙게 하기에 충분하였다. 그 발언이 있기 전까지 변호사는 여러 가지 상식에 관한 질문들을 하고 포드의 무식을 가능한 많이 드러내기 위해 여러 분야에서 끌어 모은 잡다한 내용들로 심문을 하면서 즐거운 시간을 보내고 있었다.

그러나 포드의 발언으로 더 이상 이런 무의미한 놀이는 끝이 나고 만 것이다.

이 사례로부터 **진정한 교육이란 마음의 개발을 의미하지 단지 지식을 수집하고 분류하는 것을 의미하는 것이 아니라는 사실을 증명한 것이다.**

포드는 아마도 미 연방 모든 주(州)의 중심지, 그리고 그 주의 주도(州都 : capitals)를 외우지는 못하지만, 그는 자본(capital)을 모아서 미국 내 모든 주에 수많은 바퀴를 돌아가게 할 수는 있었다.

교육이란 - 이것은 꼭 기억하라 - 동료의 권리를 해치지 않고 자신이 원할 때 모든 것을 얻게 하는 힘으로 구성된다. 포드는 이러한 정의를 꿰뚫고 있었다. 나는 그런 의미를 좀더 명백히 밝혀두고자 포드의 간단명료한 철학과 관련한 사건을 전술(前述)하였다.

이론상으로 포드가 개인적으로 대답할 수 없는 질문들로 그를 곤란하게 할 수 있는 소위 '배운' 사람들이 많을 것이다. 그러나 포드는 산업과 재정의 전장(戰場)에선 그들의 지식과 지혜를 전멸시킬 수 있는 능력을 지니고 있다.

포드는 화학 실험실에 들어가 물을 산소와 수소의 원자로 분리해내고 다시

76

물로 재결합시킬 수는 없지만, 그가 원할 때면 언제든 그를 위해 이 업무를 수행할 사람들을 곁에 두는 방법을 안다. 다른 사람이 가진 지식을 이성적으로 사용할 수 있는 사람은 단지 지식만을 가지고 어떻게 써야 할지 모르는 사람보다 더 교육된 사람이라고 할 수 있다.

유머 감각을 잃게 되면 엘리베이터에서 일을 하는 편이 나을 것이다. 어찌됐든 매일 기복을 경험할 수 있을 테니까.

상상력과 선견지명의 파워

유명한 단과대학의 학장이 아주 쓸모없는 척박한 땅을 상속받았다. 이 땅은 상업적 효용이 있는 목재가 나지도 않고 광물이나 기타 가치 있는 산물이 나지도 않아 그에게는 세금만 부담해야 하는 애물단지에 지나지 않았다.

그 때 주(州)에서는 이 땅을 가로지르는 고속도로를 개설하였고, 마침 차를 몰고 이 도로를 지나던 한 사람이 – 교육이 덜 된 – 사방을 둘러보면서 이 땅이 경관이 뛰어난 산꼭대기에 있는 것을 주의 깊게 살펴보았다. 아울러 그 무식한 사람(?)은 이 땅이 자그마한 소나무와 묘목으로 뒤덮인 것에 주의했다. 그는 에이커당 10달러를 지불하고 50에이커의 땅을 샀다.

그후 그는 고속도로 부근에 커다란 식당이 딸린 독특한 통나무집을 짓고 집 근처엔 주유소를 세웠다. 그는 도로를 따라 10여 채의 통나무집 – 방이 하나인 – 을 지어 1박으로 3달러를 받고 빌려주었다. 식당, 주유소와 통나무집으로 그는 첫해에만 15,000달러를 벌어들일 수 있었다.

이듬해 그는 50여 채의 통나무집을 더 지었는데 이 집들은 방이 세 칸씩 있는 형태였고, 인근 주민들에게 여름 별장으로 세를 주어 여름 한철에만 150달러씩을 받았다.

건축에 필요한 자재 구입에 그는 돈 한 푼 들일 필요가 없었는데, 그것은 그 땅에 널려 있는 목재를 재료로 썼기 때문이다(똑같은 땅이 학장에게는 아무런 소용이 없었는데 반해).

대부분 사람들은 가공되지 않고 날로 지은 건물에 매력을 느끼지 못하지만, 그는 이러한 재료를 이용함으로써 독특하고 이색적인 외관의 통나무 방갈로를 지어 따로 광고를 할 필요가 없었다.

그는 통나무집에서 5마일 이내에 150에이커에 달하는 버려진 농가를 에이커당 25달러에 사들였다. 땅 주인은 이 가격이 터무니없이 높이 매겨졌다고 기뻐했다.

그는 이곳에 길이 100피트의 댐을 만들어 물줄기를 모아 15에이커의 땅에 이르는 호수를 만들었다. 호수는 물고기로 채워서 여름을 호숫가에서 보내고 싶어하는 사람에게 팔았다.

이처럼 단순한 토지이용 개발을 통해 벌어들인 순익은 25,000달러가 넘었으며, 모든 작업에 걸린 시간은 단지 여름 한철이었다.

상상력과 선견지명을 갖춘 이 사람은 기존 사전의 진부한 해석에 따르면 '교육된' 사람이 아니다. 어떤 사람이 교육된 사람이 되고 강력한 힘을 지니게 된다는 것은 조직화된 지식의 사용을 통해 비로소 가능함을 기억하도록 하자.

여기에 언급한 용도변경에 대해 덧붙이자면 아무짝에도 쓸모없는(?) 부지 50에이커를 500달러에 팔고서 후에 대학 학장은 다음과 같이 고백하였다.

"생각해보시오! 우리 대부분이 무식하다고 부르는 바로 그 사람이, 그의 무식과 50에이커의 쓸모없는 땅을 결합시켜 소위 교육받았다는 내가 5년을 벌어도 못 번 돈을 1년 만에 벌었다는 사실이 무엇을 의미하는지를!"

미국은 앞에 묘사된 것과 마찬가지로 아이디어를 이용만 하면 어디에서고 기회가 있는 나라이다. 앞에서 인용한 바와 같이 여러분이 보게 되는 땅들을 관찰하고 사업화시키려 한다면 돈을 벌어다 줄 적당한 장소를 발견할 수 있을 것이다. 특히 강변이나 해변이 드문 지역일수록 이런 아이디어가 빛을 볼 수 있을 것이다.

자동차 덕택으로 미국 전역에는 고속도로 시스템이 잘 갖춰지게 되었다. **상상력**과 이를 실행할 **자신감**이 있는 사람이라면 거의 모든 고속도로 부근에 관광객을 위한 통나무 도시로 적합한 장소를 물색해 돈을 찍어내는 조폐창으로 삼을 수 있을 것이다.

여러분 주위에는 돈을 벌 기회로 가득 차 있다. 이 강좌는 여러분이 그런 기회들을 '포착' 할 수 있도록 도와주고 기회를 발견한 후에는 어떻게 최대한 활용할 수 있는지를 일러주고자 개설되었다.

✿ 성공의 법칙으로 덕을 볼 사람들

철도 경영자 : 철도 승무원과 철도 승객간의 협력을 향상시키고자 하는 사람.

봉급생활자 : 소득 능력을 증대시키고 자신의 노동력 가치를 높이려는 사람.

세일즈맨 : 자신의 영역에서 최고가 되고자 하는 사람. '성공의 법칙' 철학은 다른 저서에서는 소개하고 있지 않은 여러 요소들을 다루며 판매의 모든 법칙을 포괄하고 있다.

산업체 경영자 : 고용인들간의 조화, 즉 화합의 가치를 잘 알려는 사람.

철도회사 근무자 : 업무의 효율을 높이려고 하는 사람으로서 더욱 책임감이 따르는 지위와 봉급의 인상을 바라는 사람.

상인 : 새로운 고객을 끄는 방식으로 사업을 확장하려는 사람. 성공의 법칙 철학은 상점을 방문하는 고객을 '걸어다니는 광고판' 으로 만드는 법을 가르쳐줌으로써 사업을 확장하도록 도와줄 것이다.

자동차회사 대리점 : 영업직원의 판매력을 획기적으로 증대시키고자 하는 사람. 성공의 법칙은 상당 부분 뛰어난 자동차 세일즈맨의 실상을 토대로

개발되었기 때문에 자동차 세일즈맨을 지도하는 세일즈 매니저에게 커다란 도움이 될 것이다.

생명보험회사 대리점 : 새로운 고객에게 보험증권을 팔고 기존 고객에게 보험판매를 늘리고자 하는 사람. 오하이오주에 있는 생명보험설계사는 이 강좌 중 '실패로부터의 교훈' 부분을 한번 읽고는 철강회사 중역에게 5천 달러에 달하는 보험을 팔 수 있었다. 그는 15가지 성공의 법칙을 훈련한 결과 후에는 뉴욕생명보험사의 판매왕이 되었다.

학교 선생님 : 현재 위치에서 승진하고자 하는 사람, 혹은 좀더 수익이 되는 분야에서 기회를 찾으려는 사람.

학생 : 앞으로 어떤 분야에 종사할지 정하지 못한 고등학생 및 대학생. 성공의 법칙 과정은 학생이 어느 분야에 최적격인지 결정할 수 있도록 완벽한 개인 분석 정보를 제공하고 있다.

은행주 : 친절한 서비스, 서비스의 질적 향상을 통해 사업을 확장하려는 사람.

은행 창구직원 : 은행, 상업 혹은 산업 분야에서 중역진의 위치까지 오르고 싶은 야심에 찬 사람.

의사 및 치과의사 : 직접적인 광고를 통하지 않고도 업무를 확장하기를 원하는 사람. 한 유능한 의사는 성공의 법칙이 1천 달러의 광고효과를 지닌다고 하였다.

중개업자 : 지금까지와는 다른 방법으로 프로모션을 시도하려는 사람. 어떤 이는 이 개론 부분에서 묘사된 원리를 이용하여 부동산 판매촉진으로 수입을 올릴 수 있었다고 한다.

부동산 종사자 : 판매를 촉진시킬 새로운 방법을 모색하는 사람. 부동산 촉진 계획에 관한 개론 부분의 묘사는 이를 실행하려는 사람에게는 확실한 소득을 보장해 줄 것이다. 실제로 이 계획은 모든 주에 적용 가능하다. 뿐만 아니라 아무런 경영경험이 없는 사람도 시도해 볼 수 있는 아주 좋은 방법이다.

농부 : 농산품의 효율적 마케팅을 통해 순이익의 증대를 꾀하는 사람. 개론에서 밝힌 것처럼 자신의 농지를 분양하고자 하는 사람. 수천, 수만의 농부가 경작지로는 적당하지 않은 땅일지라도 휴양과 리조트 시설로 전환해 고소득을 올릴 수 있는 '금광'을 가지고 있다.

속기사 및 사서 : 보수가 높고 대우가 좋은 위치로 승진을 하려는 사람. 성공의 법칙은 서비스 분야에 관한 한 최고의 강좌라 할 수 있다.

인쇄업자 : 사업을 확장하고 종업원과의 협동력 향상으로 효율적 생산을 꾀하려는 사람.

일용직 종사자 : 좀더 많은 권한과 책임이 따르는 위치와 보수의 증대를 원하는 사람.

변호사 : 윤리적이고 위엄 있는 방법으로 고객을 끌고자 하는 사람. 이를 통해 법적 자문, 서비스를 원하는 사람을 더욱 유치할 수 있을 것이다.

기업체 중역 : 고용인들의 협력을 통해 현 사업을 증대하거나 지출은 줄이고 사업 규모는 유지하고자 하는 사람.

세탁소 주인 : 배달업자나 고객을 대면하는 종업원에게 정중하고 효율적인 서비스 교육을 시켜 사업을 확장하고자 하는 사람.

생명보험 총대리점 : 좀더 효율적인 조직을 통해 규모를 획기적으로 늘리려는 사람.

체인사업 경영자 : 개개인의 판매 노력으로 좀더 효율적인 결과를 도출하고 사업규모를 늘리고자 하는 사람.

부부 : 가정에서 조화와 협력의 결핍으로 불행하고 성공적이지 못한 결혼생활을 영위하는 부부.

지금까지 분류한 모든 사람들에게 '성공의 법칙'의 철학은 **확실하고도 신속한 도움이 될 것이다.**

인생의 목표야말로 발견할 가치가 있는 자산이다. 그리고 그것은 외부에서 발견되는 것
이 아니라 자신의 내부에서 발견되는 것이다.
– 로버트 루이스 스티븐슨(Robert Louis Stevenson)

●●●
마스터 마인드 요약

이 요약 부분은 독자들에게 이 강좌의 토대가 되는 중심개념을 파악하는 데
도움을 주려는 취지에서 마련하였다. 물론 중심개념이란 '마스터 마인드' 라는
단어로 대표될 수 있다. 이에 대해서는 강좌의 전 부분에 걸쳐 많은 지면을 할
애하였다.

모든 새로운 개념은, 특히 모호한 성질의 것은 수차례 반복이 된 후에야 자
리를 잡게 되는 법인데, 이러한 효과를 위해 요약 부분에서는 마스터 마인드로
알려진 원리를 다시 설명하겠다.

※ 협력으로 성공에 필요한 지식을

**'마스터 마인드' 는 두 사람 이상의 마음이 조화의 정신으로 호의적으로 연
대되었을 때 개발될 수 있다.**

미리 밝혀둘 것은 조화의 정신으로 결합이 되든지, 안 되든지 모든 마음의
결합에는 성원들에게 새롭게 영향을 미치는 존재를 창출한다는 것이다. 둘 이
상의 마음이 일단 접촉하게 되면, 그때에는 제3의 정신이 탄생하지만 이것이
항상 마스터 마인드를 만들어내는 것은 아니다.

때로는 – 흔히 볼 수 있는데 – 둘 이상의 마음이 만나 마스터 마인드와 반대
되는 부정적인 힘이 생겨나는 경우도 있다. 이미 앞에서 얘기한 바와 같이 어
떤 마음들은 조화의 정신으로 화합되지 않는 경우가 있기도 하다.

그런 사실은 화학에서 그 유사성을 찾아볼 수 있는데, 이를 통해 여러분은 이 원리를 좀더 명확히 이해할 수 있을 것이다.

예를 들어 (두 개의 수소원자와 한 개의 산소원자의 결합을 의미하는) H_2O는 두 개의 원소가 물로 전환된 것이다. 수소원자 한 개와 산소원자 한 개로는 물이 생산되지 않으며 그들은 조화롭게 결합되지 못한다.

또한 각각은 무해한 원소였는데 결합되는 즉시 치명적인 유독 성분으로 되는 경우가 있다. 달리 말하면 독성물질로 알려진 여러 물질들도 특정한 원소와 결합하면 중화되거나 무해하게 될 수 있다는 것이다.

특정 요소가 전체의 성질을 바꾸는 것처럼 특정한 마음의 결합은 그 마음들이 결합된 전체 성질을 바꾸어 '마스터 마인드'를 생산하거나 정반대의 파괴적인 마음을 만들어낸다.

시어머니와 사이가 좋지 않은 며느리라면 마스터 마인드의 반대 현상을 경험하였을 것이다. 그 방면의 심리학자도 아직 정확한 이유를 규명하지 못하고 있는데, 대부분의 시어머니들은 자신의 며느리에게 부정적인 태도로 영향을 끼친다고 한다. 그들 마음의 결합은 마스터 마인드를 생성하는 대신 적대적인 영향을 일으키는 것이다.

앞의 사실은 너무나 잘 알려져 따로 부연설명이 필요치 않을 것이다.

어떤 경우에는 조화를 이루지 못하고 마스터 마인드를 만들어내지 못한다는 사실을 리더들은 유념해둘 만하다. 그러므로 **조직 내 전략적인 위치에 호의적이고 조화로운 정신으로 화합할 수 있는 구성원들을 선택, 배치하는 것이 리더의 책임이다.**

그런 사람들로 그룹을 만들 수 있는 능력이 리더십의 가장 주요한 덕목이다. 2장에서 다루겠지만 앤드류 카네기가 힘과 부를 축적할 수 있었던 원천이 바로 여기서부터 비롯됨은 주지의 사실이다.

철강사업에 필요한 기술적인 사항은 하나도 아는 바가 없었지만 카네기는 구성원들을 통합하고 그룹으로 만들어 마스터 마인드를 이루었으며 이로 인해 살아생전에 세계에서 가장 성공적인 철강업체를 구축할 수 있었다.

포드의 성공 또한 카네기의 경우와 마찬가지로 동일한 원리의 성공적 적용에서 비롯되었다. 포드는 자신감으로 넘치는 사나이였지만 그의 산업의 성공적 개발을 위해 필요한 지식들은 자신에게서 구하지 않고 다른 사람의 협력을 통해 구하였다.

카네기처럼 그도 자신은 가지고 있지 않지만, 그 지식을 가진 사람들을 곁에 두었다. 게다가 포드는 그룹 안에서 조화를 이룰 수 있고 또 실제로 그렇게 했던 사람들을 선택하였다.

'마스터 마인드' 의 원리가 가장 효과적으로 나타나는 사례는 남자와 여자의 마음의 결합에서 발견된다. 그 이유는 일반적으로 사람들은 동성보다는 이성간 마음의 결합에 기꺼이 동참하기 때문이다. 또한 종종 성적 결합에 따른 촉진은 남녀간에 마스터 마인드의 개발을 촉진하기도 한다.

남자는 여성이 영감을 불어넣거나 독려하게 되면 대상이 무엇이든간에 그 대상에 좀더 예민하고 주의를 늦추지 않게 된다. 이러한 기질은 사춘기부터 시작되어 평생 지속된다.

여자들이 보는 앞에서 경기하는 남학생들만 봐도 알 수 있다. 여자가 관중에서 빠진다면 풋볼은 시시한 게임이 되지만 자기가 좋아하는 그녀가 관중석에 있을 때 그는 거의 초인적인 노력을 펼칠 것이다.

그 소년은 – 자신이 좋아하는 여성이 독려하고 자극한다면 – 경기 때와 마찬가지 열의로 돈을 버는 게임에 열중하게 될 것이다. 특히 그 여성이 마스터 마인드의 법칙을 통해 그의 마음을 자극하는 방법을 잘 알고 있을 때에는 더욱 그러할 것이다.

반면 마스터 마인드의 반대 형태(잔소리, 질투, 이기심, 탐욕, 허영심)를 적용하여 남자를 패배에 이르게 할 수도 있는 것이다!

고인이 된 엘버트 허버드(Elbert Hubbard)의 경우를 보면 이를 잘 알 수 있다. 그는 첫번째 부인과 불화하여 개선의 여지가 없자 여론의 질타를 무릅쓰고 이혼하였다. 후에 맞이한 여인은 그에게 많은 영감을 주었다.

사실 누구나 그와 같이 여론을 무시할 수 있는 용기가 있는 것은 아니지만, 결국 어떤 행동이 모두를 위해서 현명하겠는가?

만일 당신이 위대한 일을 할 수 없더라도, 작은 일을 위대하게 할 수 있음을 기억하라.

※ 가장 중요한 것은 성공하는 것

성공으로 이르는 길에는 목표를 달성하기 위해 반드시 제거해야 할 장애물들이 있다. 그 가운데 하나가 조화를 이루지 못하는 불운한 결합일 것이다. 그러한 경우에는 그 결합은 깨어져야만 할 것이고, 그렇지 않으면 종국에는 패배에 이르게 되고 말 것이다.

인간의 6가지 두려움 - 그 가운데 하나가 비난에 대한 두려움 - 을 정복한 사람은 적대적인 결합으로 성공에 지장을 초래하고 있다면, 관습에 얽매이지 않고 과감한 조치를 취하는데 망설임이 없을 것이다.

경제적 결합이든 사회적 결합이든 불협화음 때문에 실패를 하거나 쓸모없이 되느니, 비난에 직면하는 것이 백배, 천배 나은 일이다.

솔직히 말해 나는 지금 조화로운 생활을 영위할 수 없는 경우에는 이혼이 정당하다고 주장하고 있다. 그렇지만 적대감의 원인이 제거되고 이혼 같은 극단적인 조치를 취하지 않고도 조화를 이루는 경우가 있기 때문에 반드시 이혼 외에는 다른 방법이 없다고 강변하는 것은 아니다.

개인의 두뇌에 있는 화학적 특성에 따라 어떤 마음은 조화의 정신으로 섞이지 못하고 그렇게 강요될 수 없는 것이 사실이지만, **조화가 부족한 책임을 상**

대방에게만 전가해서는 안 될 것이다. 문제는 오히려 당신에게 있을 수도 있다는 점을 기억하길 바란다.

특정한 개인이나 집단과 조화를 이루지 못했던 마음도 어떤 다른 종류의 마음과는 완벽한 조화를 이룰 수도 있다는 것 또한 유념하길 바란다. 이런 진리를 파악할 수 있다면 직원을 채용하는 데도 획기적인 변화를 가져올 수 있을 것이다.

채용된 부서에 맞지 않는다고 그를 해고하는 것은 더 이상 합리적이지 않다. 판단력 있는 리더라면 이 직원이 자신의 능력을 발휘할 수 있을 만한 부서로 배치할 것이다.

이 책을 읽는 여러분은 다음 장으로 넘어가기 전에 '마스터 마인드'에 대한 이해를 하고 넘어가길 바란다. 그 이유는 이 책의 모든 과정이 이 법칙과 긴밀하게 연계되어 있기 때문이다.

만약 여러분이 이해를 잘 못할 것 같으면 누구라도 좋으니 상당한 부를 축적한 사람들의 기록을 분석해보라. 그가 의식하든 아니든 틀림없이 마스터 마인드의 원리를 이용하고 있을 것이다.

당부해 둘 것은 마스터 마인드의 법칙에 대해 숙고하고 사유(思惟)하느라 너무 많은 시간을 쏟아 부어서는 안 된다는 것이다. 어떤 원리도 이해가 된 후에는 적용할 줄 알아야 새로운 기회의 세계가 열리는 것이기 때문이다.

지금 읽고 있는 1장은 사실《성공의 법칙》의 독립된 장으로 의도된 것은 아니었지만, 세일즈의 달인이 되고자 하는 사람에게는 충분한 자료를 제시해 줄 것이다.

어떤 세일즈 조직이든지 상호 호의적인 협력의 정신으로 연대하고 앞서 기술한 방식에 따라 이 법칙을 적용할 직원들을 선택하여 모은다면 마스터 마인드의 법칙을 효율적으로 이용할 수 있을 것이다.

유명한 자동차 대리점에서 12명의 영업사원을 고용했는데, 마스터 마인드 법칙의 적용을 위해 2명이 한 조를 이루어 6개조를 만들었다. 그 결과 이들은 모두 종전의 판매기록을 갱신하였다.

이 대리점은 '한 주에 한 대 클럽(One-A-Week Club)' 이라는 조직을 결성하였는데, 일주일에 평균 한 대씩은 팔자는 취지에서 이름 지은 것이다.

그런데 모두에게 놀랄만한 결과가 일어났다! 클럽의 조직원들은 자동차 구매의향 고객명단을 작성하였다. 판매사원은 각기 자신에게 할당된 100명의 잠재적 고객에게 일주일에 카드를 한 장씩 보내고 매일 적어도 10통의 전화를 걸었다.

엽서 한 장에는 그들이 팔려는 자동차의 장점을 하나씩만 적어 보냈고 이에 덧붙여 면담을 요청하는 글귀도 첨가하였다. 면담은 급증하였고 거래 또한 급격히 이루어졌다.

이 방안으로 대리점 전체가 활기를 띠기 시작했다. 성과는 매주 판매사원의 판매기록으로 드러났다. 대리점은 이 클럽의 사원들에게 특별보너스를 지급하였다.

생명보험회사에서도 이와 유사한 방법을 채택하였다. 이를 채택한 대리점은 단지 이 계획의 도입만으로 직원의 증원 없이도 쉽사리 사업규모를 2배, 3배까지 확대할 수 있었다.

이 계획을 생명보험회사에 적용하기 위해 특별한 수정을 할 필요도 없다. 일주일에 최저판매량을 정해놓고 최소한 보험 한 건을 판매하자는 '한 주에 보험 하나 클럽(Policy-A-Week Club)' 을 조직하기만 하면 될 것이다.

승자는 도중에 그만두지 않는다. 그만두는 사람치고 승리하는 사람은 없다.

15가지 성공의 법칙	헨리 포드	벤자민 프랭클린	조지 워싱턴	시어도어 루스벨트	에이브러햄 링컨	우드로 윌슨
명확한 중점 목표	100	100	100	100	100	100
자기 확신	100	80	90	100	75	80
저축하는 습관	100	100	75	50	20	40
솔선수범과 리더십	100	60	100	100	60	90
상상력	90	90	80	80	70	80
열정	75	80	90	100	60	90
자제력	100	90	50	75	95	75
보수보다 많은 일을 하는 습관	100	100	100	100	100	100
유쾌한 성품	50	90	80	80	80	75
정확한 사고	90	80	75	60	90	80
집중력	100	100	100	100	100	100
협력	75	100	100	50	90	40
실패로부터의 교훈	100	90	75	60	80	60
인내	90	100	80	75	100	70
황금률의 이행	100	100	100	100	100	100
평균	91	90	86	82	81	79

주의!

위의 표를 주의 깊게 분석하고 분석된 10명과 오른쪽 공란에 자신을 평가하여 비교해보라.
공란은 《성공의 법칙》을 접하기 전과 완독한 후로 평가해보라.

※ 실제로 효과가 있는가는 중요

2장을 끝내고 그 장의 원칙인 '명확한 중점 목표'를 활용하는 법을 터득한
사람이라면 여기에서 설명된 계획을 더 효과적으로 활용할 수 있을 것이다.

15가지 성공의 법칙	윌리엄 태프트	나폴레옹 보나파르트	캘빈 쿨리지	제시 제임스	읽기 전	읽은 후
명확한 중점 목표	100	100	100	0		
자기 확신	50	100	60	75		
저축하는 습관	30	40	100	0		
솔선수범과 리더십	20	100	25	90		
상상력	65	90	50	60		
열정	50	80	50	80		
자제력	80	40	100	50		
보수보다 많은 일을 하는 습관	100	100	100	0		
유쾌한 성품	90	100	40	50		
정확한 사고	80	90	70	20		
집중력	100	100	100	75		
협력	100	50	60	50		
실패로부터의 교훈	60	40	40	0		
인내	100	10	75	0		
황금률의 이행	100	0	100	0		
평균	75	70	71	37		

한 가지 당부하고 싶은 것은 지금 설명하는 1장은 단지 개론(槪論)에 불과하므로《성공의 법칙》을 최소한 다섯 번까지 읽지 않았다면 이 장의 원리를 성급히 적용하는 것을 삼가 달라는 것이다.

또한 개론을 따로 작성한 주된 목적은 전체 강좌가 기반으로 삼고 있는 몇 가지 기본 원리들에 대해 짚고 넘어가기 위해서이다. 앞에서 잠시 언급한 원리들은 각 장에서 어떻게 적응될 수 있는지 다루고 있으므로 그때 참조하길 바란다.

어떤 이론이나 법칙 혹은 원리를 막론하고 그 최종적 평가는 '실제적으로 효과' 를 내는가에 달려있다. '마스터 마인드' 의 법칙은 실제 효과를 나타내고 있으므로 견고한 이론으로 입증되고 있다.

이를 이해하였다면 여러분은 이제 2장으로 넘어갈 준비가 된 것이다. 2장에서 여러분은 1장에서 밝힌 원리들의 적용을 더 깊이 살펴볼 수 있을 것이다.

앞의 표에서 분석한 10명은 세계적으로 널리 알려진 인물이다. 그 중 8명은 성공한 인물로 인식되는 반면, 2명은 실패자로 간주되고 있다. 그 2명은 제시 제임스와 나폴레옹 보나파르트이다. 그들은 비교를 위해 실렸다. 2명이 '0' 점을 받은 항목을 보게 되면 그들이 실패한 원인을 알게 될 것이다. 15가지 법칙 가운데 한 법칙일지라도 '0' 점이 있으면 아무리 다른 법칙에서 높은 점수를 획득하였다 해도 바로 실패를 의미한다.

성공을 거둔 사람들은 명확한 중점 목표 항목에서 모두 100점을 받은 것에 주목하기 바란다. 이는 어느 분야를 막론하고 성공을 위한 필수조건이며 여기에는 예외가 없다. 자신이 아는 사람 가운데 성공한 5명, 실패한 5명 등 총 10명을 선택해 분석해보는 것도 좋을 것이다. 자신을 평가하고 약점이 무엇인지 살펴보도록 하라.

"6가지 가장 치명적인 적"

사람은 누구나 두려워하는 것이 있게 마련이다. 다음 글에서 인간에게 가장 위해(危害)한 6가지 두려움을 접하게 된다. 인생에서 위업을 이루려한다면 이것들은 극복되어야 할 것이다. 여러분은 이 6가지 두려움 가운데 어떤 것으로부터 괴롭힘을 당하고 있는지 판단해보라. 그리고 더 중요한 것은 어떻게 이를 극복할 것인지를 아는 일이다.

이 글은 여러분에게 가장 치명적인 적으로부터 벗어나길 바라는 마음에서 마련되었다. 보이지 않는 곳에 자리잡고 있는 6가지 두려움을 살펴보는 기회가 되길 바란다.

사람은 눈에 보이지 않는 두려움을 한두 가지 정도는 가지고 있다. 적을 토벌하는 제1단계는 이들이 어디서, 어떻게 침투하였는지를 밝혀내는 것이다.

이들은 두 가지 경로를 통해 여러분에게 침투하였다.

하나는 신체적인 유전에서 찾아볼 수 있다. 이는 다윈(Darwin)이 잘 밝혀냈다. 다음으로는 사회적 유전을 들 수 있으며 이는 과거로부터 한 세대에서 다음 세대로 전해져 내려온 것으로써 두려움과 미신, 그리고 각종 사상(思想)이 이에 해당한다.

먼저 물리적(신체적) 요인이 6가지 두려움의 발생에 어떻게 작용하는가에 대해 살펴보도록 하자.

자연의 세계는 냉정하다. 단세포에서 고등동물에 이르기까지 자연에는 강자가 약자를 포식하는 적자생존의 법칙이 적용된다. 물고기는 곤충과 벌레를 잡아먹고, 새는 물고기를, 먹이사슬의 상단에 있는 동물은 다시 물고기를, 이렇게 계속해서 인간에까지 이르게 된다. 인간은 모든 동식물을 먹을 뿐 아니라 같은 사람도 먹어 치운다!

진화라는 것은 사실 강자가 약자를 잡아먹는 잔인한 기록이다. 이러니 약자가 강자에 대해 두려움을 갖는 것도 자연스러운 일이라 하겠다. 이 두려움의 의식은 모든 생물들이 타고나는 것, 바로 내재된 것이라고 봐야 할 것이다.

물리적 유전에서 기인한 두려움의 본능에 대해서 살펴보았다. 그러면 이제 사회적 유전으로부터의 두려움을 살펴보고 그것이 어떻게 우리 내부에 침투했는지 밝혀보자.

'사회적 유전'은 우리가 가르침을 받은 모든 것, 다른 존재와의 경험이나 관찰을 통해 배운 모든 것을 가리킨다.

고정관념과 편견은 잠시 접어두고 다음의 6가지 두려움을 하나하나 살펴보도록 하자.

가난에 대한 두려움 : 인간의 최대 적인 이 두려움에 대해 밝히려면 용기가 필요하다. 그런데 그 진실을 들어주는 데는 더 큰 용기가 필요하다. 가난에 대한 두려움은 인간이 동료인 인간을 경제적으로 포식하는 데서 비롯되었다.

본능은 있으나 '생각하는' 능력이 없는 동물은 서로 물리적인 포식, 즉 신체적으로 잡아먹는다. 그러나 더 고차원적인 직관과 강력한 '사고'라는 무기를 지닌 인간은 동료를 물리적으로 잡아먹지 않고 '경제적으로' 포식하는 데서 더욱 커다란 만족을 느낀다.

이러한 점에서 그 영향이 막대하기 때문에 국가와 정부는 수많은 법을 만들어 강자로부터 약자를 보호하고 있다. 가령 부정증권판매단속법의 경우를 보더라도 약자를 경제적으로 포식하려는 인간의 본성을 엿볼 수 있을 것이다.

늙음에 대한 두려움 : 이 두려움에는 크게 두 가지 요인이 작용한다. 첫째로는 '노령'에 '빈곤'이 겹치게 될지도 모른다는 생각에서 비롯된 것이다. 둘째로는 불과 유황의 지옥이라는 말에서 잘 알 수 있듯 현세보다 끔찍한 세상이 있다는 종교적 믿음에서 비롯되었다.

건강 상실에 대한 두려움 : 이 두려움은 물리적, 사회적 유전 모두로부터 발생된다. 출생에서 사망에 이르기까지 육체 안엔 끊임없는 투쟁이 벌어진다. 육체를 구성하고 제대로 기능하게 만드는 세포와 질병을 일으키는 침입자간의 투쟁인데, 이 두려움은 약자가 강자에 먹히는 냉정한 자연계의 법칙과 같다. 결국 이것은 육체 안에 날 때부터 가지고 있는 두려움인데, 위생과 청결 관념의 부족에 따른 사회적 유전도 한 몫을 하고 있다.

사랑 상실에 대한 두려움 : 질투라는 것이 결국 광기의 또 다른 형태이기 때문에 광적인 질투로 정신병원을 찾는 사람이 많다. 이에 따라 이혼과 치정에 얽힌 살인이나 잔인한 보복이 이루어지고 있다. 이는 시대를 거쳐 내려온 유물로, 석기시대 이래 자신의 여자를 동료에게 완력으로 뺏겼던 때부터 이어져 내려온 것이다.

지금은 다만 방법에 변화가 생겼을 뿐이다. 완력 대신 이제는 포장된 선물이나 스포츠카, 샴페인, 다이아몬드, 호화로운 주택으로 마음을 사려고 한다는 것이 다를 뿐이다. 과거 '쫓기'만 했던 것에서 지금은 '유혹하는' 것으로 다소 기술이 진보하였을 뿐이다.

타인의 비판에 대한 두려움 : 이 두려움이 어디서, 어떻게 생겨난 것인지 규명하는 데는 어려움이 따르지만 그 존재는 확실하다. 예를 들어 이 비판에 대한 두려움이 없었다면 남성들은 대머리가 되는 것을 꺼리지 않았을 것이다. 여성은 헐렁한 모자를 쓰기 때문에 대머리가 적은 반면 남성은 머리에 꼭 끼는 모자를 쓰기 때문에 이것이 모근의 순환을 방해해 머리카락이 더 빠지게 된다.

그럼에도 불구하고 남자들은 남들이 자기에게 매너가 없다고 비난할까봐 모자를 쓰고, 실내에서는 벗는 것이다. 의상업계에서는 이러한 두려움을 상업적으로 이용한다. 시즌마다 유행이 바뀌는 것은 의류업계 종사자들이 새로운 유행을 만든 결과이다. 이는 사람들이 '다른 사람이 입고 있는' 옷보다 철이 뒤떨어진 유행의 옷을 입을 만한 용기가 없다는 것을 잘 알고 있기 때문이다.

만약 이에 대해 고개를 갸웃거린다면 (남성들이여!) 올해 유행하는 힙합바지 대신 예전에 유행했던 양복바지를 입고 거리를 걸어보라! 혹은 (여성들이여!) 작년에 유행했던 모자를 쓰고 거리를 걸어보라! 만약 여러분이 어색하고 불편하다고 느낀다면 그것은 바로 눈에 보이지 않는 적, 비난에 대한 두려움 때문이다.

죽음에 대한 두려움 : 마지막으로 거론할 두려움은 인간들이 가장 두려워하는 것이다. 수천 년 동안 인간은 계속해서 해답 없는 질문을 던져왔다. 그것은 도대체 나는 '어디에서부터?' '어디로?' 가는가이다. 문명이 아무리 발달해도 이 영원한 난제 앞에 내놓은 대답에는 별다른 변화가 없다.

교활한 인간 종족도 '나는 어디서 왔고, 죽고 나면 어디로 가게 되는가?'에 대한 답은 못 내놓는 것이다. 지도자들은 '나에게 오라. 그리하면 사후에 천국에 가게 될 것이다' 라고 말한다.

이어서 천국은 거리가 온통 금과 값비싼 돌로 장식된 아름다운 곳으로 묘사되었다. 이윽고 '나를 통하지 않으면 이는 곧 지옥행을 의미하나니' 라고 하면서 지옥은 불길의 아궁이로 유황불에 영원히 고통을 당하는 모습으로 묘사된다. 인간이 죽음을 두려워하는 것도 무리는 아니다!

이쯤에서 여러분은 이 6가지 괴물 중에 당신을 가장 괴롭히는 것이 어떤 것인지 가려내보라. 적의 정체를 알게 되었다면 이미 그를 반은 무찌른 셈이다.

학습과 교육을 통해 인간은 6가지 적을 발견할 수 있었다. 이에 대항할 가장 효과적인 무기는 **조직화된 지식**이다. **무지와 두려움은 다른 이름을 가진 쌍둥이와 같다. 따라서 그들은 함께 붙어다니는 것이 보통이다.** 만일 무지와 미신이 사라진다면 6가지 기본적인 두려움은 인간의 본성으로부터 사라질 것이다. 도서관에 가면 인류의 6가지 적에 대한 처방전이 있다. 다음은 이에 대한 추천서이다.

벤자민 키드(Benjamin Kidd)가 쓴 《힘의 과학(The Science of Power)》을 읽어 보길 권한다. 그리하면 여러분은 6가지 두려움을 무찌를 수 있을 것이다. 다음으로 에머슨(Emerson)의 《보상에 대한 평론(Essay on Compensation)》을 찾아보길 바란다.

그 후에는 자기암시에 관한 양서를 골라 오늘의 믿음이 내일의 현실로 다가온다는 원리를 터득하길 바란다. 그리고 로빈슨(Robinson)의 《마음의 작용(Mind In the Making)》은 자기 자신의 마음을 이해하는 데 좋은 출발이 되어줄 것이다.

사회적 유전의 원리를 통해 암흑시대의 무지와 미신이 우리에게까지 전해져 내려왔다. 그러나 여러분은 현대사회에 살고 있다. **모든 결과에는 원인이 있다**는 점을 알고 있다. 그러므로 **현상의 원인을 분석하면 그 6가지 두려움의 족쇄로부터 벗어날 수 있을 것이다.**

엄청난 부를 축적한 사람들을 살펴보면서 그들 성공의 원인을 찾아내보자. 헨리 포드가 좋은 예가 될 것이다. 그는 25년이라는 짧은 기간 동안 가난을 정복하고 세상에서 가장 부유한 사람이 되었다. 그의 성공에는 요행이나 기적 같은 것이 작용하지 않았다. 단지 현재의 여러분도 활용 가능한 특정한 원리들을 주의 깊게 관찰하고 준수한 데서부터 비롯된 결과이다. 헨리 포드는 6가지 두려움에 굴복당하는 우를 범하지 않았던 것이다.

만약 여러분이 그들을 분석하는데 곤란함을 느낀다면 여러분 주위에서 두 사람을 골라 분석하여도 될 것이다. 한 사람은 여러분이 판단하기에 실패자를 고르고 다른 사람은 성공한 사람을 선택하라.

그 뒤 그들을 성공에 이르게 한 것은 무엇이고, 실패 요인은 무엇인지 분석해보라. 실제적인 사실들을 분석해야 할 것이다. 그러한 사실들을 모으는 과정에서 여러분은 현상과 원인에 대한 값진 교훈을 얻게 될 것이다.

그냥 '우연히 발생하는' 일은 없다. 모든 것들, 즉 땅 위를 기어다니거나 바다에서 헤엄치는 동물에서부터 사람에 이르기까지 모든 생물은 자연 진화 과정의 결과라고 할 수 있다. 진화는 '질서정연한 변화'이다. 이 질서정연한 변화는 '기적'으로 이루어지는 것이 아니다.

물리적 외양이나 색상이 세대를 거쳐 천천히 일정 질서에 따라 변해가듯이 사람의 마음 또한 끊임없이 변화하고 있다. 바로 이 점에서 발전에 대한 희망을 발견할 수 있다. 여러분은 여러분 마음을 단기간에 변화시킬 능력을 지니고 있다.

자기암시가 적절히 실행된다면 1개월 안에 여러분은 6가지 두려움을 당신 앞에 무릎 꿇릴 수 있을 것이다. 1년간 지속적인 노력을 기울인다면 이 모든 적을 다시는 일어서지 못하도록 코너에 몰 수도 있을 것이다.

오늘 당신의 마음을 지배하고 있는 생각이 내일의 당신을 결정한다!

6가지 두려움을 물리칠 결단을 하면 이 싸움은 이미 반은 이겨놓은 것과 다를 바 없다. 이러한 생각을 가지고 적들을 눈 밖으로 몰아내 여러분 마음속에 발붙일 곳이 없을 때까지 서서히 압박해야 할 것이다.

강력한 사람은 아무것도 두려워하지 않는다. 심지어 신조차도!

강력한 사람은 신을 두려워하지 않고 사랑한다. **힘은 두려움에서는 생겨날 수 없는 것이다. 두려움에서 비롯된 힘은 결국 붕괴되고 말 것이다.**

이 위대한 원리를 마음속에 새겨 두어라! 그러면 당신은 직위 및 지위가 낮아서 당신에게 복종해야 할 사람들의 두려움을 기반으로 힘을 쌓으려 하지 않아도 될 것이다.

가장 파괴적인 죄악은 남에 대한 비방이다. 이는 인간의 마음에 상처를 주며, 여타 모든 죄악과 합세하여 무자비하게 명예를 훼손시킨다.

인간은 행위를 위한 영과 육의 결합체.

확고한 결의와 대담한 환상의 날개로

겁없이 솟아오르고, 두려움 없이 돌며

평화를 추구하는 깊은 고통과 감성과

영혼의 기쁨을 맛본다.

인간은 비굴함과 고민 속에서 태어나

두려움의 오물 위에서 뒹굴며,

부스럭거림에 움츠리고 반딧불에 놀란다.

육감적인 사랑은 알고 있어

그때가 그의 허송세월 중 가장 축복된 날.

죽음의 차가운 손이 다가오는 데도

질병은 싫어하되 치료 또한 두렵다.

한 사람은 지금부터 있을 사람이고,

다른 쪽은 악이 지금까지 만든 사람이다.

                              - 셜리(Shelley)

명확한 중점 목표
A Definite Chief Aim

Napoleon Hill

가장 훌륭한 장미 덤불은 가시가 적은 덤불이
아니고 아름다운 장미가 핀 덤불이다.

- 헨리 반 다크(Henny Van Dyke)

명확한 중점 목표

'믿어라! 당신은 해낼 수 있다!'

지금 여러분은 세계 역사상 최초로 실제 검증된 – 특히 성공한 사람들 – 성공철학의 강좌를 접하고 있다.

이 책의 서술방식은 강좌의 원리와 법칙을 누구라도 쉽고 빠르게 흡수할 수 있도록 하였으며, 이 책에 묘사된 일부 이론은 책을 접하는 모두에게 친숙할 것이다.

그러나 그 중 어떤 것은 이곳에서 처음 접할 것이다. 명심할 것은 철학의 가치는 그것을 접한 후, 여러분의 마음에서 사고를 행동으로 촉진할 때에 있는 것이지 그 자체로는 단지 이론에 불과하다는 것을 기억해두길 바란다는 점이다.

말하자면 이 강좌는 여러분이 **인생의 명확한 목표를 정하고 이끌어 나가 대다수 사람들이 무(無)목적적이고 근시안적으로 살아가는 데 비해 강력한 힘을 기르고 또 그 힘을 이용할 수 있도록 사고 자체를 촉진시키려는 목적**으로 씌어졌다.

성공에 대한 정의가 개인에 따라 각자 다르겠지만 전심을 기울이는 것이 성공을 위해 필수적인 것에는 이견이 있을 수 없다.

물론 하나의 목표에 전심을 기울이려면 일반적으로 여러 가지 사안에 대해 고려가 수반되어야 하는 것도 사실이다.

성공을 위한 트레이닝

나는 잭 뎀시(Jack Dempsey, 권투선수)가 차기 시합을 위해 트레이닝에 임하는 것을 주의 깊게 살펴보았다.

트레이닝을 하는 데 그가 사용하는 방법은 한 가지에 그치지 않고 여러 가지를 병행하고 있는 것을 알 수 있었다. 펀칭백으로는 근육을 단련시키고 기민한 눈의 움직임을 훈련하면서 아령으로는 다른 부위의 근육을 키우고 달리기는 그의 다리와 엉덩이의 근육을 단련시켜주었다.

식사조절을 통해 체중을 늘리지 않고도 근육을 키울 수 있었으며 적절한 수면과 휴식의 습관이 승리를 위한 다른 자질들을 길러주었다.

여러분은 인생에서 성공을 위한 트레이닝에 임하는 사람들이다. 이기기 위해서는 주의를 기울어야 할 사안들이 많다. 잘 조직되고 기민하면서 에너지가 넘치는 마음의 상태는 다양한 많은 자극들을 통해 생성되는데 이는 이 책의 전 강좌를 통해 기술되어 있다.

신체와 마찬가지로 마음 또한 개발을 위해서는 다양한 훈련이 필요하고 잘 발달되려면 여러 가지 조직적인 형태의 훈련이 이루어져야 한다는 사실을 잊어서는 안 될 것이다.

장애물을 넘는 허들 경주마를 훈련시킬 때 바람직한 자세를 몸에 배게 하기 위해 반복과 습관화를 통해 달리는 방식을 숙달시킨다. 사람의 마음도 다양한 사고의 자극제를 통해 비슷한 형태로 훈련되어야 할 것이다.

이 책을 읽기 시작한 지 오래지 않아 여러분은 광범위한 주제들에 대해 생각들이 떠오르는 것을 경험할 것이다. 이를 위해 책을 읽을 때는 메모장과 필기구를 항상 곁에 두고 마음에 떠오르는 생각이나 아이디어를 기록해 둘 필요가 있다.

나의 충고에 따라 여러분이 강좌를 두세 번 읽었을 때쯤이면 인생의 계획을 수정하기에 충분한 아이디어 모음집을 가지게 될 것이다. 위대한 과학자들도 이러한 원리를 수년간 경험해왔는데, 내가 제시한 방법을 따르면 마치 자석이 끌어당긴 것처럼 머릿속에 유용한 생각들이 떠오른다고 한다.

만약 여러분이 이 강좌를 접하면서 지금 여러분이 가지고 있는 지식보다 더 많은 지식이 필요하지 않다고 느꼈다면 이는 오산이다. 사실 누구도 가치 있는 논의에 대해 이미 이를 통달했다고 할 수는 없는 것이다.

무지로부터 벗어나 삶의 유용한 진리를 얻고자 긴 여정(旅程)을 걸어오면서 나는 다음과 같은 상상을 하곤 하였다. 인생의 문을 열어주고 닫는 조물주는 스스로 현명하다고 생각하는 사람의 이마에는 '불쌍한 바보'라고 적어놓으며, 스스로 성인이라고 자신을 평하는 자의 이마에는 '불쌍한 죄인'이라고 적어놓을 것이라고 말이다.

쉽게 말하면 올바른 삶을 사는 동시에 즐기면서 사는 데 필요한 것들을 다 알 수는 없기에 그 누구도 자기는 충분하게 알고 있다고 자만할 수는 없다는 뜻이다. 따라서 '겸손은 성공의 견인차'인 것이다.

스스로 겸손해지지 않는 한 타인의 사고나 경험으로부터 이득을 취할 수는 없을 것이다.

아마도 이런 얘기들이 자칫 도덕성에 관한 설교처럼 들릴지도 모르겠다. 그렇게 들렸으면 또 어떤가? 보통 '설교'가 그러하듯이 건조하고 재미가 없더라도 진실을 일깨우고 우리 존재의 보잘 것 없음을 드러내준다면 이로부터도 얻는 것이 있을 것이다.

※ 성공은 인간에 대한 이해로부터

인생에서의 성공은 인간에 대한 이해에 달려 있다!

인간이라는 동물을 효과적으로 연구하기 위해서는 먼저 자신에 대해 가능한 정확한 분석을 내릴 수 있어야 한다. 즉, 할 수 있는 한 자신에 대한 평가를 철저히 내릴 수 있어야만 다른 사람에 대한 이해가 한층 수월해지기 때문이다.

다른 사람을 파악하려 할 때 겉모습이 아닌 실제 모습을 알려면 다음과 같은 것을 자세히 관찰해야 할 것이다.

- 자세와 걸음걸이
- 목소리 톤, 높낮이, 성량(聲量)
- 눈동자, 시선 및 감정이 풍부한 눈인지의 여부
- 용어의 사용, 경향, 수준, 그리고 특성

이러한 방법을 통해 여러분은 사람을 속속들이 들여다볼 수 있게 될 것이고 실제 모습에 다가설 수 있을 것이다.

더 나아가 어떤 사람을 알려고 하면 다음과 같은 상황에 대한 관찰을 해도 될 것이다.

- 화가 났을 때
- 사랑에 빠졌을 때
- 돈 문제에 연관되었을 때
- 식사할 때(남들이 보지 않는다고 생각하고 혼자 먹을 때)
- 뭔가를 쓸 때
- 고통을 당하고 있을 때
- 기쁘고 환희에 찼을 때

- 기가 꺾이고 패배했을 때
- 대(大) 파국을 맞았을 때
- 다른 사람에게 좋은 인상을 주려 애쓸 때
- 타인의 불행을 알게 되었을 때
- 타인의 경사를 알게 되었을 때
- 운동시합에서 졌을 때
- 시합에서 이겼을 때
- 혼자 명상에 잠겼을 때

한 사람의 실상을 안다고 말하기 전에 여러분은 앞의 상황에 처한 상대를 관찰해 본 연후에, 혹은 다른 상황도 관찰한 후에야 상대에 대해 말해야 할 것이며, 첫인상만으로 다른 사람을 판단할 권리가 없다는 것을 알아두기 바란다.

외모에서 풍기는 이미지는 중요하며 그것에 대해서는 의심의 여지가 없다. 그러나 종종 외모에 속는 경우도 비일비재하다. 그런 것들을 이 강좌를 통해 숙달하기 바란다.

그리고 여러분은 자신이나 남을 판단할 때 첫눈에 보고 판단하는 일은 없기 바라며, 목록을 작성하여 종합적인 판단을 내릴 수 있기를 기대한다. 이 원리를 터득한 사람은 타인의 외양을 넘어서서 그 사람의 깊은 내면까지 알 수가 있을 것이다.

이는 내가 보증한다! 나의 다년간 경험과 분석이 없었다면 이런 장담은 할 수 없을 것이다.

에머슨이 《보상의 법칙》에서 말한 바와 같이 '대화를 나눌 상대'가 없는 사람은 '교육된' 사람이 아니다.

※ 어느 에스키모의 편견 이야기

이 책을 읽은 사람 가운데는 왜 이 강좌를 '세일즈맨십 마스터'라고 이름붙이지 않느냐고 묻는 사람들이 있었다. 그 대답은 이렇다. '세일즈맨십'이라는 단어는 상품이나 용역의 마케팅과 연관된 단어로 의미가 한정되기 때문에 이 강좌의 진면목을 드러내기에 적당하지 않다고 본다.

그러나 이 강좌는 세일즈맨십의 의미에 관해 일반적인 교육보다 더 깊은 안목을 길러준다는 면에서 세일즈맨십 마스터와 관련된 과정으로 볼 수는 있을 것이다.

결국 이 책《성공의 법칙》은 인생 전반을 통해 그들의 인품을 팔고자 하는 사람들이 마찰과 충돌을 최소화하면서 성공을 거두는 데 도움을 주고자 작성되었다. 책의 전 과정에서 여러분은 삼류인생을 사는 대부분의 사람이 간과하는 진리를 조직하고 이용하는 방법을 배우게 될 것이다.

누구나 자기 인생에 영향을 미치는 진실을 알고자 하는 것은 아니다. 내가 연구 활동을 하는 와중에 많은 사람을 만나면서 발견한 사실은 **소수의 사람만이 자신의 약점을 받아들이고 진실을 받아들이려 한다는 것이다.**

사람들은 실상(實像)보다는 허상(虛像)을 더 좋아한다! 그리고 새로운 진실이 받아들여진다 해도 이미 널리 알려진 사실의 소금과 함께 섭취된다. 그렇게 되면 소금의 양이 너무 많아서 새로운 아이디어는 그만 쓸모가 없어져 버린다.

그런 이유로 개론 부분인 1장 - 2장도 포함 - 은 여러분을 새로운 아이디어로 자연스럽게 이끌어주는 도입부의 역할을 하게 될 것이다.

내가 전달하고픈 의도는《아메리카 매거진(The American Magazine)》의 편집인에 의해 최근호에서 간명하게 드러나게 되었다.

「어느 비 오는 날 밤에 알래스카의 추장, 칼 로멘(Carl Lomen)이 나에게 다음과 같은 실화를 들려주었다. 그 후로 나는 이 이야기를 항시 마음에 새겨 두고 있다. 이야기는 다음과 같다.

"그린란드의 한 에스키모가 여러 해 전에 미국의 북극탐사단에 합류하여 도
움을 주었다. 이에 대한 보답으로 미국인들이 그에게 뉴욕시를 관광시켜주었
다. 눈앞에 펼쳐진 놀라운 광경과 처음 듣는 신기한 소리에 그는 경탄을 금치
못했다.

그가 부락으로 돌아와 하늘을 찌를 듯이 솟은 빌딩과 전차 – 그는 이것을 사
람들이 안에 살고 있을 때 움직이는, 선로를 따라 움직이는 집이라고 묘사하였
다 – 거대한 다리, 인공조명과 기타 도시의 놀라운 광경에 관해 얘기하였다.

사람들은 그를 냉랭하게 보고선 가버렸다. 이후로 그는 마을에서 '거짓말쟁
이(새그드룩)'라고 불리게 되었고 이런 불명예는 무덤까지 따라다녔다. 이 사
건 이후로 마을에서 그의 존재는 잊혀지다시피 하였다.

너드 라스무센(Knud Rasmussen)이 그린란드에서 알라스카로 여행을 했을
때 그린란드 에스키모인 마이텍(Mitek)이 안내를 맡았다. 마이텍은 코펜하겐과
뉴욕을 방문하였는데, 이곳에서 그는 처음 보는 새로운 것들을 많이 접하였고
깊은 인상을 받았다.

귀향한 후에 그는 일전에 한 에스키모가 '거짓말쟁이'로 불렸던 것을 거울삼
아 진실을 말하지 않기로 결심했다. 대신 그는 부락의 사람들이 이해할 수 있
는 이야기로 묘사를 하여 유명해졌다.

그는 어떻게 라스무센 박사와 허드슨강을 매일 아침 카약을 타고 나가 사냥
을 했는지 얘기하였다. 오리, 거위와 물개가 넘쳐나 즐거웠다고 하였다. 마이
텍은 그 부락 주민의 눈에 정직한 사람으로 비쳐져 이웃의 존경을 받았다."

진실을 밝히는 자의 길은 대개 순탄하지 못하다. 소크라테스도 이 때문에 옥
중에서 임종하였고 그리스도는 순교를 당했으며, 브르노(Bruno)가 화형에 처

해졌고 갈릴레이도 진술을 번복해야 했다. 이 외에도 진실을 말함으로써 역사를 장식한 희생을 쉽게 발견할 수 있을 것이다. 인간 본성에 내재한 그 무언가가 새로운 것을 거부하기 때문이다.」

우리는 조상 대대로 전해져 내려온 신념이나 편견이 교란되는 것을 꺼린다. 성숙했다고 하는 우리도, 동면에 들어간 동물처럼 고대 물신숭배와 같은 오래된 관습에 의존한다. 만약 새로운 아이디어가 침입하면 동면을 방해받은 우리는 으르렁거리면서 겨울잠에서 깨어난다.

에스키모인의 경우라면 이해가 된다. 그들은 '거짓말쟁이'가 묘사한 물건들을 시각화할 수 없었기 때문이다. 그들의 삶은 단순하여 너무나 오랫동안 북극의 구름 낀 하늘에 가려져 있었다.

그러나 현대인은 어째서 새로운 경향에 경계를 하는지 납득할만한 이유가 없다. 정신의 타성만큼 끔찍한 것은 없다. 몸이 게으른 사람보다 정신이 게으른 사람의 숫자가 훨씬 많고 정신적인 게으름에는 두려움이 자리잡게 마련이다.

버몬트에 사는 한 농부는 다음과 같이 기도하곤 했다고 한다.

"신이시여! 더 열린 마음을 가질 수 있게 해주십시오!"

그를 본받는다면 편견에 따라 사고가 마비되는 일은 없을 것이다. 세상도 달리 보이게 될 것이다.

어떤 경우에도 대가 없이 이루어지는 것은 없다. 장기적으로 보면 자동차를 사든, 한 덩어리의 빵을 사든 지불한 대로 얻게 될 것이다.

※ 새로운 것을 받아들이는 자세

여러분은 일상의 삶과 업무에서 새로운 아이디어를 모을 수 있도록 힘써야 한다. 새로운 아이디어를 얻으려 노력하지 않는 한 마음은 생기를 잃고 게으르고 편협하고 닫힌 마음이 되어 버린다.

농부라면 도시로 자주 나가 바람을 쐬고 낯선 사람과 높은 빌딩 사이를 걸어볼 일이다. 그러면 신선해진 마음으로 돌아가 용기를 얻고 열의를 일으킬 수 있을 것이다. 도시에 사는 사람이라면 가능한 자주 교외로 나가 일상의 업무와는 전혀 다른 새로운 환경을 접하면서 마음을 깨끗이 할 일이다.

사람에게 다양한 영양소의 보충이 필요한 것처럼 정기적으로 정신환경에 변화를 줄 필요가 있다. 일상에서 벗어나 새로운 환경을 접한 후에 정신을 가다듬고 쾌활하게 업무에 임할 자세를 갖추게 되면 더 빠르고 정확하게 일할 수 있게 된다.

이 책을 읽고 있는 여러분은 잠시 일상의 사고에서 벗어나 완전히 새로운 – 지금까지는 들어보지 못한 – 사고(思考)의 세계를 경험해보길 바란다.

얼마나 멋진지 상상해보라!

이 강좌를 모두 끝내고 나면, 여러분이 현재 무슨 일에 몸담고 있든지 관계없이 여러분은 새로운 아이디어에 따라 좀더 능률적이고 열의에 넘치며 용기를 가지게 될 것이다.

새로운 사고를 두려워하지 말라!

아마도 이것에서 성공과 실패가 가름나는 것이다. 앞으로 다루어질 내용 가운데 일부는 이미 널리 알려진 것이기 때문에 따로 부연설명이 필요없을 것이다. 그러나 어떤 것들은 전혀 새롭다는 이유로 그것을 받아들이기에 주저하는 사람도 있을 것이다.

이 책을 통해 묘사된 모든 원리들은 내가 이미 충분히 테스트를 해보았고 대부분의 원리가 과학자들에 따라, 그리고 이론과 실제를 구분하는 능력을 지닌 사람들로부터 입증되었다. 그러므로 모든 원리는 신빙성이 있는 것이다. 여러분은 이에 대한 믿음을 가지고 이 책을 읽어주길 바란다.

대부분의 사람이 범하는 우(愚) 가운데 하나가 확실한 사실의 근거 없이 속단하는 경향이 있다는 것이다. 이에 대해서는 이미 허버트 스펜서(Herbert Spencer)가 그 유명한 말을 하였다.

"모든 지식에 장애가 되고 모든 논쟁의 원인이 되며 인간을 영원히 무지에서 벗어나지 못하게 하는 주범이 있다. 그것은 실험이 이루어지기도 전에 경멸부터 하는 것이다."

'마스터 마인드'의 법칙을 접할 때 이 인용을 꼭 기억해두길 바란다. 물론 이 법칙은 마음의 작용에 관한 완전히 새로운 원리이기 때문에 검증되기 전까지는 많은 사람들이 그 타당성을 믿기가 어려울 수도 있다.

그러나 마스터 마인드의 법칙이 천재라고 일컬어지는 사람들의 큰 성취에 기초로 작용하였다는 점을 고려해본다면 이 법칙을 단순히 순간적인 판단으로 경솔히 대할 일은 아닐 것이다.

일단의 과학자들에 따르면, 마스터 마인드의 법칙이 그룹 혹은 그들의 협력 관계를 통해 어떤 성취를 이룰 때 실제적으로 중요한 기능을 담당한다고 얘기한다.

알렉산더 그레이엄 벨(Alexander Graham Bell) 박사 또한 '마스터 마인드'의 법칙이 타당한 철학일 뿐 아니라 고등교육기관에서 심리학 과정의 일부로 강의되어야 할 것이라고 말하였다.

찰스 스타인메츠(Charles P. Steinmetz)는 이 법칙을 실험해본 결과 이 책에서 얘기하는 것과 동일한 결론에 이르렀다고 말하였다. 루터 버벵크(Luther Burbank)와 존 버로우(John Burroughs)도 유사한 평가를 내렸다.

에디슨에게는 이 철학을 자문할 기회가 없었지만, 그의 다른 말로 유추해보면 – 이 철학이 실제가 아니라 해도 – 적어도 충분한 가능성은 있다는 것을 보증하고 있다.

엘머 게이츠(Elmer Gates)는 이미 십수 년 전에 나에게 의견을 말한 적이 있는데 그 또한 이 이론을 인정하였다. 그는 에디슨, 벨, 스타인메츠와 어깨를 나란히 할만할 과학자이다.

나는 수많은 현명한 경영인들과도 논의를 해보았는데, 그들도 마스터 마인드 법칙의 타당성에 대한 신뢰를 보였다. 그러므로 이러한 사안에 대해 판단할 만한 능력이 부족한 평범한 사람들이 진지하고 통계적인 조사 없이 이 법칙에 대해 성급한 판단을 내리는 것은 바람직하지 못하다 하겠다.

●●●
성공 달성의 청사진과 지도

이제 이 장에서 무엇을 다루고 당신에게 어떤 이득이 될지 간단하게 짚고 넘어가겠다.

이 책에서 주장하는 법칙의 실습은 내가 스스로 준비하였기 때문에 실제 경험을 토대로 책을 쓰고 있다고 말할 수 있다. 나의 경험은 전 과정을 소개한 후 16장에서 드러날 것이다. 강좌에 실린 사실들은 20년 이상의 사업과 강의 경험을 바탕으로 실렸으며 모두 내가 직접 겪은 것을 토대로 하고 있다.

나의 철학이 출판되기 전 저명한 교수에게 원고를 보내 경제학적 관점에서 내용이 타당한지 감수를 받고자 교정과 삭제를 부탁하였다. 그들이 주의 깊게 살핀 결과 한두 단어의 명칭만 바뀌었을 뿐 원고에는 어떤 수정도 가해지지 않았다.

그 당시 감수를 맡았던 교수 중 한 사람이 다음과 같이 말하였다.

"고등학교 학생들이 귀하의 15가지 성공을 위한 법칙을 접하지 못한다는 것은 한마디로 커다란 손실이 아닐 수 없습니다. 본인이 몸담고 있는 대학뿐 아니라 기타 대학에서 당신의 강좌를 커리큘럼에 포함하지 않은 것 또한 커다란 유감으로 생각하는 바입니다."

✲ 힘, 조직화된 에너지의 결과

이 책은 여러분이 '성공'이라는 목표를 달성하도록 착실하게 청사진과 지도의 역할을 해줄 것이다. 그래서 성공의 의미를 미리 밝혀두고 가는 것이 좋겠다. **성공이란 다른 사람의 권리를 침해함이 없이 인생에서 원하는 것을 이룰 수 있게 해주는 힘의 개발이다.**

나는 특별히 '힘'에 강조를 두고 싶다. 그것은 성공과 힘은 떼려야 뗄 수 없는 관계이기 때문이다. 우리는 격심한 경쟁의 시대에 살고 있으며 세상은 적자생존의 법칙이 적용되는 냉정한 곳이다. 이와 같은 세상에서 지속적인 성공을 누리기 위해서는 힘의 사용을 통해 성공을 획득해야 한다.

그렇다면 힘이란 무엇인가?
힘은 조직화된 에너지 또는 노력을 의미한다.

이 책이 《성공의 법칙》이라고 이름 붙여진 까닭도 지식과 진실, 그리고 인간 마음에 내재한 능력을 어떻게 힘으로 조직화시키는지를 보여주기 때문이다. 그러므로 이 책은 여러분에게 확실한 약속을 하나 해줄 수 있다.

그것은 성공 법칙의 터득과 적용을 통해 여러분이 원하는 것이 무엇이든 그것을 '합리적으로' 획득하게 될 것이라는 점이다. 물론 그를 위해 여러분의 교육 정도나 지혜, 신체적 끈기나 기질 등의 다른 요소들은 이미 고려된 사항이며 다만 16장에서 언급하고 있는 자질이 성공 획득에 가장 필수적인 요소임을 이해하기 바란다.

남다른 성공을 이룬 사람들은 하나같이, 그리고 예외 없이, 의식적이든 무의식적이든 이 책에 등장하는 15가지 주요 요소의 덕을 골고루 보았다.

이에 대해 의심이 생긴다면 16개 강좌를 다 읽고서 카네기, 록펠러, 힐(Hill), 해리먼(Harriman), 포드 등과 기타 엄청난 부를 축적한 사람들을 정확하게 분석해보길 바란다. 그들의 성공은 강좌 전반에서 밝히고 있는 조직화된 노력의 원리를 적용한 것임을 쉽게 알 수 있을 것이다.

만약 당신이 상대방을 탓하지 않고 패배를 인정할 수 있다면, 당신 인생의 앞길에는 성공의 전망으로 밝게 빛날 것이다.

※ 앤드류 카네기의 마스터 마인드

20여 년 전에 나는 기사를 쓰기 위해 카네기를 취재했었다. 인터뷰 중에 나는 그에게 성공의 비결을 물었다. 그는 눈을 반짝이더니 나에게 이렇게 반문하였다.

"그래, 젊은이! 질문에 대답하기 전에 묻고 싶은 게 있다네. 대체 '성공' 이란 뭐란 말인가? 자네가 정의해 줄 수 있겠나?"

내가 당황하는 기색을 보이자 그는 말을 이어 나갔다.

"내가 벌어들인 돈을 보고 성공했다고 말하고 싶은 거겠지?"

나는 시인하고 사람들이 성공했다고 할 때는 일반적으로 돈을 의미한다고 대답하였다.

"음, 그게 자네가 말하는 성공의 의미라면, 내가 돈을 어떻게 벌었는지 그게 궁금하다면 말해주지. 우리 사업체에는 마스터 마인드라는 게 있는데 회사의 감독자, 경영진, 회계, 실험실 연구원, 그리고 다른 여러 사람들로 이루어진 마음이지. 조직에 속해 있는 한 사람만으로는 이 마음이 생기지 않고 전 조직원의 마음이 조화로운 협력의 정신으로 확실한 목표를 향해 협력되고 조직되고 이끌어질 때 돈을 벌어다주는 힘이 생기는 거지. 그룹에 속한 사람 중에는 똑같은 사람이 한 사람도 없지만, 그룹 속에서 개개인은 주어진 일을 해내고 다른 어떤 사람보다 그 일을 잘 해내게 되는 거라네."

이때의 대화로 이 강좌의 씨앗이 나의 마음에 심어진 것이고, 이로부터 많은 시간이 흐르면서 그 씨앗은 뿌리를 내리고 자라나기 시작했다. 인터뷰 후에 수년간의 조사를 통해 결국 이 책의 개요에서 밝히고 있는 '마스터 마인드' 철학의 원리를 발견하게 된 것이다.

마스터 마인드를 구성한 카네기 그룹의 사람들은 잘 조직되고 협력이 잘 이루어져 산업과 경영활동을 통해 실질적으로 카네기에게 수백만 달러를 벌어다 주었다. 그 정신이 심어진 철강산업은 카네기의 부(富)가 가능했던 하나의 예에 불과한 것이다.

이러한 마음을 이루는 근간은 힘 - 명확한 중점 목표의 달성을 위해 자신과 함께 연계된 다른 사람을 조직화시키는 힘 - 이기 때문에 '마스터 마인드'를 석탄경영이나 은행업무, 판매업무 등에 적용하였더라도 동일한 부를 축적할 수 있는 것이다.

카네기의 성과를 주의 깊게 살피면 '마스터 마인드' 법칙의 존재를 알 수 있을 뿐 아니라 이 법칙이 카네기 성공의 주 원천이었음을 알 수 있다.

카네기와 연계된 사람 중 아마도 찰스 슈왑(Charles M. Schwab)처럼 카네기를 잘 아는 사람도 드물 것이다. 그에 따르면 카네기의 성격에는 큰 성공으로 이끌게 한 무언가가 있다고 하는데 다음과 같이 이를 묘사하였다.

"나는 그처럼 생생한 지능과 본능적인 이해력을 지니고 상상력이 풍부한 사람을 본 적이 없습니다. 그는 상대방의 생각을 정확히 진단하고 상대방이 해왔거나 앞으로 할 가능성이 있는 모든 것을 파악할 줄 알았습니다. 상대가 말하기 전에 그는 다음 말을 미리 알고 있었지요.

이러한 그의 능력은 정말 놀라운 것인데 이는 주의 깊은 관찰 덕이지요. 그는 이런 습관화된 관찰 때문에 여러 사안들에 대한 풍부한 지식을 쌓을 수 있었지요.

그러나 그를 더욱 뛰어나게 만드는 재능은 다른 사람에게 영감(靈感)을 불어

넣고 고취시키는 능력이었습니다. 만약 당신이 뭔가가 미심쩍어 카네기와 상의를 한다고 합시다. 그는 순식간에 그것이 옳은 것이라고 믿게 만들든가, 아니면 의심을 가라앉혀줍니다. 타인을 끌어당기고 격려를 해서 질주하도록 하는 것이 그의 장점입니다.

또한 그는 정말 탁월한 리더십의 소유자였지요. 자신이 경영하는 사업을 자세히 알지 못하고 철이니 엔지니어링이니 하는 데 대한 기술적 지식도 없이 이런 기업을 만들어낼 수 있는 사람은 아마 역사상 카네기 말고는 없을 것입니다. 카네기가 사람들을 움직이는 능력은 그 어떤 판단 능력도 넘어서는 그 무엇에 의존하는 것이었습니다."

마지막 문장에서 슈왑은 내가 카네기의 힘의 원천으로 생각하고 또 이 책에도 소개하고 있는 '마스터 마인드' 이론의 사고를 드러내고 있다.

슈왑은 아울러 카네기가 철강사업에서 거둔 성공처럼 다른 사업에서도 성공을 거두었을 것이라고 말하였다. 그의 성공의 요인은 단순히 철강산업 자체의 지식에 있는 것이 아니라 자신의 마음과 다른 사람의 마음을 이해하는 데서 비롯되었음이 명백하다.

이러한 사고는 아직 뚜렷한 성공을 거두지 못한 사람들에게 위안이 될 것이다. 왜냐하면 **성공이라는 것은 순전히 모두에게 열려있는 원리와 법칙의 올바른 적용에 달린 것**이기 때문이다. 그리고 이 책에서는 15가지 원칙을 통해서 이에 대해 충분히 설명을 하고 있다.

카네기는 '마스터 마인드'의 법칙을 어떻게 적용할 수 있는지를 터득한 사람이다. 카네기는 자신의 마음과 다른 사람들의 마음을 조직, 협력시켜 **명확한 중점 목표**를 획득할 수 있었던 것이다.

❋ 승리, 조직화된 노력의 가치

유능한 전략가라면 사업이나 전쟁에서 그리고 그가 어느 집단에 소속되어 있든 조직화되고 협력된 노력의 가치를 이해하고 있을 것이다. 군사전략가는 적진에 불신의 씨앗을 심어놓는 작전의 위력을 잘 알고 있다. 불신은 곧 적의 협력을 와해시키는 작용을 하기 때문이다.

세계대전에서 선전활동의 효과에 대해 들어보았을 것이다. 사실 전쟁에서 총과 폭약 등의 무기보다 선전의 위력이 더욱 파괴적일 수 있다.

1차 세계대전의 가장 중요한 전환점은 연합군이 프랑스의 포크(Foch) 원수 산하로 집결했을 때일 것이다. 많은 후세의 사가들은 그 집결이 적군 진영에는 패배의 암시로, 연합군 병사들에게는 승리의 희망으로 받아들여졌다는 것이다.

현대의 철교를 보면 조직화된 노력의 가치를 깨달을 수 있는 좋은 예이다. 철교는 작은 철강 자재들이 수천 톤에 달하는 기차 무게를 지탱할 수 있도록 전체의 무게를 고루 분산시키면서 조직적으로 배치되어 있는 것을 보여주기 때문이다.

어느 마을에 일곱 아들을 둔 사람이 있었는데 자식간에 항상 다툼이 끊이지 않았다. 어느 날 그는 자식들에게 협력의 중요성을 깨닫게 해줄 필요를 느꼈다. 그는 일곱 막대를 하나로 묶어 한 명 한 명에게 이를 다발째 꺾어 보라고 하였다. 각자 시도해 보았지만 모두 허사로 돌아갔다.

이번에는 묶음을 풀고 막대를 하나씩 건네주고는 꺾어 보라고 하였다. 그러자 이때는 모두 쉽게 부러뜨릴 수 있었다. 그러자 아버지는 그 의미를 설명하였다.

"조화의 정신으로 뭉쳤을 때 너희는 꼭 하나의 다발과 같아서 누구도 패배시킬 수 없다. 그러나 서로 분열되어 싸운다면 누구나 너희를 단번에 굴복시킬 수 있을 것이다."

이 이야기는 여러 단체나 고용인, 고용주간, 그리고 우리가 살고 있는 지역과 나라 전체에 적용될 수 있는 값진 교훈이다.

조직화된 노력은 힘이 될 수 있다. 그러나 이러한 힘이 지혜롭게 쓰이지 않으면 부작용을 초래할 수도 있을 것이다. 이런 이유로 이 책에서는 어떻게 하면 조직력의 힘을 잘 유도하여 성공에 이르게 할 것인가를 다루고 있다. 이렇게 얻어진 성공은 진리와 정의, 그리고 공정함에 기초하고 있어서 궁극적인 행복에 이르게 할 것이다.

경쟁이 심하고 황금만능주의 시대인 오늘날에 커다란 비극 중의 하나가 자신이 좋아하는 일에 열정을 쏟는 사람이 극히 적다는 사실이다. 이 점에서 이 강좌는 여러분으로 하여금 세상에서 자신에게 잘 어울리는 업무를 발견하고 이를 통해 경제적인 부와 행복을 함께 맛보도록 도와주는 것을 목적으로 삼고 있다.

또한 이 책의 전 과정을 통해 여러분은 자신을 보는 안목을 기르고 숨겨진 힘을 발견하며 야망과 비전을 일깨우고 앞을 향해 나갈 결심을 하도록 자극받을 것이다.

30여 년 전에 헨리 포드가 상점에서 업무를 보고 있을 때 같은 상점의 다른 점원도 똑같은 일을 하였는데, 그 업무에서는 그 점원이 포드보다 훨씬 뛰어났다고 한다. 그러나 이후에도 그는 주당 100달러에 못 미치는 보수를 받으며 여전히 그 일에 머물러 있지만 포드는 세상에서 가장 큰 부자가 되었다.

둘 사이에 물질적인 부의 차이를 하늘만큼이나 벌린 요인은 도대체 무엇이었을까? 포드는 조직화된 노력의 원리를 알고 그것을 적용한 반면 그 사람은 그렇지 못했던 것이다.

내가 이 부분을 집필하고 있을 즈음 오하이오의 쉘비(Shelby)라는 작은 마을에서 교회와 사업가의 연대를 촉진하기 위해 조직화된 노력의 원리가 적용되었다.

성직자와 사업가들이 연합을 형성하였는데 이 결과 도시의 모든 교회는 사업가들을 지지하고 사업가들은 교회를 지지하게 되었다. 이들 연대의 효력은 막강해서 그 연합에 속한 어느 누구도 자신의 소명(직업)에서 실패한다는 것이 불가능했다고 한다. 연합에 속한 다른 사람들이 그러한 실패를 용납하지 않았기 때문이다.

앞의 예에서 그룹의 통합된 힘이 개인에게 적용될 때 발생하는 효과를 엿볼 수 있을 것이다. 연합을 통해 쉘비시(市)는 미국의 다른 비슷한 규모의 어느 도시도 누리지 못한 물질적, 정신적 이점을 누리게 되었다.

이 방안의 효과는 놀랄만하고 모두를 만족시키는 결과를 낳았기 때문에 결국 이 운동은 현재 미국 전역의 다른 도시로 번져가고 있다.

다음과 같은 경우에 지금 설명하는 조직화된 노력에 관한 원리의 적용이 얼마나 위력적인지 생각해보라.

당신이 속한 도시와 다른 도시들에서 모든 교회와 모든 신문사, 로터리클럽, 그리고 기타 비슷한 종류의 시민단체, 언론매체, 여성협회 등이 그들의 힘을 모으고 조직의 모든 구성원의 이익을 도모하는 목적으로 연합을 형성하면 그 결과가 어떨지 상상해보라. 이런 연합을 통해 얻을 수 있는 결과는 상상만으로도 놀랍지 않은가!

조직화된 노력의 세계에는 세 개의 주요 세력이 있다. 그들은 교회와 학교, 그리고 언론이다. 이들이 연합하여 인류에 변화를 가져올 목적으로 연대할 경우 어떤 일이 일어날 수 있는지 상상해보라.

그들은 한 세대만에 현재의 기업윤리규범을 바꾸어놓을 수 있으며 그렇게 바뀌어진 황금률의 법칙을 적용하지 않고 경영하는 것은 자살행위와 다름없도록 만들 수 있을 것이다.

뿐만 아니라 그 힘은 전 시민사회의 사업, 사회, 정신에 변화를 일으킬 수 있을 것이다. 또한 다음 세대의 주자들에게 어떤 요구된 사상을 실현시키도록 강요할 수 있는 충분한 힘을 지니게 되는 것이다.

※ 5% 성공자와 95%의 실패자

앞서 기술한 바와 같이 힘은 조직화된 노력이다!

성공은 힘에 기반을 두고 있다!

앞서의 설명을 통해 여러분은 이미 '조직화된 노력'의 뜻이 무엇인지 확실히 알게 되었으리라 믿는다. 막대한 부와 성공이라고 불리는 인생의 성취는 16개의 장에서 밝혀나갈 주요 원리를 어떻게 적용하느냐에 달려 있는 것이다.

이 강좌는 경제의 원리와 응용심리학의 원리가 완벽하게 조화를 이룬 것이다. 여러분은 앞으로 심리학적 원리에 관한 충분한 설명이 실린 것을 보게 될 것이다. 이는 이 책의 원리를 쉽게 이해시키려는 목적으로 도입된 것이다.

원고가 편집되기 전에 미국에서 가장 성공한 사업가와 은행가들이 ― 가장 현실적인 시각으로 ― 검토와 분석을 하였고 의견을 제시하였다. 뉴욕시의 유명한 은행가는 다음과 같은 평가와 함께 원고를 돌려주었다.

"나는 예일대학에서 박사학위를 받았다. 그러나 나는 그곳에서 연구하며 얻은 것들을 기꺼이 《성공의 법칙》에서 얻은 성과와 바꾸겠다. 내 아내와 딸아이도 원고를 읽어보았는데, 아내는 이 책을 '인생의 만능 건반'이라고 이름 지었다. 왜냐하면 누구든지 이 책의 원리를 활용하기만 하면, 피아니스트가 건반과 음악의 기초를 터득하면 어떤 곡도 연주할 수 있는 것처럼 각자 분야에서 완벽한 화음을 이룰 것이기 때문이라는 것이다."

20년 넘게 나는 저술에 사용될 자료를 수집, 분류, 조직하였다. 지난 14년간 나는 16,000명에 달하는 개인을 분석하였고, 이러한 분석을 통해 이 강좌가 실

118

제적이고 유용성을 가지게 된 것이다.

예를 들어 전 분석대상자 중 95%가 실패자이고 5%만이 성공한 사람이었다 (여기서 '실패'란 힘겨운 투쟁 없이는 삶의 일상적 필요를 만족시키지 못하며 더 나아가 행복을 발견하지 못한 상태를 의미한다). 아마 전 세계의 모든 사람들을 정확하게 분석해도 성공자와 실패자의 비율은 여기에서 크게 벗어나지 않을 것이다.

성공자, 이른바 조직화된 노력의 원리를 터득한 사람들에게 필수품의 획득 – 많은 사치품, 즉 고급품의 획득도 같다 – 이 상대적으로 쉬운 일인 데 반해, 실패자들은 타고난 재능이 있음에도 그것을 조직하고 이끄는 방법을 몰라 단순히 생존을 위해 투쟁해야 한다는 사실은 끔찍한 일이다.

지난 14년간 16,000명의 분석을 통해 도출된 사실 가운데 가장 놀라운 것은 **실패자로 분류된 95%의 사람들은 '인생의 명확한 중점 목표'가 없었기 때문에 이런 부류에 속하게 되었다는 것이다.** 이와 반대로 **성공한 사람으로 분류된 5%는 목표가 명확했을 뿐 아니라 그들의 목적을 달성하기 위한 확실한 계획도 있었다는 점이다.**

분석을 통해 얻어진 또 다른 중요한 사실은 실패자로 분류된 95%의 사람들은 자신이 원하지 않는 일에 종사하고 있었고, 나머지 5%는 자신이 원하는 일을 하고 있다는 현실이었다. 이런 사실로부터 '자신이 원하는 일을 하면서 성공할 수 있을까?' 하는 것은 괜한 의심임이 증명되었다.

또 다른 사실은 5%에 해당하는 사람 모두가 체계적인 저축의 습관을 형성하고 있었고 나머지 95%의 사람들은 거의 저축을 하지 않았다는 점이다. 이는 심각하게 숙고해야 할 여지가 있는 문제이다.

《성공의 법칙》의 주요 저술 의도 가운데 하나는 자신의 분야에서 막대한 물질적인 부와 함께 행복 또한 거머쥐도록 도움을 주는 데 있다. 이를 위해 직업을 선택하고 그 일에 종사하는 것을 도와줄 것이다.

명확한 중점 목표의 선택

지금 설명하고 있는 2장의 요지는 '명확한' 이라는 단어 속에 있다.

놀랍게도 95%에 달하는 사람들은 자신에게 가장 적합한 일이 무엇인지에 대해, 또 생존을 위한 명확한 대상을 설정해야 할 필요가 있는지에 대해 개념조차도 없다는 것이다. 더 끔찍한 것은 그들은 인생에 대해서도 아무런 목적 없이 표류하고 있다는 점이다.

인생에서 명확한 중점 목표를 선택해야만 하는 데는 심리학적 이유뿐 아니라 경제학적 이유가 있다.

우선 심리학적 측면을 알아보도록 하자. 사람의 행동은 자신의 마음에 내재된 지배적인 사고와 조화를 이루면서 나타난다는 것은 이미 잘 알려진 원리이다.

명확한 중점 목표는 마음속에 굳게 자리를 잡고 있으면서 어떤 목표가 실행될 수 있도록 육체의 물리적 행동을 촉발할 때까지 전체 잠재의식을 그 목표에 집중시킨다. 이때는 그것을 실현시키려는 결심이 함께해야 한다.

필생의 명확한 중점 목표는 반드시 세심한 주의를 기울여 선택되어야 하며, 선택하고 난 후에는 잘 보이는 곳에 써 붙이고 적어도 하루에 한 번 이상은 시각화해야 한다. 그렇게 되면 심리학적 효과로 여러분의 목표가 잠재의식에 깊게 새겨져 결국 그 목표는 여러분의 행동을 지배하는 청사진으로 작용하게 되고 목표달성을 향해 여러분을 한 걸음 한 걸음 인도하게 될 것이다.

※ 성공자의 무기, 자기암시

명확한 중점 목표를 잠재의식에 새기는 심리학의 원리를 자기암시라고 부른다. 이것은 일종의 자기최면에 해당하는데 단어가 난해하다고 해서 두려움을 가질 필요는 없다. 나폴레옹도 바로 이러한 원리를 통해서 가난한 범인(凡人)에서 프랑스의 최고 권력자가 된 것이다.

에디슨 또한 신문팔이에서 시작하여 자기암시의 원리로 세계적인 발명가가 되었다. 켄터키 산중의 통나무집에서 가난하게 태어났지만 대통령이 된 링컨도 이러한 원리를 적용하였으며 루스벨트가 미국의 대통령이 된 것도 이 원리 덕택이었다.

당신이 얻고자 하는 대상이 여러분에게 행복을 가져다주는 것이라면 자기암시의 원리에 대해 두려움을 가질 필요가 없다. 여러분의 **명확한 목표는 건설적이어야 한다는 사실**을 명심하라. 그러면 그 목표를 달성한 후에 어느 누구에게도 고통과 불행을 초래하지 않을 것이고 여러분은 이로써 평화와 번영을 누리게 될 것이다. 만일 목표가 그러하다면 신속한 달성을 위해서 자기암시의 원리를 적용할 일이다.

내가 집필하고 있는 방의 맞은편 길모퉁이에 서서 하루 종일 땅콩을 파는 젊은이가 있다. 그는 잠시도 쉴 틈이 없이 바쁘다. 땅콩을 팔지 않을 때는 그는 땅콩을 굽고 봉지에 채워놓느라고 바쁘다. 그는 인생에 명확한 중점 목표 없이 사는 95%에 속하는 사람 중 한 사람이다.

그는 그가 할 수 있는 다른 일보다 그 일이 좋아서 땅콩을 파는 것이 아니라 한번도 진지하게 자신의 노동에 좀더 많은 보수를 가져다 줄 명확한 목표에 대해 생각해본 적이 없어서 그 일을 하고 있는 것이다. 그는 인생의 바다에 표류하는 자이며 비극은 그가 똑같은 노력을 다른 일에 기울인다면 더 좋은 결과를 얻을 수 있다는 사실에 있다.

또 다른 비극은 그는 무의식적으로 자기암시의 원리를 사용하고 있는데 부정적인 방향으로 이용하고 있다는 것이다. 그의 머릿속을 들여다 볼 수 있다면 아마 땅콩 굽는 기계와 종이봉지, 그리고 땅콩을 사려는 사람들로 가득 차 있을 것이다.

그가 만약 좀더 수지맞는 일에 자신을 상상해보는 비전과 야망을 지녔다면 그의 마음은 그 상상한 일에 발걸음을 내디딜 때까지, 그리고 그 상상이 실현될 때까지 영향을 미칠 것이다. 더 많은 보상을 약속해주는 명확한 목표를 향해 노동력을 쓴다면 그는 충분한 보상을 얻을 수 있으며 이는 가치 있게 노동력을 쏟은 것이다.

나에겐 미국에서 가장 유명한 작가이자 대중연설가인 막역한 친구가 하나 있다. 10여 년 전에 그는 자기암시 원리의 가능성을 알아보고 그 즉시 실행을 위한 준비에 들어갔다. 이의 적용을 위한 방안을 작성하였는데 상당히 실제적인 방안이었다. 당시 그는 작가도 연사도 아니었다.

매일 밤 잠자리에 들기 전 그는 눈을 감고 상상 속에서 긴 회의탁자 둘레에 닮고 싶은 유명인사를 앉혀놓았다. 테이블 끝에 링컨을 앉히고 양 옆으로는 나폴레옹, 워싱턴, 에머슨과 엘버트 허버드를 앉혔다. 이어 그는 탁자 주위에 앉힌 상상 속의 인물들과 대화를 나누기 시작했다.

링컨에게 : 내 성품에 당신의 탁월한 자질인 인내력과 공정함, 유머감각을 심기를 원하고 있습니다. 나는 그러한 자질들을 갖추길 바라며 그것이 갖추어질 때까지는 결코 만족하지 못할 것입니다.

워싱턴에게 : 귀하의 장점인 애국심과 자기희생, 리더십의 자질을 배우고 싶습니다.

에머슨에게 : 나는 당신처럼 감옥의 벽에서, 자라나는 나무에서, 흘러가는 시내에서, 피어나는 꽃송이와 어린아이의 얼굴에서 자연의 법칙을 읽어낼

수 있는 능력과 안목을 갖고 싶습니다.

나폴레옹에게 : 당신의 자신감과 장애를 극복하고 실수와 패배로부터 강해지는 전략적 능력을 배우고 싶습니다.

허버드에게 : 자기 자신의 생각을 간명하고 정확하게, 그리고 힘찬 언어로 표현할 수 있는 당신의 능력을 가지고 싶고 그 능력 이상을 발휘하고 싶습니다.

매일 밤 수개월 동안 이 친구는 상상의 탁자에 역사적 인물들을 앉혀놓고 반복함으로써 결국에는 그들의 특출난 자질이 그의 잠재의식에 뚜렷하게 각인되어 자신의 성격으로 개발되게 만들었다.

잠재의식은 자석과도 같아서 확실한 목적으로 충전된다면 그 목적을 달성하기 위한 모든 것을 끌어당기는 경향이 있다. 여러분은 한낱 풀잎과 나무에서도 이러한 법칙을 끌어낼 수 있을 것이다.

도토리는 참나무로 자라기 위해 필수성분들을 공기와 토양으로부터 끌어낸다. 같은 흙이라고 해서 반은 참나무, 반은 포플러나무로 자라는 일은 결코 없는 법이다. 한 알 한 알 흙 속에 심어진 밀은 그 밀이 자라는 데 필요한 성분만을 흙에서 빨아들인다.

이 법칙에 예외란 없으며 그런 이유로 콩 심은데 콩 나고 팥 심은데 팥이 나지, 두 가지가 한 줄기에 자랄 수 없는 것이다.

인간도 동일하게 유유상종(類類相從)의 법칙을 따른다. 어느 도시나 판잣집촌에 가보면 비슷한 사람들이 함께 살고 있는 것을 발견할 수 있을 것이다. 반대로 부촌에 가면 또한 비슷한 사람끼리 연대해서 살고 있는 것을 쉽게 보게된다.

성공한 사람은 언제나 성공한 사람을 곁에 두기를 원하기 마련이다. 반면 패배자는 비슷한 상황의 사람들과 어울리게 된다. 그래서 초록은 동색이라지 않앉던가.

수면이 평형을 이루는 것처럼 사람도 자신과 경제적으로 혹은 정신적으로 비슷한 사람을 곁에 두고자 한다. 예일대학의 교수와 무식쟁이 날품팔이는 아무런 연관성이 없다. 이 둘이 오랜 기간 함께 있어야 한다면 둘 다 참기 어려울 것이다. 공통분모가 없는 사람 사이는 물과 기름과 같다. 서로 공통점이 없는 사람들은 친구가 될 수 없는 것이다.

 당신이 할 수 있다고 '말' 로만 하지 말고 행동으로 '보여' 줘라.

❈ 유유상종, 인간관계의 바탕

지금까지 설명한 것을 요약하면 다음과 같이 정리될 수 있다.

여러분이 원하든 원하지 않든 여러분의 인생철학과 비슷한 부류의 사람들이 주위에 모이게 마련이다. 이런 진리에 비추어볼 때 **자신을 명확한 중점 목표로 무장하고 자신에게 방해가 되지 않고 도움을 줄 수 있는 사람을 만나는 것이 중요하다**는 점을 알 수 있다.

당신의 명확한 중점 목표가 당신의 현재 수준보다 높다고 가정해보라. 인생의 목표를 크게 잡는 것은 당신의 특권이다. 아니, **인생의 수준을 높여야 하는 것은 의무이다.** 이해하는가! 자신을 위해 높은 기준을 세우는 것은 여러분과 사회에 대한 의무인 것이다.

명확한 중점 목표만 잘 개발되어 있다면 목표 달성은 어려운 일이 아니라는 것을 보여주는 증거가 도처에 있다.

수년 전에 루이스 빅토르 아이틴지(Louis Victor Eytinge)는 종신형을 선고받고 애리조나 교도소로 수감되었다. 수감 당시 그는 개선의 여지없는 그야말로 – 그 자신의 말을 빌려 – '악당'이었다고 한다. 설상가상으로 사람들은 그가 약물 오용에 따른 결핵으로 1년을 넘기지 못할 것이라고 믿었다.

그 정도 상황에서라면 누구나 그렇겠지만 아이틴지도 좌절될 이유가 충분했다. 여론은 그에게 적의를 품고 있었고 그를 격려해주거나 도움을 줄 친구 하나 없었다. 그러나 그의 마음속에 무엇인가가 일어나서 건강을 되찾고 결핵을 굴복시키고 마침내 출감하여 영어(囹圄)의 몸에서 자유의 몸이 될 수 있었다.

이것이 가능했던 마음의 변화는 무엇일까? 바로 이것이다! 그는 결핵을 무찌르고 건강을 회복할 결심을 하였다는 것이다. 그것은 매우 명확한 중점 목표였다. 1년이 못 되어 건강회복이라는 그의 목표는 성공을 하였고, 이후로 그는 자신의 명확한 중점 목표를 자유의 몸이 되는 것에 두었다. 머지않아 감옥 벽은 녹아내리듯 사라져버렸다.

아무리 견딜 수 없는 상황일지라도 명확한 중점 목표를 설정하고 자기암시의 원리를 적용할 줄 아는 사람을 묶어둘 수는 없다. 이러한 사람은 가난의 사슬을 끊어버리고 치명적인 질병 또한 극복하며, 변두리 삶에서 힘과 부의 삶으로 상승할 수 있다.

모든 위대한 지도자들의 리더십은 명확한 중점 목표에 그 토대를 두고 있다. 추종자들은 그들의 지도자가 명확한 중점 목표가 있고 이를 행동화할 수 있는 용기를 가진 자라면 기꺼이 그의 뒤를 따른다. 길들여지지 않은 말도 명확한 중점 목표를 가진 기수가 고삐를 잡으면 순순히 그의 말을 듣게 된다.

명확한 중점 목표를 지닌 사람이 군중 사이를 뚫고 지나가려 하면 사람들은 한켠으로 비켜서서 그를 위해 길을 터줄 테지만 우물쭈물하고 도무지 갈피를 잡지 못하는 자가 있다면 군중은 그의 어깨를 부딪치며 자신의 길을 내주려하지 않을 것이다.

부모와 자녀관계만큼 명확한 중점 목표의 결여가 미치는 영향이 확연히 드러나고 부정적인 영향을 미치는 관계도 없을 것이다. 아이들은 눈치가 빨라서 상황에 따라 부모에 대한 태도를 바꾸고 자유자재로 그러한 행동으로 이득을 취한다. 이런 경향은 평생 지속된다.

결론을 얘기하자!

명확한 중점 목표를 지닌 사람은 언제나 존경을 받고 관심의 대상이 된다는 것이다.

이제까지 명확한 중점 목표의 심리학적 면모를 살펴보았다. 지금부터는 경제학적 관점에서 살펴보도록 하자.

증기선이 망망대해에서 키를 잃으면 제자리를 빙빙 돌다가 육지를 수차례나 왕복할 수 있는 충분한 연료가 있더라도, 육지에 도착하지도 못하고 연료를 다 써버리고 말 것이다.

명확한 중점 목표 없이 일하는 사람은 마치 키를 잃은 배와 같다고 할 수 있다. 자신이 원하는 확실한 대상조차 없으면서 그것을 이루었다고 확신할 수는 없으므로 근면한 노동과 좋은 의도만으로는 성공을 이루기에 충분치 않다.

잘 지어진 집은 명확한 목표와 확실한 계획을 가지고 지어지기 시작한다. 계획도 없이 되는대로 집을 짓는다고 할 때 무슨 일이 벌어질지 생각해보라.

노동자는 각자 자신의 방식대로 일을 할 것이고, 건자재는 기초부분이 완성되기도 전에 여기저기 흩어져 있게 되고 사공이 많으면 배가 산으로 간다고 집을 어떻게 지어야 할지 각자의 의견이 다를 것이다. 그 결과는 혼돈과 오해가 발생하고 막대한 비용을 지출하게 될 것이다.

※ 우유부단과 무력함의 이유

얼마나 많은 사람들이 졸업 후 직업전선에 뛰어들거나 여타 일을 도모할 때, 명확한 중점 목표나 확실한 계획 같은 건 염두에 두지 않고 그 일에 뛰어드는지 생각해본 적이 있는가?

오늘날같이 과학적인 방법으로 정확하게 성격과 적성의 분석이 가능한 시대에 95%에 달하는 사람들이 자신에게 적합한 일을 찾지 못해 실패자가 된다는 사실이 아이러니하지 아니한가?

성공이 힘에 기반을 두고 있고, 이 힘은 조직화된 노력이고, 조직의 방향을 결정하는 첫번째 단계가 확실한 목표라면 왜 이처럼 목표가 중요한지 쉽게 이해될 것이다.

인생에서 명확한 목표를 선택하지 않았기 때문에 인간은 자신의 에너지를 낭비하면서 이것저것 생각하느라 주의력이 분산되고 그 결과 우유부단함과 무력함으로 인해 힘으로 모아지지 않는다.

돋보기의 경우만 보더라도 조직화된 노력의 가치를 충분히 깨달을 수 있다. 돋보기를 통해서 햇빛을 확실하게 한 점으로 집중시키면 두꺼운 판자에도 구멍을 낼 수가 있는 것이다. 돋보기(명확한 목표를 상징)를 치우면 똑같은 광선이 똑같은 판자 위에 내리쪼인다 하더라도 연기는 한 줄기도 나지 않을 것이다.

건전지 1,000개를 조직적으로 배치하고 전선으로 연결하면 대형 기계도 몇 시간을 돌릴 수 있을 만큼의 에너지가 발생할 것이지만, 똑같은 건전지도 연결된 상태가 아니라면 결코 기계를 작동시키지 못할 것이다.

사람 마음의 재능도 건전지와 같다.《성공의 법칙》에서 소개하고 있는 16개 장의 내용에 따라 정신 능력을 조직하고 인생의 명확한 목표를 달성하는 데 집중한다면 조직화된 노력이라 불리는 '힘'이 발생되는 원리를 이용할 수 있다.

여기서 카네기의 충고를 들어보자.

"모든 달걀을 전부 한 바구니에 담아보아라. 그러면 어느 것도 굴러다니지 않을 것이다."

그의 조언에서도 알 수 있듯이 우리는 지엽적인 일에 에너지를 낭비해서는 안 될 것이다. 카네기는 탁월한 경제학자였다. 그는 모든 사람들의 에너지를 한 가지 일에 집중하면 크게 두각을 나타낼 것이라는 점을 잘 알고 있었다.

이 책의 초고가 완성되었을 때 나는 이를 텍사스대학의 한 교수에게 보냈다. 그때 나는 열의에 차서 이들 내용으로 내 생각을 조직하고 정리할 수 있었기에 강연에 도움이 되었던 원고라고 소개하였다.

그는 15가지 원리를 훑어보고 내게 돌려주면서 말하였다.

"당신 말대로 당신은 훌륭한 연설을 해낼 수 있을 겁니다. 그러나 그것뿐만이 아닙니다. 사고를 분산시키고 결론에 이르는 능력을 볼 때 당신은 훌륭한 저술가도 될 것 같습니다. 예를 들어 당신이 저 멀리 있는 아름다운 산을 묘사한다고 칩시다. 당신은 야생화의 물결, 졸졸 흐르는 실개천, 노래하는 새들을 묘사하면서 여기저기 산만하게 함으로써 옆길로 흐르다가 마침내 산에 이릅니다. 앞으로 당신은 대상을 묘사하는데 그다지 어려움을 겪지 않을 것입니다. 이미 15가지 항목의 요지에서 조직의 전형을 볼 수 있는걸요."

다리가 없는 사람이 앞을 보지 못하는 사람을 만났다. 다리가 없는 사람은 앞을 볼 수 있었기 때문에 그는 시각장애인에게 둘이 연대하면 서로에게 이익이 될 것이라고 말하였다.

"당신의 등에 나를 업으세요. 그러면 나는 당신의 발을 이용할 수 있고 당신은 나의 눈을 이용할 수 있지요. 우리 둘이라면 잘 해낼 수 있을 거요."

 무언가를 해낸 것에 대한 최대의 보상은 더 할 수 있게 하는 능력이다.

●●● 신속한 결정을 내리는 습관

지금까지의 설명처럼 연대한 노력은 더 큰 힘을 발생시킨다.

이 책의 저술 또한 연대의 원리에 토대를 두고 있으므로 이는 아무리 강조해도 지나침이 없을 것이다. 세상의 막대한 재력은 바로 이러한 연대의 노력을 통해 축적된 것이다. 아무리 자신이 운영의 묘를 살린다 해도 한 사람의 힘만으로는 미미한 성과를 거둘 수 있을 뿐이다.

그러나 다른 사람과 연대를 하게 된다면 사실상 무제한의 성취를 이룰 수 있다. 카네기와의 인터뷰에서 나왔던 '마스터 마인드' 야말로 그의 성공을 이루는 커다란 요소였다. 그의 그룹은 성격이나 기질 면에서 제각각인 사람들로 구성이 되어 있었다.

그룹의 구성원은 모두 특정한 역할을 담당하였고 그 외에는 다른 것이 요구되지 않았다. 이들 사이에는 상호 완벽한 이해와 팀워크가 있었다. 구성원들 사이에 조화를 유지시키는 것이 카네기의 업무였다. 그는 이 업무를 충실히 해냈다.

축구경기를 보더라도 승리는 선수들간의 협력이 잘 이루어지는 팀의 몫이다. 팀워크가 승리를 가져다주는 것이다. 인생이라는 게임도 이와 다를 바 없다.

성공을 위한 투쟁을 수행할 때 한시라도 잊지 말아야 할 것은 **자신이 원하는 것이 무엇인지 아는 것 – 자신의 명확한 목표가 무엇인지 정확하게 아는 것 – 과 자신의 명확한 목표를 달성하는 데 조직화된 노력의 가치를 깊이 명심하는 것이다.**

막연하게나마 거의 모든 사람들이 확실한 목적으로 돈에 대한 욕망을 꼽고 있다. 그러나 이 책에서 의미하는 명확한 목표는 그런 것이 아니다. 돈을 버는 것이 목적인 경우라도 자신의 목적이 명확하다고 말하려면 적어도 어떻게 돈을 축적할 것인지 명확한 수단을 선택해놓아야 하는 것이다.

돈을 벌기 위해 뭔가 일을 해야겠다고 하는 것만으로는 충분하지 않다. 정확히 어떤 일을 할 것인지, 어디서 할 것인지, 어떻게 할 것인지 등을 결정해야 한다.

✖ 자신에 대한 철저한 분석을

일전에 16,000명을 상대로 한 설문조사에 "당신은 인생의 명확한 목표가 설정되어 있습니까?" 라는 질문 항목이 있었는데 대부분의 대답이 다음과 같았다.

"내 인생의 명확한 중점 목표는 되도록 사회에 공헌을 많이 하고 풍요롭게 사는 것이다."

이러한 대답은 마치 우물 안 개구리가 우주의 크기를 논하는 것처럼 모호하다. 이 책은 여러분의 인생이 또는 여러분의 목표가 어떠해야 한다는 것을 논하는 것이 아니다. 그것들은 여러분 자신에 대한 철저한 분석을 통해서만 정확하게 세워질 수 있는 것이다.

그런 이유로 여러분의 일생의 목표가 무엇인지 알려주는 것을 2장의 목표로 삼지 않았다. 그러나 이 2장을 통해서 다음과 같은 더 중요한 것을 알 수 있을 것이다.

① 명확한 목표의 중요성을 정확하게 깨닫게 되고
② 명확한 목표를 현실화시켜주는 힘을 얻는 수단으로써 **조직화된 노력의 가치를 이해하도록 하는 것**을 목표로 삼았다.

각자의 분야에서 특출한 성공을 거둔 100여 명의 경영철학을 면밀히 조사한 결과 이들 모두가 '신속하고 명확하게' 결정을 내리는 사람들이라는 것을 밝혀낼 수 있었다.

명확한 중점 목표를 두고 일을 진행하는 습관은 여러분에게 신속한 결정을 내리는 습관을 길러줄 것이고, 이러한 습관은 자신이 원하는 모든 것을 얻는 데 도움을 줄 것이다.

뿐만 아니라 명확한 중점 목표를 지니고 일을 진행하게 된다면 그것을 획득할 때까지 주어진 모든 일에 자신의 주의력을 집중시키게 된다. **집중적인 노력과 명확한 중점 목표를 가지고 일을 진행하는 습관은 성공을 위한 필수적인 요**

소로 불가분의 관계이다.

성공한 경영인으로 알려진 사람들은 모두 중점 목표로 주요한 한 가지 목표에 신속한 결정을 내린 사람들이었다. 몇 가지 두드러진 예는 다음과 같다.

울워스(F.W. Woolworth)는 자신의 명확한 중점 목표로 미국 전역에 할인점인 '파이브 앤 텐 센트 스토어(Five and Ten Cent Store)' 체인점을 방방곡곡 내는 것이었다. 그는 이 한 가지 과업을 실행하는 데 자신의 마음을 집중시켜 결국 '그가 그 사업을 일으키고 그 사업이 그를 만든' 결과를 만들어냈다.

리글리(Wrigley)는 5센트짜리 껌의 생산과 판매에 전심을 기울여 이 한 가지 아이디어로 수백만 달러를 벌어들였다.

토머스 에디슨(Thomas A. Edison)은 자연법칙을 탐구하는 데 전력을 기울여 역사상 그 어느 누구보다도 유용한 발명들을 하였다.

헨리 도허티(Henry L. Doherty)는 공공사업의 건설과 운영을 중점 목표로 삼아 수백만 달러의 사나이가 되었다.

잉거솔(Ingersoll)은 1달러짜리 시계에 전심전력하여 전 세계를 석권하였고 이 '똑딱 시계' 하나로 거부(巨富)를 거머쥐었다.

스태틀러(Statler)는 '가정과 같은 호텔 서비스' 개념을 도입하여 부자가 되었을 뿐 아니라 수많은 사람들이 그의 서비스로 이득을 보게 되었다.

에드윈 반스(Edwin C. Barnes)는 에디슨식 녹음기 판매에 주력했으며, 젊은 나이에 은퇴했음에도 자신이 원하는 것보다 더 많은 돈을 모을 수 있었다.

우드로 윌슨(Woodrow Wilson) 대통령은 25년간 백악관을 염두에 두고 노력한 결과 결국 이를 차지할 수 있었다. 그런 성취는 그가 명확한 중점 목표를 견지한 결과이다.

링컨(Lincoln) 대통령은 노예 해방에 뜻을 두었고 그 일을 이루어냄으로써 가장 위대한 대통령이 되었다.

마틴 리틀턴(Martin W. Littleton)은 어느 날 한 연설을 듣고 훌륭한 변호사가 되고자 하는 꿈을 갖게 되었다. 그는 이 한 가지 목표에 집중한 결과 미국에서 가장 유능한 변호사가 되어 소송 한 건당 5만 달러 이하로는 내려간 적이 없었다.

록펠러(Rockefeller)는 석유사업에 뜻을 두어 당시 가장 부유한 사람이 되었고, **포드(Ford)**는 자동차에 일생을 걸어 역사상 가장 부유하고 강력한 사람이 되었으며, **카네기(Carnegie)**는 철강사업에 중점을 두어 모든 노력을 경주한 결과 막대한 부를 움켜쥠으로써 미국 전역 공공도서관에 그의 이름이 새겨졌다.

질레트(Gillette)는 안전한 면도날에 집중하여 전 세계에 그의 이름을 날렸으며 백만장자가 되었다.

조지 이스트먼(George Eastman)은 '코닥필름'에 전력을 기울인 결과 바로 그 아이디어로 수많은 사람에게 기쁨을 안겨주고 자신은 부를 축적할 수 있었다.

러셀 콘웰(Russell Conwell)은 '다이아몬드 광산, 다이아몬드의 땅, 자신이 있는 곳에서 행복을 찾을 수 있다'라는 내용의 강연 하나만으로 600만 달러를 벌어들이고 **허스트(Hearst)**는 신문사업에 열중하여 수백만 달러를 거머쥐었다.

헬렌 켈러(Hellen Keller)는 '말하는 것을 배우는 데' 심혈을 기울여 청각장애와 시각장애의 악조건에도 불구하고 그녀의 명확한 중점 목표를 성취하였다.

존 패터슨(John H. Patterson)은 '금전등록기'에 주력하여 부자가 되었으며 사람들에게 현금거래에 대한 안전성을 확보해 주었다.

독일의 **카이저(Kaiser)** 황제는 '전쟁놀이'에 열중하였고 결국에는 큰 전쟁을 치르고야 말았다.

플라이슈먼(Fleischmann)은 보잘 것 없어 보이는 '이스트 케이크 제조'에 전념함으로써 세계적인 명성과 엄청난 부를 얻게 되었다.

마셜 필드(Marshall Field)는 '세계 최고의 소매점'에 큰 뜻을 두었고 이는 결국 현실로 이루어졌다.

필립 아모어(**Philip Armour**)는 '정육점 사업'에 노력을 경주한 결과 거대한 기업을 설립할 수 있었고 이로부터 막대한 재산을 모았다.

라이트 형제(Wright Brothers)는 비행기에 매달려 하늘을 정복하였고, **풀먼(Pullman)**은 철도 '침대차' 구상에 매달려 부자가 되었고, 수많은 사람들이 그로 말미암아 편안하고 아늑한 여행을 즐기게 되었다.

금주협회(The Anti-Saloon League : 미국 금주법이 시행되던 시기 이를 지속시키려고 조직된 주류판매 금지협회, 1893~1933)는 법안 개정을 막으려 하였고 (좋은 결정이든 아니든) 이를 관철시키는 데 성공하였다.

지금까지 살펴봤듯이 **성공한 사람들은 모두 명확한 목표를 가지고 그 목표를 위해 자신의 노력을 경주하였다.** 반면 수백만 사람들이 오늘도 어김없이 빈곤과 실패에 집중하고 있으며 이들은 그 두 가지를 넘치도록 경험하고 있다.

그의 모든 글과 행동, 그리고 내뱉는 모든 말은 그 사람 마음속 깊은 곳에 묻혀 있는 본성의 피할 수 없는 증거이며 거부할 수 없는 마음의 고백이다.

❈ 불타는 욕망은 강한 자성체로

세상에는 남보다 자신이 더 잘할 수 있는 일이 있게 마련이다. 그런 특정 분야를 발견하고 그것을 명확한 중점 목표의 대상으로 삼아 전력을 집중한다면 달성해낼 수 있을 것이라는 믿음으로 공략에 나서야 할 것이다.

자신에게 가장 적합한 일을 찾을 때, 그리고 자신이 좋아하는 일을 발견하면 성공을 거둘 가능성이 크다는 사실을 염두에 두어야 한다. 사람은 자신의 마음과 영혼을 전부 쏟아 부을 수 있는 분야에서 가장 성공하기 쉽기 때문이다.

여기서 강조하는 의미로 재차 분명히 해두고 싶은 것이 있다. 그것은 이 장의 토대가 되는 다음과 같은 심리학적 원리이다.

첫째 : 인간의 모든 행위는 마음의 작용을 통한 사고로부터 발생하고 통제되고 이끌려진다.

둘째 : 자신의 의식 속에 있는 사고나 아이디어는 그와 연계된 감정을 일으키며 적절한 실제 행동으로 변환시키려는 경향이 있다.

예를 들어 윙크를 하고 싶다고 생각하면 - 그 순간에 그 행동을 제어할 반대의 생각이나 사고가 형성되지 않는 한 - 운동신경은 두뇌의 사령탑으로부터 명령을 전달받아 적절한 운동행위가 즉각적으로 발생하게 된다.

이 원리를 다른 각도에서 설명해 보자.

예를 들어 당신이 어떤 명확한 목표를 필생의 작업으로 선택하여 그 목적을 수행하려고 마음먹었다고 치자. 선택을 한 바로 그 순간 이 목표는 자신의 의식을 지배하는 사고가 되고 목표를 달성하기 위한 지식과 정보에 끊임없이 촉각을 곤두세우게 될 것이다.

이렇게 명확한 목표를 마음에 품은 순간부터 여러분의 마음은 의식적으로 또 무의식적으로 목표를 달성하기 위한 재료를 모으고 쌓아가기 시작한다.

욕망은 인생의 명확한 목표를 결정짓는 요인이다. 누구도 당신을 대신해서 당신의 욕망을 골라줄 수 없다. 스스로 이를 선택해 그 욕망이 자신의 명확한 목표가 된다면, 다른 욕망과 충돌을 일으키도록 방치하지 않는 한, 이것이 실현될 때까지는 당신의 마음속에서 가장 큰 자리를 차지할 것이다.

《성공의 법칙》이 강조하고픈 원리는 **성공적인 목표 달성을 위해서는 '불타는 욕망'으로 인생의 '명확한 중점 목표'가 뒷받침되어야 한다는 점이다.** 내가 경험한 바로는 대학에 진학한 학생 중 등록금을 마련하기 위해 아르바이트를 하고 스스로 이 문제를 해결해 나가는 학생이 집안에서 학비를 대주는 학생보다 얻는 것이 많다.

그것은 아마도 스스로 등록금을 충당하는 학생이 학업에 대한 '불타는 욕망' 이 강하며, 그 욕망의 대상이 합리적이라면 강력한 욕망은 틀림없이 실현이 되기 때문일 것이다.

과학으로도 입증된 바에 따르면, **'자기암시' 의 원리를 통해 깊숙이 뿌리내린 어떤 '욕망' 이 육체와 정신을 강력한 자성체(磁性體)로 전환시키는데 이 자석은 욕망의 – 합리적인 – 대상을 강하게 끌어당긴다는 것이다.**

이 원리를 아직 이해하지 못한 이들을 위해 다른 방법으로 예를 들어보겠다.

가령 단지 자동차를 갖고 싶다는 욕망만으로 자동차가 굴러들어 오는 것은 아니다. 이는 감나무 밑에 누워 감이 떨어지길 기다리는 것과 하등 다를 바 없다. 그러나 자동차를 소유하고 싶은 '불타는 욕망' 을 갖게 되면 이 욕망은 적합한 행동을 유발시켜 결국 자동차를 구입하게 된다는 것이다.

자신이 자유를 획득할 어떤 행동을 취할 만큼 욕망이 강하지 않다면 단순히 자유를 갈망하는 것만으로는 감옥에 갇힌 죄수가 자유의 몸이 될 수는 없는 것과 같은 이치다.

'시작' 은 누구나 할 수 있다. 그러나 오직 최고의 사람만이 '결실' 을 맺을 수 있는 것이다.

욕망에서 성취로 가는 단계

다음에 제시하는 것은 욕망으로부터 성취로 가는 단계이다.

우선적으로 '불타는 욕망' 이 있어야 하고 다음으로 그 욕망을 '명확한 중점 목표' 로 구체화시켜야 하며 마지막으로 그 목표를 달성하기 위해 충분하고도 적절한 '행동' 을 취해야 한다. 반복하지만 성공을 이루기 위해 이 세 단계는 반드시 거쳐야 할 필수요건인 것이다.

나는 무척 가난한 소녀를 알고 지냈는데 그녀는 돈 많은 남자를 만나 결혼하고 싶은 불타는 욕망이 있었다. 결국 이 목적을 달성할 수 있었는데 만약 그녀가 이 욕망을 자신이 원하는 남편감이 호감을 느끼고 이끌릴 수 있는 매력 있는 성격으로 변환시키지 않았다면 불가능했을 것이다.

또한 나는 사람의 성격을 정확하게 분석하고픈 불타는 욕망을 품었는데, 이 욕망은 끈질기고도 강력하여서 결국 20년간에 걸쳐 이에 대한 조사와 연구를 수행할 수 있었다.

조지 파커(George S. Parker)는 세상에서 가장 좋은 만년필을 만들었다. 그의 사업은 위스콘신의 쟌네스빌(Janesville)이라는 소도시에서 시작되었지만 그의 상품은 전 세계에 팔려 나갔고 글이 씌어지는 곳이라면 세계 어디서든 사용하게 되었다.

20여 년 전만 해도 파커가 마음에 품은 **'명확한 목표'** 는 돈 주고 살 수 있는 최고의 만년필을 만드는 것이었다. 그는 그 목표의 실현을 위해 **'불타는 욕망'** 을 가지고 그것을 가슴에 품었다. 만약 여러분이 파커 브랜드의 만년필을 가지고 있다면 그에게 성공을 가져다 준 물증을 지니고 있는 셈이다.

여러분이 계약자이면서 동시에 건축가라고 하자. 목재와 벽돌, 철근을 가지고 집을 지어내야 하는 것이다. 성공적인 건설을 위해서는 우선 바탕이 되는 설계도가 있어야 한다. **현대사회는 '성공' 을 위한 재료가 풍부하면서도 저렴한 풍요로운 시대이다.**

도서관에 가면 모든 인간 활동 영역에 대해 2000여 년 동안 선조들이 이루어 놓은 연구결과를 찾아볼 수 있다. 그 중의 하나가 여러분이 원하는 분야일 것이다.

만일 설교자가 되고 싶다면 앞서서 그 길을 밟은 사람들의 궤적(軌跡)을 쉽게 살펴볼 수 있다. 기계공이 되고 싶으면 기계 발명의 역사에서부터 금속의 발견과 사용 등에 관해 손쉽게 정보를 구할 수 있다.

변호사가 되고 싶으면 법률의 역사를 살펴볼 수 있고, 농부가 되고 싶으면 워싱턴 농업부를 통해 경작과 농업에 관해 알아낼 수 있다. 뿐만 아니라 인터넷을 통해 자신이 몸담고 싶은 분야의 정보를 거의 무한정으로 발견할 수 있는 세상인 것이다.

또한 오늘날처럼 '기회'가 넘쳐나는 때도 일찍이 없었다. 더 좋은 제품과 번뜩이는 아이디어를 활용한 제품, 업무능력이 더 뛰어난 사람, 좀더 감동적인 설교를 하는 사람, 고객의 편의를 고려하는 은행 등 어디에나 더 나은 노동과 서비스에 대한 수요가 각광받는 시대이다.

여러분이 인생에서 명확한 중점 목표가 무엇인지 정하기 전까지는, 그리고 그것을 적어 아침저녁으로 눈에 띄는 곳에 붙여놓고 끊임없이 상기하지 않는 한 이 장은 완성되지 않을 것이다.

여러분은 이미 자신만이 인생의 명확한 중점 목표를 형성할 수 있는 사람이라는 것을 알고 있다. 꾸물거릴 하등의 이유가 없는 것이다. 또 명확한 목표는 자기 자신을 위해 설정되어야 할 것이다. 어느 누구도 당신을 대신해서 설정해주지 않는다.

이를 위해 당신은 무엇을 할 것인가? 대체 언제? 그리고 어떻게?

지금 당장 당신의 욕망을 분석해서 자신이 원하는 것이 무엇인지 찾아내고 그것을 얻기 위해 결심하라. 3장에서는 다음 단계를 일러주고 어떻게 진행해야 하는지 보여줄 것이다.

이 강좌에서는 우연히 발생되는 것에 의존하는 것은 없다. 모든 단계는 분명하고 명료하게 서술될 것이다. 여러분이 할 일은 최종 목적지 - **당신의 명확한 중점 목표** - 에 다다를 때까지 지시를 따르는 것이다. 목표를 명확히 하고 '불가능이란 없다'는 정신으로 끈기를 가지고 목표를 추구해야 할 것이다.

이때 명심할 것은 명확한 중점 목표를 설정할 때 막연하게 높게 잡아서는 안 될 것이다.

※ WWWH 공식의 응용

세월이 변해도 결코 변할 수 없는 진리 하나는 '시작하지 않으면 어느 곳에도 이를 수 없다'는 점이다.

만약 당신의 인생 목표가 막연하다면 성취과정도 모호하게 될 것이고, 그 결과 성과 또한 미미할 것이다. 무엇을 언제까지 원하는지, 그리고 왜 원하는지를 파악하고 그것을 얻기 위해 어떻게 하려하는지 결정하라. 이것은 심리학과 교수와 학생들에게는 **'WWWH 공식'** – 무엇(what), 언제(when), 왜(why), 그리고 어떻게(how) – 으로 알려져 있다.

《성공의 법칙》을 읽을 때는, 특히 2장은 일주일 간격을 두고 4번 읽기를 바란다. 네 번째 읽을 때는 처음 읽었을 때와는 다른 더 많은 것을 얻게 될 것이다.

이 책의 내용을 통달하고 그에 따라 성공에 이르게 되는가의 문제는 거의 전적으로 이 책의 모든 지시사항을 얼마나 잘 따르느냐에 달려 있다. 그 얘기는 임의대로 연구방법을 설정하지 말고 이 책에 나온 대로 따라야 한다는 것을 의미한다.

그것들은 이미 다년간의 심사숙고와 실험의 산물이기 때문인데, 만일 당신 스스로 실험을 해보고자 한다면, 일단 내가 제시하는 방식을 따라본 후에 해도 늦지 않을 것이다. 이 부분을 강조하는 이유는 더 안전하게 실험을 실시할 수 있도록 하기 위함이다.

현재의 상황에서는 여러분은 학습자의 위치에 있다. 이 책을 터득하고 지시사항을 따르고 나면 그때는 학습자일 뿐 아니라 스승이 될 수도 있을 것이다. 그렇게 되기를 희망한다.

만약 여러분이 학습자를 위해 이 책에서 마련한 지시사항을 잘 따른다면 물이 낮은 곳에서 높은 곳으로 흐르는 것이 불가능한 것처럼 결코 실패란 있을 수 없을 것이다. 행운을 빈다!

2장 원리의 성공적인 지침

《성공의 법칙》 1장의 개론 부분을 통해서 여러분은 이미 **'마스터 마인드'** 로 명명된 심리학 원리에 익숙해졌을 것이다.

이제 여러분은 **명확한 중점 목표**를 현실화시키는 수단으로 이 원리를 활용할 준비가 되어 있다. 강조하지만 목표를 실현시킬 명확하고 실제적인 계획이 없으면 명확한 중점 목표가 있다 한들 아무 소용이 없는 것이다.

첫째 단계는 여러분 인생의 가장 중요한 목표를 결정하는 것이다. 다음으로는 이 목표를 간결하고 분명하게 적는다. 이때 목표를 달성하기 위한 수단과 계획도 함께 적어놓아야 한다. 최종 단계에서는 이러한 계획을 실행하고 당신의 명확한 중점 목표를 실현시키는 데 협조를 해줄 사람이나 사람들과 연대를 형성하는 것이다.

❊ 마스터 마인드의 연대 대상

연대 결성 – 우호적인 사람들과 – 의 목적은 여러분의 계획을 지지해줄 '마스터 마인드' 의 법칙을 이용하기 위해서이다. 이러한 연대는 여러분과 정신적으로 긴밀한 사람 사이에 형성되어야 한다. 기혼자라면 – 그 부부 사이에 사랑과 신뢰가 존재한다면 – 배우자와 연대를 결성하여 자신감과 공감을 얻을 수 있다. 이외 다른 구성원으로는 부모, 형제 혹은 가까운 친구 등이 적합하다.

미혼인 경우에 애인이 있다면 그와 연대를 이루어라. 지금 당장 이러한 연대가 과연 무엇을 가져다 줄 것인지 반신반의할지도 모르지만, 이는 인간 마음의 가장 강력한 법칙의 하나를 학습하는 것이므로 진지하고 성실하게 법칙들을 따라야 할 것이다.

당신을 도와 '마스터 마인드' 생성을 위해 호의적 연대의 형성에 참여한 사람들은 당신의 명확한 중점 목표를 적은 종이에 당신과 함께 서명을 해야 한다. 당신과 연대한 사람들은 그 연대를 형성할 때 당신 목표를 충분히 알고 있어야 한다.

협력자들은 진심으로 그 목표에 찬성하고 당신에게 전적으로 공감해야 한다. 그후 그들에게는 당신의 명확한 중점 목표가 적힌 사본을 제공해야 할 것이다. 물론 자신의 중점 목표에 대해 확신해야 하는 것은 말할 필요도 없다.

세상은 의심 많은 사람으로 가득 차 있으므로 생각 없는 사람들이 당신과 당신의 야망을 비웃기도 할 것이다. 그 속좁은 사람들의 조소는 하등 도움이 안 될 것이다. 당신에게 필요한 것은 호의적인 격려와 도움이지 조소와 의심이 아니라는 것을 기억하길 바란다.

만약 당신이 기도의 효험을 믿는다면 적어도 매일 혹은 할 수 있다면 그 이상 자주 명확한 중점 목표를 주제로 삼아 기도를 올리는 것이 좋을 것이다. 만일 당신이 세상에서 건설적인 삶을 살고자 애쓰는 자에게 도움을 줄 수 있고 또 그렇게 하는 신이 있다고 믿는다면, 당신에게는 삶에서 가장 중요한 것을 이루는 데 도움을 달라고 청원할 권리가 있는 것이다.

더 나아가 우호적인 연대에 참여한 사람들이 기도를 하고 있다면 그들에게도 당신의 목표 달성을 기원하는 기도를 포함시켜 달라고 부탁할 일이다.

자, 다음은 여러분이 반드시 따라야 할 필수적인 원칙을 알아야 할 때이다. 당신과 연대한 사람들에게 그들이 할 수 있는 가장 긍정적이고 분명한 단어를 사용하여 **그들은 당신이 당신의 '명확한 중점 목표'를 실현할 수 있고 또 해낼 것을 믿는다**고 말해 달라고 하라. 이런 확신이나 격려는 하루에 한 번 이상 가능한 자주 들어야 할 것이다.

앞에 제시한 단계는 반드시 지속적으로 지켜져야 하며 그것도 결국에는 여러분이 원하는 모든 것을 얻게 해주리라는 확신을 가지고 수행되어야 할 것이다. 며칠 혹은 몇 주 동안만 해보고 그만두어서는 안 된다. **기간이 소요되더라도 여러분의 '명확한 중점 목표'를 달성할 때까지는 이런 단계를 반드시 따라야 한다.**

그러나 때때로 명확한 중점 목표를 달성하기 위한 계획에도 수정이 가해질 필요가 있을 것이다. 그런 때에 이르면 주저하지 말고 계획을 수정하라. 사람은 항구불변의 계획을 짤 수 있을 만큼 선견지명을 갖추지 못했기 때문이다. 그리고 만일 당신과 연대한 사람 가운데 누군가가 '마스터 마인드'에 대한 믿음을 잃는다면 즉각 그를 다른 사람으로 대체하라.

카네기가 나에게 말하기를 그도 마스터 마인드 그룹의 구성원을 바꿀 필요가 있다는 것을 깨달았다고 하였다. 사실상 초기에 그와 연대했던 거의 모든 구성원을 목표에 좀더 충성스럽고 열의가 넘치는 사람들로 교체를 했다고 한다.

당신의 명확한 중점 목표가 무엇이든간에 불성실하고 적대적인 사람들에 둘러싸여서는 성공을 거둘 수 없다. **성공은 충성, 신뢰, 성실, 협력과 기타 긍정적인 요소의 토대 위에 이루어지는 것이다.**

강좌를 읽는 여러분 중 대다수가 몸담고 있는 직장이나 자기 분야에서 성공을 거두고 싶어하고 그 분야의 구성원들과 호의적인 연대를 구축하고 싶어할 것이다. 그런 경우라도 앞서 밝힌 동일한 단계를 밟아 나가야 할 것이다. 여러분의 명확한 중점 목표가 여러분 개인을 위한 것일 수도 있고, 여러분이 속한 그룹 – 직장을 포함한 – 에 이득이 될 수도 있다.

'마스터 마인드'의 법칙은 양자(兩者)를 막론하고 동일한 효력을 일으킨다. 이 법칙을 적용하는 데 일시적이든 영구적이든 실패를 하게 된다면 그것은 여러분과 연대한 구성원 가운데 신뢰, 충성과 성실함의 정신으로 무장되지 않은 사람이 있기 때문이다.

❊ 중점 목표는 '취미' 가 되어야 한다

명확한 중점 목표는 여러분의 '취미' 가 되어야 할 것이다. 여러분은 그 취미를 가지고 함께 자고, 함께 먹고 함께 놀아야 한다. 더 나아가 함께 일하고, 함께 살고, 함께 사고하는 것, 이른바 생활의 일부분이 되어야 하는 것이다.

여러분이 원하는 것이 무엇이든 온 마음으로 원하고 끊임없이 추구하고 목표가 합리적이라면, 그리고 **'정말로 얻을 수 있다고 믿는다면!'** 이뤄낼 수 있을 것이다.

단순히 무언가를 얻고 싶다고 '소망하는 것' 과 얻게 될 것이라고 '실제로 믿는 것' 사이에는 커다란 차이가 있다. 수많은 사람들이 이 차이를 몰라 실패를 한다. 어떤 일에서든 '행동하는 사람' 은 '믿음을 가진 사람들' 이다.

명확한 중점 목표를 달성할 수 있다고 믿는 사람들의 사전엔 불가능이란 없다. 그들은 일시적인 좌절도 모르는 사람들이다. 그들은 단지 성공할 것임을 알 뿐이고 계획이 실패하면 재빨리 다른 계획으로 대체한다.

빛나는 성취의 바탕엔 언제나 어느 정도의 일시적 후퇴가 있었다. 에디슨도 수천, 수만 번의 실패와 재시도 끝에 "메리에겐 작은 양이 있어요" 라고 세계 최초로 녹음기에 녹음을 성공할 수 있었다. 이 교훈과 연관해 이를 집약할 수 있는 요인은 바로 **'끈기!'** 이다.

여러분은 이제 성공으로 가는 열쇠를 쥐고 있다. 호랑이를 잡으려면 호랑이 굴로 들어가야 하듯이 지식으로 가득 찬 사원(寺院)의 문을 열기 위해서는 안으로 걸어 들어가야 한다. 가만히 생각만 하고 있다고 하여 사원이 당신에게 와 주지는 않는다.

물론 이런 법칙이 전혀 새로운 것이라면 처음에는 걸어가는 것이 쉽지 않을 것이다. 아마 여러 번 넘어지게 될 것인데, 그렇더라도 앞으로 가는 것을 포기해선 안 된다. 머지않아 당신은 신뢰와 노력의 대가로 산마루에 올라 지식의 계곡을 내려다 볼 수 있게 될 것이다.

모든 것에는 상응하는 대가와 희생이 따른다. 아무런 노력도 들이지 않고 얻어지는 것은 없다. 마스터 마인드의 법칙을 실험하면서 여러분은 고귀하고 공정한 자연의 법칙과 마주하게 될 것이다. 자연에는 사기와 편법이 통하지 않는다. 여러분이 **지속적이고, 굽히지 않으면서도 끈기 있는 노력을 기울일 때만 그 노력에 대한 성과를 내어줄 것이다.**

지금까지 여러분은 성공을 위해서 언제, 어디서, 무엇을 해야 하며 또 그것을 왜 해야 하는지를 살펴보았다. 만약 여러분이 3장 '자기 확신'을 마치게 되면 2장에서 제시한 지침을 실행할 수 있는 더 큰 확신을 얻게 될 것이다.

인생의 목표를 통달하고 있는 나!

기근, 사랑, 그리고 운명이

나의 발 아래에서 기다리고 있다.

도시와 벌판을 지나고 사막과 바다를 통과한다.

그리고 오두막집과 시장, 궁전을 지난다.

조만간에 나는 - 초대받지도 않았으면서 - 모든 대문을 두드린다!

만일 잠들어 있으면 깨어나고,

만일 축제를 벌이고 있다면 내가 돌아가기 전에 일어나라.

지금은 운명의 시간 그리고 나를 따르는 사람은

모든 욕망하는 것을 얻을 수 있으며,

모든 적을 정복한다. 죽음만 제외하고,

그러나 의심하고 주저하는 사람은

패배와 가난과 두려움으로 저주받고

나를 찾으나 소용없고 쓸데없이 애원한다.

나는 대답하지 않을 것이며 더 이상 되돌아오지 않을 것이다.

- 잉걸즈(Ingalls)

3장
자기 확신
Self-Confidence

Napoleon Hill

우리를 둘러싸고 있는 다양한 미스터리 가운데
무한하고 영원한 에너지의 존재만큼 확실한 것은
없다.

- 허버트 스펜서(Herbert Spencer)

자기 확신

'믿어라! 당신은 해낼 수 있다!'

이번 장에서 다루고 있는 기본 원리를 접하기에 앞서 이 강좌가 20년간에 걸친 연구를 토대로 서술되고 있음을 알아두기 바란다. 그런 이유로 내용이 실용적일 뿐 아니라 이미 세계적인 과학자들의 테스트를 거친 인정받은 원리임을 밝혀두고 싶다.

의심과 불신은 진보와 자기계발에 치명적인 적이다. 만약 이 책이 – 책이 담고 있는 원리의 실효성은 시험해보지도 않고 – 골방에 처박혀 머리가 덥수룩해지도록 연구만을 계속한 이론가에게서 저술되었을 것이라는 생각이 든다면 이쯤에서 책을 그만 덮는 것이 좋을 것이다.

잘 알듯이 현대는 무수한 자연의 베일이 벗겨지고 인류 역사상 그 어느 때보다 이러한 법칙들이 사용되고 있는 시대이므로 더 이상 의심의 시대가 아니다.

두 세대만에 인류는 하늘을 정복하였고 대양을 탐사하였다. 지상의 실제 거리는 더 이상 그 의미를 가질 수 없게 되었고, 불을 이용하여 산업사회의 바퀴를 굴러가게 하고 있다. 식물은 한 포기가 나던 곳에 여러 작물재배가 가능하게 되었으며 통신의 발달은 전 세계를 하나로 묶고 있다.

이 시대야말로 실로 계몽과 새로운 세상이 전개되는 발견의 시대라 할 만하다. 그러나 지금까지 인류가 발견한 지식은 사실 빙산의 일각에 지나지 않는다. 현재까지 발견한 것이 어떻든 자신의 내부에 숨겨진 힘의 문을 여는 키를 찾는다면 지금까지의 모든 발견은 하찮게 보일 것이다.

두려움 극복을 위한 자기 확신

사고(思考)는 인간 에너지 가운데 가장 고도로 조직화된 형태라 볼 수 있는데, 오늘날에는 지속적인 실험과 연구를 통해 인간 내면에 숨쉬고 있는 신비한 힘, 즉 사고에 대해 더욱 이해할 수 있게 되었다.

우리는 이미 인류사를 통해 수천 년 동안이나 축적되어 온 두려움을 자기암시의 원리를 이용하여 퇴치할 수 있게 되었다. 인간 심리에 대한 과학적인 연구의 결과이다.

또 이 연구는 두려움이 바로 빈곤과 실패, 불행의 주요 원인이 된다는 것도 알게 되었을 뿐 아니라 이러한 **두려움을 극복한 사람은 어떠한 장애가 그를 가로막더라도 결국에는 성공적인 업적을 이루게 된다**는 것도 경험하게 되었다.

자기 확신, 즉 자신감의 개발은 옆에 가만히 앉아 "너는 할 수 없어. 너는 시작하는 걸 두려워하고 있어. 너는 남들의 이목이 두렵고 실패할까봐 두려워하고 있어. 그리고 능력이 없을까봐 두려워하고 있어"라고 속삭이는, 두려움이라는 악마를 제거하는 데서부터 시작되어야 할 것이다.

그렇지 않으면 머지않아 이 두려움은 당신의 내부에 진을 치게 된다. 그러나 심리학의 발달이 이에 맞설 치명적인 무기를 발견할 수 있었으니 '자기 확신'의 장은 그 무기로서 유사 이래 최대의 적인 두려움과의 싸움에 유용하게 쓰이기를 바란다.

모든 인간은 기본적으로 6가지 두려움의 영향을 받게 되어 있다. 이 6가지 두려움 다음으로는 강도가 덜한 두려움이 있을 수 있다. 다음에 기본적이면서도 두려움을 가장 크게 느끼는 6가지를 열거하였고 그 두려움의 근원에 대해서도 설명하였다.

6가지 두려움은 다음과 같다.

① 가난에 대한 두려움

② 늙음에 대한 두려움

③ 타인의 비판에 대한 두려움

④ 사랑 상실에 대한 두려움

⑤ 건강 상실에 대한 두려움

⑥ 죽음에 대한 두려움

앞의 목록과 비교, 자신에게는 어떠한 두려움이 있는지 숙고하고 그것들을 앞의 6가지 두려움으로 분류하길 바란다.

사람들은 분별력, 즉 삶에 대한 이해를 하게 되면서 이 6가지 두려움 중 한 가지 또는 그 이상의 두려움에 시달리게 된다. 지피지기면 백전백승이라고 하듯이 이러한 6가지 두려움을 없애기 위한 첫걸음으로 이 두려움들이 어디에서 부터 기인하였는지 살펴보기로 하자.

모든 영혼에는 미래에의 무한한 가능성이 심겨져 있다. 그러나 적절한 노력을 기울이지 않는다면, 이 씨는 발아하지도 않을 것이고 더더욱 열매를 맺을 수도 없을 것이다.

❋ 인간의 6가지 기본적인 두려움

모든 사람은 육체적으로나 정신적으로 두 가지 종류의 유전을 경험하게 된다. 하나는 육체적 유전이고 하나는 사회적 유전이 그것이다. 유전의 법칙을 보면 인간은 단세포 생물인 아메바로부터 서서히 진화해온 것이다.

여러 세대를 거쳐 진화하면서 인간은 인간 본성에 뭔가 특징적인 것과 습관적인 것, 그리고 그 당시 세대의 외양 등을 더해왔다. **인간의 육체적 유전은 갖가지 습성과 육체적 형태의 집합**이라고 볼 수 있다.

이렇게 세대를 거쳐 이루어진 **육체적 유전을 통해 인류 공통의 6가지 두려움도 유전되어 왔다**는 것에 대해서는 이견 – 6가지 기본적인 두려움은 정신적인 마음의 상태이므로 육체적 유전을 통해 전이가 불가능하다는 관점에서 – 이 있을 수도 있지만, 육체적 유전을 통해 이러한 6가지 두려움에 최적의 장소를 제공해왔던 것은 부인할 수 없는 사실이다.

예를 들어 육체적 진화는 사망, 파괴, 고통과 가혹함을 토대로 일어났다는 점은 이미 주지의 사실이다. 즉, 어떤 생명체가 죽게 되면 그것을 바탕으로 좀 더 높은 형태의 새로운 생명체가 탄생하는 것이다. 모든 식물은 토양과 대기의 성분을 '섭취'하면서 생존할 수 있고, 모든 동물은 다른 동물이나 약한 동물 혹은 식물을 섭취하면서 살아가는 것이 자연계의 이치이다.

사람을 포함하여 대부분의 많은 동물이 자신보다 약하거나 작은 동물을 잡아먹으며 살아가기 때문에 이러한 경험으로부터 두려움을 갖게 되었고, 그 두려움은 다시 '세포의 인식'이라는 형태로 세포 안에 두려움이 각인되어 내려왔던 것이다.

앞의 이론은 억지춘향처럼 느껴질지도 모르겠으나 적어도 논리적인 추론으로 생각해 볼 수는 있다. 물론 내가 이 이론의 특정 부분을 고안해 낸 것도 아니고, 이 이론이 6가지 기본적인 두려움 중 어느 하나라도 설명할 수 있다고 주장하는 것은 더욱 아니다.

사실 이러한 두려움의 원인을 설명하는 방식에는 이보다 더 나은 설명이 있을 수 있는데, 그것은 바로 사회적 유전을 통해 설명하는 것이다.

인간을 구성하는 가장 중요한 부분이 대개 사회적 유전을 통해 이루어지는 것이다. 이는 전 세대로부터 이어져온 신앙, 전설, 미신과 습관 등을 한 세대가 다음 세대에 물려주면서 유전된다.

'사회적 유전'이란 개인이 지식을 얻게 되는 모든 수단과 출처를 의미한다. 즉, 독서와 상호간의 대화, 일반적으로 '개인적 경험'으로 여겨지는 것으로부터의 영감(靈感) 등 여러 형태로 존재할 수 있다.

사회적 유전의 법칙을 통해 어린아이의 마음에 집중적으로 어떤 아이디어를 받아들이도록 할 수가 있다. 이때 자기에게 주어진 어떤 사상이 참인지 거짓인지를 모른 채 받아들인 어린이는 마치 자기의 육체 일부분인 양 자기의 성품으로 굳어지게 된다. 그리고 이렇게 형성된 믿음은 신체 장기를 바꾸는 것만큼이나 어렵다고 할 수 있다.

종교 집단이 어린이 마음에 교리와 종교의식 등을 이식하는 것도 사회적 유전의 법칙을 이용한 것이며, 이렇게 이식된 사상은 변경할 수 없는 믿음의 일부로 영원히 봉하게 되는 것이다.

아직 스스로 사고하고 판단할 나이에 이르지 못한 어린이의 마음은 맑고 깨끗하고 모든 것에 열려 있어 자유롭다. 이러한 어린아이의 마음에 심겨진 것은 뿌리를 내리고 자라나 아무리 그에 반하는 논리와 이성을 갖춘 사상을 대하게 된다 할지라도 박멸되지도 씻겨지지도 않게 된다.

많은 종교학자들이 어린이의 마음에 한번 심겨진 교리는 아주 깊게 각인되어 다른 종교를 그 마음에 부분적으로라도 심을 공간이 없게 된다고 주장하고 있는데 이러한 주장에는 타당한 근거가 있는 것이다.

사회적 유전의 법칙이 어떻게 작용하는가에 대한 설명에 이어 이제는 6가지 기본적인 두려움이 비롯되는 출처를 살펴보도록 하자.

여러분 자신의 개인적 경험의 범주를 벗어나지 않고도 - 진리를 판단할 사고능력을 갖춘 자라면 – 이 6가지 두려움에 사회적 유전의 원리를 적용하는 것이 타당하다는 것을 알게 될 것이다.

다행스럽게도 이 장에서 제시하는 증거들은 진정으로 진리를 찾고자 하는 자라면 그 타당성을 쉽게 확인할 수 있는 종류의 것들이다. 그러므로 여기서는 여러분의 편견과 고정관념을 잠시 접어두고(원할 때면 언제나 그 틀 속으로 다시 귀환할 수 있으니까) 인간에게 최악의 적인 6가지 두려움의 기원과 속성에 대해 알아보도록 하자.

누군가와 약속을 하는 것은 시간을 엄수한다는 것을 의미하고, 그것은 곧 단 1분이라도 늦을 권리가 없음을 명심하라.

① 가난에 대한 두려움

이 두려움의 기원에 관한 진실을 밝히는 데는 용기가 필요하며 밝혀진 후 이를 받아들이는 데엔 아마도 더한 용기가 필요할 것이다. 가난에 대한 두려움은 자신의 동료를 경제적으로 포식하는 성향으로부터 – 그리고 이러한 성향은 유전된다 – 유래한다.

거의 대부분의 동물들은 이성적이거나 사고하는 능력은 없이 단지 본능만이 있을 뿐이다. 그래서 그들은 서로 육체를 먹이로 삼는 포식을 행할 뿐이다. 그러나 고등의 감각, 즉 직관과 사고, 이성을 지닌 존재인 **인간은 그 동족을 육체적으로 포식하진 않지만 경제적으로 포식하는 데서 더욱 커다란 만족을 느낀다.**

작금의 세계를 살펴보면 우리는 물질 숭배의 시대에 살고 있다. 두둑한 은행 잔고가 없으면 먼지보다 못한 존재로 간주되는 시대인 것이다. **가난처럼 인간에게 고통과 모멸감을 안겨주는 것이 없다. 인간이 가난을 두려워하는 것도 전혀 무리가 아니다.**

오랜 세월 축적된 경험을 통해 인간은 돈이나 혹은 기타 물질에 관계되었을 경우에는 믿을만한 동물이 아니라는 것을 알게 되었다. '현재(現在)'는 '현재(現財)'라고 표기할 수도 있을 것 같은데, 이는 작금의 세태가 재물과 너무 긴밀하게 이루어진 세상이기 때문이다.

상당수의 결혼생활이라는 것도 한쪽 배우자 혹은 두 사람이 소유한 재산에 기반을 두고 시작된다(종종 그 때문에 끝날 때도 있다). 그러니 가정법원이 쉴 틈이 없는 것도 어찌 보면 당연한 것이다.

인간의 부에 대한 소유욕은 너무나 강렬하여 때로는 이를 손에 쥐기 위해 가능한 모든 수단을 동원한다. 합법적인 수단을 통하기도 하고 필요한 경우에는 다른 수단을 강구하기도 한다.

가난에 대한 두려움은 너무나도 끔찍한 것이다!

심지어 살인을 저지르고 약탈, 강간, 그리고 기타 타인의 권리를 침해하는 행위를 하고도 부(富)를 소유하고 있으면, 사람들로부터 우러름을 받는 위치에 계속 있을 수도 있다. 그런 면에서 **가난은 범죄요, 용서받을 수 없는 죄악인 것이다.** 그러니 가난을 두려워하는 것이 당연하지 않겠는가!

지구상의 모든 법령집을 보더라도 가난이 인류에게 6가지 기본적인 두려움 가운데 하나라는 증거를 발견할 수 있다. 거의 모든 법령집이 경제적 강자로부터 약자를 보호하려는 목적의 다양한 법을 싣고 있다는 사실이 이를 입증하고 있다.

가난에 대한 두려움이 인류에 유전되어 온 두려움인지, 아니면 인간에게는 기본적으로 다른 인간으로부터 빼앗으려는 본성이 있어서 그런지 그 기원을 증명하는 것은 마치 '2 × 3 = 6'이라는 것을 증명하는 것과 같다고 하겠다.

인간이 자신의 동료를 신뢰한다고 하면 가난에 대한 두려움을 가질 필요가 없을 것이다. 이 세상은 – 자신이 필요로 하는 모든 것, 그리고 또 필요로 하는 것 이상을 가지고도 이를 물 쓰듯이 낭비하는 습관을 지닌 사람들만이 아니라면 – 기본적으로 모든 사람을 만족시키기에 충분한 만큼의 의식주가 있고 그 외에도 여러 생산품이 널려 있기 때문이다.

② 늙음에 대한 두려움

이 두려움의 근원은 크게 봐서 두 가지로 볼 수 있다.

첫 번째는 늙음이 가난과 결합될지도 모른다는 생각이다.

두 번째는 종교인들의 무자비하고 그릇된 세뇌에서 비롯된 것으로, 이것은 '유황과 불' '연옥(煉獄)' 그리고 악령에 대한 설법으로 대변된다. 이에 따라 나이가 드는 것에 대한 두려움을 가지게 되었다. 왜냐하면 지금 살고 있는 세상보다 더 힘든 상황이나 악조건의 끔찍한 세상이 다가오고 있다는 생각 때문이다.

나이가 들어가는 데 대한 두려움과 관련한 두 가지 원인을 다시 한번 정리해 보면 하나는 자신의 재물을 앗아갈지도 모르는 타인에 대한 불신에서 비롯되었고, 다른 하나는 사회적 유전법칙을 통해 마음속에 깊이 각인된 사후 세계에 대한 끔찍한 그림 때문이다.

이에 비쳐볼 때 인간이 나이 먹어가는 것을 두려워함은 너무나 당연한 것이다.

③ 타인의 비판에 대한 두려움

인간이 어떻게 이 두려움을 가지게 되었는지 밝히는 것은 어려운 일이지만, 한 가지 확실한 것은 사람에겐 이러한 종류의 두려움이 잘 형성되어 있다는 점이다.

혹자는 이 두려움의 기원을 정치행위가 등장한 때와 시작을 같이한다고 보기도 하고, 또 어떤 이는 '여성클럽'이라고 알려진 여성들만의 단체의 첫 집회에서 비롯된 것이라고 하기도 한다. 또 몇몇 재담꾼들은 이 기원을 성경의 내용에서 찾고 있는데, 그들은 엄격하고 잔혹한 응징의 페이지들에서 비롯된 것이라고 한다.

후자의 주장이 옳다면, 그리고 성경에 기재된 사실들이 문자 그대로 진실이라면 세대를 통해 유전된 비판의 두려움에 대한 책임은 하나님에게 있는 것이다. 성경은 하나님으로 말미암아 씌어진 것이기 때문이다.

물론 재담꾼도 선지자도 아닐 뿐더러 다만 평범한 인간에 지나지 않는 나의 의견은 이러한 '비판에 대한 두려움'의 원인은 부분적으로 타인의 부를 빼앗은 후 그러한 자신의 행위를 타인의 자질을 비난함으로써 정당화하려는 속성에서 비롯된 것이라고 생각한다.

비난에 대한 두려움은 여러 형태로 나타나지만 대부분은 잘 들여다보면 하찮고 사소한 데서 비롯됐을 뿐 아니라 때로는 유치하기까지 하다.

예를 들어 대머리의 남자는 비난에 대한 두려움 때문에 머리가 벗겨진 것이다. 꼭 조이는 밴드로 된 모자를 씀으로써 모근의 순환을 막아 머리카락이 빠지게 되는 것이다. 남자들이 모자를 쓰는 것은 그것이 편하기 때문이 아니라 사실 '다른 사람들이 모두 쓰고 있기' 때문이다. 그래서 다른 사람들이 자신을 비난하지 않을까 두려워해서 사람들은 모자를 쓰게 되는 것이다.

여자들은 대머리가 거의 없는데 이는 그들이 쓰는 모자가 헐거운 것으로써 다만 패션을 위해 이를 쓸 뿐이다. 물론 그렇다 해도 여자들이 모자와 관련해서 타인의 비난에 대한 두려움으로부터 자유롭다고 할 수는 없을 것이다. 이 두려움에 관해서 여성이 남성보다 우월하다고 주장하는 여성이 있거든 유행이 지난 모자를 쓰고 거리를 걸어보게 하라!

의류 제작업자는 모든 인간의 두려움을 이용, 이를 충분히 상업화에 이용하고 있다. 분기마다 의상의 컨셉과 소위 '트렌드' '스타일'이라는 것이 달라진다. 도대체 누가 트렌드를 창출하는 것인가? 이는 의류 구매자의 몫이 아니고 의류 제조업자의 상술이다.

그러면 그는 왜 분기마다 스타일을 바꾸는 것일까? 의심할 바 없이 더 많은 옷을 팔기 위해서 하는 것이다. 같은 이유로 자동차 생산업체의 경우에도(물론 극소수의 예외가 존재하지만) 끊임없이 새로운 모델을 선보인다.

의류 제조업자들은 인간이란 동물이 '지금 모두가 입고 다니는 옷'보다 한두 시즌 뒤처진 옷을 입기를 두려워한다는 것을 잘 알고 있다. 어떤가? 사실이 아니라고 부인하고 싶은가? 그렇다고 해도 여러분 자신의 경험이 이를 증명하고 있지 않은가?

지금까지는 비판에 대한 두려움이 작고 사소한 일상에 끼치는 영향을 살펴보았다. 이제는 이러한 두려움이 좀더 중요한 인간사의 측면인 타인과의 교제에 미치는 영향을 살펴보자.

예를 들어 '정신적으로 성숙된 나이(일반적으로 35세에서 40세에 이르는 사람들)'의 단계에 이른 사람들의 경우를 보면, 이들은 종교인(사이비)이 설파하는 교리에 대해 불신과 반항심을 가지고 있는 것을 쉽게 발견할 수 있다.

얼마 전까지만 해도 '이교도'라든가, 사이비라는 것은 곧 파멸을 의미하였다. 이를 봐서도 알 수 있듯이 사람이 타인의 비판에 대해 두려움을 가지는 것도 쉽게 이해가 될 것이다.

④ 사랑 상실에 대한 두려움

이 두려움의 원인에 대해서는 그다지 설명이 필요하지 않을 것이다. 결국 이는 동료의 파트너를 뺏으려는 본성에서 비롯된 것이기 때문이다. 아니면 적어도 그녀의 대상이어야 할 미지의 사람으로부터 그녀를 뺏는 것에서부터 비롯된 것이다.

본래 남성은 천성적으로 일부다처의 속성을 지닌다. 모든 남성은 '일부다처의 속성이 본능 속에 잠재해 있다'라는 사실을 부인하는 사람은 아마도 성적으로 정상적인 기능을 할 수 없을 정도로 나이가 들었거나, 혹 다른 연유로 성적인 능력에 이상이 생긴 경우일 것이다.

사랑 상실에 대한 두려움에서 질투와 '조발성 치매증(광기 : 狂氣)'이 생겨난다는 것은 거의 의심의 여지가 없다.

내가 조사한 '제정신의 미치광이' 가운데에서도 여자에 대한 질투심에 사로

잡힌 남자와 반대로 남자 때문에 질투의 화신이 된 여자만큼 이상하고 비정상적인 사람은 없었다.

다행히도 나는 이러한 형태의 정신장애를 개인적으로 한 번만 경험하였을 뿐인데 이 경험으로부터 사랑하는 사람을 잃는 것에 대한 두려움이야말로 가장 고통스러운 것이라는 것을 알았다. 설령 가장 고통스러운 것이 아니라 해도 적어도 6가지 두려움 가운데서는 가장 고통스럽다는 것은 인식하게 되었다.

뿐만 아니라 이 두려움은 다른 어떤 것보다 인간의 마음을 파괴시키고 황폐화시켜 때로는 다시 돌이킬 수 없는 정신이상의 현상에까지 이르게 되는 것이다.

⑤ 건강 상실에 대한 두려움

이 두려움의 기원을 파헤쳐보면 가난과 나이 먹음에 대한 두려움과 그 기원을 같이 한다고 볼 수 있다. 이렇게 본다면 건강 상실에 대한 두려움은 빈곤과 노령에 대한 두려움과 긴밀하게 연결되어 있다고 할 수 있다. 즉, 건강 상실도 – 자신이 실제 경험해 본 적이 없어도 – 보고 듣는 것만으로도 불편한 '끔찍한 세계'로 이끌기 때문이다.

나는 때로 건강산업에 몸담고 있는 사람들이 정도 이상으로 질병에 대한 두려움을 인간의 마음에 존재하도록 하는 것이 아닌가 생각하곤 한다.

인류의 역사가 기록된 이래 인간 세상에는 온갖 종류의 건강요법과 치료물질들이 존재해 왔다. 자신의 생계를 타인의 건강을 유지하는 것에 의존하는 사람이라면 그는 모든 수단을 다해 사람들에게 자신의 상품과 서비스가 필요하다고 설득을 할 것이다. 이래서 결국 사람들이 건강 상실에 대한 두려움을 물려받는 것인지도 모른다.

⑥ 죽음에 대한 두려움

많은 사람들은 죽음에 대한 두려움을 6가지 두려움 가운데 최악의 것으로 꼽을 것이다. 그 이유는 심리학과의 평범한 학생조차도 추측할 수 있다. 죽음과 관련된 두려움의 끔찍한 고통은 종교적인 광신주의에 직결된다고 볼 수 있다.

사실 죽음에 관한 이러한 종교상의 책임은 다른 이유들을 다 보탠 것보다 크다고 할 수 있다. '무신론자'들은 사실 '교화(敎化)된' 사람들, 특히 신학의 영향 아래 있는 사람들보다 죽음을 두려워하지 않는다.

수천 년 동안 인간은 답이 없는(아마도 답이 있을 수 없는 것이겠지만) 질문들을 해왔다. **'어디서?' '어디로?'** 인데 이것은 결국 **"나는 어디에서 와서 어디로 가게 되는가?"** 라는 근원적인 질문이다.

인간은 이에 대한 대답을 끊임없이 찾고 또 제시해 왔다. 그리고 이러한 질문에 답하기 위해서는 지식이나 학습이 필요한 것이 아닌데도 이에 대한 답을 구하는 것을 소위 '학식 있는' 자들의 몫으로 치부해왔다.

자, 이제 죽음에 대한 두려움의 주요한 근원을 목도할 때가 왔다.

"나의 장막으로 들어와 나의 가르침을 받아들이고 나의 교리를 수용하면 (그리고 나에게 그 대가를 지불하라) 나는 여러분에게 통행증을 줄 것이고, 이는 여러분의 죽음의 때에 이르러 천당에 이르는 통행증이 될 것이다"라는 말을 하면서 "내 장막의 바깥에 머무는 사람은 지옥으로 떨어질 것이며 영원토록 불길에 휩싸여 고통에 울부짖게 될 것이니"라고 한다.

그러나 이들, 자칭 수호자라고 일컫는 자들은 천국으로 향하는 통행증을 제공할 수도 없을 것이고, 이를 받아들이지 않는다고 지옥으로 보낼 수는 더더욱 없을 것이다. 그럼에도 후자의 가능성(지옥으로 떨어진다는)으로 말미암아 두려움 중의 두려움, 즉 죽음에 대한 두려움을 일으키게 되는 것이다.

사실 천국이나 지옥이 어떤 곳인지, 어떻게 생겼는지 아니면 그러한 곳이 존재하기는 하는지 아무도 모른다. 바로 그와 같은 명백하게 밝혀질 수 없는 속성 때문에 마음에 틈이 생겨 온갖 협잡꾼들이 그곳을 열고 들어가 갖은 사기와 속임수, 궤변으로 가득 채우게 되는 것이다.

어떤 설명으로도 움직일 수 없는 진리는 **누구도 우리가 어디로부터 왔으며**

사후에는 어디로 갈 것인지를 전에도, 지금도 알지 못한다는 사실이다. 이것을 안다고 하는 자가 있다면 자기 자신을 기만하고 있거나 인간의 쉽게 믿는 속성을 이용해 자신의 잇속만을 챙기려는 고도의 사기꾼일 것이다.

그러나 이처럼 '천국에 이르는 통행증을 파는' 일에 관계된 사람 대다수는 천국이 실제로 존재할 뿐 아니라 자신의 교리만이 이를 받아들이는 사람에게 안전한 통행을 약속해 준다고 굳게 믿고 있다는 것이다. 이러한 믿음은 한마디로 요약될 수 있다. 맹신이며 경신(輕信 : 쉽게 믿음)이 그것이다.

일반적으로 종교 지도자들의 의견은 현재의 문명이라는 것도 교회의 봉사로부터 가능할 수 있었다고 주장한다. 개인적으로 나는 이러한 주장에 기꺼이 동의할 수 있지만, 그러한 것이 설령 진실이라 해도 신학자들이 그처럼 자랑스럽게 떠벌릴 일은 아니라고 말하고 싶다.

소위 '문명'이라는 것이 자연법칙을 발견하고 현재 세상이 누리고 있는 많은 발명품을 의미하는 것이라고 한다면, 이러한 문명이 가능했던 이유는 '교회나 교리의 조직적 노력에서 비롯된 것'이라는 주장 자체의 허구성을 지적하고 있는 것이다.

만약 신학자들이 자신들의 업적으로 주장하고 있는 문명이 다른 사람을 향한 인간의 행위와 관련된 것이라고 하면 충분히 고려의 여지가 있을 수 있다. 그러나 그들이 인류의 과학적 발견에 대한 공헌까지 모두 가로채려 한다면 이것만은 참아달라고 하고 싶다.

만일 그대가 일시적 패배와 실패의 차이를 구분할 수 있다면 행운아이다. 또한 그대가 경험하는 모든 패배 속에 성공의 씨앗이 숨겨져 있다는 진리를 깨달았다면 더욱 복받은 자일 것이다.

사회적 유전법칙의 영향력

오감을 통해서도 지식을 습득하는 것에 비춰볼 때, 사회적 유전이 모든 지식을 받아들이는 수단이라고 진술하기엔 부족한 면이 많다. 그보다는 사회적 유전이 어떻게 작용하는지를 설명함으로써 독자들이 이 법칙에 대해 포괄적인 이해를 갖도록 하는 것이 더 의미 있는 일이 될 것이다.

우선 하등동물의 행동양식을 통해 그들이 어떻게 사회적 유전법칙의 영향을 받는지 살펴보자.

※ 사회적 유전의 습득과정 [1]

30여 년 전 나는 인간이 지식을 수집하는 방법을 조사하다가 목털이 있는 새들을 관찰하게 되었다. 새들의 둥지는 일정 정도 거리에서 볼 때 어미 새가 보이는 정도의 거리에 위치해 있었다. 망원경을 통해서 이 어미 새가 알을 부화하는 것도 관찰하였다.

여느 날과 같이 내가 이 둥지를 관찰하고 있는데 아기 새가 둥지 밖으로 나오는 것이 목격되었다. 나는 무슨 일인가 싶어 다가가 보았다. 어미 새는 둥지에 가까이 있다가 침입자가 점차 거리를 좁혀오자 자신의 깃털을 흩뜨리고 한쪽 날개를 질질 끌며 도망치기 시작했다. 이것은 적에게 부상을 입었다고 가장하고 새끼를 보호하기 위해 취하는 행위였다.

이미 이러한 어미 새의 습성에 익숙했던 나는 아랑곳하지 않고 아기 새를 살펴보기 위해 둥지에 다가갔다. 그 새들은 조금도 두려워함이 없이 나를 쳐다보면서 고개를 이리저리 돌리고 하였다. 나는 몸을 숙여 그 중의 한 마리를 집어들었는데 아기 새는 아무런 두려움의 징후를 보이지 않고 나의 손바닥에 얌전히 놓여 있었다.

나는 이 새를 다시 둥지에 넣어주고 어미 새가 돌아올 수 있게끔 멀리 떨어져 있었다. 잠시 후 어미 새는 조심스럽게 둥지로 가다가 자기가 날개를 끌기 시작했던 곳에 이르자 맹렬한 속도로 다가가기 시작했다. 그 중에 음식 부스러기를 발견하고 새끼들에게 먹이려 하면서 암탉과 같은 소리를 내었다.

그 새는 아기 새들을 불러 모으고 몹시 흥분된 것처럼 날개를 흔들고 깃털을 곤두세웠다. **사회적 유전**의 법칙을 통해서 어미 새가 아기 새들에게 처음으로 자기방어에 관한 설교를 늘어놓는 것을 알 수 있었다.

"너희가 방금 어떤 위험에 처했는지 알고나 있니? 도대체 인간이 우리의 적이라는 것을 몰랐단 말이야? 그가 너를 손바닥에 올려놓았다는 사실이 부끄러운 줄 알아야지! 왜 그가 너를 데려가 잡아먹지 않았는지 모르겠구나! 다음번에 또 사람이 다가오거든 몸을 숨기도록 해. 바닥에 엎드리고 나뭇잎 밑으로 줄행랑을 쳐라. 어디든 그의 눈에 띄지 않는 곳으로 가서 그가 떠날 때까지 꼼짝도 하지 말고 있어야 해!"

아기 새들은 어미 새 주위에 서서 그녀의 말에 집중하고 있었다. 어미 새가 잠잠해지고 나서 나는 다시 한번 둥지에 다가갔다. 그러자 둥지를 지키던 어미 새가 이번에도 날개 다친 시늉을 하면서 나를 다른 방향으로 유인하려 하였다.

내가 이에 신경을 쓰지 않고 둥지를 살펴보니 텅 비어 있었다. 아기 새들을 어디에서도 발견할 수 없었던 것이다! 그들은 자신의 천적을 피하는 방법을 금세 터득한 것이다.

나는 물러나서 어미 새가 다시 돌아올 때를 기다려 다시 그들에게 다가갔는데 이때도 결과는 마찬가지였다. 어미 새가 있었던 곳에 이르렀을 때 아기 새들의 흔적을 전혀 느낄 수가 없게 되었다.

✲ 사회적 유전의 습득과정 [2]

내가 소년이었을 때 작은 까마귀를 생포하여 이를 애완동물로 키웠다. 이 새는 가정환경에 꽤 만족하게 되었으며 일정 정도의 지능이 필요한 여러 가지 묘기를 부릴 수 있게 되었다. 이 새가 많이 자라날 수 있게 되었을 때, 어디든 갈 수 있게 풀어놓기도 하였다. 어떤 때는 몇 시간이고 외출을 하였지만 어둡기 전에는 어김없이 귀가하였다.

어느 날 야생의 까마귀 무리가 나의 집 근처 가까운 들판에서 올빼미와 싸움을 하였다. 나의 새는 이 야생 동료들의 '까옥까옥' 하는 소리를 듣자 지붕 위로 날아오르더니 상당히 흥분한 것처럼 지붕 양끝을 왔다갔다 하였다. 마침내 날개를 떨치고 '전투'가 벌어진 방향으로 날아가 버렸다.

나는 어떻게 될지 궁금하여 따라가 보았다. 얼마 안 되어 나는 이 까마귀와 함께 귀가하였다. 그는 나무의 낮은 가지에 앉아 있었고, 다른 두 마리의 야생 까마귀는 그보다 조금 위에 앉아 지저귀며 왔다갔다 하였는데, 마치 자신의 아이를 꾸중하는 부모의 행동과 흡사하였다.

내가 다가가자 이 두 야생 까마귀는 날아가 버렸는데, 그 중 한 마리가 나무 위를 서너 번 선회하면서 울부짖었다. 함께 날아가지 않는 나의 까마귀를 매우 공격적인 소리로 채근하는 것이 분명하였다.

이러한 부름에도 나의 까마귀는 주의를 기울이지 않고 집 근처에 돌아왔지만 집 안으로 들어오려고 하지는 않았다. 그는 사과나무의 높다란 가지 위에 앉아 10여 분을 까마귀의 언어로 지저귀었는데, 동료를 좇아 야생의 세계로 돌아갈 것이라고 말하는 것 같았다.

그후 이틀이 되도록 돌아오지 않았다. 이틀 후에 돌아왔을 때에도 그 까마귀는 안전한 거리를 유지하면서 뭐라고 뭐라고 몇 분간 지저귀더니 다시 떠나고 나서는 영영 돌아오지 않았다.

사회적 유전이 나의 소중한 애완동물을 앗아간 것이다!

그나마 내가 위안을 삼는 것은 영영 떠나기 전에 이를 알려주었던 훌륭한 스포츠맨십과 그가 보여주었던 우애였다.

※ 사회적 유전의 습득과정 [3]

여우는 닭을 비롯한 가금류, 그리고 작은 동물들을 잡아먹지만 스컹크만은 잡아먹지 않는다. 왜 스컹크만은 예외가 될 수 있는지 상세한 설명이 필요하진 않을 것이다. 아마 여우는 한번쯤 이 스컹크라는 녀석을 건드려 보았을 테지만 두 번 다시 건드리는 짓은 하지 않을 것이다.

이런 이유로 여우가 - 경험이 부족한 어린 여우를 제외하고는 - 닭을 습격할 때도 스컹크가 근처에 있으면 안전거리를 확보한 셈이다.

스컹크의 냄새는 일생에 단 한번만 맡았더라도 평생 잊을 수 없고, 이와 유사한 냄새도 없다. 어미 여우가 자신의 아이에게 어떻게 스컹크의 냄새를 판별하고 그 냄새로부터 멀리 떨어지라고 교육을 행하였는지는 알 수 없지만, 여우와 스컹크는 절대 한 동굴에 보금자리를 마련하지 않는다.

단 한번의 교훈만으로도 여우는 스컹크에 대해 알아야 할 모든 것을 알게 된다. 사회적 유전의 법칙을 통하여, 그리고 후각기관의 발동을 통하여 단 한번의 경험이 평생을 좌우하게 되는 것이다.

낚싯바늘에 붉은 천조각이나 뭔가 붉은 것을 매달아 코앞에 들이밀면 개구리를 쉽게 잡을 수 있다. 단, 이것은 한번 시도로 개구리를 낚았을 때이다. 만약 이 과정이 허술하여 개구리가 도망을 치게 된다면 그 개구리는 다시는 같은 실수를 저지르지 않을 것이다.

나는 한번 잡혔다가 놓쳐버린 개구리를 특별히 겨냥하여 다시 잡아보려고 시도하였다. 이러한 개구리조차도 사회적 유전의 법칙을 배울 필요도 없이 붉은 것은 내버려두어야 하는 것이라는 교훈을 이미 터득하였음을 인정해야 했다.

※ 사회적 유전의 습득과정 [4]

나에게는 한때 아주 아름다운 에어데일(개의 한 품종) 수캐가 있었는데, 그

개가 귀가할 때는 입에 닭을 한 마리씩 물고 돌아오곤 하였다. 그때마다 닭을 빼앗고는 개를 심히 혼내었지만 개선의 여지가 없었고 계속해서 이러한 닭 사냥을 즐겼다.

개의 버릇도 고치고 가능하다면 사회적 유전의 실험도 해볼 겸해서 그를 이웃 농장에 데려갔다. 그곳에는 이제 막 부화한 병아리를 지키고 있는 암탉이 있었다.

닭은 헛간에 있었고 개도 그 닭을 따라 들어갔다. 사람들이 자리를 떠나자마자 나의 개는 암탉에게 서서히 접근하여 그 닭이 있는 곳을 향해 한두 번 코를 킁킁거리더니(자기가 원하는 고기라는 것을 다시금 확인하고자) 그 닭을 향해 달려들었다.

이때 암탉은 주위를 정탐하면서 개를 향해 날개와 발톱을 세우며 공격했다. 이러한 반응은 나의 개가 이전에는 경험해보지 못한 것이었다. 당연히 1라운드는 암탉의 승리였다. 그러나 개는 먹음직스러운 암탉을 포기하지 않고 재차 공격해 들어갔다. 이번에는 암탉이 개의 등에 올라타서 날카로운 발톱으로 개의 피부를 찍고 부리로 쪼아댔다.

톡톡히 대가를 치른 개는 코너에 몰려 현 상황을 파악한 후 이 싸움을 그치게 해줄 종이라도 울려주지 않을까 구원을 바라며 좌우를 살폈다. 그러나 암탉은 전혀 틈을 주지 않고 개를 계속 쫓았으며 끊임없이 도망가게 하면서 공격의 묘를 살려나갔다.

암탉이 우리의 불쌍한 개를 구석에서 구석으로 몰고 가면서 소방차 사이렌 같은 소리를 요란하게 낼 때 그 소리는 흡사 동네 소년들에게 자신의 아이가 괴롭힘을 당할 때 이를 방어해주는 어머니가 지르는 소리와 같았다.

에어데일은 처량한 패잔병 꼴이 되었다. 거의 2분간을 헛간의 이 구석 저 구석을 도망다니면서 사지를 축 늘어뜨리고 뻗어버려 아주 납작해지고 말았다. 고작 할 수 있는 최선의 방어는 눈을 찔리지 않도록 양발을 모으는 것뿐이었다. 암탉은 주로 그의 눈을 쪼려고 했기 때문이다.

암탉 주인이 들어와 싸움을 말리고 그 닭을 꺼내주었다. 더 정확히 말하자면 나의 개를 꺼내준 것이라고 얘기할 수 있는 상황이었다. 다음날 나의 개가 자고 있는 지하에 닭을 한 마리 풀어놓았다. 닭을 보자마자 나의 개는 두 다리 사이에 꼬리를 감추고는 구석으로 도망을 치는 것이 아닌가!

그는 다시는 닭을 잡는 모험 따위는 하지 않았다. 개는 '접촉'을 통한 단 한 번의 사회적 유전의 교훈으로 닭을 쫓아다니는 것은 재미도 있을 수 있지만 또한 상응하는 위험이 따르는 일이라는 점을 깨닫게 된 것이다.

이러한 모든 실례는 첫 번째의 경우만 빼고 직접 경험으로부터 지식을 모으는 과정을 묘사한 것이다. 직접 경험을 통해 획득한 지식과 어미 새와 아기 새들에게서 볼 수 있듯이, 경험자로부터 다음 세대가 훈련을 통해 지식을 습득하는 것의 차이점을 잘 관찰하기 바란다.

이전 세대가 다음 세대에게 행하는 전승법 가운데 가장 인상적인 것은 색채를 이용하거나 감정에 호소하는 수단을 강구하는 경우이다. 어미 새가 자신의 날개를 펼치고 몸을 떨었을 때 마치 마비증상에 시달리는 사람같았으며 아기 새들에게 매우 흥분된 소리로 전달하였기 때문에 이들의 가슴에 인간에 대한 두려움을 깊게 심게 하여 다시는 지워지지 않게 되는 것이다.

'사회적 유전'이라는 용어는 특히 아이들이 자기 자신의 방법으로 판단하고 사고할 수 있는 나이에 이르기 전에 그의 부모나 권위를 지니는 사람으로부터 윤리행위의 지침이나 종교, 교리, 사상, 가치관 등의 행동양식을 다양한 방법을 통해 받아들이는 것을 가리킨다. 스스로 사고하는 능력을 지니게 되는 나이는 대개 7세에서 12세 사이로 보고 있다.

아직 일어나지 않은 일에 대해 두려움을 가지는 것이 이상하지 않은가? 실제로 패배는 가장 유용한 강장제이며 마땅히 그렇게 받아들여져야 할 때, 오히려 그 패배에 대한 두려움으로 자신의 시도를 좌절시키고 있다.

※ 자연의 힘을 이용한 위대한 성취

세상에는 온갖 종류의 두려움이 있지만 그 어떤 것도 가난과 나이 먹음에 대한 두려움보다 치명적인 것이 없다. 우리는 가난이 두려워 자신의 몸을 마치 노예처럼 부리며 노년을 대비해 돈을 쌓으려 한다. 이러한 두려움으로 우리는 몸을 혹사하게 되고 결국에는 피하고자 했던 것에 맞닥뜨리게 된다.

정신적으로 성숙해지기 시작하는 40세 정도가 된 사람이 자신을 어떻게 대해왔는지 보는 것은 비극에 가깝다. 40세에 이르면 인간은 흘러내리는 시냇물과 수풀로부터 이제 막 자연의 경이로운 신비를 이해하고 그것을 볼 수 있는 나이에 이르게 된 것인데, 두려움이라는 악마 때문에 장님이 되어 상호 모순되는 욕구들의 미로에서 길을 잃게 되는 것이다.

조직화된 노력의 원리를 적용하지 못하고 자신을 둘러싸고 있는 자연의 힘을 이용하여 위대한 성취를 이루는 대신, 방자하게도 자연의 힘에 도전하여 결국 이들은 파괴의 힘으로 작용하게 된다.

사실 아무리 위대한 힘이라고 해도 **인간 능력의 개발을 위해서는 자기암시의 원리만큼 효과적인 방법은 없다.** 결국 자기암시는 자연법칙의 힘인 셈이다. 이런 힘을 무시하여 대부분의 사람들이 도움을 받기는커녕 오히려 장애 요인으로 작용시키는 것이 대부분이다. 위대한 자연의 힘을 잘못 사용할 경우 어떤 일이 일어나는지 다음을 보자.

한 사람이 있었다. 그는 친구가 사기를 쳤으며 이웃도 냉담한 것 같아 낙담한 사람이었다. 그는 곧 (자기암시의 원리를 통하여) 모든 사람은 믿음직스럽지 못하고 이웃 또한 호의적이지 않다고 결론지었다. 이러한 생각은 그의 무의식에 깊게 파고들어 타인에 대한 그의 부정적인 태도를 결정짓게 되었다.

2장에서 살펴본 바에 같이 한 사람의 지배적인 사고는 다른 비슷한 사고를 지닌 사람을 끌어들인다는 사실을 알 것이다. 이렇게 흡인(吸引)이론(앞장에서 설명한)을 적용해본다면 어째서 불신하는 사람들은 또 다른 불신하는 사람들을 끌어당기는지 알 것이다.

반대의 경우에 이 원칙을 적용해보자.

여기 예를 드는 사람은 만나는 사람마다 좋은 면만을 보는 타입이다. 만약 그의 이웃이 그에게 냉담하다 해도 그는 낙관주의 성품과 타인에 대한 신뢰로 가득 차 있기 때문에 그 냉담에 별로 신경을 쓰지 않는다. 누군가 그를 심하게 대하여도 그는 부드러운 어조로 응대한다. 이처럼 같은 흡인이론이라도 타인과 조화하는 인생관을 가진 사람에게는 타인의 관심을 끄는 방향으로 작용하게 된다.

다시 이 원리를 조금 더 추적해보자.

여기 양질의 교육을 받고 이 세상에 공헌할 만한 유용한 능력을 가진 사람이 있다. 그런데 한번은 겸손이 미덕이며, 앞에 나서는 것은 자만의 증거라고 어느 자리에서 듣게 된 후 다른 인생의 주자들이 앞다투어 무대 앞으로 나설 때에도 뒷자리에 조용히 앉아 있게 되었다.

이런 사람은 '남들이 어떻게 생각할까' 두려워 뒷자리에 남아 있는 것이다. 여론이나 그가 여론이라고 지레짐작하는 것 때문에 그는 뒷자리에 앉게 되고 세상은 그에 대해 별다른 관심을 기울이지 않는다. 그가 **어떤 자질을 갖추었는지 스스로 세상에 밝히지 않기 때문에 그의 교육은 무용지물이 되는 것이다.**

그는 마치 다른 사람의 비평이 그를 해치거나 그의 목적을 좌절시키기라도 할 것처럼 행동하며 남들의 비판을 피하려면 단지 배경으로 남아 있어야 한다고 끊임없이 자기암시를 통한 주입을 한다. 그는 위대한 자기암시의 힘을 이용하여 손해를 보고 있는 것이다.

여기 또 한 사람은 가난한 부모를 둔 사람이다. 태어난 그날부터 그는 빈곤의 증거들을 보아왔고 빈곤에 대한 이야기들을 들어왔다. 그의 어깨에 드리워진 빈곤의 그늘이 확고하게 느껴져 자기에게는 빈곤을 받아들여야 할 저주가 있다는 생각을 하게 되었다.

무의식적으로 '한번 가난한 자는 영원히 가난뱅이' 라는 신조를 받아들였다. 이는 재갈을 풀어버릴 잠재력이 있는데도 이를 잊고 있는 말과 같은 꼴이었다. 이러한 자기암시는 그를 인생의 무대 뒤쪽으로 추방했고 마침내 인생을 체념하게 되었다.

야망은 사라졌으며, 인생의 기회는 그를 비껴가고 있으며, 설령 기회가 온다고 해도 인지하지 못하게 되었다. 그는 이것을 그의 운명이라고 받아들인 것이다. 정신적 재능 또한 육체의 장기와 마찬가지로 쓰이지 않으면 쇠퇴하게 되는 것이고, **자기 확신 또한 예외가 아니어서 쓰이면 개발되고 방치되면 사라지게 된다.**

많은 재산을 상속받은 사람들의 부(富)에 주요한 맹점은 종종 이에 따라 나태하게 되거나 자기 확신을 상실하게 된다는 점이다.

몇 해 전 워싱턴시의 매클린(E.B. McLean) 여사가 아기를 출산하였는데 그 아이에게 상속된 재산이 수백만 달러에 달했다. 아기가 산책이라도 할라치면 그를 보호하기 위해 간호사, 경호원에 하인까지 따라 나설 정도였고, 나이를 먹어도 유사한 조치가 취해졌다.

아이는 스스로 옷을 입지 않았고 그의 하인이 이를 대신해줬다. 심지어 그가 잠을 잘 때나 놀 때에도 주위에는 하인들이 있었다. 그는 하인이 옆에서 해줄 수 있는 일은 어떤 것도 할 수가 없었다. 이렇게 10년이 지난 어느 날 그가 정원에서 놀고 있다가 뒷문이 열려 있는 것을 발견하였다.

그는 평생 혼자서 문 밖을 나선 적이 없었기 때문에 한번 해보고 싶었다. 그의 하인이 다른 곳을 보는 틈을 노려 그는 문 밖으로 뛰쳐나갔고 도로 한 가운데에 이르기도 전에 차에 치어 죽었다. 그의 하인들이 그의 눈을 대신해왔기 때문에 스스로 그 기능을 잃은 것이다.

※ 부자 아빠를 둔 두 아들 이야기

20년 전 나는 비서로 일했는데 사장은 두 아들을 학교에 보냈다. 각각 버지니아대학과 뉴욕에 있는 대학에 들어갔는데, 매달 100달러씩을 수표를 끊어보내주는 게 내 업무 가운데 하나였다. 그 돈은 그들이 원하는 대로 쓸 수 있을 만큼의 용돈이었다.

나는 매달 수표를 적을 때마다 그들을 얼마나 부러워했는지 모른다. 또한 나는 왜 가난하게 태어났는지 의문하기도 하였고, 내가 평범한 비서로 머물러 있는 동안 그들이 높은 위치에 오르는 것을 지켜보곤 하였다.

때가 되어 두 아들은 '졸업장'을 들고 돌아왔다. 그들의 아버지는 은행과 철도, 광산과 기타 재산을 소유한 재력가였다. 아버지의 회사에 그들을 위해 좋은 지위가 이미 마련이 되어 있었다. 그러나 20년의 세월은 세상을 헤쳐나가는 법을 배운 적이 없는 이들에게 가혹한 판정을 내렸다.

물론 좋게 말하면, 세월은 한번도 생존경쟁을 겪어보지 못한 이들에게 기회를 선사했다고 하는 것이 적당할 것이다. 어찌됐든 그들이 졸업 후 귀향했을 때 졸업증서 말고도 지니고 있던 것이 있었다. 그것은 매달 그들이 받았던 수표가 세상을 치열하게 살 필요가 없게 해주었기 때문에 늘어났던 씀씀이다. 그 중 음주실력이 대단했던 것이다.

그 후일담을 말하자면 길고도 슬픈 이야기가 있지만, 구체적 과정은 생략하고 그들의 말로만 밝혀두겠다.

마침 이 장이 씌어질 때 그 소년들이 살았던 마을의 신문이 내 책상 위에 있다. 그들의 아버지가 파산을 해서 그의 아들들이 태어났던 호화저택이 매물로 나와 있었다. 아들 한 명은 알코올 중독으로 사망하였고 다른 아들은 현재 정신요양원에 있다.

물론 부자 아빠를 둔 아들들이 모두 이처럼 불행한 말로를 맞게 되는 것은 아니지만, **나태는 야망과 자기 확신의 상실을 가져오고 이 필수요소가 없어지면 사람은 불확실한 삶을 살게 되어 마른 낙엽이 방향을 잃고 이리저리 실려다니는 신세같이 될 것이다.**

삶에 고군분투라는 것은 단점이라기보다는 장점으로 작용을 한다. 삶에서의 여러 자질들을 길러주기 때문이다. 많은 사람들이 어린시절에 이러한 생존경쟁에 처해진 까닭으로 세상의 중심에 자리를 잡게 되었다.

이러한 고군분투의 장점을 간과하는 부모들은 "젊었을 때 나는 고생하며 일을 했어야 했는데 자식들에게는 잘해줘야 되겠다"라고 말하기 일쑤다.

불쌍하고 바보 같은 족속들 같으니라고! 젊은시절을 편하게 보낸 사람은 보통 젊은이들보다 커다란 핸디캡으로 작용하게 된다는 것을 모르는 무지다.

어렸을 때 일을 해야 하는 것보다 더 나쁜 일이 있다. 그것은 강요된 게으름이다. 강제된 노동보다 훨씬 더 나쁘다. 일을 하게끔 유도되고 최선을 다하도록 강요됨으로써 인내와 자제력을 배우고 더 나아가 강력한 의지와 함께 게으름뱅이는 도저히 알 수 없는 수백 가지 미덕을 배우게 된다.

생존을 위해 투쟁할 필요가 없는 삶은 야망과 의지력의 약화를 불러올 뿐 아니라 더욱 위험한 것은 사람의 마음에 무기력한 상태를 조성해 자기 확신의 상실을 초래한다는 점이다.

노력할 필요가 없기 때문에 투쟁하기를 멈춘 사람은 글자 그대로 자기암시의 원리를 자기 확신을 해치는 방향으로 적용하고 있는 것이다. 그런 사람은 결국 부지불식간에 노력하는 사람을 경멸하는 마음을 지니게 될 것이다.

재차 반복하자면 **인간의 마음은 건전지와 같다. 양성을 띨 수도 있고 음성을 띨 수도 있다.** 자기 확신은 마음이 재충전되고 양성의 기운을 나타내는 특성이 있다. 이러한 원리를 세일즈맨십 부문에 적용했을 때, 즉 자기 확신이 그 분야에서는 어떤 역할을 수행하는지 살펴보도록 하자.

자기 확신으로 충전된 성공의 힘

미국에서 존재한 가장 뛰어난 세일즈맨은 한때 한 신문사의 사무국 직원이었다. 그가 어떻게 '세일즈 세계 챔피언' 이라는 타이틀을 얻었는지 분석하는 것도 가치가 있을 것이다.

그는 무척 내성적인 젊은이였다. 인생의 무대에서 전면에 서거나 앞자리에 앉지 못하고 뒷문 가까이 혹은 객석의 마지막 자리에서 서성이는 그런 류의 사람이었다. 어느 날 그는 '자기 확신'에 대한 강연을 듣게 되었고 이 강좌에 깊은 감명을 받아 이전까지 그가 지내왔던 삶의 방식에서 벗어나야겠다는 확고한 결심을 가지고 강연장을 빠져나왔다.

그는 신문사의 경영간부에게 능력에 따른 인센티브를 받는 조건으로 광고를 따내는 자리를 요구하였다. 사무실 사람들은 영업 분야는 가장 적극적인 성격이 필요하므로 평소 그의 소심한 성격에 비추어 보아 분명히 실패할 것이라고 믿었다. 그는 개의치 않고 사무실로 돌아가서 광고를 따내기 위한 잠재고객의 명단을 작성하였다.

사람들은 아마도 그 명단의 고객들이 최소한의 노력을 들여서 쉽게 광고를 실을 수 있는 광고주일 것이라고 생각했지만, 그는 그렇게 하지 않았다. 오히려 그는 기존의 광고부 직원이 광고를 따내지 못한 사람들의 이름만 골라 명단을 작성하였다. 그 인원은 모두 12명이었다.

방문을 시작하기 전에 그는 도심 공원에 가서 12명의 이름이 적힌 종이를 꺼내 100여 번을 소리내어 읽고는 자신에게 주문을 걸었다.

"당신은 이 달이 끝나기 전에 우리 신문에 광고를 실을 것입니다."

"당신은 이 달이 지나기 전에 우리 신문에 광고를 실을 것입니다."

그러고 나서 그는 방문을 시작했다. 방문을 시작한 첫 번째 날 그는 그 '불가능한' 12명 중 3명으로부터 광고란을 팔고 하루를 마감했다. 그 주가 가기 전에 2명에게 추가로 광고란을 팔 수 있었으며, 월말이 되었을 때는 12명 가운데 11명에게 광고지면을 판매할 수 있었다.

그런데 다음달에는 한 건의 실적도 올릴 수 없었다. 바로 가장 완고한 고객을 제외한 나머지는 전혀 방문을 하지 않았기 때문이다. 아침마다 그는 이 고객에게 전화를 걸어 상담을 요청했고, 그때마다 '노'라는 문전박대를 당해야만 했다.

그 완고한 고객은 자신이 광고를 싣지 않을 것이라는 점을 잘 알고 있었지만, 이 젊은이는 이러한 사실을 모르는 듯했다. 고객이 '싫다'라고 했을 때 젊은이는 이를 듣지 않았다. 그 달의 마지막 날 끈질긴 젊은이에게 연속해서 30번을 거절한 이 고객은 다음과 같이 말했다.

"이봐요, 젊은이! 하나 물어봅시다. 나한테 광고를 따내려고 당신은 자그마치 한 달을 허비했는데, 도대체 왜 그렇게 시간 낭비를 한 거요?"

그러자 그 젊은이는 다음과 같이 대답했다.

"저는 시간을 허비한 게 아닙니다. 저는 매일 등교를 하는 학생이었고 당신은 저의 선생님이셨습니다. 저는 이제 고객이 광고를 싣지 않기 위해 펴는 모든 논점(論點)을 알게 되었을 뿐 아니라 저는 자기 확신을 길러낼 수 있었습니다."

그러자 고객은 말하기를 "나도 하나 고백하자면 사실 나도 그 동안 학교를 다니는 학생과도 같았고, 자네는 나의 선생이었지. 자네는 돈보다 값진 끈기를 가르쳐 주었으니 내 이에 대한 보답으로 수업료를 내지. 자네에게 광고를 맡기겠네"라고 하였다.

바로 이런 식으로 해서 전 미국을 망라하여 가장 뛰어난 광고 섭외가가 필라델피아의 〈노스 아메리카(North American's)〉지에서 탄생하게 된 것이다. 이로부터 이 젊은이는 명성을 얻게 되었고 결국 백만장자 대열에 들어서게 되었다.

그는 자신의 마음을 흘러넘치는 자기 확신으로 충전하여 불가사의한 힘을 길러냈기 때문에 성공할 수 있었다. 그가 12명의 이름으로 명단을 작성했을 때 그는 다른 사람이 하는 방식을 100% 따르지 않았다. 그는 상품을 가장 팔기 어려우리라는 사람들만을 골라 명단을 작성하였다.

광고를 파는 데 발생할 수 있는 모든 저항을 이해하고 이로부터 자신을 강화시키며, 아울러 자기 확신을 기르기 위해서였다. 그는 사람들이 최소한의 저항으로 편안한 길만을 가려하기 때문에 강줄기처럼 구부러진다는 사실을 아는 얼마 안 되는 사람 가운데 하나였다.

마음속에 인간의 온정을 갖추지 않은 사람은 리더가 될 수 없다. 또한 강압적인 수단이 아닌 친절과 제안으로 이끌지 않는다면 큰 지도자가 될 수 없다.

✳ 남자의 자신감을 상승시키는 요인

본론에서 약간 벗어나 여기서는 한 사람의 아내가 된 사람들을 위해 지면을 할애하고자 한다. 이 부분은 아내되는 사람을 위해서 마련된 것이므로 남편되는 사람들은 잠시 쉬어주길 바란다.

대부분의 결혼한 남성 16,000여 명을 분석한 결과, 아내되는 분들에게 도움이 될 만한 사실을 발견하였다. 그것은 다음과 같은 것이다.

여러분은 매일 아침, 남편을 자신감에 가득 차서 그들의 일터로, 사업장으로 보내 하루의 고된 일을 성공적으로 수행하고 저녁이 되어 집에 돌아올 때는 행복하고 흡족하게 돌아올 수 있도록 하는 힘을 지니고 있다.

내가 아는 사람의 부인이 틀니를 착용하였는데, 어느 날 이 부인이 틀니를 떨어뜨려 의치가 깨졌다. 남편이 깨어진 조각을 집어들고는 꼼꼼히 뜯어보면서 커다란 흥미를 보이자 부인이 말했다.

"당신도 마음만 먹으면 이런 이빨쯤은 쉽게 만들 수 있어요."

그때까지만 해도 그는 농부였고 그의 부인이 이런 말을 하기 전까지 그의 야망은 농장의 범주를 넘어본 적이 없었다. 그녀는 그에게 다가가서 그의 어깨에 두 손을 얹고 치과에 관련된 일을 시도해 보라고 독려하였다. 그녀의 격려 속에 마침내 그가 일을 시작하였고 결국 그는 버지니아주 일대에서 가장 성공적이고 유능한 치과의사가 되었다.

나는 그를 잘 안다. 그는 바로 나의 아버지이기 때문이다!

부인이 뒤에서 지지해주고 좀더 크고 나은 일을 하도록 자극하고 독려할 때 남편이 이룰 수 있는 업적의 가능성을 아무도 쉽게 단언할 수 없다. 왜냐하면 여인이야말로 남자가 거의 초인적인 힘을 발휘할 수 있게 해준다는 사실은 이미 주지의 사실이기 때문이다.

여러분의 남편을 독려하여 그가 세상에서 자신의 무대를 발견하고 가치 있는 일에 매진할 수 있도록 할 수 있는 것은 바로 여러분의 권리이자 의무이다. 여러분은 이 세상 어느 누구보다 남편이 좀더 커다란 힘을 경주할 수 있도록 할 수 있는 사람이다.

어떤 일도 그의 능력을 벗어나는 일이 없다고 믿게 할 수 있을 뿐 아니라 그가 인생의 전장에서 승리를 거둘 수 있게 큰 도움이 되는 서비스를 지속적으로 제공할 수 있을 것이다.

※ 긍정적인 태도 계발 서약서

미국에서 가장 성공한 사람 가운데 한 사람이 자신이 성공한 모든 공로를 부인의 덕으로 돌리고 있다. 사연은 이랬다. 그들이 결혼할 당시에 부인은 그에게 서약서를 쓰게 했으며 서명을 덧붙인 후 그것을 책상 앞에 붙이도록 하였다. 다음이 그녀가 그에게 적어준 서약서 내용이다.

나는 나 자신을 믿는다. 나는 나와 일하는 사람들을 믿는다. 나는 나의 고용주를 믿는다. 나는 나의 친구를 믿는다. 나는 나의 가족을 믿는다. 나는 성실하고 정직한 서비스를 통해 최선을 다하며, 내가 성공하는 데 필요한 모든 것을 주시는 하나님을 믿는다.

나는 기도의 힘을 믿으며, 나는 내가 하는 것을 믿지 않는 사람에게 끈기를 가질 수 있도록 신성한 인도를 해주시기를 기도하지 않고는 잠자리에 들지 않을 것이다. 나는 성공이 요행에 의하거나 잔인한 방법 혹은 나의 친구와 동료, 고용주를 배반하는 것에서 비롯되는 것이 아니고, 지혜로운 노력의 산물이라는 것을 믿는다.

나는 내가 쏟아부은 만큼 거둬들일 수 있다는 것을 믿으므로 남들이 나에게 해주기를 바라는 만큼 그들을 대할 것이다. 나는 나를 좋아하지 않는 자들을 중상하지 않을 것이다. 나는 다른 이는 무슨 일을 하든지간에 내가 하는 일을 등한시하거나 가볍게 여기지 않을 것이다.

나는 인생에서 성공을 거둘 것을 맹세하였고 성공은 언제나 성실하고 능률적인 노력의 결과라는 것을 믿고 있기 때문에 내가 할 수 있는 데까지 최선을 다할 것이다. 또한 나도 언젠가는 누군가에게 잘못을 하면 용서를 바랄 것이므로 내게 잘못을 저지르는 사람을 용서할 것이다.

이를 따를 것을 맹세함.

서명_____

이 서약서를 작성한 여성은 실제적으로 심리학자와 같다고 할 수 있다. 동반자로서 이러한 여인의 영향과 지침 아래라면 어느 누구라도 괄목할 만한 성공을 거둘 수 있을 것이다.

서약서를 분석해보면 얼마나 인칭대명사(나)가 거침없이 사용되었는지 파악할 수 있을 것이다. 이는 바로 자기 확신으로부터 시작하는 것이며 적절하다고 할 수 있다. 누구라도 이 서약서의 내용을 자기 것으로 만들면 성공을 위한 과정에 도움을 줄 사람들을 자기편으로 만들 수 있는 긍정적인 태도를 계발해 낼 수 있을 것이다.

이 서약서는 모든 세일즈맨에게도 손색없는 지침이 될 것이다. 이를 받아들인다고 해서 여러분의 성공으로 향한 기회를 그르치진 않을 것이다. 그러나 단순한 도입은 충분하지 않다. 여러분은 반드시 이를 **실행해야 한다!** 이 서약서를 가슴으로 받아들일 때까지 반복해서 읽어라. 그리고 매일 적어도 한 번씩 이를 되뇌어 마음을 무장할 수 있도록 하라.

이를 복사하여 항상 보면서 매일 자신을 상기시켜라. 그렇게 함으로써 당신은 **자기 확신을 개발하는 수단으로 자기암시의 원리를 효과적으로 이용할 수 있게 된다.** 다른 사람들이 뭐라 하던 신경쓰지 말고 행하라. 이는 당신이 성공을 이루기 위한 것이고, 이 서약서를 적용하고 장악할 수 있으면 오래도록 당신에게 도움이 될 것이라는 점을 명심하기 바란다.

가정은 돈으로도 살 수 없다. 집은 살 수 있을지 모르지만, 그것을 가정으로 만드는 것은 오직 여성만이 할 수 있다.

※ 반복적인 확인을 통한 방향 제시

여러분은 2장에서 자신의 무의식에 굳게 자리잡은 마음은 반복적인 확인과정을 통해 자동적으로 계획과 청사진이 되어 여러분의 노력을 성공으로 이끌 수 있도록 방향을 제시하게 된다는 것을 배웠다.

또한 자기암시는 자신의 마음에 암시를 하는 것을 의미하며, 자신이 선택한 생각을 마음에 심는 원리라고 배웠다. 자기암시는 에머슨이 집필을 할 때 이용하기도 한 원리이며 다음과 같이 얘기한다.

"자신만이 자신에게 평화를 가져다줄 수 있다!"

여러분은 '자기 자신 외에는 그 누구도 자신에게 성공을 가져다주지 못한다' 라는 점을 기억하는 것이 좋을 듯하다. 물론 성공을 거두기 위해서는 다른 사람의 협조가 필요하지만, 스스로 자기 확신의 긍정적인 태도를 지니지 않는 한 타인의 협력을 구할 수는 없는 것이다.

아마도 여러분은 비슷한 훈련을 거치고 실적도 비슷한 것 같은데 어떤 사람들은 주변 사람에 비해 상대적으로 좋은 대우를 받는 것에 의구심을 품은 적이 있을 것이다. 여러분 스스로 이에 해당하는 두 사람을 선택해 차이점을 살펴보면 어째서 한 사람이 다른 이에 비해 좋은 대우를 받는지 확연히 알게 될 것이다. 좋은 대우를 받는 사람은 '자기 자신을 믿는다' 는 사실을 발견하게 될 것이다.

그는 이러한 자신의 신념을 역동적이고 능동적인 행동으로 뒷받침하여 다른 사람들에게는 '그는 자신감이 넘치는 사람' 이라는 인상을 심는다. 이런 자기 확신은 전염성이 있고 설득력을 지녀 다른 사람을 끌어당기는 힘이 있다는 사실도 알게 될 것이다.

좋은 대우를 받지 못하는 사람을 살펴보면 그의 표정에서나 몸가짐, 그리고 활기가 부족한 걸음걸이, 분명하지 못한 말투 등에서 자기 확신이 결여되어 있다는 점을 알게 될 것이다.

자신에 대한 확신이 없는 사람에게 사람들은 주의를 기울이려 하지 않는다. 그의 마음에는 남을 끌어들이기보다 거부하는 부정적인 힘이 있기 때문에 타인을 끌어당기지 못하는 것이다.

세일즈 부문에서처럼 자기 확신이 중요한 역할을 하는 분야도 없을 것이다. 하지만 세일즈맨이 자기 확신이라는 덕목을 갖추었는지를 판단하기 위해 성격

분석가가 될 필요는 없다. 만약 자기 확신이 넘치는 사람이라면 당신은 이것을 금방 파악할 수 있을 것이다. 그가 말할 때마다 그는 당신으로 하여금 그와 그가 팔고자 하는 상품에 확신을 갖도록 할 것이다.

자, 이제는 자기암시의 원리를 파악하고 이를 여러분이 긍정적이고 능동적이면서 자신감을 가진 사람이 되는 데 이용할 단계에 이르렀다. 여러분은 아래의 5가지 공식을 옮겨 적고 서명을 한 뒤 기억하도록 노력해야 할 것이다.

> 만약 어떤 일을 잘 처리하고 싶다면, 분주한 사람에게 맡겨라. 대개 분주한 사람은 자신이 맡은 일에 수고를 아끼지 않는다.

자기 확신을 위한 5가지 공식

첫째 : 나에게는 명확한 목표를 실행할 능력이 있다는 것을 안다. 그러므로 나는 나 자신에게 명하노니 나는 끈기를 가지고 적극적일 것이며 지속적으로 이의 획득을 위해 행동을 취할 것이다.

둘째 : 나는 내 자신의 지배적인 사고가 점차적으로 외부로 표출되고 행동으로 도출되어 결국 물리적인 현실로 전환된다는 사실을 인식하고 있다. 그러므로 매일 30분 동안 나는 정신을 집중하여 내가 되고자 하는 사람을 떠올리고 그러한 사람의 그림을 그림으로써 결국 실제 행동을 통해 이 그림을 현실로 변형시키는 데 최선을 다할 것이다.

셋째 : 나는 자기암시의 원리를 통하여 내 자신에 품은 욕구는 결국 언젠가는 적절한 수단을 통해 현실화된다는 것을 알고 있다. 그러므로 나는 매일 최소 10분을 할애하여 《성공의 법칙》에 나온 16가지 교훈의 요소를 개발할 것을 다짐한다.

넷째 : 이미 나는 향후 5년 동안의 명확한 인생 목표를 설정하였고 그것을 글로 써두었다. 나는 5년 동안 이를 위해 노력할 것이며 효과적이고 만족할 만한 노력을 통해 이것을 이룰 것이다.

다섯째 : 나는 진리와 정의를 기초로 하지 않는다면 어떤 부와 권세도 지속될 수 없다는 사실을 누구보다 잘 알고 있다. 그러므로 나는 다른 이에게 이득을 안겨주지 않는 일에는 관여하지 않을 것이다. 나는 다른 사람의 협력을 이끌어 들임으로써 성공을 거둘 것이다. 나는 그들에게 먼저 봉사할 것이고 그들도 나에게 봉사하도록 유도할 것이다. 나는 타인에게 부정적인 태도를 지닌다면 결코 성공을 거둘 수 없다는 것을 잘 알고 있기 때문에 증오, 시기, 질투, 이기심과 냉소를 인류에 대한 사랑으로 없앨 것이다. 나는 다른 사람과 나를 믿기 때문에 다른 이들이 나를 믿도록 할 것이다.

나는 이 공식에 서명을 하고, 암기할 정도로 기억하고, 전적인 믿음을 지니며 하루에 한 번 이상 소리내어 읽을 것이다. 이러한 반복을 통해 결국 나의 인생에 영향을 끼쳐 나는 나의 분야에서 성공적이고 행복한 사람이 될 것이다.

서명＿＿＿＿＿＿

이 공식에 서명하기 전에 정말로 이 지침을 이행할 것임을 확실히 해두어라. 이 공식에는 누구도 설명할 수 없는 법칙이 적용되고 있다. 심리학자들은 이 법칙을 가리켜 **자기암시**라고 한다. 여러분에게 말해두고 싶은 것은 이것이 어떻게 불리든 확실히 효과가 있다는 사실이다.

한 가지 마음에 새겨두어야 할 것은 전기가 산업사회를 굴러가게 하고 인간의 삶에 여러 형태로 공헌했지만, 잘못 사용되면 악영향을 미치는 경우가 있는 것처럼 자기암시의 원리도 여러분이 이를 어떻게 적용하느냐에 따라서 평화와 번영을 가져다줄 수도 있는 반면 비참함과 빈곤의 늪으로 끌어들일 수도 있다는 사실이다.

만약 자신의 능력에 대한 의심과 불신이 가득하다면 자기암시의 원리는 불신의 정신을 당신의 지배적인 사고로 무의식에 심게 되어 당신은 실패의 소용돌이에 빨려들게 될 것이다.

그러나 자신에 대한 빛나는 확신을 지닌다면 자기 확신의 원리는 이러한 믿음을 받아들여 당신의 지배적인 사고로 확립시키게 된다. 이는 결국 여러분이 장애를 극복하고 성공의 정상에 도달할 때까지 도움을 주게 될 것이다.

❈ 자기암시의 강력한 원리, 습관

나 스스로도 자기암시의 강력한 원리를 실생활에 적용하는 방법을 몰라 헤매는 어려움을 겪어 봤다. 그렇기 때문에 그 지름길로써 습관의 원리를 제시해 보고자 한다. 이 습관의 도움으로 여러분은 자기암시의 원리를 그 목적이 무엇이든 자유롭게 응용할 수 있을 것이다.

습관은 환경에서 자라난다. 같은 것을 계속하거나 같은 생각을 하고, 같은 말을 반복하는 것으로부터 습관은 생겨난다. 습관은 LP 레코드판에 나 있는 홈과 같고 인간의 마음은 그 LP판의 홈에 들어맞는 바늘과 같다고 할 수 있다.

어떠한 습관이든 그것이 좋든, 나쁘든 사고와 행위의 반복을 통해서 형성되면 인간의 마음은 마치 축음기의 바늘이 LP판의 홈을 따라 도는 것처럼 그 습관에 밀착하여 뒤따르는 성향을 지니고 있다.

습관은 보고, 듣고, 냄새 맡고, 맛을 보고 느끼는 오감에 따라 정해진 방향으로 반복적으로 실행되면서 형성된다. 유해한 약물중독에 습관을 들이게 되는 것도 모두 이런 반복의 원리를 통해서이다. 같은 원리로 알코올 중독도 습관으로 자리잡게 되는 것이다.

일단 습관이 형성되면 (자기 확신의 개발에 강력한 요소로 변형될 수 있는 사고를 담고 있는) 인체의 행동을 조절하게 된다. 그리고 그 사고라는 것은 자발적으로 또는 필요하다면 강제적인 노력을 통해 추구하는 방향에 맞춰 자신의 노력과 사고를 유도하게 된다. 결국 이런 것이 습관이 되어 계속해서 그 길을 따라 자신의 노력을 경주하게 되는 것이다.

앞서 제시한 것처럼 자기 확신의 공식을 적어놓고 이를 반복하는 것은 자기 자신이 믿는 것을 지배적인 사고로 형성해 그 사고가 습관의 원리를 통해 무의식에 충분히 심겨지게 하기 위한 것이다.

여러분은 글자 형태의 특정한 외형을 팔꿈치의 근육과 손의 근육을 이용하여 끊임없이 반복하고 연습함으로써 글자를 쓰게 되었고, 결국에는 쓰는 습관을 들일 수 있었다. 지금은 글자 하나하나를 천천히 따라 쓸 필요가 없게 됐을 만큼 용이하고 신속하게 문자를 쓸 수 있을 것이다. 이처럼 쓰기도 당신의 습관이 된 것이다.

습관의 원리로 여러분이 근육을 움직일 수 있는 것처럼 마음의 능력도 장악하게끔 할 수 있다. 독자들은 자기 확신의 장을 터득하고 적용함으로써 이를 쉽게 증명해 낼 수 있을 것이다. **자신에게 끊임없이 반복하는 진술을 통해, 혹은 어떤 욕구를 마음에 품고 계속 생각하면, 그것은 결국 육체적인 표현으로 나타날 것이다.**

습관의 원리는 자기 확신의 장의 기초가 되므로 이 장에서 제시한 지침을 이해하고 제대로 따르기만 한다면, 이러한 습관에 대한 강좌를 수천 번 듣는 것보다 더 많은 것을 알게 될 것이다.

여러분은 자신의 내부에 잠들어 있으면서 깨워주기만을 기다리고 있는 가능성(잠재력)에 대해 거의 인식을 못하고 있다. 그리고 여러분이 만약 주어진 환경의 평범한 자극으로부터 자신을 끌어올릴 수 있는 자기 확신을 충분히 개발하지 않는다면 이러한 잠재력은 영영 인식하지 못하게 될 수도 있다.

몇 달 전 내가 에머슨의 수필집 가운데《정신의 법칙(Spiritual Lows)》을 다시 읽게 되었을 때, 인간의 마음은 신비롭고 위대한 조직이라는 것을 새삼 깨닫게 되었다. 그때 나는 신기한 현상을 경험하였다.

나는 과거에 이미 여러 번 반복해서 읽었던 수필집에서 이전에는 미쳐 발견하지 못했던 것들을 발견할 수 있었다. 내가 이전에 읽었을 때보다 더욱 많은 것을 접할 수 있게 된 것은 마지막 독서 후로 나의 마음이 더 넓게 전개되어 더 많은 것을 이해할 수 있게 되었기 때문일 것이다.

인간의 마음은 개화하는 꽃잎과 같이 그 최대치에 도달할 때까지 끊임없이 펼쳐진다. 그 최대치가 얼마이고 어느 지점에서 멈추고 과연 끝이 있기는 한 것인지는 알 수 없지만, 이해의 폭이 넓어지는 정도는 개인의 특성과 그의 마음에 어떠한 사고를 지니고 있는가에 따라 달라진다. 매일 분석적 사고를 행하는 마음은 이러한 이해의 폭이 계속해서 개발되고 넓어지는 경향이 있다.

켄터키주의 루이즈빌 시내에 리 쿡(Lee Cook)이라는 사람이 사는데, 그는 두 다리가 없어 휠체어 신세를 져야만 했다. 그는 태어날 때부터 다리가 없었지만 자신의 노력으로 거대한 산업체의 소유주가 되었고 백만장자의 대열에 오르게 되었다. 자기 확신을 개발하면 다리가 없어도 잘 살아갈 수 있다는 것을 보여주는 산 증인이다.

뉴욕시민이라면 건장한 체구와 쓸만한 두뇌를 가진 젊은이가 두 다리가 없어 매일 오후가 되면 5번가에 나와 구걸을 하는 것을 보았을 것이다. 그의 사고 능력은 아마도 보통의 사람과 같이 정상일 것이다. 이 젊은이도 쿡 씨가 했던 것처럼 자신의 능력을 평가했더라면, 자기 확신, 즉 자신감을 가졌더라면 쿡 씨가 행했던 것 이상을 이룰 수도 있었을 것이다.

위스콘신주의 밀로 존스(Milo C. Jones)라는 사람은 마비증세가 찾아와 침대에서 몸을 돌려 눕히지도 못하고 자신의 근육을 뜻대로 움직일 수도 없게 되었다. 그의 육체는 쓸모가 없어졌지만 두뇌에는 아무런 이상이 없었기 때문에 그는 머리를 쓰기 시작했다. 침대에 똑바로 누워 존스 씨는 명확한 목표를 세웠다. 사실 그의 목표는 단순하고 보잘 것 없었지만 그것은 확실했고 또한 그것은 그가 이전에는 가지지 못했던 '목표' 였다.

그의 명확한 목표는 돼지고기 소시지를 만드는 것이었다. 그는 가족을 불러모으고 자신의 계획을 밝히면서 이 계획을 실행하도록 지침을 내렸다. 성한 두뇌와 충분한 자기 확신 외에 그가 가진 것은 없었지만 그는 '작은 돼지 소시지(Little Pig Sausage)'로 미국 전역을 강타함으로써 명성을 얻었을 뿐 아니라 부도 축적할 수 있었다.

이러한 그의 모든 성취는 몸이 마비되어 두 손을 이용하여 일을 할 수 없게된 후에 이루어졌다. 놀라운 사고의 힘을 알 수 있을 것이다!

헨리 포드는 자신이 필요로 하는 것보다 더 많은 재산을 소유하였다. 성공을 이루기 얼마 전만 해도 그는 기계공장의 평범한 일꾼으로 학력도 재산도 보잘 것 없는 사람이었다. 당시 그와 같이 일을 했던 사람 중에는 그보다 많이 배우고 뛰어난 두뇌를 가진 사람들이 많았을 것이다.

포드는 빈곤의식을 벗어던지고 자신에 대한 자신감을 개발하고 성공을 이루고자 하였으며 결국 이를 이루어냈다. 만약 여러분이 **좀더 많은 것을 얻고자 한다면 자신에게 더욱 많은 것을 요구하라. 그리고 이러한 요구는 자신에게 하는 것임을 꼭 명심하라!**

여기서 위대한 철학적 진리를 표현하고 있는 유명한 시를 인용하고자 한다.

만약 자신이 실패했다고 생각한다면 그럴 것이다

만약 당신이 시도할 수 없다고 생각한다면,

당신은 시도할 수 없을 것이다.

이기고 싶은데 나는 이길 수 없다고 생각한다면,

당신은 진 거나 다름없다.

만약 자신이 졌다고 생각했다면 질 것이다,

이 세상에서 우리가 발견한 진리는

성공은 자신의 의지에서 비롯되는 것이며

이 모든 것은 자신의 마음에 달렸다는 것이다.

만약 당신이 뛰어나다고 생각한다면 그렇게 될 것이다.

높이 오르기 위해서는 생각을 크게 해야 한다.

승리의 월계관을 받고자 한다면,

먼저 자신에 대한 확신을 가져야 한다.

인생이라는 전장에서의 승리는

강하고 먼저 출발한 자의 몫만은 아닌 것이다.

결국 승리하는 사람은

자신이 할 수 있다고 믿는 사람이다.

이 시를 외워두고 자기 확신의 개발을 위한 하나의 방편으로 삼아도 하등 해가 될 것은 없다.

여러분의 내부 어디에는 스스로도 상상하지 못했던 성취를 이룰 수 있도록 도와주는 '불가사의한 무엇인가' 가 있다.

바이올린 연주가가 바이올린에서 가장 아름답고 황홀한 선율을 이끌어내는 것처럼 여러분의 마음을 장악함으로써 자신이 선택한 분야에서 성공의 연주를 할 수 있게 하는 것이 내부에 존재한다.

누구도 여러분의 내부에 숨겨진 힘이 어떤 것인지 모른다. 여러분 자신도 자신의 능력을 알지 못하며, 여러분을 자극하여 행동을 유발시키고, 자기 확신을 개발하여 이를 실행하고자 하는 간절한 욕망을 경험해보지 않는다면 이 힘을 알아내기 어려울 것이다.

《성공의 법칙》에 실린 어떠한 글귀나 생각 혹은 말이 촉진제가 되어 여러분의 운명을 새로이 결정짓고 여러분의 사고와 에너지를 이끌어 결국 여러분이 갈망하는 목표에 이르게 할 수도 있다.

※ 인생에 중요한 전환점

인생에서 가장 중요한 전환점이 예상밖의 시간에 뜻하지 않은 방법으로 다가올 수도 있다는 사실이 이상하게 느껴지기도 하겠지만 이는 분명 사실이다.

나는 이를 증명할 수 있는 전형적인 예를 가지고 있다. 인생에 별로 중요해 보이지 않는 일이 어떻게 해서 결과적으로는 가장 중요한 경험이 되었는지를 나타내는 것이다. 이를 통해 인간이 자기 확신의 가치에 눈뜨게 되었을 때 어떤 변화가 일어날 수 있는지를 보여주는 사례이다.

내가 말하고자 하는 일은 시카고에서 경험한 것으로 당시 나는 성격분석에 관련된 일을 하고 있었다.

어느 날 부랑자로 보이는 사람이 사무실에 나타나 면담을 요청하였다. 일을 하다가 그를 보고 인사를 하자 그는 주머니에서 《자기 확신(Self-confidence)》이라는 책을 꺼내며 "저는 이 책을 쓰신 분을 만나려고 왔습니다"라고 하였다. 그 책은 내가 수년 전에 집필하였던 것이다.

그는 계속해서 "어제 오후 이 책이 제 손에 들어온 것은 운명과도 같았지요. 저는 그날 미시간 호수에 가서 권총자살을 하려고 마음먹었었거든요. 저는 세상과 모든 사람, 심지어는 하나님과도 볼장 다 보았다고 생각을 하고 있었는데 이 책을 보고 나서는 새로운 눈을 뜨게 되었고 어제 하루를 견뎌낼 수 있는 용기와 희망을 가지게 되었지요. 저는 이 책을 쓴 사람을 만날 수 있으면 그는 저에게 새롭게 시작할 수 있는 방법을 알려줄 수 있고 제게 도움을 줄 수 있을 것이라는 생각을 하게 되었어요. 그래서 제가 여기에 온 것입니다. 당신이라면 나 같은 사람을 위해 무엇을 해줄 수 있는지 알고 싶습니다"라고 말하였다.

　　그가 말을 하는 동안 나는 그를 머리끝에서 발끝까지 관찰하였는데, 사실 마음속 깊은 곳에서는 그를 위해 해줄 수 있는 것이 아무것도 없다고 생각했지만 그렇게 얘기하지는 않았다. 흐리멍덩한 눈동자, 얼굴에 드리워진 의기소침함, 열흘간은 손도 대지 않은 것 같은 턱수염과 초조한 태도 등은 그가 이제는 더 이상 가망이 없다는 것을 여실히 드러내주고 있었다.

　　그러나 차마 그렇게 말을 할 수가 없어 일단은 앉으라고 한 후에 그의 이야기나 들어보자고 하였다. 나는 그에게 솔직하게 밝혀주기를 요청하였고, 특히 어떻게 해서 그가 이렇게 밑바닥 생활을 하게 되었는지 밝혀달라고 요구하였다. 그리고 그의 이야기를 듣고 나서 내가 그에게 어떤 도움을 줄 수 있는지 얘기해 주겠다고 말하였다.

　　그는 상세하게 오랜 시간에 걸쳐 얘기를 하였는데 대략 다음과 같다.

　　그는 규모가 작은 제조업에 전 재산을 투자하였다. 그러나 그 당시 세계대전이 발발하여 공장 운영에 필요한 원자재를 구할 수 없었고 그래서 사업은 실패를 하게 되었다. 그는 전 재산을 잃었고 매우 낙심하여 처자를 떠나 부랑자가 되었다. 그는 상심한 나머지 자살을 실행할 정도에 이르고 말았다는 것이다.

　　이야기를 다 듣고 나서 나는 그에게 말했다.

　　"당신의 얘기를 주의 깊게 잘 들었습니다. 저도 당신을 돕기 위해 뭔가를 할 수 있었으면 합니다만, 아쉽게도 제가 할 수 있는 일은 아무것도 없는 것 같군요."

　　나의 말을 듣고 그는 얼굴이 마치 관에 누워 있는 시체처럼 하얗게 질려서는 의자에 앉아 고개를 가슴에 묻고 "그렇군요"라고 맥이 탁 풀린 채 말하였다. 나는 잠깐을 기다린 후 다음과 같이 말했다.

　　"아까도 말씀드렸지만 제가 당신을 위해 해줄 것은 아무것도 없습니다. 다만 당신에게 소개해주고 싶은 사람이 있습니다. 그는 당신이 잃은 재산을 돌려줄 수도 있고 당신이 다시 시작하도록 도움을 줄 수 있는 사람입니다."

이 말이 내 입에서 떨어지기가 무섭게 그는 벌떡 일어서더니 내 손을 움켜쥐고는 "맙소사, 하나님! 그 사람을 소개시켜 주세요" 라고 말했다.

그가 '하나님!' 이라고 말한 것은 충분히 고무적인 현상이었다. 그것은 적어도 그에게 일말이나마 희망의 여지가 남아 있다는 것을 의미하는 것이었다. 나는 그의 팔을 잡고 내가 성격분석을 위한 심리학 실험을 하는 실험실로 데리고 가서 커튼 앞에 세웠다. 나는 커튼을 걷어 전신거울을 보여주었는데 그는 이를 통해 머리에서 발끝까지 자신을 살펴보게 되었다.

나는 손가락으로 거울을 가리키며 말했다.

"말씀드렸다시피 제가 소개시켜 주기로 한 사람입니다. 이 세상에 당신이 새로이 시작할 수 있도록 할 수 있는 유일한 사람입니다. 만약 당신이 지금까지 그랬던 것처럼 이 사람을 알려고 하지 않는다면 아마 당신은 또다시 미시간호에 가서 자살을 시도하게 될지도 모릅니다. 왜냐하면 당신이 이 사람을 잘 알지 못한다면 자신에게도, 또한 세상에게도 당신은 아무런 가치가 없을 것이기 때문입니다."

그는 거울에 조금 더 다가가서는 수염이 성성한 얼굴을 만져보며 자신을 머리에서 발끝까지 수 분간을 뜯어보고 뒤로 물러서더니 고개를 숙이고 흐느끼기 시작했다. 나는 이미 해줄 수 있는 것을 다하였기에 그를 엘리베이터까지 데려다주었다.

나는 다시 그를 만나게 되리라고 기대하지 않았다. 그는 사실 다시 돌아오기에는 너무 멀리 가버린 것처럼 보였기 때문에 그러한 교훈으로 새 삶을 시작하게 될지 미심쩍었던 것이 솔직한 심정이었다. 그는 단지 추락만 한 것이 아니라 세상에서 제외된 것처럼 보였기 때문이다.

그러나 며칠 뒤 나는 길에서 그와 마주쳤다. 180도로 변한 그를 나는 거의 못 알아보았다. 그는 어깨를 잔뜩 젖히고 힘차게 걸었다. 낡고 초조한 모습은 온 데간데 없어 찾을 수가 없었다. 말쑥하게 새 옷을 차려입었는데 여유로워 보였으며 자신도 여유롭게 느끼는 듯했다.

그는 나에게 무슨 일이 생겼으며 어떻게 그 사이에 영락한 실패의 상태에서 희망의 모습으로 변하게 되었는지 얘기해 주었다.

"마침 좋은 소식을 전해주려고 선생님의 사무실에 가려던 참이었습니다. 그날 저는 선생님의 사무실을 나와서 초라하고 너덜너덜한 행색에도 불구하고 일자리를 구하게 되었습니다. 게다가 사장님은 돈을 가불해주어서 선생님이 보시는 것처럼 새 옷을 몇 벌 살 수 있었고 식구에게 돈을 좀 부칠 수 있었습니다. 다시 한번 성공의 길에 오르게 된 것입니다.

며칠 전만 해도 꿈과 희망, 믿음, 용기를 잃고 자살을 시도했다는 사실이 남의 일같이 여겨집니다. 언젠가는 선생님도 저를 잊었을 때쯤 선생님을 찾아뵙고 말씀드리려고 했습니다. 그리고 백지수표를 끊어 선생님을 수취인으로 선생님이 원하는 금액만큼 쓰도록 하고 싶습니다. 선생님께서 거울에 비친 저를 가리켜서 제가 몰랐던 저를 소개시켜 줌으로써 이전의 저로부터 벗어나 참된 나를 찾게 해주셨으니까요."

말을 마치고 그가 다시 거리의 군중 사이로 사라졌을 때, 나는 내 생애 처음으로 자기 확신의 가치를 발견하지 못했던 한 사람의 마음에 얼마나 강력한 힘이 잠재되어 있는지를 깨닫게 되었다. 그래서 나도 그 전신거울 앞에 서서 질책하는 손가락으로 나를 가리키며 다른 사람은 일깨웠으면서도 자신을 깨우치지 못했던 교훈에 대해 반성하였다.

나는 그 전신거울 앞에 서서 사람들이 자신의 내부에 잠자고 있는 힘을 발견하는 데 도움을 주는 것을 나의 인생의 명확한 목표로 삼았다. 여러분이 현재 보고 있는 책이 나의 명확한 목표가 실행되었음을 말해주는 실례인 것이다.

내가 말한 이야기의 주인공은 지금 미국에서 가장 크고 성공한 사람 중의 하나가 되었으며, 그 사업은 캐나다에서 멕시코에 이르는 거대한 규모를 지니게 되었다.

앞서 말한 사건이 일어난 이후 얼마 안 되어 이번에는 어떤 여자가 찾아와서 성격분석을 의뢰하였다. 당시 그녀는 시카고 공립학교의 교사였다. 나는 그에게 성격분석표를 주고 이를 채우라고 하였다. 그녀는 그 표를 작성하기 시작한 지 몇 분 되지 않아 나에게 "선생님, 저는 이걸 채우지 못하겠어요"라며 표를 돌려주었다.

내가 왜 그 표를 작성하지 않느냐고 묻자 그녀는 "솔직히 말씀드려서 여기 표에 있는 질문 가운데 어느 하나를 보는 순간 어떤 생각이 떠올랐고 저는 제가 무엇이 잘못되었는지 알게 되었어요. 그래서 제 성격을 분석하기 위해 돈을 지불할 필요가 없다고 생각을 하게 되었고요"라고 하고는 가버렸다.

그후로 2년간 그녀에 대한 소식을 접할 수 없었다. 얼마 뒤 그녀는 뉴욕시로 돌아가 광고 카피라이터가 되었는데, 당시 그녀는 연봉으로 1만 달러를 받게 되었다고 내게 알려왔다. 그러면서 그녀는 성격분석 수수료를 수표로 보내왔다. 그녀는 – 내가 서비스를 제공하지 않았는데도 – 자신은 이미 도움을 받았다며 상담료를 지불하는 것이 정당하다고 말했다.

사실 별로 대수롭지 않게 보이는 것이 계기가 되어 한 사람의 인생에 얼마나 중요한 전환점이 될 수 있는지는 알 수 없다. 그러나 우연이든 어떻든 **인생의 '전환점'은 스스로에게 자신있는, 즉 자기 확신이 있는 사람에게 더욱 잘 포착된다**는 사실은 부인할 수 없을 것이다.

실수를 한 번도 하지 않는 사람이 있다면, 그는 아무것도 시도하지 않은 자이다. 동일한 실수를 반복하지 않는 한 실수를 두려워할 필요는 없다.
– 시어도어 루스벨트(Theodore Roosevelt)

❋ 진정한 의미에서 교육받은 사람

인류의 커다란 손실은 보통의 지능을 가진 평범한 사람도 자기 확신이 개발될 수 있다는 사실을 모르는 것이다. 자신에 대한 신념이 결여된 사람은 진정한 의미에서 교육받은 사람이라고 할 수 없다. 그 점에서 이 땅의 학생들이 정규 교육은 충실히 받았어도 자기 확신의 개발에 대해서는 배우지 않았다면 이는 인류를 위해 커다란 손실이라고 할 수 있다.

인류에게 그림자를 드리우고 있는 두려움의 장막을 걷고 자기 확신의 빛을 받아들인다면 얼마나 축복되고 행복한 자산이 될 것인가! 두려움이 지배하는 곳에서는 의미 있는 성취는 불가능하다.

한 위대한 철학가는 다음과 같이 두려움을 정의 내렸다.

"두려움이란 마음의 음습한 지하 감옥이다. 정신은 그 감옥으로 뛰어들어 은둔할 곳을 찾아 숨으려 한다. 두려움은 미신을 불러오며, 미신은 영혼을 죽이는 비수와 같다."

내가 원고를 집필하는 타자기 앞에는 커다란 글씨로 다음과 같은 문구가 쓰여 있다.

'나는 하루하루 모든 면에서 더욱더 성공적인 사람이 되어간다.'

어떤 일에도 회의적인 사람이 있었는데 하루는 이 문구를 보고 정말로 '그런 것'을 믿느냐고 물었다.

나는 "물론 아닙니다. 저 문구는 단지 제가 처음 일을 시작했던 석탄광산으로부터 나를 벗어나게 해주었고, 오늘날에는 10만 명에 이르는 사람들의 삶의 향상을 위해 일을 하는 지금의 직업을 가지도록 해주었으며, 나는 그들의 마음속에 이 문구가 일깨워주는 긍정적인 사고를 심어주고 있을 뿐입니다. 제가 이를 믿을 필요가 있을까요?"라고 반문하였다.

가난과 패배에 이르게 하는 것도 위대한 업적을 쌓는 것도 전적으로 당신의 생각에 달려 있다. 만약 당신이 성공하고자 하는 마음을 지니고 이에 상응하는 행동으로 뒷받침한다면 틀림없이 이룰 것이다. 성공을 촉구하는 것과 단순히 소망하는 것에는 차이가 있다는 것을 명심하라. 이 둘의 차이점을 깨달아서 이를 활용할 수 있어야 할 것이다.

성경(마태복음)에서 겨자씨 한 알만큼이라도 믿음을 가진 자에게 어떤 일이 일어날 수 있는지 언급하였던 것을 기억하는가?

자기 확신을 개발함에 최소한 그러한 믿음을 가지고 임하길 바란다. 자신의 명확한 목표를 달성하기 위한 고지를 오르는데 남들이 당신에게 줄 수 있는 도움은 사실 많지 않다는 것을 당신도 잘 알 것이므로 '남들이 뭐라고 하는지' 에 대해 너무 신경을 쓰지 말라.

이 세상에서 **자신이 원하는 것을 얻기 위해 필요한 것은 전부 당신 안에 있으며 이러한 힘을 기르는 최선의 방법은 자신을 믿는 것이다.**

"너 자신을 알라. 인간이여! 자기 자신을 알라."

이는 세대를 거쳐 전해오는 철학자의 조언이다. 만약 여러분이 진실로 자신을 알게 된다면 '나는 하루하루 모든 면에서 더욱더 성공적인 사람이 되어간다' 와 같은 문구를 앞에 걸어놓는 것이 촌스럽게 여겨지지 않을 것이다.

나는 이러한 격언을 책상 앞에 붙여놓는 것을 부끄럽게 여기지 않으며, 더 중요한 것은 이러한 격언이 나에게 영향을 끼치고 나를 더욱 긍정적이고 적극적인 인간으로 만들어준다는 점을 믿는다는 것이다.

25여 년 전 내가 자기 확신을 기르게 된 계기가 있었다.

당시 나는 벽난로 앞에 앉아 나이 지긋하신 분들이 자본과 노동에 대해 의견을 나누는 것에 귀를 기울이고 있었다. 그때 나는 불쑥 황금률에 관한 고용인과 고용주가 가지는 견해의 차이에 대한 의견을 말하고 말았다. 그 중 한 분이 나의 의견에 흥미를 표하면서 놀랍다는 표정으로 내게 시선을 돌리면서 다음과 같이 충고했다.

"참 명석한 젊은이군. 만일 교육을 제대로 받기만 하면 젊은이의 그런 생각들을 이 세상에 널리 펼칠 수 있을 거야."

그는 내게 명석하다고 말한 최초의 사람이었다. 나는 물론 다른 일을 성취할수도 있었을 테지만, 사실 그의 칭찬은 귀에 못이 박히게 되어 그것에 대해 생각하면 할수록 칭찬처럼 될 가능성이 있다고 확신하게 되었다.

내가 지금 세상에 공헌하는 것과 이미 성취한 것들은 이와 같이 무심결에 뱉어진 칭찬으로 가능했다고 해도 과언이 아니다. 이렇게 칭찬이나 암시는 강력한 힘을 지니며 이러한 것을 진심으로 받아들일 때 더욱 강한 효력을 발휘한다.

자, 이제 다시 자기 확신의 공식을 살펴보고 이를 자기 것으로 만들도록 하자. 그것은 여러분의 마음에 '발전소'를 건설하여 성공의 계단을 오르는 힘을 생기게끔 할 것이다.

당신이 스스로를 믿을 때라야 남들이 당신을 믿게 된다.

당신이 자신에 대해 느끼는 대로 그들은 당신의 사고에 주파수를 맞추고 당신에 대한 느낌을 가지게 될 것이다. 이것이 **텔레파시의 법칙**이다. 당신은 끊임없이 자신에 대해 생각하고 있는 바를 내보내고 있으며 만약 자신에 대한 믿음이 없으면 다른 사람들 역시 당신의 사고의 진동을 받아들일 때 당신과 같은 생각을 하게 될 것이다.

텔레파시의 법칙을 이해하였다면 여러분은 어째서 자기 확신이 성공에 이르는 15가지 법칙의 두 번째에 위치하게 되었는지 알 수 있을 것이다.

그러나 여러분은 자신이 알고 있는 것과 할 수 있는 것에 대한 정확한 판단을 근거로 하는 자기 확신과 아울러 알고 있으면 좋겠고 할 수 있었으면 좋겠다고 단지 희망하는 것에 토대를 둔 자기기만을 구분할 수 있어야 한다.

이 두 가지를 구별하지 못하면 여러분은 사람들에게 막무가내이고 터무니없이 별 볼일 없는 사람이 될 것이다. 자기 확신은 건설적인 행위의 지성적인 표출을 통해서만 드러나는 것이지, 스스로 떠벌린다고 드러나는 것이 아니다.

　만약 여러분에게 자기 확신이 있다면 주위 사람들이 이를 먼저 발견할 것이
다. 그들이 이를 발견하도록 하라. 그들은 이를 알아챈 자신의 눈썰미와 예민
함에 뿌듯함을 느낄 것이고 여러분은 자만의 의혹으로부터 자유롭게 된다. 자
만으로 가득 찬 사람에게는 모욕과 비방만이 따를 뿐 기회가 오지는 않는다.

　기회는 자만보다는 자기 확신과 더 빠르고 쉽게 친해질 것이다. 이를 명심하
여 자화자찬이나 호들갑이 아닌 행동으로써만 자기 확신에 찬 자신을 드러내
야 할 것이다.

　자기 확신은 지식의 소산이다. 자신을 알아야 한다. 얼마만큼 아는지 왜 그
것을 알고 있으며 이를 어떻게 이용할 것인지도 알아야 한다. 허풍선이는 자신
이 실제로 아는 것보다 더 많이 아는 체를 하여 실패하는 것이므로 이를 경계
하기 바란다. 교육받은 사람은 당신과 3분만 대화를 나누어 봐도 정확하게 수
준을 파악해 낼 수 있으므로 자만과 위장은 아무런 소용이 없다.

　실제 어떤 사람인지는 금방 파악이 되어 자신이 어떠한 사람이라고 '주장' 하
는 것은 들리지 않는다. 만일 여러분이 지금의 경고를 명심한다면 이 장의 마
지막 부분은 여러분의 인생에 전환점으로 작용될 수 있을 것이다.

　**자신을 믿되 세상 사람들에게 할 수 있다고 말하지 말고 행동으로 보여주어
라!** 그러면 이제 여러분은 성공의 사다리에 한 발 더 올라갈 수 있는 4장을 받
아들일 준비가 된 것이다.

　사랑, 아름다움, 기쁨, 그리고 존경은 영원토록 모든 인간의 마음의 토대를 세워주고 허
물고 또다시 세우는 것을 반복한다.

"불만"

우주의 최대 불가사의는 생명이다!

우리는 태어날 때 어디로부터 왔는지 모르며, 자신의 의지로 난 것도 아니었고, 그 누구도 이에 대해 우리에게 동의를 구하지 않았다. 또한 우리로부터 생을 앗아갈 때도 알 수 없는 곳에서, 본인의 의지와는 상관없이, 또한 우리에게 동의를 구하지도 않는다.

우리는 '생명 - 살아있음'에 대한 영원한 수수께끼를 풀어보려 끝나지 않는 노력을 끝없이 하고 있다. 과연 무엇을 위해, 어떤 목적으로, 언제까지?

인간이 지구상에 존재하게 된 데 대해 이유가 있을 것이라는 점에는 철학자간에 이견이 없다. 그러므로 우리를 이곳에 데려다 놓은 힘은 우리가 이승의 문턱을 넘어설 때 어떻게 될지를 알고 있지 않을까?

우리를 세상에 데려다 놓은 창조주는 우리 사후에 무엇을 할지를 인식할 만큼 충분한 지성과 능력을 지녔다고 생각하는 것이 좋지 않을까? 혹은 우리가 스스로 사후 세계를 조절할 능력과 지성이 있다고 여겨야 하는 걸까? 지상에 있을 때는 타인에게 성실하고 주어진 일에 선의를 다하도록 자신의 행동을 통제하고 나머지는 우리보다 더 잘 아는 존재에게 사후를 맡기는 게 낫지 않을까?

인간은 나면서부터 죽을 때까지 자신이 가지지 못한 것을 추구한다. 어린아이는 마룻바닥에 앉아 장난감을 가지고 놀다가도 다른 아이가 가지고 노는 장난감을 보고는 그것을 가지려 손을 뻗는다.

조금 자란 여자 아이는 친구의 옷이 더 잘 어울리는 것 같아 이를 가지고 싶어한다. 어느 정도 자란 남자 아이는 친구가 수집한 철도 모형이나 비행기 모형 등을 보고 어떻게 하면 손에 얻을 수 있을까 생각한다.

가장 큰 소매 할인점을 창시한 울워스(Woolworth)는 뉴욕의 5번가에 서서 높이 솟은 고층 빌딩을 보고 '세상에! 엄청난걸! 나는 저것보다 더 높은 것을 지을 거야'라는 생각을 했다.

그는 결국 성공하여 울워스 빌딩을 지을 수 있었다. 이 빌딩은 다른 사람을 능가하고자 하는 인간의 본성을 잘 드러내주는 상징처럼 서있다. 그 빌딩은 인간의 허영심의 본보기이며 그 외 그 존재를 정당화할 다른 이유는 없다.

허름한 옷을 입은 신문팔이 소년은 출근하는 길에 승용차에서 내리는 비즈니스맨을 보고 부러움에 '나도 리찌(Lizzie : 자동차 브랜드명)를 가질 수 있다면 얼마나 행복할까'라고 생각하고, 그 비즈니스맨은 사무실 의자에 앉아 이미 충분한 재산이 있으면서도 '100만 달러만 더 있으면 얼마나 좋을까'라고 생각한다.

당나귀에게는 언제나 울타리 바깥의 풀이 더 맛있어 보이는 법이어서 이를 먹으려 고개를 길게 빼낸다. 과수원의 소년들은 땅에 떨어진 탐스러운 사과들은 그냥 지나치고 높다란 가지 위에 매달린 빨갛고 먹음직스러운 사과를 따고자 하며 이를 위해서 위험천만하게도 망설임 없이 나무를 탄다.

결혼한 남자는 거리에서 우아하게 차려입은 아가씨를 보면 그녀를 살피면서 만약 자기 부인이 그녀처럼 예쁘다면 얼마나 좋을까 하고 생각한다. 아마 그의 부인이 훨씬 아름다울지도 모르지만 '남의 떡이 더 커 보이게 마련'이므로 쳐다보게 되는 것이다. 이처럼 남의 목초지를 넘보기 때문에 대부분의 이혼소송이 일어난다.

행복은 눈앞에 보일 듯이 모퉁이만 돌면 있는 것 같지만 손에 잡히지 않는다. 우리가 무엇을 가지고 있고 얼마나 가지고 있는지 상관없이 삶이란 언제나 미완성인 것이다. 하나를 가지면 그것과 어울리는 또 다른 것이 필요하게 된다.

아리따운 부인이 모자를 샀다. 그녀는 이에 어울릴 옷을 갖추고 구두와 스타킹, 장갑과 액세서리를 필요로 하게 되고 그러다보면 지출 수준을 초과하게 된다.

처음에는 숲 언저리에 있는 자그마한 집이면 행복하겠다 싶어 집을 지었다. 이것이 끝이 아니었다. 이 작은 집에 어울리는 관목 숲과 화단, 아름다운 경치가 필요하고 집 주위를 두르는 아름다운 울타리와 주차장까지 자갈이 깔려야겠다고 생각한다.

이렇게 되면 집에 덧붙여 자동차와 주차장이 필요하게 된다. 자꾸자꾸 조금씩 집에 손을 대보지만 소용이 없다. 집이 너무 작은 것이다. 이제 그는 방이 여러 개 달린 집을 원하고 자동차도 작은 포드 대신 캐딜락 세단이 있으면 좋겠다고 생각한다. 이렇게 욕심은 가도가도 끝이 없이 계속된다.

자기 자신과 가족을 부양하기에 충분한 보수를 받는 젊은이가 있었다.

그가 승진을 하고 보수도 충분히 인상이 되었다고 치자. 그는 인상된 만큼을 고스란히 떼어서 저축하고 이전과 같은 생활을 계속 영위했을까? 천만에! 그는 당장 구닥다리 차를 잘 빠진 것으로 골라 뽑고 현관에 차양도 드리웠다. 부인에겐 새로운 옷장과 옷이 필요하고 밥상에는 진수성찬이 올라와야 했다(불쌍한 위장이 신음소리를 낸다).

연말에 가서 보면 봉급이 올랐다고 더 나아졌을까? 이자도 더 많이 불었을까? 결코 그렇지 못하다. 돈을 더 많이 받을수록 그가 원하는 것도 따라서 늘어나게 마련이며 이것은 백만장자나 쥐꼬리 월급쟁이에게나 똑같이 적용되는 원칙이다.

남자가 마음에 드는 여자를 만나면 그녀 없이는 못살 것만 같다. 그러나 그녀의 마음을 얻고 나면 이번에는 그녀와 살 수 있을까 의문이 생긴다. 독신으로 남아 있을 때는 '왜 결혼의 달콤한 생활을 누리지 않을까' 한심하다고 생각하다가 막상 결혼을 하면 '어떻게 이 여자한테 평생을 쥐어 살게 되었을까' 후회를 한다.

이러한 얄궂은 인생을 두고 '결혼은 해도 후회하고 안 해도 후회를 하는구나!' 라고 괴로워한다. 이와 같이 인생의 갈림길에는 항상 불만이라는 악마가 지키고 서서 이렇게 외치고 있다.

"어떤 선택을 하더라도 결국 불만을 가지게 될 것이다. 네가 원하는 길을 택하라! 우리는 그 끝에서 너를 잡아가기만 하면 된다."

이런 인생의 경험과 좌절을 통해 인간은 마침내 이 세상에는 행복도 만족도 없다고 결론짓고 이에 대한 환상을 깬다. 그리고 사후에는 자신을 위해 자신이 경험해보지 못했던 새로운 세상의 문이 열리리라 생각하게 된다. 이승 저 편에는 행복이 있을 것만 같다.

이리하여 세파에 찌든 몸과 정신을 이끌고 희망과 용기를 찾아 종교에 귀의하게 되는 것이다.

그러나 그의 고통은 여기가 끝이 아니라 오히려 시작이다!

어떤 종파에서는 "나의 장막으로 들어와 나의 교리를 받아들이면 영생을 얻게 될 것이니"라고 한다. 망설이면서 그의 이야기를 들으려고 하면 또 다른 교파에서는 이처럼 말한다.

"이곳이 아닌 다른 종파를 믿으면 이는 지옥행이니! 그들은 당신의 머리에 성수만을 뿌릴 뿐이지만 우리는 여러분을 약속의 땅으로 안전하게 인도하나니."

난무하는 각종 종파의 주장과 공방 속에서 어디로 가야 할지 모르게 된다. 여기로 가야 할지 저기로 가야 할지 모르고 누구의 말을 들어야 할지 결정하지 못하는 사이에 희망도 사라지고 만다.

내가 젊었을 적엔
무언가를 간절히도 바랐었지.
박사와 목사를 찾아

상담을 하고

토론하고 열띤 논쟁을 들었지.

또 이것저것 대답을 구하였지.

그러나 언제나 내가 들어갔던

그곳으로 다시 나오게 되었지.

계속해서 추구하지만 찾지 못한다. 그 서글픈 모습이 행복과 만족을 추구하는 인간의 묘사이다.

이 종교에서 저 종교로 옮겨 다니지만 결국 헛일이다. 그의 마음엔 영원한 의문부호만 남는다. '도대체 어디로부터, 그리고 어디로?'에의 해답을 얻기 위해 헤매는 가운데 물음표는 점점 커지기만 한다.

인생은 영원한 물음표이다!

우리가 간절히 원하는 것은

언제나 닿을 수 없는 곳에 놓여 있다.

욕망은 언제나 능력의 범위를 벗어나 있다.

그리고 결국 이를 손에 넣게 되면

더 이상 이를 원하지 않게 된다!

다행히도 이런 원리를 잘 아는 여자는 '혹시 그녀를 잃게 되지 않을까?' 하고 애인을 초조하게 만들어 계속해서 갈구하게 만든다. 작품을 접하고 흠모하면서 존경해 마지않았던 작가도 직접 만났을 때는 그도 똑같은 사람이라는 사실을 깨닫게 된다.

그래서 '얼마나 자주 이런 사실을 깨닫게 되는지. 우리가 누군가의 한계를 발견하게 되면 그에게서 흥미를 잃게 된다. 유일한 죄는 한계인 것이다. 한 사람의 한계를 인식하자마자 그는 별 볼일 없는 사람이 되고 만다'라고 에머슨도 말하지 않았는가!

멀리서 볼 때는 저 산이 얼마나 아름다워 보이는가! 그러나 가까이 다가가면 바위와 흙, 나무가 뭉쳐진 것에 지나지 않는다는 사실을 알게 된다. 그래서 '지나치게 허물없이 굴면 오히려 업신여김을 받게 된다'는 말이 있으며 이러한 사실을 잘 나타내주는 격언이 되었다.

아름다움, 행복, 만족이란 모두 마음의 상태이다. 이런 것들은 일정 정도 거리감이 있어야만 느껴지는 것들이다. 렘브란트의 불후의 명작도 가까이서 보면 덕지덕지 바른 물감의 덩어리에 지나지 않는다.

인간에게서 끊임없는 희망을 제거한다면 존재의 의미를 잃게 된다. 미래를 향한 비전을 좇지 않는 자는 이미 끝난 것과 마찬가지다. 아직 획득하지 않은 대상을 추구할 때 가장 행복을 느끼는 것이 인간의 본성이다.

같은 이유로 꿈을 꿀 때가 이를 실현했을 때보다 달콤하다. 손에 있는 것으로는 충분하지 못하다. **미래에 실현할 희망을 가지고 있는 사람만이 만족을 경험한다.** 희망이 사라지면 이는 인간에게선 심장이 멎는 것과 마찬가지라고 할 수 있다.

인생의 최대 모순은 우리가 믿고 있는 대부분이 사실이 아니라는 데 있다. 러셀 콘웰(Russel Conwell)은 미 전역에서 선풍을 일으킨 강연을 하였고 이를 책으로 저술하였는데 《다이아몬드의 땅》이 그것이다.

이 강연의 요지는 행복과 기회를 멀리서 찾으려 할 필요가 없다는 점이다. 기회는 자신이 있는 바로 그곳에 있다는 사실이다. 말은 좋지만 이를 진심으로 믿는 사람이 얼마나 되겠는가. 사실 기회라는 것은 간절히 구하는 자에게는 어느 곳에서나 발견될 수 있다.

그러나 대부분의 사람들에게는 남의 떡이 더 커 보이게 마련이다. 좀더 넓은 세상에서 기회를 잡고자 하는 것이 인간의 본성일진대 좁은 시골 고향에서 인생의 의미를 찾을 수 있다고 설득한다면 이는 얼마나 무모한가!

그러나 남의 떡이 더 커 보인다고 해서 걱정할 것 없다. 원래 그렇게 보이게 되어 있는 것이다. 바로 자연의 섭리이다. 이런 속성 때문에 **인간은 평생 투쟁을 하면서 성장**을 하게 되는 것이다.

우리의 동지와 맺을 수 있는 최상의 계약은 다음과 같다. 당신과 나 사이의 신뢰가 영원케 하라.

– 에머슨

4장

저축하는 습관
The Habit of Saving

Napoleon Hill

부모가 자녀에게 줄 수 있는 최상의 도움은 그
들 스스로 하게끔 도와주는 것이다.

저축하는 습관

'믿어라! 당신은 해낼 수 있다!'

저축하는 방법을 일러주지 않은 채 저축을 해야 한다고 말하는 것은 종이 위에 말 한 마리를 그려놓고 '이것은 말이다' 라고 하는 것과 같다. 저축이 성공을 위한 필수요인 중의 하나인 것은 말할 것도 없이 분명한 데도 저축을 하지 않는 대다수의 사람들이 가지고 있는 주된 의문은 '어떻게 저축을 할 수 있을까'이다.

저축을 하는 것은 순전히 습관의 문제이다. 이러한 이유로 이 장에서는 '습관의 원리' 에 대해 간단한 분석을 하고 시작하겠다.

글자 그대로 **인간은 습관의 원리를 통해 자신의 성격을 형성한다.** 어떤 행동이라도 여러 번 반복해서 행하다보면 습관이 된다. 그리고 사람의 마음(정신)도 일상적인 습관으로부터 생성되는 힘의 복합체에 지나지 않는다. 일단 마음속에 습관이 형성되면 자연스럽게 행동으로 추진된다.

예를 들어 매일 출근하는 길이나 자주 방문하는 장소를 가게 되면 곧 습관이 형성되어 당신의 마음은 생각의 여지도 없이 당신을 그곳으로 인도할 것이다. 게다가 다른 방향으로 가고자 하더라도 마음속에서 방향을 바꾸려는 노력을 계속하지 않으면 자기도 모르는 새에 예전 길로 가고 있는 자신을 발견하게 될 것이다.

대중연사들에 따르면, 100% 허구인 이야기도 반복해서 얘기하다 보면 '습관의 원리'에 따라 그 이야기가 실제 일어난 일인지 아닌지 자신도 잊어버리게 된다고 한다.

●●● 습관으로 생성된 한계의 벽

수도 없이 많은 사람들이 습관의 원리를 파괴적으로 활용함으로써 빈곤과 결핍의 삶을 벗어나지 못한다. 지금 설명하는 '습관의 원리'나 '유유상종'의 '흡인법칙'을 모르고 빈곤 속에 살아가는 사람들은 그들의 행동에서 이미 그런 결과가 비롯된 것임을 깨닫지 못하고 있는 것이다.

자기 능력으로는 얼마나 벌 수 있겠다는 생각을 하는 한 그 이상은 획득할 수가 없다. 습관의 원리가 자신이 벌 수 있는 금액에 명확한 한계를 긋기 때문에 더 많은 돈을 벌 수 없는 것이다.

그렇게 되면 자신의 무의식은 곧 이 한계를 받아들여 자기도 모르는 사이에 하향하면서 결과적으로 (6가지 두려움 중의 하나인) 가난에 대한 두려움에 둘러싸이게 된다.

이때는 더 이상의 기회도 당신의 문을 두드리지 않을 것이고 당신의 운명은 그 상태에서 낙인이 되어버릴 것이다.

저축하는 습관의 형성은 당신이 벌 수 있는 소득에 제한을 두려는 것이 아니다. 정반대로 이 법칙을 적용하면 당신이 벌어들인 것을 체계적으로 보존해줄 뿐 아니라, 당신에게 더욱 큰 기회와 비전, 자신감, 상상력, 열정, 자발성과 리더십 등을 길러줄 것이며 돈 벌 능력을 신장시켜 줄 것이다.

다시 한번 이 위대한 법칙에 대해 서술해 보자면 당신이 이 '습관의 원리'를 철저히 이해한다면 '어부지리의 게임법칙'에 따라 돈을 벌어들이는 게임에서 틀림없이 성공을 하게 될 것이다. 이를 위해서는 다음의 방법에 충실히 따라야 한다.

※ 재정적 독립을 위한 저축 습관

첫째 : '명확한 중점 목표'에 따라 당신이 무엇을 원하는가에 대한 정확한 목표설정을 한다. 이때는 자신이 벌어들이고자 하는 돈의 액수도 정확히 포함시킨다. 이때 당신의 무의식은 당신이 창조한 그 그림을 접수하여 '중점목표' 또는 '목적이 되는 대상'을 획득하기 위해 당신의 생각과 행동을 실제적인 계획으로 옮겨줄 청사진으로 삼게 된다.

결국 습관의 원리를 통해 명확한 중점 목표의 대상을 마음속에 심어두는 결과가 된다. (2장에서 언급하였듯이 이렇게 형성된 목표가 확고하고도 항구적으로 뿌리내리면) 이러한 실행을 통해 빈곤에 대한 인식이 파괴되고 그 자리에 풍요의 의식이 세워질 것이다.

이때쯤 되면 정말로 풍요함을 요구하게 되고, 또 그것을 성취하기 위한 준비를 하게 된다. 이리하여 저축의 습관을 형성하는 단계에 접어들게 된다.

둘째 : 앞에서 얘기한 방법에 따라 증대된 당신의 수입능력을 토대로 총소득 중 일정비율을 저축함으로써 당신의 습관 원리는 한 단계 더 발전하게 된다. 이렇게 되면 당신의 소득이 늘어나는 대로 일정한 비율에 따라 저축도 증가하게 된다.

이런 방법으로 수입능력을 증대하도록 촉구하는 한편 당신에게 내재되어 있는 가상의 제한을 뛰어넘어 체계적으로 총소득분에서 일정량을 떼어놓는 형태로 재정적 독립을 향한 길에 들어서게 될 것이다.

단언하건대, 이처럼 쉽고 실제적인 방법은 없을 것이다!

'습관의 법칙'의 작용을 달리 적용해보자. 당신의 마음속에 빈곤에 대한 두려움을 심게 되면 머지않아 이런 공포가 당신의 소득액을 감소시킬 것이고, 결국 충분한 돈을 벌어들이지 못하는 지경에 이르게 될 것이다.

실제적으로 사업에 실패하는 사람들이 많지 않음에도 불구하고 언론에서는 온 나라 안에 부도난 사람, 도산한 기업들로 가득 차 있다는 뉴스를 대서특필함으로써 불과 1주일만이면 커다란 공황의 불안을 초래할 수 있다.

소위 '유발 범죄'는 대개 이슈화시키기에 급급한 언론의 산물이다. 신문에 큼직한 제목으로 살인사건이 실리면 여러 지역에서 유사 범죄가 발생한다. 일간지에 반복적으로 실리는 지방의 살인사건으로 비슷한 사건이 다른 지역에서 보도되는 것이다.

우리가 누구든, 직업이 무엇이든 관계없이 우리 모두는 스스로의 습관의 희생자들이다. 다른 사람으로부터의 암시, 환경, 그리고 동료들의 영향 등에서 비롯되어 조심스레 마음에 심어진 어떤 생각은 그에 따르도록 행동을 유발시킨다.

이러한 의미에서 번영과 부유함에 대해 생각하고 그것에 대해 말을 하는 습관을 들인다면 더 넓은 기회와 새롭고 예기치 않은 찬스가 다가올 것이다.

유유상종! 즉, 비슷한 것끼리는 모인다고 한다.

만약 당신이 사업에 종사하고 있으면서 '내 사업은 나빠지고 있다'라고 생각하면서 입으로 그 말을 뱉으면 사업은 틀림없이 잘 풀리지 않게 된다. 한 명의 비관주의자로부터 만들어진 이러한 파괴적인 영향은 유능한 동료들의 일을 망칠 수 있다.

결국 그의 빈곤과 실패에 연계된 두려움으로 유능한 동료조차도 추락하게 된다. 절대 이런 유형의 사람이 되어서는 안 된다.

일리노이주에서 크게 성공한 한 은행가의 사무실에는 다음과 같은 팻말이 걸려 있다.

'여기에서 우리는 오로지 풍요로움에 대해서만 생각하고 말을 합니다. 만약 당신이 조금의 우려라도 가지고 있다면 그것은 당신만 품고 계십시오. 왜냐하면 우려라는 것은 우리가 원하는 것이 아니기 때문입니다.'

어떤 회사도 비관주의자를 원하지는 않는다. 유유상종의 '흡인(吸引)의 원리'와 '습관의 법칙'을 이해하고 있는 사람이라면, 차라리 강도가 회사에 들기를 원할지언정 비관주의자를 원하지는 않을 것이다. 이런 사람은 주위의 유능한 사람에게까지 부정적 영향을 끼치기 때문이다.

수많은 가정에서 이루어지는 대화의 대부분은 빈곤과 결핍에 관련되어 있다. 그래서 당연한 결과로 그들은 빈곤해지게 된다. 가난에 대해 생각하고 빈곤에 대해 얘기함으로써 그들은 빈곤을 그들 인생에 운명으로 끌어들인다.

또한 가난을 조상 탓으로 돌리면서 조상이 빈곤했기에 그들도 가난해야 한다고 이유를 대곤 한다. 이렇게 **빈곤은 그것을 두려워하고 더 나아가 빈곤을 생각하는 습관의 결과로서 발생하는 것이다.**

 당신은 인간 자석이다. 당신은 끊임없이 당신과 조화를 이룰 수 있는 사람들을 끌어당기고 있다.

※ 빚은 저축 습관에 치명적인 적

빚은 자비라고는 없으며 저축의 습관에는 치명적인 적이다. 빈곤은 그 자체로 야망을 죽이고 자기 확신과 희망을 파괴하는데, 이에 더해 빚의 부담까지 있다면 이 두 요인의 희생자는 실패의 운명에 처할 수밖에 없다.

빚의 무게가 사람을 짓누르고 있다면 어떤 사람도 최선의 효과를 볼 수가 없고 인생의 목적을 창조하지도 실행하지도 못한다. 빚에 구속되어 있는 사람은 무지나 쇠사슬에 구속된 노예나 다름없다.

나에겐 매우 친한 친구가 한 명 있는데 월수입이 1,000달러였다. 그의 아내는 소위 '사교적'인 것을 좋아하여 연간 12,000달러의 수입에도 불구하고 20,000 달러씩을 쓰고 있으며, 그 결과 친구는 1년에 8,000달러씩의 빚을 안게 되었다. 또한 모든 가족 구성원들이 엄마로부터 이런 '소비 습관'을 배우게 되었다.

이 친구에게는 두 딸과 아들 하나가 있었다. 이제 대학 진학을 고려해야 할 나이가 되었는데도 자신의 부채 때문에 진학은 불가능한 일이 되었다. 이런 이유로 아버지와 자식간에 불화가 생기고, 결국 전 가족이 불행하고 비참하게 되어버렸다.

다른 누군가에게 빚 때문에 종속되고 인생을 쇠사슬에 묶인 죄수처럼 살아야 한다는 것은 생각만 해도 끔찍한 일이다. **부채의 축적 또한 습관이다.** 처음에는 대수롭지 않게 시작되어 점차 막대한 비중으로 늘어 결국에는 한 사람의 영혼을 망쳐버리게 된다.

많은 젊은이들이 불필요한 부채를 지고 그로부터 벗어나려는 노력도 하지 않은 채 결혼생활을 시작한다. 결혼의 신비로움이 사라지고(대부분 그렇듯이) 나서는 물질적 결핍에 당황스러움을 느끼게 되고 결국 서로에 대한 불만족이 누적되어 이혼법정에 서게 된다.

부채에 시달리는 사람은 이상을 세우고 그것을 실현할 시간이나 의지를 상실하면서 결국 자신의 마음에 한계를 설정하고 다시는 벗어날 수 없으리라는 의심과 두려움의 벽에 둘러싸인다.

어떤 희생을 치르더라도 부채의 비극은 피해야 한다!

'당신 자신과 다른 사람에게 무엇을 빚졌는지 생각하고 당신에게 의지하는 사람들을 위해서도 채무자만은 되지 않겠다고 결심하라.'

이것은 나중에는 성공했지만 한때는 부채 때문에 좋은 기회를 상실했던 사업가가 주는 충고이다. 그는 불필요한 것을 사는 습관을 던져버려 결국 노예상태에서 벗어나게 되었다.

빚은 희생자를 더욱 깊게 끌어당기는 모래수렁과 같아서 부채의 습관을 가지고 있는 사람은 대부분이 자신을 구제할 수 있는 때를 제때에 파악하기가 어렵다.

'빈곤에 대한 두려움'은 3장에서 살펴본 바와 같이 6가지 기본적인 공포 가운데서도 가장 파괴적인 공포이다. 빚더미에 앉아 앞으로의 가망이 없는 사람은 이 빈곤의 두려움에 사로잡혀 그의 야심과 자신감은 마비되고 점차적으로 세상에서 잊혀진다.

부채에는 2가지 종류가 있다. 그 둘은 각자 성격이 다르므로 다음과 같이 구분해놓았다.

① 사치에 따른 부채. 이는 치명적인 손실이 된다.

② 사업의 과정에서 발생하는 부채로써 자산으로 전환될 수도 있는 재화와 용역(서비스 상품)이다.

이중 첫 번째에 해당되는 부채는 피해야 한다.

두 번째에 해당되는 부채는 지불이 유예될 수 있다. 부채 발생시 합리적인 판단으로 감당할 수 있는 범위를 넘지 않도록 해야 한다. 한계를 넘어서 구매하는 순간 그것은 투기의 범주에 들어가게 되며 투기는 부를 불려주기보다 희생자로 삼켜버릴 공산이 더 크다.

자신의 수입을 넘어서는 생활을 하는 사람들은 투기의 유혹을 받기 쉬운데 그들은 단 한번의 도박으로 부채 전체를 해결할 수 있다는 희망으로 투기를 하는 경향이 있다. 그러나 도박은 대개 엉뚱한 결과를 초래해 빚에서 빠져나오도록 해주는 것이 아니라 빚의 노예상태로 더욱더 구속한다.

빚에 시달리다 못해 자살한 뉴스가 신문에 실리지 않은 날이 없을 정도로 매년 다른 어떤 요인들보다 자살을 유발하는 원인으로 꼽히고 있는데, 이를 보더라도 빈곤의 공포가 불러온 잔혹함을 엿볼 수 있다.

전쟁 기간에는 어느 순간에라도 목숨을 잃을 수 있다는 것을 알면서도 전쟁의 포화 속에서 수백, 수천의 군인들이 두려움 없이 전방의 참호를 지키고 있다. 그러나 똑같은 사람들이 '빈곤의 공포'에 대면하게 되면 움찔하고 자포자기하여 이성이 마비되어 때로 자살에까지 이르게 된다.

빚에서 자유로운 사람은 빈곤에게 승리하고 괄목할 만한 재정적인 성공을 달성할 것이나 빚에 구속된 사람에게는 그러한 성취 가능성이 희박하다.

가난에 대한 두려움은 부정적이고 파괴적인 마음의 상태이다. 게다가 이러한 부정적인 마음은 이와 유사한 형태의 마음을 불러들이는 경향이 있다. 예를 들어 '가난에 대한 두려움'은 '질병에 대한 두려움'을 불러들이고 이 두 가지는 다시 '나이 먹음에 대한 두려움'을 불러올 가능성이 높다.

그 결과 빈곤의 희생자가 된 사람은 노령의 징후가 나올 시기가 아닌데도 질병과 노령화를 겪고 있는 자신의 모습을 발견하게 된다. 제대로 된 삶을 살지 못하고 간 수많은 이름 없는 무덤들이 가난에 대한 두려움으로 알려진 잔혹한 공포의 희생자들이다.

10여 년 전에 한 젊은이가 뉴욕의 시티 내셔널 은행(City National Bank)에서 중요한 직책을 맡았다. 그는 수입에 맞지 않는 생활을 하다가 상당한 빚을 지게 되었는데, 이러한 파괴적 습관이 직장에도 영향을 미쳐 은행에서 정리해고 되었다.

그는 좀더 낮은 보수에 다른 직책을 잡았지만 채권자들 때문에 사표를 내고, 그 채무를 다 갚을 수 있을 때까지 이들을 피하고자 다른 도시로 이사하기로 결심하였다. 그러나 채권자들은 채무자를 추적하는 방법을 알고 있어서 그들은 이 젊은이를 찾아내었고, 그 직장의 상사 또한 그의 부채에 대해 알게 되어 또다시 일자리를 잃게 되었다.

그는 두 달간 새 일자리를 물색했지만 실패로 돌아갔다. 어느 추운 겨울밤

그는 브로드웨이의 고층빌딩 꼭대기에서 뛰어내렸다. 이렇게 빚이 또 한 명의
희생자를 낸 것이다.

할 수 없다고 누가 말했는가? '불가능' 이란 말을 자주 쓰면서도 성공할 수 있다고 하는
사람은 얼마나 대단한 업적을 이루었는가?

※ 빈곤의 두려움을 극복하는 과정

부채를 가지고 있는 자가 빈곤의 공포를 이겨내기 위해서는 취해야 할 단계
가 있다. 우선 신용으로 물건을 사는 습관을 그만두고 이미 지고 있는 빚을 점
차적으로 갚아 나가야 한다.

부채의 걱정으로부터 자유롭기 위해서는 자신의 습관을 고치고 풍요를 위한
방향으로 습관을 재정비해야 한다. 명확한 중점 목표의 일부분으로 아무리 적
은 금액일지라도 소득의 일정분을 정기적으로 저축하는 습관을 들여야 한다.
이 습관은 매우 빨리 당신의 마음을 차지하고 저축의 기쁨을 맛볼 수 있도록
할 것이다.

**어떤 습관도 그 자리에 다른 바람직한 습관을 대치함으로써 먼저의 습관을
근절할 수 있다.** 재정적 독립을 꾀하는 사람이라면 '소비' 의 습관은 반드시
'저축' 의 습관으로 대체해야 한다.

단지 바람직하지 못한 습관을 중단하는 것만으로는 충분하지 않다. 왜냐하
면 습관이란 다른 종류의 습관으로 채워지지 않는 한 재발하는 경향이 있기 때
문이다. 한 습관의 중단은 빈자리를 남겨놓게 되는데 이 빈자리는 반드시 다른
종류의 습관으로 채워놓아 옛 습관이 되돌아올 자리를 남겨놓아서는 안 된다.

이와 같은 과정에서 독자들이 기억하고 실행해야 할 심리학적 방법이 묘사

되었다. 여러분은 이미 자기 확신의 개발에 대해 얘기한 3장에서 이러한 공식을 발견할 수 있었을 것이다. 만일 당신이 그 지시사항을 제대로 따른다면 그러한 습관의 법칙은 당신 내부의 일부가 될 것이다.

여러분은 지금 재정적인 독립을 꾀하기 위해 노력하고 있다고 추정된다. 일단 빈곤에 대한 두려움을 극복하고 그 자리를 저축하는 습관으로 대체한다면 돈을 모으기가 그렇게 어렵지는 않을 것이다.

만약 여러분이 이 책을 읽으면서 성공이 오로지 돈에 따라서만 측정된다는 인상을 받았다면 나는 실망을 금치 못할 것이다.

그렇다고 해서 돈이 성공을 이루는 중요한 요소임을 부인하는 것은 아니다. 오히려 유용하고 행복하고 풍요롭고자 하는 사람을 위해 봉사하는 철학이라면 돈에 대한 적절한 가치평가를 내려야 한다.

오늘날과 같은 물질문명의 시대에서 돈의 방패막이 없는 존재는 모진 바람 속에 스러지는 모래더미에 불과하다는 사실이 우리의 냉정한 현실인 것이다. 천재는 그 재능에 따라 상을 받고 영예를 거머쥘 수 있지만, 재물이 뒷받침되지 않는다면 이는 다만 껍데기와 같은 텅 빈 영예에 지나지 않는다.

돈이 없는 사람은 돈이 있는 사람의 처분에 좌지우지되는 것이다! 이는 개인이 얼마나 능력을 지녔는지, 타고난 재능이 있는지, 교육은 얼마나 잘 받았는지 상관없이 적용되는 진실이다.

당신이 누구이고 무엇을 할 수 있는지에 관계없이 사람들은 당신의 통장 잔액으로 당신을 평가한다. 대부분의 사람들이 새로운 사람을 만났을 때 하게 되는 생각은 '저 사람은 얼마만큼이나 돈이 있을까?' 이다. 만약 그가 돈이 있다면 환영받을 것이고 사업 기회도 그를 기다릴 것이다. 모든 종류의 관심이 그에게 쏟아지며 모든 것에 걸맞은 왕이 되는 것이다.

그러나 반대로 신발 뒤꿈치는 닳고, 양복은 다림질 안 돼 구깃구깃하고, 와

이셔츠 칼라는 더러워져 있는 등 빈곤의 징조를 내비치는 사람이 있으면 군중들은 그를 지나치고 무시의 눈길을 보낼 것이다. 이렇게 **경제 능력 없는 그의 운명은 애처로운 것이다.**

유쾌하지 않은 명제일 수 있으나 **이것은 참이고 진실이고 사실이다!**

이처럼 타인이 지닌 재물이나 재물을 행사할 수 있는 능력에 따라 사람을 평가하려는 경향은 특정계층의 사람에게 국한된 현상이 아니다. 우리가 인지하든 안하든 우리 모두가 이러한 성향을 지니고 있다.

역사상 가장 위대하고 존경받는 과학자인 토머스 에디슨의 경우도 그가 자신의 재산을 저축하지 않았더라면 알려지지 않은 채로 생을 마감했을 것이라 해도 과언이 아닐 것이다.

포드사의 헨리 포드 또한 유년시절부터 길러온 저축하는 습관이 없었더라면 자동차를 만들어냈던 토대를 이루지 못했을 것이다. 그뿐 아니라 그가 재물을 모으지 않아 방패막이 없었다면 경쟁자나 그의 공을 가로채고자 했던 사람들에게 진작 '잡아먹혔을' 것이다.

비상시를 대비하여 모아둔 돈이 없었으므로 많은 사람들이 넘어지고 비틀거리면서 다시는 일어서지 못하고 성공에 이르지 못한다. 이처럼 매해 비상시 자금이 없어서 도산하는 비율이 엄청나다. 사업상 다른 어떤 요인보다 자금 문제 때문에 기업이 도산하는 경우가 많은 것이다. 의심의 여지없이 자금 축적이야말로 성공적인 경영을 위한 필수사항이다!

사업의 경우와 마찬가지로 개인에게도 저축은 필요하다. 통장에 잔고가 없는 개인은 다음과 같은 2가지 점에서 어려움을 겪게 된다.

첫째 : 기회(자금이 준비된 자에게만 오는)를 잡지 못한다.

둘째 : 현금이 급히 필요한 비상시가 닥치면 당황하게 된다.

또 저축하는 습관을 들이지 않는다면 여타 성공의 필수요건이 결핍되어 앞으로 나아가지 못하고 정체되고 말 것이다.

돈과 재산을 형성하는 과학

돈을 버는 것이나 모으는 것도 과학의 일종이라고 할 수 있으며 이 과학에 따르는 법칙은 무척 쉬워서 누구나 행할 수 있다. 그 필수불가결한 선행조건은 불필요한 사치품의 소비를 줄이는 것으로 현재보다 미래를 중시하는 의지라 할 수 있다.

한 젊은이가 유명한 뉴욕 은행가의 운전기사로 일하면서 주당 20달러의 보수를 받았는데, 은행가의 권유로 매주 그가 쓰는 정확한 금액을 동전 한 닢까지 기록을 하였다. 다음이 그 기록이다.

담배	75센트
껌	30센트
탄산음료	1달러 80센트
사교용 시가	1달러 50센트
영화관람	1달러
면도(팁 포함)	1달러 60센트
신문구독	22센트
구두 닦기	30센트
	7달러 47센트
숙식비	12달러
수중의 현금	53센트
	20달러

이 실례는 다른 비슷한 수천 명의 사람에게도 해당될 수 있겠다. 그의 저축액이라고는 20달러 중 단지 53센트에 지나지 않는다. 상당부분 조절이 가능하거나 완전 삭제 가능한 품목의 소비에 7달러 47센트를 쓰고 있는 것이다. 면도와 구두닦기만 스스로 했어도 저축비중은 훨씬 높아질 수 있다.

※ 경제적 독립을 위한 많은 기회

금융기관의 자료에 따르면 주당 7달러 47센트의 저축은 시간이 지나면 큰돈이 된다. 가령 이 젊은이가 매월 25달러를 저축한다고 하면 10년 후에는 5,000달러의 엄청난 액수로 돌아온다.

당시 이 젊은이의 나이는 21세로 이 돈을 모으기만 한다면 그가 31세가 되었을 때 잔고는 두둑하여 경제적 독립을 영위할 수 있는 많은 기회를 가질 수 있다.

근시안적인 사람이나 사이비 철학자들은 매주 꼬박꼬박 저축하는 것만으론 부자가 될 수 없다고들 한다. 이러한 견해는 일견 합리적인 것 같지만 이것은 사물의 한쪽 면만을 본 것이다. 비록 적은 액수일지라도 저축을 통해 사업의 기회를 포착하고 이 기회가 곧 재정의 독립을 가져올 수 있다.

그러므로 한 달에 5달러씩 하는 저축이 10년이 지났을 때 어떻게 되는지 보여주는 표를 복사해서 당신의 거울에 붙여놓아라. 매일 아침 일어날 때, 혹은 저녁에 귀가하여 잠자리에 들 때, 그것을 보면서 체계적인 저축하는 습관을 들이도록 자꾸 일깨울 필요가 있다.

몇 년 전까지만 해도 나 또한 저축하는 습관이 중요하다는 사실을 그다지 인식하지 못했는데 하루는 손가락 사이로 빠져나간 돈을 적어보기로 하였다. 정리해 본 결과 그 액수는 엄청났으며 그 결과로 이 장 '저축하는 습관'을 성공을 위한 15가지 요건의 하나로 덧붙이게 되었다.

당시 정리했던 내용은 다음과 같다.

4,000달러 : 유산. 친구와 자동차 판매사업에 투자하였다가 1년 만에 고스란히 날림.

3,600달러 : 각종 잡지와 신문에 기고하여 번 가욋돈. 모두 쓸데없이 써버렸음.

30,000달러 : 《성공의 법칙》철학으로 3,000명의 세일즈맨을 교육시키고 번 수입. 그 돈을 잡지사에 투자했으나 여유자금 부족으로 실패. 돈 날림.

3,400달러 : 대중연설, 강연을 통해 번 가욋돈. 들어오는 대로 소비.

6,000달러 : 정기 소득 중 한 달에 50달러를 10년간 저축했다고 가정했을 때 모을 수 있었을 금액.

47,000달러

이 액수를 모으고 들어오는 대로 투자를 했더라면 금융기관의 안내표를 따르든, 다른 복리식 계산을 따르든지간에 지금 내가 집필을 하고 있는 이때쯤이면 94,000달러가 되었을 것이다.

그렇다고 내가 도박, 음주 및 과도한 여흥에 탐닉하는 사람도 아니고 평범한 삶을 살아갈 뿐인데도 온데간데없이 47,000달러의 돈이 자취도 없이 사라질 수 있다니 놀라울 따름이다.

94,000달러에 복리이자 계산을 하면 어느 누구라도 경제적 자유를 누릴 충분한 돈인 것을!

어느 날 나는 대기업 사장이 보낸 수표 500달러를 우편으로 받았다. 그때서야 '내가 연회에서 그의 직원들을 위해 연설을 했었지' 하고 기억해낼 수 있었다. 그 당시 나는 새 자동차를 염두에 두고 있었고, 그 금액은 자동차 구입의 선불로 지불해야 할 금액과 정확히 일치했다. 그래서 그 수표는 내 손에 단 30초도 머물지 못하고 소비해 버린 것이다.

아마 다른 사람들도 대부분 이런 경험이 있을 것이다. 대개 어떻게 하면 저축을 할 수 있을까 하는 생각보다 어떻게 돈을 소비해 버릴까 하는 궁리를 더 많이 한다. 돈을 모으려고 하면 으레 고통스런 자기 억제와 희생을 감수해야 하는 반면 돈을 쓰려고 생각하면 얼마나 흥분이 되는지!

이러한 성향엔 원인이 있다. 그것은 머릿속에 종종 떠오르게 마련인 소비하는 습관만이 길러져 있고 저축하는 습관은 몸에 배어 있지 않기 때문이다.

알고 보면 '저축하는 습관' 도 소비하는 습관만큼 황홀한 것이다. 다만 주기성을 가지고 기초를 단단히 세워 체계적인 습관으로 자리잡기만 한다면 말이다. 그리고 우리는 자주 반복되는 것을 가끔 떠오르는 생각보다 좋아한다. 결국 과학자들이 밝히고 있듯 우리는 습관의 희생자인 것이다.

저축하는 습관을 가지려면 즐거움과 기쁨을 주는 다른 것들을 참아내고 욕망을 희생해야 하기 때문에 많은 노력을 필요로 한다.

이런 이유로 일단 저축하는 습관을 들인 사람이라면 성공으로 이끌어주는 여타의 요소들 – 특히 자기 억제, 자기 확신, 용기, 두려움으로부터의 안정과 자유 – 도 동시에 익히게 되는 것이다.

※ 돈은 얼마나 모아야 하는가?

재산을 얼마나 가져야 하는가? 즉, '얼마나 저축해야 하나' 라는 질문에 대한 답은 몇 마디로 간단히 할 수 있는 성질의 것이 아니다. 여러 가지 조건에 따라 저축해야 할 금액이 달리 결정되기 때문이다. 봉급생활자의 경우는 대략 다음과 같은 비율로 봉급을 배분하는 것이 합당하다.

저축	20%
생활비(의식주)	50%
교육비	10%
여가선용	10%
생명보험	10%
	100%

그러나 보통사람들은 일반적으로 다음과 같은 구성 비율이 많다.

저축	전혀 없음
생활비(의식주)	60%
교육비	0%
여가선용	35%
생명보험	5%
	100%

항목 중 '여가선용(餘暇善用)'에 속한 실제 지출을 살펴보면 사실 '선용'과는 거리가 멀고 음주나 디너파티 혹은 기타인데, 여기에는 대개 육체와 정신건강을 저해하는 것이 대부분이다.

인간의 생활양식 분석 전문가는 한 사람의 월별 경비를 보면 그 사람의 라이프스타일을 알 수 있다고 한다. 소위 '여가선용'의 항목만으로도 거의 대부분의 정보를 얻어낼 수 있다. 이런 이유에서 이 항목은 마치 온실관리자가 식물의 생사에 영향을 미치는 온도계의 눈금을 예의주시하듯 체크되어야 한다.

경비지출 중 생활비의 많은 부분을 '여흥'을 위해 소비하는 사람을 볼 때, 대부분 그 유흥비는 수입을 고갈시키고 과도한 경우엔 건강마저 해치는 해악으로 드러났다.

우리는 현재 '여흥'이라는 항목의 비중이 지나치게 높은 시대에 살고 있다. 주당 수입이 50달러에 못 미치는 수많은 사람들이 그들 수입의 3분의 1이 넘는 돈을 여흥의 목적으로 탕진하고 있다. 현명하지 못한 행동이며 더 위험스러운 것은 응당 통장으로 가야 할 돈을 물 쓰듯 쓰고 있지만 넓게 보면 정신과 육체에 해를 끼치고 있다는 사실이다.

물론 이 강좌가 도덕성을 따지는 설교의 목적을 띠고 있는 것은 아니다. 다만 성공을 창출할 수 있는 요소들을 다루고 있는데 앞의 사실들은 재료로 활용되고 있는 것이다.

이쯤에서 강조하고 싶다. 그것은 이 강좌의 전 과정 중에서도 특히 이 장의 중요성이 성공을 이루는 요소에 필수적이라는 점이다. 절대 등한시해서는 안 되는 내용들임을 미리 짚어둔다.

나는 개혁가도 아니고, 윤리를 강의하는 사람도 아니다. 그런 분야에는 다른 훌륭한 분들이 많이 있다. 다만 나는 앞에서 얘기한 바와 같이 영예로운 성취를 이루려는 여러분의 여정에 안전한 길을 알려주려는 취지에서 필요하다고 생각되는 부분을 언급하는 것뿐이다.

나는 41개 고등학교의 교육위원회에서 지도도 하고 학업기간 중 한 달에 한 번 강연을 해주기도 했다.

각 고등학교의 교장들에 따르면, 겨우 2%에 해당하는 학생들만이 저축의 성향을 지니고 있다고 한다. 설문 조사기관에 의뢰한 조사 결과로는 11,000명의 고등학생 중 불과 5%의 학생만이 '저축하는 습관'이 성공을 위해 필수적이라고 생각할 뿐이었다.

이런 사실로 볼 때 빈익빈 부익부 현상의 심화는 결코 놀랄 일이 아니다!

모든 사람들이 버는 대로 소비하고 낭비하는 분위기에서, 또 '저축'하는 습관이 경시되는 환경에서 부자가 되는 일은 요원해 보인다.

178명의 성공한 인물을 세심하게 분석한 결과 그 모든 사람이 성공에 이르기 전에 여러 번 실패를 경험하였다는 것이다.

※ 저축하는 습관의 진정한 가치

우리 모두는 습관의 희생자들이다!

불행히도 대부분의 부모들은 저축하는 습관에 대해 아무런 개념도 없이 자식들을 키우고 있다. 또한 습관의 법칙에 관한 교육이 이루어지지 않아 그들은 자신의 잘못을 인식하지도 못한 채 자녀에게 지나친 소비의 습관을 심어주는 데 한 몫을 하고 있다.

'세 살 버릇이 여든 간다' 라고 하였다.

일면 다행스러운 것은 저축하는 습관이라는 가치를 이해하는 안목이 있는 부모는 그들의 자녀에게 이 습관을 반복 주입시키고 있다. 그들은 정말 행복한 아이인 것이다. 이러한 조기 훈련은 상응하는 결실을 맺어준다.

일반인에게 예상치도 못한 100달러를 주어보라. 그는 어떻게 소비할지 생각하기 시작할 것이고 그에게는 필요하거나 필요하다고 생각되는 것들이 머릿속을 스쳐갈 것이다.

저축하는 습관이 있는 사람이 아니라면 이 돈을 저축할 생각은 떠오르지도 않을 것이다. 하루가 지나기도 전에 그는 이미 그 돈을 다 써버렸거나 그렇지 않으면 어떻게 써버릴지 결정할 것이며 이는 타오르고 있는 그의 소비 습관에 기름을 붓게 된다.

우리 인간은 습관으로부터 지배된다!

은행계좌를 개설하고 액수가 적더라도 소득의 일정분을 정기적으로 적립하는 데는 결심과 의지가 필요하다. 그리고 이것은 많은 사람들이 그토록 소망하는 경제적인 자유와 독립을 얻느냐, 마느냐를 결정짓는 원칙인 셈이다. 그 원칙은 개인의 소득과는 하등 관련이 없다.

자신의 소득이나 여타의 수입에서 일정 분량을 체계적으로 저축하는 습관을 따른다면 재정적으로 독립적인 위치를 누릴 수 있게 된다는 것이 그 원칙이다. 만약 저축을 하지 않는다면 그의 소득이 얼마가 됐든 **경제적인 독립을 절대 누릴 수 없다**는 것은 분명하다.

저축을 하지 않으면서도 이 원칙에 해당되지 않는 유일한 예외라곤 평생을 쓰고도 남을만한 유산을 상속받는 것인데, 그런 요행은 실현 가능성이 희박하고 이런 기적이 일어나리라는 희망에 기대서는 안 될 것이다.

나는 미국뿐 아니라 다른 국가에도 많은 사람들과 친분관계가 있다. 그들을 20년 가까이 관찰하고 많은 실례를 지켜보면서 그들이 어떻게 살고 있으며, 성공하는 사람이 있는 반면 왜 실패하는 사람도 있는지 등등의 성공과 실패에 관한 원인을 알아낼 수 있었다.

어떤 사람들은 수백, 수천만 달러를 주무르고 실제로 백만장자인 사람들이 있고 어떤 사람들은 한때 수백만 달러를 가졌으나 지금은 동전 한 닢 없는 빈털터리 신세가 된 경우도 있다.

무언가를 '얻기' 위한 가장 확실한 방법은 먼저 유용한 서비스를 '주는' 것임을 터득한 사람에게 행운이 찾아온다.

저축하는 습관과 기회 포착

자기 자신의 수입에서 저축해야 할 부분을 희생하면서까지 '남을 따라 시류를 따르는 것'은 바람직하지 못하다. 체계적인 저축하는 습관이 형성되어 있지 않다면, 젊을 때는 젊은 시절대로 즐기다가 중년 및 노년으로 바로 들어서는 것보다는 유행에 약간 뒤떨어지는 편이 장기적인 관점에서 현명하다 할 것이다.

젊을 때 잠시 희생하는 것이 (저축하는 습관을 들이지 못한 모든 사람들이 그러는 것처럼) 늙어서 어쩔 수 없이 희생을 강요당하는 것보다는 훨씬 나은 것이다. 자신의 능력이 사회에서 더 이상 발휘될 수 없고 친지나 자선단체에 자신을 의탁해야 할 노년기에 주머니에 한 푼도 없다면 그보다 더 비참하게 걱정과 고통을 가져다주는 것도 없을 것이다.

결혼을 했든, 미혼이든 가계예산에 따라 계획을 세워야 하는데 여가와 여흥에 들어가는 비용을 줄일 용기가 없이는 그런 예산계획은 별 쓸모가 없다. 만약 자신보다 수입이 많거나 혹은 씀씀이가 헤픈 부류와 어울리면서 '그를 따라 잡아야지'라고 생각한다면 강한 의지가 필요하다. 그것이 안 된다면 그 어떤 예산계획도 실행되지 못할 것이다.

그러므로 저축하는 습관을 들이려면 우선 자신의 부담으로 무리하게 여가를 보내지 않아도 좋은 그룹을 선정하고 나머지는 어느 정도 교제를 제한해야 한다. 또 아주 적은 돈이라도 소비를 줄여서 저축을 하려는 용기가 없다는 것은 성공으로 이끄는 하나의 품성이 결여되어 있다는 것과 같은 의미다.

알고 있듯이 저축하는 습관이 있는 사람에게 책임감이 따르는 직위 혹은 높은 지위에 오를 기회가 주어진다는 것은 주지의 사실이다. 그러므로 저축은 비단 충분한 통장 잔고와 취업에 유리하게 작용할 뿐 아니라 실제적으로 돈을 벌 수 있는 능력도 증대해준다.

고용주라면 일정하게 돈을 모으고 있는 사람을 고용하길 원하게 마련이다. 이는 단지 그가 돈을 모았다는 사실 때문이 아니고 유용하게 쓰일 수 있는 그 사람의 어떠한 품성 때문이다. 많은 기업이 저축을 하지 않는 사람은 고용하려 하지 않는다.

사실 모든 기업은 그 직원들에게 저축을 하도록 장려하는 것이 관행이다. 그런 분위기 속에서 저축하는 습관을 형성하게 되는 사람은 그렇지 못한 사람들보다 훨씬 축복받은 사람들이다.

헨리 포드는 오랜 기간 자신의 직원에게 돈을 저축하도록 했을 뿐 아니라 현명하게 소비하여 경제적이고 합리적으로 생활하도록 유도했다. 아주 합당한 처사였다. 그런 관점에서 자기의 직원에게 저축하는 습관을 가지도록 독려하는 경영주야말로 정말로 존경받아야 할 박애주의자라 할 수 있다.

나는 내 인생에서 겪어왔던 모든 역경에 감사한다. 그들은 내게 끈기와 동정심, 자제력과 지속성 등 그 전에는 몰랐던 가치 있는 것들을 가르쳐주었기 때문이다.

※ 기회는 저축하는 사람에게 있다

몇 해 전 한 청년이 펜실베이니아의 농촌지역에서 필라델피아로 건너와 인쇄공장에서 일을 하게 되었다. 한 동료 직원이 건축주택조합에 가입하여 매주 5달러씩을 그 조합에 저축하고 있었다.

그 동료에게 감화받은 청년도 조합에 가입하여 저축을 하기 시작했다. 3년이 지나자 900달러를 모을 수 있었다.

그런데 그가 일하고 있었던 인쇄공장에 재정위기가 닥쳐 조만간 도산할 위기에 처했을 때 그는 조금씩 모아왔던 900달러를 내놓아 회사를 살려냈고, 그 대가로 사업이익의 절반을 받게 되었다. 검소한 생활 덕에 그는 문 닫을 위기의 회사를 살려놓은 셈인데 50% 이익을 받음으로써 그는 해마다 25,000달러가 넘는 액수를 받고 있다.

만약 그가 저축하는 습관을 들이지 않았더라면 이런 기회는 결코 오지 않았을 것이다.

포드의 자동차 공장이 완성되었을 때 제조와 판매에 필요한 자금이 필요했다. 포드는 친구 몇 명이 모은 수천 달러를 얻어 썼는데, 그 중의 한명이 쿠즌스(Couzens) 씨이다. 단지 몇 천 달러에 불과했지만 이 친구들의 원조로 사업이 가능했고 후에 이들은 수백만 달러씩을 돌려받게 되었다.

울워스가 처음 할인점인 '파이브 앤 텐 센트 스토어' 계획을 세웠을 때 자금이 없어서 친구들에게 부탁하여 몇 천 달러를 마련할 수 있었다. 이러한 친구들의 도움에 대해 그는 수십만 달러로 돌려주었다.

밴 허슨(Van Heusen)은 남성을 위한 소프트칼라(Soft-collar)를 구상하였다. 아이디어는 좋았으나 실행에 옮길 자금이 없었다. 그는 몇 친구의 도움으로 수백 달러를 모을 수 있었고 이때부터 사업을 시작을 하여 부를 거머쥐게 되었다. 그후 그에게 사업 착수의 기회를 만들어준 그들은 오늘날 그 칼라 덕분에 부자가 되었다.

엘 프로덕토 시가(El Producto Cigar) 사업을 시작한 사람들은 자금이 부족했다. 그들이 가진 것은 시가를 제조하면서 박봉에서 떼어내 저축해왔던 약간의 돈밖에 없었다.

그들은 좋은 아이디어가 있었고 어떻게 하면 좋은 시가를 만들 수 있는지는 충분히 알았지만 분명한 것은 그들이 만약 조금이나마 저축해놓은 돈이 없었다면 이 아이디어는 사장되었을 것이라는 점이다. 그들은 그 소자본으로 사업을 시작했고 몇 년 후에는 그 사업을 800만 달러에 아메리칸 타바코(American Tobacco)사에 팔았다.

이처럼 거의 모든 거대한 기업의 배경에는, 또는 큰 재력가의 시작을 살펴보면 거기에는 항상 저축하는 습관이 있었음을 알 수 있다.

존 록펠러는 평범한 회계원에 불과했다. 그는 당시로서는 사업으로 간주되지도 않았던 석유사업에 관한 구상을 가지고 있었다. 이 사업을 위해 자본이 필요했다. 그 자신이 저축하는 습관을 가지고 있었기 때문에 다른 사람들에게도 그들의 투자금을 잘 쓸 수 있다는 믿음을 주어 돈을 빌리는 데 어려움이 없었다.

이렇게 보면 록펠러 재단의 진정한 기반은 40달러의 월급으로 회계원 생활을 하는 가운데 형성한 저축하는 습관이라고 말할 수 있다.

제임스 힐(James J. Hill)은 월급 30달러를 받는 전신기사로 가난한 청년이었다. 그는 대 북부 철도 시스템(Great Northern Railway System)에 관한 사업 착상을 가지고 있었는데 실행을 뒷받침할 자본이 없었다.

그러나 그는 저축하는 습관을 가지고 있었으므로 30달러의 박봉에도 저축을 해서 시카고로 갈 경비를 마련한 후 거기서 그의 계획을 실행하는 데 도움을 줄 자본가들을 만났다. 그가 적은 수입에서도 저축을 해왔다는 사실은 그들의 돈을 맡길 만하다고 믿음을 주는 징표가 되었다.

대부분의 사업가는 자신의 돈을 맡아서 유용하게 사용할 수 있는 능력이 없는 사람에게 돈을 맡기려 하지 않는다. 이러한 사실은 저축하는 습관을 형성하지 않은 사람에게는 난감한 것이지만 매우 실제적인 교훈이 될 것이다.

시카고의 한 인쇄공장에서 일하던 청년이 작은 인쇄소를 차려 직접 경영하고 싶었다. 그는 인쇄공급 업체의 매니저에게 가서 자신이 원하는 바를 말하고 인쇄기계와 다른 장비를 대줄 수 있느냐고 물었다.

매니저의 첫 번째 질문은 "그래, 당신 저축은 하고 있소?"였다.

그는 30달러의 주급에서 매주 15달러씩을 근 4년간 정기적으로 저축을 해왔으며 그로 인해 신용을 얻을 수 있었고 사업에 필요한 것을 외상으로 조달할 수 있었다.

그후에도 계속해서 신용을 쌓아올려 지금은 시카고에서 가장 성공한 인쇄공장을 가지고 있다. 그가 바로 조지 윌리엄스(George B. Williams)로, 나와는 잘 아는 사이이다.

이런 일이 있고 나서 수년 후 나는 윌리엄스를 찾아가서 몇 천 달러를 빌려달라고 부탁하였다. 당시는 1918년으로 전쟁이 막 끝난 직후였으며 나는 황금률(Golden Rule) 잡지를 출판할 목적으로 돈이 필요했다.

그 말을 듣고 그가 당시 나에게 던진 첫 번째 질문은 "당신은 저축 습관이 있습니까?"였다. 비록 그동안 저축했던 돈을 전쟁기간 중에 모두 잃어버렸지만 나는 저축을 해왔다는 사실만으로 그에게서 3만 달러나 되는 돈을 기꺼이 빌릴 수 있었다.

사랑과 정의는 모든 분쟁의 참된 중재자이다. 그러니 인생의 옆길로 들어선 사람을 책망이 아닌 사랑과 믿음으로 대하라.

※ 찬스는 준비하는 자의 몫이다

이렇게 기회는 도처에 널려 있다. 그러나 돈을 준비하고 있는 사람만이 그 기회를 포착할 수 있다.

그렇지 않으면 저축하는 습관을 형성함으로써 돈을 관리할 수 있고 또 다른 품성들을 겸비한 자에게만 그 기회는 존재한다.

고(故) 모건(J.P. Morgan)은 "낭비하는 사람에게 1,000달러를 빌려주느니, 차라리 저축하는 습관을 가진 건실한 품성을 지닌 자에게 100만 달러를 빌려주겠다"라고 말하였다.

대체로 세상은 저축하는 자에게 기회를 준다. 비록 수백 달러의 적은 저축액이라도 재정적 독립을 위한 출발로 충분할 때가 많다.

몇 해 전 한 젊은이가 독특하고 실용적인 가정용품을 개발했는데, 대개의 개발자가 그러하듯이 자금이 없어서 실용화할 수가 없었다.

게다가 저축을 하지 않고는 은행에서 돈을 빌리는 것조차 불가능하다는 것을 알게 되었다.

그의 룸메이트는 기술자였는데 마침 200달러의 저축액이 있었다. 적은 액수지만 이 금액을 발명가 친구에게 투자하였고, 그 젊은이는 상품을 만들어 사업을 시작할 수 있었다.

그 젊은이는 자기가 만든 상품을 집집마다 다니면서 팔았고, 그게 팔리면 다시 집에 돌아와 상품을 만들어 다시 판매하면서 자본금을 축적했다. 물론 사업이 가능했던 것은 룸메이트의 저축 덕에 따른 것은 의심의 여지가 없다.

그 뒤 그는 충분히 쌓아올린 신용으로 제품을 생산할 기계를 살 수 있었다. 이 기술자 청년은 약 6년 후에 사업의 절반 지분을 25만 달러에 팔아넘겼다. 만약 그의 룸메이트가 돈을 저축해두지 않았다면 그는 평생 이런 액수를 만져보지도 못했을 것이다.

세부적으로 들어가면 제각기 다른 점들이 많겠지만 오늘날 이 미국 땅에서 큰 부를 이룬 자산가들 대부분의 초창기는 대략 이와 비슷하며 그런 사례는 셀 수 없이 많다.

만약 돈도 없고 저축하는 습관도 형성되어 있지 않다면 큰 돈을 벌 기회, 즉 행운은 자신을 비켜간다. 슬프고도 냉정하지만 이것이 현실이다.

거의 모든 자산가들이 액수에 관계없이 저축하는 습관을 가지고 있었다는 사실은 아무리 강조되어도 지나침이 없을 것이다.

이 기본원리를 마음 깊이 새기면 당신은 경제적 독립을 위한 길에 제대로 들어선 것이다.

저축하는 습관을 경시해서 일평생을 단조롭고 고된 노동으로 보내는 사람을 지켜보는 것은 슬픈 일이다. 오늘날 미국 땅에만 이러한 사람들이 수백만 명에 이른다는 것도 별로 유쾌하지 않은 통계이다.

인생에서 가장 위대한 가치는 자유이다!

일정한 수준의 경제적 독립이 없는 한 진정한 자유란 있을 수 없다. 일평생 매일매일의 출근일이 정해져 있고, 하루에 정해진 시간 동안 한정 공간에서 별로 좋아하지도 않는 특정 업무를 수행해야 한다면 그 생각만으로도 끔찍하다.

행동의 선택에는 언제나 제한이 따른다는 점에서 이런 생활은 감옥생활에 비유될 만하다. 사실 감옥에선 잠잘 곳과 먹고 입을 것을 제공받는 걸 감안하면 평범한 보통사람의 일상은 모범수가 누리는 권리만큼도 안 된다고 하면 지나친 얘기일까?

자유를 속박하는 이런 평생의 고통으로부터 해방될 수 있는 방법은 없는 것일까? 있다! 그것도 아주 가까이에 있다! 먼저 저축하는 습관을 들인 후 어떤 희생이 따르더라도 그 습관에 따라 사는 것이다.

이것이 일생의 노고에서 벗어나 자유를 누릴 수 있는 유일한 방법이다. 어느 누구도 이 법칙에서 예외일 수 없다.

226

만약 당신이 이 법칙에 해당하지 않는 희귀종이어서 다른 법칙으로도 자유를 누릴 수 있다면 한번 시도해보라! 그것은 전적으로 당신의 자유이다. 그러나 결과는 내 말이 맞을 것이다.

모든 것은 잠시 머무를 뿐 사라지고 만다. 오직 진리만이 영원하다.

돈은 빌리지도 빌려주지도 말아라.

빚은 돈과 친구, 모두를 잃는 이유이다.

돈을 빌리면 절약의 습관이 무디어진다.

무엇보다도 자신의 것만이 참된 것이다.

낮이나 밤이나 그것을 지켜주어야 한다.

누구에게도 변함없는 진리이므로…….

- 셰익스피어

솔선수범과 리더십
Initiative and Leadership

Napoleon Hill

무엇을 해야 할지 어디로 가야 할지 모를 때에
는 미소를 지어라. 그러면 곧 편안해질 것이고 행
복의 빛이 영혼 속으로 비춰질 것이다.

솔선수범과 리더십

'믿어라! 당신은 해낼 수 있다!'

이번 장을 시작하기 전에 강좌 전체를 관통하는 일관된 원리가 작용하고 있는 것에 주목하기 바란다. 16개 강좌 모두가 조화를 이루고 잘 혼합되어 하나의 완벽한 체인을 이루고 있다. 물론 그렇게 연결된 그 체인 하나하나는 조직화된 노력을 통해 힘을 개발하는 요소들이다.

또한 장마다 적용법이 각기 달리 작용하겠지만, 응용심리학의 동일한 기본 원리가 16개 강좌를 각각 이루고 있다는 것도 알게 될 것이다.

이 장 '솔선수범과 리더십' 강좌는 '자기 확신'의 장 뒤에 배치되었는데 그 것은 자신에 대한 믿음이 없다면, 어느 누구도 훌륭한 리더가 되거나 어떤 일을 솔선수범하여 이끌 수가 없기 때문이다.

이 장의 설명에서는 솔선수범과 리더십이 함께 언급된다. 그 이유는 리더십은 성공을 이루는 데 필수적인 요소이고 솔선수범은 리더십의 토대가 되는 까닭이다. 마차바퀴에서 축이 필수인 것처럼 솔선수범은 성공을 이루는 필수요소라 할 수 있다.

솔선수범은 성공의 필수요소

그렇다면 솔선수범이란 무엇인가?

이는 해야 될 일을, 혹은 주어진 일이 아닌데도 자발적으로 하도록 하는 성질을 말한다. 성공을 위해 아주 훌륭한 성품인 셈인데, 엘버트 허버드(Elbert Hubbard)는 이에 대해 다음과 같이 말하고 있다.

"세상에는 명예와 금전이라는 큰 보상이 주어지는 것이 있는데 솔선수범이 그것이다. **'솔선이란 무엇인가? 그것은 누가 말하지 않아도 스스로 하는 것이다.'**"

말하지 않아도 올바른 일을 하는 것의 아랫단계로는 '한번 말하면 하는 것'이 있다. 예를 들어 '이 메시지를 가르시아에게 전해주게'라고 했을 때의 상황을 의미한다. 즉, 그 임무를 완수하면 명예는 얻을 것이지만 이에 상응하는 보수를 항상 받는 것은 아니다(《가르시아에게 보내는 편지》 – 편역자주).

그 다음으로는 뒤에서 누가 떠밀어야 일을 하는 사람들이다. 이들은 명예 대신 어떤 이목도 끌지 못할 것이고 적은 액수의 보수를 받을 뿐이다.

마지막으로는 어떻게 해야 하는지 시범을 보이고 지켜볼 때조차도 하지 않는 사람이 있다. 그는 일감을 잃을 것이고 마땅한 경멸을 받을 것이다. 든든한 백(돈 많은 부모 등)이 있다면 일시적으로는 괜찮을지라도 결국 운명을 피해갈 순 없을 것이다.

❈ 당신은 위의 어느 부류에 속하는가?

16개 강좌를 모두 마치고 나면 성공을 위한 15가지 요소 중 어느 부분을 가장 보충해야 하는지 스스로 평가할 것이다. 엘버트 허버드가 물어본 질문에 대답할 수 있으면 당신은 분석을 위한 준비를 마친 셈이 된다.

리더십의 특징 가운데 하나는 솔선수범하지 않는 자에게서 리더십을 발견할 수 없다는 점이다. 리더십은 스스로 만들어가는 것이지 절대로 거저 주어지는 것이 아니다.

자신이 알고 있는 지도자들을 세심하게 분석해본다면 그들은 스스로 솔선수범하며 명확한 목표를 지니고 일해 나간다는 것을 쉽게 알 수 있다. 물론 3장에서 알아본 바와 같이 '자기 확신'의 미덕도 아울러 지니고 있음을 알게 될 것이다.

이러한 내용들을 여기서 굳이 언급하는 이유는 성공한 사람들은 이 강좌의 모든 내용, 즉 16장 모두에서 다루고 있는 요소들을 적절히 이용한다는 사실과 조직화된 노력 – 이 강좌를 통해 당신의 마음에 길러져야 할 – 에 대한 이해를 도모할 수 있도록 하기 위해서다.

여기서 밝혀두고 싶은 것은 이 과정이 성공을 위한 지름길을 알리려는 목적을 지닌 것도 아니고, 자신의 노력 없이 가치 있는 성공이 저절로 가능한 자동장치를 제공할 의도를 지닌 것 또한 아니라는 점이다. 이 강좌의 진정한 가치는 당신이 이용하는 데 있지 이 강좌 자체에 있는 것이 아니다.

그러므로 이 강좌의 진정한 목적은 16장을 총망라해 15가지 자질을 개발하는 데 도움을 주려는 것이고, 그 중에서도 가장 중요한 자질 가운데 하나가 바로 이 장, 즉 솔선수범의 장이다.

우리는 이제부터 대부분의 사람들이 어렵다고 말하는 비즈니스 거래를 성사시키는 데 이 원칙이 어떻게 작용했는지를 밝혀보자.

귀하가 접하는 사실 가운데 단순한 얘깃거리와 정보를 구별하지 못하면 귀하는 정확한 사고를 할 수 없다.

❋ 솔선수범과 리더십의 가치

1916년 나는 교육기관을 창설하기 위해 25,000달러의 자금이 필요했다. 당시 나는 그만한 돈도 없었고 은행에 대출신청을 할 수 있는 담보물도 없었다. 그런 상황에서 나는 신세한탄이나 하고 있었을까? 내게 부자 친척이나 선량한 사마리안인이 나타나 돈을 빌려주면 어떻게 해볼 수 있을 텐데 하고 생각했을까? 전혀 그렇지 않다!

이 책의 전 강좌를 통해 여러분에게 권하려는 방법 그대로 실행하였다.

우선 필요한 자금을 확보하는 것을 나의 명확한 중점 목표로 설정하였다. 다음으로는 이 목표를 현실로 변환해줄 완벽한 계획을 작성하였다. 그런 다음 넘치는 자기 확신과 솔선수범의 정신으로 계획을 실행에 옮겼다.

그러나 이 '행동'의 단계에 이르기까지는 6주 이상을 연구하고 노력하여 생각을 구체화하는 과정을 거쳤다. 계획이 타당성을 가지려면 신중하게 재료를 선택해야 한다.

여러분은 나의 사례에서 조직적인 노력의 원리가 어떻게 적용되는지와 그 적용을 통해, 각 사슬의 연결점이 다른 사슬을 지지하는 것처럼 여러 요소를 결합시킴으로써 각각의 요소가 강화되고 서로 지지되는 작용을 엿볼 수 있다.

내가 25,000달러가 필요했던 이유는 '광고 및 세일즈맨 직업훈련기관'을 창설할 목적 때문이었다. 이를 위해서는 두 가지 일을 해결해야 했다. 하나는 25,000달러였는데 이것은 나에게 없었다. 다른 하나는 적절한 강의 내용이다. 그것은 이미 내가 가지고 있었다.

그러므로 내 계획의 관건은 어떻게 하면 내가 가지고 있는 것을 필요로 하면서 25,000달러를 제공할 사람을 찾아 나와 연합하느냐였다. 또 그것은 연계된 모든 대상을 만족시킬 수 있는 계획에 따라 추진되어야 했다. 연계된 모든 사람에게 이익이 되는 계획이었다.

계획을 수립한 후 나는 합리적이라 생각되어 만족스러웠고 이 계획을 명망 있는 비즈니스 칼리지에 제출하였다. 당시 그 대학은 타 대학과 치열한 경쟁을 벌이고 있었고 그들은 경쟁에서 살아남을 계획을 필요로 하고 있었다.

나의 계획은 대략 다음과 같았다.

"귀교는 이 도시에서 경영대학 부문으로 명망이 높습니다.

그러나 주변의 환경은 이 분야의 치열한 경쟁에서 살아남을 어떤 계획을 필요로 합니다. 저는 이러한 경쟁에서 성공할 수 있는 계획을 가지고 있습니다. 귀교의 명성은 신용의 보증수표나 같습니다.

이 계획을 통해 귀교는 귀교가 원하는 바를 얻을 수 있고 저 또한 제가 원하는 것을 얻을 수 있을 것입니다. 다음은 저의 계획입니다.

저는 '광고 및 판매기술' 과정에 관한 매우 실용적인 안을 작성했습니다. 이 강의는 세일즈맨을 지도하고 트레이닝하는 데 직접 쓰였던 경험과 여러 광고 캠페인을 성공적으로 이끈 본인의 실제 경험을 토대로 작성되었기 때문에 그 효과는 이미 입증된 것과도 같습니다.

만약 귀교의 명망 있는 신용으로 이 강좌를 개설하는 데 도움을 주신다면 귀교의 경영대학에 이 강좌를 정기 커리큘럼의 하나로 개설하고 이 부문에 대해선 전적으로 책임을 지겠습니다. 이 도시 어떤 대학도 이런 강좌가 없는 것을 감안해보면 귀교의 경영대학을 따라잡을 대학은 없을 것입니다.

이 과정을 착수하는 데 귀교에서 홍보를 하신다면 이는 또 다른 정기 강좌의 수요를 촉진시킬 것입니다. 새로 생기는 강좌의 홍보비용을 전액 부담하신다면 곧 이 강좌의 수입으로 홍보비용을 돌려드릴 수 있을 뿐 아니라 다른 학과에 쓰일 자금도 얻을 수 있을 것입니다.

그럼 귀교가 얻게 되는 이러한 이득 말고 본인은 무엇을 얻을 수 있는지 궁금하실 것입니다. 이 강좌로 벌어들인 이익금이 홍보비용과 같아지면 '광고 및 판매기술' 강좌와 담당부서가 제 것이 되어 귀교로부터 떼어내 제 이름으로 운영할 수 있는 권리를 주겠다는 계약을 하길 원합니다."

결론을 얘기한다면 이 계획은 받아들여졌고 계약을 하게 되었다(나는 특별한 담보물도 없이 나의 명확한 목표 하나로 나에겐 없는 25,000달러의 자금을 확보할 수 있었다는 것을 상기해주길 바란다).

일 년 내에 이 대학은 신설된 과정의 홍보와 개설, 새로운 부서를 운영하는 데 필요한 부수비용 등을 위해 25,000달러를 지출하였고, 이 부서가 개설된 후 교과 과정으로 벌어들인 등록금이 결국 이 비용과 일치하게 되었다. 그에 따라 계약조건대로 이 부서를 넘겨받아 자립적인 사업으로 운영하게 되었다.

새 과정의 개설로 대학은 학생들을 모집할 수 있었고 이들은 다른 과에도 관심을 갖는 학생이었을 뿐 아니라 이들로부터 벌어들인 등록금으로 첫해가 끝나기 전에 자영적인 기구로 분리 독립할 수 있었다.

나는 동전 한 닢 없이도 신용만으로 목표를 이룰 수 있었다.

이미 앞에서 내 계획은 타당하여 모든 당사자에게 이익을 안겨줄 수 있었다고 밝힌 바 있다. 나는 25,000달러를 사용한 효과를 거둠으로써 첫해의 연말에 내 사업을 운영할 수 있게 되었다. 또 대학은 대학의 명의로 이루어진 이 강좌의 광고효과에 따라 안정된 자금의 공급원으로 학생을 확보할 수 있었고 새로운 강좌를 개설할 수 있었다.

오늘날 이 대학의 '광고 및 세일즈맨 직업훈련기관'은 경영부문에서 가장 성공적인 사례로 꼽히고 있으며 연계된 노력의 가치를 보여주는 기념비적 증인이라 할 수 있다.

이 사례는 그 자체로 솔선수범과 리더십의 가치를 보여줄 뿐 아니라 이 저서의 다음 장에 해당하는 상상력의 적용에도 해당된다고 생각하여 이곳에서 제시한 것이다.

어떤 목표를 달성할 수 있는 계획과 방식은 많이 있으며, 그때 채택한 수단이 종종 최상의 것이 아닌 경우가 허다하다. 앞에서 예로 든 경우에 취해지는 통상적인 방법은 은행으로부터 대출을 받는 것이다.

그런데 충분한 담보물이 존재하지 않는 한 이 방법은 과히 실제적이지 못하며 더 중요한 것은 부수적인 효과를 얻을 수 없기 때문에 실용적이지 못하다는 것이다.

어느 위대한 철학자가 말하기를 '솔선수범이란 기회로 향하는 문을 여는 열쇠'라고 하였다. 나는 지금 그 철학자가 누군지 기억은 나지 않지만 그와 같은 말을 한 걸로 보아 위대한 철학자임이 틀림없다.

당신의 지위와 권위는 당신이 제공하는 봉사로부터 정확히 수치화될 수 있다.

●●● 덕목을 갖추기 위한 조치들

이제부터는 논의를 실질적으로 진행하여 솔선수범과 리더십의 덕목을 갖춘 사람이 되기 위해서 따라야 할 정확한 절차를 알아보기로 하겠다.

첫째, 미루는 습관을 파악하고 그것을 제거해야 한다.
지난 주, 작년 혹은 수년 전에 했어야 했을 일을 내일로 미루는 습관은 당신을 좀먹는 것이며, 이것을 벗어버릴 때까지 당신은 어떤 큰일도 성취할 수 없을 것이다.
이러한 **미루는 습관을 없앨 수 있는 방법으로 널리 알려져 있고 과학적으로 검증된 심리학의 원칙은 자기암시의 방법**이며 이미 앞에서 다루어진 바 있다.
이를 위해 다음의 신조를 복사해서 눈에 잘 띄는 곳에 붙여놓고 잠들 때나 아침에 일어나서 읽어보도록 하라.

구체적 행동을 취하는 습관

인생의 명확한 중점 목표를 설정한 나는 이를 현실화하는 것이 급선무임을 이해한다. 그래서 나는 명확한 중점 목표의 달성을 위한 그날에 가까워지기 위해 매일 구체적 행동을 취하는 습관을 형성할 것이다.

나는 미루는 습관이 모든 업무에 리더가 되는 데 가장 치명적인 적임을 인식하고 다음과 같은 절차로 제거할 것이다.

A. 누가 시키지 않아도 매일 한 가지씩, 반드시 이루어져야 하는 일을 구체적으로 한다.

B. 적어도 하루에 한 가지씩, 다음과 같은 일을 찾아내어 대가를 기대하지 않고 진행한다.

- 내가 할 수 있는 일이고
- 그동안 내가 하지 않았던 일 가운데
- 남들에게 도움이 될 수 있는 일

C. 매일 적어도 한 사람에게, 누가 시키지 않아도 해야 할 일은 하는 습관이 얼마나 좋은지에 대해 얘기한다.

- 나는 사람의 근육은 얼마나 쓰느냐에 따라 강화되는 것처럼 솔선수범의 습관도 실천해야만 확고하게 자리잡을 수 있다는 것을 이해한다.
- 나는 이 솔선수범의 습관을 개발하기 위해선 내 일상생활 속의 작고 평범한 일에서부터 시작해야 된다는 것을 알고 있다. 그러므로 이 솔선수범의 습관을 개발하는 것이 전부인 것처럼 매일의 업무에 임할 것이다.
- 나는 일상생활에서 솔선수범하는 습관을 연습함으로써 이 습관을 내 것으로 만들 수 있을 뿐 아니라, 이 실행에 따라 다른 사람의 주의를 끌 수 있고, 그로써 그들도 솔선수범의 가치에 주목하게 된다고 생각한다.

서명_____

지금 당신이 하는 일이 무엇이든간에 주어진 일상의 업무 외에도 남에게 도움이 될 수 있는 무언가를 할 수 있는 기회가 매일 있을 것이다. 당신이 자발적으로 이런 일을 한다는 것은 그 일로부터 금전적 보상을 바라는 것이 아님을 이해해야 한다.

당신은 그런 봉사를 통해 뛰어난 인물이 되기 위해선 반드시 갖춰야 할 솔선수범의 정신을 연마하고 개발할 수 있기 때문이다.

단지 돈만을 위해 일하는 자들은 돈밖에 얻는 것이 없을 것이고, 그들은 얼마를 받든지간에 적다고 느낄 것이다. 돈도 중요하지만 인생의 더 큰 가치는 단지 돈으로만 판단될 수는 없다.

아무리 큰 액수의 돈도 좀더 깊은 도랑을 파고, 더 튼튼한 닭장을 만들고, 더 깨끗이 청소를 하고, 더 맛있는 음식을 만드는 사람이 가질 수 있는 행복과 기쁨, 자부심을 대체할 수는 없다.

평범한 사람일지라도 모든 사람은 '보통'보다는 좀더 일을 잘하고 싶어한다. 예술작품을 창조할 때의 기쁨은 돈이나 기타 물질적 보상으로는 대체될 수 없는 것이다.

나는 젊은 여성을 고용하고 있는데 그녀의 업무는 내게 온 개인 우편물을 개봉하고 분류한 후 답장을 써주는 일이다. 일종의 속기사 업무였다. 그녀가 나와 일한 지도 3년이 넘어간다.

그 당시 그녀의 업무는 필요할 때마다 나의 구술(口述)을 받아 적는 일이었다. 봉급도 다른 속기사와 비슷했다. 어느 날 나는 그녀에게 다음과 같은 모토를 전해주며 타자해 달라고 부탁하였다.

'당신의 유일한 한계는 당신이 마음속에 이미 정해놓은 한계와 같다.'

그녀가 작성된 문서를 건네주면서 "이 표어는 당신뿐 아니라 저에게도 커다란 도움이 되는 것 같습니다"라고 말하였다.

나는 그녀에게 도움이 되었다면 그것으로 나도 기쁘다고 말은 하였지만 사실 그렇게 특별히 인상에 남는 사건은 아니었다. 그러나 바로 그날부터 이것이 그녀에게 중대한 인상을 남겼다는 것을 알게 되었다. 그녀는 저녁을 먹고 나서도 사무실에 들어와 시키지 않은 일도 보수 없이 하기 시작했다.

아무도 일러주지 않았는데도 그녀는 내 편지에 답장을 하기 시작했다. 더군다나 그녀는 나의 스타일을 연구하고 내가 했음직한 대로, 혹은 그보다 훌륭하게 답을 해주기 시작했던 것이다. 이렇게 내 개인비서가 그만둘 때까지 이 일을 해왔다. 그래서 이 비서 자리를 누구로 채울까 생각하다가 자연스럽게 그녀를 쓰는 게 좋겠다고 생각하게 되었다.

내가 그녀에게 비서 자리를 제안하기 전에 그녀는 이미 솔선하여 비서 업무를 해오고 있었던 것이다. 그녀가 비서가 된 것은 말할 것도 없다. 그녀는 초과수당도 없이 업무시간 외에 그녀 자신의 시간을 들여 최상의 직위를 위한 준비를 스스로 해왔던 것이다.

그러나 이에 그치지 않았다. 그녀는 일을 완벽하고 깔끔하게 해치워 다른 회사에서도 스카우트 제의를 받기 시작했다. 나는 그녀의 봉급을 여러 번 올려주었고 지금은 그녀가 처음 속기사로 일했을 때 받았던 봉급의 네 배를 받고 일하고 있다. 요즘은 그녀가 없으면 업무에 지장이 생길만큼 중요한 직원이 되었다.

이것이 솔선수범에 관한 실제적이고도 수긍할 만한 예가 될 것이다. 만약 여러분이 생각하기에 이 여성이 얻은 것이 봉급 인상뿐이라고 한다면 솔선수범에 대한 나의 설명은 실패한 것이다. 이 솔선수범으로 말미암아 그녀는 '신바람' 정신을 얻게 되었고, 이것으로 대다수의 속기사는 맛보지 못한 행복을 만끽하게 된 것이다.

그녀에게 일이란 단순히 업무가 아니라 신나고 흥미진진한 놀이가 되었다. 그녀가 다른 속기사보다 일찍 출근하고, 남들은 시계만 쳐다보고 있다가 5시 '땡' 하면 퇴근하기 바쁠 때에도 늦게까지 남아서 일을 하지만 그녀에겐 이 시간이 오히려 남들보다 짧게 느껴졌다.

작업시간은 자신의 업무에 즐거움을 느끼는 사람에게 그렇게 중요한 문제가 아닌 것이다.

크게 성공한 사람에게 물었다.
"무엇이 당신 인생의 장애물을 극복하게 하였습니까?"
그러자 그가 대답했다.
"또 다른 장애물이요."

※ 솔선수범을 기를 수 있는 방법

앞의 사례에서 살펴봤던 심리적인 원리들을 염두에 두면서 어떻게 하면 솔선수범과 리더십을 기를 것인지에 대한 다음 과정을 알아보도록 하자.

둘째, 행복을 얻는 유일한 방법은 다른 사람에게 행복을 줌으로써 가능하다는 사실을 독자들은 이해하고 있을 것이다. 솔선수범도 마찬가지. 당신은 동료 **혹은 다른 사람에게 이익이 되는 일을 함으로써 이 솔선수범의 정신을 기를 수 있을 것이다.**

'가르치면서 배운다' 는 말이 있다. 지금 설명에 부합하는 경구이다. 가령 누군가가 새로운 종교를 믿게 되었다면, 그가 맨 처음 해야 하는 일은 남에게 그 종교를 '전파' 하는 일이 될 것이다. 그리고 다른 사람들을 감화(感化)시킨 만큼 자기 스스로도 감화가 되는 것이다.

세일즈에서는 다른 사람에게 성공적으로 판매하려면 먼저 자기 자신에게 팔 수 있어야 한다. 뒤집어 말하면 다른 사람에게 팔려는 것을 자신에게 팔 수 없다면 이는 '아무에게도 팔 수 없다' 는 말과 동의어라고 보면 된다.

다른 사람을 믿게 하기 위해 어떤 구절을 반복해서 말하다 보면 자기 자신도 그것을 믿게 된다. 이것은 그 진술이 사실이든, 아니든 상관없이 적용되는 원

240

리이다.

당신은 이제 자진해서 솔선수범에 대해 말하고, 이에 대해(잠잘 때나 식사할 때나) 생각하고, 그리고 솔선수범을 실행하는 효과에 대해 알 것이다. 이렇게 하면 사람들은 행동으로 솔선하는 사람을 기꺼이 자발적으로 따르게 마련이므로 당신은 솔선수범과 리더십을 갖춘 사람이 되는 것이다.

당신은 직장에서, 그리고 지역사회에서 다른 사람들과 교류를 하고 있다. 솔선수범의 개발을 통해 당신에게 관심을 가질 모든 사람에게 이익이 되는 일을 하라. 당신이 왜 그러한 일을 하는지 이유를 밝힐 필요도 없고, 그런 일을 할 것이라고 밝힐 필요도 없다.

단지 솔선하여 그 일을 해보라. 당신이 그렇게 하는 것이 당신에게도 도움이 되지만, 다른 사람에게도 ─ 어떤 피해도 주지 않으면서 ─ 도움을 주는 것이라고 알게 될 것이다.

만일 당신이 재미도 있으면서 유익한 실험을 시도해보고 싶다면, 주위에서 자신이 해야 할 일을 전혀 안하는 사람을 선택해 솔선수범의 정신을 알려보자. 솔선수범에 관련된 이야기를 화제에 올리되 한번에 머무르지 말고 틈이 날 때마다 그에게 당신의 생각을 전달해보라.

이때는 매번 좀 다른 각도에서 접근을 하라. 만약 당신이 이 실험을 빈틈없고 설득력 있게 실행한다면 머지않아 실험의 적용 대상인 그에게서 변화를 발견할 수 있다. 그리고 당신은 더 중요한 변화가 일어났음을 느끼게 될 것이다. 바로 당신 자신에게 일어난 변화이다.

이런 실험은 꼭 시도해 보기를 당부드린다.

자기 스스로 실천하지 않으면서 남에게 솔선수범하라고 말할 수는 없다. 자기암시의 원리가 작용하기 때문에 다른 사람에게 하는 모든 말들은 자신도 모르는 사이에 잠재의식 속에 남아 있게 된다. 이에는 당신의 발언이 참이냐, 아니냐에 관계없이 적용되는 현상이다.

당신은 이런 속담을 자주 들어봤을 것이다.

"칼로 흥한 자는 칼로 망한다."

이를 풀이하자면, 우리가 **다른 사람들에게 영향을 미쳐 그들이 형성한 성격이나 특질로 자신도 영향을 받게 된다**는 의미이다. 만약 우리가 다른 사람들에게 솔선수범의 습관을 들이도록 한다면, 마찬가지로 우리 자신도 동일한 습관을 들이게 된다.

남에게 증오와 시기, 실망의 씨앗을 뿌린다면 이러한 것들이 자기 자신에게 돌아올 것이다. 이러한 원리가 잘 구현된 것이 호손(Hawthorne)의 소설《큰 바위 얼굴(The Great Stone Face)》이다.

다 알 듯이 이 책에는 '사람들은 자기가 가장 존경하는 사람을 닮아간다'는 내용이다. 솔선수범의 원리를 잘 나타내고 있는 이 책을 모든 부모들은 아이들에게 읽혀야 할 것이다.

※ 리더십의 두 가지 의미

이제 솔선수범과 리더십의 개발을 위해 반드시 따라야 하는 다음 단계를 살펴볼 때가 되었다. 논의를 더 진행하기에 앞서 이 책《성공의 법칙》에서 '리더십'의 의미가 무엇인지 먼저 짚고 넘어갈 필요가 있다.

리더십에는 두 가지 의미가 있다. 하나는 파괴적이고 치명적으로 작용하는 데 반해, 다른 하나는 건설적이고 유익하게 작용한다.

파괴적인 리더십은 성공으로 이끌기는커녕 100% 실패로 이끈다. 이는 자신의 리더십을 원하지 않는 부하에게 강요하는 사이비 지도자의 경우이다. 이 강좌에서는 그런 종류의 리더십을 상세히 설명할 필요는 없을 것이다.

이론이 있을 수 있지만 크게 봐서 나폴레옹도 여기에 해당하는 경우이다.

나폴레옹은 리더였다. 이에 대해서는 의심의 여지가 없지만 그는 자신과 자신의 부하들을 파멸의 길로 이끌었다. 구체적인 것은 프랑스 역사를 보면 알수 있다.

이 강좌에서 권하고 싶은 리더십은 나폴레옹 스타일의 리더십이 아니다. 그가 위대한 지도자로서의 필요한 제반 요건을 모두 갖췄다고 인정한다 하더라도 타인에게 도움을 주려는 정신이 결여되었기 때문이다.

그의 리더십을 통해 나타난 권력욕은 순전히 자기 권력의 확대를 위한 것이었다. 그러므로 나폴레옹의 경우 그의 리더십을 향한 욕구는 개인의 야망을 위해서였을 뿐, 국가적 차원에서 프랑스 국민들을 좀더 향상된 환경으로 이끌고 싶은 욕구는 아니었다.

이 강좌에서 다룰 리더십은 자기 결정과 자유, 자기계발과 계몽, 그리고 정의로 향하는 의미의 리더십이다. 이러한 리더십이 영원히 지속되는 것이다. 예를 들어 나폴레옹처럼 자기를 돋보이기 위해 사용했든 리더십과는 정반대의 의미를 지닌 것으로서 링컨 대통령의 경우를 보자.

그의 리더십이 목표로 하고 있는 것은 진리와 정의, 그리고 미국 국민에 대한 이해였다. 그는 이런 리더십에 대한 믿음으로 순교자가 되었지만, 그의 이름은 오직 선으로 작용한, 사랑을 실천한 이름으로 전 세계인의 가슴에 새겨졌다.

링컨과 나폴레옹 모두 전쟁시에 군대를 이끌었으나 낮과 밤이 서로 다른 것처럼 이 둘의 리더십은 차이가 확연했다. 이 강좌의 토대가 되는 원리를 이해하고 있는 독자라면, 나폴레옹이나 링컨의 리더십의 차이는 잘 판단할 수 있다.

물론 더 쉽게는 여러분 주위에서 나폴레옹 스타일과 링컨 스타일의 리더를 골라 분석해보는 것이다. 문제는 어떤 종류의 리더십을 택하고 따를 것인지를 결정하는 것인데 그것은 전적으로 각자가 판단할 문제다.

이제 당신은 이 강좌에서 추천하는 리더십이 어떤 것인지 파악했을 것이고 또한 어떤 것을 당신의 것으로 받아들어야 할지에 대해서도 의문이 들지 않을 것이다.

이 책은 이에 대해서 어떠한 선택도 강요하지 않을 것이다. 왜냐하면 이 강좌는 독자들이 힘을 계발시킬 기본적인 원리를 보여주는 것이지, 윤리적인 설교를 하려는 것은 아니기 때문이다.

나는 이 강좌를 통해 원리를 제시할 때는 파괴적인 것과 건설적인 것을 함께 제시해 여러분이 이 둘에 모두 익숙해지기를 바란다. 아울러 여러분의 지적 능력이 현명한 판단을 내리게 되리라는 믿음으로 이러한 원리의 선택과 적용은 여러분의 결정에 맡기기로 하겠다.

당신의 꿈과 비전을 영혼의 자식들처럼 소중히 다루어라. 그들은 당신의 최종적인 업적을 위한 청사진이므로.

❇ 리더십 확립에 따르는 저항

인간의 노력이 행해지는 모든 분야에서 최초의 시도자는 언제나 대중의 이목을 끌게 마련이다. 이때 리더십이 사람을 통해서든, 아니면 작품을 통해서 드러나든 그곳에는 항상 경쟁과 질투가 존재한다.

예술이든, 문학이든, 운동이든, 아니면 사업이든 상벌의 원리는 항상 동일하다. 보상은 널리 알려지는 것이고, 벌은 격렬한 부인과 비난이다. 어떤 사람의 작품이 전 세계의 표준이 된다는 것은 한편으로 시샘하는 부류의 공격의 대상이 된다는 것을 의미한다.

만약 그의 업적이 평범하기만 하다면 아무도 주목하지 않을 것이나 불후의 걸작이라면 수많은 사람의 손가락질을 받기도 하는 것이다. 즉, 질투는 평범한 그림을 그리는 화가에게 비난의 창끝을 들이대지 않는다.

당신이 무엇을 쓰고 있고, 무엇을 그리던, 무슨 연기 혹은 무슨 노래를 하던 당신의 작품이 천재적이라고 일컬어지지 않는 한 아무도 당신을 능가하려하거나 중상하려고 애쓰지 않을 것이다.

위대한 업적이나 혹은 선한 일이 행해진 한참 후에까지도 실망하고 질투했던 사람들은 자신들은 할 수 없다는 사실에 울부짖으며 그것이 잘못됐다고 주장한다.

《성공의 법칙》의 원고에 잉크가 마르기도 전에 이에 대한 악의에 찬 질타의 목소리가 들려왔다. 처음 출판되었을 때 나와 이 철학에 대해 혹독한 비평이 쏟아졌다.

소위 예술계라는 곳의 악의에 찬 목소리들은 위슬러(Whistler)마저도 협잡꾼이라고 비난했으나 결국 온 세상이 그는 천재적인 위대한 예술가라고 인정하게 되었다.

군중들이 와그너(Wagner)의 연주를 보기 위해 음악신전에 몰려들었을 때 한켠에서는 그에게서 인정받지 못한 소그룹은 그가 음악가도 아니라고 목소리를 높였다.

몇몇 사람들은 풀톤(Fulton)이 증기선을 띄울 수 없을 것이라고 계속 지껄였지만 군중들은 그의 증기선이 떠가는 걸 보러 제방에 몰려들었다.

헨리 포드에 대해서도 소견 좁은 사람들이 오래 가지 못하리라고 빈정거렸지만 그런 유치한 의견들을 훌쩍 뛰어넘어 그의 사업은 성공하였고, 그는 세상에서 가장 영향력 있고 부유한 사람이 되었다.

리더는 그가 리더이기 때문에 공격당하는 것이고 그와 같아지려는 다른 사람의 노력은 그의 리더십을 입증해주는 증거에 지나지 않는다.
지도자와 대등하거나 넘어서려는 시도에 실패하면 그들은 오히려 가치를 깎아내리고 파괴하려 하지만, 이런 것들은 다만 그 지도자가 우위에 있다는 점을 증명해 줄 뿐이다. 이 사실엔 예외가 없다.

야망, 탐욕, 질투, 두려움, 그리고 남보다 뛰어나고 싶은 욕망은 우주의 나이만큼이나 혹은 인간의 역사, 열망의 역사만큼이나 오래된 것들이다. 그러나 모두 아무런 소용이 없는 시도들이다.

지도자가 진실한 리더라면 그는 끝까지 지도자로 남을 것이다!

불후의 시나 그림, 그리고 대가는 공격을 받을지라도 세대를 뛰어넘어 승리의 월계관은 계속 쓰고 있다. 뛰어나고, 옳고, 위대한 것은 아무리 그것을 반대하는 목소리가 크더라도 알려지게 마련이다.

진정한 리더는 질투어린 자의 거짓소리에 손상받거나 쓰러지지 않는다. 왜냐하면 그러한 모든 시도는 결국 그의 능력을 돋보이게 할 뿐 아니라 진정한 능력은 항상 호의적인 추종자를 거느리게 되기 때문이다.

진정한 리더십을 파괴하려는 시도는 에너지 낭비이다. 왜냐하면 그것은 살아남을 것이므로!

※ 팀워크와 협력에 따른 번영

자, 이제 우리는 솔선수범과 리더십을 개발하기 위해 반드시 따라야 할 세 번째 단계의 논의로 돌아가 보자.

이 세 번째 단계에서는 이미 언급된 바 있는 조직화된 노력의 원칙을 되돌아보기로 하겠다.

여러분도 이미 **다른 사람의 도움과 협조 없이는 장기적으로 지속되는 성과를 거둘 수 없다**는 것을 경험으로 알고 있을 것이다. 또한 조화와 이해의 바탕에서 두 사람 혹은 더 많은 사람이 서로 연계할 때 각자의 능력이 증대되어 성취도가 높아지는 점도 이미 알고 있을 것이다.

다른 어떤 분야보다 노사간에 완벽한 팀워크가 있는 산업현장이나 사업체 내에서 이러한 원리가 확실하게 적용됨을 알 수 있다. 팀워크가 잘 이루어지는 곳에선 번영과 쌍방간의 호의를 쉽게 찾아볼 수 있다. 팀워크가 없는 곳에서는 번창도 없다.

영어 단어 가운데 **협력**(Co-operation)만큼 중요한 단어는 없을 것이다. 이 협력은 가정에서만 봐도 부부간에 혹은 부모와 자식간의 관계에서 중요한 역할을 수행한다. 전 국가적인 차원에서도 협력의 중요성은 매우 크다. 이 협력의 원칙을 리더십에 적용하지 못하는 지도자는 힘을 읽거나 오래 지속될 수 없다.

협력이 결여된다면 다른 어떤 요인보다 기업체에 치명적인 영향을 끼친다. 25년간 실제 사업을 운영하고 관찰하면서 이 협력의 원칙을 적용하지 못하고 불화로 많은 기업체가 실패로 돌아가는 많은 사례를 보았다. 또한 부부간 협력의 결여로 가정과 가정법원에서 분쟁이 끊이지 않는 것 역시 보아왔다.

국가간의 역사만 돌아봐도, 협력의 결여로 인류의 퇴보를 가져왔다는 명백한 사실들을 알 수 있다. 역사를 연구하는 과정에서 당신은 협력의 교훈을 마음 깊이 새길 수 있다.

국가도 다른 국가들과의 협력이 없이는 고통을 받는다는 ─ 세계의 어느 한 지역에서 전쟁이 나면 동시에 세계 전체에 고통이 미치게 된다 ─ 사실을 아직 깨닫지 못하고 있어 당신과 당신의 자식을 포함한 자손들이 파괴적인 전쟁으로 값비싼 대가를 치르고 있고 계속해서 치러야 할 것이다.

협력정신의 기초원리에 대해 좀더 자세히 알고자 한다면 도서관에 가서 벤자민 키드(Benjamin Kidd)의 《힘의 과학(The Science of Power)》을 읽어보도록 권하고 싶다. 내가 지난 20년간 읽어본 세상의 모든 책들 중에서 이 책만큼 협력의 가능성에 대해 완벽하게 이해할 수 있게 해준 책이 없었다.

이 책을 여러분에게 권하지만 어떤 이론에서는 나와는 의견이 다르기 때문에 이 책의 모든 내용에 대해 전적으로 동의하는 것은 아니다.

여러분이 이 책을 읽게 된다면 마음을 열고 당신의 명확한 중점 목표의 달성에 도움이 된다고 생각되는 부분만을 취하길 바란다. 이 책은 당신의 사고를 자극할 것이고 그 점이 가장 커다란 이점이라고 생각한다.

사실 이 책《성공의 법칙》이 추구하는 가장 주요한 목표도 신중한 사고의 촉진에 있다고 할 것이다. 그 중에서도 특히 온갖 편견과 고정관념으로부터의 자유로운 사고, 그리고 언제, 어디서 혹은 어떤 방식을 적용하든 진리를 추구하는 사고를 하도록 자극하는 것에 그 목표가 있다.

 서비스, 희생, 자기 통제라는 세 낱말은 이 세상에서 유익한 일을 성공적으로 하고자 하는 사람이 꼭 기억해야 할 것들이다.

진정한 리더십의 구성요소

나는 1차 세계대전 중에 다행스럽게도 어떻게 하면 리더가 될 수 있는가에 대한 한 위대한 군인의 연설을 들을 기회가 있었다. 이 연설은 포트 쉐리단(Fort Sheridon)의 제2훈련소에서 장교 지망생들을 상대로 이루어졌다. 성품이 조용하고 겸손한 장교이며 지도관이었던 바크(Major C.A. Bach) 소령이 행한 연설이었다.

나는 이 연설의 기록을 보관하고 있다. 이 연설은 리더십에 관한한 최고의 경전이라 생각한다.

그의 연설에 나타나는 지혜는 리더십을 기르고 싶은 경영인, 어떤 분야의 책임자에서부터 속기사, 매장관리자에 이르기까지 누구에게나 필수적이라고 판단되어 이 강좌의 일부로 삼고자 보관한 것이다.

그리고 리더십에 관한 이처럼 훌륭한 연설이 모든 고용인과 노동자, 그리고 리더십을 기르고자 하는 모든 사람들에게 실제적으로 적용되었으면 하는 게 나의 솔직한 바람이다. 이 연설이 기초로 하고 있는 원리는 전쟁터에서의 지휘관들의 지도에도 성공적으로 쓰일 수 있는 만큼 경영과 산업, 재정분야의 리더십에도 적용 가능하다.

바크 소령의 연설은 다음과 같다.

"제군들은 이제 곧 사병들의 목숨을 다루는 임무를 맡게 됩니다. 그들은 제군들의 지도와 편달을 바라는 충실한, 그러나 아직 훈련되지 않은 군인으로서 이들은 전적으로 제군들의 책임하에 있게 됩니다.

제군들의 말은 곧 그들의 법이 될 것입니다. 제군이 무심코 던진 말도 기억될 것이고 제군의 습관 또한 그들은 흉내낼 것입니다. 제군들의 의복, 몸가짐, 심지어 제군이 쓰는 어휘나 명령을 내리는 방법들도 모방될 것입니다.

제군들이 각자 부대에 배치되면, 거기에는 제군들에게 충성을 바치고 존경하고 복종할 준비를 하면서 제군들의 지시가 떨어지기만을 기다리고 있는 군인들을 접하게 될 것입니다. 그들은 제군들이 그들을 지휘할 수 있는 자질을 갖추고 있다는 사실만 확인되면 기꺼이, 그리고 열심히 제군들의 명령에 복종할 것입니다.

그러나 제군들이 그런 자질을 갖추고 있지 못하다고 그들이 느끼게 되면 제군들은 작별을 고하는 편이 나을 것입니다. 그런 상황이 온다면 조직에서의 제군의 필요성도 끝을 보는 것입니다.

※ 지도자와 추종자의 차이

사회적 관점에서 볼 때 이 세상은 크게 지도자와 추종자로 나뉠 수 있을 것입니다. 학계에도 지도자가 있고 경제계에도 지도자가 있습니다. 순수한 리더십이란 개인의 영리나 이익을 위한 이기적인 요소들이 섞여 있지 않은 것이고 이러한 요소가 있다면 리더십은 그 가치를 잃을 것입니다.

인간이 자발적으로 신조를 위해 자신의 목숨을 희생하고 그릇된 것을 지양하고 옳은 것을 위해 기꺼이 죽고자 하는 것은 군대에만 있는데, 여기에서 우리는 가장 고귀하고 정의로운 의미에서의 리더십을 인식할 수 있습니다. 그래서 본인이 리더십을 얘기할 경우에는 군대식 리더십을 의미하는 것입니다.

며칠 후면 제군들은 대부분 장교로 임명을 받게 될 것입니다. 이러한 임명이 제군들을 리더로 만들어주는 것이 아닙니다. 그것은 다만 제군들을 장교로 만들어줄 뿐입니다.

따라서 제군들은 적절한 자질이 있을 때에만 리더로서의 자리를 얻게 될 것입니다. 또한 제군들은 제군들의 상관뿐 아니라 부하들에게 더욱 잘해야 할 것입니다.

군인들은 전쟁터에서 지휘관을 따라야 하고 또 따를 것이지만 그들이 복종하는 것은 자진해서 우러나오는 것이 아니고 규율일 뿐입니다. 그들은 '저 장교가 다음엔 대체 뭘 하려는 거지?' 라는 의심과 두려움을 속으로 가지고 있을 것입니다.

그들은 장교의 명령을 따를 것이지만 그 이상은 아닙니다. 사령관에 대한 헌신, 위험을 무릅쓰는 숭고한 열정, 전우를 구출하는 자기희생 같은 것에 대해 그들은 크게 관심이 없을 것입니다. 단지, 머리와 훈련이 해야 한다고 말하는 대로 다리를 움직일 뿐입니다. 그들의 정신은 그들의 전진과는 아무런 관련이 없습니다.

차갑고 수동적이고 둔감한 군인들은 결코 위대한 업적을 이뤄내지 못합니다. 그들은 그리 멀리 전진하려 들지 않으며 될 수 있는 한 그만두려 합니다. 리더십은 자발적이고 망설임 없고 흔들림 없는 복종과 충성을 요구하고 이러한 것들이 따르게 마련입니다. 게다가 필요하다면 지휘관을 따라 지옥에라도 갔다가 다시 돌아올 수 있는 헌신을 요구합니다.

이제 제군들은 다음과 같이 자문(自問)할 것입니다.

'그러면 리더십은 대체 무엇으로 구성되어 있는 거지? 리더가 되기 위해 나는 무엇을 해야 하지? 리더십을 이루는 특질은 무엇이고 나는 어떻게 그것들을

길러내지?'

리더십은 여러 자질들의 복합체입니다(마치 성공이 이 강좌에서 다루고 있는 15가지 요소의 복합체인 것처럼). 그 중에서 가장 중요한 요소로 나는 **자신감, 도덕적 우위, 자기희생, 온정(溫情)주의, 공정성, 결단력, 위엄, 용기** 등을 들고 싶습니다.

❊ 첫 번째 요소, 자신감

자신감은 첫째, 정확한 지식으로부터, 둘째, 그 지식을 전파할 수 있는 능력으로부터, 셋째, 당신을 따르는 타인에 대한 우월감으로부터 생겨납니다. 이런 모든 것들이 장교로서 균형을 잡게 해줍니다. 다른 사람을 이끌기 위해서 제군들은 알고 있어야 합니다.

어쩌다 제군들은 병사들 앞에서 허세를 부리고 넘어갈 수도 있겠지만 매번 그런 식으로 넘어갈 수는 없는 것입니다. 병사들은 자신의 임무를 잘 모르는 장교를 따르지 않습니다. 그러므로 여러분은 기초부터 철저히 알고 있어야 병사들의 신뢰를 얻게 됩니다.

장교는 자신의 하사관과 행정병보다 사무실 업무를 잘 알고 있어야 하고 취사병보다 급식에 대해, 군마 담당 하사관보다 말의 질병에 대해 더 잘 알고 있어야 합니다. 장교는 중대의 누구보다 총을 잘 쏘거나 적어도 같은 수준은 되어야 합니다.

만약 장교가 업무를 모른다면, 또한 그가 모르는 사실을 시인한다면 병사들이 '자기나 잘하라지. 장교가 나만큼도 모르잖아' 라고 말하는 것은 당연하며, 더 나아가 장교의 지시를 무시할 것입니다.

정확한 지식을 대체할 수 있는 것은 아무것도 없습니다!

정보에 통달하면 병사들은 당신을 찾아와 자문을 구할 것이고 그는 동기들에게 '그에게 가봐. 모르는 게 없어' 라고 할 것입니다.

장교는 자신의 업무를 속속들이 알아야 할 뿐 아니라 자신보다 두 계급 높은 상관의 업무에 대해서도 연구해야 합니다. 이로써 효과를 배가시킬 수 있습니다. 자기 스스로 전장에서 주어질 임무에 준비가 되어 있을 것이고, 더 나아가 넓은 안목을 길러 명령을 내려야 할 때 자신감이 있고 그 실행에 좀더 합리적으로 대처할 수 있게 되기 때문입니다.

장교는 자신이 해야 할 일을 알아야 할 뿐 아니라 아는 것을 체계적이고 흥미 있게 또 힘찬 어휘로 구사할 수 있어야 합니다. 두 다리로 당당히 서서 당황하지 않고 말할 수 있어야 합니다.

저는 영국 캠프에선 예비 장교들이 그들이 정한 아무 주제에 대해 10분 동안 발언을 한다고 들었습니다. 이는 매우 훌륭한 방안입니다. 왜냐하면 명확하게 말하기 위해서는 명확하게 사고해야 하고, 이런 명확하고 논리적인 사고는 그 자체로 명확하고 확실한 명령을 표현할 수 있기 때문입니다.

❋ 두 번째 요소, 도덕적 우위

자신감이 부하들보다 많이 앎으로써 얻어질 수 있는 리더십의 요소라면 **도덕적 우위라는 것은 여러분이 좀더 나은 사람이라는 믿음에서 얻어질 수 있습니다.** 이러한 우월감을 획득하고 유지하기 위해선 제군들은 반드시 **자제력, 체력, 끈기와 정신력**을 지녀야 합니다.

제군들은 **자제력**을 갖춰 전장에서 놀라 굳을지라도 이러한 공포를 내비쳐서는 안 될 것입니다. 만약 손을 떨거나 당황한 동작을 보이거나 표정이 변하고 경솔한 명령을 내렸다가 다시 성급하게 취소한다면 제군들의 불안한 마음상태가 부하들에게는 더욱 강도가 높게 반영될 것이기 때문입니다.

요새나 캠프에서 제군들은 스스로의 한계를 시험하고 마음의 균형을 잃으며 성질을 내게 할 여러 상황을 겪게 될 것입니다. 이러한 상황에서 만약 여러분이 자제심을 잃는다면 병사들을 통솔할 자격이 없습니다. 자제력을 잃고 흥분한 사람의 말과 행동은 거의 대부분 후회를 부르기 때문입니다.

장교는 어떠한 경우에도 병사에게 사과를 해서는 안 됩니다. 이는 장교는 병사들에게 사과해야 하는 상황이 발생하는 잘못을 저지르면 절대로 안 된다는 것을 의미합니다.

도덕적 우위를 얻게 하는 또 다른 요소는 충분한 신체의 활력과 난관들을 견딜 수 있게 하는 **끈기**입니다. 그리고 그러한 난관을 즐겁게 받아들일 뿐 아니라 최소화할 수 있게 하는 불굴의 정신입니다. 이것은 부하들을 유쾌하게 받아들이면서도 그들을 왜소하게 만들기 위해 필요한 조건들입니다.

자신 앞에 놓인 어려움들을 얕보고 시련을 대수롭지 않게 여긴다면 스트레스라곤 없는 정신을 조직화시킬 수 있을 것입니다.

정신력은 도덕적 우위를 얻기 위한 세 번째 요소입니다.

정신력을 발휘하기 위해서 제군들은 청렴하게 살아야 합니다. 그러면서 제군들은 무엇이 옳고 그른지를 판단할 두뇌와 선을 실천할 의지를 지녀야 합니다.

장교는 선을 위해서도 악을 위해서도 힘을 행사할 수 있습니다. 그들에게 설교하려 들지 마십시오. 이는 오히려 상황을 악화시킬 뿐입니다. 다만 그들이 영위했으면 하고 바라는 삶을 스스로 사십시오. 그러면 제군들은 수많은 병사가 제군을 모방하고 있는 것을 보고 스스로도 놀라게 될 것입니다.

자기 자신을 어떻게 비추는지는 신경쓰지 않고 범속(凡俗)하며 말만 앞선 장교는 오합지졸을 거느리게 될 것입니다. 제가 제군들에게 하는 말을 기억하십시오. 제군들의 병사는 제군들 자신의 투영입니다!

만약 제군이 열등한 병사를 거느리고 있다면 그것은 제군이 무능력한 장교임을 증명하는 것입니다.

※ 세 번째 요소, 자기희생

자기희생 역시 리더십에 필수적입니다. 제군들은 베풀고 또 베풀고 끊임없이 베풀게 될 것입니다. 장교는 자신에게 가장 막중한 책임과 가장 긴 노동시간, 그리고 가장 힘든 업무를 부여해야 한다.

제군은 아침에 가장 먼저 기상하고 밤에는 제일 늦게 취침하는 사람이 되어야 합니다. 제군은 남들이 잠들었을 때에도 일을 해야 합니다.

제군은 휘하에 있는 부하들의 고통을 알아주고 동정함으로써 정신적으로 희생할 줄 알아야 합니다. 부하들이 겪고 있는 어려움에 대해 동정심을 가질 줄 알아야 합니다.

누군가의 어머님이 돌아가셨을 때, 그리고 누군가가 은행에 개인파산을 하였을 때, 그들은 제군의 도움을 원할 것이고 무엇보다 제군의 동정심을 바랄 것입니다.

제군들이 자신의 문제로 이미 괴롭다고 그들을 실망시키지 마십시오. 왜냐하면 제군들이 이런 반응을 보인다면 그것은 제군들의 집에서 벽돌을 한 장 한 장 들어내는 것과 같기 때문입니다.

제군들의 병사는 곧 제군들의 주춧돌입니다. 그래서 리더십으로 이루어진 제군들의 집은 그들이 공고히 받쳐주지 않는다면 흔들리게 될 것입니다. 마지막으로 미약하나마 제군들의 재산을 그들을 위해 쓰십시오.

제군들은 병사들의 건강과 복지를 위하여, 그리고 곤경에 처한 그들을 돕기 위하여 제군들의 재물을 쓸 것입니다. 대개 이러한 돈은 결국 돌아오게 마련입니다. 이것을 손익의 일부로 고려하지 말기를 바랍니다. 그렇더라도 그것은 치를만한 비용인 것입니다.

※ 네 번째 요소, 온정주의

온정주의가 리더십에 필요하다고 할 때 저는 이 단어를 좀 다른 의미로, 확장된 의미로 사용하고 싶습니다. 이는 부하들로부터 솔선수범, 자신감, 그리고 자긍심의 덕목을 제거하라는 의미는 아닙니다.

제가 말하는 온정주의는 제군들의 휘하에 있는 사병들의 안녕과 복지를 위해 세심한 주의를 기울인다는 의미에서의 온정주의입니다.

사병들은 아이와도 같습니다. 그들에게는 머물 곳과 먹고 입을 것, 그리고 제군들이 할 수 있는 최상의 것으로 갖고 있는지 살펴봐야 합니다. 제군들이 먹기 전에 병사가 먹을 음식을 제대로 가지고 있는지 살펴야 하고 제군들이 잠들 곳을 고려할 때 사병들도 좋은 잠자리를 가졌는지 살펴봐야 합니다.

제군들은 자신의 안위보다 부하들의 평안을 염려해야 합니다. 또한 그들의 건강을 챙겨야 할 것입니다. 쓸데없는 소모나 노동을 부과하지 말고 그들의 체력을 유지해줘야 합니다.

이렇게 함으로써 제군들은 단순히 기계에 불과한 조직에 생명을 불어넣은 것입니다. 그리고 제군들의 부대에 마치 자신의 분신처럼 제군들의 요구에 응답하는 영혼을 지니게 될 것입니다. 이것이 바로 정신입니다.

제군의 부대에 이러한 정신이 형성되면 제군들은 어느 날 모든 것이 바뀐 것을 깨닫게 될 것입니다. 제군들이 그들을 위해 끊임없이 무언가를 찾아왔던 대신 제군들이 아무 말도 안 했는데 일을 처리해 줄 것입니다. 제군들의 막사도 제대로 설치될 것입니다. 가장 좋고 깨끗한 침대가 그 막사에 놓여질 것입니다.

다른 사람들은 없는데 어디서 왔는지 모를 계란 두 알이 제군들의 저녁식탁에 보태질 것입니다. 누군가가 제군들의 말을 말끔히 빗질해 놓았을 것입니다. 제군들의 기대는 충족될 것이고 모든 사람이 기다렸다는 듯이 곁에 있을 것입니다. 이렇게 되면 성공한 것입니다!

그러나 모든 사람을 똑같이 대해서는 안 될 것입니다. 한 사람에게 해야 할 징계를 가하지 않고 넘어간다면, 이는 다른 사람의 고통으로 전가될 것입니다. 똑같은 불복행위라고 해서 정해진 처벌로 간다면 이는 개개인의 성격을 파악하는 데 너무 게으르거나 그만큼 영리하지 못하기 때문입니다. 그런 지휘관은 정의를 맹목적으로 적용하고 있는 것입니다.

의사가 환자를 살피듯 여러분의 부하들을 주의 깊게 연구하십시오. 그러면 제군들은 어떤 처방을 내려야 하는지 알게 될 것입니다. 그리고 이러한 처방이 병원균을 없애는 데 그치는 것이 아니라 완치를 위한 것임을 명심하십시오. 환자에 대한 동정심으로 처방에 따라 환부를 깊이 도려내는 것을 두려워해서는 안 될 것입니다.

❇ 다섯 번째 요소, 공정성

징계를 가할 때와 마찬가지로 칭찬을 할 때에도 공정해야 합니다. 욕심쟁이를 좋아하는 사람은 없습니다. 제군의 사병이 뛰어난 업적을 이루었다면 적절한 대가를 받아야 합니다. 무슨 일이 있더라도 보상해야 합니다. 이를 낚아채서 자신의 몫으로 하려 해서는 안 될 것입니다. 이렇게 된다면 제군들은 부하들로부터 존경과 충성을 잃게 될 것입니다.

그리고 머지않아 제군들의 동기가 이를 듣고 제군들을 나병환자 피하듯 부하의 공적을 가로챈 장교를 기피할 것입니다. 전시에는 공을 세울 일은 지천에 널려있고 영광은 모두에게 돌아갈 것입니다. 제군들은 부하들을 공정하게 대하십시오. 받기만 하고 주지 않는 자는 리더가 아닙니다. 그는 기생충에 지나지 않습니다.

이와 같은 공정함 외에 제군들의 직위 특권의 남용을 방지해주는 또 다른 종류의 공정함이 있습니다. 제군들이 부하들로부터 존경받길 원한다면 그들을 존경하십시오. 그들을 깎아내리려 하지 말고 인격적으로 대하고 자긍심을 길러주십시오.

사병에게 횡포를 부리고 모욕을 주는 것은 겁쟁이나 하는 짓입니다. 규율이라는 밧줄로 나무에 묶어두고 반격할 수 없다는 것을 잘 알면서 때리는 것과도 같은 것입니다.

병사에 대한 배려, 예의와 존경은 규율과 배치되는 것이 아닙니다. 그것들은 규율의 일부입니다. 간단히 얘기해서 솔선수범과 결단력 없이는 아무도 다른 사람을 지도할 수 없다는 것입니다.

✲ 여섯 번째 요소, 결단력

작전 중이거나 응급상황이 발생했을 때 자신의 분석을 토대로 하여 – 나중에 그것이 정확한 판단이 아니었다고 해도 – 빠른 판단으로 신속하게 명령을 내리는 장교들을 볼 수 있을 것입니다.

반대로 응급상황이 닥치면 흥분하여 허둥거리는 장교들도 보게 될 것입니다. 정신을 못 차리고 경솔한 명령을 내렸다가 반복하고 또 다른 명령을 내렸다가 다시 뒤집는, 말하자면 겁쟁이의 징표를 내보이는 사람입니다. 짧은 순간에 그의 두려움이 완전히 드러나고 맙니다.

전자(前者)의 장교인 경우에 이렇게 말할 수 있을 것입니다.

'저 사람은 천재야. 생각할 시간조차 없었는데 대처를 했어. 그는 직관적으로 행동하고 있는 거야.'

그 말은 옳지 않습니다. 천재성이란 단지 무한한 고통을 견뎌낼 수 있는 용량을 의미할 따름입니다.

첫 번째 장교는 그런 상황에 익숙해지도록 준비를 해온 사람입니다. 이미 발생 가능한 상황을 미리 설정하고 연구해본 사람입니다. 그리고 그러한 상황에서 실행할 시범적인 계획도 이미 짜놓았습니다. 응급상황이 닥쳤더라도 그는 이미 맞설 준비가 되어 있었던 것입니다.

그는 문제의 상황이 닥쳤을 때 받아들일 준비가 되어 있었고 이미 형성된 계획에 따라 어떤 행동을 취해야 할지 재빨리 파악해내는 힘이 있었습니다. 그는 실행을 명령할 결단력을 지니고 있었고 그 상황에서 명령을 견지한 것입니다.

응급상황에서 아무런 명령도 내리지 않는 것보다는 어떤 명령이라도 – 그것이 합리적이기만 하면 – 내리는 것이 낫습니다. 상황이 있다면 부딪힐 일입니다. 뭔가 조처를 취하는 것이 – 그것이 잘못된 것일지라도 – 아무런 것도 안하고 지나가는 것보다 나은 것입니다.

결정을 하고 행동을 취했다면 밀고 나가십시오. 주저하지 마십시오. 병사들은 자기 자신이 어떻게 해야 하는지도 모르는 장교에게 믿음이 갈 리 없습니다.

때때로 제군들은 일반인으로서는 상상하기 힘든 긴급한 상황을 만날 때도 있을 것입니다. 그렇더라도 제군들이 예상할 수 있었던 다른 응급상황에 대한 준비를 해두었다면 제군들이 이미 겪은 정신훈련으로 신속하고도 침착하게 처신할 수 있을 것입니다.

제군들은 상부의 명령 없이도 행동할 수 있어야 합니다. 시간은 제군들의 명령을 기다려 주지 않습니다. 여기서 제군들의 상관의 업무까지 연구해야 하는 또 다른 필요성이 있습니다.

만약 제군들이 상황을 정확하게 파악하고 그에 대한 상관들의 명령을 상상할 수 있다면 제군들의 책임하에 지체됨이 없이 필요한 명령을 내릴 수 있을 것입니다.

❈ 일곱 번째 요소, 위엄

개인의 **위엄** 또한 군에서의 리더십에 중요한 요소입니다. 병사들과 친구가 되는 것은 좋으나 허물없이 지내지는 마십시오.

제군들의 병사는 제군을 – 두려움이 아닌 – 경외(敬畏)해야 합니다. 만약 병사가 제군들을 너무 친숙하게 여긴다면 잘못은 그들이 아닌 제군들에게 있습니다. 제군들의 행동이 그들로 하여금 그렇게 여기도록 한 것입니다.

무엇보다 그들의 우정을 얻으려고 애쓰거나 비위를 맞추려 하지 마십시오. 그들은 당신을 멸시할 것입니다.

만약 제군들이 그들의 존경과 충성, 헌신을 받을 자격이 된다면 그들은 요구하지 않아도 존경할 것입니다. 만약 제군들이 그런 자격이 없다면 무엇을 하던 그들의 존경을 얻을 수는 없을 것입니다.

만약 제군들이 지저분하고 정돈되지 않은 제복을 입고 여러 날 면도하지 않은 모습을 보인다면 위엄을 세우기가 거의 불가능합니다. 이런 사람은 자긍심이 없는 사람이며 자긍심이야말로 위엄의 필수적인 요소입니다.

물론 근무를 하다보면 옷이 깔끔하지 못할 수도 있고 면도를 못할 수도 있을 것입니다. 병사들도 그런 것은 충분히 알아차립니다. 이러한 상황에선 여러분의 외양이 깔끔하지 못한 것이 충분히 납득될 수 있습니다.

사실 그러한 상황에서 너무 깔끔하게 보여도 병사들은 제군들이 일을 등한히 한다고 생각할 것입니다. 그러나 이러한 특수상황이 종료되는 즉시 단정한 모습으로 모범이 되어야 할 것입니다.

❈ 여덟 번째 요소, 용기

다음으로 저는 용기에 관해 언급하고 싶습니다. 정신의 용기만큼 도덕의 용기도 중요합니다. 도덕적 용기는 제군들의 판단에 따라 주저함 없이 행동을 취하게 하여 소기의 목적을 달성할 수 있게 해줍니다.

제군들은 어떤 특정 사항에 대해 명령을 내리고 나서 불안과 의심으로 고민할 경우를 많이 겪을 것입니다. 제군들은 목표를 달성할 수 있는 다른 방법 혹은 더 나은 방법이 있다고 여길 것입니다. 명령을 바꿔야 하지 않을까 하는 강력한 유혹을 느낄 수도 있습니다.

그러나 제군들의 명령이 근본적으로 틀리지 않는 한 바꾸지 마십시오. 만약 바꾸면 두 번째 명령의 효과에 대해서도 걱정을 할 것이기 때문입니다.

명백한 이유 없이 명령을 바꿀 때마다 여러분의 권위는 약해지고 부하들의 신임도 줄어들 것입니다. 도덕적 용기에 근거해 명령을 하달하고 그것이 관철되는가를 지켜보십시오.

도덕적 용기는 제군들이 택한 행동에 대한 책임을 요구합니다. 만약 부하가 지시한 대로 명령을 성실히 이행했는데 오류가 발생했다면 그 잘못은 부하들에게 있는 것이 아니고 제군에게 있는 것입니다. 만약 그것이 성공했더라면 영광은 장교의 것이었을 것입니다. 그러므로 결과가 엉망으로 되었다면 장교가 비난을 받으십시오.

화살을 부하에 돌려 놀림감으로 만들지 마십시오. 그것은 겁쟁이나 취하는 행동입니다. 덧붙여 제군들은 아랫사람의 운명을 결정할 도덕적 용기를 필요로 할 것입니다. 제군들은 앞으로 직속부하들의 승진이나 강등을 위한 추천과 발언을 할 기회가 많을 것입니다.

개인으로 떳떳할 것이며 국가에 대한 의무를 명심하십시오. 개인적 친분이나 감정으로 정의의 엄정한 판단을 비껴가지 마십시오. 친형제라 할지라도 그가 임무수행에 적합하지 않다면 실격시키십시오. 도덕적 용기의 결핍으로 올바른 판단을 내리지 않게 된다면 다른 생명들을 잃게 될 수도 있을 것입니다.

반대로 개인적 이유로 끔찍이 싫어하는 사람을 추천해야 하는 상황에 처하더라도 공정한 판단을 해야 할 것입니다. 여러분의 목적은 대의(大義) 달성에 있지 개인적 원한을 푸는 데 있는 것이 아님을 기억하십시오.

제군들이 육체적인 용기가 있어야 하는 것은 당연한 것입니다. 그 필요성에 대해선 언급하지 않도록 하겠습니다. 용기는 용감함을 넘어서는 것입니다. 용감한 것은 두려움이 없다는 것을 의미합니다.

단순히 멍청이는 용감할 수 있습니다. 왜냐하면 그는 위험을 감지할 만한 정신 수준에 도달하지 못하고 있기 때문입니다. 하룻강아지는 위험에 대한 인식력이 부족하거나 두려움이 무엇인지 알지 못해 용감할 수 있습니다.

반면, 용기는 위험한 상황에서도 이를 무릅쓰고 수행하는 확고한 정신입니다. **용감한 것은 육체적인 것이고 용기는 정신적이고 도덕적인 것입니다.**

제군들은 추위를 느낄 때 손이 떨리고 다리가 떨리고 무릎이 후들거릴지도 모릅니다. 그것은 두려움입니다. 그러나 그런 상황, 즉 육체적 난관에도 불구하고 적을 향해 부하를 인솔해서 앞으로 전진해 적과 싸울 수 있게 했다면 그 장교에겐 용기가 있는 것입니다.

이때는 두려움의 신체적 징후도 사라질 것입니다. 그리고 다시는 그런 두려움을 겪지 않을 수도 있습니다. 그런 두려움은 처음 사냥에 나서는 초보자가 느끼는 두려움과 같은 것입니다. 여러분은 이에 굴복해선 안 될 것입니다.

몇 년 전, 나는 폭파과정을 배우고 있었는데 제가 속했던 반은 다이너마이트를 다루었습니다. 교관께선 조작법에 대해서 알려주면서 '여러분한테 폭발물을 다룰 땐 조심해야 한다고 말해야겠지. 이런 폭발물 사고는 일생에 한 번, 그러면 끝이거든' 이라고 하셨습니다.

그래서 저도 제군들에게 경고를 하겠습니다. 제군들의 첫 번째 작전에서 틀림없이 만나게 될 두려움에 자리를 내어준다면, 겁을 집어먹고 꽁무니를 뺀다면, 부하들을 전진시켜놓고 뒤에서 서성이며 탄피나 줍고 있다면, 제군들은 그들을 거느릴 기회를 영영 잃게 됩니다.

부하들에게 육체적 용기나 용감함을 전개하도록 요구할 땐 스스로 판단해 보십시오. 제군들이 하지 못할 일을 그들에게 시키지 마십시오. 만약 상식적으로 위험을 감수하기엔 너무나 위험하다고 판단된다면 다른 사람에게도 마찬가지입니다. 제군들의 생명이 소중한 것처럼 그들의 생명도 소중한 것입니다.

때론 부하들만 위험에 노출된 지역으로 보내야 하는 경우도 발생할 것입니다. 그때는 지원자를 필요로 할 것입니다. 만약 부하들이 시휘관을 알고 또 그것이 '옳은 일' 이라고 생각한다면 지원자가 모자란 상황은 발생하지 않을 것입니다.

왜냐하면 그들도 제군들이 온 힘을 다해 임무를 수행하고, 제군이 가진 최상의 것을 국가를 위해 바치려 하고 있으며, 할 수 있다면 기꺼이 임무를 수행하려 한다는 것을 알기 때문입니다. 제군들의 모범과 열의가 그들을 분발시킬 것입니다.

마지막으로 제군들이 리더십을 갖추기를 열망한다면 제군들의 부하를 연구해야 한다고 말하고 싶습니다.

그들을 속속들이 파악해 마음속에 무엇이 있는지도 알아내십시오. 어떤 사람들은 겉으로 보이는 것과 확연히 다른 사람들도 있게 마련입니다. 그들의 마음이 어떻게 움직이는지를 파악하십시오.

남북전쟁 당시의 지도자로서 로버트 리(Robert E. Lee) 장군의 성공은 심리학자와 같은 그의 능력에 기인한 바가 크다고 할 수 있습니다. 그는 웨스트포인트 육사 시절부터 반대자들을 연구해 두었습니다. 그들의 마음이 어떻게 움직이는지 알아두었습니다.

그리고 특정 상황에서 그들이 취할 행동 역시 파악했습니다. 그 결과 그는 거의 매번 상대편의 움직임을 예측하여 행동을 분쇄할 수 있었습니다.

제군들이 그처럼 전쟁에서 적들을 파악할 수는 없을 것입니다. 그러나 제군들의 부하는 알아둘 수 있습니다. 그들을 하나하나 장점과 단점을 파악한 후 누구는 마지막 순간까지 믿을 만하고 누구는 아닌지도 알아두어야 합니다.

제군들이여! 여러분 부하들을 알고, 자신의 임무를 알고, 여러분 자신을 아십시오!"

리더십에 관한한 어떤 저술도 이보다 뛰어날 순 없을 것이다. 이것을 자신에게 적용해보라! 업무와 직업과 근무하는 직장에 적용해보라! 그러면 이것이 얼마나 훌륭한 지침인지 알게 될 것이다.

바크(Bach) 소령의 연설은 고등학교를 졸업하는 모든 청소년에게 읽혀지는 것이 좋을 것이다. 또한 대학 졸업생과 리더십을 행사할 지위에 있는 모든 이에게도 그들의 직업과 업무를 막론하고 행동지침으로 이용되는 것이 좋을 것이다.

시간은 영원한 진보의 요람을 흔들어주며, 무지로부터 보호가 필요할 때 인간을 간호해주는 위대한 손이다.

●●●
결단력, 리더십의 선행조건

앞의 2장에서 여러분은 '명확한 중점 목표'의 가치에 대해 배웠다. 여러분의 목표는 단지 설정만으로 끝나지 말고 실제적으로 실행되어야 한다. 명확한 목표는 솔선수범을 보이는 사람이 그 목표가 달성될 때까지 적극적이고 끈기 있게 추구하지 않는 한 한갓 소망에 지나지 않을 것이다.

끈기 없이는 아무것도 해낼 수 없다. 끈기가 있느냐 없느냐의 차이는, 가령 '무엇을 얻었으면 좋겠다'와 '그것을 얻기 위해 적극적으로 결단한다'는 따위의 차이와 같다.

솔선수범하는 사람이 되기 위해서는 여러분의 명확한 중점 목표를 달성할 때까지 1년이 걸리든 20년이 걸리든 적극적이고 집요하게 그것을 추구하는 습관을 가져야 할 것이다. 목표를 달성하기 위한 지속적인 노력이 없다면 명확한 중점 목표는 없는 것이 나을지도 모른다.

자신의 명확한 중점 목표의 실현을 위해 매일 조금씩 움직이지 않는다면 그는 이 강좌를 최대치로 활용하고 있는 것이 아니다. 손놓고 기다리기만 하면 여러분의 명확한 주목표가 실현될 것이라고 자신을 속이지 말라. **목표의 실현은 세심하게 짜여진 계획과 이런 계획을 실행에 옮길 솔선수범의 정신에 바탕을 한 결단으로부터만 가능**하며, 그것이 안 되면 결코 이루어질 수 없을 것이다.

※ 리더가 갖춰야 할 주요한 자질

리더십의 주요한 선행조건 중 하나가 신속하고 확고한 결단력이다!

16,000명 이상에게 설문조사를 시행한 결과 리더는 아무리 사소한 일이라도 신속한 결정을 내리는 반면, 추종자들은 절대 신속한 결정을 내리지 못하는 사

람들이라는 점이다.

이것은 유념할 만한 사실이다!

추종자는 인생의 경로에 자신이 무엇을 원하는지도 잘 모르며 아주 사소한 일에서도 리더가 지시하기 전까지는 망설이고 꾸물거리면서 결정 내리기를 회피한다.

대부분 사람들이 쉽게 결단을 내리지 못한다는 사실을 안다는 것은 자기가 무엇을 원하는지 알고 또 그것을 실현하기 위한 구체적인 계획을 가진 리더에게는 커다란 도움이 될 것이다.

이쯤 되면 이 5장의 내용과 2장에서 다루고 있는 내용들이 얼마나 긴밀하게 연관되어 있는지 알 수 있다. 리더는 명확한 중점 목표를 지니고 업무를 수행할 뿐 아니라 그 계획을 성취하기 위한 매우 구체적인 계획도 지니고 있다. 자기 확신의 법칙 또한 리더의 주요한 자질임을 알 수 있다.

추종자들이 결정을 내리지 못하는 주된 원인은 결정을 내릴만한 자기 확신이 결여되어 있기 때문이다.

모든 리더들은 **명확한 목표의 법칙, 자기 확신의 법칙, 솔선수범과 리더십의 법칙**을 활용한다. 그리고 그가 탁월한 리더라면 **상상력, 열정, 자제력, 유쾌한 성품, 정확한 사고, 집중력, 인내의 법칙**을 구사한다. 이러한 법칙들을 통합하여 구사하지 못한다면 진정한 리더가 될 수 없다. 이러한 법칙 가운데 한 가지라도 결여된다면 균형 있는 리더로서의 역량이 경감되고 만다.

※ 성공의 힘, 결단력의 파워

라살르(La Salle)대학의 세일즈맨이 서부 소도시의 부동산중개업자를 찾아가 대학에 개설된 '세일즈맨십과 경영' 강좌를 소개하려 하였다.

세일즈맨이 사무실에 도착했을 때 그가 발견한 것은 한 사나이가 독수리 타법으로 구닥다리 타자기 앞에 앉아 타자를 치는 모습이었다. 세일즈맨은 그에게 자신을 소개하고 그 강좌에 대해 설명하기 시작하였다.

이 중개업자는 꽤 흥미가 있는 것처럼 귀를 기울였다.

설명을 다 마치고 세일즈맨은 이 고객이 '예스' 혹은 '노'의 가부간 결정을 하기를 기다렸다. 그는 자신의 설명이 불충분한 것 같아 그 강좌의 장점을 다시 한번 반복하여 설명해주었다.

그런데 이번에도 아무런 반응이 없었다. 그러자 세일즈맨은 단도직입적으로 물었다.

"그래서 이 과정에 관심이 있으신 겁니까? 아닙니까?"

중개업자는 느릿느릿 말을 길게 하며 대답하였다.

"글쎄요……. 잘 모르겠는데요."

이는 전혀 거짓이 아니었다. 그도 그럴 것이 이 중개업자도 결정을 못 내리는 수천, 수만의 사람에 해당하는 부류였던 것이다.

이러한 인간 본성을 간파하고 있던 세일즈맨은 몸을 일으켜 모자를 집어 쓰고는 소개 책자를 가방 안에 챙겨넣고 사무실을 나서려 하였다. 이어 그는 다소 과감한 방법을 구사하여 중개업자의 허를 찔렀다.

"당신이 싫어하겠지만 그래도 도움이 될 테니 말을 좀 해야겠습니다. 눈이 있으면 당신이 일하는 곳을 좀 살펴보십시오! 바닥은 지저분하고 벽에는 먼지가 붙어 있고 타자기는 도대체 언제 적 것입니까? 노아가 와서 '선생님' 하겠습니다. 바지는 무릎이 튀어나오고 셔츠 깃은 지저분하고 면도도 안 하고 눈동자엔 절망의 빛만이 있군요.

제 말에 기분이 상했을 테니 마구 화를 내십시오. 그렇게 되면 당신도 스스로가 그렇게 할 수 있다는 사실에 놀라, 최소한 당신에게 도움이 되고 당신에게 딸린 식구들에게 도움이 될만한 어떤 생각이라도 하려고 하지 않겠습니까?

말 안 해도 당신 가정이 눈앞에 보입니다. 아이들은 옷도 되는 대로 입힐 것이며 아마 맛있는 음식을 먹이지도 못했겠죠. 아이 엄마는 유행에 처진 옷을 걸쳐 입고 당신과 마찬가지로 절망적인 표정을 지니고 있겠죠. 당신과 결혼한 가엾은 그 여자는 처음 결혼할 때 당신이 약속했던 행복한 삶을 살고 있지는 못하고 있겠지요.

제가 지금 미래의 학생에게 말하고 있는 것이 아닙니다. 지금 저는 당신이 현금으로 선납을 한다 해도 이 강좌를 수강토록 할 생각이 없습니다. 제가 이 강좌를 수강토록 한다고 해도 지금의 당신이라면 이를 솔선수범해서 이수할 의지도 없을 뿐더러 우리는 학생 중에 이러한 실패자가 나오는 것을 바라지 않기 때문입니다.

지금 제가 말하는 것이 강좌를 수강토록 하는 데에는 하등 도움이 안 될지라도 당신에게 뭔가는 도움이 될 것입니다. 적어도 당신에게, 이전에는 해보지도 않았던 생각할 기회라는 점을 주었을 테니까요.

당신이 왜 실패자인지 알려드리겠습니다. 왜 이런 시골구석의 보잘 것 없는 사무실에서 낡아빠진 타자기를 가지고 타이핑을 하고 있는지 말입니다. 이게 다 **결정을 내릴 힘이 없는 까닭입니다!**

평생 동안 당신은 결정을 내리는 것을 회피해왔고, 이젠 아주 습관이 되어 무언가 결정을 내린다는 일이 아예 불가능하게 되어버린 거죠.

만약 당신이 이 강좌를 '원한다'고 했다면, 아니 '원하지 않는다'라고 하였다면 이에 수긍하였을 것입니다. 지금 이를 수강할 돈이 모자라는구나 하고 동정했을 수도 있습니다. 그렇지만 당신은 뭐라고 했죠? 자기가 원하는지, 원하지 않는지도 모른다고 했습니다.

제가 말한 것을 다시 한번 생각해본다면 당신도 지금까지 자신에게 중요한 모든 일에 분명한 결정을 내리지 못하고 얼렁뚱땅 회피하는 습관을 길러왔다는 것을 알게 될 것입니다."

중개업자는 놀란 나머지 의자에 딱 붙어서 입은 딱 벌어지고 눈이 똥그래졌으나 세일즈맨의 통렬한 비판에 한마디 대꾸도 하지 못하였다.

세일즈맨은 말을 마치고 일어섰다.

그는 문을 닫고 나가더니 다시 걸어 들어와 이번에는 얼굴에 미소를 머금고 아직도 어안이 벙벙한 중개업자 앞에 앉아 조금 전 자신의 행동에 대해 설명하였다.

"제가 한 말에 상처를 입었다고 하더라도 할 말이 없습니다. 사실 저는 선생님이 기분 나빠하길 바랐습니다. 솔직히 말씀드리자면 저는 선생님이 지성적인 분이고 능력 또한 있다고 믿습니다. 단지 선생님은 지금 습관에서 벗어나지 못하고 있는 것입니다. 비가 온 뒤에 땅이 더 굳고, 구덩이에 떨어져봐야 올라올 수도 있는 것입니다.

지금 선생님은 난관에 빠진 상태지만 다시 시작할 수 있습니다. 제 무례를 용서한다면 저는 당신에게 손을 내밀어 끌어올릴 의사가 있습니다. 당신은 이 마을이 어울리지 않습니다. 설령 이곳에서 최고가 된다고 해도 이렇게 작은 곳에서 중개업을 계속 한다면 굶어죽기 십상입니다.

당장 새 옷을 해 입으십시오. 필요하다면 제가 돈을 빌려드릴 수도 있으며, 세인트루이스로 저와 함께 가시면 그곳의 부동산중개업자를 소개해 드리겠습니다. 그는 당신에게 돈을 버는 기회를 줄 것이고 이 분야에서 성공하려면 어떤 것에 중점을 두어야 할지 가르쳐 줄 것입니다.

옷 살 돈이 충분치 않으면 세인트루이스에 제가 아는 상점이 있으니 거기서 옷을 사도록 도와드리겠습니다. 이는 모두 진심으로 드리는 말씀이며 당신을 변화시키고 싶은 동기에서 도움을 드리고 싶은 것입니다. 저는 지금 이 분야에서 성공을 거뒀지만 저라고 처음부터 성공을 거둔 것은 아닙니다.

저도 지금 당신이 겪고 있는 것을 과거에 그대로 겪었습니다만, 중요한 것은 이미 극복해냈다는 사실입니다. 당신도 저의 충고를 따른다면 이겨낼 것입니다. 저를 따라 세인트루이스에 가시겠습니까?"

중개업자는 몸을 일으켜보려고 했지만 다리가 후들거려 그만 의자에 털썩 주저앉고 말았다. 그는 남자답고 체격이 건장한 당당한 체구였음에도 감정을 주체하지 못해 흐느끼기 시작했다.

그는 다시 일어서려 애썼고 세일즈맨에게 악수를 청하였다. 호의에 감사하며 그의 충고를 받아들이겠지만 자기 방식대로 하겠다고 말했다.

그는 지원서를 받아 5센트와 10센트짜리로 첫 번째 대금을 치루고 '세일즈맨십과 경영' 강좌에 등록하였다.

3년이 지나 이 중개업자는 60명의 세일즈맨을 지닌 조직을 거느리게 되었고, 세인트루이스의 부동산업계에서 알아주는 유명인사가 되었다. 나는 (당시 라살르대학의 홍보부서를 맡고 있었을 때) 그의 사무실을 자주 방문하면서 15년간을 살펴봤는데 15년 전의 모습과는 전혀 딴판이 되었다.

당신도 그처럼 바뀔 수 있다! 바로 **리더십에 필수적인 결단력의 힘이다.**

그는 부동산업계의 리더가 되었다. 세일즈맨들을 지도하고 좀더 효율적인 활동이 되도록 도움을 준다. **결단력!** 이 한 가지 변화가 그의 일시적 패배를 성공으로 바꾸어 주었다. 그에게 고용되는 세일즈맨들은 우선 그의 사무실에 불려가 어떻게 그가 변화하였는지, 어떻게 라살르대학의 세일즈맨이 별 볼일 없는 자신에게 영향을 끼치게 되었는지를 들은 후에야 일을 시작하게 된다.

15가지 성공의 법칙에 통달하는 것은 실패를 보험에 드는 것과 같다.
– 사무엘 곰퍼스(Samuel Gompers)

❋ 럼버포트의 성공 사례

18년 전에 나는 웨스트버지니아주의 럼버포트(Lumberport)라는 작은 마을을 방문하게 되었다. 당시만 해도 인근의 가장 큰 도시인 클락스버그(Clarksburg)에서 럼버포트로 가는 교통수단이라고는 레일로드에서 운영하는 기차와 마을 반경 3마일을 운행하는 전차가 있었을 뿐이었다. 즉, 기차를 놓치고 전차를 타게 되면 3마일을 걸어야 했다.

클락스버그에 도착했을 때, 오전에 럼버포트에 가는 기차는 이미 떠나버려 오후 늦게 다시 오는 기차를 기다리는 대신 전차를 이용하고 나머지 3마일을 걸어가기로 했다.

도중에 비가 내리기 시작해서 이 3마일을 걸어가는 동안 내내 진창길이었다. 내가 럼버포트에 도착했을 때 신발과 바지는 진흙투성이가 되었지만 뜻밖의 수확을 얻어 그리 나쁜 시도만은 아니었다.

길을 걸어가다가 나는 럼버포트 은행에서 일하는 호너(V.L. Hornor) 씨를 만나게 되었다. 비가 내리는 관계로 큰소리로 그에게 물었다.

"아니, 도대체 왜 저쪽에서 럼버포트까지 전차 길을 내지 않는 건가요? 그러면 진창길에 빠지지 않고도 마을을 오갈 수 있잖습니까."

그는 "들어오실 때 마을 끝에 강이 흐르고 높다란 제방이 있는 걸 보셨습니까?" 라고 되물었다. 나는 보았노라고 대답했다.

"바로 그 때문에 전차가 마을에 못 들어오고 있습니다. 거기에 다리를 놓으려면 10만 달러 정도 필요한데 전차회사에서 부담하기에는 너무 큰 액수거든요. 전차 선로를 마을까지 대려고 10년 동안이나 노력하고 있지만 모두 허사였습니다."

"노력하셨다구요!"

나는 나도 모르게 소리 질렀다.

"얼마나 노력하셨죠?"

"저희는 가능한 모든 수단을 강구했죠. 종점에서 마을로 들어오는 길을 무료로 제공하고 도로를 무료로 사용하게 해주겠다고. 그렇지만 언제나 다리가 문제였어요. 돈을 댈 수가 없다는 겁니다. 3마일을 연장 운행해서 올릴 수 있는 수익으로는 그만한 지출을 감당할 수 없다는 거죠."

여기에서 나는 성공의 법칙을 적용하였다!

호너 씨에게 괜찮다면 이런 불편을 초래하는 바로 그곳 강둑까지 데려다 달라고 하였다. 그는 기꺼이 하겠다고 했다.

강가에 도착한 후 나는 모든 것을 빠짐없이 살펴보았다. 철로가 양쪽 강둑을 오르내리고 강을 가로지르는 지방도로가 삐걱거리는 나무다리 위에 놓여 있는데다 그 다리의 양쪽 끝에는 여러 갈래의 철로선이 모여들어 선로를 바꾸는 교차점으로 사용하고 있었다.

이를 살피고 있는 동안 화물차가 다리를 차단하고 있었다. 다리 양쪽에서 건널 기회를 기다리느라 대기하고 있는 사람들이 눈에 띄었다. 그 화물차는 다리를 건너는 데 약 12분이 소요되었다.

이러한 상황을 염두에 두고 약간의 상상력을 가미하자 적어도 3개 당사자들이 전차가 다닐 수 있는 다리 건축에 관심이 있고 혹은 있을 수 있다는 점을 파악하게 되었다.

철도회사가 이에 관심이 있을 것은 분명했다. 이렇게 되면 사람들이 철로로 건널 필요가 없게 되고 사고를 방지할 수 있을 뿐 아니라 사람들이 지나는 걸 기다리느라 낭비되는 시간과 비용을 줄일 수 있기 때문이다.

또한 시민위원회에서도 이를 환영할 것이다. 이렇게 되면 좀더 안전한 길을 확보하게 되고 주민에게 양질의 서비스를 제공할 수 있기 때문이다.

전차회사에서도 다리 건설에 관심이 있을 것이다. 그들에게는 단지 비용을 모두 부담할 수 없다는 점이 문제일 뿐이다.

강둑에 서 있는 동안 이러한 시나리오들이 머릿속을 스치고 지나갔다. 이제 나의 머릿속에는 **명확한 주요 목표**가 자리잡았다. 그리고 이를 달성하기 위한 명확한 계획도 세워졌다.

다음날 나는 시 대표, 지방 유지들로 구성된 위원회 위원들과 시민 등 사람들을 모아 철도회사의 관리이사를 방문하였다. 다리 건설에 소요되는 3분의 1의 비용을 부담하도록 설득했다. 물론 그것이 철도회사에도 이득이 된다는 사실을 확신시킬 수 있었다.

다음으로 시민위원회를 찾아갔다. 그들은 다리를 건설할 수만 있다면 3분의 1의 비용은 기꺼이 대겠다는 적극성을 보이면서 3분의 2의 비용만 준비된다면 이를 부담하겠다고 약속하였다.

마지막으로 전차회사 대표를 방문하여 길을 사용하는 권리를 무상으로 제공할 것이며 다리 건설에 필요한 3분의 2의 비용은 마련해줄 테니 나머지 3분의 1의 비용만 대라고 하였다. 그도 이에 긍정적인 반응을 보였다.

3주가 지나 철도회사, 전차회사와 시민위원회 3자간에 계약이 성사되었는데, 다리 건설에 필요한 비용을 3분의 1씩 부담하겠다는 내용이었다.

2개월 후에 길을 사용하는 권리가 부여되었고 다리 공사가 착수되었으며 3개월이 지나자 전차는 럼버포트로 운행을 하게 되었다. 이는 럼버포트 주민들에게는 불필요한 수고와 시간을 들이지 않고도 이동할 수 있게 되었기 때문에 그 의의가 컸다.

나에게도 의의가 컸다고 할 수 있다. 이 일로 나는 '일을 해낸 사람'으로 평가를 받았을 뿐 아니라 거래를 성사시킨 공로로 또 다른 기회를 얻게 되었다. 전차회사 대표가 경영고문 자리를 제안해왔으며 이 자리는 나중에 내가 라살르대학의 홍보부장으로 임명되는 데 도움이 되었다.

럼버포트는 지금도 그렇지만 그 당시에도 소도시에 불과하고 시카고는 이에 비해 대도시이며 이곳에서 상당히 떨어져 있었지만 솔선수범과 리더십에 대한 소식이 그곳까지 전해졌다.

이 교섭과정에서는 15가지 성공의 법칙 가운데 4가지가 사용되었다.
명확한 중점 목표, 자기 확신, 상상력, 그리고 솔선수범과 리더십이 그것이다. 물론 **보수보다 많은 일을 하는 습관**도 활용되었지만 나는 이 거래에서 어떤 조건을 제시받지도 않았을 뿐 아니라 사실 어떤 보수도 바라지 않았었다.

솔직히 말해서는 보수를 받게 되길 기대한 것은 아니고 단지 이 일은 '불가능하다'고 한 말에 도전을 받아 다리 건설을 성공해 보이고야 말겠다는 생각을 가졌을 뿐이다. 이러한 나의 태도는 호너 씨에게 '그는 해낼 수 있을 것 같다'는 암시로 비춰졌고 그 기회를 놓치지 않고 나를 시험해 볼 수 있었던 것이다.

이 거래에서 사용된 법칙 가운데 상상력을 살펴보는 것도 의미가 있을 것이다. 럼버포트의 주민들은 10년 동안 전차 운행을 마을까지 확장하려고 노력하였다. 그러나 이것이 실패하였다고 해서 이곳 주민들이 무능하다고 한다면 잘못된 판단이 될 것이다.

사실 마을에는 유능한 사람이 많이 있었지만 그들은 단지 모든 사람들이 빈번하게 저지르는 실수, 즉 단 한 가지 해결책만을 통해 문제를 해결하려 한 것이다. 실제 이 문제를 해결하는 데는 삼자의 노력을 이끌어내는 것이 관건이었다.

10만 달러에 해당하는 액수는 다리 건설을 위해 한 곳에서 부담하기엔 액수가 너무 크지만 삼자가 나누어 부담하게 된다면 감당할만한 금액이 된다.

그러면 마을 사람들은 어째서 삼자 해결책을 '생각해내지 못했을까?' 라는 의문이 들 수 있다.

첫 번째로 그들은 그 문제에 너무 근접해 있었기 때문에 문제를 객관적으로 보고 대처할 수 있는 시각을 가질 수가 없었기 때문이다. 이런 오류는 흔히 저지러지는 실수이며 위대한 지도자들은 이를 항시 경계한다.

두 번째로는 그 도시의 사람들이 한번도 그 문제를 위해 힘을 규합하고 협동을 해본 경험이 없었던 까닭이다. 이것 역시 많은 사람들이 저지르는 실수 가운데 하나이다. 협력의 정신으로 단체를 규합하여 현안을 해결하는 것에 익숙하지 않은 것이다.

나는 외부인으로서 그들 내부에서는 오히려 도출하기 어려웠을지도 모르는 협력적인 행동을 이끌어내는 데 상대적으로 어려움을 덜 겪었다. 조그만 공동체의 경우 이기주의가 존재하는 사례가 종종 있다. 구성원들은 자신의 아이디어가 꼭 채택되어야 한다고 하는 경향이 있다.

구성원 개인의 생각과 이익보다는 전체 이익을 위해 사람들을 이끄는 것이 리더의 중요한 책임이자 역할의 한 부분이다. 이는 시민사회, 경영, 정치, 산업 등 모든 분야에 해당되는 공통사항이다.

성공이란 각 개인의 정의가 어떻든 간에, 어떻게 하면 개인적인 개별성을 자제시키느냐에 관한 문제이다. 추종자들에게 자기 계획을 받아들이고 그것을 충실히 이행하도록 만들 수 있는 인품과 상상력을 지닌 리더는 항상 유능한 지도자가 될 수 있다.

다음 6장에서 다룰 상상력에서 여러분은 리더십에 대해 좀더 접근할 수 있게 될 것이다.

리더십과 상상력은 매우 긴밀하게 연계되어 있을 뿐 아니라 이를 잘 적용하지 않으면 성공에 이를 수 없다고 할 수 있을 만큼 성공에 필수적인 요소이다. **솔선수범은 리더를 앞으로 밀어내는 동력에 해당하며, 상상력은 리더에게 어느 길로 가야 할지 일러주는 나침반이다.**

나도 상상의 힘을 이용하여 럼버포트 다리 건설 문제를 분석하고 이를 해결할 수 있는 방법을 찾아낼 수 있었던 것이다. 이처럼 거의 모든 문제들이 통째로 다룰 때보다 부분으로 나누었을 때 더 쉽게 해결의 실마리를 찾을 수 있다. **상상력의 가장 중요한 작용이라는 것도 문제를 여러 부분으로 분리했다가 좀더 효율적인 조합으로 재조합**하는 데 있다.

모든 전쟁에서의 승패는 전쟁이 시작된 후 전선에서 판가름나는 것이 아니라 사전에 후방에서 전쟁을 계획하는 장교들이 전략을 얼마나 치밀하게 세웠느냐에 달려 있다고 한다.

전쟁에 적용되는 원리가 사업과 인생을 통해 우리에게 닥치는 온갖 문제에도 그대로 적용된다고 봐야 할 것이다. 우리는 우리가 계획하고 실행하는 계획에 따라 실패하기도, 성공하기도 하게 되는데, 이러한 사실에서 **솔선수범과 리더십, 상상력, 자기 확신, 명확한 중점 목표**의 중요성을 새삼 강조할 필요는 없을 것이다.

이러한 4가지의 법칙을 적용하여 세운 계획이라면 이러한 법칙을 알지도, 이해하지도, 채택하지도 못한 사람들에게 패배하는 일은 결코 없을 것이다. 따라서 이 진리에 예외란 있을 수 없다.

성공의 방법, 이른바 **조직화된 노력이란 '상상력'의 도움을 얻어 '명확한 중점 목표'를 세운 후 '솔선수범과 리더십'의 힘이 뒷받침된 계획에 따라 이루어지는 노력이다.** 이상의 4가지 법칙이 하나로 결합되면 리더는 힘을 갖게 된다. 이러한 요소의 도움 없이 유능한 리더는 탄생할 수 없다.

이제 여러분은 상상력의 원칙을 읽을 단계가 되었다. 지금까지 언급된 내용들을 음미하면서 읽으면 더욱 그 깊은 의미를 느낄 수 있을 것이다.

인생은 비워야 하는 술잔이 아니라 채워 넣어야 하는 곳간이다.

– 해들리(Hadley)

"편협함"

만약 당신이 편견과 증오, 편협함을 꼭 표현하지 않고는 못 참겠다면 이를 말로 하지 말고 써라. 파도가 쓸어가는 백사장 모래 위에…….

지성이라는 여명이 인류 진보의 수평선 너머로 사라진다면 그때 모래 위에 마지막 발자취를 남길 것은 무지와 미신이 될 것이다. 그들은 인간 죄악의 명부에 마지막 장을 장식할 것이며 그 중에서도 가장 중대한 죄악은 편협함이다.

또한 편협 가운데에서도 가장 편협한 것은 종교, 인종, 경제적 편견과 의견의 상이(相異)함에서 비롯된다. 도대체 언제쯤이면 어리석은 인간이 단지 종교적 신념과 인종이 다르다는 이유로 서로 해치는 것을 멈추게 될 것인가!

우리가 이 지구상에 허락된 시간은 찰나에 불과하다. 촛불과도 같이 점화되었다가 순간을 빛내고 연기로 사라진다. 이 지상으로의 방문기간이 끝나고 죽음이라 불리는 사막의 대상(隊商)이 찾아와 이제 방문이 종료되었으므로 즉시 둥지를 접고 떠나자고 할 때, 그 미지의 위대한 존재를 따를 때, 왜 우리는 두려움에 떨지 않는 법을 배우지 못했는가!

나는 레테의 강을 건넌 후에 저쪽 세상이 유대인도 이방인도, 가톨릭도 신교도도, 그리고 독일, 인도, 영국, 프랑스인도 없는 곳이기를 희망한다. 그곳에서는 인종과 종교의 구분 없이 오직 영혼과 형제와 자매들만이 있기를 바라며 그렇게 되면 나는 영원토록 편협함에 휘둘리지 않고 평화로울 수 있을 것이다.

20여 년 전에 이름난 교육기관이 있었다. 이곳에서는 수천 명의 학생에게 양질의 교육을 실시하였고 규모가 날로 확장되었다. 이 학교에는 두 명의 공동 소유주가 있었으며 그들은 각각 아름답고 재능이 뛰어난 젊은 여인과 결혼하게 되었다. 그들이 맞이한 부인은 모두 피아노 연주를 전공하였다.

이 둘은 누가 이 분야에서 실력이 뛰어난지 언쟁을 벌이곤 하였다. 결국 남편들까지 이러한 싸움에 말려들어 원수가 되고 말았다. 한때는 번창했던 학교의 뼈대는 이제 '햇빛 아래 바래고' 있다.

모범적인 산업공장에 있는 작업반장 두 명이 서로 투쟁하기 시작했다. 자기가 하게 될 것이라고 생각한 승진이 다른 사람에게 돌아갔기 때문이다. 5년이 넘게 증오와 편협의 조용한 암투가 이어졌다.

각 작업반장 아래 소속된 직원들도 이러한 질시의 감정을 이식받아 증오의 분위기가 팽배하게 되었다. 점차 전 공장에 파벌이 형성되었고 생산력은 급속히 감소하여 결국 공장은 재정 위기에 처해 도산하고 말았다.

한때 번영의 궤도를 달리던 사업이 이제는 '땡볕 아래 뼈만 남아 뒹굴게' 되었고, 이 두 명의 작업반장과 수많은 직원들은 다른 곳에서 처음부터 다시 시작해야 했다.

필라델피아의 목가적인 전원에 돈 많은 사람들이 집을 지어 부촌이 형성되었다. 집집마다 입구에는 '편협'이 풍기는 냄새를 맡을 수 있다. 한 사람이 자기 집 앞에 철제 담장을 높게 두르면 옆집 사람이 이를 보고 그보다 두 배 높게 담장을 올린다.

다른 사람이 새 차를 사면 옆집 사람은 이를 보고 새 차를 두 대 산다. 어떤 사람이 집에 식민지 스타일로 현관에 차양을 내면 옆집에선 새로운 차양을 내고 스페인 스타일로 차고를 꾸민다.

언덕 꼭대기에 있는 집에서 자기와는 공통의 관심사도 찾을 수 없는 사람들을 연회에 초대해 자동차로 길이 꽉 들어찬다. 그럼 뒤이어 이 집 저 집에서 연회를 여는 등 모두 남보다 나아 보이려 갖은 애를 쓴다.

'사장님' 께서 기사가 모는 롤스로이스 뒷좌석에 앉아 출근을 한다. 그는 왜

276

출근을 하는가? 물론 돈을 벌기 위해서다. 이미 수백만 달러가 있는 데도 그는 왜 돈을 더 벌려고 하는 걸까? 그는 이렇게 함으로써 그의 부자 이웃들을 계속해서 능가하고 싶기 때문이다.

이런 면에선 빈곤도 좋은 면이 있다. 가난에 찌든 사람들은 이웃보다 더 가난하려고 '결투'를 하지는 않기 때문이다.

사람들이 죽기살기로 분쟁을 하는 이유는 대략 3가지에서 원인을 찾아볼 수 있을 것이다. 그들은 **종교적 신념의 차이, 경제적 경쟁과 이성 쟁탈을 위한 경쟁의 3가지이다.**

두 사람이 서로 적대감을 가지고 분쟁하고 있는 것을 보게 된다면 눈을 감고 생각해보라. 원인은 돈다발, 종교, 그리고 여자(혹은 여자들)가 그것이다.

이 부록의 목적은 인간 본성에 관한 진실을 밝힘으로써 여러분들이 사고하는 데 도움을 줄 수 있도록 하는 것에 있다. 나는 이 교훈과 관련하여 어떤 영광도 보상도 바라는 것이 없다.

카네기와 헨리 프릭(Henry C. Frick)은 철강 사상 길이 남을 위업을 달성하였다. 그들은 모두 수백만 달러를 벌었는데 어느 날 이 둘 사이에 경제적 편협이 발동하였다. 프릭에 대한 무시와 도전을 보여주기 위해 카네기는 고층 건물을 지어 '카네기 빌딩'이라고 이름붙였다. 이에 대한 응수로 프릭은 더 높은 빌딩을 카네기 빌딩 옆에 짓고 '프릭 빌딩'이라고 이름붙였다.

이 두 신사 양반이 '뿔을 맞대고' 싸웠고 이 싸움에서 카네기가 판단력을 잃었다는 사실은 세상이 다 아는 사실이다. 프릭이 잃은 것은 무엇인지는 자신만이 알 것이다. 후대에게 그들의 경쟁은 '땡볕 아래 뼈만 남아 뒹구는' 결과로 기억에 남아 있다.

오늘날 철강사업을 하는 사람들은 그들과는 다른 경영방식을 채택하고 있다. 뿔을 맞대는 대신 이제 그들은 '중역진을 결합'하고 있으며, 그 결과 쌍방이 실제적으로 단결되고 전체 산업이 강력해지게 되었다. 오늘날 철강사업의 경영인들은 경쟁과 협력의 차이점을 잘 인식하고 있다. 이 차이점에 대해선 우리도 잘 이해할 수 있다.

서부 버지니아의 어느 산간 마을에 두 가족 - 해필드와 맥코이 가문 - 이 평화롭게 살고 있었다. 그들은 3대에 걸쳐 서로에게 좋은 이웃이었다.

어느 날 맥코이 가의 돼지가 울타리를 넘어 해필드 가의 옥수수밭으로 넘어갔고, 해필드 가는 돼지를 쫓기 위해 사냥개를 풀었다. 맥코이 가에서는 개를 죽임으로써 응수하였고 이렇게 시작된 불화는 다시 세대를 거쳐 이어졌으며 양가의 많은 희생을 초래하였다.

영국에서 광산 소유주와 노동조합 사이에 '뿔을 맞대게' 되었다. 냉철한 지도자가 이들의 뿔(대치상태)을 풀지 않았다면 대영제국의 골격은(광산주와 노동조합 모두) 오래 못가 '땡볕 아래 뼈만 남아 뒹굴게' 되었을 것이다. 1년에 걸친 조합과 광산주 사이의 분쟁으로 대영제국은 하마터면 멸망할 뻔했다.

그렇게 되었다면 지금 영국이 누리고 있는 경제적 부를 다른 나라들이 거머쥐게 되었을 것이다. 경영자들과 노동조합원 모두 이를 기억하여 교훈으로 삼아야 할 것이다.

편협함은 인간의 사지를 무지의 족쇄에 묶어두고 두 눈을 두려움과 미신으로 가린다. 편협함은 더 이상의 지식 습득에도 관대하지 않아 지식을 접하게 될 때에도 책표지를 덮어버린다.

포용하는 것은 의무사항이 아니라 당신의 특권이다!

이 글을 읽으면서 편협의 씨를 뿌리는 사람들에 대한 이해를 하기 바란다. 모든 전쟁과 파업, 그리고 기타 인간이 겪고 있는 고통들이 모두 '어떤 이' 들에게만 이익을 가져다주고 있다. 이것이 사실이 아니라면 세상에는 전쟁이든 쟁의든 혹은 어떤 형태의 유사한 적대감도 없었을 것이다.

오늘날 미국에는 잘 조직화된 단체가 있어 이들은 고용주와 직원간의 쟁의를 조장하고 적대감을 일으킨다. 노동 문제의 의견 불일치로 서로 '뿔을 맞대게' 되면 어떻게 되겠는가. 결국 싸움이 끝나고 '땡볕 아래 뼈만 남아 뒹굴게' 되는 것은 노조 지도자들이나 고용주가 아닌 직원과 노동자라는 사실을 기억하길 바란다.

누군가와 '뿔을 맞대게' 될 것 같다면 대신 **손을 맞잡는 것이 득이 된다**는 점을 잊지 말길 바란다. 따사롭고 충정이 담긴 악수는 '땡볕 아래 뼈만 남아 뒹굴게' 하지 않는다.

잉거솔(Ingersoll)은 다음과 같이 말하였다.

"사랑은 인생의 먹장구름 위에 꽂힌 유일한 무지개이다. 그것은 새벽별이며 저녁별이다. 그것은 아기의 요람을 비추고 고요한 무덤가에 빛을 내리고 있다. 그것은 예술의 어머니이고 시인에게 영감을 주며 애국자와 철학자에게 위안을 준다.

그것은 모든 이의 심장에 공기와 빛을, 그리고 가정을 이루어주며 모든 사람들의 가슴에 따스한 불을 지펴준다. 그것은 온 세상을 멜로디로 가득 채운다. 왜냐하면 음악은 사랑의 음성이기 때문이다. 사랑은 마법, 빛나지 않는 것들을 기쁨으로 바꾸어주며 진흙으로 왕과 왕비를 만든다.

그것은 향긋한 마음의 꽃내음, 그토록 신성한 열정이 없다면 아름다움은 사라질 것이다. 그것이 없다면 인간은 짐승만도 못할 것이다. 그러나 그것(사랑)이 있으면 이 땅은 정녕 천국이요, 우리들은 그 천국에 사는 작은 신들이다."

동료를 위해 사랑을 개발하라. 그렇게 되면 다시는 그와 경쟁하기 위해 뿔을 맞댈 필요성이 없어질 것이다. 사랑은 모든 이를 그의 형제로 만든다.

사랑, 그것은 실로 하늘에서 내린 빛.

그 영생의 불꽃으로서

천사들과 알라께서도 지니고 계신다.

지상의 낮은 우리들을 위해

사랑의 마음으로 감싸주네.

기도는 인간의 마음을 움직이지만

천국은 사람의 사랑 속으로 내려온다.

사랑이라는 신이 부여하신 감정이

탐욕스러운 생각에서 건져주신다.

사랑은 우주를 창조하신 전능하신 분의 빛이며

영혼의 주위를 휘감는 영광이다.

- 바이런(Byron)

상상력
Imagination

Napoleon Hill

재능을 방치하는 사람은 어리석은 자이다.

- 소크라테스

상상력

'믿어라! 당신은 해낼 수 있다!'

상상력은 과거의 낡은 사고와 기존의 사실들을 새롭게 조합하여 새로운 조립품 내지는 새로운 사용처를 만들어내는 능력을 의미한다.

사전에서는 상상력을 다음과 같이 정의하고 있다.

'지식과 사고를 새롭고 독창적인 체계로 만들어내는 두뇌 행위, 건설적이고 창조적인 능력으로 시적인 것, 예술적인 것, 철학적인 것, 과학적이고 윤리적인 모든 상상력을 포함한다.'

'마음에 심상(心像)을 만들어내는 힘이자 내면의 이미지로써 의미 있는 그림의 형태 혹은 기억이나 이미지. 이것은 특히 오감(五感)이나 수리적 추론에 관련된 사고의 정신적 재현 등으로 과거 경험에서 기억된 사실들로부터 때로는 비합리적이거나 비정상적인 수정을 가하여 재생산되거나 조립하는 것.'

흔히 상상력은 영혼의 창조적인 능력으로 일컬어지고 있지만, 이러한 추상적인 정의로는 (물질적이고 금전적인) 부를 획득하는 수단으로써 이 강좌를 접하는 이들에게는 이론적이고 다소 거리감이 느껴지는 정의일 뿐이다.

만일 이 책의 앞장들에서 제시한 법칙들을 터득하고 철저하게 이해하였다면, 상상력을 통하여 자신의 명확한 중점 목표가 확립되고 통합된다는 사실을 알게 되었을 것이다. **자기 확신과 솔선수범, 그리고 리더십 또한 실제로 실현되기 전에 자기암시의 원리의 적용을 통해 길러진다고 보면 그것들도 이미 상상력의 도움 속에서 창조된다는 것을 알 수 있을 것이다.**

● ● ● 성취는 상상력의 산물

모든 전화선이 교환국을 거치는 것처럼 다른 장들도 결국 이 장으로 통해 상상의 원리를 응용해야 하기 때문에 상상력에 관한 이 장은 전체 강좌의 중심에 해당한다고 할 수 있다.

자신이 원하는 자질들을 스스로의 상상 속에서 그려본 후 이를 획득하고 보유한 자신의 모습을 그려보지 않는다면 인생의 명확한 목표도 자기 확신도 솔선수범과 리더십도 있을 수가 없을 것이다.

떡갈나무가 토양에 잠자는 씨앗에서 시작되었고, 새는 알에 잠재되어 있는 세포로부터 나오듯 여러분의 물질적 성취도 결국은 자신의 상상 속에서 구상한 체계적인 계획으로부터 비롯될 것이다. 그러므로 당신의 **상상이 현실화되기 위해서는 우선 생각이 있어야 하고, 그 다음 그 생각을 조직하여 아이디어와 계획으로 바꾸어야 하며 마지막으로 이러한 계획을 실현시키는 것이다.** 이 단계에서 알 수 있듯 어떤 성취도 결국은 상상력으로부터 시작되는 것이다.

※ 텔레파시 효과

상상력은 개념과 아이디어, 그리고 사실들을 관찰하고 통합하여 새로운 계획을 창조할 수 있다. 그래서 상상력은 해석적인 측면과 창조적인 측면을 아울러 지니고 있다.

해석적인 속성에서 상상력을 살펴보면, 소리의 진동을 받아들이는 라디오의 원리와 같이 상상은 외부에서 발생된 사고의 파장과 진동을 받아들이는 속성을 지니고 있다. 이런 이유로 상상력의 해석적인 원리를 텔레파시(Telepathy)라고 부른다.

이는 심리학에서는 '정신감응(精神感應)'이라고도 하는데, 공간과 거리에 상관없이 어떠한 물리적이거나 기계도구의 도움 없이도 한 사람의 생각이 다른 사람의 생각과 소통하는 것을 가리킨다(원리의 자세한 내용은 이 책의 개요 부분에서 설명한 바 있다).

상상력을 효과적으로 사용하기 위해서 텔레파시의 속성은 매우 중요한 내용이다. 그것은 이러한 상상의 텔레파시 효과로 인해 사고의 파장과 진동을 끊임없이 수집할 수 있기 때문이다. 어떤 의견이나 결심이 논리나 추론의 과정을 거치지 않고 '퍼뜩 떠오른' 생각이 되는 것도 대개 상상 속에 저장된 사고의 파장에 따른 현상이다.

라디오 장치의 개발로 우리는 에테르가 분명히 존재하며 모든 소리의 파동이 빛의 속도로 공간을 계속해서 날아다니고 있다는 사실을 알게 되었다. 우리가 라디오 원리를 이해하는 것처럼 텔레파시의 원리도 마찬가지로 이해될 수 있다.

텔레파시의 원리는 심리학적 연구를 통해 이미 널리 알려져 있어 이를 증명할 여러 사례를 쉽게 발견할 수 있다. 예를 들어 아무런 도구의 도움 없이도 멀리 떨어진 사람들이 마음의 파동을 맞추고 조화를 이루어 서로 메시지를 주고받는 경우가 있다.

사실 그처럼 서로의 주파수를 맞추고 생각을 교환한다는 것이 쉬운 일은 아니겠지만, 구체적인 어떤 사고들이 떠오르곤 한다는 사실에 대해서는 이미 충분한 증거가 있다.

이 책에서 설명하고 있는 15가지 성공의 법칙들이 얼마나 긴밀하게 연결되어 있는지 보려면, 자기 자신과 자신이 판매하려는 제품에 확신이 부족한 세일즈맨이 잠재적인 구매자에게 다가가는 경우에 어떤 일이 발생하는지를 보면 알 수 있을 것이다.

구매자가 의식하고 있든, 아니든 구매자는 상상력을 발동하여 세일즈맨에게 자신감이 없다는 것을 '감지'하게 된다. 세일즈맨의 생각 자체가 자신의 노력을 허사로 돌리고 있는 것이다. 이는 성공을 이루는 요소 가운데 어째서 자기 확신이 중요한 부분을 차지하는지 또 다른 각도에서 설명해주고 있다.

유유상종의 원인이 되는 텔레파시 원리와 흡인 원리로 그토록 많은 사람들이 실패하는 이유가 설명될 수 있다. 만약 자기의 지배적인 사고와 일치하는 사고의 진동을 에테르에서 끌어들인다면 – 실패를 초래하고 – 자신감을 약화시키는 부정적인 사고방식이 성공의 사고가 지배적인 긍정적인 사람을 끌어들이지 못하는 이유도 쉽게 이해할 수 있다.

인간 심리가 어떻게 기능하는지에 대해 연구해보지 않은 사람에게는 아마도 이러한 설명이 추상적으로 들릴 수도 있겠지만, 상상력이라는 주제를 이해하고 실제적인 응용을 할 수 있도록 하기 위해 설명이 필요하다.

일반적으로 상상력은 소설을 쓰는 데에나 동원되는, 설명할 수 없고 불명확한 그 무엇으로 간주되고 있다. 상상력에 대한 이러한 통념에 새로운 이해를 가하기 위해 이 책에서는 다소 이론적인 보충을 해두었다.

상상력은 이 책에서 가장 중요한 요소일 뿐 아니라, 여러분의 명확한 중점 목표의 달성에 상상력이 담당하는 영향력을 인식하게 될 때 가장 유익한 요소가 될 것임을 알게 될 것이다.

자기도 모르게 동료를 중상하는 사람은 무의식중에 자신의 본성을 드러내고 있는 것이다.

✳ 군중심리의 강력한 힘

이 세상에 존재하는 것 중에서 자신이 절대적인 통제권을 지닌 유일한 것이 상상력이라는 점을 안다면 그것이 얼마나 중요한 것인지 알 것이다. 가령 어떤 사람들이 당신의 물질적 부를 앗아가고 수천 번을 속일 수는 있지만, 그 누구도 당신의 상상력을 사용하고 조절할 능력을 빼앗아갈 수는 없다.

사람들이 당신을 불공정하게 대하고 자유를 박탈할 수는 있을지언정 당신이 원하는 대로 상상력을 이용할 특권마저 박탈할 수는 없는 것이다.

오늘날 세계가 겪고 있는 문제점들도 모두 상상력의 힘을 이해하지 못하는 데에서 비롯된 것이다. 상상력을 제대로만 이해하고 적용했다면 지구상의 빈곤과 재난, 불공정성, 그리고 온갖 박해를 불식하는 작업을 한 세대만에도 이뤄낼 수 있었을 것이다.

이러한 설명은 추상적인 면이 없지 않으며, 진리라는 것도 실제적인 용어로 설명되지 않으면 소용없다는 것을 나는 누구보다 잘 알고 있다. 그런 이유로 이것이 의미하는 바를 좀더 일상적인 내용으로 밝혀보고자 한다.

그런데 이 대목을 이해하기 위해서는 텔레파시의 원리, 즉 우리가 발산하는 모든 사고의 진동은 다른 사람의 마음에도 입수된다는 원리를 전제로 하고 시작해야 할 것이다.

이 원리에 대해 반론을 제기하거나 이를 증명하기 위해 시간을 할애할 필요는 없다. 이 장에서 다루고 있는 상상력도 텔레파시를 기정사실화하지 않으면 아무 소용이 없기 때문이다. 그러므로 여기에서는 텔레파시의 원리를 받아들이고 이해하고 있다고 가정하고 이야기를 계속해 나가겠다.

여러분은 '군중심리'라는 것에 대해 들어보았을 것이다. 이것 또한 **텔레파시의 원리를 통하여 한 사람의 마음에 있는 강력하고 지배적인 사고가 다른 사람의 마음에 접수된 것**에 다름아니다. 군중심리 효과는 그 어느 것보다 강력하다.

가령 길거리에서 두 사람이 싸우기 시작한다. 그들이 왜 싸우는지, 누구하고 싸우는지도 모르면서 방관하던 사람들이 어느새 한쪽 편을 들면서 싸움에 말려드는 것을 보면 알 수 있다.

1918년 휴전이 선포되던 그날만 해도 이러한 텔레파시가 실재한다는 것을 똑똑히 경험했는데, 아마도 그런 전대미문의 규모는 사상 초유일 것이다. 지금도 나는 그날의 일을 뚜렷이 기억하고 있다.

뭔가 강렬한 느낌이 든 나는 그날 새벽 3시에 잠을 깼다. 누가 깨운 것도 아니고 물리적 힘을 받지도 않았다. 잠자리에서 일어나 침대에 앉아 있는데 이상하고 심상찮은 느낌이 들어 옷을 입고 거리에 나갔더니 수천 명이 동시에 나와 같은 현상을 경험한 것을 알게 되었다.

모두가 서로에게 "지금 무슨 일이 벌어진 거죠?" 라고 묻고 있었다.

그날 일어난 일은 다음과 같다.

당시 수백만 명에 달하는 군인들이 휴전 소식을 접하고 그 기쁨이 결합되어 온 세계를 진동하는 사고의 파장으로 승화되어 전역을 휩쓸게 된 것이다. 그 누구라도 정상적인 정신을 가진 사람이라면 그 사고의 파동을 알아차렸을 것이다.

역사상 이때처럼 수백만 명의 사람들이 동시에 동일한 방식으로 동일한 사고를 지닌 적이 없었을 것이다. 역사상 처음으로 모든 사람이 뭔가 공통된 것을 경험하였고, 바로 우리가 휴전의 날에 경험한 전 세계적인 '군중심리' 로 나타난 것이다.

앞의 인용과 관련하여 이 책의 개요 부분에서 밝혔듯 두 사람 이상의 일치된 생각을 통해 생성된 '마스터 마인드' 에 대하여 회상해보면 큰 도움이 될 것이다.

텔레파시의 원리를 좀더 알아보기 위해 사업이나 경영에서 조화로운 업무관계를 형성하기도 하고 훼손하기도 하는 요인들을 살펴보자. 아마 여러분은 앞서 휴전 당일 수백만 명의 병사들의 마음속에 일어난 통일된 사고가 전 세계 사람들에게 접수되어 '군중심리'적 현상을 일으켰다는 예시에 충분히 만족하지 못했을 수도 있다.

그렇지만 불평을 지닌 자가 있을 때 그와 접촉하는 사람들에게 부정적인 영향을 끼친다는 사실에는 동의할 것이다. 작업환경에 그러한 사람이 있으면 전 조직에 악영향을 미친다는 것도 잘 알려진 사실이다.

결국 조직 내에 이러한 불평분자가 있으면 노동자도 고용주도 이를 견딜 수 없게 된다. 그의 마음이 다른 사람에 영향을 미쳐 불신과 의혹, 그리고 조화의 결여를 초래하기 때문이다. 결국 이러한 불평분자는 독사보다 더 혐오스러운 것으로 평가받는다. 다음은 이와 같은 원리를 다르게 적용해 보자.

대부분의 사람들이 당신의 어려움을 별로 듣고 싶어하지 않는 것은 그들 스스로도 많은 문제더미를 안고 있기 때문이다.

※ 낙관주의와 조화의 정신

일단의 근로자들 사이에 긍정적이고 낙관적인 성격을 가진 사람을 투여하면 그의 성격은 같이 일하는 사람들에게 긍정적인 영향을 미치게 된다.

에머슨의 말처럼 모든 기업이 결국 '한 사람에게서 확장된 것'이라고 한다면, 쾌활하고 자신감에 넘치며 낙관주의와 조화의 정신을 지닌 사람은 결국 조직의 모든 사람에게 영향을 끼치게 될 것이다.

성공을 이루기 위한 상상력의 적용을 살펴보는 다음 단계로 넘어가기 전에 이 상상력을 이용하여 물질적인 부를 축적하는 데 성공한 최근의 실례들을 살펴보도록 하자.

먼저 알아두어야 할 것은 '세상에 100% 새로운 것은 없다'는 점을 인정해야 한다는 것이다. 인생은 거대한 만화경같아서 여러 가지 사실과 재료가 변화하면서 흘러가고 있으며, 인간이 할 수 있는 것은 이러한 사실과 재료들을 택하여 새롭게 조합하는 것에 불과하다.

이러한 과정에 이용되는 것이 바로 상상력인 것이다.

상상에는 해석적인 속성과 창조적인 속성이 있다고 밝힌 바 있다. 결국 **상상력은 외부의 인상과 아이디어를 받아들이고 이를 새로운 조합으로 형성할 수 있는 기능**을 가지고 있는 것이다.

근대 경영의 혁신적인 성취에 상상력의 힘이 이용된 첫 번째 예로 클라렌스 산더스(Clarence Saunders)를 꼽을 수 있다. 그는 식료품 가게에 셀프서비스 형식을 최초로 도입하여 '피글리 위글리(Piggly Wiggly)'라는 체인을 조직한 사람이다.

산더스는 남부의 영세한 소매점에서 일하는 점원이었다. 어느 날 그는 야채를 사고자 양손에 접시를 들고 식료품 가게 앞에서 줄을 서서 기다리고 있었다. 당시 그는 일주일에 20달러 정도의 수입이 고작이었고 아무도 그의 능력에 주의를 기울이는 사람이 없었다.

그러나 그때 사람들 틈에 서서 기다리는 동안 그의 마음속에 무엇인가가 일어나 상상력이 발동되었다. 이 상상력의 작용으로 그는 '셀프서비스' 식품점을 착안하게 되었고(이미 있었던 사고를 새롭게 사용하였을 뿐, 그가 새로 창조한 것은 아무것도 없었지만) 곧 그 아이디어를 적용한 식품점을 내었다.

이전까지만 해도 모든 식료품 가게에는 계산대가 있고 점원이 그 계산대 안쪽에 서서 뒤에 있는 선반으로부터 줄 서 있는 손님들의 주문에 따라 일일이 꺼내주는 시스템이었다.

곧 피글리 위글리라는 특이한 이름의 체인점이 만들어졌고, 한 주에 고작 20달러를 벌었던 산더스는 미국 식료품 체인점의 선봉자가 되어 백만장자의 대열에 들어서게 되었다.

앞의 예를 보고 여러분도 무엇인가를 해낼 수 있을 것 같지 않은가!

앞의 예를 면밀히 분석, 평가해보면 산더스는 매우 명확한 목표를 지니고 있었다는 사실이 발견된다. 그는 자신의 계획을 넘치는 자기 확신으로 뒷받침하여 자진하여 이를 실현시키게 되었다. 그의 상상력은 바로 명확한 목표, 뚜렷한 자기 확신, 그리고 솔선수범의 세 가지 요소와 어우러져 결국 피글리 위글리 체인점의 첫발을 디디게 한 결과로 작용하였다.

이로써 상상력으로부터 출발한 그의 아이디어는 현실화되었다.

어떤 사명감을 가진 사람과 불만을 지닌 사람 사이에는 큰 차이가 발생할 것이다.

●●●
상상력을 응용한 사례들

상상력을 응용하여 실제로 어떤 아이디어를 현실화한 사람들이 많다. 그들은 대개 높은 지위와 거대한 부를 쌓은 사람들인데, 이 장의 첫머리에서 언급되었던 상상력의 원칙을 잘 응용하고 있음을 알 수 있다.

그 중에서도 **기존의 사고를 새롭게 결합시키는 일은 상상력을 가지고 해낼 수 있는 가장 효용성이 크고 성취감 있는 일**일 것이다. 그럼 지금부터 상상력을 실제로 어떻게 응용하는지 예를 보자.

토머스 에디슨이 백열전구를 발견하게 된 것도 사실 이미 잘 알려진 두 가지 법칙을 잘 결합하여 새롭게 조합한 결과이다. 에디슨뿐 아니라 전기에 대해 지식을 가지고 있었던 모든 사람들은 전기로 전선에 열을 발생시켜 빛을 낼 수 있다는 것은 진작부터 알고 있었다.

다만 전선이 열로부터 타버려서 끊어지지 않게 하는 것이 관건이었다. 그는 빛을 낼 때까지 끊어지지 않고 막대한 열을 견딜 수 있는 소재를 발견하기 위해 가능한 모든 전선을 구해 실험하였다.

이러한 시도로 그의 발명은 반은 성공한 것이지만, 또 다른 사실을 적용하지 못하면 아무런 가치가 없었다. 수천 번의 실험과 기존 지식을 상상 속에서 결합하여 에디슨은 나머지 반쪽을 찾아낼 수 있었다. 물리 지식으로 보면 산소가 없으면 어떤 물질도 연소하지 못한다는 – 다른 학생들도 마찬가지로 배웠던 것인데 – 사실이었다.

그는 전선이 빛을 내는 데 핵심적인 관건은 바로 열을 조절하는 수단이 없었기 때문이라는 것을 잘 알고 있었다. 산소가 없으면 연소가 없다는 사실을 떠올리게 되자 그는 전선을 유리전구에 넣고 산소의 공급을 막았다. 그랬더니! 위대한 백열전구가 탄생하게 된 것이다.

햇빛이 사라지고 어둠이 깔리면 여러분은 벽에 있는 스위치를 눌러 다시 빛을 불러들일 것이다. 몇 세대 전만 해도 이러한 일은 상상만으로도 신비스러운 일이지만 지금은 이러한 행동에 신비함을 느끼지 못할 것이다.

이미 알려진 두 개의 원리를 이용한 에디슨의 상상력 덕분으로 오늘날 우리가 그 혜택을 보고 있다.

앤드류 카네기를 잘 아는 사람 가운데 그가 범상한 능력을 지녔다거나 천재적인 재주를 지녔다는 것에는 동의하지 않더라도 그가 목적하는 바를 이루기 위해 조화의 정신으로 협력할 수 있는 사람들을 선발하는 능력만큼은 뛰어나다는 점은 누구나 인정한다.

그가 엄청난 부를 축적하는 데 이러한 능력 말고 더 이상의 어떤 자질이 필요했을까?

카네기처럼 조직화된 노력의 원리를 이해하는 사람이라면, 그리고 주어진 업무를 수행하는 데 꼭 필요한 사람들을 선발할 안목을 가지고 있는 사람이라면 카네기가 이룬 모든 것을 똑같이 이뤄낼 수 있을 것이다.

카네기는 상상력이 풍부한 사람이었다. 그는 우선 명확한 목표를 설정하고 이를 실현시킬 능력을 갖추고 있으며 훈련된 사람들을 주위에 두었다. 명확한 목표 달성을 위해 필요한 계획을 항상 카네기 자신이 세운 것도 아니다.

그는 자신이 원하는 것을 확실히 하고 이를 획득하기 위한 계획을 세워줄 사람을 찾았다. 이러한 능력은 단순히 상상력이라기보다 고도로 조직된 천재적인 능력이라고 해야 할 것이다.

그러나 카네기와 같은 사람만이 상상력을 이용할 수 있는 것은 아니라는 점을 알아야 할 것이다. 이 위대한 힘은 사업에서 이미 '기반을 잡은' 사람뿐 아니라 초보자에게도 유용하다.

여느 날과 같이 찰스 슈왑(Charles M. Schwab)의 전용차가 베들레헴 제철공장에 주차를 하고 있었다. 마침 그때 그가 내리는 것을 기다려 젊은 속기사가 다가와 혹시 슈왑 씨가 쓰고 싶은 편지나 전문이 있으면 자기가 확실하고 정확하게 써주겠다고 제안하였다. 누구도 젊은이에게 시키지 않았지만, 그는 상상 속에서 이렇게 함으로써 승진의 기회가 있다는 것을 보았다.

그날 이후 이 젊은이는 승진자의 명단에 오르게 되었다. 이 속기사는 베들레헴 제철회사에 고용된 다른 속기사도 할 수 있었지만, 하지 않았던 일을 했다는 바로 그 이유로 슈왑은 그를 승진을 위해 특별히 점찍어 두었던 것이다.

후에 그 젊은이는 세계에서 가장 큰 제약회사의 대표가 되었으며, 그가 원하는 것을 다 가지고도 남을 만큼의 부를 축적하게 되었다.

몇 년 전에 나는 이제 막 학교를 졸업한 한 젊은이로부터 편지 한 통을 받았다. 그가 나의 사무실에 취직하고 싶다는 요지의 편지였다. 그는 편지봉투에 한번도 접히지 않은 빳빳한 10달러 지폐를 동봉하며 다음과 같이 썼다.

"저는 명문대에서 경영과정을 마쳤습니다. 저는 선생님과 같은 분의 지도 아래 일하게 되는 것은 이제 막 직업전선에 뛰어드는 젊은이에게 커다란 특권이라고 생각하여 귀사에 입사하기를 희망합니다.

저를 고용하고 처음 일주일간 지도하시는 데 동봉한 액수가 보상이 된다고 하신다면 이를 받아들여 주시기를 바랍니다. 저는 처음 한 달간 보수 없이 일할 것이며 한 달이 지난 후에 제 가치가 어떻게 평가되든지간에 그 판단에 따라 급료를 정해주시기 바랍니다.

저는 인생에 그 어떤 것보다 지금 이 기회를 간절히 원하며, 이를 위해서 어떠한 희생도 기꺼이 감수하고자 합니다. 감사합니다. 안녕히 계십시오."

나는 이 젊은이를 고용하였다. 상상력의 힘으로 그는 자신이 원했던 기회를 얻게 되었으며 첫 달이 지나기 전에, 그에 대해서 얘기를 듣게 된 생명보험 사장이 거액의 연봉으로 그를 개인비서로 고용하였다. 지금 그는 세계 최대 규모의 보험회사에서 중역이 되어 있다.

토머스 에디슨에게 자신을 고용해 달라고 편지를 보낸 젊은이가 있었다. 어떤 이유에서인지 에디슨은 이 젊은이의 편지에 답장을 주지 않았다. 그럼에도 불구하고 그는 전혀 낙담하지 않았고 반드시 에디슨으로부터 응답을 얻어야겠다고 마음먹었으며, 더 중요한 것은 그가 원하는 일자리를 실제로 얻게 되었다는 것이다.

당시 그는 에디슨의 회사가 위치한 뉴저지주 웨스트 오렌지시에서 상당히 떨어진 곳에 위치해 있었다. 그리고 이 젊은이에겐 기차표를 끊을 여비조차 없었다. 그러나 그는 상상력의 힘을 지니고 있었다. 그는 화물차에 몸을 싣고 웨스트 오렌지시에 가서 면접을 보았고 자신의 이야기를 하였다.

결국 그는 자신이 원하던 일을 갖게 되었다.

오늘날 그는 플로리다주 브래든 타운에 살고 있다. 써도써도 남을 만큼의 돈을 모으고 왕성했던 경영활동의 일선에서 물러나 삶을 즐기게 되었다. 혹시 그의 이름을 알고 싶어할 것 같아 여기에 밝힌다. 그가 바로 그 유명한 에드윈 반스(Edwin C. Barnes)다.

상상 속에서 그는 에디슨과 같이 성공한 사람과 가까이서 일하게 되면 얻을 수 있는 이점들을 생각하였다. 이런 기회를 통해서 에디슨을 살펴볼 기회를 얻을 수 있을 뿐 아니라, 세상에서 가장 영향력이 있는 에디슨의 친구들과도 접촉할 기회를 가질 수 있다고 판단했던 것이다.

앞의 경우는 모두 그들의 상상력을 실제로 응용하여 높은 지위와 거대한 부를 쌓은 사람들의 사례이다.

시어도어 루스벨트 대통령은 미국 대통령 재임기간에 이룬 단 하나의 업적으로 역사에 길이 남게 될 것이다. 설령 그의 업적이 모두 잊혀진다 해도 이것만은 잊혀지지 않을 것이며 그는 탁월한 상상력의 소유자로 기록될 것이다.

바로 파나마 운하 건설이다!

워싱턴 대통령에서 루스벨트에 이르기까지 모든 대통령들도 사실 운하사업을 시작할 수 있었고 완수할 수도 있었다. 그러나 그것은 단지 상상 속에서만이 아니라 이를 감행할 용기도 필요한 만만찮은 대역사로 보여 선뜻 착수할 수가 없었던 것이다.

나이 40세에 – 많은 사람들이 새로운 일을 시작하기엔 너무 늦었다고 생각하는 나이에 – 제임스 힐(James J. Hill)은 아직 월급 30달러를 받으며 전신 업무를 하고 있었다.

그에겐 돈도, 돈을 가진 유력한 친구도 없었지만 이보다 강력한 것을 가지고 있었다. 상상력이 그것이다.

그의 심안(心眼)에는 미개발지인 북서부 지역을 관통하고 대서양과 태평양을 아우르는 철도가 보였다. 그의 상상은 너무도 생생하여 주위 사람들에게 이러한 철도 시스템이 가져다 줄 이득에 대해 얘기하였다. 그 다음 얘기는 우리가 어렸을 때부터 익숙히 접한 너무 유명한 일화이므로 생략한다.

대신 나는 대부분 사람들이 간과하고 있는 부분을 강조하고자 한다. 그의 위대한 북부 철도 시스템은 그의 상상 속에서 이미 현실이었다는 사실이다. 그의 철로는 여타 모든 철로가 그러한 것처럼 강철과 목재로 지어졌고, 다른 철도가 그런 것처럼 건설을 위해 자금이 동원되었다.

그러나 우리가 제임스 힐의 성공의 진면목에 대해 알고자 한다면, 그가 소지방도시에서 월급 30달러를 받으며 일을 하고 있었던 그곳으로부터 작은 실마리를 찾아야 한다. 이러한 거대한 철로를 건설하기까지 그의 상상 속에 있었던 미미한 실마리는 현실보다 더욱 생생한 업적을 이룰 수 있었다.

영혼, 즉 정신의 작업장인 상상력의 힘은 무한하다. 그 작업장에서 사고라는 자료는 철도와 고층 빌딩, 공장과 모든 종류의 물질적인 부로 짜여지게 된다.

나는 사고가 물질이라고 생각한다.
그들에겐 육신과 호흡, 그리고 날개가 있다.
이를 이용하여 이 세상을
선으로도 악으로도 이끌 수도 있다.
우리가 신비한 사고라고 부르는 것은
지구 반대편에까지 미치며,
축복이 될지 재난이 될지
바퀴자국을 내며 전진하게 한다.
우리는 생각을 엮으며 미래를 세운다.
선이 될지 악이 될지 아직은 모르지만
세상은 그렇게 엮여진다.
사고는 운명이 가지는 또 다른 이름.
이제 운명을 선정하고 기다려라.

사랑은 사랑을 낳고 증오는 증오를 부를 테니까.

상상력이 여러분의 영혼을 비치는 거울이라면 여러분은 자신이 원하는 모습대로 자기 자신을 비춰볼 권리가 있다. 당신의 소원을 그대로 비춰주는 마법의 거울을 보며 갖고 싶은 집과 굴리고 싶은 공장과 경영자가 되고 싶은 은행, 그리고 인생에서 원하는 지위를 비춰볼 권리를 가진다.

당신의 상상력은 당신에게 속한 것이다! 이를 사용하라! 상상력은 쓰면 쓸수록 더욱 효과적으로 당신을 위해 봉사할 것이다.

뉴욕시의 브루클린교가 세워져 있는 곳의 동쪽 끝에 한 노인이 구두 수선점을 운영하고 있었다. 이곳에 건축업자가 와서 거대한 철 구조물을 위해 땅을 측량하고 토대를 쌓을 곳을 표시할 때 그는 고개를 절레절레 흔들며 '불가능한 일이야!' 하며 중얼거렸다.

그러나 이제 그는 자신의 낡고 작은 구두 수선점에서 밖을 바라보면서 고개를 흔들며 자문한다.

'도대체 어떻게 할 수 있었지?'

그는 바로 눈앞에서 다리가 들어서는 것을 보았으면서도 자신이 보고 있는 것을 분석할 상상력조차 갖추고 있지 않았던 것이다. 이 다리를 계획한 건축가는 교각의 기반을 조성하기 위해 첫 번째 삽질을 하기 훨씬 전에 이미 완성된 다리를 현실로 보았다.

그는 상상 속에서 오래된 아이디어들을 새롭게 조합했기 때문에 상상 속의 다리를 현실화할 수 있었다.

한 교육기관에서 전기의 발달을 토대로 실험을 거듭한 결과 인공 '햇빛'으로 작물을 재웠다가 다시 깨우는 법을 발견했다. 이 발견으로 태양이 없이도 채소와 화훼를 자라게 할 수 있게 되었다. 몇 년이 지나자 도시 주민들은 흙더미와 전기 불빛으로 베란다에 야채를 기를 수 있었고 일년 내내 새로운 야채를 계속해서 먹을 수 있었다.

이 발견과 약간의 상상력, 그리고 루터 버뱅크(Luther Burbank)가 원예 분야에서 발견한 업적에 힘입어 주민들은 베란다에 야채를 심어 연중 싱싱한 야채를 먹을 수 있게 되었다. 뿐만 아니라 야외의 일광 아래서 자란 야채보다 더욱 큰 야채를 수확할 수 있게 되었다.

캘리포니아 해변에 있는 한 도시에는 건물부지로 적합한 땅은 모두 개발되었다. 다행히 도시 주변부에 가파른 언덕이 있었는데 경사가 심해 건물을 올릴 수가 없었다. 그리고 언덕 저편으로는 지대가 낮아 하루에 한 번씩 물의 역류현상이 일어 이 또한 개발에 적합하지 않았다.

어느 날 이 도시에 상상력이 풍부한 한 젊은이가 찾아왔다. 상상력이 뛰어난 사람은 사물을 예의 주시하는 경향이 있는데 그도 예외가 아니었다. 도착 첫날 그는 그곳에서 부동산으로 돈을 벌 수 있는 가능성을 보았다.

그는 가파른 경사 때문에 건축부지로 부적절한 언덕을 싸게 사들일 수 있었고, 매일 역류하는 물에 잠기는 땅도 저렴한 값에 사들일 수 있었다. 이것은 부가가치가 없다고 판단되었기 때문에 헐값에 사들일 수 있었던 것이다.

수차례에 걸친 폭파를 통해 그는 경사진 언덕을 없애고 트랙터와 땅을 고르는 기계로 고도를 낮춰 훌륭한 건축부지로 만들었고, 남아도는 흙으로는 고도가 낮은 땅을 채워 해수면보다 높이 끌어올려 이 또한 훌륭한 건축부지로 만들었다. 이로써 그는 많은 돈을 벌어들일 수 있었다.

도대체 어떻게 이것이 가능했을까?

바로 불필요한 곳에 있는 흙더미를 필요한 곳으로 옮겼으며 그 쓸모없는 흙더미들을 상상력과 결합시켜 가능하게 하였다! 그래서 이 도시의 모든 사람들은 그를 천재라고 불렀다.

그가 정말 천재인지 아닌지는 모른다. 다만 다른 사람들도 그가 사용한 것처럼 상상력을 사용했다면 그들 역시 성공할 수 있었으며, 천재가 될 수 있었다는 점은 분명하다.

화학반응에서는 두 가지 이상의 화학 원소를 적절한 비율로 혼합해주면 결합 이전에는 발생하지 않았던 엄청난 에너지가 발생한다. 또한 어떤 화학 성분들은 일정 비율로 섞으면 이전과는 전혀 다른 속성을 지니게 되는 경우가 있다. 수소와 산소의 결합이 물을 만드는 것이 그 예이다.

다양한 물리적인 요소들을 결합하여 더 큰 가치를 발생시키거나 그 산물이 본래의 구성요소와는 완전히 다른 물질이 되는 예는 화학반응이 아닌 다른 분야에서도 많이 발견할 수 있다.

아무 짝에도 쓸모없는 흙더미를 날려버리고 남아도는 흙더미를 이것이 필요한 저지대에 채워 놓아 이전의 흙더미에는 가지지 못했던 가치를 부여한 것도 이에 해당하는 것이다.

무쇠로 불리는 선철은 별 가치가 없다. 그러나 여기에 탄소, 실리콘, 망간, 인 등을 정해진 비율로 섞으면 더 유용한 철이 된다. 이에 다른 성분을 적절한 비율로 섞고 숙련된 노동력을 가하면 이 쇠는 바로 시계의 용수철로 둔갑하게 되며 경제적 효용가치를 지니게 된다.

이런 모든 변형 과정에서 가장 중요한 것은 물질적 형태를 보유하지 않은 것이다. 그것은 바로 상상력이다!

벽돌과 목재, 못, 그리고 유리가 산더미처럼 쌓여 있다고 치자. 그 자체로는 무용지물일 뿐 아니라 눈에 거슬리기까지 한다. 그러나 이를 건축가의 상상력과 약간의 숙련된 노동을 결합하면 그것은 임금님도 부럽지 않은 아름다운 저택이 탄생하게 된다.

나의 사무실 길 건너편에 작은 인쇄소가 있는데, 그곳의 주인과 조수는 근근이 생계를 이어갈 만큼만 수입을 올리고 있을 뿐이다. 이곳으로부터 약 12블록도 안 되는 곳에 이 세상에서 가장 현대적인 인쇄공장이 있다. 그곳 사장은 대부분의 시간을 여행하는 데 보내고 있으며 한평생 쓰고도 남을 부를 축적하였다. 22년 전만 해도 이 두 인쇄업자는 동업관계에 있었다.

규모가 큰 인쇄소의 주인은 인쇄업에 상상력을 결합시킨 사람이다. 독창적인 상상력의 소유자인 그는 광고 카피라이터 업무를 인쇄업에 접목시켰다. 그는 인쇄를 의뢰한 고객의 업종을 분석하고 이와 관련해 광고주에게 고객이 몰릴 수 있을만한 광고 문구를 인쇄물에 새겨줌으로써 사업을 확장하였다.

다른 인쇄업체에서는 이를 모방하지 못할 정도였으며 인쇄 단가도 업계 최고 수준이었다. 그는 인쇄 공정에 상상력을 결합시킨 덕분으로 엄청난 돈을 벌게 되었던 것이다.

여러분은 앞에 인용한 예를 읽으면서 이미 이 원칙의 첫머리에서 언급되었던 내용을 기억해주기 바란다. 특히 자신의 **상상력을 가지고 해낼 수 있는 가장 효용성이 크고 위대한 일은 기존의 사고를 새롭게 결합시키는 것이다.**

만약 자신의 상상력을 적절히 이용하게 된다면 실패와 실수도 무한한 가치를 지닌 자산이 될 것이다. 상상력을 이용하는 사람만이 알 수 있는 진리를 종종 발견할 수 있을 것이다. 다시 말해 인생의 가장 커다란 불행과 고난도 종종 황금 같은 기회의 문을 열어주는 열쇠가 된다는 사실이다.

미국에서 가장 정교하면서 상품가치도 뛰어난 조각품을 만드는 조각가는 한때 우편배달부였다. 어느 날 그는 천만다행으로 - 결과적으로 - 교통사고를 당하였고, 이 사고로 다리 하나를 절단해야 했다. 그는 보상금으로 받은 5,000달러로 학교를 다녀 조각가가 되었다.

단지 두 손과 상상력의 산물인 그의 조각은 우편배달부로 일하면서 사지가 멀쩡할 때 벌어들인 돈보다 더 많은 가치를 지녔다. 그가 교통사고로 다리를 잃게 된 후 자신의 노력으로 다시 일어서야 했을 때 비로소 자신에게 상상의 능력이 있다는 것을 발견하게 되었던 것이다.

여러분도 이처럼 자신의 노력이 상상력과 결합될 때 성취할 수 있는 가능성이 얼마나 무한한지 모를 수 있다. 상상력의 뒷받침 없이 두 손의 수고로만 얻은 것은 단지 작은 이득밖에 안겨주지 않지만, 똑같은 손이라도 상상력을 통한다면 더 많은 부를 안겨주게 된다는 사실을 이 이야기는 보여주고 있다.

이렇게 상상력을 이용하여 이득을 보는 데에는 두 가지 방법이 있을 수 있다. 하나는 상상력을 스스로 개발하는 방법, 또 하나는 상상력을 가지고 있는 사람과 연계하는 방법이다.

카네기는 이 두 가지를 모두 해냈다. 그는 자신의 풍부한 상상력을 이용했을 뿐 아니라 이러한 능력을 지닌 인재들을 모았다. 자신의 명확한 목적 달성을 위해 다방면에 걸쳐 상상력이 개발된 전문가들이 필요했던 것이다.

카네기의 '마스터 마인드'를 구성한 사람들은 화학부문에 상상력을 지닌 사람, 재정부문에 상상력을 지닌 사람, 또 영업부문에서도 뛰어난 상상력을 지닌 사람도 있었다. 카네기의 세일즈맨 가운데 가장 뛰어났던 찰스 슈왑도 그 중 한 사람이었다.

만약 자신의 상상력이 불충분하다고 생각되면 이를 보충하기 위해 상상력이 풍부한 사람과 연대를 구축하여야 할 것이다. 이러한 연대는 여러 형태로 이루어질 수 있다. 예를 들어 결혼으로 맺어진 연대, 사업관계와 친구, 고용주와 고용인 간의 연대가 그것이다.

모든 사람이 고용주로서 최상의 능력을 발휘할 수 있는 것은 아니다. 만약 자신에게 이런 능력이 부족하다면 그런 능력을 지닌 상상력이 풍부한 사람들과 연대함으로써 이득을 볼 수 있다.

카네기는 다른 철강기업의 경영자보다 월등히 많은 수의 백만장자를 그의 직원 가운데에서 배출하였다. 그 중에서도 찰스 슈왑은 바로 카네기와 같은 사람과 연대를 하여 성공을 거둔 전형이라고 할 수 있다.

그러므로 직원으로 근무를 하는 것이 불명예스러운 일은 아닌 것이다. 오히려 고용인의 입장이 연합의 가장 유익한 면을 지니고 있음을 종종 볼 수 있다. 모든 사람이 다른 사람들을 지휘할 책임을 지기에 적합한 자질을 가진 것은 아니기 때문에 대다수는 이러한 연대로 최상의 이득을 얻을 수 있다.

나는 지금 내가 서 있는 곳을 안다. 지나간 과거가 나와는 아무런 상관이 없으며, 앞으로 다가올 미래와 상관이 있으므로 나는 걱정하지 않겠다. 걱정이 해줄 수 있는 일은 없으므로…….

❊ 상상력의 무한한 파워

아마도 세일즈 분야에서처럼 상상력이 중요한 일익을 담당하는 곳은 없을 것이다. **세일즈의 달인은 자신이 팔려는 상품의 장점을 상상 속에서 볼 줄 알아야 하며 만일 이것이 안 되면 그는 업무를 제대로 수행할 수 없다.**

몇 해 전에 전대미문의 중대한 거래가 이루어졌다. 그 품목은 물건이 아니고 오하이오 교도소에 수감되어 있던 죄수의 자유와 갱생 시스템의 개발이다. 이 프로젝트는 법을 위반하여 희망을 잃은 사람에게 일대 변화를 일으켜줄 시스템이었다.

이 거래를 예로 드는 것은 세일즈 영역에서 상상력이 얼마나 중대한 역할을 담당하는지 밝히기 위한 분석을 했기 때문이며, 설명하는 과정에서 불가피하게 개인적인 인용을 하는 데에 양해를 구하는 바이다.

오래 전 나는 오하이오 교도소에서 초청강연을 하였다. 내가 연단에 섰을 때 군중 가운데에서 10여 년 전만 해도 성공가도를 달리던 사업가를 보게 되었다. 그가 바로 내가 출감시켰던 B이다. 그의 출감에 관한 이야기가 한때 미국 모든 신문의 1면을 장식했던 바로 그 사람이다. 아마 미국 사람은 이를 기억하고 있을 것이다.

강연을 마치고서 나는 B와 면담을 하는 도중에 그가 문서위조 행위로 20년 형을 선고받았다는 사실을 알게 되었다. 그의 얘기를 듣고 나서 나는 그에게 이렇게 말하였다.

"내가 당신을 60일 만에 이곳에서 꺼내주겠소!"

그는 씁쓸히 웃더니 이렇게 말했다.

"열의는 감사합니다만 당신의 판단에는 동의할 수 없군요. 이미 스무 명이 넘는 유력인사들이 나를 빼내려고 갖은 애를 다 썼지만 모두 실패했소. 불가능한 일이오."

나는 그의 바로 마지막 말 "불가능한 일이오"가 나에게 그를 꺼낼 수 있는 능력이 있는지 보이라고 도전하는 것처럼 느껴졌다. 나는 뉴욕으로 돌아왔고 그 즉시 그의 부인에게 짐을 꾸려 오하이오 교도소가 소재한 콜럼버스시에 거주할 것을 부탁하였다.

나는 내 마음속에는 명확한 목표를 설정한 것이다. 그 목표는 바로 B를 오하이오 교도소에서 출감시키는 것이었다.

나는 그의 석방을 염두에 두고 있었을 뿐 아니라 '전과' 라는 낙인을 그의 가슴에서 지워버리고 동시에 그의 석방을 도와준 모든 이들의 영예도 유지할 수 있는 방법을 찾아내고자 하였다.

세일즈맨이 자신의 판매 능력에 의구심을 품게 되면 거래를 성사시킬 수 없기 때문에 나는 단 한번도 그의 석방이 불가능할 것이라 생각하지 않았다. 나는 B의 부인과 콜럼버스에 와서 총본부를 마련하였다.

다음날 나는 오하이오주의 주지사를 찾아가 본인의 방문 동기를 다음과 같이 밝혔다.

"주지사님! 저는 오하이오 교도소에 수감된 B의 석방을 요청하고자 이곳에 왔습니다. 저에게는 그의 석방을 요청할만한 타당한 이유가 있으며 주지사님께서 그를 당장에 석방해주시기를 희망합니다. 저는 그때가 언제가 될지라도 그가 석방하는 날까지 이곳에 머물 작정입니다.

B는 복역기간 중에 오하이오 교도소에서 통신교육 시스템을 창설하였습니다. 이에 대해선 주지사님도 이미 알고 있으리라 생각합니다. 이 교육으로 그는 오하이오 교도소에 수감된 2,518명의 죄수 가운데 1,729명에게 영향을 끼쳤습니다.

더군다나 교육에 필요한 교재와 교육도구를 스스로 조달하여 오하이오주에는 동전 한 닢의 재정부담도 발생시키지 않았습니다.

교도관과 담당 목사의 증언에 따르면 그는 복역기간 중 교도소의 규칙을 존중하고 이를 잘 지켜왔다고 합니다. 1,729명을 갱생하도록 영향을 미친 사람이 구제불능의 악인일 수는 없는 것이겠지요.

저는 다시 한번 B의 석방을 요청하는 바입니다. 저는 그를 죄수를 위한 교육기관 대표로 삼아 미국 전역의 교도소에 있는 16만 명의 수감자에게 동일한 영향을 미칠 수 있게 하고자 합니다.

이것이 저의 생각입니다만 주지사님께서 이에 대한 대답을 주시기 전에 말씀드리고 싶은 것은 저도 그를 석방하는 특단의 조치로 주지사님께서 반대 여론에 부닥칠 수 있다는 것도 잘 알고 있습니다. 주지사님이 다음 선거에도 출마하실 의향이 있으시다면 이에 따라 어느 정도 표를 잃게 될지도 모릅니다."

빅 도나헤이(Vic Donahey) 오하이오 주지사는 이 말을 듣고 주먹을 꽉 쥔 채 다음과 같이 말하였다.

"만일 그것이 B의 석방으로 당신이 하고자 하는 것이라면, 설령 5,000표를 잃게 되더라도 그를 석방하겠소. 그렇지만 이에 서명하기 전에 나는 교도관과 담당 목사로부터 추천서를 받아두어야겠소. 또 사면위원회의 추천서도 필요하오. 당신도 알다시피 주지사는 청문회의 의견에 따라야 하는데 이들이 그 회의의 대표자들이오."

이렇게 해서 거래가 성사된 것이다! 그리고 그 협상과정은 5분도 채 소요되지 않았다.

다음날 나는 오하이오 교도소의 담당 목사를 대동하고 담당 목사와 교도관, 사면위원회가 석방에 동의한다는 것을 통보하기 위해 주지사 사무실을 방문했다. 이로부터 3일 후에 마침내 B의 사면이 이루어졌고 그는 철창을 나와 자유의 몸이 되었다.

이와 같이 세부사항을 시시콜콜 밝힌 것은 이 거래를 성사하는 데 하등 어려움이 없었다는 것을 밝히고 싶어서이다. 내가 준비하기 전에 모든 제반사항은 이미 최적으로 갖추어져 있는 상황이었다.

바로 그 B가 이미 그러한 준비를 다 갖추어 놓았는데 수감 동안 1,729명의 죄수에게 베풀었던 선행과 서비스를 통해 닦아놓았던 것이다. 그가 세계 최초로 교도소 내 통신교육 시스템을 개발했을 때 이미 감옥 문을 여는 열쇠를 만들었던 것이다.

그렇다면 그의 석방을 위해 노력했던 그의 지인들은 어째서 실패하였을까? 그들은 바로 상상력의 힘을 사용하지 않았기 때문에 실패하였다!

그들은 아마 B의 부모님이 유력인사라느니 혹은 그가 다른 죄수와는 달리 고등교육을 받아 질이 다르다느니 하는 등의 이유를 들어 B의 석방을 요청하였을 것이다.

결국 그들은 오하이오 주지사에게 그를 사면하기에 충분한 동기를 유발시키지 못했음에 틀림없다. 그렇지 않았다면 내가 그의 석방을 요청하기 전에 진작 석방되었을 것이다.

내가 주지사를 방문하기 전, 나는 이미 상상 속에서 주지사의 사무실을 방문하여 어떻게 하면 가장 강력하고 호소력을 지닌 협상을 진행시킬 수 있을까를 그려보았던 것이다. 마치 실제로 그의 사무실에서 얘기하는 것처럼 상상해보고 발생 가능한 사항들을 체크하였던 것이다.

B의 사면을 요청하였을 때, 나는 미국 전역의 교도소에 수감된 16만 명의 개선의 여지가 있는 사람들이 그가 시작한 통신교육 시스템의 덕을 볼 수 있다고 주장하였다. 나는 그의 부모님을 들먹이지도, 그의 몇 년 지기 친구라는 등의 사실을 들먹이지도 않았다.

물론 그러한 것들도 그의 사면에 나름대로 타당한 이유가 될 수 있겠지만 16만 명의 수감인이 받을 수 있는 혜택에 비해선 근거가 미약하게 느껴진다. 주지사가 결정을 내린 것은 단지 B만을 위한 것이 아니고 B가 출감되었을 때 16만 명에 달하는 수감자가 얻을 혜택에 확신이 있었기 때문이다.

그것이 바로 상상력으로 얻어진 결론이었다! 물론 그것은 세일즈맨십으로 볼 수도 있다!

출감이 이루어진 후, 1년여를 B의 출소를 위해 힘썼던 이가 찾아와 물었다.

"도대체 어떻게 하신 거죠?"

그 질문에 나는 다음과 같이 대답하였다.

"사실 이 일은 제가 지금까지 한 일 중에서 가장 쉬운 일이었는걸요. 제가 착수하기 전에 필요한 사항 중 대부분은 이미 갖춰진 상태였어요. 제가 한 것이 아니고 B가 스스로 한 것이나 다름없죠."

그는 얼떨떨한 표정으로 나를 쳐다보았다. 아마도 그는 내가 말하려는 바를 이해하지 못했던 것 같다. 사실상 정확한 각도에서 접근하기만 한다면 모든 난제도 의외로 쉽게 풀리기 마련인데도 말이다.

B의 출감을 가능하게 한 데에는 두 가지 중요한 요소가 있다.

첫 번째는 내가 떠맡기 전에 이미 그가 기반을 마련했다는 것이고, 두 번째는 오하이오 주지사를 만나기 전에 나에게는 B의 석방을 요구할 권리를 충분히 가지고 있다는 자신에 대한 확신에 가득 차 있었고, 이에 따라 B의 석방을 요구하는 데 어떤 어려움도 겪지 않으리라 믿었기 때문이다.

만약 당신이 현명한 사람이고 성공적으로 살아왔다면 축하한다. 만일 당신이 어떻게 성공했는지 쉽게 망각한다면 당신을 동정한다.

✳ 모든 인간은 이기적이다

이 장의 앞부분에서 언급했던 텔레파시에 관한 원리를 이번 사건과 연결해보자. 주지사는 내가 언급하기 전에 이미 타당한 근거를 지니고 있다는 것을 알고 있었다.

설령 나의 사고가 그의 두뇌로 전송되지 않았다 하더라도 나의 눈동자에 어린 자기 확신과 목소리에서 느껴지는 긍정적인 톤으로 이미 이 사건에 대한 나의 믿음을 느낄 수 있었을 것이다.

다시 한번 개인적으로 인용한 것에 양해를 구하는 바이나 여기서 묘사하고 있는 B의 경우는 이미 미국 전역에서 모르는 사람이 없으므로 사례에 동원하였다. 나는 그의 출소에 내가 담당한 자그마한 역할에 대해서도 과분한 평가를 거부한다. 이는 전적으로 이미 있었던 요소들을 조합할 수 있었던 작업장으로서 나의 상상을 이용한 결과일 따름이다.

그러므로 내가 한 것은 어떤 세일즈맨이라도 그의 상상력을 가지고 해낼 수 있는 것에 지나지 않았다.

여기서 밝힌 바와 같이 어떤 사안에 개인의 이름을 거론하는 데에는 상당한 용기가 필요하였지만, 이를 통해 상상력의 원리를 제대로 설명할 수 있다면 그 의의를 지닐 것이다.

나의 인생을 돌아보건대 B를 사면하게 된 사건만큼 15가지 성공의 법칙을 잘 설명해주는 사건을 겪은 적이 없다. 이는 특히 세일즈맨십에서 상상력이 얼마나 중요한 요소인지 설명해주는 또 다른 예가 될 것이다.

모든 문제에는 이에 접근하는 수천, 수만의 방법이 있을 수 있지만 최상의 방법은 단 하나밖에 없다. 바로 이 최상의 방법을 발견하면 문제는 쉽게 풀리게 마련이다. 당신의 제품이 아무리 뛰어나다 해도 대부분 이를 판매하는 방법이 잘못되어 성공을 거두지 못한다. 상상력을 이용하면 알맞은 방법을 발견할 수 있을 것이다.

제품을 판매하거나 서비스를 제공할 때 가장 적합한 방법을 찾는 것은 다음과 같은 인간 고유의 속성을 염두에 두면 좋을 것이다.

'인간은 당신의 이익을 위해 도움을 요청할 때보다 다른 사람의 이익을 위해 도움을 요청할 때 이를 잘 들어준다!'

앞 문장을 내가 오하이오 주지사에게 B의 석방을 위해 제시한 상황에 비추어 살펴보라. 나는 B를 위해서도 나를 위해서도 아닌 미국의 16만 명에 달하는 수감자를 위해 그의 석방을 요청하였다.

상상의 능력을 보유한 세일즈맨이라면 물건을 팔 때, 구매 의향자가 이 상품으로 얻을 혜택이 뚜렷한 것처럼 느끼도록 화술을 구사한다. 단지 세일즈맨을 돕기 위해 제품을 사려는 사람은 없을 것이다. 인간은 자신의 이익에 부합하는 것을 하게 마련이다. 이는 냉정한 사실이지만 또한 어쩔 수 없는 사실이기도 하다.

한마디로 말해 모든 인간은 이기적이다!

이러한 진리를 이해한다면 당신이 죄수를 교도소에서 꺼내려 하든, 물건을 팔려고 하든 어떤 경우라도 이에 접근하는 방법과 제시할 수 있는 요소를 알게 될 것이다.

상상 속에 미리, 어떻게 하면 구매자에게 강력하고 가장 솔깃하게 이익을 주는 것을 제시를 할 수 있는가를 그려보라. 그것이 상상력이다!

다른 사람에게서 '전과'의 기록을 들춰내려고 애쓰는 사람치고, 정의의 심판을 받아 망하게 될만한 불명예를 가지지 않는 사람은 없다.

※ '유유상종'의 숨겨진 원리

한 농부가 도시로 이사를 가게 되었는데 잘 훈련된 셰퍼드도 데려가려고 했다. 그러나 그는 개가 도시에는 별로 적합하지 않다는 것을 깨닫고 그를 '처리하기로' 결정하였다(인용부호 안의 표현에 주의해주기 바란다).

그는 개를 데리고 시골에 가서 농가 대문을 두드렸다. 안에서 발을 절며 목발을 짚은 사람이 나왔다. 개 주인은 집에서 나온 이에게 인사를 하고 물었다.

"이 놈은 아주 훌륭하게 훈련된 셰퍼드입니다. 이 개를 처리하고 싶은데 사실 의향이 있으신지요?"

목발을 짚은 사람은 "아니오!" 라고 하고는 문을 닫았다.

개 주인은 대여섯 농가를 돌아다니며 똑같이 질문하였고 돌아오는 대답은 매번 같았다. 결국 개를 원하는 사람이 아무도 없다는 결론을 내리고 도시로 돌아왔다. 그날 밤 그는 상상력의 힘을 지닌 지인에게 이 일을 얘기하였다. 그 지인은 개 주인이 '개를 처리하려고' 노력했는데 이것이 수포로 돌아갔다는 얘기를 들은 것이다.

그 지인은 "내가 당신을 대신해 이 문제를 해결해보죠" 라고 제안했다. 그는 의지로 가득 차 다음날 아침 개를 데리고 개 주인이 바로 전날 방문했던 집 앞에 서서 문을 두드렸다. 똑같은 사람이 목발을 짚고 나왔다.

상상력을 지닌 그는 인사를 하고 이렇게 용건을 말하였다.

"류머티즘 때문에 다리를 저는 것 같군요. 제 생각엔 당신을 위해 자잘한 일을 해결해 줄 개가 필요할 듯 싶은데요. 지금 보시는 이 개는 소와 양떼를 몰아 야생동물로부터 그 동물들을 보호하고 기타 쓸모 있는 재주도 많이 있습니다. 100달러에 팔려고 합니다."

"그럽시다. 그 개를 사도록 하죠!"

이렇게 해서 거래가 성사되었다.

이 또한 상상력의 힘으로 가능했다! 누구도 남이 '처리하려고 하는' 개에게 관심이 없는 것은 당연하다. 그러나 양떼를 지키고 소를 몰아오고 다른 재주도 갖고 있는 개라면 가지고 싶을 것이다.

그 개를 산 사람은 아이러니하게도 어제 거절했던 바로 그 다리를 저는 사람이었다. 달라진 것은 그 개를 '파는' 사람이었다. 만약 상상력을 지녔다면 누구도 다른 사람이 '처리하려고' 하는 것에는 관심이 없다는 것쯤은 알 것이다.

'흡인 이론'에서 밝힌 '유유상종'의 원리를 기억하기 바란다. 만약 실패하리라 생각하거나 실패한 사람처럼 행동하면 결국은 실패의 결과를 부르고 말 것이다. **인생의 목표가 무엇이든간에 이를 성취하기 위해서는 상상력을 사용**해야 한다.

나이아가라 폭포의 경우만 봐도 - 상상력이 풍부한 사람이 이를 이용, 에너지원으로 개발하여 산업 활동에 이용하기까지는 - 거대한 폭포에 불과했다. 상상력을 지닌 사람이 오기 전까지 수백만 명의 사람들이 이 폭포를 보고 갔지만, 그들에게는 그것을 이용할 상상력이 부족했다.

로터리 클럽(Rotary Club)이 존재하게 된 것도 잠재적 고객을 발굴하여 법률업무를 확장시키는 방법을 모색하던 시카고의 폴 해리스(Paul Harris)의 풍부한 상상력에서 비롯되었다. 법조계에서는 윤리적인 이유로 광고를 하지 못하게 되어 있었으나 폴 해리스의 상상력 덕분으로 일반적인 광고를 통하지 않고 법률업무를 늘어나게 하는 방법을 생각하였다.

지금 운명의 바람이 당신에게 역풍일지라도 상상력을 사용하면, 오히려 불리한 상황을 반전시켜 여러분의 명확한 목표를 더 쉽게 이룰 수 있다는 것을 기억하라. 연은 바람과 함께 나는 것이 아니고 바람을 타고 나는 것이다.

인간 본성에 대한 연구

지금까지 설명한 예시들은 분석하면 인간 본성에 대한 긴밀한 연구가 성공

을 이루는 데 중요한 역할을 한다는 것을 알 수 있다. **상상력의 덕을 보기 위해
선 일정한 행위를 하도록 사람을 움직이는 동기가 무엇인가를 면밀히 파악할
수 있어야 한다.**

만약 자신의 상상력을 통하여 어떤 사람의 이익에 부합할 때 그 요구는 쉽게
받아들여진다는 것을 인식할 수 있다면 여러분은 사실상 원하는 모든 것을 가
질 수 있게 될 것이다.

하루는 한 친구의 차에 동승한 적이 있다. 그 친구가 제한속도를 초과하여
운전하였다. 이를 보고 경찰관의 오토바이가 달려와 친구에게 과속으로 딱지
를 끊어야겠다고 하였다.

그 친구는 경찰관에게 미소를 지으며, "이렇게 비가 내리는데 고생하게 해서
죄송합니다. 지금 제 친구랑 10시 기차를 타려고 한 시간에 35마일을 밟고 말
았습니다"라고 하자, 경찰관은 "아닙니다. 당신은 지금 28마일로 운전했을 뿐
인데요. 그렇게 말씀하시니 앞으로 조심하겠다는 의사로 알고 이번에는 봐 드
리지요" 라고 하였다.

여기서도 상상의 요소를 발견할 수 있을 것이다. 경찰관도 제대로 응대한다
면 이유를 들으려 할 것이다. 반면 속도측정기가 잘못되었다고 우기는 운전자
에게는 딱지만이 돌아갈 것이다.

상상의 종류 가운데 주의해야 할 것도 있다. 노력이나 상응하는 대가를 치르
지 않고 무언가를 얻을 수 있다고 생각하는 것, 그리고 다른 사람의 권리를 고
려하지 않고 자신이 원하는 것을 얻으려는 경우가 이에 해당한다.

가령 미국 전역에는 약 16만 명에 달하는 수감자들이 있다. 그들은 자신의
상상력을 이루는 데 타인의 권리를 고려하지 않아 수감이 된 것이라고 할 수
있겠다.

오하이오 교도소에 수감된 사람 중에 35년을 복역한 이가 있다. 그는 큰돈을
만져보고자 하는 욕심에 위조지폐 사건에 연루되었지만, 정작 손에 만진 돈은

12달러에 불과하였다. 잘못된 상상력이 어떤 결과를 야기하는지 잘 보여주고 있다.

'사람을 묶어놓고 충격을 주면 어떻게 될까?' 등 쓸데없는 일에 자신의 상상력을 발동하고 이를 실행하려는 사람들은 정신병원에 가야 할 부류에 속한다.

시간과 상상력(상상력은 종종 시간의 산물일 경우가 많다)은 우리에게 많은 교훈을 주는데 무엇보다 중요한 것은 다음과 같은 사실이다.

많은 부분에서 사람들은 유사하다!

그러므로 고객이 생각하고 있는 것을 알고자 한다면, 자신이 고객의 입장일 때는 무엇을 생각할지 연구해보라. 자신을 연구하여 특정한 행동을 하게 하는 동기는 무엇이고, 특정한 행동은 막는 동기는 무엇인지를 발견하면 상상력의 정확한 사용이 가능하게 될 것이다.

형사들에게 가장 중요한 자산은 상상력이다. 범죄의 실마리를 풀 때 그가 처음 묻게 되는 질문은 '동기가 무엇인가?' 이다. 동기를 파악하면 대개 범인을 찾아낼 수 있다.

자신이 기르던 말을 잃어버린 사람이 5달러의 사례금을 내걸고 포스터를 붙였다. 며칠이 지나 '저능하다' 고 간주되던 소년이 말을 끌고 와서 사례금을 요구하였다.

주인은 이 소년이 어떻게 말을 발견할 수 있었는지 궁금하여 "어떻게 말을 찾았니?" 라고 물었다. 그러자 소년은 "글쎄요, 어렵지 않았어요. 저는 그냥 내가 말이면 어디로 갔을까 생각해 봤을 뿐이에요" 라고 답하였다.

'저능한' 사람이지만 적절한 추론을 하였던 것이다. 저능하지 않고 똑똑하다고 자부하는 사람들 중에도 사실 이 소년처럼 상상력을 발휘하지 않고 인생을 살아가는 경우가 허다하다.

다른 사람들이 무엇을 할 것인지 알고 싶으면 상상력을 사용하여 그의 처지에 자신을 놓고, 그 상황이라면 어떻게 할지 생각해보라. 이것이 바로 상상이다.

사람은 누구나 어느 정도 공상가가 되어야 한다. 모든 사업에는 이러한 공상가가 필요하다. 산업과 전문분야에도 공상가가 필요하다. 그러나 **공상가는 동시에 행위자가 되어야 할 것이다.** 그렇지 않다면 꿈을 현실로 만들 수 있는 사람과 연대를 구축해야 할 것이다.

모든 사람은 칭찬받기를 좋아한다. 그리고 대개는 아첨받기도 좋아한다. 그러나 그런 버릇에 빠져드는 것이 건전한 성격과 개성을 기르는 데 도움이 되느냐 하는 것은 별개의 문제다.

상상력과 결단력의 가치

당신의 사고는 기존의 발상들을 새롭고 유용하게 결합시킬 수 있을 뿐 아니라, 당신이 가장 갈망하는 명확한 중점 목표를 확립해준다.

명확한 중점 목표를 세우면 이는 상상 속에서 즉각적으로 현실화된다. 2장에서 제시된 지침을 성실하게 수행하고 있다면, 지금 당신은 성공을 향한 길에 있는 것이다. 왜냐하면 그 지침을 따르면 당신이 무엇을 원하는지 알 수 있을 것이고, 원하는 것을 얻기 위한 계획을 가지고 있을 것이기 때문이다.

원하는 것이 명확하면 성공을 달성하기 위한 전쟁은 이미 반은 승리한 것이다. 자신이 원하는 것을 알고 어떠한 대가를 치르더라도 이를 얻고자 마음먹었다면 승리를 '외칠' 일만이 남은 것이다.

명확한 중점 목표를 설정하기 위해선 상상력과 결단력이 필요하다!

결단력은 사용할수록 강화된다. 상상력을 통하여 명확한 중점 목표를 창출하도록 하는 신속한 결정력은 어떤 상황에서 내리는 결정보다 강력하다.

역경과 일시적 패배는 대개 모습을 감추고 있는 축복일 경우가 많다. 이들이 상상력과 결단력을 발휘하도록 하기 때문이다. 배수진을 친 경우와 같이 퇴로

가 없고 등 뒤에는 벽만이 존재할 때 인간은 어느 때보다 강력한 힘을 발휘한다. 이런 경우에는 회피하고 도망하는 대신 싸움을 결심하게 된다.

※ 창의적이고 독립적인 습관

상상력은 신속하고 확실한 결정과 행동을 취해야 하는 긴급 상황에서 최대로 발동된다. 이러한 긴급 상황에서 인간은 천재라고 불릴 만큼 신속한 결정을 하고 계획을 세우고 상상력을 사용한다. 사실 천재는 상상력의 자극이 어느 때보다 요청되는 상황에서 탄생한다.

응석받이 아이들은 스스로 독립적인 습관을 들이도록 강요되어야 유용한 사람이 된다는 것도 이를 뒷받침할 것이다. 이런 경우에는 필요에 따라 상상력과 결단력의 실행이 촉구되는 것이다.

레버렌드 웰사이머(Reverend P.W. Welshimer)는 오하이오주 캔튼 교회의 목사이다. 그는 이 교회에서 근 25년간을 봉사하고 있는데 대개 목사는 한 교구(敎區)에 그토록 오래 머물 수는 없다. 그러나 그는 목사로서의 임무와 상상력을 결합하여 이 조항의 예외가 되었다.

목사가 보통 한 교구에 머무를 수 있는 기간은 3년이다. 그가 몸담고 있는 교회는 5,000명이 넘는 신도로 구성된 주일학교가 있다. 이는 미국 전역에서 최대 규모이다.

과거 어떤 목사도 그처럼 신도들의 전폭적인 지지를 받으며 주일학교를 이정도 규모로 키워 장기 봉사를 한 전례가 없었다. 만약 **솔선수범과 리더십, 명확한 중점 목표, 자기 확신과 상상력**의 도움이 없었다면 불가능하였을 것이다.

나는 그의 비결을 밝혀내기 위해 그가 채택한 방식을 연구하였다. 여러분을 위해 소개하고자 한다.

교회에는 분열과 질시 등의 요인으로 종종 지도자가 교체되는 상황에 이른다. 웰사이머 목사는 상상의 법칙을 적용하여 이러한 장애를 극복하였다. 이 교회에 새로운 신도가 들어오면 즉시 그 신도에게 명확한 업무를 부여한다. 되도록 그의 성격과 자질, 경험 등을 최대한 살려 업무를 할당한다.

그의 표현에 따르자면 '신도들을 교회 일로 바쁘게 해서 서로 불화와 반목이 생길 시간조차도 주지 않는' 전략이다. 이 전략은 경영활동이나 다른 분야에서도 적용해볼 만한 원리이다. '태만은 악의 도구'라는 말이 있듯이 이는 단지 말장난이 아니고 진리를 담고 있는 사실이다.

좋아하는 일을 맡기고 이것을 하느라 바쁘다면 반 조직세력이 형성되지 않을 것이다. 주일학교의 신도가 연속해서 두 번 불참하면 교회의 위원회는 그 원인을 알아내기 위해 신도에게 연락을 취한다. 사실상 교회의 모든 신도들은 무슨 무슨 '위원회' 업무를 맡고 있다.

웰사이머는 이렇게 하여 신도들 스스로 위원회를 운영하고 태만을 점검하며 권한을 가지고 교회 일에 집중하게끔 하고 있다. 그는 고도의 조직을 구성한 것이다. 그에 관한 명성은 전국에 퍼졌으며 회사, 은행, 제철공장 등을 비롯하여 유수의 기관에서 파격적인 조건을 제시하며 그를 스카우트하려고 시도하였는데 이는 그가 진정한 리더라는 사실의 반증이다.

교회 지하에는 인쇄공장이 있어서 매주 인쇄물을 찍어 모든 신도에게 배포하고 있는데 이는 신도들의 참여로 권위 있는 소식지가 되었다. 편집과 배급 과정에 신도들이 배치되는데 어떤 분야에 관심 있는 신도는 누구나 참여하고 있다. 소식지는 전적으로 교회와 개인 신도에 관련된 기사를 다룬다.

결국 소식지에서 자신의 이름을 발견할 수 있기 때문에 모든 신도들이 한 줄 한 줄 빠짐없이 읽는 효과가 있다.

교회에는 성가대와 오케스트라의 실력이 뛰어나 종종 대형 홀에서 공연을 하기도 한다. 이렇게 함으로써 교회 운영에 도움이 될 뿐 아니라 '재능 있는' 신도들에게 자신들이 가장 좋아하는 일을 할 수 있게끔 기회를 제공하는 것이다.

콩을 심었는데 팥이 나오는 법은 없다. 자연은 그런 일을 하지 않는다. 인과응보의 법칙으로 움직이는 것이 자연이다.

※ 성공은 세심한 계획의 결과

시카고대학 총장을 역임했던 고(故) 하퍼(Harper) 박사는 당시 가장 유능한 총장이었다. 그는 거액의 기부금을 모으는 데 탁월한 재능이 있었다. 록펠러로부터 시카고대학을 위해 100만 달러의 기부를 받아낸 것도 그의 수완 덕이다.

그가 뛰어난 지도자였다는 점에서도 하퍼 박사의 기술을 알아두는 것이 도움이 될 것이다. 게다가 그의 리더십은 운이나 요행에서 비롯된 것이 아니고 세심하게 마련된 계획을 거친 결과이기 때문에 이를 밝혀두고 싶다.

다음은 거액의 기부금을 모집하는 데 하퍼 박사가 어떻게 상상력을 사용하였는지 보여주는 예가 될 것이다.

학교에 새로운 건물을 짓는데 수백만 달러의 자금이 필요하게 되었다. 그는 곧 거액의 기부를 할 가능성이 있는 시카고의 유력인사 명단을 작성하였고 그 가운데 두 명을 골라냈다. 그들은 모두 백만장자였고 또한 영원한 맞수관계에 놓인 사람이었다.

당시 이 중의 한 사람은 시카고 전차회사의 사장이었다. 하퍼 박사는 정오시간을 택해 그의 비서가 점심을 먹으러 나간 사이에 태연하게 사무실로 들어갔다. 바깥에 아무도 지키는 사람이 없는 것을 확인하고 그의 '돈주머니'의 사무실에 들어갔다.

사장은 예상치 못한 시간에 예상치 못한 사람의 방문으로 놀라고 있는데 설틈을 주지 않고 자기소개를 해나가기 시작했다.

"제 이름은 하퍼라고 합니다. 저는 시카고대학의 총장입니다. 불쑥 찾아와 놀라게 해서 죄송합니다만, 밖에 아무도 없어서(그가 사전에 의도한 바이지만) 이렇게 허락도 없이 들어오게 되었습니다.

저는 사장님과 귀사에 대해 수차례 생각해 보았습니다. 사장님께서는 훌륭한 전차 시스템을 구축하였고 자신의 노력을 통해 막대한 이익을 벌어들였으리라 생각합니다. 이처럼 훌륭하신 분이 결국 사후에는 이름을 기념할만한 아무것도 남기지 못한 채 역사의 뒤안길로 사라질 것이라는 데 생각이 미쳤습니다.

아시다시피 결국 사장님의 돈은 다른 사람의 수중에 넘어갈 것이고, 돈만큼 주인이 바뀌자마자 옛 주인을 기억 못하는 것도 없지요. 그래서 사장님의 이름이 길이길이 남을 수 있는 방법을 생각해보았습니다.

현재 시카고대학에서 새로운 홀을 지으려 하는데 이 홀의 주춧돌에 사장님의 이름을 새기고 사장님의 이름으로 홀을 건설하는 것입니다. 이러한 제의를 진작 드리고 싶었는데 저희 대학의 이사회에서는 X씨(그는 이 사장의 경쟁상대이다)를 그 대상으로 거론하여 왔기 때문에 말씀드리지 못했습니다.

그러나 저는 개인적으로 사장님을 선호하고 있으며 현재도 그런 생각에는 변함이 없습니다. 만약 사장님이 의향이 있으시다면 저는 무슨 수를 다해서라도 반대를 꺾을 생각입니다.

물론 저는 오늘 대답을 듣고자 온 것이 아닙니다. 마침 지나가던 길에 사장님을 만나 이러한 생각을 밝히는 것이 좋다고 생각을 하였습니다. 생각해보시고 이 사안으로 저를 만나시고 싶으면 편하실 때 제게 연락을 주십시오.

즐거운 하루되시기 바랍니다! 오늘 사장님을 만나게 되어 정말 기쁩니다."

말을 마치고 그는 전차회사의 사장에게 찬성이다 아니다 한마디 말할 기회도 주지 않고 사무실을 나섰다. 사실 그 사장이 말할 기회는 거의 없었다. 하퍼 박사가 끊임없이 말을 하였기 때문이다. 이는 그가 의도한 바이기도 했다. 그는 사무실에 단지 씨앗을 심어두고 때가 되면 이것이 싹을 틔울 것이라고 믿었다.

그의 이러한 믿음은 가능성이 없지는 않았다. 그가 막 총장실에 돌아왔을 때 전화벨이 울렸다. 수화기 저편에는 방금 만나고 온 전차회사의 사장이 있었다. 그는 하퍼 박사와 약속시간을 잡았고 둘은 총장실에서 다음날 만남을 가졌다. 한 시간만에 하퍼 박사는 100만 달러 수표를 건네받았다.

하퍼 박사는 왜소하고 주의를 끌만한 외모를 지니지 못했지만 '자신이 원하는 것을 얻는 방법을 알고 있는' 사람이었다.

그에게 명성을 가져다준 그만의 방법이란 무엇일까?

그의 성공도 그가 상상력의 힘을 이해하고 있었기 때문에 가능하였다. 그가 전차회사 비서에게 찾아가 면담요청을 했다고 해보자. 그랬다면 그가 연락을 받고 면담이 이루어졌을 때쯤이면 이미 사장은 그의 요청을 거절할 논리적이고 적절한 핑계를 생각할 충분한 시간을 가졌을 것이다.

또 사장과의 면담에서 이렇게 설득하였다고 가정해보자.

"지금 시카고대학은 기금이 모자라 당신의 도움을 요청하고자 왔습니다. 사장님께서는 돈을 많이 버셨고 이는 사회에서 벌어들인 만큼 사회에 빚지고 있다고 생각합니다(맞는 말일 수도 있지만). 만약 100만 달러를 기부하신다면 사장님의 이름을 새로운 홀에 새겨드리겠습니다."

그 결과가 어떻게 되었을 것 같은가?

우선 여기에선 사장의 마음을 흔들거나 솔깃하게 하기에 충분한 동기를 발견할 수 없다. 그가 돈을 벌어들인 만큼 사회에 빚진 것이 사실이라 해도 그는 이러한 사실을 인정하지 않을 수도 있다. 게다가 이러한 제안에 호의적이기보다는 오히려 반감만 생기게 할 수 있는 것이다.

그러나 하퍼 박사는 빈틈없는 상상력을 발동하여 성공을 거두었다.

우선 그는 사장에게 사장의 이름을 따 홀을 짓는 것에 이사회가 찬성할지 확실하지 않다고 하여 하고 싶다는 동기를 유발하였다. 두 번째로 사장의 적수이자 경쟁상대가 그런 영예를 차지할지도 모른다는 사실에 그로부터 반사적으로 욕구를 끌어냈다. 게다가 하퍼 박사는 사장의 이름을 후세에도 남길 수 있다고 말하여 어필할 수 있었다.

이 모든 것이 상상의 법칙을 실제에 적용한 결과이다.

하퍼 박사는 세일즈의 명인이다. 그가 사람들에게 돈을 요청할 때는 돈을 기부해야 할 타당한 이유를 들어 목적을 달성하였다. 그는 이유를 제시할 때 이 기부를 통해 기부자가 얻을 수 있는 이점에 대한 강조 방법을 구사하였다. 이러한 방법은 경영활동에서도 응용될 수 있다.

또 다른 성공 포인트로 후세에도 자신의 이름을 남기고 싶어하는 인간의 본성에 호소한 것을 들 수 있겠지만, 기부금을 얻기 위한 요청은 언제나 사전에 주의 깊게 계획되었고 상상 속에서 충분히 그려봄으로써 다듬어졌다.

자신에게 좋은 일을 하도록 도와준 사람들에게 명예를 되돌려주기를 꺼리는 사람에게는 어느 날 기회는 그냥 지나치고 말 것이다.

✖ 사업 번창을 위한 아이디어

판매의 기술에서 가장 중요한 요소는 상상력이다. **세일즈의 달인이란 언제나 상상력을 체계적으로 사용하는 사람을 일컫는 것이다.** 뛰어난 세일즈맨은 그의 사업 번창을 위한 아이디어를 얻기 위해 상상력에 의존하고 있다.

누구나 생각할 수 있는 간단한 아이디어도 중요하다. 아이디어는 간단하지만 이의 실행을 위해선 상당한 상상력이 필요하기 때문이다. 아이디어가 간단하고 쉽게 채택될수록 그 가치가 크게 마련이다. 왜냐하면 복잡하고 지나치게 상세한 아이디어를 실행하려는 사람은 없기 때문이다.

상상력은 넥타이와 셔츠, 양말류 등등의 자잘한 것을 판매하는 데도 효과적으로 사용될 수 있다. 예를 들어보자.

나는 셔츠와 넥타이를 좀 사려고 필라델피아에서 가장 잘 알려진 잡화점을 방문했다. 넥타이 진열대에 다가가자 젊은이가 다가와 물었다.

"뭐 사고 싶은 것이라도 있으신가요?"

내가 그였다면 나는 그런 질문은 하지 않았을 것이다. 내가 말하지 않아도 그가 물을 필요도 없이 내가 넥타이 진열대에 다가섰다면 넥타이를 사려한다는 것쯤은 알아야 하는 것이다.

나는 진열대에서 두세 개 정도를 골라 간단히 살펴보고 마음에 드는 연청색을 빼고는 제자리에 내려놓았다. 그러고는 마지막 것도 내려놓고 다른 것들을 돌아보기 시작했다.

그때 카운터 뒤에 서 있는 젊은이는 알았다는 듯이 밝은 표정을 지으며 요란한 노란색의 넥타이를 집어들고서 그것을 매면 어떻게 보일지 보여주기 위해 자신의 손가락에 걸면서 물었다.

"이거 좋지 않나요?"

사실 내가 제일 싫어하는 게 노란색인데, 이 젊은이는 하필이면 뻔쩍이는 노란색 - 나의 어디에서 노란색 넥타이를 좋아하겠다는 생각이 들었는지 - 을 들이밀어서 나의 취향을 간파하기는커녕 역효과만 내고 있는 것이다.

내가 만약 그였다면 고객이 만지작거렸던 연청색 넥타이를 집어들어 고객의 손가락에 걸어 보이면서 맨 후에 어떻게 보일지 힌트를 주려고 했을 것이다. 즉, 손님이 고르고 살피는 것에 관심을 기울이면서 손님의 취향을 파악했을 것이다.

그뿐 아니라 손님이 들여다보는 시간을 관찰하면서 어떤 제품을 특히 마음에 들어하는지 알아챘을 것이다. 마음에 들지도 않는 제품을 만지작거리는 사람은 없는 것이다.

센스 있는 점원이라면 이런 행위들에서 고객이 원하는 제품이 무엇이고 따라서 어떤 제품을 공략하여 중점적으로 판매해야 할지 알아챘을 것이다.

나는 다음으로 셔츠 진열대로 걸음을 옮겼다. 이곳에선 조금 나이든 사람이 물었다.

"제가 오늘 뭐 도와드릴 일이 있을까요?"

나는 혼자 생각하기를, '나를 도와주고 싶으시다면 오늘이 아니면 안 될 거요. 왜냐하면 내가 이 집에 또 올 것 같지는 않으니까'라고 생각하고 있었다.

나는 그에게 셔츠를 보고 싶다며 내가 원하는 스타일과 색상을 설명하였다. 그는 설명을 듣자마자 나에 대해 속단을 내렸다.

"죄송합니다만, 선생님이 찾으시는 것들은 유행이 지난 것들이라서 저희 상점에선 취급하고 있지 않습니다."

나는 내가 찾는 것들이 요즘 유행하는 스타일과는 다르다는 것도 알지만 바로 그 때문에 재고분이 있다면 사고 싶다고 하였다.

고객을 화나게 하는 것이 있다면 — 특히나 자신이 원하는 것이 무엇인지 분명히 알고 상점에 들어와 그것을 설명하고 있을 때는 더욱 — 그것은 아마도 "그것들은 이미 유행이 지난 것들인걸요"라는 말을 듣는 것이다.

이런 발언은 한 사람의 취향이나 기호에 대한 무시에 가까우며 대부분 판매에 스스로 무덤을 파는 경우가 된다. 만약 내가 물건을 판다면 고객의 취향을 알게 되었을 때 그처럼 재치와 매너가 모자라게 응대하지 않을 것이고 마치 그가 뭘 모르고 있다는 식으로 대하지는 않을 것이다.

만약 그가 요청하는 제품이 남아 있지 않더라도 그를 더 만족시킬 만한 제품을 찾아주었을 것이다.

세계에서 소위 제일 잘 나간다는 베스트셀러 작가 중의 하나는 독자들이 이미 알고 있고 익숙한 것을 쓰는 것이 상업성이 있다는 점을 발견하고 이를 이용하여 명성과 부를 얻게 되었다. 동일한 법칙이 상품 판매에도 적용된다.

마침내 그는 어디서 셔츠를 꺼내와 내 앞에 늘어놓았는데 내가 말한 것과 맞는 것이라곤 한 장도 없었다. 내가 이 가운데 마음에 드는 게 하나도 없다며 상점을 나서려 하자 그는 대뜸 혹시 멜빵을 살 의향은 없느냐고 제안하였다.

세상에! 나는 멜빵을 걸치고 있지도 않았고, 어떤 근거로 내가 멜빵을 좋아한다는 판단을 내렸는지 알 수가 없다.

물론 고객이 요청하지 않은 제품에 대해 고객의 흥미를 유발시키는 것이 영업인의 자세이다. 그러나 그런 시도를 하게 될 때에는 그에 앞서 고객이 좋아할지도 모른다는 판단을 내릴 수 있게 잘 살펴본 뒤에 해야 한다.

나는 그 상점에선 본래 사려고 했던 셔츠도 넥타이도 사지 않고 색상과 스타일에 대한 기호도 무시당해 기분도 언짢아서 문을 나섰다.

거리를 조금 걸어 내려가니 한 사람이 경영하고 있는 조그만 상점이 있었다. 셔츠와 넥타이가 진열되어 있었다.

이곳에선 대우가 달랐다!

상점에 있던 사람은 쓸데없는 질문이나 판에 박힌 질문들을 하지 않았다. 내가 들어서자 한번 보더니 재빠르게 꽤 정확한 판단을 내리고는 "안녕하세요!"라고 인사하였다.

그러고 나서 "셔츠를 보시려고요? 아니면 넥타이를 사시려고 합니까?" 라고 물었다. 나는 셔츠를 먼저 보고 싶다고 하였다. 그는 내가 입고 있는 셔츠의 스타일을 보고서는 내가 찾고 있던 바로 스타일과 색상을 한마디 물어보지도 않고 골라낸 것이 아닌가!

그는 6가지 정도의 셔츠를 내놓고 맘에 드는 것을 골라보라고 하였다. 나는 하나하나 순서대로 살펴보고선 그에게 돌려주었다. 그는 내가 살피는 동안 특별히 한 셔츠에 더 시간을 들이고 좀더 가까이 살핀 것을 보고는 그것을 집어들어 어떤 재질로 만들어졌는지 설명하기 시작하였다.

그러고 나선 넥타이 진열장에 가서 깔끔한 연청색 넥타이를 세 개 가져왔다. 모두 내가 찾고 있던 바로 그것이었다. 그는 이 넥타이들을 셔츠에 대어보면서 셔츠와 넥타이의 색상이 조화를 이루는지 보여주었다.

상점에 들어선 지 5분도 안 되어 나는 셔츠 석 장에 넥타이 세 개를 샀으며 이를 들고 나오면서 다음에 셔츠와 넥타이를 살 때에도 이곳에 와서 사야겠다고 생각하였다.

후에 알게 된 바로는, 그는 이 작은 상점을 500달러에 월세를 내고 있었는데 셔츠와 넥타이만 취급하면서도 상당한 수입을 올리고 있었다. 그러나 만약 고객의 속성과 취향을 파악하지 못하고 자신의 상점에 오는 사람에게 이처럼 높은 판매 성공률을 거두지 못했다면 문을 닫아야 했을 것이다.

찰리 채플린은 우스꽝스럽고 뒤뚱거리는 걸음걸이와 헐렁한 바지로 1년에 100만 달러를 벌어들였다. 그것은 그가 무엇인가 '색다른 것'을 하였기 때문이다. 힌트를 얻었다면 당신도 남다른 생각으로 자신만의 것을 개발하라.

✖ 구매심리의 정확한 파악

나는 여성들이 모자를 사는 것을 관찰할 때마다 왜 상점 직원들이 이들의 구매심리를 파악하지 못하는 것일까 라는 의문이 들었다. 그들이 모자를 어떻게 다루는지만 보아도 팔 수 있을 텐데.

상점에 들어간 여인은 모자를 좀 보여 달라고 한다. 점원은 모자를 전해주고 여인은 이를 한 번씩 써본다. 만약 모자가 잘 맞고 잘 어울리면 몇 초간 그대로 써보고, 마음에 안 들면 그 즉시 벗어버린다.

그리고 어떤 각도에서 제일 잘 어울릴까 이리저리 돌려본다. 또한 조금 뒤로 물러나서 바라보기도 하는 등의 동작으로 '이것이 마음에 든다' 는 것을 누가 봐도 알게끔 행동을 취한다. 그때는 만족하는 기색이 완연해진다.

그리고는 모자를 벗어서는 가까이 살펴보고 다른 것도 써보겠다고 한다. 이때 영리한 점원이라면 그녀가 방금 벗어둔 모자를 챙겨두었다가 적절한 때에 다시 써보라고 제안할 것이다.

고객의 취향과 기호를 주의 깊게 관찰하는 영민한 판매원이라면 한 사람의 고객에게 서너 개의 모자를 팔 수도 있다. 단지 고객의 마음을 끄는 제품이 무엇인지 파악하고 이를 판매하는 데 주력하기만 한다면 가능한 일이다.

나는 물품을 사지 않고 나가버리는 고객은 어림잡아 75% 정도에 해당하며, 이들이 그냥 가는 데는 점원들의 재치와 기술이 부족했기 때문이라고 생각한다.

나는 몇 해 전 뉴욕시에서 가장 큰 신사복 상점에 들어가 내가 원하는 스타일을 설명하였는데 가격대는 언급하지 않았다. 젊은 점원은 이를 잘 듣더니 "손님께서 찾으시는 것은 없는 듯한데요" 라고 대답하였다. 나는 원하는 바로 그 양복이 마네킹에 입혀 있는 것을 발견하고 "바로 저거요" 라고 말하였다.

그는 "아, 저거요? 저거 아주 비싼 건데요!" 라고 하는 게 아닌가!

그의 발언으로 놀라기도 하고 화가 나기도 했다. 그래서 나는 도대체 뭐를 보고 내가 비싼 양복을 살 수 없다는 표시라도 있냐고 물었더니 그는 당황하여 변명을 하려고 하였다. 그의 변명은 그의 모욕적인 언사보다 더 구제불능이었다.

그래서 '멍청이 같으니' 라고 중얼거리며 막 문을 나서려는 순간, 내가 들어올 때보다 기분이 나빠져서 나가는 것을 본 다른 점원이 나를 불렀다.

그는 재치 있는 말로 대화를 끌어내 기분을 덜어주고 다시 양복을 보여주었다. 이번에 상점을 나설 때는 그 옷을 들고 나왔을 뿐 아니라 애초에는 생각이 없었던 옷도 두 벌 더 사가지고 나오게 되었다.

이것이 바로 진정한 세일즈맨과 손님을 쫓아내는 점원의 차이이다. 또한 나는 그 점원에게 친구 두 명을 소개시켜주었고 그들은 모두 이 상점에서 상당한 구매를 하였다.

나는 어느 날 시카고에 있는 거리를 걷고 있었는데 상점에 진열되어 있는 회색 양복이 눈길을 끌어 발걸음이 멈추어졌다. 구매할 생각은 없었지만 가격이 궁금해서 문을 열고 고개만 안으로 들이밀고는 양복이 얼마냐고 물어보았다.

그 상점의 영리한 세일즈맨은 내가 상점에 들어오지 않으면 물건을 팔 수 없다는 것을 잘 알고 "가격표를 볼 동안 들어와 계시겠어요?" 라고 말하는 것이 아닌가.

물론 그가 가격을 모를 리 만무했지만 이렇게 함으로써 내게 물건을 팔려한 다는 경계를 늦추는 데 성공하였다. 물론 나도 그에 맞게 예의를 갖춰 "네, 그러지요" 라고 하고는 안으로 들어갔다.

세일즈맨은 "여기로 오시지요. 여기 가격을 알려드리겠습니다" 라고 말하였다. 채 2분도 안 되어 나는 입고 있던 코트를 벗고 진열되어 있던 코트를 입으려 거울 앞에 선 자신을 발견하였다.

코트를 입자 거의 맞춘 것처럼 꼭 맞았는데 - 그 세일즈맨의 정확한 눈썰미 때문이지만 - 부드러운 촉감의 재질에 마음이 끌렸다. 내가 코트의 팔 부분을 손으로 쓸어보자 그는 어떤 재질로 만들어졌는지 설명하기 시작하였고 옷감이 좋은 제품인 것을 알 수 있었다.

나는 다시 한번 가격을 물었다. 겨우 50달러 가격에 놀랐는데 그는 이 코트가 훨씬 값비싼 제품이라고 믿게 만들었기 때문이다.

사실 내가 이 옷을 밖에서 보았을 때는 35달러 정도를 예상하였었다. 이 옷의 장점을 최대한 살려서 어필할 수 있는 그를 만나지 않았다면 아마 이만큼을 지불하고 사지는 않았을 것이다.

결국 나는 정신학자들이 말하는 '충동구매' 를 하였지만 충동구매를 하는 사람이 어디 나쁘이겠는가.

단 한마디로 세일즈맨은 물건을 팔 기회를 놓쳤을 수도 있었다. 그가 그냥 "50달러입니다" 라고 하였다면 나 또한 "알겠습니다" 하고 가던 길을 갔을 것이고 그랬더라면 거래는 이루어지지 않았을 것이다.

계절이 바뀌었을 때도 나는 그에게서 옷 두 벌을 더 샀는데 지금도 내가 시카고에서 옷을 산다면 아마 그곳에서 살 것이다. 그는 언제나 나의 취향에 맞는 옷을 제시하고 추천하였기 때문이다.

성급한 사람은 '겁쟁이'일 경우가 많다. 냉정을 잃는 사람은 통상 대개 허풍쟁이이며 일을 해야 할 때는 꾀를 부리기 일쑤이다.

※ 구매심리의 외적인 요소

시카고에 있는 한 상점(마셜 필드 스토어)은 다른 어떤 상점보다 판매액을 많이 올리고 있다. 그뿐 아니라 이곳에서 물건을 구매하는 사람들은 다른 곳보다 비싸다는 것을 알면서도 – 더 저렴한 가격으로 다른 상점에서 물건을 사는 것보다 – 만족을 느끼곤 한다.

비결이 무엇일까?

여러 가지 이유가 있을 수 있지만 그 중에서도 중요한 것은 이곳에서 산 물건은 마음에 안 들면 다른 상품으로 교환이 될 수도 있고 고객이 원하면 환불도 된다는 것이 큰 이유이다. 이러한 보증정책이 비결이다.

사람들이 이곳에서 더 많은 돈을 지불하는 또 다른 이유는 다른 상점에 비해 진열에 신경을 쓴 덕분이다. 이곳의 진열은 거의 예술에 가까워 이것이 과연 단순히 물건을 팔기 위한 것인지 예술을 위한 것인지 분간이 안 될 정도이다.

일반 상점에서 물건을 진열할 때도 이와 마찬가지다. 물건을 적절히 분류하여 조화를 이루게끔 하면 '분위기' 자체가 조성된다.

이곳에 장사가 잘 되는 또 다른 이유는 점원들을 까다롭게 채용하고 관리하기 때문이다. 이들은 마치 이웃처럼 느껴진다. 물건을 사러 왔다가 고객과 점원이 결혼을 하게 된 경우만 해도 상당수에 이른다.

이곳에서 구매한 물건은 고급스럽게 포장되어 있어 이 때문에도 사람들은 더 많은 돈을 기꺼이 지불하고 쇼핑을 한다.

기왕 포장에 대한 얘기가 나왔으니 여기서 나의 친구 얘기를 해보겠다. 물건을 판매하는 사람이라면 포장이 얼마나 큰 의미를 지녔는지, 상상력의 힘이 포장기술과 어우러져 어떤 부가가치를 올리게 되는지 알 수 있을 것이다.

그 친구에게는 고급스런 은제 담배 케이스가 있었는데 그는 수년간 이를 소중하게 지니고 다녔다. 그리고 아내가 준 선물이라는 사실에 대해 자부심을 지니고 있었다.

오랫동안 쓰다보니 상태가 훼손되기 시작하였다. 흠집이 나고 이음새가 휘고 구부러지는 등……. 그래서 그는 필라델피아에 있는 콜드웰(Caldwell) 보석점에 수리를 의뢰하였다. 이곳에 담배 케이스를 맡기고 수리가 되면 부쳐달라고 하였다.

약 2주 정도가 지났을까. 콜드웰이라는 이름이 적힌 화려한 마차가 그의 사무실 앞에 서더니 깔끔한 유니폼을 입은 말끔한 젊은이가 고급스럽게 포장된 선물을 리본에 잘 묶여진 채로 들고 왔다.

그날은 마침 이 친구의 생일이어서 그는 담배 케이스를 수리 맡겼던 사실도 잊고 포장의 크기와 아름다움에 누군가 생일 선물을 보낸 것이라고 생각하였다.

사무실 직원과 비서 등이 모두 모여들어 이 '선물'을 개봉하는 것을 지켜보았다. 그는 리본을 자르고 겉의 포장을 풀었다. 포장 아래 종이가 덮여 있었는데 콜드웰의 이니셜과 문양이 담긴 금박지로 봉해져 있었다. 이것을 풀자 아름다운 상자가 있었다.

상자를 열고 종이 포장을 다시 풀자 담배 케이스가 놓여 있었고, 한참을 살펴서야 자기가 수선을 맡겼다는 사실을 알 수 있었다. 콜드웰 기술자의 상상력 덕분으로 알아볼 수 없을 정도로 된 것이다.

꺾이고 구부러진 곳은 꼼꼼하게 펴졌으며 이음새는 딱 들어맞게 되었고 케이스는 윤을 내어 처음 산 것처럼 반짝거렸다. 이 친구를 비롯하여 구경하던 사람들의 입으로부터 일제히 '와' 하는 감탄사가 저절로 흘러나왔다.

물론 계산서는 비쌌지만 그렇게 비싸게 느껴지지 않았다. 포장지와 금박지, 리본으로 묶은 것 등 케이스를 포장하고 말끔하게 차려입은 배달원과 마차 등을 고려하면 충분한 값어치가 있었다.

대개 사람들은 고가에 상응하는 상품의 장식과 '서비스'를 제공받으면 가격에 불만을 품지는 않는다. 사람들이 불평을 하게 되는 것은 가격은 높으면서 서비스가 이에 따르지 못하고 '형편없을' 경우이다.

나는 이 사건이 물건을 판매하는 사람이 알아두어야 할 교훈이 될 것이라고 생각한다.

당신이 판매하는 상품은 아마 당신이 요구하는 가격의 값어치를 지닐지도 모르지만, 디스플레이와 포장의 묘를 발휘하지 않는다면 값이 비싸다는 소리를 듣게 될 수도 있다.

스태틀러(E.M. Statler)는 고객이 지불하는 것보다 더 나은, 그리고 더 많은 서비스를 제공함으로써 세계에서 가장 성공적인 호텔 경영인이 되었다.

❈ 상상력은 실질적 부가가치

필라델피아의 브로드 가에 한 과일가게가 있는데 여기에는 손님에게 문을 열어주는 사람이 있다. 그의 업무는 문을 열어주는 것에 불과하지만, 미소로 (물론 이것도 연구되고 예비연습을 거친 것) 문을 열어주어 상점에 들어가기 전부터 환영받고 있다는 느낌을 준다.

이 과일가게는 바구니 포장이 뛰어나다. 과일가게 밖의 메모판에는 뉴욕시를 떠나는 대형선박의 항해일자가 적혀 있어 항해를 떠나는 친구를 위해 과일 바구니를 선물하고 싶은 사람들을 주 대상으로 하고 있다.

애인이나 친구, 부인이 떠날 때 아름답게 장식된 한 바구니의 과일을 건네주고 싶기 때문이다. 이럴 때는 싼 것을 찾을 게 아니라 비싼 것도 마다하지 않게 된다.

이렇게 과일가게에도 경영의 묘를 살릴 수 있는 것이다. 한 블록만 더 가도 다른 과일가게에서는 3~5달러에 불과한 과일이 여기서는 똑같은 내용물에, 포장에 70센트를 더 들였을 뿐인데도 10~25달러에 판매가 되고 있다.

다른 곳과 마찬가지로 가게의 규모는 크지 않지만 1년에 15,000달러를 임대료로 내고도 다른 과일가게 50여 개를 합친 것보다 더 많은 수입을 올리고 있다. 이는 그 가게가 고객을 끌기 위해 어떻게 물건을 진열하고 배달할 것인가를 연구하고 이를 도입하였기 때문이다.

이 또한 상상력의 가치를 증명하는 것이라 할 수 있다.

미국 사람들은 부자이든 아니든, 지구상에서 씀씀이가 가장 큰 편에 속한다. 그리고 그들은 물건 자체에는 실질적 가치를 부가하지 않는 포장과 배달 같은 외양에 치중하는 경향이 있다. 이를 이해하는 사람들이라면 자신의 제품과 상상력을 결합하여 풍성한 수확을 거둬들일 수 있다.

실제로도 많은 사람들이 이런 방법으로 성공적인 판매를 하고 있다.

적절한 디스플레이, 포장과 물품의 배달 효과를 이해하는 사람은 어떻게 하면 자신의 물품을 고객의 구미에 맞출 수 있는가를 아는 사람이며 평범한 물건으로도 좋은 가격을 부를 수 있다. 그리고 이보다 중요한 점은 동일한 상품이라도 고객에게 어필하는 방법을 연구하지 않았던 때보다 이렇게 함으로써 단골을 더 많이 확보할 수 있다는 사실이다.

'싸구려' 레스토랑에서는 무겁고 투박한 컵과 깨끗하지 못한 티스푼에 햄 샌드위치를 가져다준다면 잘하면 15센트의 팁을 받을 수도 있을 것이다. 그날은 운이 좋은 날이다.

그러나 길 건너편에 있는 레스토랑에서는 말쑥이 차려 입은 웨이터와 웨이트리스가 우아한 컵에 담긴 커피와 아담한 크기의 햄 샌드위치를 가지고 와서 테이블보가 깔린 식탁에 놓고 가면 손님들이 팁을 아끼지 않을 것이다.

햄도 같은 도살장에서 나오고 빵도 같은 제과점에서 나왔지만 두 곳의 샌드

위치는 다만 모양(포장)이 다를 뿐인데 가격 차이는 많이 난다. 제품의 양과 질보다 때로는 '분위기나 외양'에 값을 지불하는 경우이기 때문이다.

사람들은 분위기를 구매하는 것이다.

구매심리를 잘 아는 세일즈맨이 평범한 가게에 들어가서 50,000달러에 해당하는 물품을 75,000달러에 판매하도록 가치를 상승시키는 것은 어려운 일이 아니다. 그는 점원들에게 어떻게 물건을 보여주는지를 교육하고 판매한 후에는 약간의 수고를 들여 어울리는 포장을 하거나 상자에 넣어주는 일만을 교육하는 데도 상당한 이익을 남길 수 있는 것이다.

같은 셔츠라도 포장이 안 된 것과 어울리는 상자에 넣어 포장지로 포장되어 리본으로 묶어 장식을 더한 것은 2달러 정도의 가격 차이가 나게 마련이다.

다시 말해 같은 고급 셔츠라도 포장을 풀고 바겐세일 판매대에서 팔게 되면 반값도 안 되는 가격에 내놓는 경우도 있는데 이를 보더라도 사람들이 자신이 사는 것을 잘 모르고 물건을 정확하게 분석하기보다는 외양에 좌우되는 것이다.

자동차를 살 때도 마찬가지다. 미국 사람들은 자동차의 외양에서 새로운 스타일을 찾고 또 끊임없이 요구하고 있다. 만족스러운 외양을 하고 있으면 기계 설계는 어떻게 되어 있든, 보닛에는 어떤 장치가 되어 있든 관심이 별로 없다.

헨리 포드가 이러한 사실을 아는 데만 20여 년이 걸렸다. 사람들이 '품질'을 사는 것보다 '외양'을 사는 것이 사실이 아니라면 포드사에서 매번 새로운 모델을 시판할 이유가 없다.

물론 자동차의 실질적인 가치도 인정되어야 할 것이지만, 사람들이 물건을 구매할 때나 특히 차를 살 때는 '외양'을 보고 사는 경향이 있다는 점을 알 수 있다.

위대한 성취는 위대한 희생의 자식이다. 이기심으로는 위대한 성취를 이룰 수 없다.

7장
열정
Enthusiasm

Napoleon Hill

나는 거지에게 동전 한 닢을 주면서 이 돈으로
엘버트 허버드의 《가르시아에게 보내는 편지》를
사서 읽어보라고 했다.

열정

'믿어라! 당신은 해낼 수 있다!'

열정이란 어떤 일을 하고 싶도록 만드는 마음가짐을 말한다. 하지만 열정은 단지 그것만이 아니다. 열정은 전염된다. 열정을 가진 사람과 만나는 모든 사람은 그 열정에 영향을 받을 것이다.

사람과 열정과의 관계는 증기 기관차와 증기와의 관계와 같다. 열정은 행동을 일으키는 원동력이다. 추종자들의 마음속에 열정을 일으키는 지도자야말로 가장 훌륭한 지도자이다.

또한 열정은 설득력의 가장 중요한 구성요소이며, 공개적 연설에서도 마찬가지다. 연설자가 열정을 가지고 있지 않다면 아무리 훌륭한 설교라 해도 쇠귀에 경 읽기밖에는 되지 못할 것이다.

자신의 일에 열정을 가지고 있다면 그 일은 힘들거나 지루하지 않을 것이다. 열정은 마음뿐 아니라 신체 구석구석에 에너지를 준다. 열정을 가진 사람은 평소보다 절반의 수면만 취하고 두세 배의 일을 하더라도 피로함을 느끼지 않을 것이다.

열정이 성공에 미치는 영향

나는 오랜 세월 동안 밤에 글을 써왔다. 어느 날 나는 타자기 앞에서 열정에 넘쳐 글을 쓰다가 연구실 너머 창 밖을 바라보았다. 뉴욕의 메트로폴리탄 타워를 바라보는데, 그 타워에 달빛이 매우 특이하게 반짝였다. 은회색으로 반짝이는 그 형상은 여태껏 본 적이 없는 기묘한 광경이었다.

나는 이상하게 생각해서 좀더 자세히 들여다보았다. 한참을 그러고서야 그것이 달빛이 아니라 이른 새벽의 햇빛이라는 것을 알았다. 그렇다, 햇빛이었다. 나는 밤을 새워 일을 했지만 일에 너무도 몰두해서 시간 가는 줄 몰랐다. 겨우 한 시간 정도 지났으리라고 생각했을 뿐이었다.

그날 하루 종일, 그리고 그날 밤까지 간단한 식사시간 이외에는 조금도 쉬지 않고 일을 했다. 결국 나는 이틀 밤과 하루 낮 동안 잠을 자지 않고 음식도 매우 조금 먹으며 일을 했지만 전혀 피곤하지 않았다. 내가 내 몸에 '열정' 이라는 에너지를 가득 채우지 않았더라면 불가능했을 것이다.

열정은 단순한 말장난이 아니다. **열정은 모든 일을 할 때 도움이 되는 근원적인 생명력이다.** 그러므로 열정이 없는 사람은 방전된 배터리와 다를 바가 없다.

열정은 자신을 재충전하고 역동적으로 삶을 살아가기 위한 원동력이 된다. 축복받은 사람들은 태어날 때부터 열정을 가지고 있지만, 그렇지 않은 사람이라면 자신의 노력으로 열정을 찾아내야 한다.

열정을 개발하는 방법은 어렵지 않다. 가장 좋아하는 일을 하는 것만으로 열정의 개발은 시작된다. 만약 좋아하는 일에 매진할 형편이 되지 않는다면, 당분간 현재의 일에 충실하되 미래에는 그 일을 하고야 말겠다는 '명확한 중점 목표' 를 잠시도 잊지 말라.

자본이 모자란다거나 또는 기타 불가피한 이유로 좋아하지 않는 일을 해야만 하는 경우도 있다. 하지만 그 누구도 당신이 언젠가는 이렇게 살고 말겠다는 '인생의 명확한 목표'를 설정하는 것까지는 방해할 수는 없다.

덧붙여 그 꿈을 현실로 바꾸기 위해 열심히 계획하고 노력하는 것을 멈출 수 없으며, 당신이 그 계획에 열정을 불태우는 것을 막을 수도 없다.

※ 역동적인 삶을 위한 원동력

인간이 노력을 하는 가장 최종적인 이유는 행복을 얻기 위해서이다. 그런데 행복이라는 것은 미래의 성취를 꿈꿀 때에만 유지될 수 있다. 행복은 과거에 있지 않고 언제나 미래에 있다.

행복한 사람은 아직은 얻지 못한 미래의 성취를 꿈꾸는 사람이다.

가지고 싶은 집, 벌고 싶은 돈, 즐거운 여행, 인생의 어느 시점에서의 사회적 위치, 그리고 이 모든 것들을 위한 준비 등 바로 이런 모든 것들이 사람의 행복을 만든다. 이 모든 것들은 다름 아닌 '인생의 명확한 목표'에서부터 시작되는 것이다.

현재 자신이 처한 상황이 어떠하더라도 방금 언급한 것들을 꿈꾸다 보면 열정을 가지게 되지 않는가?

20여 년 전 나는 어떤 생각 하나를 하고 있었고, 그 생각에 대해 열정을 가지고 있었다. 이 생각이 처음 내게 떠올랐을 때 나는 아무런 준비도 되어 있지 않았다. 그 생각을 현실로 옮기기 위한 한 발짝조차 떼지 못할 정도였다. 나는 그 생각을 포기하지 않았다.

나는 먼 미래를 보고 있었으며 내 꿈이 현실로 이루어질 수 있을 만큼 내가 준비가 될 때를 기다렸다. 그 생각이란 이것이다.

'나는 잡지의 논설위원이 되고 싶다. 그 잡지에서는 황금률(黃金律)에 대해 이야기할 것이고, 그래서 사람들에게 영감을 불어넣고 용기를 주는 내용을 실을 것이다.'

마침내 기회가 왔다! 1918년의 휴전일에 나는 내가 근 20년간 꿈꿔오던 그 사설을 정말로 쓸 수 있게 된 것이다.

나는 내 가슴속에서 20년이 넘게 생각하고 연구해온 그 모든 것을 열정을 쏟아 작성하였다. 그리고 내 꿈은 현실이 되었다. 유명한 잡지사의 논설위원이 된 것이다.

이미 말했듯 나는 그 사설을 열정적으로 썼다. 나는 그 사설을 내가 아는 사람에게 가져가서 열정을 지니고 읽어주었다. 그 사설은 이런 문장으로 끝이 났다.

'지난 20년간 꿈꾸던 것이 마침내 현실이 되려 하고 있습니다. 여기에는 돈이 많이 필요할 것입니다. 아니! 매우 많이 필요할 것입니다. 그리고 어떻게 그 돈을 마련할지는 전혀 생각조차 나지 않습니다. 하지만 조금도 걱정하지 않고 있습니다. 왜냐하면 나는 어딘가에서 그 꿈을 이룰 수 있을 것이라고 믿기 때문입니다!'

마지막 문장에 쓰인 내 믿음에는 열의가 혼합되어 있다.

나는 여태껏 보여준 적이 없는 내 논설을 어떤 사람에게 처음으로 보여주었다. 내가 다 읽고 나자 내 논설을 들은 사람이 말했다.

"나는 당신이 어디에서 그 지원을 받을 수 있는지 알고 있습니다. 왜냐하면 내가 당신을 지원할 것이기 때문입니다."

그리고 그는 내게 지원을 해주었다.

그렇다. 열정이란 생명력이다. 이 생명력을 충분히 개발하지 못한 사람은 성취를 위한 첫걸음조차 제대로 내딛지 못할 것이다.

이 장의 다음 이야기로 넘어가기 전에 나는 한 가지 사실을 반복해서 강조하고자 한다. 바로 지금 당신이 어떤 위치에 있든지간에 당신은 '명확한 중점 목표'를 생각하고 그에 대한 열정을 쌓아나갈 수 있다는 점이다.

아마 당신은 지금 그 인생의 명확한 목표에서 매우 멀리 떨어진 곳에 있을 수도 있다. 하지만 당신의 가슴속에 열정의 촛불을 켜두고 그 촛불을 오래오래 불태운다면 당신의 목표 앞에 있는 모든 장애물들은 눈 녹듯이 사라져버릴 것이다. 이어 당신은 당신이 상상하지 못했던 능력들을 가지게 될 것이다.

인간의 배움 가운데 가장 유용한 것 중의 하나는 다른 사람들의 지식과 경험을 이용하는 기술을 배우는 것이다.

※ 당신의 열정이 주는 영향

이제 우리가 이야기할 주제는 이 책에서 가장 중요한 것 중 하나인 바로 '암시' 이다. **암시는 어떤 사람의 말과 행동이, 그리고 정신상태까지도 다른 사람들에게 영향을 미치는 원리**를 말한다. 심리학에서는 언어 및 기타의 자극으로써 이성에 호소함이 없이 타인의 관념, 결심, 행동 등을 유발하는 일을 가리킨다.

앞의 3장에서 우리는 '자기암시' 라는 주제에 대해 이미 이야기했다. 그때 자기암시를 살펴보면서 스스로에게 암시하는 것이 얼마나 중요한지를 알아보았다.

암시에서 명심해야 할 점은 당신의 말하는 방법, 행동하는 방법, 그리고 기분까지도 모두 상대방에게 영향을 미치는 중요한 요소라는 사실이다.

이 책의 개론 부분에서 텔레파시 이론에 대해 설명했다. 따라서 이미 당신은 암시가 얼마나 상대방에게 강한 영향을 미치는지를 이해하고 있을 것이다.

만약 당신이 텔레파시(한 사람의 생각이 말, 소리, 행동의 도움 없이 상대방의 생각과 직접 의사소통을 하는 것)를 정확히 이해한다면 왜 열정이 남에게 영향을 미치는지 또한 이해할 수 있을 것이다.

만약 당신 스스로 열정에 따라 흥분해서 심하게 진동하고 있다면, 이 진동은 가까운 거리에 있는 모든 사람의 마음에도 느껴질 것이다. 특히 당신과 가까이 있는 사람이라면 이 진동을 강하게 느낄 수 있다.

청중들이 강사 자신과 '일치', 즉 공감을 하고 있다는 것을 느낀다면, 청중들이 강사의 열정으로부터 영향을 받고 있으며 그들의 마음이 강사의 마음과 조화롭게 진동하고 있다는 뜻이 된다.

세일즈맨이 마침내 거래가 성사되는 '심리적' 순간이 다가왔음을 느낀다면, 이때 세일즈맨은 자기 자신의 열의가 구매자의 마음에 영향을 끼쳐 두 사람의 마음이 조화롭게 '일치' 되었음을 느끼게 된다.

암시라는 주제는 이 과정에서뿐 아니라 이 책 전체에서도 매우 중요한 부분이다. 그래서 나는 이 암시라는 주제를, 암시가 전달되는 세 가지의 매체로 분류해서 설명하고자 한다. 이 세 가지의 매체란 말하는 것, 행동하는 것, 그리고 생각하는 것이다.

당신이 판매하고자 하는 상품이나 서비스에 대해, 또는 강의시 전달하고자 하는 주제에 대해 열정을 지니고 있다면 이때 당신의 말을 듣고 있는 사람은 당신의 음색(音色)으로부터 당신이 어떤 마음가짐으로 말을 하고 있는지를 매우 쉽고 정확하게 알아차린다.

음색의 중요성에 대해서 생각한 적이 있는지 모르겠지만, 당신이 하는 말에 진정으로 확신을 심어주는 것은 말 내용 그 자체보다는 음색이다. 아무리 훌륭하고 그럴 듯한 말을 늘어놓는다고 하더라도 타오르는 열정보다 더 깊은 믿음을 줄 수는 없다. 열정이 들어 있지 않은 말은 단지 생명력 없는 '소리'에 지나지 않는다.

그런 점에서 강좌를 책으로 옮기는 작업에 한계를 느끼기도 한다. 왜냐하면 나는 인쇄된 글자를 통해서는, 활활 타오르는 열정도 없이 단지 입에서 흘러나오는 '소리'와 심장이 말하는 듯 열정으로 가득 찬 말을 구분해서 표현할 재주가 없기 때문이다. 왜냐하면 그 두 가지 말 사이에는 명백한 차이가 존재하기 때문이다.

그래서 때때로 말과 말하는 태도가 정반대인 경우에는 의도하는 말과 정반대의 뜻을 전달할 수도 있다. 논리적인 표현을 사용해서 설득함에도 불구하고 충분한 열정으로 무장되지 않은 세일즈맨은 자신의 말에 성실과 믿음을 담지 못한다. 이것은 그의 말로서 전달하려는 것과 말의 음색이 암시하는 것이 전혀 다르다면 결코 어떤 물건도 팔 수 없음을 뜻한다.

물론 말하는 내용은 암시에서 매우 중요한 요소이다. 하지만 말은 행동만큼 중요하지 않다. 행동이 말보다 더 중요하다. 만약 이 두 요소가 조화를 이루지 못한다면 결국 당신에게 돌아올 것은 좌절뿐이다.

만약에 어떤 사람이 처세술로서 황금률을 강의하면서 자신이 강의하는 내용을 스스로 실천하지 않는다면, 누구도 그의 말에 귀를 기울이지 않을 것이다. 황금률을 자기 자신과 주변 사람에 실천하는 사람이 황금률을 강의한다면 연설자가 누구이든지간에 그 강의는 훌륭한 강의가 될 것이다.

만약에 포드 자동차를 팔고자 하는 사람이 뷰익(Buick)이나 다른 회사의 자동차를 타고서 고객 앞에 나타난다면, 그 세일즈맨이 포드에 대해서 아무리 자랑해도 고객은 한마디도 듣지 않을 것이다.

나는 예전에 구술녹음기를 구입하기 위해 그 판매회사에 갔던 적이 있다. 당시 나에게 상품에 대해서 설명하던 세일즈맨은 자사 상품의 장점에 대해서 매우 논리적으로 설명을 해주었지만, 그의 곁에 앉아 있는 속기사는 조그만 공책에 말을 받아쓰고 있었다.

그는 구술녹음기가 속기사를 고용하는 것보다 훨씬 더 좋다고 열심히 설명했지만, 나는 그의 말에 조금도 설득되지 않았다. 그의 말과 행동이 조화를 이루지 못했기 때문이다.

생각하는 것은 암시 절차에 적용되는 세 가지 방식 가운데 가장 중요하다. 왜냐하면 당신의 생각에 따라 당신이 말하는 음색이 변할 것이고, 당신의 행동도 변할 것이기 때문이다.

만약 당신의 생각과 행동과 말(음색을 포함하여)이 적절히 조화된다면 당신과 이야기하고 있는 사람은 당신에게 영향을 받지 않을 수 없게 된다.

❇ 암시와 자기암시의 차이

이제는 암시라는 주제에 대해 분석해보고, 또 각각의 원칙들이 어떤 식으로 실제로 적용되는지를 알아보자. 우리가 이미 살펴보았듯이 암시와 자기암시의 차이는 한 가지뿐이다.

암시는 자기가 남에게 영향을 미치고자 할 때에 사용되며, 자기암시는 자기 스스로에게 영향을 미치고자 할 때 사용된다.

암시를 통해 다른 사람에게 영향을 미치고자 하는 경우 그 사람의 마음 상태는 반드시 중립적인 상태이어야 한다.

중립적으로 만드는 것을 '중화(中和)시킨다' 라고 하자. 중립적인 상태란 당신의 암시를 받아들일 마음의 준비가 되어 있는 상태를 일컫는다. 바로 이것을 모르기 때문에 많은 세일즈맨들이 실패한다.

많은 세일즈맨은 고객의 마음이 충분히 중립적으로 되기 전에, 즉 고객이 당신의 말을 받아들일 준비가 되어 있지 않은 상태에서 판매를 시도하는 것이다. 방금 말한 내용은 매우 중요하다. 여러분이 완전히 이해할 때까지 이 내용에 대해 반복해서 설명할 것이다.

세일즈맨이 판매를 위해서는 먼저 고객의 마음을 완전히 중화시켜야 한다고 했는데, 이 말의 뜻은 고객이 자신의 말을 쉽사리 믿도록 만들어야 한다는 것이다. 이를 위해서는 서로를 신뢰하는 관계가 먼저 만들어져야 한다.

서로를 신뢰하고 서로의 말에 귀를 기울이는 단계로 가는 데에는 정해진 규칙이란 없다. 제대로 된 세일즈맨이라면 이 관계를 쉽고 빠르고 간단하게 만들어내야 한다.

내가 아는 사람 중에는 10만 달러 이상의 고액 생명보험만을 전문으로 판매하는 세일즈맨이 있다. 이 사람은 고객에게 생명보험을 판매하려고 할 때 먼저 그 고객의 신상정보를 조사한다. 여기에는 고객의 평생 이력 및 경력, 교육, 경제적 능력, 특이한 습성, 종교적 선호도 등등이 포함된다.

물론 이것이 전부는 아니다. 글로 옮기기 힘든 수많은 사소한 정보까지도 놓치지 않는다. 이렇게 많은 정보를 미리 알고 난 다음에 이 세일즈맨은 해당 고객에게 적당한 방법을 통해서 – 때로는 사회적으로, 때로는 업무적으로 – 인간관계를 맺는다.

물론 처음 한두 번 그 고객에게 방문했을 때에는 생명보험에 대한 이야기는 꺼내지도 않는다. 이 고객과 친밀한 관계가 되기 전까지 보험 이야기를 전혀 하지 않는 것이다. 하지만 이 모든 시간이 단지 허송세월만은 아니다.

이 세일즈맨이 해당 고객에게 친근하게 방문하는 이유는 그 고객의 마음을 충분히 중화시키기 위해서이다. 이렇게 해서 충분히 서로를 신뢰하는 관계가 맺어진 다음이라면 마침내 그가 생명보험에 대한 이야기를 했을 때 고객은 기꺼이 세일즈맨의 말에 귀를 기울일 것이다.

과거의 경험을 주의 깊게 되새겨보라. 놀랍게도 모든 것이 최선이었다는 것을 발견하게 될 것이다.

성취에 필수적인 동기부여

몇 년 전에 나는 《서비스 판매 기술》이라는 책을 쓴 적이 있다.

출판사에 원고를 넘기기 직전, 출판사에서는 내게 유력인사들의 추천사를 받아달라고 요청했다. 책의 홍보에 사용하기 위해서였다. 대략 열 명 가량의 유명인사들에게 내가 무엇을 원하는지에 대해서 간략하게 써서 급히 편지를 보냈다.

편지를 보냈음에도 불구하고 한 통의 답장도 받지 못했다. 그 이유는 그 편지에는 성공을 위해서 필수적으로 포함해야 할 요소 두 가지를 포함하지 않았기 때문이다.

편지를 급하게 쓰느라 그 속에 열정을 담지 못했으며, 그리고 내 편지를 받는 사람들의 마음을 충분히 중화시키지 못했다. 즉, 나는 성공하기 위한 충분한 준비로써 암시의 원리를 적용하는 데 실패했던 것이다.

※ 성공을 위한 암시의 절차

나는 곧 실수를 깨달았다. 그래서 이번에는 성공하기 위해 꼭 필요한 암시의 원칙을 엄격하게 지킨 편지를 써서 다시 보냈다.

이번의 편지는 성공이었다. 나는 답장을 받았는데, 그들의 답장은 내가 기대한 것보다 훨씬 더 훌륭하고 친절한 내용이었다. 그 추천 문구들이 책의 판매에 큰 도움을 주었음은 물론이다. 지금부터 내가 그때 썼던 두 편지를 다시 이곳에 옮겨보겠다.

이 두 편지를 통해 편지를 쓸 때 암시라는 요소가 어떤 식으로 사용되었는지를 알 수 있을 것이다. 또한 편지의 알맹이를 전달하기 위해서는 열정이 필요하다는 사실도 알게 될 것이다.

다음의 두 편지를 보면 어떤 편지가 성공하고 어떤 편지가 실패했는지는 군이 언급하지 않더라도 쉽게 알 수 있을 것이다.

※ 존경하는 포드 사장님!

저는 얼마 전 《서비스 판매 기술》이라는 책의 원고를 마무리했습니다. 수십만 권은 팔릴 것이라고 생각합니다. 그리고 아마도 이 책의 그 모든 독자들은 서비스업계 마케팅의 권위자인 귀하로부터 몇 마디의 말씀을 듣는다면 매우 기뻐할 것입니다.

그래서 부탁을 드립니다. 제가 출간하게 될 이 책에 몇 줄의 추천사를 써주실 수 있겠는지요? 추천사를 써주신다면 저에게 매우 큰 호의를 베푸시는 일일 뿐 아니라, 수많은 독자들에게도 큰 도움이 될 것입니다.

제게 보여주실 어떤 배려에 대해서도 미리 감사드리며 이만 줄입니다.

안녕히 계십시오.

※ 경애하는 마셜 부통령 각하!

세상에는 성공하고 싶어하지만 실제로는 그러지 못해 실의에 빠진 수많은 사람들이 있습니다. 이 사람들에게 귀하는 선망의 대상이라는 사실을 이미 알고 계시겠지요. 그리고 때때로 이 사람들에게 귀하는 격려와 조언을 전하고 싶을 때도 있을 것입니다. 그런 기회가 있다면 어떻게 하시겠습니까?

저는 《서비스 판매 기술》이라는 책을 내기로 하고 지금 막 원고를 마쳤습니다. 이 책의 요점은, 서비스라는 '원인'을 제공하면 월급봉투라는 '결과'가 나타난다는 간단한 사실과, 후자는 전자를 얼마만큼 효율적으로 투입했느냐에 따라 다르게 될 것이라는 원칙입니다.

하지만 귀하와 같이 사회의 가장 밑바닥에서부터 전 세계 누구나 존경하는 위치까지 헤쳐나간 분의 몇 마디 조언이 빠진다면 이 책은 완전하지 못할 것입니다.

만일 세일즈맨이 가져야 하는 가장 근본적이고 핵심적인 부분에 대한 귀하의 생각을 저에게 보내주신다면, 저는 제 책의 전반에 걸쳐 귀하의 말씀을 옮기도록 노력하겠습니다.

귀하의 고견은 이 세상에서 자신의 자리를 찾기 위해 열심히 노력하는 정직

342

한 사람들에게 큰 도움이 될 것입니다.

저는 귀하가 매우 바쁘신 분이며 시간을 쪼개기 힘들다는 것을 잘 알고 있습니다. 하지만 조금만 바꾸어 생각해주십시오. 단지 비서를 불러서 몇 가지 내용을 구술하기만 하면, 그 내용은 수십 만 독자의 가슴에 감동을 줄 것입니다.

비용으로 따지자면 이 일은 각하께는 우표값밖에 들지 않겠지만, 다른 관점에서 생각한다면 이만큼 가치 있는 일도 드물 것입니다.

귀하의 말씀 한마디를 읽고, 성공과 실패의 기로에 서있는 수많은 독자들이 그 말을 가슴에 새겨 성공의 길로 갈 수 있게 된다면, 돈으로 환산할 수 없을 정도로 값어치 있는 일이라고 사료됩니다. 부디 배려 있기를 바랍니다.

안녕히 계십시오.

자, 이제 두 편지를 다시 읽어보자. 왜 하나의 편지는 성공했는데 다른 하나의 편지는 실패했는가? 첫 번째로 분석할 부분은 설득에 가장 중요한 요소인 '동기부여' 라는 측면이다.

첫 번째 편지에는 다른 사람에게 동기를 부여하지 않고 오직 자신의 관심사만을 이야기하고 있다. 이 편지에는 필요한 내용이 무엇인지를 정확하게 진술하고 있지만 왜 그 일을 해야 하는지, 그리고 그 일을 했을 때 자신에게 어떤 이익이 있는지에 대한 설명은 하지 않고 있다.

두 번째 문단의 문장 '추천사를 써주신다면 저에게 매우 큰 호의를 베푸시는 일일 뿐 아니라, 수많은 독자들에게도 큰 도움이 될 것입니다' 를 보자. 대부분 사람들은 단순히 남에게 호의를 베풀고 부탁을 들어주는 일에는 관심이 없다. 어떻게 생각할지 모르지만, 이 말은 진실이다.

만약 내가 당신에게 내 이익을 위한 부탁을 한다고 하자. 당신에게 충분한 이익이 돌아가지 않는다면 당신은 내 부탁을 들어주는 일에 별다른 열의를 보이지 않을 것이다. 적당한 핑계를 대고서 내 부탁을 거절할 가능성도 있다.

하지만 내가 당신에게 제삼자를 위해 무엇을 해달라고 부탁을 한다면, 그리고 그 일에 대한 대가가 어떤 식으로든지 당신에게 돌아가게 된다면, 아마 당신은 내 부탁을 기꺼이 들어줄 것이다.

이런 예시를 들어보자.

많은 사람들은 길가의 거지에게 10센트를 휙 던져주거나 혹은 그 10센트조차 던져주지 않는다. 그러나 이런 사람들이 때때로 제삼자를 위해 구걸하는 자원봉사자들에게는 수백 또는 수천 달러를 흔쾌히 기부하지 않는가? 사람들은 누구나 이런 심리가 내재되어 있다.

※ 효과적인 동기유발 전략

첫 번째 편지가 실패할 수밖에 없었던 가장 큰 이유는 제일 마지막 문단에서 찾아볼 수 있다.

'제게 보여주실 어떤 배려에 대해서도 미리 감사드리며 이만 줄입니다.'

이 문장을 보면 글쓴이는 이미 거부당할 걱정부터 하고 있다. 이 문장에서 열정이라고는 찾아볼 수 없다. 이 문장은 곧 '제 요청을 거절해주십시오'라고 말하는 것이나 마찬가지이다. 또 이 편지에는 샅샅이 찾아봐도 편지를 받는 사람이 답장을 써야겠다는 마음이 들게끔 하는 단어는 하나도 없다.

결국 다른 관점에서 보자면 편지를 받은 사람 입장에서는 편지를 보낸 사람이 자신의 추천사와 찬사를 이용해 책을 많이 팔아먹고자 한다는 속셈을 빤하게 들여다보였다는 점이다.

동기를 유발시켜야 한다는 가장 중요한 판매전략(이와 같은 상황에서의 요청에서는 사실 적용 가능한 전략이라고는 이것밖에 없다)을 무시한 것이다. 동기를 부여하는 것은 그나마 다음의 문장 속에 미약하게 제시되었을 뿐이다.

'그리고 아마도 이 책의 그 모든 독자들은 서비스업계 마케팅의 권위자인 귀하로부터 몇 마디의 말씀을 듣는다면 매우 기뻐할 것입니다.'

편지 서두에서부터 세일즈의 가장 중요한 기본을 무시하고 있는 셈인데, 편지를 보내는 목적이 작가의 이익을 위해서라는 것만을 드러내고 있을 뿐 이를 받을 사람이 얻을 혜택에 대해선 조금도 언급이 되어 있지 않다. 이것은 결국 수신인의 마음을 중화시키기는커녕 오히려 역효과를 내어 그 뒤에 언급되어 있는 사항들에 대해서는 마음을 닫아버리도록 하였다.

이렇게 설명하다보니 한 세일즈맨이 – 아니, 그는 세일즈맨이 되려고 했던 사람이었다고 부르고 싶지만 – 생각난다. 그는《새터데이 이브닝 포스트(The Saturday Evening Post)》지를 구독하게 하기 위해 사무실에 찾아왔던 젊은이이다. 그때 이 젊은이는 잡지 한 부를 들고 나에게 다음과 같이 질문을 던졌다.

"이 잡지를 구독해주시면 제게 큰 도움이 되겠습니다. 구독해주실 의향이 있으신가요?"

대답은 물론 '노!' 였다. 내가 쉽게 거절할 수 있도록 그가 암시를 한 것이다. 그의 말에서는 조금의 열정도 찾아볼 수 없었고 다만 얼굴에는 어두움과 불안, 초조만이 쓰여 있었을 뿐이다. 그는 내가 그 잡지를 구독함으로써 그에게 떨어질 수수료를 필요로 했을 뿐이다.

이에 대해선 의문의 여지가 없지 않지만 그는 나의 동기를 자극할 만한 어떤 것도 제시하지 못해 판매에 실패하였다. 그렇지만 더 불행한 것은 그가 이 거래만을 실패한 것이 아니라는 것이다. 중요한 것은 그의 태도 때문에 이러한 접근방식을 바꾸지 않는다면 앞으로도 계속해서 판매에 성공하지 못할 것이라는 점이다.

❖ 성공하는 사람, 실패하는 사람

몇 주 후에 다른 사람이 잡지 구독을 요청하기 위해 사무실로 들어왔다. 그녀는 여섯 종의 잡지를 팔고 있었는데《새터데이 이브닝 포스트》도 그 중 하나였다.

그러나 그녀는 전의 그 젊은이와 접근방식부터 차이가 났다. 그녀는 내 사무실 책상 위에 놓인 잡지들을 흘깃 보고, 이어 서재를 훑어보더니 열정을 보이며 소리쳤다.

"와! 대단한 독서광이시네요!"

나는 그녀의 찬사에 으쓱해졌다. 내가 '으쓱해졌다' 라는 것에 주목하길 바란다. 바로 이 점이 중요한 역할을 담당하게 되는 것이다. 그녀가 걸어 들어올 때 나는 마침 읽고 있던 원고를 잠시 내려놓고 그녀를 보았는데, 그때 이미 그녀가 지성이 넘치는 여자라는 것을 알 수 있었다.

어떻게 그런 판단을 내릴 수 있었는지는 여러분의 상상에 맡기겠다. 중요한 것은 내가 나의 원고를 내려놓고 그녀가 무엇을 말할지 궁금해 하기 시작했다는 것이다.

단 한 문장과 상쾌한 미소, 그리고 열정에 가득 찬 음색으로 그녀는 내가 그녀의 말을 듣고 싶다고 생각하도록 나의 마음을 중화시켰다. 그녀는 이 한마디 말로 가장 풀기 어려운 무장을 해제시켰다.

나는 그녀가 들어왔을 때 원고에 집중하는 모습을 보임으로써 정중하지만 확실하게 나는 누구에게도 방해받고 싶지 않다는 것을 보이려 의도했기 때문이다.

세일즈맨십과 암시의 연구자로서 나는 그녀가 다음 단계로 취할 행동을 관찰하기로 했다. 그녀는 잡지를 한 묶음 팔에 끼고 있었다. 나는 이내 그녀가 그것을 내려놓고 팔 것이라고 생각하였지만 그녀는 그렇게 하지 않았다.

여러분은 그녀가 잡지 여섯 종을 가지고 와 팔려했다는 것을 기억할 것이다.

그녀는 나의 서재로 다가가더니 에머슨의 수필집을 꺼내 들었다. 그녀는 이를 10여 분간이나 들여다보았다. 그 모습이 무척 진지해보여서 그녀가 잡지를 팔려왔다는 사실을 까맣게 잊고 말았다(그녀는 이렇게 함으로써 내 마음을 더욱더 중화시켰다).

그리고 에머슨의 사상에 대한 새로운 아이디어가 될 만한 것들을 얘기해주었는데 훌륭한 편집 자료로 활용하기에 충분할 정도였다.

그녀는 내가 정기구독하고 있는 잡지의 종류를 물었다. 내가 대답을 하자 그녀는 미소를 띠고 잡지를 내려놓으며 내 앞에 펼쳐놓았다. 잡지들을 하나하나 설명하면서 왜 내가 이들을 구독해야 하는지 설명하였다.

《새터데이 이브닝 포스트》는 흥미로운 소설이 실려 있고《문학 개론》은 나처럼 바쁜 사람들을 위해 요약된 정보를 제공해주며,《아메리카》를 보면 경영과 산업을 선도하는 사람들의 최신 동향과 전기를 싣고 있어 도움이 될 것이라는 등 일일이 설명해주었다.

이쯤이면 내가 어떤 반응이라도 보여야 할 것인데도 아무런 반응이 없자 그녀는 다음과 같이 부드럽게 암시를 하였다.

"선생님과 같은 지위에 있는 분이라면 여러 지식에 두루 통달하셨을 거예요. 그렇지 않으면 일에서 표가 날 수밖에 없거든요."

이는 사실이다! 그녀의 발언은 칭찬인 동시에 교묘하게 숨겨진 질책이었다. 그녀는 내가 구독하고 있는 목록을 파악하였고 그 중에는 그녀가 판매하는 여섯 종의 주요 잡지가 포함되어 있지 않다는 것을 알고 있으므로 나로 하여금 은근히 부끄러움을 느끼게 하였다.

나는 잡지 구독료가 얼마냐고 물어보았다. 그녀는 재치 있는 화술로 대답하였다.

"가격이요? 글쎄요. 이 여섯 종의 잡지를 구독하는 데 드는 비용은 선생님께서 쓰고 계신 원고 한 장 값도 안 될걸요."

이 또한 그녀의 말이 맞았다. 그럼 내가 받는 원고료가 얼만지 어떻게 짐작할 수 있었을까? 사실 그녀는 이를 어림짐작한 것이 아니고 정확히 알고 있었다.

그녀는 남의 사생활에 쓸데없는 관심이 많다는 혐의를 피할 수 있을 만큼 능숙하게 내 작업의 성질을 파악해냈고, 그녀가 들어올 때 내가 내려놓았던 원고에 깊은 관심을 표해 자연스럽게 얘기를 꺼낼 수밖에 없었다.

그녀는 내가 한 말 중에 15쪽에 달하는 원고의 고료로 150달러를 받는다는 사실을 알아낸 것이다. 그렇다. 나는 경솔하게도 상당한 대우를 받고 일을 하고 있다는 사실을 발설해버렸다.

아마도 그녀가 은연중에 이러한 사실을 말하게끔 하였을 것이다. 어쨌든 이 정보는 그녀에게 유용한 정보였고 심리학적 순간에 적절하게 이용하였다.

보고 듣는 모든 것에 관심을 기울이고 주의 깊게 관찰하여 상대방의 약점이나 관심분야를 알아내는 것이 그녀의 계획 일부를 차지한다는 것을 잘 알고 있다. 세일즈맨에 따라서 이러한 방법을 구사하는 부류가 있고 그렇지 않은 부류가 있는데 그녀는 이를 이용하는 부류였다.

결국 그녀는 12달러에 구독 신청을 받아내는 데 성공하였다. 그러나 그녀의 기술적인 암시와 열의로 얻은 이득은 이에 지나지 않았다. 그녀는 옆 사무실을 돌아다니며 판매행위를 할 수 있도록 내게서 허락을 얻어냈고 이리하여 사무실을 나설 때에는 다섯 건의 주문을 따낼 수 있었다.

그녀가 사무실에 머무르는 동안 그녀에게서 잡지를 사줌으로써 그녀를 도와주고 있다는 생각이 든 적이 없었다. 오히려 그녀가 나에게 도움을 주는 것이라는 인상을 뚜렷하게 심어주었다. 이것이 기술적인 암시이다.

이 사건을 끝내기 전에 밝혀두고 싶은 것은 그녀가 화제를 이끌어냈을 때 나도 열정을 지니고 말을 하게 되었다는 점이다. 이에는 두 가지 분석이 가능하다. 우선 그녀가 열의가 넘치는 사람이라는 점과 나로 하여금 자신에 대한 얘기를 하도록 끌어내었다는 점이다.

이 에피소드를 소개하는 것은 나의 부주의함을 밝히려고 하는 것은 아니다. 그녀가 최대한 끈기를 가지고 내 말에 귀를 기울여 그녀가 잡지를 소개할 때 내가 그녀의 말을 듣게 하도록 유도했다는 점을 강조하고자 하는 것이다.

밝혔듯이 나는 대화를 하는 중에 열의를 가지고 임하였다. 아마도 나는 이 영리한 판매원의 말과 이를 꺼내는 방식에서 그녀의 열정에 인상을 받게 된 것인지도 모른다. 그렇다! 나는 바로 그 점에 끌리게 되었던 것이다.

그녀의 열의는 우연의 산물도 아니었다. 그녀는 잠재적 구매자의 사무실에서, 그리고 그의 업무와 대화에서 열정을 표출할 만한 무엇인가를 발견할 수 있도록 노력해왔던 것이다.

명심하라! 암시와 열정은 마음에서 마음으로 전달된다!

나는 그녀 방문 몇 주 전에 사무실을 방문하였던 젊은이가 똑같은 잡지를 팔면서 했던 말을 마치 어제 일처럼 생생하게 기억한다.

"이 잡지를 구독해주시면 제게 큰 도움이 되겠습니다. 구독해주실 의향이 있으신가요?"

그때 그의 목소리는 떨리고 있었으며 생기라고는 전혀 느껴지지 않았다. 바로 열정이 부족하였던 것이다. 그는 아무런 감흥도 일으키지 못하는 인상만을 주었을 뿐이다. 나는 그가 문을 들어서는 순간에 나가주기를 바랐다.

사실 나는 매정한 사람은 아닌데도 그의 음색이며 표정, 말 등에서 느낄 수 있었던 것은 무엇인가를 제시하러 온 것이 아니라 부탁하러 온 것이라는 암시뿐이었다.

첫인상은 무척 중요하다. 보이기 위해 입는 옷 또한 중요한 역할을 담당한다. 다만, 너무 지나치지 않도록 주의하라.

✖ 긍정적인 암시, 부정적인 암시

암시는 미묘하면서도 가장 강력한 심리현상 가운데 하나이다. 사람들은 말을 하고 생각을 하는 모든 과정에서 이를 사용하고 있는데 이러한 암시에는 긍정적인 암시와 부정적인 암시가 있다.

그런데 이 둘이 어떻게 다른지를 모른다면 이를 사용하는 과정에서 성공 대신 실패를 좌초하는 방향으로 암시를 발산할 수 있다. 부정적인 암시효과를 주입한다면 생명마저도 위험해진다는 것은 이미 과학적으로 입증되었다.

몇 해 전 프랑스에서 죄인이 사형을 선고받았다. 그러나 형이 집행되기 전에 한 실험을 하였는데, 이 실험을 통해 암시의 효과는 사람을 죽음에 이르게 할 수도 있다는 사실이 결정적으로 입증되었다.

죄수는 단두대에 올려졌고 눈이 가려진 채로 칼날 아래 목을 대게 한 후 묵직하고 끝이 날카로운 널빤지를 목에 떨어뜨렸다. 마치 날카로운 칼날에 맞은 것과 같은 충격효과를 발생시켰다. 그리고 따뜻한 물을 그의 목에 부었는데 척추를 타고 서서히 흘러내려 마치 피가 흘러내리는 느낌을 주었다.

7분이 지나자 의사는 죄수가 사망했음을 선고하였다. 그는 암시의 원리를 통해 상상 속에서 널빤지가 칼날로 둔갑하여 결국 심장이 멎고 말았던 것이다.

내가 어렸을 때 동네에 암으로 죽을까봐 두려워했던 노파가 살았다. 그녀는 유년기에 암으로 죽은 사람을 보았는데, 그 어릴 때의 기억이 그녀의 가슴에 깊이 박혀 자신에게도 암의 증상이 나타난다고 생각하기 시작하였다. 조금만 통증이 있어도 암의 전조 내지는 그 증상이라고 여기기 시작하였다.

언젠가 나도 그녀가 가슴에 손을 얹고 "세상에! 여기에 암세포가 자라고 있는 게야! 느껴진단 말이야!"라고 말하는 것을 들었다. 가상의 질병을 느낄 때마다 그녀는 손을 왼쪽 가슴 위에 얹곤 하였다. 그곳에 암세포가 공격을 가해온다고 믿었다.

이런 식으로 20여 년이 지났다. 몇 주 전에 그녀가 죽었는데 왼쪽 가슴에 생긴 암으로 죽었다!

부정적인 암시로 널빤지가 단두대의 칼날이 되었다면 건강한 몸도 암세포를 지닌 몸이 될 수 있는 것이다. 암시는 때로는 기적으로밖에 여겨지지 않는 정신적 치료도 가능하게 한다.

이 글을 읽고 있는 여러분도 암시의 도움을 받으면 두 시간도 안 되어 상상의 질병에 따라 병원에 보내질 수도 있다. 만일 당신이 거리를 걷고 있는데 서너 명의 신뢰할 만한 사람들이 아파 보인다고 하면 병원으로 달려갈 것이다.

나는 이러한 경험으로 생명보험을 계약한 적이 있다.

당시 나는 보험을 계약하려고 마음먹었는데 1,000달러짜리를 할지 2,000달러짜리를 할지 마음의 결정을 내리지 못하고 있었다. 그때 보험회사에서 진단을 받아보라는 제의를 하였다. 진단을 받은 다음날 또 다른 검사를 할 게 있다고 하여 재검사를 받았다.

두 번째 받은 검사는 더 전면적인 검사였고 당시 의사는 걱정스러운 듯이 나를 바라보았다. 다음날에도 나는 불려가서 검사를 받았는데 이때는 두 명의 의사가 나를 진단하였다. 이날은 내가 전혀 받아보지도, 들어보지도 못했던 온갖 검사를 실시하였다.

다음날 보험설계사가 나를 방문하였고 이렇게 말하였다.

"선생님을 놀라게 하고 싶지는 않습니다. 그렇지만 선생님을 진단한 의사들이 결과에 대해 의견이 같지 않습니다. 선생님께서 아직 1,000달러짜리를 계약할지 2,000달러짜리를 계약할지 결정을 안 내리셨는데 검사 결과를 알려준다는 것은 공정하지 못하다고 생각합니다. 그렇게 한다면 좀더 비싼 보험에 들라고 강요했다는 인상을 줄 것 같아서입니다."

나는 목소리를 높여 말하였다.

"그렇다면 지금 결정하죠. 2,000달러짜리로 해야겠소."

물론 나는 이미 2,000달러짜리로 계약하기로 결심했었다. 나는 설계사로부터 아마도 내가 체질적으로 약하기 때문에 내가 원하는 만큼의 보상을 받기는 쉽지 않을 것이라고 암시를 받게 된 순간에 그렇게 결정했던 것이다.

"좋습니다. 그럼 선생님께서 결정을 내리셨으니 말씀을 드리겠습니다. 의사 중 두 분께서는 선생님에게 결핵균이 있다는 소견을 밝히셨고, 다른 두 분은 그렇지 않다고 하셨습니다."

속임수라는 것이 드러났다.

그러나 영리한 설계사는 결정을 못 내리고 망설이던 내가 결정을 내릴 수 있도록 하였고 결국 둘 다 결과에 만족하였다.

어디서 '열정'이 발생되었는지 알고 싶은가?

어찌됐든 열정은 이미 발생하였는데 누가 이를 불러일으켰는지 알아야겠다면, 보험설계사와 네 명의 공범자인 의사선생에게 물어보길 바란다. 아마 그들은 나의 선택에 만족하였을 것이다. 이것이 짜여진 각본이었다고 해도 개의치 않는다. 어쨌든 나에게 생명보험이 필요한 건 사실이었으니까.

당신이 보험설계사라고 해도 이 아이디어를 이용해 꾸물대는 고객의 마음을 결정하도록 이용하지는 않을 것으로 믿는다. 물론 그렇게 하면 안 된다!

몇 달 전에 나는 효과 만점의 광고 문안을 접하게 되었다. 자동차 보험설계사가 전국에 보도된 자료들을 모아 좋은 문구와 함께 소책자를 만들었다. 매일 65대의 자동차가 절도된다는 뉴스였다. 소책자의 맨 뒷면에는 고도의 암시 전법을 이용한 문구가 적혀 있었다.

'다음은 당신 차가 도난당할 차례일 수 있습니다. 보험은 들으셨겠지요?'

아래 부분에 그의 이름과 연락처가 적혀 있었다. 나는 이를 2쪽도 읽기 전에 그에게 전화를 걸어 요금을 물어보았다. 그는 즉시 나를 만나러 왔고 그 다음은 굳이 말하지 않아도 알 것이다.

인생의 바다에 떠있는 숱한 난파선들
별을 그들의 안내자로 삼았던들
지금쯤은 안전하게 운항하고 있었을 텐데,
그들은 아직도 파도에 휩쓸리고 있구나.

❖ 마음을 여는 동기부여 기법

다시 앞서 살펴보았던 두 편지 이야기로 되돌아가 이번에는 이를 보낸 모든 이로부터 답장을 얻어낼 수 있었던 두 번째 편지를 분석해보자.

찬찬히 살펴보면, 첫 번째 문단에서 이미 다른 식으로는 대답이 불가능한 질문이 던져졌다는 것을 알 수 있을 것이다. 이를 첫 번째 편지와 비교하고 어떤 것이 더 호의적인 인상을 남기는지 판단해보라.

이 문단은 두 가지 목적을 위해 작성되었다.

첫째로는 수신인의 마음을 중화시켜 열린 마음으로 나머지 부분을 읽어나가도록 하려는 목적, 둘째로는 한 가지 답만이 존재하는 질문을 던짐으로써 뒤에 제시할 서비스의 속성에 조화를 이루도록 기초를 다지는 목적이 그것이다.

이 책 2장에서 소개되었듯이 카네기는 자신의 성공 요인이 무엇이라고 생각하느냐는 나의 질문에 오히려 젊은이가 생각하는 성공의 의미가 무엇이냐고 반문함으로써 질문에 거절하였다고 대답하였다. 그는 이렇게 함으로써 오해의 여지를 제거하였던 것이다.

그런데 편지에서는 편지의 목적을 밝히는 동시에 이 목적이 타당하고 합리적이라고 받아들이게 하기 위한 의도로 첫 번째 문단을 작성하였다.

이 질문에 의문을 표시하거나 부정적인 답변을 한다면 이는 바로 자신이 이기적이라는 것을 인정하는 꼴이 되고 마는 것인데 이러한 모습을 보이고 싶은 사람은 없다.

농부가 땅을 고르고 퇴비를 주고 다시 고르면서 씨 뿌릴 준비를 하면서 좋은 수확을 확신하는 것과 마찬가지로 이 문단을 통해 수신자의 마음을 준비시켜 문단의 암시를 통해 씨를 받아들일 준비를 하게끔 한 것이다.

이제 두 번째 문단을 살펴보면 반문할 수도 부정할 수도 없는 문장을 볼 수 있다. 수신인은 이에 대해 이론을 제기할 수 없는 것이 그 근거가 누가 보아도 타당하기 때문이다.

이로써 그는 세 번째 문단에서 세심하게 윤색된 요청에 응낙할 심리학적 여정에 두 번째 걸음을 들여놓게 된 것이다. 또한 세 번째 문단부터는 그들이 거부감을 갖지 않게 찬사로 이어지고 있다는 것을 알 수 있다.

'만일 세일즈맨이 가져야 하는 가장 근본적이고 핵심적인 부분에 대한 귀하의 생각을 저에게 보내주신다면……' 등등. 이 문장의 단어 사용을 살펴볼 때 이것이 요청이라는 느낌을 받기가 어려울 것이다.

그리고 작가의 이익을 위해 요청을 하고 있다는 단서도 발견할 수 없다. 오히려 이것은 다른 사람들을 위한 도움을 요청하는 것으로 해석될 수 있다.

이제 기술적으로 제시된 마지막 문장을 읽다보면 만약 이 요청을 거절하면 단지 2센트의 우표와 단 몇 분의 시간이 아까워 자신보다 불운한 사람들에게 조금도 신경쓰지 않는 사람이라는 것을 인정하는 꼴이 된다.

처음부터 끝까지 편지에서는 단순히 암시를 통해 가장 강력한 인상을 심어주고 있다. 이러한 암시는 주의 깊게 제시되었기 때문에 전체적으로 편지를 면밀하게 분석하지 않는 한 쉽게 알아챌 수 없게 되어 있다.

편지의 전반적인 방향은 만약 수신자가 이 요청을 거부하면 자신이 어떤 사람인지를 스스로 드러내는 것이 되게끔 작성되었다.

이러한 효과는 마지막 단락의 마지막 문장에서 극대화되는데 그 중에서도 특히 다음 문장이 그러하다.

'수많은 독자들이 귀하의 말씀 한마디를 읽고…… 그 말을 가슴에 새겨 성공의 길로 갈 수 있게 해줄 것입니다.'

이 편지를 읽게 되면 그는 편지를 보낸 이에 동조하고 협력하게끔 되어 있다. 그는 이미 장치된 그물에 토끼를 몰아가는 것처럼 코너에 몰리게 되는 것이다.

이러한 분석이 참이라는 증거는 그들이 소위 너무 바빠 편지에 일일이 답장을 못하는 거물이라는 사실에도 불구하고 편지를 받은 모든 사람들이 답장을 보내왔다는 사실에서 살펴볼 수 있다.

단순히 만족할 만한 답변을 받았을 뿐 아니라 – 비서가 대신 보낸 루스벨트의 경우를 제외하고 – 이들이 모두 개인적으로 답장을 보내왔다는 점이다.

존 워너메이커(John Wanamaker)와 프랭크 밴더립(Frank Vanderlip)이 보낸 답변은 내가 받아본 편지 가운데 가장 뛰어난 것으로 요청한 책에 실리기보다는 위엄 있는 서적을 장식할 만한 명문(名文)이었다.

카네기 또한 세일즈에 몸담고 있는 모든 이에게 가치 있는 조언을 담아 보내주었으며, 윌리엄 제닝스 브라이언(William Jennings Bryan)도 훌륭한 답변을, 그리고 작고한 로드 노스 클리프(Lord North Cliffe) 경 또한 마찬가지였다.

그런데 중요한 것은 그들 모두가 나를 기쁘게 해주기 위해 쓴 것이 아니었다는 점이다. 네 명을 제외하고 나머지는 모두 내가 모르는 사람들이었다. 이런 사실로 미루어 그들은 나를 만족시키기 위해서가 아니고 자신들을 만족시키는 가치 있는 서비스를 제공하고자 글을 써 주었던 것이다.

물론 내가 보낸 편지의 표현이 이러한 결과와 상관관계가 있을 수도 있지만, 여기에 진술한 인물들은 모두 접근방법을 올바르게 취해지기만 하면 누구보다 기꺼이 다른 사람을 위해 서비스를 제공하는 사람들이라는 것을 밝혀두고 싶다.

나는 이 기회를 빌려 타인에게 도움이 되는 서비스를 제공해야 할 때면 바로 이러한 거물들이 누구보다 자발적이고 친절한 사람이었다는 것을 밝히고 싶다. 아마도 이런 이유로 그들은 진정한 거물이 아닌가 한다.

자만심은 자신의 진정한 모습을 가리는 안개이다. 그것은 천부적인 재능을 약화시키고, 자기모순을 심화시킬 뿐이다.

자기암시와 열정과의 결합

인간의 마음만큼 불가사의한 구성체는 없을 것이다!

그 가운데서 가장 특징적인 것은 **외부의 암시를 통해서든, 자기암시를 통해서든 받아들여진 인상은 본질상 서로 조화를 이룰 수 있는 것끼리 그룹을 이뤄 무리를 짓게 된다는 것이다.** 가령 긍정적인 인상이 어느 곳을 차지하게 되면 부정적인 인상은 그곳에 있지 못하게 된다.

이러한 인상(혹은 과거의 경험들)이 의식세계에 들어오면 연상(聯想)작용을 통해 비슷한 성질의 것들을 기억하게 되는데, 하나의 고리가 서로 연결된 고리들을 계속해서 끌어들이는 것과 같다.

예를 들어 무언가에 의심을 품게 되면 그 사람의 마음에 과거 의심을 품었던 경험들이 떠오르게 된다. 낯선 사람이 수표를 현금으로 바꿔달라고 하면 그는 즉시 부주의하게 수표를 바꿔주는 것은 위험하다는 것을 기억해내거나 다른 사람이 그런 경험을 했다는 것을 기억해낼 수 있다.

이렇게 비슷한 감정과 경험을 (부정적이든, 긍정적이든) 인상과 결부시키는 법칙으로 한 가지 사실을 기억하면 다른 기억들도 떠오르게 된다.

불신의 감정이 들면 그의 마음에는 이와 관련된 경험들이 떠오르게 될 것이다. 이런 이유로 성공적인 세일즈맨은 구매자가 과거의 경험으로부터 '불신의 마음'을 품을 단서를 제공하지 않게끔 해야 한다.

※ 반복적인 암시의 중요성

세일즈에 능숙한 사람이라면 구매자 앞에서 경쟁사나 경쟁제품을 공격하는 것은 오히려 구매자의 마음에 과거 경험에서 비롯된 부정적인 기억을 끌어내고 이로써 구매자의 마음을 중화시키는 것에 실패하게 된다는 사실을 알고 있다.

이러한 원리는 인간의 마음에 잠자고 있는 모든 감정에 적용된다. 예를 들어 두려움의 감정이 조금이라도 들게 되면 그것과 관련한 불쾌한 경험들이 되살아난다. 결국 두려움의 마음이 자리잡고 있는 한 용기의 감정이 생겨날리 없고 이 둘은 함께 자리할 수 없다. 둘 중 하나는 먹고 나머지는 먹히는 것이다.

그들은 천성적으로 조화를 이루지 못하기 때문에 동반자가 되지 못하는 것이다. 끼리끼리 유유상종이라고 하였다. 의식에 깃든 마음과 생각은 비슷한 성질의 생각들을 끌어들이는 성향을 지니고 있다.

그래서 과거의 경험에서 비롯된 감정과 사고, 그리고 느낌들이 의식세계에 자리잡게 되면 유사 성질의 지원병들이 이를 지지하고 그런 방향으로 작용하도록 도움이 될 태세를 갖추게 된다.

자기암시의 원리를 이용해 마음속에 명확한 중점 목표를 달성할 야망을 심으면 자신의 재능과 미개발된 능력이 자극되어 이의 달성을 위하여 신속하게 행동을 취하게 될 것이다.

암시의 원리를 이용하여 어린이의 마음에 변호사, 의사, 엔지니어, 사업가가 되겠다는 포부를 심어주면, 즉 이러한 암시를 깊게 새겨주고 충분히 반복하면 그들은 야망의 대상을 달성하기 위해 나아가기 시작할 것이다.

암시를 '깊숙이' 심고자 한다면 열정과 결합시켜 보자!

열정은 비료와 같은 역할을 하여 암시를 깊숙이, 그리고 항구적으로 심어줄 뿐만 아니라 성장속도도 높여줄 것이다.

어느 마음씨 따뜻한 노신사가 나의 마음에 '너는 명석한 아이' 라는 암시를 심어주고, 교육만 받게 된다면 '너의 생각을 세상에 내보일 수 있다' 고 암시하였을 때, 당시 나의 마음에 깊은 영향을 준 것은 그가 말한 내용이 아니라 그 말을 한 방식에 있다.

그의 암시가 나의 무의식 가운데 깊이 새겨져 이러한 암시를 이행하기 위한 발걸음을 내딛지 않으면 안정을 취할 수 없을 것 같았던 것은 그가 말을 하면서 나의 어깨를 잡아주고 눈으로는 신념을 나타내 보여주었기 때문이다.

바로 이 점이 내가 강조하고픈 내용이다.

인상에 오래 남는 것은 당신이 말하고자 하는 내용보다는 그 내용을 얘기하는 어조와 태도에 달려 있다. 그러므로 호의적인 인상을 오래 남기고자 한다면 목적이 진실하고 정직하며 열정으로 뒷받침되어야 한다는 것이다.

남에게 무엇인가를 팔고자 한다면, 자신에게 먼저 판매할 수 있어야 한다.

나는 얼마 전 멕시코 정부의 한 대표기구로부터 행정부문에 필요한 선전 문구를 써 달라는 부탁을 받았다. 그의 이야기는 다음과 같았다.

"선생님께서는 황금률 철학에 관해 명성을 얻고 계십니다. 또한 미국 전역에 명망이 높으시고 어떠한 정당에도 휩쓸리지 않는 분으로 알려져 있는 만큼 멕시코에 오셔서 경제와 정치 분야에 대한 연구를 하시고 미국에 돌아가 신문에 이에 대한 기사들을 연재하신다면 미국 사람들에게 멕시코에 대한 좋은 인식을 심어줄 수 있는 계기가 될 것입니다.

물론 미국 정부가 멕시코를 신속히 승인하도록 미국 국민들에게 권고하는 내용을 써주시기 바랍니다."

이 부탁과 함께 내가 평생 모은 재산보다 더 많은 액수가 보수로 제시되었다. 그러나 나는 이를 거절했다. 왜냐하면 다른 사람들에게 영향력을 미치려면 참된 정신상태에 머물러 있어야 한다는 지론 때문이었다.

나는 그들이 내세운 주의를 신봉하고 있지 않기 때문에 이에 대해 확신을 가지고 글을 쓸 수가 없었다. 그래서 글재주를 이용하여 펜에 진흙의 잉크를 묻히더라도 글을 팔아먹을 수는 있었겠지만 집필의 효과를 극대화해 줄 열정이 일어나지 않았던 것이다.

지금까지의 설명 외에 더 이상은 본인의 철학을 다시 설명하려 애쓰지 않겠다. 이미 자기암시의 원리를 어느 정도 숙지하고 있는 사람에겐 더 이상 설명하지 않아도 충분히 알아들었을 것이며, 그렇지 못한 사람은 어떻게 해도 알아들을 수 없을 것이기 때문이다.

에디슨, 포드, 록펠러를 비롯한 다른 거물급 인사들이 '흥청망청 연회'나 유사한 행태의 스캔들로 언론을 장식한 적이 없다는 사실은 음미할 만한 것이 아닌가?

※ 자기 자신을 속일 수는 없다

나는 타인을 속일 수 있다고 생각하지 않는다. 그러나 그보다 더욱 확신하는 것은 자기 자신을 속일 수는 없다는 것이다. 만약 그런 일이 발생한다면 내 필력은 사라질 것이고 나의 발언은 그 감화력을 잃게 될 것이다.

가슴에서 불타는 열정의 불꽃으로 글을 쓸 때만이 독자를 감화시킬 수 있는 것이며, 진정에서 우러나는 메시지에 확신을 담아 연설할 때만이 청중을 움직여 메시지를 받아들이게 할 수 있다. 그러므로 다음 문장을 큰소리로 낭독하길 바란다.

'자신의 신념에 배치되는 것은 행동이나 말로 표현할 수가 없다. 만약 굳이 그렇게 한다면 타인에 미치는 영향력을 상실하는 대가를 치르게 될 것이다.'

앞의 문장은 반복할 충분한 가치가 있다. 이러한 원리를 간과한 까닭에 명확한 중점 목표가 암초에 부딪쳐 산산조각이 나기 때문이다.

앞의 문장을 한번이라도 더 읽어주고 싶다. 또 나는 여러분이 이를 기억해두길 바란다. 그뿐 아니라 이를 적어서 매일매일 상기시킴으로써 중력의 법칙과 같이 불변의 법칙으로 받아들여 이러한 믿음이 없으면 자신의 분야에서 성공할 수 없다는 것을 마음에 심기 바란다.

내가 이 원칙을 지키려 할 때 신념이냐 빵이냐의 기로에 선 적이 많았다.

가까운 친구와 여러 조언자들이 실리를 취하기 위해 잠시 나의 철학을 접어두라고 강력히 충고한 적이 한두 번이 아니었지만 나는 결국 이를 고수해왔다. 나에게는 마음의 평안과 조화가 물질적인 보상의 우위에 있었기에 나는 타협을 할 수 없었다.

그러나 나의 이러한 신조와 결의는 소위 말하는 '정직'과는 거리가 있었다. 확신하지 않으므로 말하고, 쓰는 것을 삼간 것은 전적으로 내 양심과 자신의 명예에 관한 문제였다. 나는 나의 말이나 글에 '생명'을 부여하고 싶었기 때문에 가슴이 말하는 것을 표현하려 애썼던 것이다.

스스로 분석해 본 결과 내가 이렇게 애썼던 동기는 다른 사람에게 공정하고자 하는 욕망보다는 - 타인에게 불공정하려 한 것도 아니지만 - 어찌 보면 개인의 이익에 기반을 둔 것이라 보는 게 정확할 것이다.

허위에 타협하는 자는 진정한 세일즈맨이 될 수 없다. 가령 살인범의 경우, 현장에서 잡히지 않았다 하더라도 거짓 진술을 하게 된다면, 그 거짓 진술은 그 목적을 달성할 수 없을 것이다. 왜냐하면 가슴에서부터 우러나온 진실이 아니라면, 그리고 순수한 열정과 결합되지 않은 말에는 '생명'이 결여되어 있기 때문이다.

다시 한번 앞에 제시한 문장을 읽어보기 바란다. 어떤 분야에서든지 영향력 있는 사람이 되길 원한다면 반드시 이해하고 적용해야 할 법칙이기 때문이다. 이렇게 반복하여 앞 문장을 읽어보도록 강조한다고 해서 결코 여러분의 지성을 무시하는 것이 아니다.

나는 여러분이 독립된 개체로써 성숙한 사고를 하는 성인이라고 믿어 의심치 않는다. 다만 이처럼 필수적인 원리를 충분히 각인시키지 않아 일상의 철학의 일부로 만들지 못하고 흘려버리는 경우가 있기 때문에 재차 강조하는 것이다.

나 자신도 그런 많은 약점을 지니고 있으므로 사람들에게 이러한 경향이 있다는 것을 잘 알고 있다. 이러한 기초적인 믿음과 신조가 나의 마음에 각인되어 내 자신의 일부가 되기까지 20년의 인생의 파고(波高)가 소요되었다.

나는 진리와 이에 상반되는 것 모두를 맛보았으며 실험해보았기 때문에 이들의 실효성을 믿을 뿐 아니라 이를 분명히 터득하고 있다고 할 수 있다.

그렇다면 '이러한 진리'라는 것은 무엇일까?

이에 대한 가능한 오해의 여지를 없애고 불분명한 해석의 가능성을 방지하기 위해 '이러한 진리'를 다시 한번 밝히겠다. 그것은 다음과 같다.

'자신이 믿지 않는 것은 입을 통해서든 행동을 통해서든 다른 사람에게 주장할 수 없다.'

평범하지만 조금 더 명확해졌을 것이다. 앞에서 '다른 사람에게 주장할 수 없다'라고 했는데 그 이유는 이렇다.

만약 당신이 양심을 거역하게 되면 머지않아서 당신의 양심은 사라질 것이다. 이렇게 되면 알람시계에 주의하지 않으면 알람시계 소리에도 잠을 깰 수 없는 것처럼 당신의 양심은 더 이상 당신을 이끌어줄 수 없기 때문이다.

이제 그 뜻이 더욱 분명해졌을 것이다. 여러분은 내가 무슨 권위로 이러한 진리를 말할 수 있는지 물을 수도 있을 것이다.

나는 이미 경험으로 이러한 원리가 충분히 작용하는 법을 경험했기 때문에 이에 대해 밝힐 권위를 지닌다.

"그렇지만 어떻게 진리라고 확신할 수 있죠?"라고 여러분은 다시 물을 수 있을 것이다. 그에 대한 대답은 여러분도 스스로 경험을 통해서, 그리고 이러한 원리를 성실히 적용하는 사람과 적용하지 않는 사람을 관찰해봄으로써 알게 될 것이라고 말하고 싶다.

만약 나의 논거가 불충분하게 느껴진다면 이러한 원리를 지키지 않고 '대충대충' 살아가는 몇 사람을 골라 그를 분석해보라.

※ 인품, 진정한 의미의 힘

인간이 지속적이고도 진정한 의미의 힘을 가질 수 있는 것은 그 사람의 인품 때문이다. 기억할 것은 명성과 인품은 다르다는 것이다. 명성은 사람들이 그렇다고 믿는 것이고, 인품은 실제 사람됨을 가리킨다. 영향력을 지닌 사람이 되고자 한다면 진정한 인품의 소유자가 되어야 한다.

인품은 단순한 광물을 금으로 바꿔줄 수 있는 도구이다. 인품을 지니지 않았다면 당신은 아무런 존재도 아니며 어떤 존재도 될 수 없다. 다만 얼마 값어치도 나가지 않는 뼈와 털, 그리고 살덩어리에 불과하다. 인품은 구걸할 수도, 훔쳐올 수도, 살 수도 없는 것이다.

이는 자신이 형성시킴으로써 얻어질 수 있는 것이며 자신의 사고와 행위를 통해서만이 형성할 수 있는 것이다. 자기암시의 원리를 이용하면 누구라도 그의 과거와 관계없이 건전한 인품을 형성할 수 있다.

이제 이 장의 결론에 해당하는 것인데 그것은 인품과 열정을 지닌 사람은 같은 인품을 지닌 사람들을 끌어당기는 힘을 가지게 된다는 점이다.

만일 당신이 열정이라는 자질을 보유하고 있지 않다면, 그것을 갖추기 위해 따라야 할 절차를 제시해보겠다. 물론 지금 제시하는 다음의 지시사항은 무척 간단한 것들이지만 그렇다고 해서 그 가치를 경시한다면 당신에게 불운한 일이 될 것이다.

첫째 : 이 책의 나머지 장을 독파하면서 그 원칙들을 습득해 나가라. 계속되는 원칙과 다른 중요한 지침을 통해 상호 보완하는 원리들을 발견하게 될 것이다.

둘째 : 아직 하지 않았다면 지금이라도 자기 인생의 명확한 중점 목표를 간결하고 명료한 언어로 쓰고 목표를 현실화하기 위한 계획도 작성하라.

셋째 : 자신이 작성한 명확한 중점 목표를 매일 밤, 잠자리에 들기 전에 반복하여 읽고 상상 속에서 목적을 달성한 자신의 모습을 그려보라. 목표를 현실화시키는 자신의 능력을 확신하고 이를 행하라.

목표를 읽을 때는 단어 하나하나에 힘을 실어 모든 열정을 다해 크게 낭독하라. 마음속에서 확고한 목소리가 '나의 목표는 실현될 것이다' 라고 할 때까지 반복하여 읽어라. 어떤 때는 한 번만 읽어도 내부에서 나오는 이러한 목소리가 들릴 것이고 어떤 때는 수십 번을 읽어야 들을 수 있을 것이다.

단, 이를 들을 수 있을 때까지는 멈추지 말라. 만일 원한다면 자신의 명확한 중점 목표를 달성하기 위해 기도하는 방식으로 해도 무방하다.

이 장의 나머지 부분은 아직 신념의 힘을 배우지 못한 사람들, 그리고 자기 암시의 원리에 대해 잘 알지 못하는 사람들을 위해 기술한 것이다.

이 책의 독자 여러분에게 나는 성경의 마태복음 7장의 7절과 8절, 그리고 17장의 20절을 찾아 읽어보길 권한다(마태복음 7장 7~8절 : 구하라, 그러면 너희에게 주실 것이요, 찾으라, 그러면 찾을 것이요, 문을 두드리라, 그러면 너희에게 열릴 것이니 구하는 이마다 얻을 것이요, 찾는 이가 찾을 것이요, 두드리는 이에게 열릴 것이니라. / 마태복음 17장 20절 : 가라사대 너희 믿음이 적은 연고니라. 진실로 너희에게 이르노니 너희가 만일 믿음이 한 겨자씨만큼만 있으면 이 산을 명하여 여기서 저기로 옮기라 하여도 옮길 것이요, 또 너희가 못할 것이 없으리라 – 편역자주).

인간의 가장 강력한 힘은 신념에서 비롯된다. 이 불가사의한 힘으로 기적이 행해질 수 있다. 이를 따르면 지상에 평화를 가져올 수 있다.

신념은 인간의 한계를 넘어서게 하고 어쩌면 한계조차 없게 만드는 원리이다. 자신의 명확한 중점 목표와 함께 개발하고자 하는 인품과 인생에서 얻고 싶은 지위를 적어라. 그리고 목표를 실현시킬 수 있다는 신념을 가지고 매일 밤 낭독하라. 그리고 분명히 밝혀두지만 이 강의 내용은 틀림이 없을 것이다.

성공하기 위해서는 행동가가 되어야 한다. '아는 것'만으로는 충분하지 않다. 결국 **성공은 아는 동시에 행동하는 것이 필요하다는 것이다. 이때 열정은 지식을 행동으로 바꾸는 주요원인이다.**

빌리 선데이(Billy Sunday)는 미국에서 가장 성공한 목사이다. 그의 기법과 심리학적 수단을 파악하기 위해 나는 총 세 번 그의 집회에 참가하였다. 그리고 나서 결론을 얻었다. 그의 성공 비결을 한 단어로 밝힌다면 바로 열정이다!

암시의 원리를 효과적으로 사용하면서 빌리 선데이는 자신의 열정을 그의 신도들에게 전달하고 그들은 이에 영향을 받게 된다. 그가 설교를 하는데 차용하는 전략은 세일즈의 달인이 채택하고 있는 방식과 동일하다.

열정은 물고기에게 물이 필요한 것처럼 세일즈맨에게 필수적인 요소이다. 성공적인 세일즈 매니저들은 열정의 철학을 이해하고 이를 다양하게 활용하여 실제적으로 판매를 촉진하고 증가시킨다.

세일즈 조직에는 구성원들의 마음을 재충전시키기 위한 목적으로 모임을 갖고 서로 열의를 주입시켜 군중심리를 통해 집단적으로 이런 효과를 창출한다.

세일즈 조직의 모임은 '부흥회'라고 불리는 것이 적절한 표현이 될 것이다. 모임의 목적이 흥미를 재생시키고 열정을 유발시켜 세일즈맨들이 새로이 창출된 야망과 에너지를 가지고 판매에 임하게 하는 데 있기 때문이다.

자신에게는 운이 따르지 않는다는 생각이 들면 부커 워싱턴의 저서 《노예로부터의 해방》을 읽어보라. 그러면 자신이 얼마나 행운아인지 알 수 있을 것이다.

❈ 100만 달러 구두닦이

내셔널 금전출납기록기 제조회사의 판매 총책임자였던 휴 칼머스(Hugh Chalmers)는 재임기간 중 자신의 직위뿐 아니라 그 아래에 수천 명의 세일즈맨의 자리가 위태로운 최대 위기를 맞았다. 회사가 경영 위기에 처한 것이다.

이러한 사실이 세일즈맨들에게 알려지자 그들은 판매의 열정을 잃게 되었다. 판매가 감소하고 이에 따라 회사의 재정상태는 더욱 악화되어 회사의 공장이 있는 오하이오주 데이튼에 판매조직의 모임이 소집되었다. 전국 각지의 세일즈맨이 소집되었다. 칼머스가 이 모임을 주재하였다.

그는 유능한 세일즈맨들에게 일어서서 판매가 감소하고 있는 이유가 무엇인지 말해보라고 하였다. 호명되는 대로 그들은 한 명 한 명 일어나 절망적인 분석들을 내놓았다. 경영 사정이 악화되었고 자금이 달리는 데다 사람들은 대통령 선거까지 구매를 자제하고 있다는 등의 보고와 분석이 잇따랐다.

다섯 번째 사원이 일어나 어려움들을 진술하고 어째서 예전과 같은 판매기록이 유지되지 않는지 말하기 시작하자 칼머스는 한 회의 테이블에 올라서더니 손을 들어 그의 발언을 막고서 "그만하시오! 10분간 정회합니다. 그 동안 구두나 좀 닦읍시다"라고 하였다.

말이 끝나자 칼머스 옆에 앉아 있던 어린 소년이 구두닦이 도구함을 들고 와서는 테이블 위에 올라선 그의 신발을 닦기 시작했다. 객석의 세일즈맨들은 경악했다! 어떤 사람들은 칼머스가 드디어 정신이 나간 것이라고 생각했다. 그들은 여기저기서 수근대기 시작했다.

그러는 동안에도 구두닦이 소년은 구두 한쪽을 닦고 다른 곳을 닦으며 충분한 시간과 공을 들여 구두를 닦았다. 구두 닦는 일이 끝나자 그는 소년에게 10센트의 돈을 건네주고 연설을 하기 시작했다.

"여러분, 이 흑인 소년을 보십시오. 그는 우리 공장과 사무실 직원의 구두를 닦을 수 있는 허가를 가지고 있습니다. 이전에는 백인 소년이 그 허가를 소유했는데 이 소년보다 나이가 좀더 많았습니다.

그 백인 소년은 수천 명이 일하고 있는 이 공장에서 일하면서 주급으로 5달러를 회사에서 보조받았는데도 생계를 유지할 수 없었습니다. 지금 이 소년은 회사의 보조금 없이도 생계 걱정이 없을 뿐 아니라 매주 수익금에서 돈을 저축하고 있습니다. 똑같은 사람들이 일하는 똑같은 공장에 조건도 같은데 말이죠.

그럼 여러분께 묻고 싶습니다. 이전에 그 백인 소년이 실패한 것은 누구의 잘못입니까? 그의 책임입니까? 아니면 고객의 책임입니까?"

군중 속에서 일제히 대답이 들려왔다.

7장 열정 -- **365**

"물론 그 소년의 책임이지요!"

그 대답을 듣고 칼머스는 말을 이어갔다.

"그러시다면 지금 여러분이 금전출납기록기를 같은 지역에 있는 같은 사람들을 대상으로 1년 전과 동일한 경영환경에서 판매하고 있는데, 예전보다 판매가 부진한 것은 누구의 책임입니까? 여러분입니까? 고객입니까?"

또다시 군중에서 대답이 나왔다.

"우리 책임입니다!"

"여러분이 책임을 인정하니 기쁩니다. 이제 여러분의 문제가 무엇인지 말씀드리겠습니다. 여러분은 지금 회사가 재정위기에 처해 있다는 루머를 접하고 이 때문에 열정이 사라졌습니다. 그래서 이전과 같은 노력을 하지 않는 것입니다. 여러분이 자신의 지역으로 돌아가서 30일 동안에 각자 5건의 판매만 되어도 회사의 재정위기는 없을 것입니다. 할 수 있겠습니까?"

그들은 하겠다고 대답하였고, 또 해냈다.

이 사건은 내셔널 금전출납기록기 제조회사의 역사에 '휴 칼머스의 100만 달러 구두닦이'로 이름 붙여진 유명한 일화가 되었는데, 이 계기로 회사에 수백만 달러에 해당하는 판매기록이 가능해진 연유이다.

✖ 열정은 패배할 줄 모른다

세일즈맨 부대를 열정으로 무장시키는 세일즈 매니저라면 자신의 서비스 가격을 결정할 수 있을 뿐 아니라, 더욱 중요한 것은 자신의 지도 아래 있는 구성원들의 판매 역량을 증대시킴으로써 그들의 수입도 증대시킬 수 있다는 것이다.

그리하여 그의 열정은 자신뿐 아니라 수백 명의 타인에게도 혜택을 가져다준다. 열정은 우연히 발생하는 것이 아니다. 열정을 일으키는 데는 특정한 요인들이 있으며 그 중 중요한 몇 가지를 꼽아보면 다음과 같다.

① 자신의 적성에 맞는 직업이나 업무를 얻고 있는 상태

② 열정적이고 낙관적인 사람들과 접촉할 수 있는 환경

③ 재정적으로 자유로운 독립상태

④ '15가지 성공의 법칙'을 터득하고 일상 업무에서 적용하는 상태

⑤ 건강에 문제가 없는 상태

⑥ 타인에게 유용하게 서비스할 수 있는 지식의 보유

⑦ 직위에 걸맞은 적절한 의상을 입을 수 있는 상태

앞에 제시된 7가지 요인 가운데 마지막 것을 제외하고는 누구나 쉽게 수긍이 갈 것이다. 그러나 의상의 철학과 그 중요성을 아는 사람은 많지 않기 때문에 이에 대해 자세히 설명해보도록 하겠다.

의상은 자신감과 희망찬 태도, 열정에 충만한 마음가짐을 가지는 데 중요한 역할을 담당한다.

●●● 좋은 복장에 관한 심리학

나의 재정상태가 가장 최악이었을 때는 1918년 11월 11일 1차 세계대전이 종식되었을 때였다. 이때는 마치 내가 이 세상에 처음 태어났을 때와 마찬가지로 거의 빈털터리에 가까웠다.

전쟁으로 사업은 망했고 모든 것을 처음부터 다시 시작해야 했다. 옷장에는 이제는 더 이상 쓸 곳이 없어진 제복 두 벌과 낡아빠진 양복이 세 벌 있었을 뿐이었다.

그러나 첫인상을 결정짓고 다른 사람의 인상에 좋게 남기는 데는 입고 있는 옷이 커다란 작용을 한다는 사실을 누구보다 잘 알고 있었기에 나는 그 길로 양복점을 방문했다.

재단사는 나와 수년간 안면이 있었던지라 다행히도 그는 내 옷을 보고서 나

를 판단하지는 않았다. 만약 그랬다면 무시를 받았으리라. 어쨌든 주머니엔 1달러밖에 없었지만 나는 그 양복점에서 가장 비싼 옷 세 벌을 골랐고 즉시 손질해 줄 것을 주문하였다. 세 벌은 총 375달러에 달했다!

그때 재단사가 내 치수를 재면서 했던 말을 아직도 잊을 수 없다. 그는 내가 고른 세 벌의 최고급 양복을 흘낏 본 후 나를 보면서 말했다.

"달러 이어 맨(Dollar year man : 거의 무보수로 연방정부의 일을 봐주는 사람)이잖수?"

나는 "아니오. 제가 달러 이어 맨이라도 될 수 있었다면 이 옷쯤은 사고도 남았겠죠" 라고 하였다.

그는 놀라서 나를 쳐다보았는데 아마도 이 농담의 의미를 이해하지 못한 듯했다. 양복 중 한 벌은 아름다운 진회색이었고 하나는 군청색, 나머지 하나는 가는 세로 줄무늬가 있는 연청색이었다.

다행히 나는 재단사와 친분관계가 있어서 이 양복대금을 언제까지 지불하라고 기일을 못 박지도 않았다. 물론 나는 정해진 기간까지 지불할 수 있으리라고 생각하고 있었지만, 다행히도 그는 기일에 대한 언급은 하지 않았다.

그러고 나서 나는 신사용품점에 들러 조금 덜 비싼 양복을 세 벌 더 사고 최고급 셔츠와 넥타이, 양말과 속옷을 고루 갖추어 샀다. 그곳에서 청구한 금액은 300달러가 조금 넘었다.

나는 부자와 같은 여유를 부리며 서슴없이 청구서에 사인을 하고 다음날 아침 물건을 배달해 달라고 하였다. 새로 구매한 옷으로 치장하기도 전에 벌써 자신감과 성공의 예감이 온몸을 감싸기 시작했다.

성공적인 사업을 시작하려는 사람들이 빠짐없이 갖추어야 할 것은 건전한 정신과 건강한 육체, 그리고 가능한 많은 사람들에게 가능한 많은 봉사를 하겠다는 진정한 욕구이다.

※ 부유해지고자 하는 것은 인간의 욕망

전쟁 중에 사업은 망하고 하루, 즉 채 24시간도 안 되어 675달러의 빚을 지게 되었다.

다음날 신사용품점에서 주문한 양복이 배달되었다. 나는 이를 입고 양복주머니에 실크 스카프를 꽂고 반지를 저당잡아 빌린 50달러를 바지주머니에 찔러놓고서 시카고의 미시간 거리를 록펠러라도 된 것처럼, 마치 세상을 다 가진 사람처럼 걸어갔다.

속옷부터 겉에 입은 모든 것이 최고급이었다. 이들이 모두 외상이라는 사실은 나와 재단사, 그리고 신사용품점 주인의 일이지 다른 사람이 관여할 문제는 아니었다.

그 뒤 나는 매일 전혀 새로운 의상으로 차려입고 똑같은 시간에 같은 거리를 걸었다. 그 시간은 '우연히도' 어떤 부유한 출판사 사장이 점심식사를 하기 위해 그 길을 걸어가는 시간과 같았다.

나는 매일같이 그와 간단한 인사를 나누었으며 때때로 멈춰 서서 몇 분간 간단한 이야기를 나누기도 하였다. 이처럼 매일 그를 만난 지 일주일 정도 되었을 때 역시나 길거리에서 그를 마주치게 되었는데 그가 내게 말을 걸지 않고 지나칠 것인가를 시험해보기로 했다.

그가 눈앞에까지 왔을 때 나는 시선을 정면에 고정시킨 채 그를 막 지나치려 하였다. 그가 나를 불러 세우더니 한구석으로 부르고는 내 어깨에 손을 얹고 머리에서 발끝까지 뜯어보며 말하였다.

"와! 전쟁이 끝나고 이제 막 제복을 벗은 사람치고는 정말 좋아 보이는군요. 어디서 옷을 맞추셨소?"

"글쎄요! 이 옷은 '윌키와 셀러리 양복점'에서 특별히 맞춘 옷이지요"라고 대답하였다.

그는 내가 어떤 사업을 벌이고 있는지 궁금해 했다. 나의 의상에서 풍기는 부유한 기운과 매일 새롭고 달라졌던 양복 덕택으로 그의 호기심이 자극된 것이다(물론 나는 그렇게 되기를 바라고 있었다).

나는 쿠바 산 시가의 재를 털며 말했다.

"새로운 잡지를 출판하려 하고 있죠."

의외였는지 그가 다시 물었다.

"새로운 잡지라고요? 그래 이름은 뭐라고 지었소?"

"힐의 황금률(Hill's Golden Rule)이라고 할 겁니다."

그러자 그가 말하였다.

"나도 간행물 인쇄, 배급업에 종사하고 있다는 사실을 잊지 마쇼. 내가 도움이 될 일이 있을 테니."

바로 이 순간을 나는 기다려온 것이다. 나는 새로운 양복을 만들었을 때 이미 이러한 상황을 정확히 그리고 있었던 것이다.

여기서 여러분에게 분명히 해두고 싶은 것은 같은 길을 같은 시간에 걸어 다녔더라도 내가 만약 찌든 모습과 다림질도 안 된 옷을 입고 빈곤의 그림자를 눈동자에 담고 있었다면 그가 나에게 관심을 가지지 않았을 것이라는 점이다.

부유한 인상과 외모는 예외없이 언제나 시선을 끌게 마련이다. 게다가 부티가 나는 인상은 '우호적인 관심'을 불러일으키는데 이는 부유하고자 하는 것이 모든 인간에게 자리잡은 욕망이기 때문이다.

이 출판업 친구가 점심에 나를 초대했다. 커피와 시가가 제공되기도 전에 그는 나의 잡지를 인쇄하고 배포하는 계약을 하자고 '제안'했으며, 나는 그가 무이자로 자본을 대도 좋다는 '승낙'하기까지 했다.

출판업에 익숙하지 않은 사람들을 위해 얘기해두자면 전국 규모로 배포되는 간행물을 창간하기 위해서는 막대한 자금이 필요하다는 것을 밝혀두고 싶다. 또한 그러한 막대한 자금은 담보와 신용이 뛰어나도 확보하기가 어렵다.

《힐의 황금률》잡지를 창간하기 위해 필요한 자금은 3만 달러를 웃도는 금액이며 투자를 받을 수 있도록 한 가장 큰 공로자는 바로 나의 의상이라고 할 수 있다.

물론 의상 외에도 다른 능력들이 뒷받침되었다는 것이 사실이지만, 수백만 명의 사람들이 똑같은 능력을 지니고도 자신의 활동범위의 한계를 벗어나지 못하고 있는 것 또한 사실이다. 이는 슬프지만 어김없는 현실이다.

어떤 사람에게는 '파산한' 사람이 의상 구입비로 또다시 675달러의 빚을 지는 것이 사치로 보일 것이지만, 이러한 투자의 이면에 있는 심리효과는 이를 상쇄하고도 남는다.

부터 나는 외모는 도움을 요청하거나 부탁을 하는 사람이 다른 사람에게 호의적인 인상을 남길 수 있는 수단일 뿐 아니라 자기 자신에게 미치는 영향 때문에 더욱 중요하다고 볼 수 있다.

적절한 의상은 타인에게 호의적인 인상을 남길 뿐 아니라 잘 차려입은 옷은 나에게 자신감을 심어주었고 이러한 자신감이 없었다면 잃어버린 재물을 되찾을 수 있다는 희망도 있을 수 없었다는 사실 또한 잘 알고 있었다.

✳ 의상과 성공의 연결고리

의상에 관한 철학을 처음으로 접할 수 있었던 것은 토머스 에디슨의 동업자였던 에드윈 반스를 통해서였다. 그는 20여 년 전에 기차 화물칸에 몸을 싣고 (기차표를 살 돈이 없어서) 에디슨의 사무실에 찾아가 에디슨과 일을 하고 싶다고 해서 사람들을 놀라게 했던 인물이다.

당시 에디슨을 제외한 거의 모든 사람이 이를 비웃었다. 그러나 에디슨은 그의 굳게 다문 입과 굳은 결의에 찬 모습 속에서 다른 사람들은 보지 못한 무엇인가를 보았다. 당시 그는 세계적인 위대한 발명가의 사업 파트너보다는 차라리 부랑자에 가까운 모습이었는데도 말이다.

반스는 일을 시작하였고 성공을 거두게 되었다!

에디슨의 회사에서 발붙일 곳을 찾는 것, 그것이 그가 원하는 전부였다. 이후의 이야기는 오늘날 성공하고자 하는 젊은이에게 귀감이 될만한 성공사례가 되었다.

현재 반스는 아직 활동이 왕성할 나이임에도 경영일선에서 물러나 대부분의 시간을 플로리다의 브래이든 타운이나 메인주의 다마리 스코타에 있는 아름다운 저택에서 보내고 있으며 수백만 장자이고 부유하고 행복하다.

내가 처음 반스를 알게 되었을 때 그는 아직 성공하기 전이었고 이제 막 에디슨과 일을 하기 시작했던 초창기였다.

그 당시 그는 의상 구입에 엄청난 돈을 들였는데 이들은 개인이 사들였다고 하기에는 보도 듣도 못할 만큼 값 비싸고 종류가 많았다. 옷장에는 31벌의 양복이 있어 그 달의 매일매일을 위한 옷들이었다. 그는 한번도 이틀을 연속해서 같은 옷을 입어 본 적이 없다.

그뿐 아니라 그가 입는 옷들은 모두 가장 비싼 종류의 것이었다(그의 옷들은 내가 맞춘 세 벌의 옷을 만든 재단사가 만든 옷들이다).

그가 신는 양말은 한 켤레에 6달러가 넘는 것들이었다. 셔츠와 다른 옷도 예외가 아니었다. 넥타이는 특별히 제작을 한 것들이었는데 이들도 고가품이었다.

어느 날 나는 장난기가 발동하여 필요하지 않은 셔츠가 있으면 나에게 달라고 하였다. 그는 필요하지 않은 셔츠가 한 장도 없다고 말하였다!

그는 기억해둘 만한 가치가 있는 의상에 대한 철학을 밝혔다.

"내가 31벌의 옷을 입는 것은 다른 사람들에게 주는 인상 때문이 아니라 그 옷들이 내게 주는 인상 때문이지."

반스는 에디슨의 공장에 가서 취직을 부탁했던 그날의 이야기를 들려주었다. 당시 그는 용기를 내기 위해 공장 주위를 열 번은 더 돌아야 했는데, 자신의 모습이 탐나는 지원자가 아니고 부랑자에 가까웠기 때문이었다고 한다.

반스는 웨스트 오렌지의 위대한 발명가의 가장 유능한 세일즈맨으로 성공하였다. 물론 그의 재산은 세일즈맨으로서의 그의 능력에 따른 것이었지만, 이러한 의상의 철학을 이해하지 못했다면 부도 명성도 얻지 못했을 것이라고 말하곤 하였다.

일생 동안 나는 수도 없이 많은 세일즈맨들을 만나보았다. 지난 10년간 3,000명도 넘는 세일즈맨들을 트레이닝시키고 지도하였으며 그들을 관찰해왔는데 가장 뛰어난 세일즈맨치고 의상의 철학을 이해하고 잘 활용하지 않는 사람이 없었다.

물론 잘 차려입은 사람 가운데 세일즈맨으로서 이렇다 할 기록을 세우지 못한 사람들도 있었지만, 아직까지 세일즈 분야에서 되는 대로 입고도 뛰어난 실적을 올리는 세일즈맨이 나온 것을 본 적이 없다.

나는 의상의 철학을 오랜 기간 연구해왔고 다양한 분야의 사람에게 미치는 영향들을 살펴왔다. 이를 통해 의상과 성공의 긴밀한 연결고리가 있다는 것을 확신한다.

> 모든 선행에는 상응하는 보상이, 악행에는 적절한 응징이 있게 마련이다. 보상과 응징은 인간의 통제 범위를 벗어난 것으로 그들은 스스로 찾아오기 때문이다.

❖ 성과를 끌어내는 행동의 자극제

개인적으로 나는 31벌의 셔츠가 필요하지는 않지만 만약 필요하다면 비용이 얼마가 들더라도 구입을 할 것이다.

물론 유명한 시에서 볼 수 있듯 '옷이 사람을 만들지는 못한다' 라는 것이 사실일 것이다. 그러나 순조로운 출발을 위해서 잘 갖추어진 의상이 담당하는 역할을 부인할 수는 없을 것이다.

은행은 부유한 사람에게는 필요하지 않아도 원하는 만큼 대출을 해준다. 그러나 돈을 빌리고 싶다면, 남루한 옷을 입고 궁색한 모습으로 찾아가지 말라. 아마도 문전박대를 당하게 될지도 모른다.

성공은 성공을 부른다! 이는 거부할 수 없는 진리이다. 그러므로 **당신이 성공하고 싶다면 일용직을 하든, 거상(巨商)이든 상관없이 성공한 사람처럼 보이도록 노력해야 할 것이다.**

의상이 담당하는 정신의 자극제로의 기능에 덧붙여 밝혀두고 싶은 것은 사실상 세상의 모든 성공한 이들은 나름의 자극 방법을 개발하여 막대한 효과를 거둘 수 있는 방법을 알고 있다는 점이다.

금주 운동을 하는 사람에게는 충격적일 수 있겠지만, 제임스 릴리(James Whitcomb Riley)는 알코올에 취해 있을 때 가장 위대한 시를 지었다고 한다. 그의 자극제는 알코올이었던 것이다(물론 나는 이를 통해 알코올이나 기타 마약류와 같은 자극제의 복용을 권장하는 것이 아님을 일러두고 싶다. 결국 이러한 물질의 남용은 정신과 육체에 모두 해를 끼치기 때문이다).

알코올의 영향으로 릴리는 상상력이 풍부해지고 열정적으로 되어 평소와는 전혀 다른 사람으로 변모한다고 절친한 친구들이 밝히고 있다.

에드윈 반스의 경우에는 탁월한 경영 성과를 끌어내는 행동의 자극제로 의상의 힘을 빌렸다.

어떤 사람들은 여인에 대한 사랑으로 최상의 성취를 끌어내기도 한다. 이것을 이 책의 개요 부분에서 밝힌 내용과 연결지어보라. 당신이 센스 있는 사람이라면 열정의 촉진제로써 이에 대한 설명을 더할 필요가 없을 것이다.

차량 절도, 강도 등 암흑세계의 사람들은 코카인, 모르핀과 기타 마약류를 복용하는 것이 일반적이다. 이러한 경우에서조차 사람들은 누구나 일시적이든, 인공적이든 평범한 일상에서 필요한 역량을 능가하기 위해선 자극제가 필요하다는 사실을 알 수 있을 것이다.

성공적인 사람들은 자기 자신에게 가장 알맞은 자극의 방법과 수단을 가지고 있다. 그 자극은 평범한 수준을 뛰어넘어 높은 성취를 유도하는 것이다.

세상에서 가장 성공적인 작가 중에 집필을 위해 아름답게 차려입은 젊은 여성으로 구성된 오케스트라를 고용한 사람이 있다. 그는 자신의 취향에 맞게 꾸며진 방에 앉아 채색된 조명 아래 아름다운 이브닝 가운을 걸친 젊고 아름다운 여성들이 자신이 가장 좋아하는 노래를 부르는 것을 듣는다.

그의 말을 빌리자면, "나는 이러한 환경의 영향으로 내 자신의 열정에 취하고 열의에 불타게 됩니다. 다른 방법으로는 느껴보지 못했던 감정의 최고치에 달하게 되면 바로 그때가 집필을 할 때입니다. 마치 안 보이는 미지의 힘으로 하여금 받아쓰게라도 하는 것처럼 생각이 마구 떠오르게 됩니다."

그는 음악과 예술을 통해 대부분의 영감을 얻는다. 그는 적어도 일주일에 한 번 한 시간은 미술관을 찾아 예술가의 작품을 감상한다. 이러한 때에 그의 말을 빌려보면, "이 한 시간의 방문으로 이틀은 버틸 수 있는 열정을 얻게 된다"고 한다.

에드거 앨런 포(Edgar Allan Poe)가 그의 작품 《까마귀》를 썼을 때, 그는 반은 취한 상태였다고 한다. 오스카 와일드(Oscar Wild)가 작품을 썼을 때는 여기에선 밝히기가 부적절한 자극제의 영향 아래 놓였었다고 한다.

헨리 포드(이것은 나의 생각이라는 것을 밝혀둔다)의 경우에는 매력적인 인생의 반려자, 그녀의 사랑으로 성공이 가능했다. 그를 고무하고 자신감에 가득차게 한 것은 바로 그녀였으며, 그 결과 보통사람이라면 여러 번 포기했을 역경 속에서도 힘을 불어넣어준 것이다.

앞의 모든 예는 뛰어난 성취를 거둔 모든 사람들은 우연이든 의도적이든 자신의 열의를 최고조에 올리는 효과적인 자극제를 수단으로 가지고 있었다는 증거로 볼 수 있다.

앞의 예와 관련하여 이 책의 개요에서 밝힌 '마스터 마인드' 의 법칙을 연결 지어보면 이 법칙이 적용될 수 있는 새로운 운용법을 깨달을 수 있을 것이다. 아울러 '완벽한 조화의 정신으로 연계된 노력' 의 진정한 목적에 대해 이전과는 다른 이해를 할 수 있을 것이다.

이쯤에서 이 철학의 전 과정이 연결되는 방식을 이해하는 것도 의미가 있다. 이 책의 개별 독립된 장에서는 각 주제에 해당하는 내용이 다루어지고 그에 덧붙여 다른 장과 겹치거나 여러분에게 다른 장의 이해를 용이하게 해주는 내용도 다루고 있다.

예를 들어 이 장에서 다루고 있는 바(열정)를 잘 살펴보면 '마스터 마인드' 의 법칙의 진정한 목적을 알게 될 것이다. 그 주요 목적은 마스터 마인드를 구성하는 구성원들의 마음이 다른 구성원의 마음을 자극하는 자극제로서 실제적인 역할을 한다.

만면에 근심과 걱정이 가득 어렸던 사람들이 미팅을 통해 어깨를 펴고, 턱을 들어올리며, 자신 있는 미소를 짓게 되므로 착수하는 업무마다 모두 패배를 모르는 것은, 특히 열정의 덕이라는 것을 수도 없이 많이 보아왔다.

목표간의 조화가 이루어지는 순간 이러한 변화가 일어나는 것이다.

나는 이 장에서 다루고 있는 내용이 다양한 형태로 제시되고 설명되어서 이를 접하는 사람들이 모두 이해하고 따를 수 있도록 기꺼이 반복할 것이다. 사람들은 대개 성격, 경험, 지적 능력 등에서 차이가 있다. 그렇기 때문에도 여러 차례 충분한 반복을 할 필요가 있는 것이다.

다시 강조하지만, 당신은 인생이라는 비즈니스에서 성공해야 하는 것이다!

'성공의 법칙' 을 공부하면서 받게 되는 자극과 얻을 수 있는 여러 가지 아이디어, 그리고 당신의 장점을 정확하게 짚어줄 본 저자와의 협력을 통해 당신은 **인생의 명확한 계획을 수립할 수 있어야 한다.**

그러면 당신은 지향하는 목표에 한 단계 다가서게 될 것이다. 그러나 열정의 정신 – 일상적으로 직업에 쏟는 보통의 노력을 훨씬 능가하는 – 으로 스스로를 일으켜 세우지 못한다면, 아무리 황금 같은 계획이라도 소기의 결과를 달성하기란 불가능하다.

이제 독자들은 '자제력'에 대해 연구할 단계에 왔다!

그 장을 읽게 되면, '열정'의 장이 '명확한 중점 목표' '자기 확신' '솔선수범과 리더십' '상상력'과 연결되어 있는 것처럼, '자제력'의 장은 '열정'의 장과 긴밀하게 연결되어 있다는 사실을 발견하게 될 것이다.

그리고 '자제력'의 법칙은 성공의 법칙 전체에서 균형점으로 작용한다는 것을 알게 될 것이다.

당신의 고용주는 당신이 제공하는 서비스의 질을 통제하지 못한다. 그것을 통제하는 사람은 바로 당신이며, 당신이 성공할지 또는 실패할지를 판가름하는 것도 당신이다.

"7명의 치명적인 기사들"

당신의 내부에 숨어 있는 7가지 적은 **편협함, 탐욕, 보복, 이기주의, 의심, 질투, 그리고 ?**(미지의 또 무엇)

모든 사람에게 가장 큰 적은 언제나 자기 자신 안에 있다.

만약 남이 당신을 보듯 당신이 당신 자신을 볼 수 있다면, 당신의 내부에 숨어 있는 이 적들을 발견한 다음 뿌리 뽑을 수 있을 것이지만 이것은 불가능하다. 이 글에서는 수백만 명의 사람들이 자신 속에 가지고 있으면서도 발견하지 못하는 7가지 적에 대해서 말하고자 한다. 자기 자신을 조심스럽게 판단해보고, 당신 안에는 이 7가지 중에 몇 가지가 존재하는지 살펴보라.

당신의 내부에는 7명의 무시무시한 기사(騎士)가 있다. 태어나서 죽음에 이르기까지 모든 인간은 이 적수들과 끊임없는 싸움을 해야 한다. 이 날쌘 적수들과 어떻게 싸우느냐에 따라 당신의 성공이 좌우될 것이다.

만약 이 적들이 공개적으로 나타나서 진짜 말을 타고 당신에게 달려온다면 덜 위험할 것이다. 왜냐하면 우리가 이들을 포위해서 항복을 받아낼 수도 있기 때문이다.

그러나 이들은 사람의 마음속에 있으며 보이지 않는다. 그들은 매우 조용하고 은밀하게 행동하기 때문에 대부분의 사람들은 그들이 존재한다는 사실조차 알지 못한다.

맨 앞에서 당신에게 달려오는 적수야말로 가장 흔하면서도 가장 위험한 녀석이다. 이 적수를 찾아내어 당신 스스로를 방어한다면 그만한 행운이 없을 것이다. '편협함'이라는 이름의 이 잔인한 적수는 다른 여섯의 적수들이 한 악행을 모두 합친 것보다 더 많은 나쁜 짓을 했다. 사람을 죽이고, 우정을 파괴하며, 불행을 가져오고 세상에 전쟁을 일으켰다.

편협함을 극복하기 전에는 절대로 사고를 정확하게 할 수 없다. 이 인류의 적수는 사람의 마음에 가까이 접근해서 생각의 바탕에 잘못된 논리와 추론과 사실을 집어넣는다. 만약 당신이 당신과 다른 종교를 가진 사람을 증오한다면, 당신은 이 죽음의 기사에게 점령당했다고 생각해도 좋다.

다음은 **탐욕과 보복**이다.

이 기사들은 둘이서 함께 나타난다. 하나가 발견되었다면 다른 하나는 아주 가까운 곳에 있을 것이다. 탐욕은 사람의 두뇌를 꼬고 뒤틀리게 한다. 비유하자면, 지구에 울타리를 치고서 다른 사람 모두를 지구 바깥으로 내쫓고자 하는 마음의 상태이다.

쓰지도 않을 100만 달러를 벌고 거기에 다시 100만 달러를 더 벌고자 하는 심리상태도 탐욕에서부터 비롯된 것이다. 어떤 사람이 다른 사람의 몸에서 마지막 피 한 방울까지 짜낸다면, 이 심리상태 또한 같은 것이다.

탐욕의 곁에는 보복이 항상 따라다닌다. 이 잔인한 형제에게 뇌를 잠식당한 사람은 곁에 있는 사람의 소유물을 빼앗는 것으로 만족하지 못한다. 그의 평판까지도 파괴하고 싶어하는 것이다.

보복은 시퍼런 칼날 뿐

칼자루도 없고 칼집도 없다네.

이 제왕의 신표를 휘두르고 싶은가?

그러면 자네는 강해질 것 같은가?

칼날을 꼭 쥐면 꼭 쥘수록

자네는 더욱 불행해질 것이네.

자네의 손에도 더 깊은 상처가 생기고,

칼날은 자네의 피로 붉게 물들 것이네.

자네가 그 칼날을 힘껏 휘두르려 할 때,

자네 손에서 힘차게 뻗어나간 그 칼날은

원수의 심장에 박히지 않는다네.

바로 자네의 심장으로 박힐 것이네.

만약 당신이 시기와 탐욕이 얼마나 위험한지를 알고 싶다면, 이 세상을 지배하고자 했던 사람(지도자)들의 역사를 한번 훑어보라.

그 역사를 모두 살펴보기가 힘들다면, 당신 근처에 있는 사람만 돌아보아도 된다. 당신 근처에도 아마 남을 희생해서 자신의 둥지를 만들려고 하는 사람 또는 이미 만든 사람들이 있을 것이다. 탐욕과 보복은 삶의 교차로에 서있으며, 거기서 이 적들은 성공의 길로 들어서는 사람들을 비참한 실패의 길로 인도하고 있다.

그러므로 교차로에서 이 적들이 당신을 방해하지 못하도록 하는 것은 당신 사업의 가장 중요한 일부분이 될 것이다.

탐욕과 시기가 사람들의 마음을 지배하고 있다면, 나라이든 개인이든지간에 급속한 몰락의 길로 들어설 것이다. 이것을 확인하고 싶다면 멕시코와 스페인을 한번 보라.

가장 중요한 것은 **자기 자신을 돌아보는 일**이다. 당신의 머리 위에 이 적수들이 올라타 있지는 않는가 확인해 보아야 한다.

이제 또 다른 파괴의 쌍둥이 기사인 **이기주의와 의심**으로 관심을 돌려보자. 이들 또한 서로 함께 다닌다. 자기 자신을 지나치게 믿거나 또는 남에 대해 확신이 없는 사람은 결코 성공할 가능성이 없다.

어떤 통계학자는 세상에서 가장 많은 회원을 가진 클럽은 '그건 불가능해요 클럽'이라고 발표했다. 미국에만도 이 클럽의 회원이 9,900만 명에 달한다는 것이다.

만약 다른 사람에 대한 믿음이 없다면 당신에게는 성공의 싹수가 없다. 의심이라는 세균은 빠르게 번식한다. 만약 의심이 당신의 마음속에 발을 딛는다면, 이들은 빠르게 번식해서 믿음이 들어올 공간까지도 모조리 잠식해버린다.

믿음이 없다면 어떤 사람도 성공을 누릴 수 없다.

믿음을 가지고 있어야 한다. 성경의 전반에는 신념을 가지라는 경고가 흐르고 있다. 모든 문명이 미친 듯이 달러를 향해 치닫기 이전 시대의 사람들은 믿음의 힘을 알고 있었다.

'진실로 내가 네게 말하노니, 네가 겨자씨 한 알만큼의 믿음을 가지고 있다면, 이 산에게 명령하라. 지금부터 너는 이 자리에서 비켜 저리로 가거라. 그러면 산은 저리로 옮겨갈 것이다. 이 세상에 불가능한 일은 있지 아니하다.'

성경에 있는 이 구절을 쓴 나는 우리 시대에 잊혀져가는 진실 하나를 알고 있다. 다른 사람이 자신을 믿게 하고자 한다면 먼저 남을 믿으라. 의심을 갖지 말라. 만약 그렇게 하지 못하면 당신 또한 남들에게서 믿음을 받지 못할 것이다.

만약에 힘을 가지고 싶거든, 사람의 마음에 믿음을 경작하라!

이기주의는 의심이 있는 곳에서 싹터 오른다. 당신 자신에 대해서만 생각하다 보면 이기심에 깊이 침잠할지 모른다. 혹시 주위에 말을 할 때 언제나 '나'라고 시작하는 사람이 있는가? 그 사람들은 아마도 남을 의심하는 사람일 것이다.

다른 사람을 위한 일을 할 때 자기 자신을 잊을 만큼 몰두하는 사람이 있다면, 그는 남들에게 의심을 받는 일이 없을 것이다. 의심 많고 이기적인 사람들을 살펴보라. 이런 사람들 가운데 성공하는 사람은 얼마나 되는지를 헤아려보라.

다른 사람에 대해서만 생각해보지 말고, 자기 자신에 대해서도 생각해보라. 자기 자신이 이기주의와 의심에 꽁꽁 묶여 있지 않았다는 사실을 명확히 확인해야 한다.

이 적들의 바로 뒤에 또 다른 두 기사가 쫓아오고 있다. 이 두 기사 가운데 하나의 이름은 **질투**이다. 그리고 또 다른 하나는 일부러 이름을 짓지 않았다.

이 글을 읽는 모든 독자들은 잠시 책을 덮고 생각해보라. 자기 자신의 마음 속에서 발견되는 일곱 번째 기사는 이름이 무엇인가?

어떤 사람은 **정직하지 못함**이라고 할 것이다. 어떤 사람은 **미루는 버릇**이라고 할 것이며, 또 어떤 사람은 **주체할 수 없는 성욕**이라고도 대답할 것이다. 그 이름이 무엇이라도 좋다. 당신이 원하는 대로 이름을 붙이되, 반드시 한 가지는 이름붙여야 한다.

아마 당신은 질투와 함께 오는 적수에게 적절한 이름을 붙였을 것이다.

만약 질투가 일종의 정신병적 상태라는 사실을 잘 안다면, 이름붙여지지 않은 적수에 대해서도 더 잘 대비할 수 있을 것이다. 정신병이라는 말이 잔인하다고 느껴지는가? 하지만 질투가 정신병의 일종이라는 것은 명백한 사실이며, 질투에 대한 의학용어는 '조발성 치매증(Dementiapraecox)'이다.

아, 질투여!
너는 지옥에서 가장 더러운 마귀로다!
너의 독이빨에 제물이 되어
혈색 좋든 내 뺨은 야위어가고 썩어 들어가는구나.
너는 내 영혼을 빨아먹고 있구나!

당신은 **질투가 의심의 바로 뒤에 온다**는 사실을 알아차렸을 것이다. 또는 질투와 의심이 서로를 이끌어주면서 함께 온다고 해도 좋다.

질투는 가장 흔한 정신병의 하나이다. 질투는 남자와 여자를 가리지 않으며, 때로는 이유가 있기 때문에, 때로는 이유 없이도 나타난다.

이 위험한 적수의 가장 가까운 친구가 누구이겠는가? 바로 이혼 전문 변호사이다! 또한 이 적수 덕택에 사설 심부름센터가 사업을 확장할 수 있다.

이 적수 때문에 살인자가 존재하는 것이며, 가정이 파괴되고 과부와 고아가 생기는 것이다. 이 기사들이 당신의 머릿속에 들어 있다면 당신에게는 평화와 행복이 찾아올 수 없을 것이다.

평생 가난하게 살아온 사람이라고 해도 질투라는 정신병에 걸려 있지 않으면 평생 행복할 수 있을 것이다. 당신 자신을 주의 깊게 살펴보고, 혹시라도 당신에게 질투의 징후가 보인다면 즉시 이를 다스리도록 하라.

질투는 여러 가지 형태로 존재한다.

그것이 처음으로 사람의 머릿속에 스며들 때 이것의 형태는 다음과 같다.

'내가 없는 동안 아내는 어디에서 무엇을 했을까?'

'남편은 내가 곁에 없으면 딴 여자에게 눈을 돌리지 않을까?'

당신의 마음속에 이런 의문이 떠오르기 시작하거든, 당신이 불러야 할 사람은 탐정이나 사설 심부름센터 직원이 아니다. 당신은 심리치료 병원에 가서 진찰을 받아야 하며, 스스로를 반성해야 한다. 왜냐하면 이미 약간의 정신이상 징후가 보이기 때문이다.

질투가 당신의 목젖을 틀어쥐지 않게 하려면 당신이 질투의 목을 짓밟고 있어야 한다는 사실을 명심하라.

이 글을 읽은 다음에 책을 덮고서 잠시 생각해보라.

먼저 당신은 이렇게 말할 것이다.

"이건 나하고는 상관없는 일이야. 내 머릿속에는 이런 적수들 따위는 없어."

당신이 옳을지도 모른다. **천만 명 중에 한 명은 그렇게 말할 수도 있을 것이다! 그러나 나머지 구백구십구만구천구백구십구 명은 그런 말을 할 수가 없다.**

자신을 속이지 말라! 당신은 아마도 그 9,999,999명 중의 하나일 것이다. 이 글의 목적은 당신이 **당신 자신의 진실한 모습을 올바르게 보도록 돕기 위한 것이다.** 만약 당신이 실패와 가난과 불행을 겪고 있다면, 틀림없이 당신의 머릿속에는 이 나쁜 적수들이 존재하고 있을 것이다.

꼭 명심하라! 건강과 행복을 포함하여 원하는 것을 가진 사람은 이미 이 7명의 적수를 몰아낸 사람들이다.

당신 자신에 대해서 곰곰이, 그리고 진지하게 생각한 다음, 지금부터 한 달 후에 이 글을 다시 읽어보라. 이 글을 다시 읽어보면 당신 머릿속에서 날뛰던 이 잔인한 적수들을 몰아낼 수 있는 진실을 발견하게 될 것이다.

8장

자제력
Self-Control

Napoleon Hill

희생 없이는 위대한 성공을 거둘 수 없다.

자제력

'믿어라! 당신은 해낼 수 있다!'

앞장에서 열정이 얼마나 중요한 것인지에 대해 배웠다. 또한 열정을 어떻게 불러일으킬 수 있는지, 그리고 이에 따른 파급효과를 다른 사람에게 어떻게 전달해 줄 수 있는지에 대해서도 알아보았다.

이제 자제력(Self-Control)에 대해 공부할 단계인데 이것은 열정을 건설적인 목적으로 사용할 수 있게 해주는 것이다. 자제력이 없는 열정은 전기 폭풍으로부터 발생하는 무자비한 번개와 같다. 그것은 번개와 마찬가지로 어느 곳에든 떨어져 생명이나 재산을 파괴할 수 있다.

열정은 행동에 이르게 하는 매우 중요한 원천이다. 반면에 자제력은 이 행동이 그릇된 방향이 아닌 올바른 방향으로 향하도록 균형을 맞추어주는 평형 바퀴와 같다.

'균형감각'을 유지하는 사람이 되기 위해서는 열정과 자제력이 평형상태에 머물러 있어야 한다. 얼마 전 미국의 교도소에 수감되어 있는 16만 명의 성인 수감자들을 대상으로 한 설문조사 결과를 보면 놀라운 사실을 발견할 수 있다. 그것은 이 불행한 남녀 수감자들 중 92%가 자신들의 에너지를 긍정적인 방향으로 이끌어주는 자제력이 부족했기 때문에 수감되었다는 사실이다.

자신을 통제할 수 있는 힘

앞에서 언급된 문장을 다시 읽어보라. 확실하면서도 놀라운 그 사실을!

사람들이 겪는 대부분의 불행은 자제력 부족으로 생겨난다. 성경에는 자제력에 대한 많은 충고들이 기록되어 있다. 심지어는 적을 사랑하라고 하며, 우리에게 상처주는 자를 용서하라고 한다. 성경 전반에 걸쳐 무저항주의가 황금률처럼 언급되고 있다.

세계적으로 영웅이라 칭송되는 사람들을 분석해보면, 이들은 예외없이 자제력이라는 덕목을 소유하고 있는 것으로 나타난다.

예를 들어 불후의 명성을 지닌 링컨을 살펴보자. 그의 인생에서 가장 힘든 시절에 그는 인내심, 평상심, 그리고 자제력을 갖기 위해 애썼다. 이들을 포함한 여러 품성을 기반으로 그는 훌륭한 사람이 될 수 있었던 것이다.

링컨은 내각의 의원들 중 자신에게 불충(不忠)하는 사람들이 있다는 사실을 알았지만, 그 이유는 지극히 개인적인 것이고 그들이 국가에 이로움을 줄 수 있는 사람들이란 사실을 알았기 때문에 자제력을 발휘해 불쾌한 감정을 억눌렀다고 한다.

당신이 알고 있는 사람들 중에 이에 견줄 만큼의 자제력을 갖춘 사람이 얼마나 있는가?

야구선수 생활을 하다가 목사가 된 빌리 선데이(Billy Sunday)는 연단에서 강한 어투로 이렇게 외쳤다.

"항상 남의 비밀을 폭로하려고 애쓰는 사람은 지옥처럼 썩어 빠졌습니다!"

빌리가 이렇게 소리쳤을 때 악마 역시 "형제여, 아멘!"이라고 외치지 않았을까 궁금할 따름이다.

자제력이 《성공의 법칙》에서 중요한 요소가 되는 이유는 자제력이 부족할 경우 그에 따른 고통이 수반되기 때문이라기보다는 그의 '명확한 중점 목표'를 달성하는 데 필요한 다른 자질을 상실하게 되기 때문이다.

자제력이 부족하면 다른 사람들에게 상처를 줄 수 있을 뿐 아니라 자신에게도 상처를 입힐 수 있다는 사실을 명심하라!

❋ 자제력 부족으로 인한 재앙

사회생활 초기시절에 나는 자제력의 부족이 내 인생에 얼마나 큰 재앙을 불러오는가를 깨닫게 된 사건을 경험한 적이 있다. 약간 다른 이야기가 될 수도 있겠으나, 위대한 삶의 진실 대부분은 우리의 일상생활에서 벌어지는 일반적이고 아주 흔한 사건들 속에 숨어 있다.

나는 이 발견을 통해 지금까지 내가 배운 것보다 더욱 중요한 것을 알게 되었다. 그 발견은 다음과 같은 사건을 통해 이루어졌다.

어느 날 나는 내 사무실이 있는 건물의 수위와 사소한 오해가 생겼다. 그리고 이 오해는 우리 사이를 험악하게 만들고야 말았다. 그는 날 모욕하곤 했는데, 내가 사무실에 홀로 앉아 일하고 있는데도 건물의 전등을 모두 꺼버릴 정도였다.

수위의 이런 행동은 내가 받은 모욕을 되돌려줘야겠다고 결심할 때까지 몇 번이나 되풀이되었다. 그러던 중 어느 일요일, 드디어 나는 그 기회를 잡았다. 그날 나는 다음날 밤에 있을 강연의 연설문을 준비하고 있었는데 또 불이 꺼지고 말았다.

더 이상 참지 못한 나는 자리를 박차고 일어나 수위가 있을 법한 건물 지하실 쪽으로 달려갔다. 지하실에 도착했을 때 나는 마치 아무 일도 없었다는 듯이 휘파람을 불며 화로에 석탄을 열심히 넣고 있는 수위를 만났다.

그를 보자마자 나는 석탄이 활활 타오르고 있던 화로의 불보다 더 열을 내며 5분여 동안 미친 듯이 비난을 퍼부어댔다. 그러다가 마침내 할 말이 바닥났고, 나는 흥분을 가라앉혀야만 했다. 그때 똑바로 몸을 일으켜 세운 그가 고개를 돌려 어깨너머로 나를 향해 뭐라고 했는지 짐작이나 가는가?

그는 만면에 미소를 띤 채 조용하고 부드러운 목소리로 이렇게 말했다(그는 자제력을 발휘하고 있었다).

"이른 시간부터 약간 흥분하셨군요. 그렇죠?"

그 말을 들었을 때 나는 마치 송곳에 찔린 듯한 느낌이 들었다.

그때 내가 받은 느낌을 상상해보라. 나는 읽지도 쓰지도 못하는 사람에게서, 게다가 내가 일으킨 전쟁에서 패배자의 꼴이 되고 말았다.

나의 양심은 나를 비난하며 손가락질을 해대고 있었다. 나는 자신이 무참히도 패배했다는 사실뿐 아니라 내가 잘못했음에도 그를 공격해버린 공격자가 되었다는 더욱 심각한 사실을 깨달았다. 이에 더욱 심한 굴욕감을 느끼게 되었다.

내 머릿속에는 여러 가지 창피한 일이 맴돌았고 그것은 계속 나를 조롱하며 괴롭혔다. 그날 문학이나 철학에는 전혀 문외한이었던 사람 앞에 서 있었던 나는 고등철학을 한다고 자부하던 학생이었고 황금률 잡지의 대표였으며 셰익스피어, 소크라테스, 플라톤, 에머슨, 그리고 성경에 정통한 사람이었다. 그럼에도 나는 언어의 전쟁에서 그에게 패하고 말았다.

나는 발길을 돌려 내 사무실로 최대한 빨리 돌아갔다. 더 이상 내가 할 수 있는 일은 없었다. 나는 내 잘못에 대해 생각하기 시작했으며 이내 나의 잘못도 깨달았다. 그러나 솔직히 말해 나는 자신의 잘못을 바로잡기 위해 해야 할 일이 꺼려졌다.

물론 나는 오직 그 사람을 위해서라기보다는 마음의 평화를 얻기 위해서라도 그에게 사과해야 한다는 사실을 알고 있었다. 마침내 나는 결코 피할 수 없는 굴욕감을 감수하기로 결심했다. 그렇게 하기까지는 꽤 오랜 시간이 걸렸고 그것은 쉽지 않은 일이었다.

나는 지하실로 내려가기 시작했다. 처음에 화가 났을 때 뛰어갔던 것과는 비교할 수조차 없는 꽤나 느린 속도의 걸음걸이로 말이다. 나는 굴욕감을 최소화할 수 있는 방법을 떠올리기 위해 골몰했다.

지하실에 도착한 나는 문 쪽으로 수위를 불렀다. 그러자 전과는 다른 차분한 분위기 속에서 그가 부드러운 목소리로 물었다.

"이번에는 뭘 원하시나요?"

"만약 당신이 허락한다면 말입니다, 내 잘못에 대해 사과하고 싶습니다."

그의 얼굴에는 다시 미소가 번졌다. 그리고 그는 이렇게 말했다.

"주님의 사랑으로 당신은 사과하지 않으셔도 됩니다. 그 일에 대해서는 당신과 나, 그리고 이 벽들을 제외하곤 아무도 모릅니다. 나는 이 일을 아무에게도 말하지 않을 겁니다. 물론 당신도 그럴 거란 사실을 알고 있습니다. 그러니 잊어버리십시오."

그의 말은 나에게 처음 했던 말보다 더욱 심금을 울렸다. 그는 기꺼이 나를 용서했을 뿐 아니라 이 사건으로 내가 피해를 보지 않도록 진정으로 염려해주기까지 했다.

나는 그의 손을 잡았다. 나의 진심을 담아 그와 악수를 했다. 그리고 나서 사무실로 돌아오며 나는 자신이 저지른 잘못을 바로잡기 위해 용기를 냈다는 사실에 한결 마음이 가벼워졌다.

 인생에서 자기가 진정으로 원하는 것이 무엇인지 아는 사람은 이미 그것에 가까이 가 있는 것이다.

※ 자신을 통제해야 남도 통제한다

이 사건은 여기서 끝난 것이 아니다. 시작일 뿐이다! 그 일이 있은 뒤로 나는 상대가 무식하든 똑똑하든 그 앞에서 자제력을 발휘하지 못해 굴욕감을 느끼는 일이 없도록 노력했다.

그러자 내 삶에 큰 변화가 일어났다. 내가 쓰는 글은 더 큰 힘을 가졌고 내가 하는 말은 더 큰 무게를 싣기 시작했다. 그리고 더 많은 친구가 생겼고 적(敵)은 줄어들었다. 이 일은 내 인생에서 가장 큰 전환점 중 하나다.

나는 이 일을 통해 큰 깨달음을 얻었다. 또한 '신은 스스로 무너지는 사람에게 먼저 실패를 맛보게 하신다' 라는 구절이 더욱 내 마음에 와 닿았다.

그뿐 아니라 이 사건은 나에게 무저항주의 법칙의 개념을 분명히 이해하도록 만들었으며, 이 법칙을 염두에 둠으로써 예전에는 전혀 몰랐던 성경 구절의 의미를 이해하게 해주었다.

이 사건을 통해 나는 지식의 창고로 가는 열쇠를 얻었고 나의 인생에서 내가 하는 일과 앞으로 해야 할 일을 하는 데 많은 도움을 받았다. 적이 나를 공격하려 했을 때 이 지식의 창고는 나에게 강력한 방어무기를 제공해 주었고, 단 한 번도 나를 실망시키지 않았다.

자제력 부족은 세일즈맨에게도 치명적인 약점이다. 세일즈맨은 직업상 소비자들에게서 듣기 싫은 소리를 들을 수도 있다. 만약 이때 자제력을 발휘하지 못한다면 그는 자신의 경력에 치명적인 오점을 남기고 말 것이다.

시카고의 가장 큰 백화점에서 나는 자제력의 중요성을 목격할 수 있었다. 불편사항 접수창구에 많은 여성 고객들이 긴 줄을 이루고 있었는데, 고객들은 불만사항과 백화점의 잘못된 사항들을 젊은 담당 여직원에게 말하고 있었다. 화를 내는 고객들이 있는가 하면, 말도 안 되는 이유를 대며 흥분한 고객도 있었고 심지어 욕설까지 서슴지 않는 고객들도 있었다.

그러나 데스크에 있는 젊은 여직원은 조금의 동요된 모습도 없이 고객의 불편사항을 다 들어주고 있었다. 그 여직원은 얼굴에 미소를 띤 채 차분하고 상냥한 태도로 여성 고객들을 담당부서로 안내하고 있었다. 자제력을 발휘하는 그녀를 보며 나는 어떤 경이로움을 느꼈다.

여성 고객들이 불만을 토로하고 있는 동안 또 다른 젊은 여직원은 고객들의 말을 정리해 데스크의 여직원에게 건네주고 있었다. 그런데 그 종이에는 고객들의 심한 욕설이나 짜증을 제외한 불만사항들만이 요약되어 있었다.

웃는 얼굴로 고객의 불만사항을 듣고 있던 여직원은 청각장애인이었다. 그녀는 백화점이 반드시 개선해야 할 사항들만을 기입하여 전달한 것이다.

이러한 방식에 매우 감동받은 나는 백화점의 매니저를 만나보았다. 그가 말하기를 불편사항 접수창구는 백화점에서 가장 중요하고 힘든 자리인데 그 자리를 버틸 만큼 자제력을 갖춘 사람을 찾기 힘들어 청각장애인을 직원으로 채용했다는 것이다.

나는 화가 난 여성 고객들을 보면서 데스크에 앉아 있는 여직원의 미소가 얼마나 기분을 좋게 만드는지 알 수 있었다. 그 여성 고객들은 울부짖는 늑대처럼 왔다가 양처럼 온순하고 조용하게 돌아갔다.

그들 중 몇몇은 여직원의 자제력으로 그들 스스로 창피함을 느끼고는 양과 같이 순한 모습을 하며 떠났던 것이다. 그 장면을 목격한 이후로 나는 내가 듣기 싫은 말을 들어서 화가 날 때마다 그 여직원의 자제력 발휘를 생각했다.

그리고 모든 사람에게는 때때로 귀마개가 필요하다고 생각했다. 이때부터 나는 사람들이 하는 쓸데없는 말에 전혀 신경쓰지 않는 습관을 갖게 되었다. 우리가 듣기 싫어하는 말에 대해 일일이 대응하기에는 인생이 너무 짧고 해야 할 건설적인 일들이 너무 많다.

법정에서 "기억이 안 나요" 혹은 "몰라요" 라는 대답으로 일관하는 비협조적인 목격자를 심문할 때 아주 기발한 속임수를 사용하는 변호사를 본 적이 있다. 그들은 모든 심문방법이 실패로 돌아가면 최후의 수단으로 목격자들을 화나게 만드는 것이다. 그러면 이내 목격자들은 이성을 잃어 이야기하지 않으려고 했던 것까지 모두 말해버리고 만다.

※ 삶의 진리는 평범한 일상 속에

우리 중 대부분은 어디 화젯거리가 없는지 촉각을 곤두세우고 문제점을 찾아 나선다. 그러고는 이내 없는 문제도 찾아낸다. 기차 여행을 하면서 나는 '기차 여행 중의 대화'에 등장함직한 사람들을 관찰한 적이 있다. 나는 이때 많은 것을 배울 수 있었다.

실질적으로 대부분 사람들은 자제력 능력이 부족해 주변에서 떠드는 모든 화젯거리에 다 끼어들고 싶어한다. 남의 대화에 끼어들지 않고 가만히 듣고만 있는 사람이 과연 몇 명이나 될까?

어느 날 나는 알바니시에서 뉴욕으로 여행을 갔다가 돌아오는 길이었다. 몇 사람이 타마니 홀(Tammany Hall : 혁명전쟁 퇴역군인들이 조직한 공화파의 정치기구 – 편역자주)의 회장인 리처드 크로커(Richard Croker)에 대해 이야기하기 시작했고 그 대화는 점점 격해졌다.

급기야는 그 대화를 먼저 시도해 적극 참여함으로써 사람들을 동요시켰던 한 노신사를 제외하고는 모두 극도로 흥분했다. 그 신사는 시종일관 차분했고 타마니 홀의 '호랑이(회장)'에 대해 다른 사람들이 하는 이야기를 즐기는 듯 보였다. 나는 당연히 그 신사가 타마니 홀 회장의 반대파일 것이라고 생각했다. 그러나 아니었다. 바로 그가 리처드 크로커였던 것이다.

그는 현명하게도 이러한 속임수를 통해 사람들이 자신에 대해 어떻게 생각하는지, 자신의 적들이 어떠한 계획을 세우고 있는지에 대해서 알아냈던 것이다.

그는 자제력의 명수였다. 이에 따라 결과적으로 그는 어떤 논란의 여지도 없이 타마니 홀의 회장직을 그토록 오랫동안 고수할 수 있었다. 요컨대 **'자신을 통제할 수 있는 사람은 어떤 일을 하든지간에 그것을 좌지우지할 수 있는 힘을 발휘한다'**는 것이다.

앞의 문장을 다시 한번 읽어보라. 이 문장은 당신에게 이익이 될 수도 있는 중요한 내용을 전달하고 있다. 리처드 크로커 회장이 겪은 이 일화는 일상생활에서도 흔히 일어날 수 있는 일이다. 정작 위대한 삶의 진리는 평범한 일상에 감춰져 있는 것이다.

나는 얼마 전에 아내를 따라 '바겐세일'에 간 적이 있다. 그곳에서는 많은 여성들이 속치마를 판매하는 한 가게 앞에 몰려들어서는 서로 밀쳐내는 데 여념이 없었다.

그때 한 중년 여성이 사람들 사이로 기어들어가서는 마침내 그 '철벽' 같은 장막을 뚫고 이제 막 점원이 어떤 고객과 상담하는 곳으로 끼어들었다. 그러고는 큰 목소리로 점원의 관심을 자신에게로 끌고자 했다.

그러나 인간의 본성에 대해 잘 알고 있으며 흥정 또한 잘했던 점원은 그 여성에게 미소를 지어보이며 "예, 아가씨, 잠시만 기다려주세요"라고 한 뒤 처음에 상담하던 고객에게로 시선을 옮겼다. 우리는 여기서 그 점원 역시 자제력에 능숙한 사람이었음을 알 수 있다.

끼어들었던 그 중년 여성은 스스로 조용해졌다!

그녀의 태도를 돌연 바꾸게 만든 것이 '아가씨'라는 말 때문이었는지, 아니면 점원의 친절한 태도 때문이었는지는 잘 모르겠다. 어쨌든 점원은 자제력을 발휘한 덕분에 그 여성에게 속옷을 세 벌이나 팔 수 있었고, 그 '행복한' 아가씨는 젊어진 기분에 행복해하면서 떠날 수 있었다.

이번에는 인쇄업에 종사하고 있는 내 친구의 일화를 소개하겠다.

이 친구는 칠면조 요리를 과식한 나머지 손해를 본 경우이다. 그날은 바로 추수감사절 다음날이었다. 나는 책을 출간하기 위해 러시아에서 온 한 유명인을 그 친구에게 소개하고자 사무실을 방문하였다.

그런데 그 러시아인은 영어 실력이 달려 자신의 의사를 제대로 전달하지 못했다. 결국 이야기 중에 그가 내 친구에게 한 질문이 인쇄업자로서 친구의 능력을 의심하는 듯한 뜻으로 들려 오해가 생기고 말았다.

게다가 문제가 더욱 심각해진 것은 내가 방심한 순간에 내 친구가 그 러시아인에게 반박한 다음과 같은 일갈 때문이었다.

"당신네 공산당원들의 문제가 뭔 줄 아십니까? 당신네들은 세상의 모든 것을 근시안적인 시각으로 의심스럽게 바라본다는 겁니다."

그때 러시아인이 팔꿈치로 나를 툭 치며 속삭였다.

"이 사람 기분이 지금 별로인가 봅니다. 기분이 좀 괜찮아졌을 때 다시 방문하는 편이 좋겠군요."

그러나 그는 내 친구를 다시 방문하지 않았고 대신 다른 인쇄업자에게 주문을 했다. 나중에 안 사실이지만 그 주문의 순이익은 무려 1만 달러가 넘는 금액이었다고 한다.

1만 달러란 금액이 어디 칠면조 요리와 비교할 수조차 있겠는가. 그러나 내 친구는 바로 그 가격으로 칠면조 요리를 먹은 셈이다. 친구는 나에게 칠면조 요리 때문에 소화불량을 일으켜 자제력을 발휘하지 못했다며 경솔한 행동에 대해 사과하였다.

그 누구도 타인과의 교류 없이는 명예와 행운을 얻을 수 없다. 이것은 단순한 진리이다.

※ 스스로가 자기 가치를 만드는 것

하루는 대형 소매점의 장갑 파는 코너에서 일하는 직원과 이야기를 하고 있었다. 그는 4년이나 그곳에서 일했지만 아무도 자신의 가치를 알아봐주는 사람이 없다며 다른 직장으로 옮길 생각이라고 말했다.

그와 대화를 하는 사이에 한 손님이 다가와 모자를 좀 보여 달라고 했다. 그러나 이 직원은 손님이 자신의 도움을 애타게 기다린다는 것을 알면서도 자신의 이야기가 끝날 때까지 무시해 버렸다.

한참 후에야 그는 손님에게 돌아서더니 "이 코너는 모자를 팔지 않습니다"라고 말했다. 손님이 다시 어느 코너에서 파느냐고 물어보자 그는 "저기 서 있는 안내원한테 가서 물어보세요" 라고 했다.

사실 4년이라는 긴 시간 동안 그에게는 수많은 기회가 찾아왔을 것이다. 하지만 그는 자신에게 그런 기회가 있었는지조차 모르고 있었다. 그 직원은 상점에서 만나는 수많은 고객과 친구가 될 수 있었고, 그 기회만 제대로 활용했다면 많은 고객들이 그와 거래하려고 가게를 찾았을 것이다.

다시 말해 그는 상점에서 반드시 필요한 사람이 될 수도 있었던 것이다. 하지만 도움을 청하는 손님에게 그런 식으로 딱딱하게 잘라 말해서는 이런 기회를 다시는 얻지 못한다.

어느 비 오는 날 오후, 중년 부인이 피츠버그의 한 백화점으로 걸어 들어갔다. 그녀는 매장 여기저기를 목적 없이 서성거리며 물건은 사지 않고 점원들에게 계속 말을 걸었다. 직원들 대부분이 그 부인을 한번 위아래로 훑어보고는 그녀와 눈이 마주치는 것을 피하려 물건을 정리하느라 바쁜 척했다.

그런데 어느 젊은 남자 직원이 그 부인을 보고는 "무엇을 도와드릴까요?" 하고 정중히 물었다. 그러자 그 부인은 직원에게 "아니에요, 저는 그냥 비가 그치기만을 기다리고 있어요" 라고 대답했다.

분명 그 부인은 백화점에서 물건을 살 생각이 전혀 없었다. 그렇지만 직원은 그 부인에게 물건은 사지 않아도 괜찮다고 하며 백화점의 물건들에 관해 최선을 다하여 설명해 주었다. 부인이 백화점 밖으로 나가려고 하자 그 직원은 거리로 배웅하며 우산까지 펴주었다. 그녀는 직원에게 명함을 한 장 달라고 한 뒤에 이내 빗속으로 사라졌다.

오랜 시간이 흐르고 직원은 이 일을 까맣게 잊고 있었다. 그러던 어느 날 백화점 사장이 그 남자 직원을 사장실로 불렀다. 사장은 그에게 편지 한 장을 보여주었다. 내용인즉 스코틀랜드로 사람을 보내 자신의 저택에 들여놓을 가구를 주문받아 달라는 요청이었다.

편지를 보낸 사람은 놀랍게도 몇 달 전 비를 피해 백화점 안으로 들어왔던, 거리까지 배웅했던 그 부인이었던 것이다. 더욱 놀라운 것은 바로 그 부인이 철강왕 앤드류 카네기의 모친이었다는 사실이다.

카네기 여사의 편지에 써있기를, 얼마 전에 자신을 도와줬던 그 젊은 남자 직원이 주문을 받아갔으면 한다고 했다. 카네기 여사의 총 주문량은 실로 어마어마했고 이 일로 젊은 남자 직원은 높은 자리로 승진할 수 있었다. 이는 전혀 물건을 구매할 것 같지 않은 고객에게도 최선의 친절을 다한 포상이었다.

이처럼 **인생의 기본이 되는 중요한 법칙은 매일매일 일어나는 아주 평범하고 작은 일상에 가려서 잘 보이지 않는다.** 그래서 우리 대부분은 그것을 전혀 눈치채지 못한다. 다시 말해 정말로 중요한 기회들이 종종 겉으로 보기에는 중요하지 않은 일 속에 감춰져 있다는 것이다.

현재 당신 옆에 있는 10명의 사람에게 왜 자신의 직업에서 더 큰 성공을 이루지 못했느냐고 물어보라. 그러면 적어도 10명 중에 9명은 이렇게 대답할 것이다.

"나에게는 기회가 오지 않는 것 같습니다."

더 나아가 이 9명의 하루 동안 행동들을 자세하게 관찰하고 분석해 보라. 아마도 9명 모두가 하루에도 몇 번씩 자신들에게 다가오는 절호의 기회를 자신도 모르는 사이에 놓쳐버린다는 사실을 알게 될 것이다.

※ 기회는 가까이에 있다

하루는 직업훈련학교의 훈련생 모집관으로 일하고 있는 내 친구를 방문한 적이 있다. 그에게 잘 지내느냐고 물었을 때 그는 이렇게 대답했다.

"이미 다 끝났어. 사람들을 많이 만나긴 하지만 먹고 살 만큼 일이 들어오질 않아. 내 은행계좌는 이미 적자상태고 여긴 더 이상 기회가 없는 것 같아 직장을 옮길 생각이야."

그 당시 나는 휴가기간 동안 친구를 방문한 것이었으므로 열흘 정도의 시간을 그 친구를 위해 보내기로 마음먹었다. 그리고 일주일 안에 250달러를 벌게 만들어줄 것이며 앞으로도 계속 그 수준의 수입을 유지할 수 있게 해준다고 말했다.

친구는 나를 깜짝 놀라 쳐다봤지만 이내 표정이 굳어지며 심각한 문제를 농담으로 받아들이지 말라고 했다. 그러나 시종일관 진지한 내 태도를 본 친구는 농담이 아니라는 것을 알아채고 어떻게 그런 기적을 만들 수 있느냐고 물었다.

나는 그에게 '계획된 노력'이란 말을 들어봤느냐고 질문했다. 그는 "계획된 노력이 뭔가?"라고 되물었다. 나는 학생 한 명을 등록시키는 데 드는 노력으로 최대 열 명까지 등록시킬 수 있게 도와줄 수 있다고 했다. 그는 당장 방법을 알려 달라고 재촉했다.

나는 첫 번째 방법으로 그 지역 백화점 직원들을 대상으로 강연을 할 테니 자리를 마련해 달라고 주문했다. 그 강연에서 나는 어떻게 하면 직원들이 지금의 자리에서 돈을 더 많이 벌 수 있는지 또 앞으로 맡게 될 높은 자리를 준비할 수 있는지 일러주었다. 강연이 끝나고 내가 의도했던 대로 직원 중 8명이 친구의 직업훈련학교 야간코스에 등록했다.

다음날 밤 나는 세탁소 직원들을 대상으로 백화점 직원들에게 한 강의와 같은 내용을 한 번 더 일러주었고, 마찬가지로 강연이 끝난 후에 3명의 학생이 더 등록했다.

이틀 후에는 은행직원을 대상으로 강연을 했으며 강연이 끝나고 15명의 직원 중 4명이 코스에 등록을 했다. 더군다나 강연을 시작한 후 학생을 등록시키는 데까지는 총 6시간도 채 걸리지 않았다.

이번 강연 후 접수한 등록으로 벌어들인 수당은 무려 400달러가 넘었다.

여기서 주목할만한 점은 강연이 있었던 장소들이 대부분 친구의 직장에서 채 15분도 되지 않는 거리에 자리하고 있었다는 사실이다. 그럼에도 내 친구는 그 장소들을 두고 자신이 일할 수 있는 곳이라고는 생각하지 못했던 것이다.

그리고 '다수'의 사람을 상대하는 강사들과 함께 일할 생각을 하지 못했던 것이다. 지금 그 친구는 자신의 이름을 내건 직업훈련학교를 설립했고 지난해 연봉은 1만 달러를 넘어섰다고 했다.

누구도 두려워하지 말라. 누구도 미워하지 말라. 누구의 불행도 빌지 말라. 그러면 당신은 더 많은 친구를 얻게 될 것이다.

자기계발을 위해 필요한 항목

'기회'가 자신에게 오지 않는다고 생각하는가?

아마도 수백 번의 기회가 당신 곁으로 왔다 갔을 것이다. 그러므로 기억하라! 준비하면서 기다리면 당신은 조만간 찾아오는 기회를 잡을 수 있다. 그를 위해 이 책을 읽으면서 자신을 부단히 갈고 닦아라. 그 결과는 '이것이 기회다'라고 생각될 때 자신의 것으로 확실히 만들 수 있다.

이 책의 6장 내용은 '상상력'에 관한 것이었다. 상상력이란 자신에게 주어진 일들을 처리하는 데 가장 중요한 요소라 할 수 있다. **상상력에 덧붙여 명확한 목표, 자기 확신, 그리고 행동으로 옮기는 추진력 등의 요소는 업무를 진행하는 데 가장 중요한 요소다.**

당신은 이미 앞의 요소들을 어떻게 활용하는지 알고 있다. 자제력을 통해 이 요소들이 몸에 익숙해지도록 이해하고 연습하는 과정만이 남았다. 자, 이제 이번 과정과 관련 깊은 자제력이란 단어의 범위에 대해 알아보자. 우선 자제력을 가진 사람의 일반적인 행동들을 관찰해 보자.

※ 자제력 부족은 일종의 습관

자제력 발휘를 잘하는 사람들은 미움이나 부러움, 질투, 두려움, 복수심 등과 같은 비생산적인 감정에 잘 빠져들지 않는다. 또한 그 무엇에 대해서도 혹은 누구에게도 자신을 잃을 정도로 도취되거나 통제할 수 없는 광신도적인 감정에 빠져들지 않는다.

너무 정확하게 자신을 분석하거나 자신의 가치를 너무 과대평가하는 것은 탐욕과 이기심, 자만과 같은 부작용을 초래하기도 한다. 앞의 현상들은 자제력이 부족한 사람에게 나타나는 아주 위험한 증상이다.

자부심이란 성공의 가장 중요한 필수요소지만 도를 지나치면 매우 위험한 요소가 된다. 자기희생이란 칭찬받을 만한 덕목이긴 하지만, 너무 과하면 자제력 부족의 위험한 상태가 된다.

자신의 행복이 다른 사람의 손에 좌지우지되지 않도록 적절한 행동으로 처신하는 것은 전적으로 자신에게 달린 일이다. 사랑이란 행복의 필수요소이다. 그러나 사랑에 너무 집착하는 사람은 자신의 행복이 항상 남의 손으로부터 좌지우지될 것이다.

이것은 결과적으로 작은 양이 늑대의 동굴로 기어들어가 '착하고 얌전한 늑대님의 곁에서 잠을 자도 될까요?' 라고 간청하는 것이나, 카나리아가 자꾸 고양이의 수염을 가지고 놀겠다며 고집을 피우는 것과 같다.

자제력 발휘에 능숙한 사람은 냉소적인 사람이나 염세주의자들의 영향을 받지 않는다. 또한 남들에게서 '저 사람의 인생은 너무 어두워' 라는 소리도 결코 듣지 않을 것이다.

자제력 발휘에 능숙한 사람은 자신이 어떠한 행동을 결정하기까지 상상력과 열정을 계속 불태울 것이다. 물론 그들은 자신의 행동을 조절하고 그 행동으로부터 지배되지도 않을 것이다.

자제력 발휘에 능숙한 사람은 결코 다른 사람을 비방하지 않고 무슨 일을 당하든지간에 남에게 복수하려는 마음을 품지 않을 것이다.

자제력 발휘에 능숙한 사람은 자신에게 반론을 제기하는 사람을 미워하지 않고 그의 반론을 이해하고자 노력할 것이다. 그리고 그렇게 노력한 대가를 반드시 얻을 것이다.

이제 우리는 다른 어떤 경우보다 더 큰 문제를 야기하는 자제력 부족현상에 대해 살펴보자. **자제력 부족은 어떤 사실을 제대로 확인조차 하지 않은 채 그것에 대한 자신의 의견을 형성하는 일종의 습관으로부터 발생하는 현상이다.**

이와 관련된 구체적인 내용은 11장 '정확한 사고'에서 다룰 것이므로 이번 장에서는 간단히 언급만 하겠다.

'자제력'이란 주제를 논할 때 우리는 이 습관에 대해 반드시 언급해야 한다. 정도의 차이는 있겠지만 우리 모두는 이 나쁜 습관을 가지고 있기 때문이다.

그 어느 누구에게도 자신이 믿는 사실이나 설득력 있는 가설을 정설로 만들 권리는 없다. 그럼에도 자세히 관찰해 보면 스스로 그렇게 되었으면 혹은 되지 않았으면 하는 기대를 정설로 만들고 있는 자신을 발견할 수 있을 것이다.

또 하나 안타까운 자제력 부족현상으로는 '낭비'하는 습관을 들 수 있다.

여기서 말하는 낭비는 필요 이상으로 소비하는, 즉 과소비 습관을 의미한다. 이 습관은 1차 세계대전이 끝난 후에 놀라울 정도로 급속히 확산되었다.

한 유명한 경제학자는 학교와 집에서 아이들에게 절약하는 습관을 가르치지 않는다면 미국은 3세대가 지나기 전에 세계에서 가장 부자 나라에서 가장 가난한 나라로 추락할 것이라고 예언했다.

대부분의 사람들은 집 장만을 위한 계획보다는 자동차 할부 구입을 계획하는 데에만 신경을 쓰고 있다. 15년 전부터 자동차의 반짝 유행이 만연해지자 몇 만 명에 이르는 사람들이 자신의 미래를 담보로 자동차를 구입하는 데 열중하고 있다.

풍자적인 유머감각이 뛰어난 어느 유명한 과학자는 우리가 이 습관으로 은행계좌에 구멍을 낼 뿐 아니라 자동차를 너무 좋아한 나머지 몇 년 후 태어날 우리의 아기들은 다리 대신 바퀴를 달고 태어날 것이라고 말했다.

현대를 살아가는 사람들은 속도에 미쳤고 과소비에 여념이 없는 세대이다. 그리고 우리 대부분은 남보다 더 빠르게 유행을 누리는 것이 최고의 삶이라고 생각한다.

> 더욱 명확한 사고를 하기 위해서는 정기적으로 사색의 시간을 가져야 한다. 아무런 방해도 없는 조용한 공간에서 상상의 나래를 펼쳐보는 것이다.
> – 토머스 에디슨(Thomas A. Edison)

❈ 인간은 모방의 피조물

얼마 전에 고용 직원 600명인 회사의 한 간부는 자사의 직원 상당수가 '고리대금'을 끌어다 쓴다는 사실을 알게 되었다. 그는 그 빚더미에서 직원들을 구해내야겠다고 절감했다.

그가 조사를 끝내고 보니 직원들 중 오직 9%만이 적금계좌를 가지고 있었고 나머지 91%는 저축해놓은 돈이 한 푼도 없었다. 또 75%의 직원이 이런저런 형태로 빚을 지고 있었으며 그 중 몇 명은 재정적으로 아무런 대책이 없었다.

그런데 빚이 있는 사람들 중에서 210명은 차를 소유하고 있었다.

우리는 모방의 피조물이다. 그래서 남들이 하는 것을 그대로 따라하려는 유혹을 떨치기가 참으로 어렵다. 내 이웃이 뷰익(Buick : 미국 제너럴모터스에 속한 자동차회사 겸 차종 – 편역자주)을 샀다면 그를 따라 자신도 똑같이 뷰익을 사야 한다. 만약 있는 돈을 다 긁어모아도 뷰익의 할부를 갚을 수 없다면 적어도 포드 정도는 사야 한다. 다시 말해 우리는 미래를 위한 준비를 조금도 하지 않고 있다.

예전에 자주 사용했던 '유비무환'이란 말은 이제 무색해져 가고 있다. 우리는 그저 하루 벌어 하루를 살고 있다. 석탄은 파운드 단위로 사고 밀가루는 5파운드 포대로 산다. 이렇게 소량으로 구매를 하기 때문에 원래 가격보다 3분의 1정도를 더 지불하게 되는 것이다.

물론 당신을 향해 이 경고를 하는 것은 아니다. 자신이 번 돈보다 더 많은 돈을 써버려 가난의 굴레에서 벗어나지 못하는 사람이나 성공을 위해서는 꼭 지켜져야 할 분명한 법칙이 있다는 것을 아직 깨닫지 못하는 어리석은 사람들에게 하는 경고이다.

현대의 가장 위대한 발명품 중 하나가 자동차이다. 그러나 대부분의 사람들이 필요 이상으로 호화로운 차를 타고 다니는 경우가 많다. 지금은 즐겁게 차를 타고 다니며 즐기는 수만 명의 사람들은 언젠가 그들에게 역경이 닥쳤을 때 분명 큰 고생을 하게 될 것이다.

모든 사람들이 자신의 차를 운전하고 다닐 때 홀로 대중교통을 이용한다는 것은 상당한 자제력이 요구된다. 그러나 분명한 사실은 지금 자제를 하며 내일을 준비하는 사람들은 현재 호화로운 자가용을 몰고 다니는 사람들이 언젠가 고생하며 걸어다니는 모습을 여유롭게 목격할 수 있게 된다.

예전에는 아이들이 마차를 가지고 싶으면 나무를 이용해 바퀴를 만들었다. 더불어 자신의 힘으로 마차를 만들었다는 기쁨도 함께 가질 수 있었다. 지금은 어떠한가. 아이들이 마차를 가지고 싶으면 부모에게 떼를 쓰며 그저 울기만 하면 된다. 그러면 얻을 수 있는 것이다!

낭비하는 습관이 몸에 배어버린 부모들 때문에 우리 자식 세대에서 자제력 부족현상은 더더욱 심해질 것이다. 3세대 전만 해도 아이들은 구두수선 장비를 이용해 자신의 구두를 만들 수 있었다. 그러나 오늘날의 아이들은 구두수선점에 가서 1달러 75센트를 내고 구두굽과 구두창을 간다. 이러한 소비 습관은 더 이상 부유층 아이들에게만 국한된 것이 아니다.

다시 한번 말하건대 과소비 습관은 미국을 극빈국으로 만들 수도 있다!

나는 당신이 성공을 이루기 위해 노력한다는 사실을 알고 있다. 성공에 관심이 없었다면 아마 이 책을 읽지도 않았을 테니까. 강조하지만 미래에 대한 준비 없이 기회란 오지 않는다. 비록 얼마 되지 않는 돈일지라도 저축하는 습관은 앞으로 당신에게 많은 기회를 줄 것이다.

적금계좌의 액수는 중요하지 않다. 당신이 저축하는 습관을 가지고 있다는 사실이 더욱 중요하다. **저축하는 습관을 가졌다는 것 자체가 당신은 이미 자제력 발휘를 하고 있다는 뜻이다.**

현대의 샐러리맨들은 자신의 수입을 한 푼도 남김없이 다 써버리는 경향이 있다. 만약 어떤 샐러리맨이 연봉으로 3천 달러를 받아 잘 관리를 한 후, 다음 해에는 1천 달러를 더 받아 4천 달러의 연봉을 받았다고 가정해 보자.

그러면 그 샐러리맨은 3천 달러를 받을 때와 똑같이 생활을 하고 남은 1천 달러를 저축할까? 대답은 '노'이다. 만약 그가 저축하는 습관이 몸에 밴 극소수의 사람 중 한 명이 아니라면 말이다.

그렇다면 그 사람은 추가된 연봉 1천 달러로 무엇을 할까? 아마도 자신의 중고 자동차를 더 비싼 자동차로 바꿀 것이며, 연말에 이르러서는 수입이 3천 달러일 때보다 오히려 더 가난하게 살고 있을 것이다.

이것이 내가 상상하고 있는 '현대의, 20세기 미국의 모델'이다. 자신을 분석해 본 결과 위와 같은 그룹에 속하지 않는다면 당신은 상당히 운이 좋은 사람이다.

세상에는 손에 쥐고 있는 동전 하나까지 놓치지 않으려는 구두쇠형과 자신의 손에 들어오는 돈을 한 푼도 남김없이 다 써버리는 흥청망청형이 있다. 양자 사이에는 '행복한 중간'이 있다. 만약 보통사람이 느끼는 자유와 만족을 평범하게 누리며 인생을 즐기고 싶다면 당신은 반드시 이 '행복한 중간'을 당신이 계획한 자제력의 일부로 포함시켜야 한다.

이렇게 자제력 발휘는 자기계발을 위해 가장 필요한 항목이다. 왜냐하면 자제력을 발휘함으로써 탐욕과 낭비벽뿐 아니라 자신을 화나게 하는 사람들에 대한 복수심, 일일이 열거하기도 힘든 비생산적인 일에 에너지를 허비하는 나쁜 습관을 다스릴 수 있기 때문이다.

현명한 사람들에게 그가 가장 바라고, 하고 싶은 일이 무엇인지 질문해보라. 그는 '더 현명해지길 바란다'고 대답할 것이다.

※ 자신을 조절할 수 있는 능력

내가 사회 초년생이었을 때의 일이다. 다른 사람을 헐뜯기 위해 얼마나 많은 사람들이 자신들의 소중한 에너지를 허비하고 있는지를 알고서 난감해한 적이 있었다. 그때 나는 어떤 '파괴자'로부터 공격을 받고 있었다. 나 역시 나를 헐뜯는 그 사람들을 향해 내가 당한 만큼 되돌려 주리라 마음먹었다.

그러나 어느 늦은 저녁 타자기 앞에 앉아서는 사람들에 대한 내 태도를 바꿔봐야겠다는 생각이 문득 들었다. 타자기에 꽂혀 있던 종이를 치우고 새 종이로 갈아 끼웠다. 그리고 나서 내 생각들을 정리했다.

'당신은 당신에게 해를 입힌 사람보다 훨씬 더 유리한 입장에 서 있다. 당신은 그를 용서할 수 있는 힘을 가지고 있는 반면, 상대방은 그런 선택의 여지가 없기 때문이다.'

이 문장을 다 쓰고 나서 나는 결심했다. 나를 비평하는 사람들, 그리고 내 명예를 무너뜨리려 나를 비방하는 모든 사람들에게 대응할 내 행동의 기준을 정하리라. 그것은 다음과 같은 생각을 통해 결정을 내릴 수 있었다.

내가 할 수 있는 일에는 두 가지가 있다.

하나는 내 시간과 에너지를 허비하며 나를 비방하는 사람들을 일일이 응징하는 것, 다른 하나는 그 에너지를 내 앞 일을 위해 투자하여 날 비방한 모든 사람과 내 동기에 의심을 갖는 사람들을 향해 보란 듯이 성공을 거두는 것. 나는 후자를 택했다. 그리고 실행하기 시작했다.

'그 사람의 행동을 보면 그 사람의 됨됨이를 알 수 있다.'

따라서 당신의 행동이 충분히 건설적이며 마음 또한 평온한 상태라면 당신의 동기를 멈출 이유도, 일일이 설명할 필요도 없다.

세상 사람들은 세상에 해를 끼치는 사람은 금방 잊게 마련이다. 세상은 좋은 일을 하는 사람만을 기억하고 그리워한다. 이 사실을 명심하라. 그러면 당신을 비방하는 사람들에게 돌아갈 에너지의 낭비를 분명 줄일 수 있다.

세상에 조금이나마 이익이 되는 일을 했던 사람이라면 누구든지 앞서 말한 문제에 부딪치게 될 것이다. 그때가 자제력을 발휘할 때이다. 자기를 둘러싸고 서 있는 적들을 일일이 응징하는 데 드는 에너지를 아껴라. 바로 이 에너지가 자신에게 돌아오는 보상이나 다름없다.

만일 이 사실을 증명하고 싶다면 각계각층 유명인사들의 기록을 살펴보라. 그들이 과연 사방의 적들로부터 어떻게 자제력을 발휘해왔는지를 주의 깊게 살펴보면 알 수 있다. **그 어떤 사람도 시기와 질투로 가득 찬 적들의 반대가 없다면 성공하지 못한다.** 이것은 누구나 다 알고 있는 사실이다.

작고한 워렌 하딩 대통령, 내셔널 금전등록기 회사의 윌슨 회장과 존 패터슨 전 회장은 이러한 풍조의 희생양들이다. 그러나 이들은 그들의 적을 향해 일일이 설명하거나 보복하려 시간을 뺏기지는 않았다. 그들은 자제력을 발휘한 것이다.

다시 생각하면 공인을 겨냥한 잔인하고 왜곡된 공격들은 결과적으로 당사자들에게 좋은 영향을 끼친다. 내 경우를 보면 저널리스트들의 맹렬한 비판을 받은 후에야 비로소 아주 소중한 것을 발견할 수 있었다. 처음 4, 5년간은 그들의 공격을 그냥 무시했다.

그러나 그들의 공격이 급기야 도를 지나쳐 마침내 나는 내가 했던 맹세를 저버리고 그들에게 맞대응하기로 결심했다. 나는 타자기 앞에 앉아서 그들이 했던 말을 기록하기 시작했다. 작가로서의 나의 경험을 통틀어 볼 때 그때처럼 많은 비난조의 형용사들을 썼던 적은 없었던 듯하다.

처음 타자기 앞에 앉아 머릿속에 생각나는 말들을 정신없이 기록하는 동안 글을 쓰면 쓸수록 화가 더 치밀어 올랐다. 그러나 마지막 문장을 마치고 타자기에서 손을 떼는 순간 이상한 감정이 느껴졌다. 그것은 나를 공격해대는 사람들에 대한 괴로움이 아니었다. 오히려 그들에 대한 일종의 동정심, 연민, 관용이었다.

타자기 앞에 앉아 여러 가지 말들을 기록하는 동안 나도 모르게 오랜 시간 내 안에 쌓여왔던 증오와 분노의 감정을 해소시켰고 이 과정을 통해 나 자신에 대한 심리분석을 했다.

요즘에 나는 매우 화가 날 때면 그 감정들을 마음속에 쌓아두지 않고 타자기 앞에 앉아 모든 것을 기록하면서 동시에 스트레스를 해소한다. 그리고 나서는 원고를 던져버리거나 혹은 시간이 흘러 지금 내가 느꼈던 분노를 주체할 수 있을 그 어느 미래를 위해 스크랩해 둔다.

억눌린 감정, 특히 증오의 감정은 매우 위험한 폭탄과도 같다. 전문가가 아닌 사람이 폭탄을 다루는 것처럼 내 자신이 이와 같은 감정들을 잘 이겨내지 못한다면 매우 위험한 존재가 될 수 있다.

이 위험천만한 폭탄이 아무도 없는 들판에서 터진다든가 안전한 곳에서 분해된다면 누구에게도 피해가 없다. 분노와 증오의 감정 역시 앞서 언급한 심리분석 과정을 통해 스트레스를 해소할 수 있는 과정을 거친다면 자신에게 아무런 피해도 돌아오지 않을 것이다.

한 가지 덧붙이자면 **성공을 쟁취하기 위해서는 먼저 균형 잡힌 사람이 되어**

야 한다. 이 균형을 이루기 위해서는 자신을 조절할 수 있는 능력 역시 길러야 할 것이다.

❋ 동물적 본능과 원초적 욕망

당신은 적어도 몇 백만 년의 진화 끝에 나온 신의 창조물이다. 셀 수도 없는 세대가 당신 앞에 존재했고 수백만 번의 진화가 거듭되어 마침내 당신이 창조된 것이다.

자연은 이전 세대에서 유전된 동물적인 본능과 원초적 욕망을 하나씩 퇴화시키고 결과적으로 생존하는 동물 중 최고의 작품을 당신이라는 사람을 통해 보여주고 있다.

자연은 수세대의 진화를 거듭해 당신에게 욕망을 절제하는 능력과 원하는 것을 얻기 위해 노력할 수 있는 능력을 부여했다. 그 어떤 동물도 당신의 셀프 컨트롤이란 능력을 가지고 있지 않다.

당신은 자연으로부터 가장 훌륭한 자원인 '사고' 할 수 있는 능력을 부여받았다. 인간은 사고함으로써 세상의 세속적인 것들과 신성한 것들을 판가름한다. **아울러 인간은 사고, 즉 생각하는 능력뿐 아니라 이 생각을 조절할 수 있는 능력도 가지고 있다.**

이것은 참으로 중요한 사실이다. 이 부분을 천천히 읽고 음미해보라. 지적인 능력을 지닌, 그러면서도 합리적으로 사고하는 소수의 사람만이 논의할 수 있는 주제이기에 나는 두려움과 떨리는 감정으로 이 부분에 다가간다.

다시 한번 말하지만, 당신은 당신의 사고를 조절하고 당신의 명령을 따르는 능력이 있다!

당신의 뇌는 '사고' 라는 에너지를 발생시킨다는 점에서 동력발전기와 비교될 수 있다. 자극은 뇌로 시작해 두 유형의 행동으로 나타난다. 하나는 '자기암시(自己暗示)' 이고 다른 하나는 '암시' 이다. 당신의 생각이 결정하는 대로 몸이 행동한다면 이것은 '자기암시'이고, 타인이 결정하는 대로 행동한다면 그것은 '암시'라고 할 수 있다.

만일 당신이 내리는 대부분 결정이 타인의 생각에 따른 것이라면 매우 수치스러운 일이 아닐 수 없다. 또한 이것보다 더더욱 수치스러운 일은 다른 사람에게서 나온 생각을 검증이나 의심도 하지 않은 채 그대로 받아들이는 것이다.

우리는 신문에 난 기사는 사실을 기반으로 작성된 것이라 생각하며 의심 없이 그것을 읽고 받아들인다. 그 결과 신문에 난 갖가지 소문과 타인을 비방하는 내용들이 우리의 사고를 좌지우지해 버린다. 사고라는 것은 절대적으로 자신에게서 통제되어야 한다.

다른 사람이 자신의 신성한 마음을 탐욕과 거짓으로 물들이는 것을 두고 보기만 해서는 안 된다. 그럼에도 우리는 가끔 타인으로부터 더럽혀지는 마음을 수수방관한 나머지 능동적인 사고가 없는 사람으로 치부되기도 한다.

당신은 능동적인 사고를 할 수 있는 사람이다. 당신의 머릿속에 자리잡고 있는 사고의 본성이 무엇이냐에 따라 당신은 성공할 수도 있고 실패할 수도 있다.

우리의 몸과는 달리 머릿속의 생각은 자신에게 절대적으로 통제가 가능하다. 이것은 매우 중요한 의미다. 즉, 욕심으로 더럽혀진 마음에서 신성하고 깨끗한 마음으로 갈 수 있는 가장 가까운 지름길은 바로 인간의 사고이다.

사고란 당신에게 가장 중요한 도구인 것만은 분명하다. 이 도구를 잘 이용해 당신의 운명을 개척할 수도 있다. 신께서는 우리에게 사고를 절대적으로 통제할 수 있는 능력뿐 아니라 상상력에 혼란을 가져올 수 있는 잠재적인 요소도 함께 부여하였다.

'자제력이란 단지 사고를 컨트롤하는 문제인 것이다!'

이 앞 문장을 큰소리로 읽어보라. 깊이 생각하며 읽고, 읽으면서 명상해 보라. 왜냐하면 이 장에서 가장 중요한 문장이기 때문이다.

추측컨대 당신이 이《성공의 법칙》을 공부하는 이유는 인생의 좀더 높은 목표를 달성하기 위해서다. 그렇다면 그 힘의 원천을 찾을 수 있는 문이 바로 코 앞에 있다. 또 당신은 손에 그 문의 열쇠를 쥐고 있다. 당신이 사고를 현명하게 조절할 수 있을 때 그 열쇠를 사용하는 방법을 터득한 것이다.

항상 능동적 사고를 통해 긍정적이고 건설적으로 생각해야 한다. 이 생각들은 당신의 '명확한 중점 목표'에 한 걸음 다가설 수 있게 해줄 것이다. 또한 그 결과로 당신 손에는 성공이라는 큰 선물이 쥐어질 것이다.

이것이 사고의 조절이다!

당신이 외부 압력에 굴하지 않고 자신만의 생각으로 행동을 결정할 수 있을 때 비로소 자제력을 가장 강도 높게 수행하게 된다. 신의 창조물 중에 오직 인간만이 자제력을 연습할 수 있는 유일한 동물이다.

그러한 동물이 창조되기까지 몇 백만 년의 세월이 필요했는지는 아무도 모른다. 그러나 심리학을 연구하는 사람이라면 누구든지 사고의 우월성이 행동을 지배하고 성품을 결정한다는 사실을 알고 있다.

당신의 야망이 다른 사람들로부터 여러 번 좌절될 수 있지만, 좌절이란 것은 대부분 자기 자신에게서 나온다.

●●●
최후의 승자, 셀프컨트롤

우리는 이 책에서 성공에 대해 이야기하고 있다. 성공을 위한 여러 가지 요인 중 '정확하게 사고하는 방법'에 대해서는 11장에서 배우기로 하자. 대신 우리가 이번 장에서 가장 배웠으면 하는 점은 두 가지이다.

그것은 **정확하든 부정확하든지간에 사고라는 것은 우리에게서 비롯되는 최고로 체계화된 힘이란 것과 당신이라는 존재야말로 최고의 우월성을 가진 사**

고의 결정체란 사실이다.

만약 당신이 판매업 혹은 서비스업에 종사하는 훌륭한 세일즈맨이라면 수많은 논쟁과 충동을 억누르는 충분한 자제력의 능력을 갖춰야 할 것이다. 대부분 세일즈맨의 경우 자제력 능력이 너무 부족해 물건을 팔고자 말도 꺼내기 전에 소비자에게 '노' 라는 말을 듣게 된다.

생각보다 꽤 많은 세일즈맨들이 소비자에게 '노' 라는 절망적인 말을 듣는다. 이 말을 듣게 되는 세일즈맨들을 자세히 살펴보면 각자의 자제력 능력이 너무도 부족한 결과 "내가 소비자들에게 물건을 사라고 하면 분명 소비자들은 열이면 열 모두 '노' 라고 말할 거야" 라며 자신에게 먼저 최면을 걸어버린다는 것을 알 수 있다.

그러나 자제력은 사람을 얼마나 변화시키는가!

자제력에 능숙한 세일즈맨은 소비자가 먼저 '예' 라고 할 것이라며 자신에게 최면을 걸 뿐 아니라 비록 '예' 라는 대답을 듣지 못한다고 해도 그 말을 들을 때까지 계속 열심히 일한다. 소비자가 '노' 라는 말을 했다고 해도 그는 그 말을 듣지 못한다.

만약 소비자가 '노' 라고 두 번, 세 번, 심지어 네 번이나 말한다고 해도 그는 듣지 못한다. 왜냐하면 그는 지금 자제력을 수행 중이므로 자신이 듣고 싶어하는 말을 제외하고는 그 어떤 말도 귀에 들어오지 않기 때문이다.

※ 자신의 생각을 통제하는 사람

훌륭한 세일즈맨(그가 상품을 팔든, 서비스를 제공하든, 설교를 하든, 대중 연설을 하든지간에)은 자신의 생각을 통제할 줄 아는 사람이다. 그들은 다른 사람의 생각을 단순히 받아들이는 것이 아니라 자신의 생각을 다른 사람들이 받아들이도록 설득한다.

스스로를 통제하고 긍정적인 생각만을 마음속에 유지하면서 그는 최고로 훌룡한 성품을 지닌 세일즈맨이 되는 것이다. 이것 또한 셀프컨트롤, 즉 자제력 발휘이다!

'훌륭한 세일즈맨은 논쟁이 일어난다고 해도 공격적인 입장을 고수할 뿐, 방어적인 입장을 취하지는 않는다.'

앞 문장을 다시 한번 읽어보라. 만약 당신이 훌륭한 세일즈맨이라면 당신은 소비자로 하여금 방어적인 태도를 유지하게끔 해야 한다는 점을 알고 있다. 또한 당신이 계속 방어적인 입장에 취한다면 당신이 하고자 하는 세일즈에 큰 타격을 줄 수도 있다.

당신은 이미 이 사실을 알고 있다. 고객과 이야기하면서 잠시 잠깐 방어적인 입장에 처할 수도 있다. 그러나 자제력을 통해 고객이 알아채지 못하도록 상황을 역전시키는 것이 당신이 할 일이다.

이 일을 수행하려면 완벽한 기술과 자제력 능력이 필요하다.

대부분의 세일즈맨들은 화가 나서 혹은 소비자들을 복종하게 하려는 욕심에 이 중요한 사항들을 놓쳐 버리곤 한다. 그러나 훌륭한 세일즈맨들은 아주 차분한 상태에서 최후의 승자가 된다.

'세일즈맨'이란 단어는 자신의 관심사를 논리적인 방법으로 전달함으로써 사람들을 설득하거나 자기편으로 만드는 사람을 뜻한다. 어떤 서비스를 제공하든지 어떠한 물건을 팔든지간에 우리 모두는 세일즈맨이거나 적어도 세일즈맨이 되어야 한다.

타인과의 마찰 없이 협상을 끌어내는 능력은 성공적인 사람들이 지닌 뛰어난 자질이다. 당신의 주변 사람들을 살펴보라. 얼마나 극소수의 사람들이 이런 협상 능력을 발휘하는가를. 그 중에는 상대방보다 훨씬 교육 수준이 부족하면서도 뛰어난 협상을 이끌어내는 사람들도 있다.

이 기술은 훈련에 따라 터득할 수 있는 능력이다. 성공적인 협상 기술은 참을성 있고 고통스러운 자제력을 연마했을 때 비로소 얻을 수 있다.

아주 참을성 없는 소비자를 만났을 때 세일즈맨들은 자제력을 연습할 수 있는 기회를 손쉽게 얻을 수 있다. 제대로 연습한 세일즈맨에게서는 흥분한 기색, 무례한 태도나 말 따위를 찾아볼 수 없다. 그는 이미 노련한 협상 기술을 습득했기 때문이다.

자신을 인정해 주지 않는다고 해서 눈살을 찌푸리는 태도나 무심코 내뱉는 참을성 없는 한마디는 세일즈를 그르칠 수 있다. 이때 자제력은 세일즈맨의 의무임을 명심하라.

자제력을 발휘하기 위해 부단히 노력하는 사람은 자신의 목표를 달성하고 자신의 위치를 더더욱 견고히 다지는 결과를 수확할 수 있다. 그러므로 이미 성공적인 협상 기술을 습득한 사람을 관찰하는 것만으로도 큰 공부가 될 수 있다.

이 기술을 습득한 대중연설가의 행동을 살펴보라. 그는 절제된 걸음걸이로 단상을 올라간 후 절도 있는 목소리로 연설을 시작한다. 웃는 얼굴로 관중들을 둘러보는 그의 얼굴 표정을 살펴보라. 자세히 관찰하면 그는 이미 타인과 전혀 마찰을 일으키지 않는 협상 기술을 터득한 사람이다.

이 기술을 습득한 내과의사들의 행동을 살펴보자. 그는 병실의 환자들에게 웃는 얼굴로 인사한다. 그의 참을성과 절제된 목소리, 자신감 있는 표정을 볼 때, 그는 이미 노련한 협상 기술을 습득하고 있는 사람임에 틀림없다. 환자들은 의사의 얼굴만 봐도 기분이 좋아지기 시작한다.

이 기술을 습득한 공사 현장감독의 행동을 살펴보자. 그는 노동자들이 일에 더더욱 매진하도록 독려하고 각자 일에 대한 자긍심과 열정을 느끼게 한다.

이 기술을 습득한 변호사의 행동을 살펴보자. 법정에서 이 변호사가 배심원과 자신의 동료들을 진두지휘하는 능력을 눈여겨보자. 그의 절제된 목소리와 자세에는 분명 무언가가 있다. 상대방의 맹렬한 공격에도 불구하고 그에 대처하는 방법을 주의 깊게 살펴보자. 그는 법정의 모든 사람과 배심원들을 설득해 자신이 믿고 있는 사실을 그들 역시 그대로 믿게끔 만든다. 당연히 그는 승소하고 당당히 변호사 선임비를 요구한다.

이 모든 것들이 자제력의 결과이다! 그리고 자제력은 사고를 조절함으로써 얻을 수 있는 결과 중 하나이다!

당신이 실현하고자 하는 그 무엇을 항상 명심하라. 그리고 다른 사람의 제안이나 사고의 수용에 신중하라. 그것이 자제력을 연습하는 가장 좋은 방법이다.

스스로의 선택에 따라 행동할 수 있는 특권은 신이 당신에게 내린 축복이다. 따라서 이 축복받은 권리를 조금만 더 연습한다면 당신에게는 이루지 못할 일이 없다.

사람들은 조잘대며 수다를 통해 많은 에너지를 소비하곤 한다. 윌리엄 리글리 2세는 사람들의 이러한 특징을 착안해 껌을 만들었다.

❈ 모든 성취의 바탕에 존재하는 것

다른 사람과의 논쟁에서 혹은 세일즈를 하는 과정에서 '자제력을 잃고 화를 내는 것'은 자제력을 기반으로 한 인격형성에 중요한 요소가 부족함을 의미한다. 이 요소들 중 가장 중요한 것은 자신의 행동 방향을 잡을 수 있는 '생각'을 할 수 있는 능력이다.

수업시간 중 어느 학생이 "억누를 수 없을 만큼 화가 나면 어떻게 자신을 컨트롤할 수 있습니까?"라고 물었다. 그 질문에 대한 나의 답은 이랬다.

"예를 들어 가족과 심하게 언쟁을 하고 있다고 합시다. 그 와중에 당신의 친구가 집에 찾아와 벨을 눌렀습니다. 그때 친구를 대하는 당신의 말투는 친절하게 바뀌어 있을 것입니다. 이처럼 당신이 원하기만 한다면 당신의 말투나 태도는 금세 바뀔 수 있습니다."

만일 이와 비슷한 상황에 처한 적이 있었다면 자신이 마음먹은 대로 자신의 감정이나 표정을 얼마나 빨리, 쉽게 바꿀 수 있는지 당신은 이미 알고 있을 것

414

이다. 진정으로 무언가를 원하고 있다면 그것을 이룰 수 있다는 점을 당신은 알고 있다.

모든 성취의 바탕에는 자제력과 사고의 조절이 항상 존재하는데, 여기에 한 가지를 더할 수 있다. 그것은 '열망'이다. 이 열망이 얼마나 간절한가에 따라서 우리가 원하는 것들이 실현될 수도 그렇지 않을 수도 있다. 이것은 분명한 사실이다.

무언가를 이루려는 당신의 열망이 충분히 강하다면 그것을 성취하고자 초인적인 힘을 발휘할 것이다. 지금까지는 그 누구도 이 현상에 대해 정확히 설명하지 못했다. 그리고 아마 앞으로도 설명할 수 없을 것이다. 그러나 이 사실이 의심스럽다면 당신은 자신의 경험을 통해 사실을 확인하는 수밖에 없다.

가령 당신은 지금 화재가 난 빌딩에 갇혀 있다. 그리고 모든 창문과 문이 다 잠겼다고 가정해 보자. 당신은 지금 탈출하려는 열망이 너무도 강하기 때문에 우리가 보통 열고 닫는 문 정도는 쉽게 부숴버릴 만큼 초인적인 힘을 발휘할 것이다.

같은 논리로 인생에서 가장 '명확한 중점 목표'를 이루려면 아마도 노련한 협상 기술이 발휘되어야 할 것이다. 이 협상 기술을 습득하려는 열망이 충분히 강하다면 당신은 분명 그 기술을 얻을 수 있다.

나폴레옹은 프랑스 황제가 되길 간절히 원했고 마침내 프랑스를 통치하기에 이르렀다. 링컨은 노예를 해방시키고자 열망했고 끝내 남북전쟁의 승리로 노예를 해방시켰다. 에디슨은 전등을 발명하길 원했고 수년간 피나는 노력 끝에 전구를 발명할 수 있었다.

루스벨트는 대서양과 태평양을 잇는 파나마 운하를 개설하길 원했고 끝내 그것을 실현했다. 데모테네스는 심각한 언어장애에도 불구하고 훌륭한 웅변가가 되었다. 헬렌 켈러는 벙어리, 귀머거리, 장님이라는 삼중고의 역경을 딛고서 말을 할 수 있게 되었다.

존 패터슨은 금전등록기의 발명을 열망하여 그것을 발명했다. 마셜 필드는 동시대 최고의 상인이 되길 원했고 그 목표를 이루었다. 셰익스피어는 가난한 단역배우였음에도 극작가가 되겠다고 열망함으로써 마침내 훌륭한 극작가가 되었다.

빌리 선데이는 야구를 그만두고 목사가 되길 바랐고 그 꿈을 이루었다. 초라한 전신기 기술자였던 제임스 힐은 북아메리카 대륙을 가로지르는 대륙횡단철도를 건설하길 원했고 마침내 그 꿈을 실현시켰다.

'그것은 이루어질 수 없다'라고 말하지 말라. 혹은 성공하는 다른 사람이 가지고 있는 그 무언가가 당신에게는 없다고 생각하지 말라. 만약 당신과 성공하는 사람과의 '차이점'이 있다면 그것은 성공하는 사람들의 열망이 당신의 그것보다 더 열정적이고 더 크다는 것뿐이다.

다음의 글을 당신의 신조로 삼고 당신의 행동에 지침이 되게 하라. 그리고 당신이 이루고자 하는 일에 대한 열망의 씨앗을 마음에 심어라.

나는 인생을 살아가는 동안 내 동료들을 최대한 돕고 싶었다. 그래서 나는 동료들을 대할 때마다 다음의 신조를 항상 마음에 되새겼다.

'어떤 상황에서도 내 동료가 자신의 위치에서 성실하게 최선을 다하고 있다면 그의 의견을 무조건 반대하거나 설령 일이 잘못되었다 할지라도 그 사람의 잘못을 찾으려 하지 말자.

내 조국, 내 직업, 내 자신을 스스로 존경하자. 내 동료가 솔직하고 공평하기를 원하는 만큼 나부터 그들을 솔직하고 공평하게 대하자. 나부터 내 조국의 충실한 시민이 되자. 조국을 칭찬하고 조국의 이름을 빛낼 수 있는 가치 있는 행동을 하자. 어느 곳을 가든지간에 비중 있는 사람이 될 수 있도록 노력하자.

내가 제공한 것 이상을 기대하지 말자. 정직한 노력을 통해 성취한 성공에 대해서는 기꺼이 그것을 누리자. 내가 해야 할 일이 고통스럽더라도 미래의 행복을 위한 기회라 생각하고 최대한 활용하자.

성공은 내 자신, 내 생각에 달려 있다는 사실을 기억하자. 힘들 때를 대비하고 과감히 극복하자. 어떠한 형태이든지 일을 지연시키지 말고 오늘 해야 할 일을 결코 내일로 미루지 말자.

마지막으로, 사람들을 예의 바르게 대하고 친구들에게 최선을 다하며 내 갈 길에 등대가 되어줄 신에게 진실한 모습으로 화답하기 위해 삶을 즐기자.'

※ 성공과 실패의 분수령, 자제력

대부분 자제력이 부족해 쓸데없는 일에 에너지를 낭비할 때가 많다. 그러나 이 에너지를 잘 활용하면 위대한 열망을 낳을 수 있다.

많은 사람들이 다른 사람에 대한 '험담'으로 많은 에너지와 시간을 낭비한다. 그러나 '명확한 중점 목표'가 있는 사람들은 그것을 성취하기 위해 이 아까운 에너지들을 충분히 활용한다.

성공하는 모든 사람들은 아주 높은 수준의 자제력을 발휘한다는 공통점이 있다. 반면 인생의 실패를 맛보는 사람들에게는 하나의 공통점이 있다. 그들 대부분 자제력 수준이 제로 상태이고 제로까지는 아니더라도 매우 낮은 수준의 자제력을 수행한다는 사실이다.

마스터 마인드 부분에 언급되어 있는 비교분석표를 찾아서 제시 제임스와 나폴레옹의 자제력 항목을 살펴보라. 그리고 주위를 한번 돌아보자. 성공적인 인생을 살아가는 승리자는 자제력을 발휘하지만 실패자는 자신의 생각과 말, 행동을 거칠게 내세우고 있다.

자제력이 부족한 가장 보편적인 형태는 말을 많이 하는 습관을 들 수 있다. 자기가 무엇을 원하는지 정확히 알고 그것을 얻기 위해 노력하는 사람들은 그들의 의견을 내놓는데 무척 신중하다. 자제하지 않고서 쓸데없이 아무렇게나 내뱉는 말에는 이로울 것이 없기 때문이다.

말을 많이 하기보다는 남의 말을 듣는 편이 항상 유리하다. 남의 말을 잘 들는 사람은 자신의 지식세계를 더욱 넓혀 갈 수가 있다. 남의 말을 잘 듣는 사람이 되려면 높은 수준의 자제력을 발휘해야 하는데 그것은 그럴만한 가치가 충분히 있는 일이다.

다른 사람의 말을 '중간에서 잘라버리거나, 말할 기회를 뺏는 행위'는 대표적인 자제력 부족현상 중 하나이다. 이 행동은 무례할 뿐 아니라 다른 사람들로부터 가치 있는 것들을 배울 수 있는 기회를 걷어차 버리는 것과 같다.

이 장을 다 읽고 나서 앞부분에 있는 비교분석표로 돌아가 보라. 그리고 자신의 사세력을 다시 한번 평가해 보라. 어쩌면 당신은 이전의 점수를 깎아야 할지도 모르겠다.

이 책을 쓰기 위해 내가 지금까지 분석한 성공지도자들의 특색 중 단연 주류를 이루는 부분은 바로 자제력 항목이었다. 루터 버뱅크는 자제력의 발휘야말로 성공의 15가지 법칙 중 가장 중요한 요소라고 말했다. 그는 저명한 육종가로서 수년간에 걸친 식물의 진화과정 연구를 통해 다음과 같이 말했다.

"비록 움직이지 않는 생물체를 대상으로 하는 연구이지만 자제력이 아주 중요한 부분을 차지한다는 사실을 알았다."

자연주의자 존 버로우스는 버뱅크와 비슷한 맥락으로 다음과 같이 말했다.

"자제력은 그 중요성으로 볼 때 성공의 법칙 15가지 중 가장 맨 앞에 있다."

자제력을 완전하게 수행하는 사람은 결코 무너지지 않는다. 이는 에머슨이 '컴펜세이션'이라는 수필에서도 기술했듯이 자신의 앞을 막아선 수많은 고난과 반대들은 완전한 자제력으로써 맥없이 무너지기 때문이다.

내가 지금까지 만나본 자수성가형 부자들을 살펴보면 이에 대한 증거를 찾아볼 수 있다. 그 어떤 부자도 자제력 없이 부를 쌓은 경우는 없으며 이런 사실로 미루어 그 필수적인 성품을 지니지 않고서는 돈을 모으거나 지킬 수 없다는 결론에 도달했다. 그러므로 이 책 《성공의 법칙》 4장에서 이미 언급했듯이 돈을 모으는 일에는 가장 높은 수준의 자제력이 필요하다.

고맙게도 에드워드 보크(Edward W. Bok)는 크게 성공하여 미국의 가장 훌륭한 저널리스트 중 한 명으로 인정받게 되기까지 자제력이 필요하다고 생각되는 부분에 대해 다음과 같이 감명 깊게 기술했다.

성공하는 사람들에게는 독특한 특징이 하나 있다. 그것은 단순히 돈을 바라고 하는 일 이상으로 열심히 한다는 것이다.

가난은 성공을 위한 좋은 경험

「나는 《레이디스 홈 저널(Ladies Home Journal)》의 편집장이다. 많은 사람들이 내가 펴낸 간행물을 사랑해주는 덕분에 개인적으로도 그 덕을 보고 있다.

그런데 잡지에서 내가 수정해야겠다고 생각한 의견을 많은 독자들이 동의하기도 하지만 때로는 그 의견을 수정 없이 계속 고수해야 할 경우도 있다. 그것은 독자들의 투고에서 다양하게 나타난다.

다음에 소개된 편지는 그 예 중 하나이다.

'우리에게 경제원칙을 설명한다는 것은 당신이 그 중요성을 몰랐을 땐 매우 쉬운 일이겠지요. 제 경우를 예로 들어볼까요? 전 연봉이 800달러인 남편의 수입 한도 내에서 1년을 생활해야 합니다. 당신이 과연 1천 달러 이하의 돈을 가지고 생계를 유지한다는 게 뭔지 알기나 할까요?

부유하게 태어난 당신이 저와 같은 처지에 있었더라면 과연 어땠을까요? 저와 같이 하루하루를 근근이 살아가는 사람들에게 당신이 쓴 이론적인 기사는 매우 냉정하고 쓸모없는 휴지와 같은 것입니다.

당신은 결코 알지 못하는 현실이라고요!'

자, 편지의 내용은 어느 정도까지 사실과 부합될까?

편지 내용대로라면 우리가 겪을 수 있는 가장 훌륭한 경험이 가난이라는 사실은 거짓이란 말인가?

지금부터 내 이야기를 해보자. 먼저 유년시절 이야기를 해보자. 내가 부유한 집에서 태어났는지 아닌지에 대해서는 확실하게 말할 수가 없다. 내가 유복한 부모 밑에 태어났던 것은 사실이다.

그러나 내가 6세가 될 무렵 아버지는 사업에 크게 실패하였고 낯선 나라로 이사를 해야만 했다. 나이 45세에 낯선 나라로, 그것도 빈털터리로 이민을 간다는 것이 무엇을 의미하는지 공감하는 독자가 분명 있을 줄로 안다.

나는 영어를 단 한마디도 하지 못했다. 공립학교에 전학을 가서는 내가 할 수 있는 일에 대해 배웠다. 학교에서는 간혹 한 번씩 급식이 나왔다. 보통 아이들이 그렇듯 그 동네의 남자아이들은 매우 짓궂었다. 교사는 매우 참을성이 없었고 가르치는 일에 대해 항상 지쳐 있었다.

내 아버지는 세상에서 자신이 서 있을 자리조차 찾지 못했으며 유복하게 살아서 집안일을 하나도 모르시던 어머니는 파출부 일을 해야 했다. 우리 집에 돈이라곤 정말이지 한 푼도 없었다.

그래서 동생과 나는 방과 후 집에 와서 단 한 번도 놀아보지 못했다. 학교 수업이 끝났다는 것은 엄마를 도와 무거운 짐을 옮겨야 함을 의미했다.

매년 우리 두 형제는 추운 겨울 새벽 동이 채 트기도 전에 따뜻한 이부자리를 뒤로 하고 남들이 태우고 내다버린 석탄재를 뒤져 더 태울 수 있는 석탄을 골라 방을 따뜻하게 덥혀야 했다.

그러고는 충분하지 않은 아침식사로 허기를 면하고 학교로 갔다. 학교가 끝나면 또 엄마를 도와 설거지를 하고 복도를 걸레질했다. 우리가 사는 3층 건물에는 모두 세 가구가 모여 살았는데 3주 걸러 한 번씩 집 전체의 3층 계단을 모두 쓸어야 했다. 문과 복도 바깥쪽까지 모두 쓸고 닦아야 했던 일은 정말 힘들었다.

그 중에서도 빗자루로 먼지를 쓸어내리는 일이 가장 힘들었다. 왜냐하면 이웃집 아이들은 우리가 쓸어내린 먼지가 날린다며 무척 싫어하여 토요일 낮 아이들이 야구를 하러 간 사이에만 청소를 할 수 있었기 때문이다.

다른 아이들이 따뜻한 난로 옆에 앉아 공부를 하고 있을 저녁이면 우리 형제는 바구니를 들고 창고로 나가 나무와 석탄을 주워오거나 그날 낮에 이웃 사람들이 석탄을 나르면서 흘린 장소를 기억하고 있다가 (그때까지 남아 있길 바라면서) 흘린 석탄을 찾아다녀야 했다.

'당신은 결코 알지 못하는 현실이라고요!' (과연 그럴까요?)

내 나이 10세 때 나는 처음으로 직업을 가졌다. 빵집에서 일주일에 50센트를 받고 유리창을 닦는 일이었다. 1주일인가 2주일인가가 지나고 난 후 빵집 카운터 옆에서 바로 구운 빵을 팔 수 있게 되었다. 그것도 학교가 끝난 방과 후에! 급여는 일주일에 1달러로 올랐고 빵을 팔다가 흘린 부스러기를 먹을 수 있어 너무 행복했다.

토요일 아침에는 주간지를 배달했다. 배달하고 남은 주간지는 길거리에서 팔았다. 이렇게 토요일 하루 일해서 60~70센트를 벌었다.

나는 뉴욕 브룩클린에서 살았다. 그 시절 코니아일랜드의 유일한 교통수단은 마차였다. 우리 집 근처에는 말에게 물을 먹일 수 있는 장소가 있었는데 남자들은 보통 말에서 뛰어내려와 물을 마시곤 했다. 그러나 숙녀들은 갈증을 풀 수 있는 방법이 없었다.

이 상황을 보고 고안한 방법이 들통에다 얼음과 물을 넣고 컵에 담아 마차마다 뛰어올라 1센트씩에 얼음물을 파는 것이었다. 토요일 오후와 일요일 하루 내내 장사를 했다. 그러나 이내 다른 아이들과의 경쟁이 시작되었다. 다른 아이들이 일요일 하루 동안 2, 3달러 정도를 벌어갔다.

여기서 나는 들통에다 레몬을 한두 개 짜서 넣었다. 내 물은 다름 아닌 레모네이드가 되는 순간이었다. 나는 이 레모네이드를 2센트에 팔았고, 일요일 하루 동안 5달러를 벌어들였다. 밤에는 주간신문의 리포터로 일했고 자정에는 속기술을 배웠다.

나에게 편지를 보내온 독자는 연봉 800달러로 남편과 아이들을 부양한다고 한다. 그러면서 나는 죽었다가 깨어나도 그 삶을 이해하지 못할 것이라고 했다.

나는 일주일에 6달러 25센트로 세 식구를 먹여 살렸다. 그녀의 수입에 절반도 못 미치는 돈으로. 동생과 내 수입을 합쳐 연봉이 800달러가 됐다면 우리는 아마 부자가 되었다고 생각했을 것이다.

나의 과거를 이처럼 지면상에 구체적으로 쓴 적은 처음이다.

내 과거를 상세하게 밝히는 이유는 《레이디스 홈 저널》의 편집장이 단순한 이론가가 아니라는 것을 당당하게 밝히고 싶었기 때문이다. 내가 경험하지 못했던 가난은 없었던 것 같다. 그리고 그 가난에서 생기는 머릿속의 모든 생각, 고통 이런 것들이 무엇을 의미하는지 알기 때문에 지금 현재 가난을 겪고 있는 소년들을 볼 때 나는 기쁘다.

내가 겪었던 시련이나 고통의 가치를 비하시키거나 그 기억들을 결코 잊고 싶지는 않다. 힘들었던 내 유년시절을 그 무엇과도 결코 바꾸지 않을 것이다. 1달러가 아닌 2센트를 버는 것의 의미를 알고 있다.

가난 이외에 다른 방법으로는 절대 배울 수 없는 돈의 가치에 대해서 안다. 내가 직접 겪어온 인생의 모든 일들을 통해 지금까지 단련되었다. 이 방법보다 더 확실한 방법은 없는 것 같다. 내가 겪었던 그 가난한 날들이 없었다면 결단코 지금 이 자리에 오를 수 없었을 것이다.

호주머니에 단 1센트도 없이 지냈던 시절, 찬장에는 단 한 조각의 빵도 없었던 시절, 단 한 개의 장작도 없었던 시절, 먹을 것 하나 없이 항상 배고픔과 싸워야만 했던 내 유년시절. 그리고 의지가 약하고 항상 풀이 죽어 있던 내 어머니, 먹을 것이 하나도 없는 배고픈 9세, 10세의 소년이 되어보라!

'당신은 결코 알지 못하는 현실이라고요!' (내가 왜 모를까?)

그러나 나는 아직도 가난의 경험을 기쁘게 생각한다. 다시 한번 말하지만 나는 가난한 형편에 처해 있는, 혹은 앞으로 겪어야 할 소년들을 부러워하고 있다. 하지만 나는 가난이라는 상황을 겪고 그것을 딛고 일어나 결국에는 벗어나야 한다고 생각한다.

결코 그 상태에 머물러 있어야 한다고는 생각하지 않는다. 이것이 바로 소년에게서 가난이라는 상황은 시련이 아닌 축복이라는 내 말이 의미하는 바이다.

아마도 혹자들은 다음과 같이 말할 것이다.

"다 좋은 얘기입니다. 말하기는 쉽지 않습니까? 그런데 도대체 어떻게 가난에서 벗어날 수 있습니까?"

그 질문에 대해 어떤 사람도 확실하게 말할 순 없다. 역시 아무도 나에게 가난에서 벗어나는 방법을 말해주지 않았다. 두 명의 다른 사람이 가난에서 벗어나는 똑같은 방법을 발견할 순 없다. 각자 스스로 자신만의 길을 발견해야 한다. 그 길을 찾는 것은 그 사람이 어떻게 하느냐에 달려 있다.

그 시절, 나는 가난에서 벗어나야겠다고 마음먹었다. 그 첫 번째 이유로는 원래 유복하게 살던 내 어머니는 가난을 참고 견딜만한 힘이 없었기 때문이다. 기필코 가난에서 탈피하겠다고 결심한 이후 나는 무엇이든지 닥치는 대로 최선을 다해 일했다. 열심히 일해야 할 '목표'가 생긴 것이다.

나는 고르거나 가리지 않고 열심히 일했다. 그러면서도 되도록 내가 가장 잘할 수 있는 일을 했다. 그리고 내가 하는 일이 마음에 들지 않았을 때는 그 일을 하는 동안만이라도 최선을 다했다. 그러나 마음에 들지 않는 일을 해야 했을 때는 의무적으로 해야 하는 것 이상으로 하지는 않았다.

나는 사다리를 오를 때 그 다리 하나하나를 꼬박꼬박 밟고 올라갔다. 결코 두 칸을 한꺼번에 뛰어넘어 오르지 않았다. 물론 한 칸씩 오르기 위해 무수한 노력을 기울였으나 나는 그 과정을 통해 소중한 경험을 쌓았고 나 자신을 발전시켰으며 남을 이해하고 동정할 줄 알게 되었다.

이상의 것들은 가난을 이겨낸 소년이 차지할 수 있는 가장 위대한 유산이며 가난만큼 이 유산을 소년에게 확실하게 전해줄 수 있는 것은 없다.

그래서 나는 가난을 믿는다. 소년이 겪을 수 있는 여러 가지 경험 중 가장 위대한 축복을 받은 것이 가난이다. 그러나 다시 말하지만 가난에서 벗어날 수 있도록 일하라. 가난에 머물지는 마라!」

의심은 우리가 시도할 엄두조차 내지 못하게 해서 우리가 얻을 수도 있었던 것도 잃게 만든다.

                  - 셰익스피어

※ 자제력이 가져다주는 이익

당신이 완전히 자제력을 수행하기 이전에 이것의 필요성을 진정으로 이해해야 한다. 또한 자제력을 연습하는 방법을 배운 사람은 그렇지 않은 사람보다 더 많은 이익을 가질 수 있다는 점도 염두에 두어야 한다.

자제력이 가져다주는 이익은 당신의 개인적인 힘에 따라 더더욱 극대화될 수도 있고 아닐 수도 있다.

자제력을 계발하면 다른 좋은 성품들이 추가로 얻어진다. 그 중에 가장 중요한 것이 '보복의 법칙'이다. 보복의 의미는 이미 잘 알고 있을 것이다. 여기서 사용되는 의미는 우리가 흔히 사용하는 복수나 앙갚음의 의미가 아니라 '남에게 행한 만큼 자신에게 그대로 되돌아온다'는 뜻이다.

만일 내가 당신에게 피해를 주면 당신은 바로 나에게 앙갚음할 것이다. 내가 만약 당신을 향해 편파적인 발언을 했다면 당신은 더 심한 말로 나에게 응수할 것이다.

반면 내가 당신에게 호의를 베풀면 당신은 더 큰 호의로 나에게 보답할 것이다. 이 법칙을 적절하게 사용한다면 나는 당신으로 하여금 내가 원하는 대로 행동하게 할 수 있다. 설령 내가 당신으로 하여금 내게 손해를 입히길 바란다면 내가 먼저 당신에게 손해를 입히면 된다.

같은 논리로 나에 대한 당신의 존경, 우정, 도움을 바란다면 내가 먼저 당신을 존경하고 배려하면 된다. 이상의 메시지는 '우리 모두가 더불어 살고 있다는 사실'을 전달한다. 그리고 당신은 경험을 통해 이와 같은 메시지에 대해 생각하고 그것이 자신의 삶에 어떠한 영향을 미치는가를 발견할 수 있다.

당신은 "저 사람은 훌륭한 인품을 지녔어"라는 말을 얼마나 자주 듣는가? 또한 당신은 삶에서 '내가 바라는 이상적인 나'를 얼마나 자주 만나고 있는가?

훌륭한 성품으로 정평이 난 사람을 가만히 살펴보면 그가 매력의 법칙과 보복의 법칙을 잘 조화시켜 활용하고 있다는 사실을 발견할 것이다. 그리고 잘 살펴보면 그의 주변에는 비슷한 사람만이 모인다는 사실, 즉 '유유상종(類類相從)의 법칙'은 정확히 적용된다는 것도 깨달을 수 있다.

보복의 법칙을 명쾌하게 이해하고 현명하게 사용하는 법을 공부한다면 당신은 이미 실력 있고 성공하는 세일즈맨이 되어 있을 것이다. 이 단순한 법칙을 마스터하고 어떻게 사용하는지만 배운다면 당신은 세일즈맨으로서의 덕목을 모두 갖추게 되는 것이다.

이 법칙의 처음 단계이면서 가장 중요한 단계는 완전한 자제력을 갖추는 것이다. 당신은 자신에게 불어닥친 온갖 시련이나 역경에 대해 복수하려는 마음 없이 모두 받아들일 줄 알아야 한다. 이 부분의 자제력은 보복의 법칙에 통달하기 위해서는 꼭 치러야 할 과정이다.

한껏 흥분해 있는 사람이 정당한 방법이든 아니든 당신을 맹렬히 비난한다고 치자. 만약 당신이 그 사람과 똑같이 흥분한 상태로 그 사람을 비난한다면 당신은 그 사람과 똑같은 수준으로 떨어지게 되는 것이다. 아니, 그 사람보다 더 못한 수준에 있는 것이다.

한편 당신이 흥분을 가라앉히고, 침착하고 냉정한 태도를 유지한다면 당신은 원래 있었던 그 수준에 그대로 머무를 수 있다. 즉, **상대방과 똑같은 방법으**

로 공격하지 말고 지금까지 사용하지 않았던 침착하고 냉정한 자세를 무기로 사용한다면 당신은 상대방보다 단연 우위에 있는 것이다.

'비슷한 것끼리 모인다' 는 유유상종의 법칙은 그 누구도 부인할 수 없다.

당신이 접촉하는 사람은 모두 거울과 같다고 생각하면 된다. 자신의 성품이 어떠한지 보고 싶다면 상대방을 보라. 상대방에게서 반사되어 나오는 것이 바로 자신의 성품이다.

예를 들어보자. 최근에 내 두 아들 나폴레옹 주니어와 제임스를 데리고 공원에 갔을 때 생긴 일이다.

※ 유유상종의 법칙, 보복의 법칙

나와 두 아들은 새들과 다람쥐에게 먹이를 주기 위해 공원에 가는 길이었다. 나폴레옹 주니어는 땅콩을 들었고, 제임스는 크래커를 들고 있었다. 그런데 제임스가 갑자기 땅콩을 동물에게 주고 싶어졌는지 아무런 허락도 없이 나폴레옹의 땅콩을 한 움큼 쥐려고 했다.

그러나 제임스는 땅콩을 빼앗는 데 실패했고, 나폴레옹은 화가 난 나머지 왼주먹으로 제임스의 턱을 세게 때려버렸다.

나는 제임스에게 말했다.

"제임스, 잘 들어보렴. 네 방법은 옳지 못했단다. 자, 아빠가 땅콩을 어떻게 얻어오는지 잘 보려무나."

그런데 그렇게 이야기는 했지만 너무도 순식간에 일어난 일이라 나는 좋은 생각이 떠오르지 않았다. 그러나 가능하면 빠른 시간 내에 좋은 방법을 생각해야 했고 제임스가 했던 방법과는 다른 좋은 방법을 보여주어야 했다.

나는 이내 보복의 법칙을 생각해냈다. 먼저 제임스에게 말했다.

"네 크래커를 나폴레옹에게도 좀 나눠 주렴. 그리고 나서 무슨 일이 일어나는지 한번 보는 거야."

제임스는 조금 머뭇거리다가 이내 내 말대로 따랐다. 그리고 놀라운 일이 벌어졌다. 나는 이 작은 일을 통해 세일즈맨십에서 가장 위대한 교훈을 얻을 수 있었다!

제임스가 크래커 박스에 손도 대기 전에 나폴레온은 자신의 땅콩 박스를 열어 제임스에게 땅콩을 한 가득 부어주었다.

나폴레온은 '같은 방법으로 보복'을 하였다. 두 아이와 함께 한 이 간단한 실험에서 나는 다른 곳에서는 배울 수 없는 중요한 매너를 알게 되었다. 우연한 기회로 내 아들은 서로 싸우는 대신 보복의 법칙을 배우기 시작했다.

보복의 법칙을 배우는 입장에서 생각하면 우리 중 그 어느 누구도 나폴레온 주니어와 제임스보다 우월한 위치에 있지 않다. 우리 모두가 덩치 큰 어린이일 뿐, 이 법칙에 쉽게 영향을 받는다. '같은 방법으로 응수하는' 습관은 보복의 법칙이라 불릴 만큼 보편적으로 확산되었다.

만약 어떤 사람이 우리에게 어떤 선물을 주었다고 치자. 그러면 우리는 선물 받은 만큼 혹은 그보다 더 좋은 것을 되돌려주어야만 만족할 수 있다. 만일 어떤 사람이 우리에 대해서 좋게 말한다면 그 사람에 대한 우리의 존경심은 커질 것이고 이로써 우리는 마침내 보복을 할 것이다.

우리는 보복의 법칙을 이용해 우리의 가장 큰 적을 가장 친한 친구로 만들 수 있다.

만약 당신에게 친구로 바꾸고 싶은 적이 있다면 당신 목에 걸려 있는, 즉 당신의 목을 뻣뻣하게 만드는 '자존심'이란 녀석을 벗어버려라. 그러면 이에 따른 현실이 당신에게 다가갈 것이다.

평소에는 하지 않았을 정중한 태도로 적에게 말하는 습관을 길러보라. 가능한 좋은 매너의 방법을 총동원해 그에게 친절을 베풀어라. 그는 아마도 처음에는 미동도 하지 않을 것이다.

하지만 점차 당신의 그 매너에 굴복하며 그 역시 '동일한 방식으로 응수'할 것이다. 당신에게 비우호적인 사람의 머리 위에서 불타고 있던 가장 뜨거운 석탄은 우정의 석탄이었던 것이다.

❊ 자신이 준만큼만 돌려받는다

1863년 8월 어느 날 아침, 캔자스주의 로렌스시에 있는 호텔에서 아직 잠들어 있던 한 젊은 목사는 불청객의 호출을 받았다. 호텔에 게릴라들이 침입한 것이다. 목사를 호출한 사람은 퀀트릴 게릴라의 일원으로서 방에서 자고 있던 목사를 깨워 사살하고자 했다.

그날 아침 그 마을에 있던 대부분 주민들은 게릴라에게 살해되었다. 게릴라들은 로렌스시의 주민들을 대량학살하고는 그 마을을 차지했다. 목사를 호출한 게릴라는 참을성이 없었다. 완전히 잠이 깼을 때 창 밖을 내려다 본 목사는 그곳에 일어난 일을 보고서 너무도 놀랐다.

그는 이내 호텔의 아래층으로 내려왔다. 게릴라들은 그에게 시계와 돈을 빼앗으며 노예제도 폐지론자인가를 물었다. 목사는 겁에 질려 있었다. 그러나 그는 기왕 죽을 바에는 거짓말을 하지 않겠다고 생각하여 자신이 노예제도 폐지론자임을 밝혔다.

이후 그는 자신의 사형시간을 기다리며 게릴라에게 한마디를 건넸다. 그런데 그 말이 그때의 긴박한 상황을 180도로 바꾸어 놓은 것이다.

로렌스시의 주민들이 무참히 학살당하는 동안 목사와 게릴라는 현관에 앉아서 긴 대화를 나눴다. 그 대화는 게릴라들이 마을을 떠날 때가 되어서야 끝이 났다. 곧이어 게릴라는 빼앗은 보석들을 되돌려주고는 잠을 깨워서 미안하다

428

고 사과까지 했다.

그 목사는 로렌스 학살이 벌어진 후에도 그 마을에 오래도록 살았다. 그가 과연 게릴라에게 뭐라고 말했을까? 그의 어떤 성품이 그들로 하여금 자리에 앉아 이야기를 나누게 했을까? 그들은 무엇에 대해 이야기했을까?

게릴라가 "당신은 노예제도 폐지론자입니까?" 라고 물었을 때 목사는 "그렇소! 그럼 당신이 얼마나 부끄러운 일을 하는지도 알고 있겠군요?" 라고 되물었다. 목사는 게릴라의 질문에 대답하는 동시에 윤리적인 문제를 제시했고, 그에 따라 게릴라는 자신이 부끄러운 일을 하고 있음을 자각한 것이다.

목사는 불량배 옆에 있는 힘없는 어린아이와 같은 처지였지만 그 게릴라에게 도덕적인 문제를 제기했고 그래서 순식간에 게릴라는 자신이 지금과 같은 상황이 아니었다면 좋은 사람이 될 수 있었다고 말했다.

게릴라는 자신의 정치적 목적을 위해 목사를 죽이려 깨운 후에 사형은커녕 20여 분간 법정 증인석에서 알리바이를 대는 것과 같은 상황에 처한 것이다. 그는 자신의 과거사를 장황하게 늘어놓았다.

사춘기 때 자신은 신에게 기도조차 하지 않는 불량 소년이었고 주위 환경이 악화되기 시작하면서 지금 이 상태에 이르게 되었노라 설명했다. 자신의 과거를 이야기할 때의 그는 매우 우울해 보였다.

게릴라는 마지막으로 "제 직업은 인간이 가질 수 있는 최악의 직업이라 할 수 있죠, 목사님"이라고 말했다. 그리고 그가 말을 타고 가면서 남긴 마지막 부탁은 "목사님, 저에 대해서 너무 나쁘게 생각하지는 않았으면 좋겠습니다"라는 말이었다.

그 목사가 보복의 법칙을 알고 있었는지 아닌지는 중요하지 않다. 어쨌든 그 목사는 보복의 법칙을 사용한 것이다. 만약 그때 목사가 손에 권총을 들고 아래층으로 내려왔다고 상상해보라. 그리고 '눈에는 눈, 이에는 이' 식으로 그들과 맞섰다고 생각해보라. 무슨 일이 일어났겠는가!

그러나 목사는 그런 식으로 대응하지 않았다. 그는 게릴라가 알지 못하는 힘을 사용해 게릴라를 정복시켰던 것이다.

사람이 한 번 돈을 벌기 시작하면 계속해서 벌게 되는 이유가 무엇일까?

어떤 사람이 돈을 벌기 시작하면 많은 사람들이 그의 집을 뻔질나게 드나드는 이유는 무엇일까?

주위에 돈을 많이 벌어서 경제적으로 성공한 사람들이 있을 테니 그들에게 물어보라. 아마도 다른 사람들이 계속 자기를 찾아왔고 돈을 벌 수 있는 기회들이 계속해서 자신에게 다가왔다고 말할 것이다.

'받아들이는 자에게는 주어져서 더욱 풍성하게 하되, 받아들이지 않는 자는 그 가진 것마저도 빼앗아 가리라.'

성경의 이 인용문이 좀 말이 안 되는 것 같기는 하지만, 이 문장의 구체적인 의미는 사실임에 틀림없다. 그렇다.

'받아들이는 자에게는 주어질 것이다.'

그래서 자신감의 부재, 증오심, 자제력의 부족과 같은 요소로 '안 가진 자'가 된 사람이라면 앞에 열거한 요소들은 점점 더 불어날 것이다. 그러나 성공, 자긍심, 인내, 끈기, 결단력 등의 요소를 갖춘 사람이라면 이 요소들은 더욱 커질 것이다.

가끔은 적이나 반대세력을 이길 때까지 무력으로 대항해야 할 경우가 있다. 그러나 상대방이 지쳐 쓰러졌을 때야말로 상대방에게 손을 내밀어 싸움을 해결하기 위한 방법을 제시하는 등 보복의 법칙을 완성할 수 있는 가장 좋은 시기이다.

유유상종이라고 했다! 독일인은 사람의 피로 칼을 닦고자 했고 이러한 무모한 행위는 정복자들의 엽기적이고 무자비함을 증명한 것이다. 그 결과로 독일은 근대에 들어 세계로부터 '유사한 보복'을 끌어당겼다.

동료가 어떤 일을 하기를 바라는 것과 그들이 보복의 법칙에 따라 당신이 의

도한 그 일을 하게 하는 것은 당신이 해야 할 몫이다!

'신의 경제학은 아주 간단하다. 자신이 준만큼 받는 것이다.'

이 얼마나 단순한 진리인가!

'우리가 준만큼 꼭 그만큼만 돌아온다.'

이는 대가를 바라고 주는 것이 아니라 순수하게 베푸는 것을 말한다.

한 가지 더 당부하고자 한다. 꼭 물질적인 면뿐 아니라 우리가 누리는 행복과 사람에 대한 친절 등을 위해서도 이 법칙을 이용하길 바란다. 바로 이것이 우리가 이뤄내야 할 진정한 성공이다.

한 번의 건강한 웃음은 만 번의 신음소리와 백만 번의 한숨소리와는 비교할 수조차 없는 위대한 가치가 있다.

❊ 8장 자제력의 법칙 요약

이번 장에서 우리는 아주 위대한 원리를 배웠다. 아마도 이것은 중요한 심리 법칙일 수 있다. **다른 사람에 대한 우리의 생각과 남을 대하는 행동은 꼭 자석과 같아서 다른 사람 역시 자신이 하는 것과 비슷하게 행동하고 생각한다**는 사실을 배웠다.

우리는 생각의 표현이든, 신체적 행동을 통하여 나타나는 생각이든 '비슷한 것끼리 모이게 된다'는 사실을 배웠다. 그리고 사람의 마음은 그때그때 받아들이는 생각과 행동만큼 동일한 방식으로 응수한다는 사실을 배웠다.

또한 사람의 마음은 대자연과도 같아서 자연이 곡식을 수확하게 해주듯이 친절이 사람 마음에 심어지면 그것이 그대로 우리에게 되돌아온다는 사실도 배웠다. 그뿐 아니라 친절은 친절을 낳고 불친절과 불공정은 불친절과 불공정을 낳는다는 사실을 배웠다.

또 무엇을 배웠는가?

우리가 남에게 친절을 베풀든 불친절을 베풀든 그것은 더 큰 형태로, 즉 증폭되어 우리에게 다시 돌아온다는 것도 배웠다. 우리가 베푼 친절은 결국 다시 우리에게 돌아온다.

그러므로 **우리가 받고자 하는 행동을 남에게 그대로 하면 되는 것이다.** 우리는 자존심과 고집에 대해 배웠다. 이 두 가지 요소는 우리가 보복의 법칙을 수행함에 절대적으로 버려야 할 것들이다.

우리는 보복의 법칙이란 의미가 구체적으로 무엇인지는 배우지 않았다. 하지만 이것이 어떻게 작용하는지 어떤 영향력을 발휘하는지에 대해서는 배웠다. 예컨대 우리에게는 이제 이 위대한 법칙을 현명하게 이용하는 일만이 남았다.

이제 독자 여러분은 9장으로 갈 준비가 되었다. 당신은 8장에서 배운 법칙들과 조화를 이룰 또 다른 법칙을 배울 것이다.

다음 장에서 배울 내용들, 예를 들어 '보수보다 많은 일을 하는 습관'을 연습하려면 아주 높은 수준의 자제력을 발휘해야 한다. 그런데 내 경험에 비추어 볼 때 자제력은 훈련을 통해 계발된다.

당신은 당신의 성공을 위해 분명히 어느 곳, 어느 때에 누군가가 당신에게 도움이나 아이디어를 건네줌으로써 당신을 옳은 방향으로 이끌었다는 사실을 기억하라!

또한 당신은 이전에 당신이 받았던 도움을 당신만큼 운이 없는 사람에게 건네줄 때까지 갚아야 할 인생의 빚이 있다는 사실도 기억하라!

" 대중교통의 발전 "

인생은 끊임없이 변하는 만화경과 비슷하다. 인생이라는 무대와 그 위에서 공연하는 배우를 수시로 바꾸고 다시 배열하면서 시간은 계속 흘러간다. 새로운 친구들은 계속해서 오랜 친구들을 대신하고 모든 것은 유동적인 상태에 머물게 된다.

모든 사람의 마음속에는 선과 악의 씨앗이 같이 존재하는데 모든 사람은 순간순간의 편의에 따라 범죄자도 되고 동시에 성인도 되며 정직함과 부정직함의 기준은 개인적인 관점에 따라 크게 달라진다. 그리고 약함과 강함, 부유함과 가난함, 무지와 유식함에 대한 기준도 계속적으로 변해간다.

그러나 자신을 알게 되면 모든 인간에 대해 알 수 있다. 우리가 성취하고자 노력해야 하는 유일한 것이 있다면, 그것은 바로 '올바르게 사고하는 일'이다. 우리는 인생의 행렬을 따라 움직이거나 뒤처질 수는 있지만 가만히 서 있을 수는 없다!

변화를 제외하고 세상에서 영원한 것은 없다!

진화의 법칙은 교통수단의 발전에서도 찾아볼 수 있다. 모든 변화는 우선 사람의 마음에서 비롯되었다는 점을 기억하라.

사람이 수레를 끄는 방법이 교통수단의 가장 시초이다. 하지만 사람들은 이 느린 방법에 만족하지 않았다. **이 '불만족' 이란 단어는 발전의 시초가 되었다.** 이 글을 읽는 동안 이 사실을 기억하라.

그후 사람들은 머리를 쓰기 시작하였다. 하지만 소에 안장을 매어 마차를 끌게 하는 데는 꽤 오랜 시간이 걸렸다. 그것은 아주 실용적인 방법이었다. 이후에 발명된 역마차의 경우 사람들은 실용성뿐 아니라 외형적인 스타일에도 관심을 기울였다. 그리고 조악한 천연연료의 기관차를 발명할 때까지도 사람들은 여전히 만족하지 못했다.

그러나 문명화(상업화)되지 못한 일부 지역을 제외하고는 이러한 교통수단들은 현재 사용되지 않는다. 사람이나 소가 수레를 끄는 모습, 역마차나 천연연료 기관차 같은 교통수단은 이미 구시대의 유물이 되었다.

그후의 교통수단의 발달을 보면 사람의 뇌와 마음(아이디어)에 대해 놀라움을 금치 못할 것이다. 사람은 이제 과거보다 훨씬 빨리 움직일 수 있게 되었다. 처음 단계의 기관차가 진화하여 지금은 몇 백 대의 차와 같이 무거운 화물까지도 실을 수 있는 강력한 장비가 개발되었다.

그 옛날에는 이륜 수레가 일반적이었던 것처럼 지금은 시속 75마일의 자동차가 일반적이다. 더욱이 원하는 사람은 누구나 차를 소유할 수 있게 되었다. 그러나 지금도 여전히 사람들의 마음은 '불만족' 상태에 있다. 땅 위에서 하는 여행은 너무 느리다.

이윽고 사람들의 시선은 상승기류를 타며 하늘을 나는 새에 이르렀고 그것을 능가하는 더욱 빠른 수단을 만들리라 '결심' 하게 되었다. 또한 그 **'결심' 이라는 단어는 사람이 마음먹은 것을 그대로 실현시킨다.**

15년이라는 짧은 시간 동안 사람들은 비행기에 대해 마스터했고 이제는 시속 150마일의 속도로 하늘을 여행하고 있다.

그리고 사람은 놀랍게도 빠른 속도로 하늘을 날았을 뿐 아니라 에테르(ether)를 사용하여 단 몇 초 안에 세계 전역에 음성을 전달하고 있다.

우리는 지금까지 과거와 현재의 교통수단에 대해 알아보았다. 그런데 인류가 발명할 미래의 교통수단은 기계가 하늘을 날고 땅을 달리며 물을 헤엄칠 것이다. 인간 '사고' 의 원동력은 무궁무진하기 때문이다.

사람을 '생각' 하도록 만드는 요소는 사람을 정신적으로도 강하게 만든다. 따라서 정신적 자극은 인간의 성장에서 필수적인 요소이다. 고대에 사람이 수레를 끌 때부터 창공을 나는 지금까지 인간이 한 일이란 단지 하나의 사물을 보고 난 후에 자극을 받아 더 새로운 사물을 만드는 과정을 반복한 것이다.

인간의 정신을 성장시키는 두 가지 주요한 요소는 창조에 대한 '필요성'과 창조에 대한 '열망'이었다. 인간 정신 중 일부분은 실패나 좌절 혹은 다른 형태의 고통을 겪은 후 자극을 받아서 더 위대한 업적을 이루게 한다.

또 다른 부분은 실패나 좌절 등의 고통을 극복하지 못한 채 시들해져서 소멸되지만 상상력을 발휘할 수 있는 기회만 주어진다면 믿지 못할 정도로 위대한 성과를 가져오게도 한다.

교통수단이 어떻게 발전했는지 다시 생각해 보라. 지금껏 이룩한 모든 발전이 처음에는 사람의 필요성으로 시작되었다는 놀라운 사실을 깨닫게 될 것이다.

다시 말해 '과거'에는 대부분의 경우 필요의 충동에 따라 개발이 이루어졌고, '현재'에는 필요성과 창조의 열망이 조화를 이루었다. 하지만 '미래'에는 아마도 창조에 대한 가장 강한 열망이 주가 될 것이다. 또한 이 열망은 인간이 아직 꿈꾸지 못한 세계로 우리를 데려다 줄 것이다.

사람이 수레를 끌던 시간은 지금과는 꽤 먼 과거이다. 지금은 전기를 이용하여 기계를 돌림으로써 만 명이 힘을 합쳐도 하루가 걸렸던 일을 단 1분만에 할 수 있는 현실에 이르렀다. 그러나 과거와의 격차가 크다는 사실은 인간의 정신 계발도 마찬가지로 위대했다는 증거이다. 급기야는 인간의 근육을 통한 힘이 아닌 자연의 힘을 사용하여 기계를 돌리게 되었다.

교통수단의 발전 변천사는 사람이 풀어야 할 다른 문제점을 안겨다 주었다. 자동차는 사람으로 하여금 더 좋은 도로를 만들게 했다. 하지만 자동차와 고속기관차가 교차하는 위험한 도로 역시 만들어져 1년이면 몇 천 명의 목숨이 그 위에서 사라진다. 사람의 마인드는 이제 '필요성'에 대해 대답해야 할 때에 이르렀다.

자, 이제 인간의 상상력으로부터 만들어질 기계들을 한번 살펴보자. 이 기계들은 창조하고자 하는 인간의 욕망에 자극을 받아 작동할 것이다.

어떤 상상력 있는 사람 – 아마 그는 가치 있는 일 외에는 절대로 하지 않으며 똑같은 일을 되풀이하지도 않는 사람 – 은 지나가는 자동차의 무게만으로 조절되는 교차로 보호 프로그램을 개발할 것이다.

더욱 실용적인 방법을 찾기 위해서는 불필요한 동작이나 힘을 유용한 방향으로 전환해 줄 수 있는 방법을 찾기 위해 부단히 노력해야 한다. 대부분 자동차들은 자동차에 싣는 짐에 비해 훨씬 더 무겁다. 바로 이 무게가 교차로에서의 사고를 막기 위해 유익하게 활용될 수 있는 것이다.

이곳의 글의 목적은 단지 새로운 것을 제안할 수 있는 암시를 전달하고자 하는 것이지 이미 발명되어 사용할 수 있는 제품에 대해 알려주려는 것이 아니라는 사실을 기억하라.

이 제안의 가치는 당신이 '생각' 할 수 있는 기회를 제공하는 데 있다. 그러한 사고 과정을 통해 자기 자신의 '마음을 계발' 하고 확장시킬 수 있는 것이다.

행동을 불러일으키는 두 가지 주된 요소인 '절실한 필요성' 과 '창조에 대한 열망' 중 당신은 어느 것에 더 신경을 쓰고 있는지 스스로 잘 살펴보라. 당신에게 아이가 있다면 그 아이들이 이 두 가지 중 어느 것에 더 자연스럽게 반응하는지 잘 살펴보라.

수백만의 아이들이 부모들로 인해 '절실한 필요성' 을 느끼지 못하고 있다. 아이가 모든 것을 쉽게 할 수 있도록 만드는 것은 이 세상에서 한 명의 천재를 사라지게 하는 일이다. 인류가 성취한 대부분의 것들은 절실한 필요성에 따라서 이루어졌다는 사실을 기억하라.

교통수단의 진화가 계속되어 왔다는 사실을 따로 증명할 필요는 없다. 그 변화가 너무도 두드러지기 때문에 이제는 길가에 구식 1기통짜리 차를 볼 때면 웃음이 나온다.

436

진화의 법칙은 언제, 어디에서나 함께한다. 지구상의, 나아가서 온 우주의 모든 물체들은 변화하고, 없어지고, 다시 만들어진다.

마을과 도시, 그리고 사회는 꾸준한 변화를 한다. 20년 전 당신이 살던 곳을 한번 가보라. 그 장소와 사람들 모두 기억하지 못할 것이다. 모르는 새로운 얼굴이 있을 테고 옛 사람들은 변했을 것이며 이전의 그 장소에 새로운 빌딩이 들어섰을 것이다. 모든 것이 달라졌기 때문에 모든 것이 다르게 보일 것이다.

사람의 마인드 또한 변화를 거듭해왔다. 만약 이것이 사실이 아니라면 우린 어린아이의 마음에서 더 이상 성장하지 못했을 것이다. 보통사람들은 7년마다 눈에 띌만한 성장을 일구었다. 이 기간의 변화 중에 나쁜 습관은 버려졌고 좋은 습관은 계속 발달되어 왔다.

인류에게 다행스러운 것은 사람의 마인드는 계속적인 변화과정을 겪어왔다는 사실이다. 절실한 필요성이나 창조에 대한 열망으로부터 발전되어온 마인드는 필요 이상의 것을 만들려는 자극이 전혀 없었던 마인드보다 더 빨리 발전해 왔다.

사람의 상상력은 기계가 만든 그 어떤 것보다 위대하다. 이 상상력으로부터 모든 산물이 창조된 것이다. 과거의 위대한 산업과 철도, 은행, 기업 등은 모두 상상력에 따른 산물들이다.

당신의 마음을 자극하여 '생각' 하게 하라. 과거의 아이디어와 새로운 계획을 조합하라. 당신이 알고 있는 위대한 발명이나 위대한 사업 혹은 산업적 성공들을 최종적으로 분석해 보면 그것은 예전에 사용된 계획이나 아이디어들을 약간 다른 방법으로 조합해서 사용한 것임을 알 수 있다.

이제 이 장이 끝나기 전에 마지막 당부를 드리고 싶다.

그것은 지금부터 6개월이나 1년 후에 다시 이곳의 내용을 읽어보라는 것이다. 그러면 처음 읽었을 때보다 훨씬 더 많은 것을 받아들일 수 있다.

시간이 진화의 법칙을 통하여 당신의 마음을 확장시켰기 때문에 당신은 더 많은 것을 보고 이해할 수 있다.

　나는 아직까지 자신의 실수에 대해 책임질 만한 용기도 없는 사람이 그 어떤 많은 것들을 이루었다는 소식을 접하지 못했다. 자신이 원하는 그 모든 것을 실현하고 싶은가? 그렇다면 자신의 실수에 대해 확실히 책임을 져라.

보수보다 많은 일을 하는 습관
Habit of Doing More Than Paid For

Napoleon Hill

우리가 꼭 지켜야 할 10가지 수칙이 있다. 그 중
하나가 씨를 뿌리기 전에 수확을 바라지 말라는 것
이다. 나머지 9가지는 자신의 실수를 덮으려는 구
차한 변명에 관한 것이다.

보수보다 많은 일을 하는 습관

'믿어라! 당신은 해낼 수 있다!'

지금까지 공부한 내용들의 바탕에는 '사랑'이 깔려 있다. 이번 장을 끝까지 읽고 나면 왜 사랑이라는 주제를 먼저 다뤄야 하는지 이해할 수 있을 것이다. 여기서 말하는 '사랑'이란 단어에는 모든 것을 포용한다는 뜻이 포함되어 있다.

사랑하는 감정을 불러일으키는 데는 많은 목적과 동기가 있다. 우리가 해야 하는 일 중에는 하기 싫은 일이 있는가 하면 어느 정도 입맛에 맞는 일도 있으며 때에 따라선 정말로 사랑하는 일이 있게 마련이다.

예를 들어 위대한 예술가들은 하나같이 자신의 직업을 사랑했다. 이에 반해 임시직에 종사하는 사람들은 경우에 따라 자신의 직업을 무척 싫어하기도 한다. 그저 하루하루 입에 풀칠하기 위해 어쩔 수 없이 해야 하는 일을 사랑하기란 정말 힘들 것이다.

진정 자신의 직업을 사랑하는 사람은 믿기 어려울 만큼의 오랜 시간 동안 일에 열중한다. 하지만 자신의 직업에 애정이 없는 사람은 조금만 일을 해도 빨리 지치게 된다. 사람의 인내력은 자신의 직업을 얼마나 사랑하느냐에 따라 결정된다.

여기서 우리는 또 하나의 중요한 성공의 법칙을 발견할 수 있다.

자신이 사랑하는 일을 할 때, 혹은 자신이 사랑하는 사람을 위해 일할 때 사람은 가장 능률적이고 빠른 속도로 성공의 기반을 마련한다. 아무리 힘든 일이라 할지라도 '사랑' 이라는 요소를 첨가하면 그 일의 가치를 크게 높이고 힘든 내색 없이 훌륭한 결과를 얻을 수 있다.

보수보다 더 일해야 하는 이유

몇 년 전 어느 그룹의 사회학자들은 직업에 관한 실험을 했다. 한 시골마을에 수백 에이커의 농경지를 매입해 그 안에 자신들만의 공동체를 만들었다. 공동체의 이상적인 목표는 주민 각자가 자신이 가장 잘할 수 있고 애정이 있는 직업을 택함으로써 행복과 기쁨을 주민 모두가 공유한다는 것이었다.

단, 공동체에는 그 누구에게도 급여를 주지 않는다는 한 가지 룰이 있었다. 주민 각자가 자신이 가장 잘할 수 있는 일을 했으며 노동의 결과로 나온 수확물은 공동분배를 했다.

그 안에는 낙농업에 종사하는 사람도 있었고 벽돌 공장에 다니는 사람도 있었으며 젖소나 각종 조류를 키우는 사람도 있었다. 아이들을 위한 학교 지역 신문을 발행하는 신문사도 있었다.

적성이나 취향에 맞는 직업

그러던 어느 날 미네소타에서 온 한 스웨덴 남자가 이 공동체에 들어오길 원했다. 그는 곧 공동체의 일원이 되었고 신문사에 취직해 일을 하기 시작했다. 하지만 그는 얼마 지나지 않아 신문사에서 하는 일에 불만을 늘어놓기 시작했고 곧 직업을 바꿔 농장에서 트랙터를 운전하게 되었다.

그러나 고작 이틀이 그의 한계였다. 그는 또 다른 직업으로 바꾸길 원했다. 결국 세 번째 직장으로 목장을 선택했다. 하지만 젖소를 다루는 일에 곧 염증을 느끼고는 세탁소로 직장을 바꾸었다. 역시 세탁소에서도 단 하루를 버티지 못했다.

그는 어떠한 일에도 흥미를 느끼지 못한 채 하루하루 지쳐 가기만 했다. 사람들은 그가 공동체 생활에 적응을 못한다고 생각했고, 몇 개 남지 않은 직장에서마저 일하기를 꺼려한다면 어쩔 수 없이 공동체에서 떠나야 할 것이라고 생각했다.

그의 다음 직장은 벽돌 공장이었다. 직접 손수레를 끌고 가마에서부터 작업장까지 벽돌 나르는 일을 했다. 어쩐 일인지 이번 일을 시작하고는 일주일이 지나도록 아무런 불만이 없었다. 그에게 벽돌 나르는 일이 마음에 드는지 물어보았더니 "이 일이야말로 그토록 내가 원하던 일입니다"라고 말했다.

벽돌 나르는 일을 좋아하는 사람이 있다고 상상해 본 적이 있는가?

실제로 이러한 종류의 단순 노동은 스웨덴 사람의 정서에 맞는 일이었다. 별다른 고민 없이 혼자서 묵묵하게 할 수 있는 일, 책임감을 느끼지 않아도 되는 부담없는 일. 이것이 바로 그가 원하던 일이었다.

그는 모든 벽돌을 작업장에 옮기고 나서야 퇴근했으며 벽돌 공장에서 하는 모든 일에 적극적인 자세로 임했다. 시간이 흐른 후 이제 더 이상 공동체에서 벽돌을 만들 필요가 없어졌다. "멋진 일감이 떨어졌으니 나는 이제 고향으로 돌아갑니다"하고 환하게 웃으며 그는 미네소타로 돌아갔다.

지금 하고 있는 일에 애정이 있다면 자신이 받는 급여보다 더 많은 일을 한다 해도 마음은 즐겁다. 바로 이 점이 자신의 적성이나 취향에 맞는 직업을 택해야 하는 이유이다.

나는 지금까지 해왔던 일들에 대해 후회하지 않았으며 또 그렇게 믿고 살아왔다. 그래서 나는 이 이야기를 독자 여러분에게 자신 있게 해주고자 한다. 애정을 가진 사람이 한 일의 값어치는 절대 사라지지 않는다.

이번 장의 주된 내용은 **자신이 받는 급여보다 더 많은 양의 일을 하면 그만큼의 보답을 받는다**는 것이다. 만약 이 글을 쓰는 사람이 정작 자신은 아무런 노력도 하지 않고 이런 내용을 쓴다면 그것은 얼마나 우스운 일이겠는가?

수십 년간 나는 '사랑으로 임하는 직업'이란 주제로 강연을 해왔고, 언제나 솔직한 마음으로 강단에 섰다. 또한 내 수고에 대해 아무런 보답도 받지 못한다 할지라도 강의를 할 수 있다는 그 기쁨 하나로 지금까지 연설을 했다.

나의 철학이 담긴 강연의 대가는 항상 두 가지 방법으로 나에게 다시 돌아왔다. 하나는 그 즉시 지급되는 금전적인 것이고, 다른 하나는 몇 년 후에나 느낄 수 있지만 세상의 모든 사람들을 즐겁게 해주는 보이지 않는 지식이었다.

자신이 사랑하는 직업을 택했지만 때로는 주위의 반대에 부딪히기도 한다. 그 예로 수십 년간 수집과 분류를 통해 연구를 해왔던 나는 친구들과 친척들의 부정적인 시선이 가장 견디기 힘들었다.

하지만 주위의 반대가 없었다면 나는 철학을 배우는 사람임에도 불구하고 아무런 난관 없이 결과를 얻을 수 있다는 안이한 생각에 사로잡혔을 것이다.

결과적으로 봤을 때 절대적으로 중요한 것은 없다. 오늘 맛본 패배의 쓴 잔은 앞으로 인생에서 겪을 것들에 비하면 잔잔한 물결에 지나지 않는다.

※ 일을 함으로써 느끼는 행복

사랑하는 일을 택한 사람들의 가장 큰 어려움은 눈에 보이는 보답이 바로 돌아오지 않는다는 점이다. 하지만 조금만 더 시간을 두고 기다린다면 무엇보다 확실한 대가가 당신 앞에 돌아올 것이다.

여기에는 2가지 유형의 대가가 있다.

첫째 : 자신이 좋아하는 일을 함으로써 느끼는 행복이다. 적성과 취향에 맞
는 일을 할 때 느끼는 행복은 그 무엇과도 견줄 수 없다.

둘째 : 오직 돈만 바라고 일하는 사람보다 훨씬 더 많은 결과를 얻을 수 있다.

내 직업을 선택할 당시 가장 당황스럽고 힘들었던 순간은 바로 아내가 반대
를 할 때였다. 한 남자의 아내는 자신의 도움과 격려로 남편의 인생을 성공시
키거나 혹은 망칠 수도 있다.

아내는 내가 안정된 월급을 받는 회사에 취직했으면 했다. 그때의 나는 별
다른 노력 없이도 연봉 6천 달러에서 1만 달러 정도는 거뜬히 받을 수 있었기
때문이다. 사실 아내의 의견에도 일리는 있었다. 우리에겐 커나가는 아이들이
있었고, 가정을 꾸리는 데 필요한 돈이 너무도 급했기 때문이다.

하지만 아내의 논리적인 반대에도 불구하고 어쩔 수 없이 나는 아내의 의견
을 무시할 수밖에 없었다. 처가 식구들은 아내 말을 들으라며 온 가족이 보는
앞에서 나에게 명령까지 내렸다.

그들은 다른 사람의 연구에 시간을 낭비하는 짓은 쓸데없는 일이라며 내 직
업을 비하했다. 결혼을 한 나에게는 그 순간이 가장 큰 고비였다. 그러나 나는
꿋꿋이 이 난관을 극복해야겠다고 결심했다.

나는 이미 내 결심을 굳힌 상태였고, 그때는 내 뜻대로 하겠다고 결정한 후
였다. 가족들은 내가 생각했던 것보다 거세게 반대했지만 이후에는 나를 이해
해주었다.

그러나 그후에 겪었던 고통스러운 가난과 친구들의 비난이 날 무겁게 짓눌
렀다. 다행히도 모든 친구들이 내 선택을 비난한 것은 아니었다. 어떤 친구는
내가 마음 놓고 일할 수 있도록 물심양면으로 도와주었을 뿐 아니라 친척들의
반대에 휩쓸리지 않도록 격려를 아끼지 않았다.

신뢰를 바탕으로 그때부터 지금까지 우정을 이어오고 있는 친구들이 있다.
그 친구들은 내가 정말 힘들었던 순간에 내 옆에서 묵묵히 도와준 소중한 사람

들이다. 그 중에서도 나를 믿음으로 지켜봐 준 사람이 있었다. 바로 토머스 에디슨의 제휴자로 일하였던 에드윈 반스(Edwin C. Barnes)였다.

그는 20여 년 전부터 내가 하고 있는 연구에 관심을 보였으며 내가 이 자리에 있기까지 가장 많은 도움을 주었다. 만약 그의 굳건한 믿음이 없었더라면 나는 진작 가족들에게 설득당해 지금쯤 평범한 샐러리맨의 길을 걷고 있을 것이다.

물론 남과 같은 평범한 길이 나에겐 훨씬 편하고 안정된 길이었을지도 모른다. 만약 그 길을 갔다면 친구와 가족들의 화살 같은 비판은 받지 않았을 것이다. 대신 나의 행복은 영원히 찾을 길이 없었을 것이다.

비록 빚더미에 올라앉는 경우가 생기더라도 내가 진정 사랑하는 일을 할 수만 있다면 나는 절망하지 않는다.

이 당시 나의 상황은 4장에 먼저 언급된 '저축하는 습관'에서 찾아볼 수 있다. '빚이 노예를 만든다'는 말은 그때의 내 심경을 설명한 가장 적절한 문장인 것 같다. 4장의 내용을 충분히 이해하길 바란다.

반스는 내 성공의 법칙을 굳게 믿으며 사업을 시작했고 위대한 발명가와 제휴를 하는 등 이내 성공을 거두었다. 내 철학의 살아 있는 증인이 된 셈이다.

나는 머리에 들어 있는 지식과 가슴에서 나오는 열망이 성공을 거두게 한다는 믿음으로 연구를 시작했다. 성공에 이르게 하는 법칙들 – 당시에는 그 규칙에 대한 명확한 개념이 아직 없었음 – 이 과연 무엇이며 어떻게 실생활에 적용해야 하는지 중점적으로 연구했다.

반스도 내 의견에 동의하였다. 게다가 에디슨과의 제휴로 얻은 성공은 이 철학의 기본원칙에 확실한 증거물이 되었다. 그의 사고방식대로라면 **성공이란 부의 축적, 마음의 평화, 행복을 추구하는 과정**에 있었다.

이 철학은 역시 나의 생활신조이기도 하다. 또한 우리의 실생활 여러 곳에서도 쉽게 찾아볼 수 있다. 연구를 하는 동안 '보수보다 많은 일을 하는 습관' 말고 또 한 가지를 더 생각해보았다. 바로 '전혀 보답을 바라지 말고, 더 많이 일하라' 였다.

진실을 알아보려 하지 않고 판단을 내리는 사람은 세상에서 가장 위험하다.

✻ 일시적인 실패로부터의 보상

왕성한 연구활동을 함으로써 내 험난한 준비과정은 끝이 났고 내 철학은 드디어 원고와 책으로 출판이 되었다. 이때까지만 해도 아무런 일이 일어나지 않았다. 나의 철학을 환영해 줄 사람들에게 책이 들어가기 전에 잠시 휴식의 시간을 가졌다.

'신은 경이로움을 보여주기 위해 놀라운 일을 행한다.'

나는 연구를 처음 시작할 무렵만 해도 앞의 말을 쓸데없다고 생각했다. 하지만 시간이 흐르면서 내 생각은 완전히 바뀌게 되었다.

오하이오주 캔톤시(市)에서 나에게 강연을 해주라는 연락이 왔고 큰돈을 들여 홍보를 했기 때문에 많은 사람이 모일 것이라고 예상을 했었다. 그러나 예상은 보기 좋게 빗나가고 말았다. 하필 같은 날 두 대기업의 기자회견이 열리는 바람에 오직 13명만이 내 강연을 들으러 강당에 들어왔던 것이다.

하지만 나에게는 믿음이 있었다. 단 한 명을 위해서라도 최선을 다해 강의해야 한다는 신념이었다. 그래서 나는 강당에 사람들이 꽉 찬 것이라 내 자신에게 최면을 걸고 최선을 다해 강연을 시작했다.

그러나 강의 도중 나는 치밀어오르는 불쾌감을 견딜 수 없었다. 운명의 여신이 나에게서 등을 돌리는 순간이었다. 과연 내가 강연에 성공할 수 있을 것인가 하는 의구심이 나를 짓눌렀다. 마음 깊은 곳에서 '난 실패했다' 라는 생각이 밀려왔다.

그 당시 나는 그날의 강연이 내가 거둘 성공의 토대를 만들었다고는 깨닫지 못하고 있었다. 그날 나의 강연을 들으러 온 13명 중 캔튼 지역신문의 발행인 멜렛이 와 있었던 것이다.

사실 나는 강연을 마치고 13명의 희생자(?) 중 아무도 얼굴을 마주치고 싶지 않아 조용히 뒷문으로 빠져나와 호텔로 돌아가 버렸다.

다음날 멜렛은 나를 자신의 사무실로 초대했다.

그날 우리 두 사람은 많은 이야기를 했고 특히 그는 내가 살아온 이야기를 듣고 싶어했다. 나는 그가 길고 지루한 이야기를 듣는 것이 싫지만 않다면 기꺼이 하겠노라고 했다. 그는 흔쾌히 내 이야기를 청했고 재미없는 사소한 일들까지 다 말해달라고 했다.

"다시 한번 부탁드리지만 당신 인생에서 가장 빛났던 순간만이 아닌 실패와 좌절에 관한 이야기도 빼놓지 말고 해주십시오. 저는 모든 면에서 당신의 영혼을 관찰하고 싶습니다."

무려 3시간 동안 멜렛에게 내가 살아온 이야기를 털어놓았다. 숨긴 것은 아무것도 없었다. 나의 고뇌와 나의 실수, 행운이 나를 그냥 지나쳐 버렸을 때 내 자신의 감정에 솔직하지 못했던 일 등등 모든 것이었다.

또 내가 어떻게 성공의 법칙 철학을 구상하게 되었는지, 자료는 어떤 방식으로 수집했는지, 그 자료들을 어떻게 선별하고 보관했는지 하나도 빠짐없이 상세하게 이야기했다. 그러면서 힘겨운 것은 사실이지만 나는 나의 선택이 옳았다고 그에게 말했다.

내가 긴 이야기를 마치자 그는 내게 질문했다.

"사적인 질문을 하나 하겠습니다. 이번에도 역시 솔직하게 답해주십시오. 당신은 지금까지 노력해서 돈을 모아본 적이 있습니까? 만약 아니라면 그 이유는 무엇인지요?"

"아니오. 없었습니다. 지금 제가 가진 재산이라곤 연구를 통해 얻은 경험과 지식, 그리고 약간의 빚이 전부입니다. 제 말이 질문의 대답이 될지는 모르겠지만, 단지 성공의 법칙에 대한 지식을 모으고 경험을 쌓는 일에만 몰두했을 뿐, 이 노력을 이용한 돈을 벌 기회를 가지지 못했습니다."

멜렛의 진지한 표정은 이내 환한 미소로 바뀌었고 동시에 내 어깨에 손을 올려놓으며 말했다.

"당신이 대답하기 전에 저는 이미 뭐라 말하실지 눈치채고 있었습니다. 그럼에도 질문을 드린 것은 당신이 그 사실을 알고 있는지가 궁금했기 때문입니다. 소크라테스 시대부터 현재까지 수많은 지성인들이 하루하루 궁핍하게 살아왔다는 사실을 잘 아실 겁니다. 지금은 좀 힘이 드시겠지만 경제적으로 힘든 사람은 당신 혼자만이 아닙니다."

그의 말은 마치 아름다운 음악소리처럼 내 귀에 울려퍼졌다.

나는 처음에는 그의 초청 목적을 의심했었다. 그가 나의 성공의 법칙을 공박할 근거를 얻어서 그의 신문에 게재하려는 것으로 추측했었다. 아마도 이러한 섣부른 억측은 나의 철학을 비판했던 기자들 때문에 나온 것이었으리라. 그런데 그는 나의 추측을 보기 좋게 깨트려주었다.

사실 그날 나는 마음속으로 부끄러운 과거를 인정해야만 했다. 그 비참했던 강연 도중 나는 잠시 동안이나마 좌절을 느꼈고 내 성공의 법칙 철학은 완전 실패라고 생각했기 때문이다. 이 얼마나 어리석은 일인가!

그런 심적 상태였기 때문에 세상에서 가장 캐묻기 좋아하고 날카로운 눈을 가진 사람 앞에서 나는 마치 바보처럼 서 있었고 얼굴에는 수치심으로 가득했다. 이 절망스런 상황들이 오히려 나에게는 어떤 깨달음으로 다가왔다.

내 머릿속에 온통 패배자에 관한 생각뿐이었다. 나는 이 생각을 멜렛에게 털어놓았다. 멜렛은 깜짝 놀라 되물었다.

"예? 이것이 실패라고요? 그렇지 않습니다. 당신은 당연히 실패와 잠깐 동안의 좌절을 구분할 수 있으실 줄로 압니다."

그는 차분히 말을 이어 나갔다.

"철학이라는 커다란 주제는 잠시 제쳐두고라도 사람들에게 일에 대한 희망을 주고 그들의 고난을 최소화해주는 참신한 아이디어가 있는 사람은 결코 패배자가 아닙니다."

이때 비로소 내가 인터뷰의 목적을 오해하고 있다는 것을 알았다.

그 이후 이야기는 잘 진행되어 그의 사무실을 나오기 전 우리는 이미 비즈니스 파트너가 되었고, 더욱 놀라운 것은 그가 자진해서 캔튼 지역신문의 발행인을 그만두고 나의 일정을 관리해주는 매니저 일을 맡기로 한 것이다.

또 캔튼 지역신문에 나의 성공의 법칙에 관한 일요 칼럼을 연재하기로 계약을 하였다. 이 칼럼 중 한 기사(14장 실패로부터의 교훈)가 당시 미국 철강협회의 이사장직을 맡고 있었던 앨버트 게리의 눈에 띄었다. 바로 이 인연이 멜렛과 게리를 연결해주는 끈이 되었다. 곧 이어 철강협회의 모든 직원을 대상으로 성공의 법칙 강연을 하게 되었다.

행운의 물결이 드디어 나를 향해 들이닥치기 시작한 것이다. 내가 오랜 시간 동안 힘들게 뿌려놓은 씨앗들이 '보수보다 많은 일을 하는 습관'이라는 거름을 통해 싹을 틔우기 시작한 것이다.

물론 그 과정에 힘든 고비도 있었다. 내 파트너가 작업 도중 암살을 당했으며 13명이 모인 자리에서 강연했던 내용을 집필하기도 전에 게리가 죽음을 맞았다. 하지만 내 의지와는 상관없이 계속해서 강연요청은 밀려들었다.

이런 사실들로부터 **애정 없이 하는 일은 오히려 많은 것을 잃게 되며, 받은 것보다 더 많이 일하는 사람은 나중에 더 큰 이익을 얻게 된다**는 점을 알 수 있다. 이 사실을 증명해주는 사건은 우리 주위에 수도 없이 많다.

신년 계획을 짤 때, 무언가 도려내고 싶은 것이 있다면 '불가능'이란 단어도 거기에 포함시켜라.

※ 가치를 높이면 보상은 자연히 온다

이번 장의 앞에서 기술한 내용을 잘 이해하고 있다면 당신은 성공의 기본법칙을 공부할 준비가 되어 있다고 볼 수 있다.

대다수 사람들이 '보수보다 많은 일을 하는 습관'에 익숙하지 못한 것이 현실이다. 하지만 이 습관을 길러야 하는 이유는 많이 있다. 그 중에서도 중요한 2가지 이유를 들자면 다음과 같다.

첫째 : 보수보다 더 많은 일을 하게 되면 자연스레 그 일의 전문가가 될 것이다. 그렇다면 당신의 상사는 당신을 주의 깊게 살펴볼 것이고 주변 사람들과 비교를 하게 될 것이다. 당신이 어떤 직업에 종사하건 경쟁의식은 큰 차이를 만든다.

이것은 여러 번 강조해도 지나침이 없다. 당신이 법을 공부하든, 책을 집필하든, 또 학생을 가르치든, 농사를 짓든 자신의 일에 매진해 명성을 얻어 간다면 당신의 가치는 점차 빛이 나게 될 것이다.

둘째 : 이렇게 설명해보자. 당신은 지금 강하고 힘이 센 팔을 만들고 싶다. 그럼 팔을 줄로 묶어서 충분한 휴식을 취하는 것이 팔을 강하게 만드는 방법일까, 아니면 그것이 오히려 약하게 만드는 방법일까?

이미 당신은 알고 있다. 강한 팔을 얻기 위해서는 열심히 운동을 해야 한다는 사실을 말이다. 이에 대한 증거를 보고 싶으면 대장장이의 팔을 떠올려 보라. 힘든 순간을 감내하고 이겨낸다는 것은 곧 힘을 기른다는 뜻이다.

힘이 센 나무는 숲의 보호를 받지 않고 태양으로부터 숨어 있지도 않는다. 거센 바람과 내리쬐는 태양빛을 견뎌내야 가장 강한 나무가 되는 것이다.

투쟁과 저항을 통해서 강해진다는 것은 자연의 불변하는 법칙 중 하나다. 그러므로 지금 이 장에서 언급하는 설명의 목적은 자연의 법칙을 이용해 성공으로 가는 길을 보여주려는 것이다.

450

'보수보다 많은 일을 하는 습관' 을 기르게 되면 남들에게 없는 자신만의 특별한 적성을 계발할 수 있고 기술을 연마할 수 있다. 그에 따라 자신의 가치를 높일 수 있다. 또한 이 습관이 없는 사람보다 훨씬 더 큰 보상을 대가로 받을 수 있게 된다.

당신이 이 법칙을 바탕으로 자신의 가치를 높인다면 그에 따른 보상은 자연히 뒤를 따를 것이며 그 누구도 이 진리를 부정할 순 없다. 설령 직장 상사가 당신 위치에 할당된 일만 하라고 종용해도 걱정하지 마라. 뛰어난 관찰력을 가진 다른 회사의 상사가 당신의 가치를 알아보고 자신의 사람으로 만들려 할 것이기 때문이다.

대부분 사람들이 자신에게 주어진 일을 그저 대충대충 넘기려 한다. 왜냐하면 옆사람과 비교해 근소한 이익만을 얻으려고 하기 때문이다. 물론 자신이 맡은 일을 대충 할 수도 있다. 하지만 이 상황이 계속된다면 언젠가 있을 구조조정 때 당신의 이름이 1순위에 올라가 있을 것이다.

나는 20년이 넘는 세월 동안 사람들이 경험하는 성공과 실패에 대해 연구하였다. 그간의 연구를 통해 얻은 결과는《성공의 법칙》을 공부하고 그대로 실천한 사람이 그렇지 않은 사람보다 더 큰 성공을 거둔다는 사실이었다.

개인적으로 나는 대가에 비해 더 좋은 서비스를 제공하려고 노력했고 그 결과로 빠른 승진을 할 수 있었다.

사람들의 가치를 높이기 위해 성공의 법칙의 중요성을 지겹도록 강조하고 있다. 이 법칙을 강조하면 할수록 이 책을 읽는 사람들의 보수는 직원뿐 아니라 고용주와 전문가들에게도 적용된다.

이 법칙에 익숙해진다면 다음 2가지 유형으로 대가가 돌아올 것이다.

첫째 : 이 법칙을 무시하고 넘어가는 사람보다 더 큰 이득이 생긴다.

둘째 : 자신의 가치에 만족감을 느낄 수 있다. 월급 액수가 중요한 게 아니라 당신은 항상 무언가를 받고 있다는 생각을 하게 된다.

내 아내가 얼마 전에 나에게 읽어주고 싶다고 입버릇처럼 말하던 그 책을 빌려왔다. 책 제목은《모든 이에게는 자신만의 대학이 있다》이다. 저자는 러셀 콘웰(Russell Conwell)이다.

우연히 책을 열어 첫 장을 보게 되었다. 그러다 나도 모르게 책 전체를 훑어보게 되었다. 그러고 나서 첫 번째로 느낀 충동은 여러분께 권하건대 당장 도서관에 가서 이 책을 빌려보라는 것이다. 아니, 서점에 가서 이 책을 구입하라. 그리고 시간만 있으면 수십 번이고 수백 번이고 이 책을 읽어라.

왜냐하면 내가 지금 이 책에서 하려고 하는 이야기보다 더 명쾌하게 해설하고 있기 때문이다. 여러분은 그 책에서 다음의 한 구절만 들어봐도 이 책이 얼마나 읽을 만한 가치가 있는지 알게 될 것이다.

'지식이란 것은 사람들로 하여금 모든 사물을 더 훤히 내다볼 수 있게 해준다. 하지만 모든 대학에서 이 방법을 가르치는 것은 아니다. 그것은 자기 수양이 있어야만 가능하다. 각 개인은 이 능력을 스스로 배양해야 하는데 입학하기 어려운 대학에 들어간 학생에게서 그 능력은 더 많이 발견되는 것은 그 때문일 것이다.'

다시 강조하는데 이 장의 내용을 더 많이 이해하고자 한다면 이 책을 읽어보라. 내가 설명하려는 철학정신을 깨닫는 데 많은 도움이 될 것이다.

 굳은 신념으로 자신이 하고자 하는 일의 씨앗을 뿌려라. 그러면 당신 앞에 불가능이란 없을 것이다.

자연의 법칙, 수확체증의 법칙

이제 우리는 이 장에서 설명했던 내용을 분석할 때가 되었다.

우선 이 자연의 법칙이 농부에게는 어떻게 적용되고 있는지 분석해 보자. 농부는 조심스레 땅을 일구고 씨를 뿌린 다음 수확을 기다린다. 그러면 수확체증(收穫遞增)의 법칙에 따라 원래의 씨앗대로가 아니라 엄청나게 배가된 곡물이 수확된다.

그러나 이 수확체증의 법칙이 없다면 인간은 소멸되었을지도 모른다. 인간의 생존을 위한 충분한 식량을 땅으로부터 얻어낼 수 없기 때문이다.

자연에서 얻을 수 있는 이 결정적인 '팁'은 우리 실생활에서 수확체증의 법칙이 얼마나 중요한지 보여준다.

이 법칙을 공부하는 데 가장 중요하게 생각할 점은 어떤 속임수나 거짓도 있지 않다는 것이다. 그럼에도 불구하고 대다수의 사람들은 아무런 노력도 하지 않고 혹은 별로 힘들이지 않고 어떤 큰 대가를 얻으려고 애쓰고 있는데 그들은 이 위대한 법칙을 전혀 알지 못하는 사람들이다.

넓은 의미의 성공을 생각했을 때 자신에게 돌아오는 이익만을 생각하고 이 법칙을 공부한다면 여러분에게 이 법칙을 추천하는 것은 무의미한 일이다. 그러나 이 법칙을 제대로 공부하고 실천에 옮기는 사람들은 분명 엄청난 대가를 얻을 것이다.

✲ 수확체증 법칙의 실제

몇 년 전 헨리 포드는 '5달러 최저임금제'를 처음으로 도입했다. 그가 이 제도를 도입한 이유는 자선사업가의 입장에서가 아니라 단지 심오한 비즈니스 원칙을 수행하기 위해서였다.

다른 사람이 받는 임금보다 더 많은 돈을 지급함으로써 직원들은 질 좋은 서비스를 하기 시작했다.

이 최저임금제를 도입한 직후 포드자동차 회사는 그 시대의 가장 인기 있는 회사로 손꼽혔으며 헨리 포드가 시행한 제도 중 가장 성공적인 제도라고 평가

받고 있다. 확실한 서면상의 증거는 없지만 나는 헨리 포드가 지급했던 5달러가 아닌 적어도 7달러 50센트 정도를 지급한 만큼의 이익을 얻었을 것이라 확신한다.

또한 포드사는 인력관리 비용을 많이 절약했을 것으로 생각되는데 그 당시 포드사의 일자리는 누구나 선망하던 자리라 우수한 인재들을 끌어 모을 수 있었으며 그의 회사에서 일하는 사람들에게 어떤 특권의식을 심어줄 수 있었다.

다른 고용주들은 값비싼 비용을 들여 직원을 관리하는 데 반하여 포드사는 감독비용을 대폭 절감할 수 있었던 것이다.

마셜 필드(Marshall Field)는 아마도 당대에 가장 유능한 사업가였을 것이다. 더불어 그가 경영한 시카고의 그레이트 필드 스토어는 수확체증의 법칙에 가장 걸맞은 경영계의 신화로 남아 있다.

한 일화를 소개하겠다. 한 여성 고객이 그 상점에서 허리띠를 사고 한 번도 착용한 적이 없었다. 2년이 지난 후 자신의 조카에게 그 허리띠를 결혼선물로 주었고, 그 조카는 상점으로 가 다른 품목으로 교환을 요구했다. 무려 2년이나 지난, 그것도 유행이 한참 지난 허리띠였는데도 불구하고 말이다.

필드 스토어의 점원은 단 한마디 불평도 없이 낡은 허리띠를 교환해 주었다. 물론 필드 스토어측은 허리띠를 교환해 줄 어떤 의무도 법적 책임도 없었다.

2년 전 그 허리띠의 가격은 50달러였다. 하지만 지금은 너무 낡아서 아무리 싼값에도 팔리지 않을 정도였다. 그러나 그 상점의 주인은 단지 허리띠 하나를 손해 보는 것에 개의치 않고 실제로 값을 매길 수 없는 이익을 보게 된 것이다.

그 여성 고객은 허리띠 가격을 2년 전 가치 그대로 돌려받고는 감동을 받았다. 그러고는 그 가게의 영원한 고객이 된 것이다. 하지만 이 효과는 여기서 끝나지 않았다. 그 여성은 상점에서 받은 '특별한 대우'를 여기저기 퍼뜨리고 다녔고, 이 소문이 퍼지고 퍼져 가게는 크게 번성하게 되었다. 결과적으로 보면 허리띠를 10개 판 것과는 비교도 안 될 만큼의 광고효과를 본 것이다.

필드 스토어의 주인은 수확체증의 법칙을 완벽하게 이해하고 사업의 기본 방침으로 삼았던 것이다. '고객은 항상 옳다'라는 슬로건을 내걸고 사업을 했던 것이다.

만일 당신이 보수를 받은 만큼만 일을 한다면 아마도 상투적인 말만 내뱉으며 고객을 대할 것이고 결과는 어떤 호의적인 평가가 나올 수 없다. 하지만 받은 것보다 더 많이 일하고자 한다면 당신의 행동은 고객들로 하여금 호감을 느끼게 할 것이고 나아가서는 당신의 명성이 널리 퍼지게 될 것이다.

캐롤 다운즈(Carol Downes)는 자동차회사의 회장인 듀런트(W.C. Durant) 밑에서 오른팔로 일하고 있었다. 또한 지금은 자회사 중 한 곳의 경영을 책임지고 있다. 그가 이 위치까지 오게 된 이유는 보수보다 많은 일을 하는 습관 법칙을 철저히 준수했기 때문이다.

최근에 나는 그와 대화를 나눌 기회가 있었다. 사람들이 가장 관심 있어 하는 최단기 승진에 대해 말문을 열었다.

"제가 처음 이곳에 입사했을 때였어요. 다들 퇴근하고 난 한밤중에 듀런트 씨가 혼자 남아 열심히 일하는 것을 봤습니다. 문득 저도 남아 있어야 하겠다고 생각했지요. 그 누구도 나에게 야근하라고 시키진 않았지만, 늦게까지 남아서 듀런트 씨의 보조를 해야 한다고 생각했어요. 듀런트 씨는 종종 파일 심부름을 해줄 사람을 찾곤 했고, 그때마다 저는 그 사람 뒤에 대기를 하고 있었어요. 시간이 흐르다 보니 그는 나를 찾는 것이 습관이 되어버린 겁니다. 그것이 제가 하는 이야기의 전부예요."

'그는 나를 찾는 것이 습관이 되어버렸다.'

앞 문장을 다시 한번 읽어보라. 거기에는 풍부한 의미가 담겨 있다.

어째서 듀런트는 다운즈를 부르는 게 습관이 되어버렸을까. 다운즈는 항상 그의 뒤에서 같이 일해 왔고 다시 말해 수확체증의 법칙을 철저히 이행해 왔기 때문이다.

누가 그에게 야근을 하라고 시켰는가? 그것은 결코 아니다!

그러면 보상을 받았는가? 그렇다! 그는 자신을 승진해줄 수 있는 사람과 함께 일하며 황금과도 같은 기회를 잡고 보상을 받은 것이다.

우리는 이제 이 장에서 가장 중요한 부분에 이르렀다. 왜냐하면 이제 당신은 다운즈와 마찬가지로 수확체증의 법칙을 활용하여 더 많은 것을 얻을 수 있다는 점을 알게 되었기 때문이다. 그러므로 이 법칙을 연습해 보자. 즉, 남들이 꺼리는 대가 없는 일에 자발적으로 나서보자.

'그러나 내 상사는 듀런트와는 다르다' 라는 낡아빠진 것은 입 밖에 내지도 말며 아예 생각도 하지 말라. 물론 당신의 상사는 다를 수 있다. 모든 사람은 다 다르게 마련이다. 하지만 '자기중심적' 사고를 한다는 점에서는 매우 유사하다. 솔직히 사람들은 캐롤 다운즈 같은 사람과는 경쟁하려고 하지 않을 만큼 이기적이다. 바로 그러한 이기심을 당신의 자산으로 활용할 수 있을 것이다.

게다가 당신 말고 그 누구와도 거래하지 않을 만큼 당신의 가치를 알아주는 사람이 있다면 상사의 이기심에 대항해 볼만한 재산이 있는 셈이다.

균형 잡힌 인간성을 가진 사람은 칭찬을 좋아하되 칭찬의 노예가 되지 않고, 비난을 두려워하되 비난의 굴레에 짓눌리지 않는다.

❈ 보상이 따르는 선택적 특권

내가 지금껏 경험했던 사례 중 가장 기억에 남는 일이 있다.

이 일은 그 당시에는 정말이지 결코 중요한 일이 아니었다. 어느 한가한 토요일 오후, 옆 사무실에서 일하던 변호사가 헐레벌떡 나에게 왔다. 그러고는 오늘 안에 끝내야 할 일이 있는데 속기사 한 명이 절대적으로 필요하다고 했다.

하지만 그날은 속기사들의 야유회가 있는 날이었고 나도 일을 정리한 후 막 나가려던 참이었다. 그러나 이내 생각했다. 공놀이야 다음으로 미뤄도 되는 일이니 이 사람 일을 먼저 해줘야겠다고. 그만큼 변호사는 한시가 급해 보였다.

나는 그날 그 변호사를 위해 하루 종일 일했고 일을 마치고 난 후 변호사는 보수에 대해 물어왔다. 나는 웃으며 "당신이니까 1,000달러 내세요. 다른 사람은 공짜로 해주었겠지만요" 라고 말했다. 그는 무척이나 감사해 했다.

오랜 시간 후에 실제로 그는 나에게 1,000달러 이상의 급여를 지급해 주었다. 6개월 정도가 지난 후 그 일을 까맣게 잊고 있을 무렵 그는 나를 다시 사무실로 불렀다. 그리고 내 급여가 얼마나 되는지 물었다. 내가 대답을 하자, 그는 이제 1,000달러를 지불할 준비가 되었다고 말했다.

이어서 그는 지금 내가 받는 급여보다 수천 달러는 더 받을 수 있는 일자리를 마련해 줌으로써 내가 농담으로 말했던 1,000달러를 수천 달러 연봉의 직장으로 되돌려준 것이다.

나도 모르는 사이에 수확체증의 법칙을 수행한 셈이 된 것이다. 어떤 보수를 목적으로 하지 않고 그저 도움을 주려고 시작한 일이었다. 지금 와 생각해보니 내 휴식시간을 포기하고 그 사람을 도와준 것은 의무가 아니었으며 오히려 내가 선택할 수 있는 특권이었던 것이다!

게다가 보상이 따르는 특권이니 얼마나 중요한 것인가. 나는 이전 직업보다 더 책임감 있는 일을 하게 되었다.

퇴근시간까지 남아 있는 것은 캐롤 다운즈의 의무이지만 퇴근시간 이후까지 열심히 일하는 것은 그의 특권이다. 또 성실하게 단련된 그의 특권을 적절히 활용함으로써 좀더 큰 책임을 맡게 된 것이다. 만약 그가 그러한 특권을 가지지 않았다면 1년 내에 벌 돈을 평생을 다 바쳐 벌었어야 했을 것이다.

나는 25년의 세월 동안 '보수보다 많은 일을 하는 습관' 은 신이 주신 특권이라 생각해 왔다. 남들보다 하루에 1시간 더 투자한 사람은 그렇지 않은 사람보다 훨씬 큰 이익을 얻을 수 있다는 결론이다(우리는 지금 이 장의 가장 중요한 부분에 와 있다. 한 장 한 장 페이지를 넘길 때마다 그곳의 내용들을 잘 생각하고 자신의 행동과 일치시키는 노력을 해보기 바란다).

물론 수확체증의 법칙은 내가 만들지도 어떻게 적용하는지도 발견하지 않았다. 나는 그저 그 법칙을 내 것으로 만들려고 노력했을 뿐이다. 그리고 오랜 시간을 들인 연구 끝에 성공에 이르게 하는 힘을 알아낸 것이다.

그러므로 당신도 자신이 미처 모르고 있는 힘에 대해 눈을 떠라. 그리고 그 힘을 당신 것으로 만들기 위한 노력을 하라. 그러면 스스로도 잘 알지 못했던 것을 지니고 있음에 놀라게 될 것이다.

여기서 한 가지 주의할 점을 짚고 넘어가자. 아래 성경 구절에 나오는 어떤 여인처럼 해서는 안 된다는 점이다.

'너희에게 겨자씨만한 믿음이라도 있다면, 이 산더러 다른 곳으로 옮겨가라고 하면 그렇게 될 것이다.'

이 여자는 커다란 산이 정문에서 내다보이는 집에 살고 있었다. 그래서 그녀는 산에게 다른 곳으로 옮겨가라고 명령했던 것이다. 다음날 아침 일어나서 문을 활짝 열어보았다. 그런데 산은 그저 그 자리에 있었고, 그녀는 이렇게 불평했다.

"과연 내가 생각했던 대로구나! 이럴 줄 알았지."

이 법칙은 당신의 인생에 가장 중요한 전환점이 될 것이다. 이 믿음으로 훈련에 임하길 바란다.

나는 당신이 산을 깎아내고 성공의 성전이 지어질 터를 마련하기를 원한다. 하지만 성공의 성전이 지어지려면 먼저 산을 깎아내야 한다는 것을 잊지 말아야 한다.

당신은 내가 이야기하는 그 산의 의미가 무엇인지 알아차리지 못할지도 모른다. 하지만 분명히 그 산은 당신이 깎아내지 않는 한 계속 그곳에 남아 있을 것이다. 당신은 아마도 이렇게 물을 것이다.

"그렇다면 그 산이 의미하는 것은 도대체 무엇인가?"

그 산은 바로 당신이 일하고 받아야 할 정당한 보수를 받지 못했을 때 사기를 당했다고 느끼는 바로 그 기분이다.

이 기분은 아마도 무의식중에 표출되고 성공의 성전을 망가뜨리고 있을지도 모른다. 그런 감정은 아주 저속한 인간 본성의 모습으로써 곧잘 다음과 같은 표현으로 나타나곤 한다.

"이 일에 대한 대가를 받지 못한다면 난 바보취급을 받을 것이고 또한 너무 허무한 것이다!"

이런 감정은 당신도 잘 알 것이다. 그리고 당신은 이러한 타입의 사람들을 많이 알 것이고 또 많이 만나왔을 것이다. 중요한 것은 이런 사람치고 성공한 사람은 없다는 점이다.

성공은 불변의 진리 - 중력의 법칙과 같은 - 를 이해하고 그에 상응하는 노력을 한다면 자동적으로 따라오게 되어 있다. 하지만 성공이란 마치 날뛰는 수송아지와도 같아서 잡기가 여간 어려운 것이 아니다. 그러므로 당신은 수확체증의 법칙을 생활화하는 데 많은 노력을 기울여야 할 것이다.

교육을 받은 사람이란 다른 사람의 권리를 침해하지 않으면서 자신이 원하는 것을 얻는 사람이다. 교육은 투쟁과 노력, 그리고 사고를 통해 얻어질 수 있는 산물이다.

❊ 성공에 이르게 하는 힘

다음과 같은 실험은 수확체증의 법칙과 친숙해지는 데 도움이 될 것이다. 당신에게도 이것을 권한다. 그 실험은 이렇게 하면 된다.

6개월 동안 아무런 보수를 기대하지 말고 최소한 한 사람에게 매일 더 나은 서비스를 베풀어보라. 영구적인 성공을 획득하기 위한 가장 효과적인 법칙을 발견하여 당신을 성공으로 이끌고 있다고 굳게 믿어라. 그렇다면 당신은 절대 후회하지 않을 것이다.

서비스를 베풀어주는 방법은 다양하다. 개인적으로 한 사람이나 혹은 몇 사람에게 할 수도 있으며 근무시간이 지난 후 고용주에게 할 수도 있다. 또한 다시 만나리라고 기대되지 않는 전혀 낯선 사람에게도 서비스를 베풀 수가 있다. 누구에게 베푸느냐 하는 점은 별로 중요하지 않으며 열성적으로 오직 다른 사람을 도와준다는 목적으로 하기만 하면 된다.

올바른 마음가짐으로 이 실험을 행하면 이 실험의 기반이 되는 진리를 발견하게 될 것이다. 즉, **서비스를 제공하지 않으면 대가가 없는 것과 마찬가지로 서비스를 제공하는 한 보상은 반드시 돌아오게 되어 있다는 점이다.**

에머슨(Emerson)의 다음과 같은 얘기는 음미할 만하다.

"원인과 결과, 수단과 목적, 씨와 열매는 분리될 수 없다."

결국 이것은 원인으로부터 결과가 나왔고 방법에 이미 결과가 있으며 수단 속에 이미 목적이 내재되어 있고 열매 안에 이미 씨가 있다는 말이 된다.

"만약 당신이 고마워할 줄 모르는 사장을 만났더라도 계속해서 그에게 봉사하라. 최소한 하느님은 그것을 알고 있을 것이다. 당신의 모든 행동은 반드시 보답받을 것이다. 보답이 늦어지면 늦어질수록 당신에게는 더욱 이익이 된다. 이자에 이자까지 얹혀서, 즉 복리에 복리의 비율로 돌아오게 되기 때문이다."

'일을 하라. 그러면 힘을 얻을 것이다' 라는 것이 자연의 법칙이다. 그러므로 당연히 아무것도 하지 않는 사람은 아무것도 이룰 수 없다.

"사람들은 항상 자신이 속고 있다고 믿으면서 한평생을 고통 속에 살아간다. 하지만 실제로 타인이 아니라 자신에게 속으며 사는 것이다. 그러나 사물이 존재함과 동시에 존재하지 않을 확률이 '0' 인 것처럼 사람이 남에게 속을 확률은 '0' 이다. 한편 모든 일에는 대가가 생기게 마련이므로 정직하게 일하는 사람은 결코 손해보는 일이 없을 것이다."

앞에서 요청한 실험을 시작하기 전에 에머슨의 에세이를 먼저 읽어보라. 거기에는 당신이 훈련을 해야만 하는 이유가 있다. 물론 당신이 이전에 이 글을 읽었으리라 생각한다. 그러나 다시 한번 읽어라! 이 이야기의 놀라운 점은 읽을 때마다 새로운 사실을 알아낼 수 있다는 점이다.

몇 년 전, 나는 동부의 한 대학의 졸업식에서 강연을 한 적이 있다. 그 강연에서 나는 대가를 바라지 않는 행동에 대하여 긴 시간 동안 강조하였다. 강연이 끝난 후 그 대학교의 총장과 임원들이 나를 만찬에 초대했다. 만찬 도중에 임원 중 한 분이 총장에게 말했다.

"저는 이분이 하시는 일을 방금 이해했습니다. 이분은 남을 성공에 이르게 도와줌으로써 세상의 리더가 되고자 하시는 분입니다."

그는 성공에 관한 나의 가장 중요한 철학을 간단히 요약한 것이다. 남을 성공하게 도와주는 것이 바로 당신이 가장 크고 빠르게 성공하는 길이다.

몇 십 년 전 내가 광고계에 종사하고 있을 때의 일이다. 나는 항상 이 철학을 내 신조로 삼고 의뢰인들을 대했다. 내가 받아보는 광고 전단지, 카탈로그 중에 수정의 여지가 보이는 광고물은 손수 수정을 해서 '제가 할 수 있는 사소한 일입니다'라고 적힌 메모와 함께 다시 그 회사로 돌려보냈다.

한번은 어느 회사가 나의 아이디어를 무단도용한 적이 있는데, 이것은 오히려 나에게 득이 되는 일이 되었다. 그 회사의 멤버 하나가 새로운 사업을 시작했다. 그는 이전 회사가 나의 아이디어를 도용했다는 것을 알고 있었다. 그는 당연히 나에게 일감을 주었고 그 양은 이전 회사가 맡긴 것의 두 배 가까이 되는 물량이었다.

방법이야 어찌됐든 예전 회사에서 받았던 그 불이익은 보상의 법칙에 따라 이자까지 붙어서 나에게 다시 돌아오게 된 것이다. 내가 만약 돌아오는 금전적 이득만을 바라고 일을 시작했다면 아마 나 혼자 시장을 개척하는 데 온 힘을 기울였을 것이다.

그리고 나는 큰돈을 들이지 않고 내 아이디어를 상품화할 사람을 찾았을 것이다. 그러나 나의 개인적인 욕심에 눈을 돌리지 않고 다수의 많은 사람들이 내 서비스를 이용할 수 있게 하는 것이 옳은 일이라 생각한다.

몇 년 전에 아이오아주에 있는 팔머 스쿨(Palmer School)에서 강연할 기회가 있었다. 나의 매니저는 강연과 경비로 100달러를 받기로 하고 계약을 했다. 내가 그곳에 도착했을 때 행사요원이 역에서 나를 기다리고 있었다. 나는 그때처럼 공식적으로 환대를 받아본 적이 없었던 것 같다.

그 행사에서 차후 나에게 도움을 주었던 귀중한 사람들을 많이 만났다. 그래서 그 학교와 보수문제를 이야기할 때 나는 귀중한 사람들을 많이 만난 것만으로도 이미 충분한 대가가 되었다고 말하며 내 사무실로 기분 좋게 돌아왔다.

다음날 아침 팔머(Palmer) 박사는 2천여 명이 모여 있는 강당에서 내가 했던 이야기를 그대로 학생들에게 전달했다.

"20년 동안 이 학교에 근무하면서 수많은 강사를 초빙해 봤지만 금전적인 방법 말고 다른 식으로 대가를 받았다고 생각하는 사람은 처음이었다. 이 사람은 내셔널 잡지의 편집장이다. 여러분에게 그 잡지를 구독할 것을 권장하고 싶다. 왜냐하면 그런 사람으로부터는 여러분이 사회에 나가게 될 무렵 꼭 필요한 내용들을 충분하게 배울 수 있기 때문이다."

그때 한 주일 동안 내가 편집장으로 있던 잡지의 판매수입이 6천 달러를 넘었고, 그후 2년 동안 그 2천 명의 학생들이 다른 사람까지 추천한 덕에 모두 5만 달러 이상의 수입을 거두게 되었다.

어디에서, 또 어떻게 100달러를 투자해 이만큼 큰돈을 벌 수 있겠는가? 결국 나는 강연료 100달러를 받기 거절함으로써 수확체증의 법칙을 작동시킨 것이다.

다른 사람의 마음속에 아름다운 생각의 씨앗을 뿌리는 사람은 타인의 잘못을 찾으려는 모든 사람들을 합친 것보다 더욱 커다란 공헌을 이 세상에 끼치고 있는 것이다.

462

❋ 대가는 나중에 지불해 주시오

우리는 살면서 두 번의 중요한 시기를 거치게 된다. 한번은 지식을 얻고 분류하고 조직하는 시기이며, 다른 한 번은 그러한 지식을 자기 것으로 만들기 위해 힘쓰는 시기이다. 이 시기에는 우리가 다른 사람들을 위해 유익한 일을 할 수 있다 하더라도 그 일을 할 수 있다는 능력이 있음을 다른 사람들에게 납득시켜야 한다.

우리가 서비스를 제공할 마음이 있어야 하고 준비가 되어 있어야 하는 가장 중요한 이유 중 하나는 서비스 제공을 통해서 다른 사람에게 자신의 능력을 보여줄 수 있다는 것이다. 즉, 이 과정을 통해서 다른 사람으로부터 인정받을 수 있고 자신이 능력이 있다는 사실을 그들에게 인식시켜 줄 수 있는 것이다. 남들로부터 인정받는다는 것은 매우 중요한 일이다.

"내가 받을 수 있는 대가를 먼저 보여주시오. 그럼 내가 할 수 있는 일을 보여주겠소" 라고 하는 대신에 "내가 가진 모든 능력을 보일테니 나의 능력이 마음에 든다면 그때 대가를 지불해 주시오" 라고 말할 수 있도록 하라.

1917년의 일이다. 어느 나이 지긋한 중년 부인이 주급 15달러를 받으며 속기사로 일하고 있었다. 그녀가 받는 보수로 따져보아서 그다지 유능한 속기사는 아니었던 것 같다. 그런데 큰 변화가 일어났다.

작년에 연설로 벌어들인 그녀의 수입은 100만 달러가 넘는 돈이었다. 이 두 가지의 수입은 너무나 큰 차이가 난다. 과연 무슨 일이 일어났던 것일까.

그녀는 '보수보다 많은 일을 하는 습관'과 '수확체증의 법칙'을 이용한 것이다!

그녀는 지금 저명한 응용심리학 강사로 일하고 있다. 그녀는 어떤 방법으로 수확체증의 법칙을 이용했을까?

우선 그녀는 큰 도시로 가서 15번의 강연을 아무런 보수 없이 했다. 이 강연을 하는 동안 자연스레 사람들은 이 강사에 대해 관심을 갖게 되었고 결국 그녀의 강연을 들으려는 사람 1명당 25달러의 수강료를 받게 되었다.

이것이 그녀가 원하던 계획이었다. 그녀는 자신에게 다가오는 조그만 기회라도 놓치지 않고 잡을 줄 아는 사람이었다. 반면 노련한 강의 기술은 있지만 기대 이하의 대가에 익숙하지 못한 유명한 강사들이 있다. 이 차이를 이해하는가?

그들은 이 책의 기반이 되는 기본철학을 잘 모르기 때문이다!

자, 이제 독자들에게 질문을 해보겠으니 읽는 것을 멈추고 답해보라.

특별한 재능이 없는 아주 평범한 50세의 중년 부인이 수확체증의 법칙을 이용해 주급 15달러의 속기사에서 100만 달러의 강사로 변했다면 여러분들도 이 법칙을 이용하여 여러분들이 소유하고 싶어하는 것을 얻을 수 있다고 생각되지 않는가?

당신이 이 질문에 대답할 수 있을 때까지 뒤따라오는 모든 생각들을 잊어라. 그리고 올바른 답이 나올 때까지 계속 답을 구하라. 반드시 그 질문에 답할 수 있어야 한다.

당신은 지금 미온적이든, 열성적이든 진지한 자세로 이 세상에 한자리를 차지하기 위해 열심히 노력하고 있다. 만약 당신이 수확체증의 법칙에서 배운대로 노력하고 있다면 더 높은 수준의 성공에 곧 다다르게 될 것이다.

어떻게 하면 이 법칙의 효과를 극대화시킬 수 있을까? 그것은 전적으로 당신 자신에게 달려 있다.

이제 아까 그 질문으로 돌아가 보자. 나는 당신이 이 문제를 쉽게 풀 수 있으리라곤 생각하지 않는다. 즉, 당신의 미래에 직결되는 문제들에 직접 맞부딪치며 해결하려는 노력을 해야 한다. 그저 피하려고만 한다면 모든 실패의 책임은 당신이 져야 한다.

464

이 장을 모두 읽은 후 이 법칙에서 말한 대로 당신의 행동이 변화되는 것은 당신만이 가진 특권이라 생각하라. 단, 자신의 이익만을 위해 이 법칙을 사용하진 말아라. 나중에 거울을 보며 다음과 같은 질책을 하면서 자신의 처지를 한탄하고 싶지 않으면 말이다.

"너는 고의적으로 네 자신을 속이고 있다!"

이 사실을 이야기해주는 사람이 고지식해 보일지도 모른다. 하지만 성공의 법칙을 이해하고 나면 이내 그 사실을 깨닫게 될 것이고 별 다른 거부감 없이 그 법칙에 익숙해질 것이다.

당신이 이 장을 다 읽은 후에 다시 '솔선수범과 리더십' '열정' 그리고 '보수보다 많은 일을 하는 습관'에 관한 글을 읽어본다면 그 내용을 더 잘 이해할 수 있다.

이 장은 앞에서 말한 3가지 정신을 기본 바탕에 두고 있다. 당신이 만약 올바른 의식으로 이 3가지 정신을 연구한다면 당신의 생활에는 큰 변화가 있을 것이다. 당신이 어떤 직업에 종사하든 당신의 사회적 위치가 무엇이든간에 이 진리는 통할 것이다.

내가 사용하는 단도직입적인 말투가 당신을 언짢게 할지도 모르지만 나는 어떤 희열을 느낀다. 왜냐하면 당신이 언짢게 느끼는 그 감정은 바로 당신을 움직이는 모티브가 될 것을 알기 때문이다.

당신보다 더 많이 실수했던 사람의 충고를 받아들여라. 그것은 당신에게 더 많은 이익을 가져다 줄 것이다. 삶의 밑바탕이 되는 경험을 배우기 위해 이 언짢은 마음을 모티브로 활용하라. 그리고 더 많이 일할 수 있게 집중해서 지니고 있는 능력을 발휘하라.

만일 그런 방식으로 노력을 한다면 당신은 어마어마한 금액의 보수를 받을 수 있을 것이다.

먼저 준 다음 더 크게 얻어라

이제 '보수보다 많은 일을 하는 습관'의 중요한 다른 면을 살펴보자. 그것은 바로 '허락받지 않고도 일하는 습관'이다. 이 일은 다른 사람의 참견 없이 창의적으로 해야 한다.

당신이 돕고자 하는 사람에게 조언을 얻을 필요는 없다. 만약 당신이 '보수보다 적게 일한다'면 주위 사람들에게 항상 끌려다니게 된다. 그리고 당신의 서비스를 원하는 사람은 발길을 멈출 것이다.

나는 당신이 '보수보다 많은 일을 하는 습관'의 중요한 의미를 전부 다 이해했으면 한다.

만약 그렇지 못하다면 당신은 더 이상 물러설 자리가 없다. 그리고 마침내 '명확한 중점 목표'를 달성하는 데 실패하고 만다.

우리가 배워야 하는 가장 필요하고도 어려운 일은 모든 사람들이 자신의 일에 감독자가 되어야 한다는 점이다. 우리는 자신의 결점을 덮어두려고 수많은 '알리바이'를 만들고 '변명'을 창조한다.

우리는 '진실이 무엇인지' 알아내려 하지 않고, 자신이 '알고 있는 것이 진실이길' 원한다. 또 우리는 냉정하고 선입견 없는 진실보다 달콤한 거짓을 더 원한다. 게다가 우리는 자신에게 이익이 되는 진실만 알아내려 한다.

내가 사회 초년생이었을 때 가장 충격을 받았던 사실은 사람은 진실을 전하는 데 너무나 인색하다는 것이었다. 즉, 진리를 말하는 사람들은 십자가에 못 박히고 경원당하는 것이 현실이라는 점이다.

✳ 표리부동한 인간의 본성

수십 년 전 자신이 쓴 책을 비즈니스지에 광고를 한 한 남자가 기억이 난다. 그는 자신이 쓴 책을 나에게 보여주며 아낌없는 조언을 해달라고 했고, 나에게 그 대가를 지불하겠다고 했다. 나는 심혈을 기울여 그 책을 살펴보았고 그 책에 있는 결점을 보완하려 애썼다.

하지만 그는 나의 충고 때문에 무척이나 흥분했고 그후 나를 절대 용서하지 않았다. 사실 그가 원했던 것은 자신의 책에 대한 '비평'이 아니라 달콤한 '칭찬'이었다. 이것이 인간의 본성이다.

우리는 진실을 찾기 전에 아부할 생각을 먼저 한다. 나도 인간이기 때문에 이해할 수 있는 부분이다.

지금껏 내가 일러준 일들은 당신에게 일어날지 모르는 불쾌한 일에 대한 대처방안이다. 이 모든 메시지를 이해했으면 한다. 8장 '자제력'에 제시된 것처럼 자신의 잘못과 단점을 스스로 인정할 줄 알아야 한다. 하지만 대부분 사람들은 그렇게 하지 못한다. 바로 이런 상황에서 셀프컨트롤, 즉 자제력을 발휘해야 한다.

당신은 뛰어난 능력을 가진 사람 – 성공의 법칙 – 을 고용했다. 그 고용인은 기만과 아첨을 좋아하는 당신의 본성을 찾아내 당신의 가장 취약한 곳을 볼 수 있도록 해준다. 그렇다면 그에게 100달러를 보수로 준다고 해도 그 돈은 절대 아까운 돈이 아닐 것이다.

우리는 인생을 살아가면서 자신의 만족을 위해 항상 실수하고 실패하며 고뇌에 빠진다. 또한 자신을 바보로 만들며 자기 안의 진실들을 무시해 버리거나 알아내길 단호히 거부하곤 한다.

나는 지금껏 남의 약점을 보완하려 애써왔다. 그 과정 중에 나 자신의 결점 또한 발견할 수 있었다. 우리는 다른 사람들이 우리를 불쌍하게 생각하는지도 모르고 자만에 가득 차서 뽐내고 다닌다. 그리고 그 자만이 진정 우리 자신인 줄 착각하며 지낸다.

잠깐! 아직 이야기가 끝나지 않았다.

나는 아직도 당신을 속속들이 알고 있지는 못하다. 그러나 당신은 자신의 내부 깊이 들어가 자기 내성(內省)의 연구를 위하여 이 책을 샀으며 나는 내 할 일을 최대한 다하려고 노력한다.

지난 날 당신이 경험한 실패는 당신을 바보로 만들 뿐 아니라, 당신은 그 실패 원인에 대해 계속 물고 늘어지려 한다. 일이 잘 풀리지 않을 때 당신은 책임을 지려 하기는커녕 '난 정말 이 사람들이 날 대하는 방식이 맘에 안 들어! 그냥 그만둘 거야' 라는 말로 대신한다.

그런 사실을 무조건 부정하지는 마라!

자, 이제 조그마한 비밀을 털어놓겠다. 내가 그동안 아픔을 겪으며 터득한 비밀이기도하다.

직업을 그만두기 전에 이 점을 기억하라. 모든 일에는 장애물이 있다. 전문가가 되기 위한 시험과정이 있고, 극복하기 위한 고난이 있듯이 삶이란 고난과 장애로 가득 차 있다는 점을 먼저 알아야 한다.

당신에게 닥친 그 고난들을 컨트롤할 수 있든 없든간에 그것들을 다 수용할 수 있어야 한다. 또 정확한 판단 하에 고난을 헤쳐 나가야 한다. 혹시 내가 당신을 너무 가혹하게 대한다고 생각한다면 이 점을 기억해주길 바란다.

친구여! 내가 내 자신을 평가할 땐 이보다 훨씬 더 가혹하다는 것을.

나에게도 적이 있기는 하다. 그러나 나에게 적을 주신 점에 대해 나는 신에게 아주 감사하게 생각한다. 고맙게도 그 적들은 나에 대한 이야기를 야비하고 잔인하게 퍼뜨리고 다닌다. 하지만 그들 때문에 내가 미처 모르고 있던 내 약점을 고칠 수 있었다. 그들의 날카로운 비평을 통해 대가를 지불하지 않고도 많은 것을 얻을 수 있었던 것이다.

468

일부 사람들이 싫어하는 것은 '다른 사람들도 좋아하지 않는다'라는 사실을 명심하는 세일즈맨은 큰 성공을 거둘 수 있을 것이다.

❊ 장점은 단점으로부터 생겨난다

나는 몇 년 전 에머슨의 《보상》에 관한 에세이를 읽는 도중에 내 인생의 가장 큰 결점을 발견했었다. 그때의 깨달음은 다음과 같은 부분을 읽으면서이다.

'우리의 장점은 단점에서부터 생겨난다.'

'우린 심하게 상처받거나 다치기 전까진 자기 안의 분노를 일깨우지 않는다. 만약 당신이 지금 편한 의자에 앉아 있다면 당신은 그 의자의 소중함을 모를 것이다. 당신이 힘들고 지쳤을 때에야 비로소 의자의 소중함을 느끼고 그동안 의 무심함을 후회할 것이다.

현명한 사람은 항상 자신을 힘든 상황에 처하게 만든다. 그리고 다른 사람을 비판하기보다 자신을 비판하는 데 더 흥미가 있다. 칭찬보다는 비난이 더 편하다.

나는 신문에서 내 입장을 옹호하는 기사를 싫어한다. 사람들이 나에게 뭐라고 하는 한, 나는 그 속에서 성공의 확신을 느낀다. 그러나 나에 관한 달콤한 칭찬이 들려올수록 나는 나의 적 앞에서 노출된 채로 벌거벗겨진 기분이 든다.'

이 위대한 에머슨의 법칙에 당신의 재료를 섞어 단단한 무기를 만들어라. 그리고 그 무기로 삶의 전쟁에 대비하라. 그리고 만약 이 책을 읽는 당신의 나이가 아직 어리다면 더욱더 많은 공부를 해야 한다. 왜냐하면 이 법칙에는 다년간의 진지한 경험이 포함되어 있기 때문이다.

당신은 냉정한 경험에서 나오는 교훈을 얻기 전에 다음과 같은 사실을 먼저 이해해야 한다. 경험이란 바로 아주 엄격한 선생과도 같다. 내가 만약 당신에게 '경험'을 통해 이익을 추구하라고 한다면, 나는 이제 내 할 일을 다한 것이나 다름없다. 마치 예전에 내 아버지가 자신의 의무를 다한 것처럼.

그는 언제나 이 철학이 담긴 한마디를 해주곤 했다.

"아들아, 이것은 내가 큰 고통을 겪으며 배운 것이니, 너는 그런 고통은 받지 않고 배우도록 해라."

어쨌든 우리는 이 주제의 막바지에 이르렀다. 그러나 이 장의 주제에 대해 내가 하고 싶은 말은 무궁무진하다. 어쩌면 지금까지는 단지 빙산의 일각 정도만 언급한 것 같다.

한 가지 내 머릿속에 떠오르는 오래된 이야기가 있다.

2천 년 전 고대 로마의 안티오크란 도시에서 시작된 이야기이다. 그 당시는 예루살렘과 유대의 모든 지역이 로마의 가혹한 정치에 시달리고 있던 때였다.

어린 유태인 벤허(Ben Hur)는 억울하게 누명을 써서 갤리선(노예나 죄인에게 노를 젓게 함으로써 항해하는 범선)의 노를 젓는 일을 형벌로 선고받았다. 갤리선 안에서 쇠사슬에 묶인 채 벤허는 계속해서 노를 저었고 이에 따라 강한 힘을 기를 수 있었다.

그를 담당하던 고문관은 이 형벌이 그를 더욱 강하게 한다는 사실을 조금이나마 알고 있었지만, 그가 풀려나지 않는 한 그 힘은 쓸 곳이 없었다. 그러던 어느 날 전차 레이스를 하는 날이 돌아왔다. 그날은 벤허가 쇠사슬에서 풀려나 갤리선에서 해방되는 유일한 날이었다.

전차 레이스에 참여하는 여러 대의 전차 가운데 한 대의 전차에 조종자가 없었다. 주인은 다급하게 다른 조종자를 찾았고, 벤허의 굵은 팔을 본 주인은 그에게 전차의 조종을 해달라고 부탁했다. 벤허는 고삐를 낚아 쥐었고 그의 우렁찬 외침은 관중석까지 울려퍼졌다.

"와, 저 팔을 좀 봐. 어떻게 저런 강한 팔뚝을 만들었지?"

관중들은 벤허에게 소리쳤고 그는 대답했다.

"갤리선의 노를 저으며 만들었소!"

레이스가 시작되었다. 그 우람한 팔뚝으로 그는 전차를 힘차게 몰아 레이스에서 우승했다. 우승의 대가는 자유였다.

이해되는가? **삶은 거대한 전차 경주이다. 그리고 승리는 항상 힘을 기르고, 의지를 가진 사람의 몫이다.** 갤리선에 갇혀 있는 것과 같은 한정된 기회를 놓치지 않고 잘 이용한다면 우리는 인생에 승리를 거두게 될 것이다.

인내가 힘을 키운다는 것은 불변의 진리이다. 만약 우리가 하루 종일 5파운드짜리 망치를 휘두르는 가난한 대장장이를 불쌍히 여기지만 또 한편으로는 그것을 통해 길러진 강인한 팔을 보고 감탄하는 것이다.

그래서 에머슨은 "……세상의 모든 만물은 이중성이 있다. 삶에 노력에는 속임수가 있을 수 없다"고 말하고 있다.

"도둑은 바로 자신의 물건을 훔치는 사람이다. 사기꾼은 바로 자신에게 사기를 치는 사람이다. 노력의 가치는 지식과 미덕인 데 비해 재산은 간판과도 같다. 간판은 종이처럼 위조될 수도 있고 도둑맞을 수도 있다. 하지만 지식과 미덕은 그럴 수 없다."

이 세상에 게으른 사람은 없다. 게을러 보이는 사람은 자신한테 가장 잘 맞는 일을 찾지 못한 불행한 사람일 뿐이다.

❋ 노력의 가치는 지식과 미덕

헨리 포드는 자신의 회사에 취직하고 싶어하는 젊은이의 편지를 일주일에 1만 5천 통이나 받았다. 하지만 그 중의 과연 몇 사람이 헨리 포드의 진정한 재산이 무엇인지 알고 있을까. 포드의 진정한 재산은 은행의 잔고나 그가 경영하는 공장의 개수가 아니라 바로 그가 지금까지 쌓아올린 '명성'이라는 점을 알고 있을까?

그렇다면 그는 어떻게 그러한 명성을 쌓아올렸을까? 분명히 일을 적게 하려고 노력하거나 상대방의 돈을 깎아먹으려고 하진 않았을 것이다. 포드의 경영철학의 기초는 이렇다.

"손님들에게 가장 저렴한 가격으로 가장 좋은 물건을 제공하라."

다른 자동차회사가 자동차 가격을 올리는 대신에 포드는 가격을 내렸다. 어찌된 일일까? 이 정책은 수확체증의 법칙에 따라 만들어진 것이어서 포드는 세상에서 가장 부유하고 힘 있는 사람이 되었다.

오! 바로 앞의 이익에만 눈이 멀어 부를 쫓아다니는 바보들이여! 하루살이식 사냥에서 빈손으로 되돌아오는 자들이여! 왜 포드처럼 이 책의 가르침을 받지 않은 것인가? 어째서 기존 사고방식을 뒤엎고 먼저 주고 난 다음에 더 큰 것을 얻으려고 하지 않는가?

이번 장을 끝내는 오늘은 마침 크리스마스 이브이다!

내 방 옆에서는 아이들이 크리스마스 트리를 장식하고 있었고 그들의 목소리가 마치 나에겐 음악소리처럼 울려퍼졌다. 아이들은 행복했다. 그들은 단지 선물을 받기 위해서 기쁜 게 아니라 다른 사람에게 주려는 선물을 감추어놓고 있기에 기뻐하게 된다.

내 방의 창가에서 보니 길거리 모든 아이들의 얼굴도 다 똑같이 행복해 보였다. 이것은 어떤 연유일까?

현대에 이르러 수많은 사람들이 예수의 탄생을 축하한다. 예수의 수많은 가르침 중에는 '받기보다 주는 데 행복을 느끼라는 것'과 '소유하는 것만이 행복의 전부가 아니라는 것'이 있다. 이번 장의 집필을 크리스마스 이브에 마무리했다는 사실은 정말 신기한 우연이 아닐 수 없다.

마태복음의 산상수훈(山上垂訓)에도 이번 장에서 강조하는 부분과 유사한 내용이 있다. 성경 내용이 뒷받침해주는 것보다 더 이상 확실한 지지가 어디 있겠는가? 기독교는 현재 세계에 가장 널리 퍼진 종교이다. 게다가 기독교 철학은 이 장의 내용과 완벽한 조화를 이룬다.

아이들의 행복한 웃음과 뒤늦게 허둥지둥 따라오는 크리스마스 행렬을 볼 때마다, 그리고 남에게 무엇을 줌으로 해서 기쁨을 느끼는 것을 생각할 때마다 나는 모든 밤이 크리스마스 이브였으면 하고 기도하게 된다.

그렇게 되면 이 세상은 살기 좋은 곳이 될 것이고 생존을 위한 투쟁은 줄어들 것이며 증오와 반목은 점차 소멸될 것이기 때문이다.

인생은 순식간에 지나가 버린다. 우리가 사용하는 양초나 성냥처럼 반짝거리다가 이내 꺼져버린다. 만약 우리의 인생이 죽음의 그늘 위에서 재산을 축적하는 데만 급급하다면 사람들과의 교류를 통해 얻을 수 있는 보물은 어떻게 장만 할 수 있을까? 친절과 동정의 마음으로 가능한 한 많은 사람들에게 우리가 할 수 있는 서비스를 제공함으로써 그런 보물들을 수집할 수 있지 않겠는가?

나는 당신이 이런 논리에 동의하기를 바란다.

여기서 이 장은 끝이 나지만 그렇다고 완성이 되었다는 뜻은 아니다. 지금이 당신의 향후 인생과 성공을 위하여 최대한 많은 법칙을 수용하고 노력할 때이다.

이번 장의 주제는 한 인간의 일생을 통해 결코 끝낼 수 있는 것이 아니다. 그저 이 책의 목적은 당신이 자신도 모르는 힘을 발견하고 그 효과를 극대화하는 데 도움을 주려는 데 있다.

다시 강조하지만 이번 장의 내용은 당신을 가르치려고 쓴 것이 아니다. 자신의 위치를 자각하고 인생의 진실들을 알게 해주려 썼다. 또한 당신의 능력을 찾아내고 발전시킴으로써 당신에게 걸맞은 교육의 한 방법으로 사용될 것이다.

그러므로 당신이 최선을 다해 일한다면, 그래서 자신의 능력을 발휘한다면 이 책의 목적을 최대한 달성한 셈이 된다. 그리고 자신의 일에 최선을 다하는 사람은 머지않아 큰 대가를 얻을 수 있다.

큰 승리는 오직 노력하는 자만 이룰 수 있을 것이며, 매일 끼니를 거르지 않 듯이 노력하는 습관 역시 하루도 빠지지 말고 연습해야 한다. 또한 이렇게 **당 신이 받은 대가보다 더 많은 일을 하게 되면, '세상은 당신이 일한 것보다 더 많은 것을 당신에게 주고 싶어한다' 라는 말이 증명되는 날이 올 것이다.**

결국 보수보다 많은 일을 하는 습관을 지닌 채, 그 같은 태도로 일한다면 당 신에게 돌아오는 결과는 이자에 이자를 덧붙여 상상도 못할 정도의 규모가 될 것이다. 노력의 결과로 얻은 이 재산을 어떻게 쌓아 올릴지는 당신에게 달린 일 이다.

이제 이번 장에서 얻은 것들을 통해 언제, 어떻게, 무엇을, 그리고 왜 행동할 것인가 생각해야 한다. 반복하지만 이 장은 당신이 일상생활에서 활용하지 않 는 이상 전혀 쓸모없는 것에 지나지 않는다.

지식은 오직 행동을 통해 활용되는 경우에만 힘으로 나타난다. 그것을 잊지 말라. 받은 것보다 더 일하지 않는다면 당신은 절대로 지도자가 될 수 없다. 그 리고 당신이 선택한 분야에서 리더십을 기르지 않는다면 당신은 결코 성공할 수 없다.

 신용이 있는 사람은 언제나 환영받는다.

474

"마스터 마인드(Master Mind)"

사람들은 정신, 즉 마인드 덕분에 자신들이 살고 있는 지구를 비롯한 그 주위를 둘러싸고 있는 공기와 땅에 대한 재미있는 사실을 발견할 수 있었다. 나아가 우주에 떠 있는 행성과 천체에 대한 사실도 알아낼 수 있었다.

망원경(이것 역시 정신으로부터 만들어질 수 있었다) 덕에 인간은 9,300만 마일이나 떨어져 있는 태양이 무엇으로 구성되어 있는지 알아낼 수 있었다.

우리는 석기시대, 철기시대, 구리시대, 종교적 광신시대, 과학적 연구시대, 산업시대를 거쳐서 이제는 사고의 시대로 접어들고 있다.

인류가 거쳐왔던 암울했던 시기의 잔재를 통해서 우리는 사고에 도움이 될 수 있는 많은 재료들을 축적했다. 반면 1만 년이라는 긴 시간 동안 무지, 미신, 두려움의 한편과 지성이라는 한편간의 전쟁은 지속되었고 이를 통해 인류에게 필요한 지식을 축적해 왔다. 또한 물질을 구성하는 83개의 원소도 발견할 수 있었다.

인류는 끊임없는 연구와 분석으로 태양이나 별과 같은 '거대한' 물질을 발견했으며 그 중 일부는 우리가 살고 있는 지구보다 1천만 배는 더 크다. 반면 분자, 원자, 그리고 가장 작은 단위인 전자와 같은 '작은' 물질도 발견했다.

원자는 알아볼 수 없을 정도로 작다. 모래 한 알갱이 안에 수백 만 개의 원자가 들어 있다. 분자는 원자로 구성되며 이들은 지구와 다른 행성들이 태양 주위를 공전하는 것과 유사하게 빛의 속도로 서로를 기준으로 회전한다.

마찬가지로 원자는 끊임없이 빠른 속도로 움직이는 전자들로 구성된다. 따라서 흔히 물 한 방울이나 혹은 모래 한 알갱이 속에 온 우주의 섭리가 그대로 들어 있다고들 한다.

얼마나 놀라운 사실인가! 굉장하지 않은가! 이런 것들이 사실이라는 것을 어떻게 알 수 있겠는가? 답은 마인드라는 정신을 통해서이다.

당신은 다음번 당신이 스테이크를 먹을 때 이 전자의 중요성에 대해서 다시 한번 알 수 있게 될 것이다. 당신이 먹는 스테이크, 그 아래에 있는 접시, 접시가 놓인 테이블 및 숟가락, 포크들이 모두 최종적으로 분석해 보면 같은 성분인 전자로 구성되어 있기 때문이다.

하늘에 떠 있는 큰 별이나 땅 위에 있는 모래 알갱이 모두가 분자, 원자, 전자의 집합체이다(전자는 양극과 음극으로 구성된 더 이상 쪼갤 수 없는 형태로 구성되어 있다). 이렇게 인간은 우주의 물질적인 현상에 대해 꽤나 많이 알게 되었다!

다음에 도래할 위대한 과학적 발견은 인간의 뇌에 관한 것이다. 뇌는 송신과 수신기능을 동시에 할 수 있다는 놀라운 사실이 밝혀졌다. 인간이 생각을 하면 뇌의 한 부분에서 진동이 발생하는데 반대쪽 뇌에서는 이 진동과 '조화'를 이루며 반응하고 해석된다.

인간은 이 지구상의 많고 많은 물리법칙들을 어떻게 알아낼 수 있었을까?

문명화 이전 시대의 일들을 어떻게 알아낼 수 있었을까?

인간은 '대자연의 성경(Nature's Bible)'을 참고하여 하등동물들이 수백만 년에 걸쳐 겪었던 일에 대한 확실한 증거를 찾았던 것이다. 예를 들면 인류의 유골, 발자국 등이다.

이제 인간은 이 '대자연의 성경'의 다른 내용에 관심을 돌려야 할 시점에 왔다. 사고 영역에서 일어났던 위대한 정신적 사투에 관한 역사를 살펴볼 차례이다. 이 내용은 인간이 절대로 침해할 수 없는 영역이었다.

역사에 기록된 내용은 정확할 뿐더러 아직 미흡한 부분에 대해서는 조만간 명확하게 해석이 될 것이다. 이 해석은 추측만으로는 불가능한 것들이며 개작

(改作)이 허용되지 않는 의심할 여지없는 사실들이다.

인간은 교육(인간의 정신으로부터 나오고 계발된)을 받음으로써 대자연의 성경을 점점 해석하고 있다. 이 성경에는 가장 오래되고 위험했던 인류 투쟁의 역사가 기록되어 있다.

이 책의 다른 장에 있는 '강좌를 진행한 후 저자와의 대화'에 설명된 6가지 기본적인 두려움을 극복한 사람들과 무지와 미신을 극복한 사람들은 이 대자연의 성경에 기록된 내용들을 읽어낼 수 있다. 그러나 극복하지 못한 사람들은 이러한 특권을 누릴 수 없다.

이러한 이유로 이 세상에는 대자연의 성경을 해독할 수 있는 사람은 기초적 단계에 있는 사람들을 포함하더라도 1,000여 명이 채 안 될 것이다. 또 현재 정신의 화학작용(chemistry of the mind)에 대해 알거나 들어본 사람은 100명이 채 안 될 것이다.

정신의 화학작용을 통해서 두 개 이상의 마인드가 완벽한 조화 속에 융화되어 초인간적인 힘을 지닌 제3의 정신을 생성한다. 이 힘을 통해 불멸의 에테르에 기록되어 있는 사고의 진동을 읽어낼 수 있다.

최근에 발견된 라디오의 원리는 의심 많은 사람(doubting Thomases)들의 입을 닫았으며 과학자들로 하여금 앞다투어 새로운 실험분야로 뛰어들게 했다. 그들이 이 분야의 연구를 마치고 나면 오늘날 우리가 정신에 대해 이해한 부분은 미래에 습득할 지식에 비하면 매우 보잘 것 없다는 사실을 밝힐 것이다. 이것은 마치 아메바에서부터 인간에 이르기까지 모든 생명체의 일상을 읽어내는 저명한 생물학 교수의 지능과 비교되는 올챙이의 두뇌 수준에 지나지 않는다.

두 개 이상의 정신이 조화롭게 융합하면 놀라울 만한 힘이 생긴다고 말했다. 그럼 이런 힘을 활용하면서 살고 있는 사람들을 잠시 만나보자.

먼저 자신의 분야에서 이름을 떨친 3명의 유명인에 대해 각각 알아보자. 그들은 바로 헨리 포드, 토머스 에디슨, 하비 파이어스톤(파이어스톤 타이어회사의 창립자 - 편역자주)이다.

경제력으로만 봤을 때 이들 중 헨리 포드가 가장 힘 있는 사람이다. 역사적으로도 그렇게 기록되고 있다. 그의 힘은 너무나 위대해서 지구상에 그가 가지고 싶은 것은 무엇이든 가질 수 있었다. 수백만 달러라는 돈은 그에게 조그만 장난감에 지나지 않았고 심지어 아이들이 가지고 노는 모래보다 구하기 쉬웠다.

에디슨은 대자연의 성경에 대한 식견이 뛰어난 사람이었기에 수많은 자연의 법칙을 이용하여 인간의 생활을 편리하게 만들었고, 그가 이룬 업적은 이 세상 그 누구의 것과도 비교할 수 없다. 바늘과 왁스를 이용해 목소리를 녹음한 것도 에디슨이다. 백열전구를 만들어 집과 길거리를 환하게 밝혀준 사람도 에디슨이다. 카메라를 사용하여 움직이는 사진을 기록함으로써 현대적인 영사기를 발명한 것도 에디슨이다.

파이어스톤의 업적은 경제 분야에 이미 널리 알려져 있어서 따로 언급하지 않아도 될 것이다. 자동차가 있는 곳이라면 어디든지 그의 이름이 항상 따라다녔고, 그 결과 그는 엄청난 속도로 돈을 많이 벌었다.

그 3명 모두 무일푼으로 사업을 시작했으며, 흔히 '교육'이라고 부르는 학교교육은 전혀 받지 못했지만 자연에서 배운 법칙을 자본으로 큰 성공을 거두었다.

아마도 3명 중 포드의 입장이 가장 불리했을 것이다. 가난은 물론 최소한의 교육도 받지 못한 무식쟁이인 그는 25년이라는 믿기 어려울 정도로 짧은 기간에 이 모든 것을 극복하였다.

우리는 이 유명하고 힘을 가진 위대한 세 사람의 업적을 간단하게 살펴봤다. 그러나 보통사람들은 이들이 일궈낸 결과에만 관심이 있다!

그렇지만 이 시대의 진정한 철학자라면 이 세 사람이 얻은 바람직한 결과의 원인을 알아내려 할 것이다.

478

포드와 에디슨, 그리고 파이어스톤은 개인적으로 친한 친구였다. 그리고 그들이 1년에 한 번씩 숲을 찾아가 휴식을 취한다는 사실은 이미 많은 사람들이 알고 있다. 그러나 다음과 같은 사실도 알고 있을지는 미지수다.

'세 사람 각자의 마인드가 서로 조화롭게 융화되었다는 사실과 그로부터 마스터 마인드가 생성되어 세 사람 각자가 그것을 이용하고 있었다.'

이렇게 초인간적인 능력을 지닌 그 마스터 마인드는 대부분 사람들은 모르는 엄청난 파워를 만들어내기도 한다.

다시 한번 말하지만, 둘 이상(12~13개 정도가 가장 바람직하다고 생각되어진다)의 정신이 조화롭게 융화되면 하나의 새로운 정신이 생성되며, 그것은 에테르의 진동주파수에 동조하여 어떤 사물이나 주제에 대해서도 같은 사고를 포착해 낼 수 있는 능력을 지니게 된다.

정신의 조화법칙을 통해 포드, 에디슨, 파이어스톤은 각자의 노력을 배가해주는 마스터 마인드를 형성했으며 그것은 세 사람 각자의 노력을 도와주었다. 그리고 **이들이 이런 사실에 대해 의식하든 안하든간에 바로 이 마스터 마인드로 성공할 수 있었던 것이다.**

이들에게 위대한 힘이 있었는지, 아니면 각자의 노력으로 성공을 거두었는지에 대해서는 해석이 다를 수도 있다. 그리고 이 세 사람들은 자신들에게 마스터 마인드가 있었는지, 혹은 그것을 만드는 힘이 있었는지 알지 못함에도 불구하고 이 말은 사실이다.

시카고에는 '빅 식스(Big Six)' 라고 불리는 6명의 힘 있는 사람들이 살았다. 이 여섯 명은 중서부 지역에서 가장 힘 있는 사람들이라 불리었다. 그들의 연수입을 다 합치면 2,500만 달러가 넘는다는 말도 있다.

이 여섯 명 모두가 처음에는 힘든 환경에서 출발했다.

그들의 이름을 나열해 보자면 우선 연 소득만 1,500만 달러가 넘는 것으로 알려진 추잉검 회사의 사장인 윌리엄 리글리 2세(Wm. Wrigley, Jr.), 미국 전역에

톰슨 셀프서비스 식당을 체인으로 경영하는 존 톰슨(John R. Thompson), 로드 앤 토머스(Lord & Thomas) 광고회사를 소유한 래스커(Lasker), 전 세계적으로 가장 큰 운송회사를 경영하고 있는 매컬로프(McCullough), 전국적인 택시사업을 하고 있는 리치(Ritchie)와 헤르츠(Hertz)이다.

단순히 백만장자가 된 사람들에 대해서는 그리 놀랄만한 점이 없다. 그러나 이들 6명의 백만장자가 경제적인 성공 뒤에는 놀라운 연관성이 있다. 이들 사이에는 우정이라는 연결고리가 있고 이 연결고리가 서로 조화를 이루어 마스터 마인드가 형성된 것이다.

계획적이든, 아니면 우연이든 이 여섯 사람은 마스터 마인드를 통해 각각의 마음을 보충하는 방향으로 서로의 정신을 융화시켰다. 그 결과로 개개인의 능력으로는 불가능한 성공 그 이상의 성공을 거두었다.

예수는 12명의 제자에 둘러싸여 세계 최초로 '13인 클럽(Thirteen Club)'을 조직함으로써 마스터 마인드의 기본이 되는 법칙을 발견하였다. 그후 13명 중 한 명(유다)이 조화를 깨뜨렸지만 모두에게 근본적으로 존재했던 융화의 마음 덕분에 세상에서 가장 위대하고 영향력 있는 이 철학은 지속될 수 있었다.

수백만의 사람들이 자신은 지혜롭다고 생각한다. 이 중 많은 사람들에게 기본 단계의 지혜가 있는 것도 사실이다. 하지만 그 누구도 마스터 마인드를 만들지 않고는 진정한 지혜를 얻을 수 없다. 그리고 이것은 두 개 이상의 마인드가 조화롭게 융화되지 않고서는 만들 수 없다.

수년간의 실험을 통해 13명의 마인드가 완벽한 조화를 이룰 때야말로 가장 효과적인 결과를 얻을 수 있다는 사실을 알아냈다. 요즘 주위에서 상업적, 산업적 성공 사례를 흔히 볼 수 있는데 이 모두가 마스터 마인드 원칙에 기반을 두었다.

신문지상에 '합병'이라는 단어를 심심치 않게 찾아볼 수 있다. 인류는 자연스럽게 (극소수이긴 하지만) 우호적인 협조와 협력을 통해 더 큰 힘을 형성할 수 있다는 사실을 배우고 있는 것이다.

마스터 마인드 법칙을 상황에 맞게 적용하는 지도자로부터 사업은 성공을 거둘 수도, 실패를 거듭할 수도 있다. 만일 **당신도 위대한 지도자가 되기를 원한다면 자신과 어울리는 마인드가 있는 사람을 찾아라.** 약속할 수 있는 것은 이 원칙을 잘 따르고 적재적소에 이용한다면 자신의 노력으로 무엇이든지 얻을 수 있을 것이라는 점이다.

10장
유쾌한 성품
Pleasing Personality

Napoleon Hill

고용주들은 다른 사람보다 일을 더 잘하는 사람을 찾으려고 혈안이 되어 있다. 그 일이 포장을 하는 일이든, 편지를 쓰는 일이든, 장사를 마무리짓는 일이든지간에 말이다.

10장

유쾌한 성품

'믿어라! 당신은 해낼 수 있다!'

매력적인 성품(性品)이란 무엇일까?

물론 말 그대로 남에게 매력적으로 보이는 성품이며 호감이 가는 성품이다. 그러면 무엇이 인간의 성품을 매력적으로 만드는 것일까? 같이 연구해보자.

어떤 사람의 성품이란 다른 사람과 구별되는 성격과 외모가 조화된 것을 뜻한다. 가령 **어떤 사람이 입고 있는 옷, 얼굴 생김새, 목소리, 사고방식, 그 사고방식이 이뤄놓은 성격, 이 모든 구성요소들이 그 사람의 성품을 만드는 것이다.** 그러므로 어떤 사람의 성품이 매력적이다, 아니다는 다른 문제다.

지금까지는 성품을 논할 때 그 사람의 성격을 얘기하는 것으로 이해되었다. 그렇지만 성품을 구성하는 요소들 중 가장 중요한 부분은 흔히 보이지 않는다.

예컨대 옷 입는 스타일과 상황에 맞게 옷을 입는 센스는 의심할 여지없이 성품을 구성하는 데 가장 중요한 부분이다. 그리고 사람의 첫인상은 물론 겉모습을 보고 판단된다.

타인과 악수할 때 나타나는 매너마저도 성품을 구성하고 있는 하나의 중요한 요소이며, 이 요소는 남들이 기억 속에 매력적인 사람으로 혹은 거부감이

484

드는 사람으로 남을 수 있다. 이 악수하는 기술은 선천적인 것은 아니며 얼마든지 노력함으로써 좋은 매너를 만들 수 있다.

당신의 성품을 형성하는 요소 중 '눈'은 매우 중요한 부분이다. 눈은 외관상보다 남들이 그 눈을 보고 상상할 수 있는 부분이 더 많다. 즉, 사람들은 어떤 사람의 눈을 통해 그의 마음과 생각을 읽을 수 있다는 뜻이다.

다른 사람을 끌리게 하는 활기찬 성격 또한 성품을 형성하는 중요한 요소 중 하나이다.

매력적인 인간성의 형성

이제 우리는 외관상 보이는 중요한 요소들이 남들에게 거부감을 주지 않고 매력적으로 보이는 방법에 대해 알아보기로 하자.

설령 당신이 시골 서커스단의 못 생기고 '뚱뚱한 여자'라 해도 남들에게 항상 매력적인 사람으로 보일 수 있는 한 가지 방법이 있다. 그것은 바로 다른 사람들이 겪는 일에 대해 진정으로 관심을 갖는 것이다.

몇 년 전 '훌륭한 세일즈맨십'이란 주제로 강의를 했을 때 일어났던 일이다.

어느 날 한 중년 부인이 사무실로 찾아와 메시지가 적힌 카드를 내밀었다. 거기에는 개인적인 일로 꼭 나를 만나야 한다고 써있었다. 내 비서가 계속해서 무슨 일이냐고 물어봤지만 부인은 자신이 온 목적을 말하지 않았다. 나는 그녀가 분명 가난한 책 판매상일 거라고 생각했다.

젊은 날 내 어머니가 그랬듯 나에게 책을 팔러 왔으리라. 그러나 나는 어머니 생각에 부인이 기다리고 있는 리셉션 룸으로 나갔고 그녀가 무얼 팔든 사주기로 마음먹었다.

이제부터 내가 하는 말을 꼼꼼히 새겨두길 바란다. 이 일화를 통해 당신은 진정한 세일즈맨십이란 무엇인가에 대해 많은 것을 배울 수 있을 것이다.

사무실에서 나온 나는 복도를 지나 리셉션 룸으로 들어갔다. 그 부인은 나를 보자마자 환하게 웃기 시작했다. 나는 지금까지 많은 사람들의 미소를 보아왔지만 그렇게 온화한 미소는 처음이었다. 그 미소에는 뭐라 묘사하기 힘든 어떤 전염성이 있었다. 왜냐하면 나 역시 그 부인의 미소를 따라 온화한 미소를 짓고 있었기 때문이다.

내가 다가가자 그녀는 손을 뻗어 내 손을 잡았다. 그리곤 악수를 했다. 평상시 내 사무실에 처음 온 사람에게 나는 친절하게 말을 하지 않는다. 왜냐하면 그들은 내가 하기 싫어하는 그 무언가를 물어보고 권유할 것이 분명하기 때문이다.

그러나 이 점잖은 여성은 너무나 온화하고 부드럽게 내 손을 잡고 악수를 하고 있었다. 그녀는 얼굴에 가득 온화한 미소를 띠고 있었을 뿐 아니라 마치 자석과도 같은 악수를 했다. 그녀는 내 손을 꼭 잡고 있었다. 그리고 나는 부인이 나와 악수를 하게 되어 진심으로 기뻐하고 있다는 것을 느낄 수 있었다.

지금도 그 부인이 나와의 악수를 기쁘게 생각한다고 믿고 있다. 그녀가 흔들었던 내 손만큼이나 내 마음도 흔들리고 있었다. 나는 직업상 수천 명의 사람들과 악수를 해봤다. 하지만 그녀처럼 악수의 의미를 제대로 이해하고 있는 사람은 없을 듯하다.

부인이 나의 손을 잡고 있는 동안 나는 마음이 송두리째 흔들리고 있다는 것을 느꼈고, 그녀가 온 목적이 무엇이든간에 목적을 달성하고 갈 것이라는 생각을 했다. 그리고 나 역시 그녀를 돕기 위해 최선을 다하게 될 것임이 분명했다.

다시 말해 내 마음을 움직이는 그 미소 따뜻했던 악수는 내 맘을 열기 충분했고 나를 그녀에게 협조할 수밖에 없는 '희생양'으로 만들어 버렸다. 나는 보통 세일즈맨이 나에게 와서 무엇인가를 팔려고 하면 마음속으로 벽을 만들고는 더 이상 들어보려 하지도 않았다.

하지만 이 부인은 내가 원하지 않았음에도 불구하고 단 한방에 내가 빠져나갈 곳을 빼앗아 버렸다. 이전 장에서 자주 사용했던 문장을 다시 한번 기억해보자. 이 점잖은 방문객은 내 마음을 '중화' 시켰고, 나는 이 부인이 하려고 하는 말이 무얼까 궁금해졌다.

※ 진정한 세일즈맨십의 표본

여기에 대부분의 세일즈맨이 흔히 하는 실수가 있다.

굳이 비유를 하자면 '자전하고 있는 지구에게 갑자기 멈추라고 명령해 봐야 멈추지 않는 것처럼' 소비자가 세일즈맨의 말을 충분히 경청할 수 있는 분위기가 되기 전까지는 물건을 팔려고 노력해 봐야 소용이 없다는 점이다.

처음에 이 부인이 내 맘을 열기 위해 어떻게 미소짓고 악수를 청했는지 기억을 더듬어보자. 그녀의 미소와 악수할 때 느꼈던 그 따스함은 내 마음을 감동시키기에 충분했다. 그러나 아직 그녀가 하고 싶어하는 이야기는 나오지 않았다.

그녀는 마치 온 우주의 시간을 혼자 다 가지고 있는 것처럼 – 그 당시 내 느낌에 그녀는 실제로 그랬던 것 같다 – 천천히, 그리고 신중하게 다음과 같은 말로 승리를 향한 첫발을 내디뎠다.

"이 말씀을 드리고 싶어 실례를 무릅쓰고 이렇게 찾아왔습니다(꽤 긴 시간이 흐른 것 같았다). 전 지금 세상에서 당신이 가장 위대한 일을 하고 있다고 생각합니다."

그녀는 말하는 동안 내 손을 꼭 잡고 있었고, 그녀가 하는 말 한마디 한마디는 모두 점잖기 그지없었다. 또한 그녀는 말하는 동안 내 눈을 그득히 쳐다봤으며 그 눈빛은 내 눈을 통해 내 마음까지 다가갔다.

나는 정신을 차린 후(나중에 부하직원들 사이에서는 내가 기절했다는 소문이 돌았다)에 마음의 문의 빗장을 풀고 다음과 같이 말했다.

"자! 이리 오세요, 부인. 제 사무실로 들어오세요."

나는 마치 중세의 기사처럼 그녀에게 정중하게 인사하고 그녀에게 들어와서 잠시 앉기를 청했던 것이다. 그리고 사무실로 함께 들어온 나는 그녀에게 푹신하고 편한 의자를 권했다. 나는 보통 사무실에 용무가 있어 찾아온 사람들에게 딱딱하고 작은 의자를 권하곤 한다. 왜냐하면 내 소중한 시간을 뺏는 것에 대한 일종의 경고를 주기 위해서였다.

나는 대략 45분 동안 일방적으로 부인의 이야기를 들었다. 지금까지 나누었던 대화 중 가장 가슴에 와닿는 따뜻한 대화였던 것 같다.

초반부터 그녀는 대화의 주도권을 가지고 있었고, 45분이라는 시간 동안 나는 대화의 주도권을 뺏으려는 아무런 의지가 없었다는 데 더욱 놀랐다. 다시 말하지만 나는 상당히 우호적으로 그녀의 말을 경청하고 있었던 것이다!

이제부터 할 이야기는 독자와 지면상이 아니라면 개인적으로 무척이나 당황스럽고 창피한 이야기이다. 그러나 이 부분을 뺀다면 이 일화가 갖는 의미가 반감되기 때문에 용기를 내서 사실대로 적어본다.

나는 내 방문객과 무려 45분 동안이나 대화를 했다. 이제 그 많은 시간을 들여 대화를 나눈 결과로 그녀가 무슨 말을 꺼냈을지 한번 상상해 보라. 아마 독자들 대부분은 물건을 파는 이야기로 끝났을 것이라고 생각할 것이다.

아니다! 틀렸다. 그녀는 나한테 책을 팔러온 게 아니었다. 정확히 말해 그녀는 사적인 '나는……' 으로 시작하는 말조차도 꺼내지 않았다. 물론 그녀는 나에게 무언가를 팔려고 노력을 하긴 했었고 실제로 판 것이 분명했다. 그 무언가는 바로 내 자신이었다.

그녀가 사무실에 들어와 자리에 앉자마자 손에 들고 온 보따리를 풀었는데 나는 그 보따리가 그녀가 팔고자 하는 책인 줄로만 알았다. 하지만 그 보따리는 책이 아니었다. 아니, 사실 그 안에 책이 있기는 했다. 그녀는 그때까지 내가 발행했던 잡지 《힐의 황금률》 1년치를 다 들고 온 것이다.

그녀는 그 중 책 한 권을 꺼내어 여기저기 밑줄을 그어져 있는 페이지를 폈다. 그녀는 내가 발행한 잡지의 문장이 전하는 철학을 믿고 있었다. 내가 그녀의 최면에 무기력하게 빠지고 나자 그녀는 내가 예상했던 대로 아주 재치 있게 대화의 주제를 바꿨다.

그 이야기를 꺼내기 위해 내 사무실에서 그리도 오랜 이야기를 한 것이다. 그러나 지금 이 순간이 대부분의 세일즈맨이 실수를 범하는 가장 중요한 순간이다. 보통의 세일즈맨들은 고객을 보자마자 바로 세일즈를 시작한다.

하지만 그녀는 다른 말로 먼저 고객의 주의를 환기시킨 후 마지막에 세일즈에 관한 이야기를 꺼냈다. 만약 그녀가 처음부터 세일즈를 시작했다면 아마 내 푹신한 의자에는 앉아보지도 못했을 것이다.

마지막 3분여 동안 그녀는 자신이 팔고자 하는 유가증권의 장점에 대해 아주 노련하게 설명을 해주었다. 하지만 결코 주식을 사주십사 종용하지 않고 단순히 주식의 장점에 대해서만 설명을 했다. 나는 그 설명을 듣고 주식을 사고 싶다는 생각이 문득 들었다.

결국 나는 그녀에게서 주식을 하나도 사지 않았다. 하지만 그녀는 분명 나에게 무언가를 팔고 갔다. 왜냐하면 나는 전화기를 들어 사람들에게 그녀를 소개했고 그들은 분명 내가 사는 주식의 양보다 적어도 다섯 배 정도는 더 살 사람들이기 때문이다.

만약 이 여성과 똑같은 재치와 노련미가 있는 다른 여자 혹은 남자가 또 나를 방문한다면 나는 역시 그들에게 내 사무실 문을 열어주고, 내 의자를 권하며 45분간 경청할 것이다.

우린 모두 하잘 것 없는 인간이다. 조금도 더하지 않고 덜하지도 않다. 이런 점에서 우린 모두 똑같다. **우린 누구나 맘에 와닿는 진심어린 말을 하는 사람들에게 귀 기울이게 되어 있다.** 이 사람들과 대화를 하는 동안 우리는 서로에게 전해지는 교감을 느낄 수 있다.

대화가 끝나고 상대방이 주제를 바꿔 나에게 무언가를 요구하게 되더라도 내게 전해졌던 그 감동을 기억하고는 결국에는 사인을 하게 된다. 상대방이 원하는 대로 사인을 하고 나서도 '저 사람의 성품은 너무 고결해' 라고 조용히 내

뺄을 것이다.

❊ 기존의 원칙을 제대로 적용하라

몇 년 전 나는 시카고의 한 증권연수원에서 약 1,500명을 교육시키는 연수 프로그램을 진행하고 있었다. 그 증권사는 거대한 조직의 명성을 유지하기 위해서 매주 600명 정도의 연수생을 선발해 훈련시켜야 했다. 이 연수원을 나온 수천 명의 세일즈맨 중 내가 가르쳤던 세일즈 기술을 정확히 이해했던 한 남자 직원이 있었다.

사실 이 남자직원이 처음 연수원을 들어왔을 때 그는 주식을 팔아본 적도 없었고 이전에 세일즈를 해본 적도 없다는 사실을 솔직히 인정했다. 자, 그러면 그가 어떤 부류의 사람인지 한번 살펴보기로 하자.

연수가 끝날 때쯤 그가 남의 말을 잘 믿는 사람이라 생각한 어떤 '유능한' 세일즈맨은 그를 놀려주기로 결심했다. 그는 그 남자직원에게 크게 노력하지 않고도 주식을 팔 수 있는 팁을 주겠다고 했다.

그는 자기가 직접 판매를 할 수도 있지만 주식을 살 사람이 조금만 설득하면 쉽게 주식을 구매할 평범한 예술가이기 때문에 '유능한' 자신의 시간을 낭비하기 싫다고 했다.

신입 세일즈맨은 그 팁을 기꺼이 받아들였고 주식을 판매하려고 나섰다. 그가 사무실에서 나가자마자 그 '유능한' 세일즈맨은 다른 '유능한' 세일즈맨들을 불러 모아 자신의 장난에 대해서 이야기했다.

사실 그 화가는 부유한 사람이었고 그 '유능한' 세일즈맨은 거의 한 달 동안 화가에게 주식을 팔려고 했다가 실패했던 전적이 있었다. 알고 보니 거기에 모여 있던 다른 '유능한' 세일즈맨 모두가 그에게 주식을 팔려고 했다가 실패한 경험이 있었다.

신입 세일즈맨은 한 시간 반 정도 후에 돌아왔고, 다른 '유능한' 세일즈맨들은 미소를 띠고 그를 맞이했다. 그러나 놀랍게도 그 신입 세일즈맨의 얼굴에도 미소가 가득했다. 신입 세일즈맨이 기분 좋게 돌아올 것이라고는 생각지도 못 했던 그 '유능한' 세일즈맨들은 서로 이상하다는 듯이 쳐다보았다.

처음 장난을 시작한 세일즈맨이 "주식을 팔았나요?"라고 그에게 물었다. 그 러자 그 풋내기 세일즈맨은 "물론이죠. 그리고 말씀하신 대로 그분은 정말 훌 륭한 신사이시고, 또 무척 재미있는 분이시던데요"라고 대답했다.

그는 주머니에 손을 넣어 2,000달러짜리 수표를 꺼냈다. 그 '유능한' 세일즈 맨들은 그가 어떻게 화가에게 주식을 팔고 왔는지 궁금해 했다.

"아, 별로 어렵지 않았어요."

풋내기 세일즈맨은 말했다.

"나는 그저 들어가서 그와 몇 분 동안 이야기를 나눴을 뿐이에요. 그랬더니 그 사람이 먼저 주식에 대한 이야기를 꺼내더라고요. 자기가 먼저 사고 싶다고 하는 거예요. 제가 먼저 나서서 그 사람한테 주식을 판 게 아니에요. 그 사람이 먼저 원해서 주식을 산 거죠."

이 말을 듣고 나서 나는 그 신입 세일즈맨을 사무실로 들어오라고 했고 그 일에 대해 좀더 자세하게 말해보라고 했다. 자세한 내용인즉 이랬다.

이 세일즈맨이 화가의 작업실로 들어섰을 때 화가는 열심히 그림을 그리고 있 었다. 세일즈맨이 작업실로 들어오는 것도 모를 정도로 화가는 그림 그리는 데 너무도 열중해 있었다. 그래서 그는 화가가 그리고 있는 그림이 잘 보이는 자리 로 뚜벅뚜벅 걸어가서는 아무런 말도 없이 그림을 계속 쳐다보고 서 있었다.

마침내 화가는 세일즈맨을 쳐다보게 되었고 세일즈맨은 작업실에 허락도 없 이 들어오게 되어 미안하다고 사과를 했다. 이어 화가가 그리고 있는 그림에 대해 말을 하기 시작했다.

그 세일즈맨은 그림에 대해 화가와 대화를 할 수 있을 만큼 충분한 상식이 있었을 뿐 아니라 실로 그림에 관심이 참 많은 사람이었다. 그는 그림을 좋아한다고 화가에게 솔직히 털어놓았고 물론 화가는 자신의 작업을 방해한 것 때문에 크게 흥분해 있었다.

어쨌든 이 두 사람은 예술에 대해 한 시간 가까이 대화를 했고 특히 그 화가가 그리고 있는 그림에 대해 중점적으로 대화를 나눴다. 마침내 화가는 그 세일즈맨에게 이름과 하는 일에 대해 물었다(바로 이런 사람이 훌륭한 세일즈맨이다). 그는 대답했다.

"제가 하는 일이나 제 이름 같은 것은 신경쓰지 마세요. 전 당신과 당신이 하고 있는 예술에 대해 더 관심이 있습니다."

이 말을 들은 화가의 얼굴에는 기쁨의 미소가 가득 번졌다. 이 세일즈맨의 말이 화가의 귀에는 그 어느 달콤한 음악보다 더 달게 들렸으리라. 그러나 화가는 그가 무슨 일로 작업실까지 찾아왔는지 여전히 궁금해 했다.

그제야 그 세일즈맨은 마지못해 ─ 그는 정말 진정한 세일즈맨이다 ─ 직업이 무엇이고 무슨 일로 찾아왔는지 설명을 하기 시작했다. 그는 간단명료하게 자신이 팔고자 하는 주식에 대해 설명했다. 화가는 마치 그 세일즈맨의 입에서 나오는 설명 한마디 한마디를 즐기며 듣고 있는 것 같았다. 그가 설명을 마치자 화가가 말했다.

"아! 제가 정말 바보였군요. 사실 몇 번인가 당신 회사에서 세일즈맨이 내게 찾아와 주식을 팔려고 수차례 방문했던 적이 있었습니다. 하지만 그들은 내게 주식에 관해서 말고는 그 어떤 말도 하지 않았습니다. 사실 날 너무 짜증스럽게 한 적도 많았습니다. 심지어 실례인 줄 압니다마는 그 중 어떤 분께는 여기서 나가달라고까지 말한 적이 있습니다.

가만 있자, 그 사람 이름이 뭐였더라. 아, 퍼킨스 씨이었어요(바로 그에게 장난을 걸었던 사람이었다). 그런데 당신의 세일즈 방식은 매우 독특하군요! 그동안 주식에 대해서 내가 왜 이렇게 몰랐을까요. 2,000달러어치의 주식을 구입하고 싶습니다."

이 말을 귀담아 들어라.

'당신의 세일즈 방식은 매우 독특하군요!'

이 신입 세일즈맨의 세일즈 방식 중 어떤 점이 독특했던 것일까? 질문을 바꿔보자. 이 신입 세일즈맨이 화가에게 진짜로 판매한 것은 무엇일까? 그는 단지 2,000달러어치의 주식만을 판매한 것일까?

아니다! 그 식원은 자신의 캔버스에 자신이 직접 그리고 있는 바로 자신만의 그림을 판 것이다. 주식을 판매한 일은 그저 우연에 지나지 않는 것이다. 이 일화를 건성으로 흘려듣지 마라.

정상에서 출발하여 그 자리에 머물러 있기보다는 바닥에서 출발해 정상에 오르는 편이 낫다.

❋ 마음을 움직이는 진심어린 말

그 훌륭한 세일즈맨은 내 마음을 움직였던 그 중년 부인의 일화를 기억하고 있다. 그 일에 감명을 받고는 가슴 깊이 명심을 했다. 그리고 소비자가 가장 관심 있어 하는 부분이 무엇인지를 공부하고 그 부분에 대해 먼저 이야기를 꺼냈다.

이 '풋내기' 신입 세일즈맨은 근무 첫 달에만 7,900달러의 수당을 가져갔다. 그런데 이 금액은 2위를 차지한 직원이 받은 수당의 두 배가 넘는 돈이었다.

한 가지 안타까운 점은 회사 전체의 1,500명 직원들 중에서 아무도 그가 어떻게, 왜 '스타'로서 인정받게 되었는지에 대해서는 궁금해 하지 않았다는 사실이다. 이런 것을 보면 9장에서 제시한 가혹한 질책이 왜 필요한지를 알 수 있다.

카네기, 록펠러, 제임스 힐, 마셜 필드 등 우리가 성공자라고 부르는 사람들은 모두 같은 법칙을 적용하여 돈을 벌었으며 그것들을 꾸준히 노력해 온 사람들이다. 하지만 사람들은 그들이 가지고 있는 재산에 대해서만 부러워할 뿐 그들이 신조로 삼았던 철학을 자기 것으로 만들어 노력해 볼 생각은 하지 않고 있다.

우리는 성공을 거둔 사람들의 도취감을 보면서 그들의 성취에 관심을 갖곤 한다. 그러면서도 과연 그들이 어떤 방법으로 성공을 거뒀는지 그 과정을 분석해 볼 생각은 하지 않는다. 그가 달디단 성공의 열매를 따기까지 얼마나 쓰디쓴 준비의 과정을 거쳤으며 얼마나 많은 희생을 했을지는 생각하지 않는 것이다.

이 책을 읽다 보면 여러분은 스스로 깨닫게 될 것이다. **성공을 거두는 데는 전혀 새로운 원칙이 있는 것이 아니라 이미 존재해왔던 원칙을 제대로 적용하는 것이 중요하다**는 점을. 그러므로 성공을 원한다면 이 책에 나오는 법칙 하나하나를 모두 공부하고 몸에 익혀야 한다. 그러나 극히 적은 수의 사람만이 그 법칙들을 활용하고 있다.

화가에게 주식을 팔았던 그 세일즈맨은 단순히 주식을 잘 파는 노련한 세일즈맨일 뿐 아니라 성품이 매력적인 평범한 사람이다. 그는 남들의 관심을 끌만한 점이 별로 없어 보이는 사람이었다.

아마도 그런 이유로 그 '유능한' 세일즈맨이 그에게 장난 칠 생각을 했을 것이다. 그러나 그가 아무리 보잘것없는 사람이었다 할지라도 화가의 입장에선 자신의 작품을 칭찬해주는 매력적인 인간성을 가진 사람으로 보였던 것이다.

물론 성공하기 위한 법칙들을 잘못 이해하고 있는 사람이 분명 있을 것이다. 그 사람들을 위해 명쾌한 결론을 내려주겠다.

들으면 기분 좋아지는 달콤한 아첨 역시 '마음을 움직이는 진심어린 말'이라 잘못 이해한 사람이 있을 것이다. 당신은 그런 부류의 사람이 아니길 바란다. 이 장에서 전달하고자 하는 철학을 제대로 이해했으면 한다.

그리하여 다른 사람들을 가까이에 두고 그들에게서 무언가를 찾으려 노력하

라. 혹은 그들의 업적 중에서 당신이 진심으로 존경할 수 있을 만한 것을 찾아내어 열심히 연구하라. 그렇게 해야만 다른 사람들이 거부할 수 없는 매력을 가질 수 있게 된다.

값싼 아부는 호감이 가는 인간성을 형성하는 것과는 정반대의 결과를 가져온다. 그것은 사람들을 끌어당기기는커녕 오히려 멀어지게 한다. 결국 값싼 아부는 무지한 사람이라도 알아차릴 수 있을 정도로 천박한 행위이기 때문이다.

만일 열심히 일했는데도 실패했다면, 혹은 당신이 계획한 일이 철저히 무시되었더라도 다음과 같은 사실을 기억하자. 역사적으로 위대한 사람들은 용기가 있었고, 그 용기는 알다시피 역경을 통해서 얻어진 점이었다는 것을.

유쾌한 성품, 참신한 아이디어

독자들은 이 장의 기반이 되는 법칙들이 이 책의 6장 '상상력' 부분에 나온 법칙들과 많은 관련이 있음을 발견했을 것이다. 또한 이번 장에서 언급된 법칙과 13장 '협력' 부분에 언급된 법칙은 같은 뿌리에 기인하고 있다.

여기에서 어떻게 하면 상상력과 협력, 그리고 유쾌한 성품이 하나가 될 수 있을까에 대한 아주 유용한 아이디어를 설명하기로 하자.

식자들은 '아이디어'야말로 성공으로 가는 디딤돌이라는 사실을 알고 있다. 내가 가장 많이 받는 질문 중 "어떻게 하면 돈을 많이 벌 수 있는 아이디어를 생각해 낼 수 있죠?"이다.

이 장의 내용을 통해 이 질문에 대한 부분적인 답을 찾을 수 있을 것이다. 여기에 소개된 새롭고 참신한 아이디어들을 개발한다면 누구든지 언제 어디서나 이윤을 얻을 수 있을 것이다.

※ 첫 번째 아이디어

독일은 수십 년간 완구 수출국 1위를 지키고 있었다. 그러나 세계대전의 패배로 독일은 장난감 관련 무역에서 많은 손실을 입었다. 전쟁 전에 미국은 거의 대부분의 장난감을 독일로부터 수입해왔었다. 그러나 현재도 그렇고 앞으로도 독일산 장난감을 수입할 것 같지는 않다.

장난감 산업은 미국뿐 아니라 많은 외국에서도 상당한 수요가 있는 게 사실이다. 하지만 대부분의 나라들은 독일에서 장난감을 수입하지 않으려고 한다. 마지막 남은 경쟁상대는 일본이지만 일본산 장난감의 품질이 뒷받침되지 않기 때문에 경쟁이라는 것 자체에 의미가 없다.

그러면 아마도 '어떤 장난감을 만들어야 하고, 어디서 자본을 끌어와야 하느냐'라는 물음이 생길 것이다.

먼저 근처의 장난감 가게를 들러서 어느 장난감이 가장 빨리 판매되는지 살펴보라. 만약 판매 흐름이 매끄럽지 못한 장난감을 발견했다면 '시장성 있는 장난감에 대한 아이디어'와 함께 동업자를 찾는 광고를 내라.

아마도 조만간에 부족한 부분을 채워줄 기술자를 만날 수 있다. 그 기술자가 당신이 원하는 장난감 모델을 만들었는가. 그렇다면 우선 장난감을 대량 생산할 조그만 공장, 목수, 기계 판매점 등을 찾아다니면서 생산에 필요한 계약을 하라.

이제 장난감 한 개를 조립하는 데 비용이 얼마가 드는지 알았다. 그 이야기는 곧 장난감을 팔아줄 중개상, 도매상, 판매 대리점을 찾아 계약할 준비가 된 것이라는 뜻이다. 만약 당신이 능력 있는 세일즈맨이라면 얼마 안 되는 광고비용만으로도 이 모든 과정을 수행할 수 있을 것이다.

인력이 확보가 되었다면 그들과 함께 밤낮을 가리지 말고 장난감 개발에 힘써야 한다. 그리고 그들에게는 나중에 당신 소유의 공장을 운영할 때 좀더 나은 자리로 옮겨주겠다고 제안하라. 아마도 그들은 당신이 원하는 만큼의 시간 동안 열심히 일할 것이다.

물론 자신이 호감이 가고 유쾌한 인간성을 지니고 있다면, 또 상당한 조직력을 지니고 있다면 장난감 제조에 관심이 있는 사람에게 직접 장난감을 들고 가서 필요한 자금을 지원받을 수도 있을 것이다.

과연 어떤 장난감들이 팔릴지 궁금하다면 아이들이 노는 것을 유심히 지켜보라. 아울러 아이들이 좋아하는 것과 싫어하는 것에 대해 연구하라. 무엇이 그들을 즐겁게 하는가. 거기에서 당신은 앞으로 만들 장난감에 대한 아이디어를 얻을 수 있을 것이다.

이 일에는 최고의 발명가도 천재도 필요없다. 오직 보통의 상식만 있으면 되는 일이다. 단순히 생각하라. 사람들이 무엇을 원하는가. 사람들이 원하는 것을 생산하라. 대신 다른 사람이 만드는 것보다 훨씬 잘 만들어야 한다. 무엇이든 특징 있게 만들어라. 다른 것과 구분이 되는 그 무언가가 있어야 한다.

우리는 아이들을 즐겁게 해줄 장난감을 사기 위해 일 년에 몇 백만 달러를 소비한다. 흥미위주의 장난감도 좋지만 흥미만큼이나 실용적인 장난감을 만들어라. 만약 가능하다면 교육적인 부분도 첨가하라. 만약 그 장난감이 오락성에 교육성까지 부가된다면 그 장난감은 대 히트를 칠 것이다.

만약 게임으로 즐길 수 있는 장난감을 만든다면 거기에 우리가 사는 세상에 관련된 생물, 지리, 산수, 영어, 생리학과 같이 뭔가 배울 수 있는 항목을 첨가하라. 아니면 아이들로 하여금 달리거나 점프를 하게 하는 것과 같이 운동이 될 수 있는 부분을 포함시켜라.

아이들은 특히 놀이과정 중에 몸을 움직이는 것을 좋아한다. 이것은 아이들의 발달에도 무척 도움이 되는 일이다.

실내 야구게임은 대박의 조짐이 보이는 품목이다. 특히 도시에서의 수요가 많을 것이다. 야구공을 줄로 묶어 천장에 달아놓는다. 그리고 줄에 매달린 공을 벽을 향해 던진다. 재빨리 뒤로 물러나 야구방망이로 돌아오는 공을 힘껏

친다. 다시 말해 일인용 야구게임인 셈이다.

큰 마을에서 보잘것없는 사람으로 사는 것보다, 작은 마을에서 위대한 사람으로 살아가는 게 낫다.

두 번째 아이디어

이 계획은 '모험을 감수하고라도' 거액의 수입을 원하는 야심 있는 사람들이 관심을 가질 내용이고, 미국 내 큰 도시에서 40~50명의 인력으로 할 수 있는 실용적인 운영방안이다. 물론 더 작은 도시에선 더 적은 수의 인원으로 시도해 볼 수 있다.

이것은 작가적인 능력을 활용해 – 당신도 작가적 기질이 있다는 가정하에 – 광고 카피나 광고 전단지, 구매권유서 등을 쓸 수 있거나 혹은 배우고 싶어하는 사람들을 위한 계획이다.

이 운영방안이 현실에 맞게 실행되기 위해서는 충분한 광고 경험이 있는 다섯 군데 이내의 유능한 광고회사 혹은 광고주들과 협력을 해야 한다. 물론 개인이라도 상관없다.

그러고는 먼저 광고회사를 찾아가 협상을 맺는다. 그 회사의 고용인의 형식을 취하되 급여조건으로 당신이 체결하는 총 계약금의 7%를 달라고 한다. 이 7%의 금액은 계약을 하고 광고 문구를 작성하고 고객의 광고 예산 운용을 도와주는 과정에서 들이는 당신의 노력에 충분한 보상이 될 것이다. 그 어떤 대리점이라도 당신이 가져오는 계약에 대해 이 정도의 급여는 지급할 것이다.

그후 광고계약을 했으면 하는 회사를 찾아가 아무런 보상 없이 일하겠다는 의사를 표시한다. 당신이 어떤 일을 할 수 있으며, 무엇을 하고자 하는지, 그리고 그 회사의 판매량을 증가시킬 수 있다는 점 등을 자세히 설명하라.

만약 그 회사가 광고 매니저를 고용한다면 당신은 아무런 대가도 치르지 않고 그의 도움을 받을 수 있는 것이다. 이와 같은 회사와의 계약을 통해서 회사는 당신의 서비스를 대가 없이 이용할 수 있어 회사 측에서도 이익을 얻을 수 있다.

당신의 이러한 계약조건이 설득력이 있고 그동안 많은 시간을 투자해 빈틈없이 준비했다면 아마도 큰 마찰 없이 계약을 성사시킬 수 있을 것이다.

이러한 거래를 어느 정도 이익을 얻을 수 있을 때까지 계속 유지하라. 보통 광고계약은 10~12개 정도를 하는 게 보통이다. 하지만 계약조건 중 광고료가 25,000달러가 넘는다면 건수를 줄이는 것이 좋다.

만약 당신이 완벽한 광고 카피라이터라면 혹은 고객을 위해 참신한 아이디어를 계발할 수 있는 사람이라면 고객과의 계약을 매년 연장할 수 있을 것이다. 그러므로 당신이 책임질 수 있을 정도의 계약만 하라.

그리고 시간을 할애해서 개별적인 고객관리에 신경을 써라. 사무실에 앉아 책상 앞에서만 일하지 말고 직접 광고 현장에서 뛰어라. 그래야만 고객들이 겪는 판매의 문제점도 알 수 있고 그들 상품의 정확한 정보도 얻을 수 있다.

일이 계획대로만 진행된다면 광고회사로서는 타사에서 제공하지 못하는 양질의 서비스를 할 수 있어 좋고 고객들은 만족스러운 결과를 얻을 수 있어 좋을 것이다.

당신이 대리점과 고객들을 상대로 만족스러운 업무 수행 능력을 보여주는 한 이 직업은 매우 안정적이며 또 많은 돈을 벌 수 있게 해줄 것이다. 이 계획대로라면 1년 총 광고비가 약 25만 달러가 되는 셈이다. 그 중 당신이 받을 7%는 17,500달러가 된다.

능력이 더 뛰어난 사람은 물론 이보다 훨씬 많은 25,000달러 정도의 돈을 벌수도 있다. 연봉 지급 수준이 떨어지고 있는 지금 추세를 감안하면, 그리고 보통 직장인들의 연봉이 5,000달러에서 7,500달러인 것을 생각하면 꽤나 많은 수입임에 틀림없다.

당신은 이 계획에 가능성이 있다고 생각할 것이다. 이 계획의 특징은 독립적인 업무를 보장한다는 것이다. 또한 당신이 일한 대가가 100% 돌아온다는 것이다. 어떻게 보면 똑같은 임금을 받는 광고매니저보다 더 나은 직업이 될 수도 있다. 왜냐하면 당신 소유의 사업을 가질 수 있을 뿐더러 당신 이름의 가치가 끊임없이 개발될 것이기 때문이다.

세 번째 아이디어

이번 계획은 평균 정도의 지식을 가진 대부분의 사람이 큰 준비 없이 시도할 수 있는 계획이다. 우선 유명한 출판사 중 아무 곳이나 찾아가라. 가서 당신이 체결하는 총 계약금의 10%를 수당으로 받는 조건으로 계약을 하라. 그러고는 인쇄물의 수요가 가장 많은 회사를 찾아가 그들이 현재 발행하고 있는 인쇄물의 샘플을 모아오라.

그 후에는 전문 디자이너와 협력 체제를 갖추어 그로 하여금 그 인쇄물들을 검토해 그림을 향상시키고, 그림에 가감을 하는 방법으로 연필 스케치를 해서 원래 인쇄물에 첨부할 수 있도록 한다.

여기서 당신이 광고 문구에 자신이 없다면, 광고 전문가를 한 명 구해야 한다. 당신이 만드는 인쇄물의 광고 문구나 디자인 등을 검토해줄 사람이 필요하기 때문이다. 인쇄물이 완성되면 처음 샘플을 가져왔던 그 회사로 돌아가 당신이 만든 인쇄물과 견적서를 보여줘라.

그 회사에서 지금까지 발행해 왔던 인쇄물들이 당신의 능력에 따라 얼마나 달라졌는지 충분히 보여주기 전까진 견적 이야기는 꺼내지 마라. 아마도 당신은 인쇄물 발행에 관한 제반업무의 계약을 무리 없이 따낼 수 있을 것이다.

당신이 이 일을 잘만 해낸다면 곧 전문 광고 디자이너와 카피라이터들과 계약을 한 후 본격적인 일을 시작할 수 있을 것이다. 아마도 당신이 그들에게 줄 수 있는 연봉이 5,000달러는 될 것이다.

이 계획에 따라 다른 사람과 연계해 얻는 이익은 아주 합법적인 것이다. 이 이익은 당신이 일을 효율적으로 분담시키는 능력, 가장 필요한 부분에 대해 물건을 공급하는 능력, 소비자 욕구를 가장 만족스러운 방법으로 서비스하는 능력에 대한 대가이다.

만약 당신이 장난감 사업에 관심이 있다면 장난감 제조 관계자들과도 이와 비슷한 계획을 세울 수 있다. 거기에서도 분명 이익을 볼 수 있을 것이다. 관계자들을 진두지휘하는 능력은 어느 분야의 사업을 한다 해도 똑같은 것이기 때문이다.

사업을 하는 데 당신과 함께 혹은 당신을 위해 일해 줄 파트너를 구하는 일도 중요하다. 당신의 능력과 그들의 노동력이 합쳐진다면 들어오는 수입은 배가 될 것이다. 혹 동업의 결과가 기대한 만큼 나오지 않았더라도 걱정할 것은 없다. 예전에 그들이 각자 돈을 벌었을 때보다 당신의 지휘 아래에서 일할 때의 수입이 훨씬 더 좋을 것이기 때문이다.

이제 당신은 앞에 소개된 계획 중 한 가지를 택해서 일해보고 싶은 생각이 들 것이다! 당신의 입장에서는 손해 볼 것이 없지 않은가? 만일 당신이 다른 사람이나 회사를 위해서 일하는 사람이라면, 그 회사의 사장이나 당신이 일해 주는 그 사람이 지금 당장 조직력과 재력을 통해 당신의 수입을 증가시킬 수 있다는 사실을 생각해 보았는가?

당신은 이제 노동자의 굴레를 벗고 고용주가 되고 싶은 마음이 간절할 것이다. 거기에 대해서는 아무도 뭐라 할 사람이 없다. 보통사람이라면 모두 같은 마음일 것이다. 방법은 간단하다. 당신이 회사의 사장이라 생각하고 당신이 받고 싶은 서비스만큼 일을 해주면 된다.

현재 누가 가장 많은 노동자를 거느린 고용주인가? 과연 그들의 자식들이 부모가 가진 운영 노하우까지 상속받을 수 있을까? 절대 그럴 일은 없다. 그 고용주들은 정말 밑바닥에서부터 노력으로 그 자리까지 올라간 사람들이다. 결코 당신이 가졌던 기회보다 더 좋은 기회를 가졌던 사람들이 아니다.

그 사람들은 자신의 능력 중 남을 지휘할 수 있는 능력이 우월하다는 걸 알았고 그 능력을 꾸준히 개발시켜 온 사람들이다. 당신도 노력만 한다면 얻을 수 있는 능력이다. 바로 지금 당신이 살고 있는 이 도시에서 당신 때문에 이익을 보고 있는 사람과 그 답례로 당신에게 이익을 가져다 줄 사람이 분명 있을 것이다.

목표를 완전히 달성하기보다는 동경의 대상으로 계속 남겨두는 게 더 낫다. 아직 달성하지 못한 목표를 향해 앞으로 계속 정진할 수 있기 때문이다.

※ 노력에는 대가가 수반된다

어느 한 마을에 존 스미스 씨가 살고 있었다. 그는 자신의 구멍가게를 처분해 영화관을 하나 차리고 싶어했다. 그 옆 마을에는 또 다른 사람이 자신의 영화관을 처분해 구멍가게를 하나 열고 싶어했다.

이 사람들을 서로 연결해 줄 수 있는가? 만약 그럴만한 능력이 있다면 두 사람을 연결해주고 꽤 큰 보수를 받을 수 있을 것이다.

당신이 살고 있는 마을 주민 중에는 마을 근처에 신선한 농작물을 살 수 있는 농장이 하나 있었으면 하는 사람이 분명히 있을 것이다. 또 농작물을 재배하고 있는 농부들 중에는 자신이 키운 농작물을 도시에 내다 팔고 싶어하는 사람이 있을 것이다.

만약 당신이 농부와 마을 주민간의 연결고리를 이어줄 수만 있다면, 농부의 입장에선 자신의 농작물을 마을에 직접 내다 팔 수 있어 좋을 것이고, 마을 주민은 신선한 농작물을 싼 값에 살 수 있어 좋을 것이다. 여기에는 물론 중간 마진을 없애준 대가로 당신이 받을 수 있는 수입이 있다.

사업이라고 하는 것에는 두 가지의 계층이 있다. 바로 생산자와 소비자이다. 요즘은 최대한 중간상인을 없애고 이 두 계층을 직접 연결해주는 추세다. 생산자와 소비자간의 길을 최대한 짧게 만들어라. 그 일은 두 계층에게도 이익일 뿐더러 당신에게도 큰 이익을 가져다 줄 것이다.

노력에는 반드시 대가가 수반된다. 그러므로 당신이 어떤 종류의 사업을 하든 명심해야 할 일이 하나 있다. 소비자들로부터 얻을 수 있는 이익을 최소화해라. 소비자에게 이윤을 많이 남기는 것보단 적게 남기고 많이 파는 것이 훨씬 낫다는 점이다.

생산자와 소비자를 연계해주는 사업은 생산자와 소비자 양측에 모두 균등하게 이윤이 돌아갈 때, 그리고 눈에 보이는 모든 것을 다 가지려는 탐욕스러운 마음이 없을 때에야 비로소 수익성을 바라볼 수 있다.

미국의 대중들은 놀랍게도 부당 이득을 취하는 사람들에게 관대하다. 그러나 이런 약삭빠른 사람들조차도 넘지 않으려는 선이 있다.

큰 노력을 들이지 않아도 아프리카의 땅에서 캐낼 수 있는 하얀 광석인 다이아몬드 시장을 독점하여 가격을 높게 책정하는 행위 정도는 봐주고 넘어갈 수 있다. 그러나 의식주에 관련된 생활필수품의 가격이 같이 급상승하게 되면 대중들이 묵인해 주는 그 범위를 넘어서는 사람들이 생기게 마련이다.

만약 당신이 진정으로 부자가 되기를 원한다면, 또 그에 따른 어떠한 짐도 짊어질 준비가 되었다면 일반적인 방법을 택하지 않을 수도 있다. 보통사람들이 가지 않는 길을 선택해 아주 적은 이익만을 보는 것이다.

헨리 포드는 직원들에게 가능한 적은 급여를 주는 것보다 가능한 많은 급여를 주는 것이 더 이익이라는 사실을 발견했다. 그는 또한 다른 자동차회사들이 자동차의 가격을 꾸준히 올릴 때에도 반대로 가격을 내려 이윤을 남긴 적이 있다.

소비자의 돈을 빼내면서도 감옥에 가지 않을 수 있는 완벽하고 좋은 계획이 있을 수도 있다. 그러나 포드와 같은 방식으로 계획을 세운다면 장기적으로 봤을 때 마음의 평온도 얻게 되고 이익을 얻을 가능성이 더 커지게 될 것이다.

록펠러(John D. Rockefeller)가 낭비벽이 심했다는 이야기는 전에 들어본 적이 있을 것이다. 그러나 그가 돈을 많이 쓰는 이유는 단지 그가 가지고 있는 돈은 탐을 내면서 자신이 직접 일을 해서 돈 벌 생각은 하지 않는 사람들 때문이라고 한다.

록펠러에 대해 어떻게 생각하든지간에 그는 사람을 조직하고 관리하는 타고난 능력 덕분에 초라한 경리사원 생활부터 시작해 점차적으로 돈을 모아가며 정상에 오를 수 있었다.

나는 그가 내리쬐는 햇빛 아래 25센트어치 기름을 사서 2마일이 넘는 거리를 걸어가야 했다는 사실을 기억하고 있다. 그러나 지금은 도시에서나 농장에서나 25센트의 절반도 안 되는 가격에 록펠러의 배달차가 기름을 뒷문까지 배달해 줄 것이다.

록펠러의 재산이 물가를 떨어뜨려 주기만 한다면 누가 그를 시기할 수 있겠는가? 그는 램프 기름값을 50센트로 올릴 수도 있었을 것이다. 하지만 만일 그가 기름값을 자기 멋대로 올리거나 했다면 그가 지금 현재 백만장자가 되었을지는 알 수 없는 일이다.

이 세상에는 부자가 되고 싶어하는 사람은 많다. 하지만 그 중 99%의 사람은 대개 처음에는 혼신의 힘을 다해 거창한 계획을 마련하지만, 그것을 실행에 옮긴 후 나중에 자신에게 돌아올 성과에 대해서는 생각하지 않는다.

유쾌한 성품이란 상상력과 협동심이 어우러져 나타나는 것이다. 앞에서 언급했던 일화를 통해 상상력, 협동심, 훌륭한 성품이 어떻게 한데 어우러져 나타날 수 있는지 알 수 있었을 것이다.

당신 주위에 성품이 좋지 않은 사람을 생각하고 자세히 관찰해 보라. 분명 그 사람에게서는 훌륭한 성품뿐 아니라 상상력과 협동심도 발견할 수 없을 것이다.

504

인간의 내면과 군중심리

지금부터 소개될 인간의 성품에 대한 설명은 여태껏 지면에 기술되었던 어떤 것보다 더 중요한 부분이다. 또한 여기에는 세일즈맨이 가져야 할 성품을 주제로 지금까지 출판된 책 중 가장 중요한 내용을 담고 있다. 세일즈맨십과 성품과의 관계는 떼려야 뗄 수 없는 관계이다.

내가 참고하는 셰익스피어의 명작이 있다. 바로 시저의 장례식 중 마크 안토니의 연설문이 그것이다. 아마 독자들 중에는 이 연설문을 이미 읽은 적이 있는 사람들도 있을 것이다. 하지만 새로운 개념을 설명하려 이 연설문을 다시 한번 소개해 본다.

연설문이 나오게 된 경위를 간략하게 설명하자면 다음과 같다.

시저가 암살당했다. 그를 죽인 브루투스는 장례식의 군중들 앞에 서 있다. 그가 시저의 장례식에 오게 된 이유는 왜 시저를 죽일 수밖에 없었는지 증언을 하기 위해서이다. 상상해보라. 웅성거리는 군중들은 이미 시저 편이 아니었다. 그들은 브루투스가 뭔가 중대한 뜻을 품고 시저를 살해했다고 믿고 있다.

브루투스는 단상으로 올라가 시저를 죽인 이유에 대해 간략하게 연설했다. 당당한 태도로 이미 자신이 승리했다고 만족해하면서 연단을 내려왔다. 그의 태도는 하늘을 나는 새도 호령할 기세였다. 모든 사람이 자신의 말을 믿어줄 것처럼 오만스럽고 방자했다.

이번에는 마크 안토니가 단상으로 올라갔다. 안토니는 군중이 자신을 지지하지 않는다는 걸 알고 있다. 왜냐하면 그는 시저의 절친한 친구였기 때문이다. 아주 낮고 조그만 목소리로 안토니는 연설을 시작했다.

※ 안토니의 셀프컨트롤

안토니 : 친애하는 로마 시민 여러분! 나는 브루투스를 위하여 이 자리에 섰습니다.

시민 4 : 저 사람이 브루투스에 대해 뭐라고 말했소?

시민 3 : 브루투스를 위해 이 자리에 섰다고 말했소.

시민 4 : 브루투스를 욕하기 위해 올라간 게 아니구먼.

시민 1 : 시저는 폭군이었소!

시민 3 : 맞소, 사실이오. 로마가 그를 죽인 건 하늘이 우리에게 내리신 축복이었소.

시민 2 : 잠깐! 우리 어디 안토니의 말을 한번 들어봅시다(여기서 우리는 안토니의 첫마디를 기억해야 한다. 그는 군중들의 이목을 집중시키기 위해 '중화시키는' 현명한 방법을 썼다).

안토니 : (매우 온화한 목소리로) 평화를 사랑하는 로마 시민 여러분…….

군중 : 오! 저 사람 말을 들어봅시다(만일 안토니가 브루투스를 비난하는 말로 연설을 시작했다면 아마 로마의 역사는 바뀌었을 것이다).

안토니 : 친애하는 로마 시민 여러분! 잠시 저를 집중해 주십시오. 저는 지금 시저를 영원히 땅에 묻고자 이 자리에 왔습니다. 그를 칭찬하러 온 것이 아닙니다(군중의 마음을 이미 읽고 있던 그는 군중과 한편이 되어 연설을 시작했다). 사람이 저지른 잘못은 사후까지 남아 있고 선행은 종종 그의 뼈와 함께 묻혀버립니다. 시저의 경우가 바로 그렇습니다. 그러나 훌륭한 브루투스는 시저가 야심을 품었다고 말했습니다. 만일 그랬다면 그것은 참으로 슬픈 일이지요.

저는 여기에 브루투스와 그밖의 여러분의 허락을 받고 시저의 장례식에 조사를 하러 왔습니다. 사실 시저는 저의 절친한 친구였습니다. 그는 성실한 사람이었고 공명정대한 사람이었습니다. 그러나 브루투스는 시저가 야심이 있다고 말했습니다. 물론 브루투스는 존경을 받을 만큼 훌륭하고 공명정대한 사람입니다.

생전에 시지는 많은 포로를 로마로 끌고 왔습니다. 그리고 그들의 몸값은 모두 나라의 국고에 바쳤습니다. 과연 이것을 야심가의 행동이라고 볼 수 있습니까? 가난한 사람이 굶주림에 눈물을 흘릴 때 시저 역시 뜨거운 눈물을 흘렸습니다.

야심이란 좀더 냉혹한 성격에서 만들어지는 것입니다. 그러나 브루투스는 시저가 야심가라고 말합니다. 다시 한번 강조하지만 브루투스는 공명정대한 사람입니다.

시민 1 : 생각건대, 저 사람의 말에도 일리가 있어.

시민 2 : 잘 생각해보면 시저에게도 피치 못할 일이 있었을 거야.

안토니 : 제가 예전에 시저에게 왕관을 바친 적이 있습니다. 무려 세 번이나 바쳤지만 시저는 끝내 세 번 다 물리쳤습니다. 여러분, 야심이란 무엇입니까? 그러나 브루투스는 시저가 야심을 품었다고 합니다. 물론 브루투스는 공명정대한 사람입니다. 나는 브루투스의 말을 부정하기 위해 연설을 하는 것이 아닙니다. 다만 내가 아는 바를 여러분께 말하기 위해서 이 자리에 선 것입니다. 여러분도 이전에는 시저를 사랑했습니다. 물론 그만한 이유가 있었겠지요.

그렇다면 지금 어떤 이유로 시저를 그리는 마음을 억누르려 하십니까? 이제는 분별력도 야수에게 넘겨주었고 인간의 이성을 잃어버렸단 말입니까?(이 시점에서 안토니는 연설을 멈추고 군중들끼리 수군거릴 시간을 주었다. 이렇게 연설 도중 안토니가 시간을 주는 이유는 자신의 연설이 군중에게 어떤 영향을 미쳤는지 살피기 위함이다. 이는 또한 현명한 세일즈맨이 항상 이용하는 방법이기도 하다. 잠시 뜸을 들이면서 소비자로 하여금 자신의 마음상태를 다시 한번 뒤돌아보게 하는 것이다).

시민 3 : 그가 왕이 될 수도 있었다고? 부귀영화를 물리쳤던 것이구먼.

시민 4 : 마크의 말 들었소? 그가 왕위를 거부했다고? 그럼 그는 야심이 없었다는 소린데.

시민 1 : 만약 그렇다면 누군가 왕위를 차지하기 위해 그에게 달려들 텐데.

시민 2 : 불쌍하기도 하지, 저 사람 좀 봐. 눈물을 흘리고 있어. 눈이 아주 빨갛게 충혈이 됐네.

시민 3 : 하긴 로마에는 안토니만한 귀족이 없어.

시민 4 : 어! 안토니가 뭐라고 하네요. 들어봅시다.

안토니 : 어제만 해도 시저의 말 한마디는 세계를 움직였습니다. 하지만 지금은 차디 찬 바닥에 쓰러져 그 어떤 사람도 경의를 표하지 않고 있습니다. 아! 여러분 만일 내가 여러분을 선동하여 폭동을 일으킨다면 그것은 브루투스와 캐시어스의 명예를 욕되게 하는 일이겠지요. 하지만 여러분들도 아시다시피 이 두 분은 무척이나 명예로운 분들입니다(안토니가 얼마나 '명예스러운' 이란 말을 자주 쓰는지 눈여겨보라. 그래서 브루투스와 캐시어스는 명예롭지 못한 사람일지 모른다는 것을 넌지시 강조하고 있는 것이다).

저는 저 두 분을 욕되게 할 생각은 없습니다. 차라리 시저를 욕되게 하거나 여러분을 욕되게 할지언정 저 고결한 두 분을 욕되게 할 생각은 없습니다(안토니는 군중들의 마음속에 브루투스와 캐시어스에 대한 증오를 심어 주고 있었다. 그러고는 군중들의 호기심을 자극해 이제 그 연설의 절정으로 치닫고 있었다. 연설이 끝나고 안토니는 자신이 승리할 것이라고 확신하고 있었다. 안토니의 현명한 연설에 군중은 이미 그의 결론을 믿고 있었던 것이다).

안토니 : 그러나 여기 시저의 봉인이 있는 편지가 있습니다. 전 서랍에서 이
　편지를 찾았습니다. 시저가 생전에 하고자 했던 일이 여기에 적혀 있습니
　다. 이 유언장을 여러분께 읽어 드려야 하지만 죄송합니다. 전 이걸 지금
　여기서 읽을 생각이 없습니다(군중의 호기심에도 불구하고 안토니는 유언
　장을 읽지 않겠다고 단단히 못을 박아 사람들의 호기심을 극도로 자극하
　고 있는 것이다).
　　만일 제가 이 유언장을 읽는다면 여러분은 모두 시저의 시신에 달려들어
　그의 상처에 입맞춤하고 손수건으로 그의 거룩한 피를 적시고 머리카락 한
　올마저 평생의 가보로 간직하려 들 것이 불 보듯 뻔하기 때문입니다(사람
　의 본성은 자신이 얻지 못하거나 가질 수 없는 것에 대한 궁금증을 놓지 않
　는 법이다. 안토니가 얼마나 교묘한 수법으로 군중들의 호기심을 자극했는
　지 잘 살펴보라! 군중들로 하여금 시저의 유언장을 읽지 않고는 못 배기게
　하지 않았는가. 더구나 군중들은 모두 열린 마음으로 시저의 유언을 들을
　준비를 하고 있었다. 이것이 안토니가 이용한 두 번째 단계, 즉 그들의 마
　음을 '중화시키는' 방법이다).

군중 : 유언장! 유언장! 시저의 유언장을 읽어주시오.

안토니 : 여러분, 자숙하십시오. 저는 이 유언장을 읽을 수가 없습니다. 시저
　가 얼마나 여러분을 사랑했는지 모르고 지나가는 게 낫습니다. 여러분은
　목석이 아닙니다. 감정이 있는 인간이라면 시저의 유언을 듣고 흥분할 것
　이 뻔합니다. 저는 시저가 여러분께 자신의 모든 것을 남기고 갔다는 사실
　을 결코 말할 생각이 없습니다. 이 사실을 알게 되는 날엔 여러분은 격분할
　것이고 종잡을 수 없는 사태가 일어날 것이기 때문입니다(이것이 바로 안
　토니가 바라는 것이다).

시민 4 : 유언장을 읽어라! 우린 거기에 뭐라고 적혀 있는지 듣고 싶다. 안토

니! 읽어라, 안토니!

안토니 : 잠깐만 기다려 주십시오. 잠시만 시간을 주십시오. 제가 경솔하게
　　여러분께 이야기를 꺼냈나 봅니다. 저는 시저를 단도로 찌른 저기 저 명예
　　로운 암살자에게 누를 끼칠까 두렵습니다('단도'와 '암살자'란 말은 잔인
　　하게 살해했다는 것을 의미한다. 안토니가 얼마나 현명하게 자기의 생각
　　을 군중에게 주입시키고 있는지 살펴보아라. 아무것도 몰랐던 군중들은
　　안토니의 뜻을 너무도 빨리 받아들였다. 왜냐하면 안토니는 자신의 말을
　　듣고 난 군중들의 마음을 이미 읽어 그에 대처하는 방법까지 연구를 해왔
　　기 때문이다).

시민 4 : 브루투스와 캐시어스는 반역자다!

군중 : 유언장! 유언장을 읽어라!

시민 2 : 맞다. 그들은 악당이며 살인자다! 유언장을 읽어라!(안토니가 처음
　　부터 하려고 한 말들은 결국 대중의 입에서 나왔다. 안토니는 알고 있었
　　다. 대중이 스스로 움직여 하는 말이 더 효과가 크다는 것을).

안토니 : 정말 유언장을 강제로 읽게 하실 겁니까? 그렇다면 시저의 시신을
　　에워싸 주십시오. 그리고 시신을 봐 주십시오. 단상을 내려가도 되겠습니
　　까? 절 내려가게 해주십시오(바로 이 시점에서 브루투스가 도망치려고 뒷
　　문을 찾고 있었다).

군중 : 내려오십시오!

시민 2 : 내려오세요, 안토니!

시민 3 : 이리로 오십시오. 로마 최고의 귀족, 안토니!

안토니 : 멀찌감치 떨어져 주십시오!(그는 알고 있었다. 군중심리상 멀리 떨
　　어지라고 명령하면 더 가까이 오려고 한다는 것을. 군중들이 가까이 오게
　　하려고 반대되는 명령을 내린 것이다).

군중 : 물러들 서시오.

안토니 : 여러분께 눈물이 있다면 바로 지금이 그 눈물을 흘릴 때입니다. 이 외투가 기억나십니까? 전 기억합니다. 어느 여름날 저녁 이 옷을 처음 입던 날을. 그날은 네르비족과의 전쟁에서 승리를 거두고 막사에 쉬고 있을 때였습니다.

자! 그런데 지금 여기를 보십시오. 바로 이곳을 캐시어스의 단검이 뚫고 지나갔습니다. 그리고 이곳이 그토록 시저의 총애를 받던 바로 브루투스가 찌른 자국입니다. 그가 이 예리한 칼을 뽑았을 때를 상상해 보십시오. 시저의 시선은 브루투스의 칼을 쫓아 자신을 찌른 사람이 브루투스인지 확인하려고 했을 것입니다. 여러분들도 모두 아시다시피 브루투스는 시저의 오른팔이었습니다. 하늘의 신들도 알고 계실 겁니다. 시저는 브루투스를 특별히 사랑했습니다. 하지만 브루투스는 무자비한 일격으로 시저를 죽음으로 내몬 것입니다.

아마도 시저는 자신을 찌르려는 브루투스의 칼보다 그의 배은망덕에 더 상처받았을 것입니다. 그의 위대한 심장은 터져버리고 폼페이 동상 밑에 피를 흘리며 쓰러졌습니다. 위대한 시저는 쓰러졌습니다. 아! 하늘이 무너질 일입니다.

여러분! 여러분과 나도 이 자리에 쓰러진 것이나 다름없습니다. 잔인한 반역자들은 승리의 노래를 부를 것입니다. 오! 여러분들은 지금 울고 계시는군요. 시저에게 연민의 정을 느낀 것입니까? 거룩한 눈물을 흘리고 계십니다. 시저의 상처만 보고도 눈물을 흘린단 말입니까? 여기를 보십시오. 시저의 시신을 보십시오. 반역자들에게 무참하게 난자당한 시저를 보십시오 (안토니가 '반역자' 란 말을 얼마나 자주 사용했는지 보라. 그는 이미 군중의 마음속에 자신의 생각이 자리잡았다고 생각했기 때문이다).

시민 1 : 아, 너무 처참한 광경이다.

시민 2 : 아, 너무도 비통한 날이다.

시민 3 : 오! 슬픈 날이여.

시민 1 : 이 얼마나 참혹한 광경인가.

시민 2 : 시저의 복수를 하자!(브루투스는 약삭빠른 사람이었다. 이 광경을 보고는 재빨리 도망가기 시작했다).

군중 : 복수하자! 찾아내자! 화형시키자! 살인자에게 복수를! 반역자를 처단하자!(안토니는 두 번째 과정을 밟아가고 있었다. 화가 난 군중을 자신의 생각대로 조종하고 있었다. 그러나 현명한 세일즈맨인 그는 그 행동을 강요하지는 않는다).

안토니 : 멈추십시오, 여러분!

시민 1 : 잠깐 멈춥시다. 안토니의 말을 들어봅시다.

시민 2 : 안토니의 말을 들읍시다. 안토니를 따릅시다. 안토니와 함께라면 죽음도 불사하겠소!(안토니는 이미 군중의 마음이 자신의 편에 있다는 걸 알고 있었다. 어떻게 이 승리의 순간을 마무리하는지 보자. 상대방을 자기편으로 만드는 그 순간이야말로 세일즈맨들이 그토록 원하는 시간이다).

안토니 : 친애하는 로마 시민 여러분! 내 말에 선동이 되어 갑자기 반란을 일으키면 안 됩니다. 시저를 죽음으로 내몬 저 분들은 고결한 분들입니다. 분명 무슨 사연이 있어 살인을 했을지 모릅니다. 그분들은 고결한 분들입니다. 분명히 여러분께 이유를 댈 것입니다.

저는 여러분의 마음을 선동하고자 이 자리에 선 것이 아닙니다. 또한 저는 브루투스 같은 위대한 웅변가가 아닙니다. 다들 아시다시피 저는 친구를 사랑했던 일개 평범한 로마의 시민일 뿐입니다. 여러분도 이 사실을 잘 알고 계실 것 입니다. 그래서 여러분 앞에서 이 이야기를 할 수 있었지요.

저는 말솜씨도, 능력도 없습니다. 더군다나 여러분을 선동할 능력도 없습니다. 다만 진실만을 말씀드릴 뿐입니다. 이젠 말할 수 없는 저 불쌍한 시저의 입 대신 여러분께 진실을 전하고자 하는 것입니다.

하지만 만약 제가 브루투스이고 브루투스가 저였다면 그는 여러분을 선동해서 시저의 상처 하나하나를 다 보여주고 로마의 돌까지도 일어서서 폭동을 일으키도록 했을 겁니다.

군중 : 반란을 일으키자!

시민 1 : 브루투스의 집을 불태워 버립시다!

시민 3 : 갑시다! 가서 반역자를 처단합시다!

안토니 : 여러분! 아직 때가 아닙니다. 잠시만 멈추고 제 말을 들어보십시오.

군중 : 잠깐! 우리 모두 안토니의 말을 들어봅시다. 오! 우리의 왕, 안토니!

안토니 : 여러분은 지금 아무 이유도 모르고 폭동을 일으키려 하십니까? 과연 여러분은 시저의 어떤 점을 사랑하셨습니까? 여러분은 모르고 있습니다. 제가 말씀드리겠습니다. 제게 유언장이 있었다는 것을 여러분들은 잊고 계십니다(안토니는 이제 승리를 만끽할 준비가 되어 있었다. 이제 결정적인 순간에 다다른 것이다. 이 중요한 순간에 오기까지 그가 얼마나 차근차근 준비를 해왔는지 생각해 보라. 보통의 세일즈맨들이나 대중연설가들은 이 순간이 빨리 오기만을 바란다. 소비자나 대중에게 이 결정의 순간을 재촉하는 것은 바로 실패로 가는 지름길이다).

군중 : 맞소! 유언장! 잠깐 멈추고 유언장의 내용을 들어봅시다.

안토니 : 여기 유언장이 있습니다. 시저의 봉인이 있는 유언장 말입니다. 그가 모든 로마 시민에게 남긴 유언장입니다. 전 로마 시민에게 한 사람도 빠짐없이 75드라크마(Drachmas : 로마의 화폐단위)씩 상속하라는 내용입니다.

시민 2 : 우리의 왕, 시저! 우리가 그의 복수를 하겠소!

시민 3 : 오! 우리의 왕, 시저!

안토니 : 제 말을 끝까지 들어주십시오. 그뿐 아니라 그가 여러분들을 위해 남긴 것이 있습니다. 테베레강 주변의 그가 키우던 화분 나무 등 이 모든 것을 여러분께 남기고 갔습니다. 후손들에게 위안의 장소로 바친 것입니다. 시저는 그러한 사람입니다. 이러한 사람이 이제 또 어디 있겠습니까?

시민 1 : 절대 없을 겁니다, 절대! 우리가 그의 시신을 성스러운 곳에서 화장
　　　하겠소. 우리 모두 반역자의 집에 횃불을 들고 갑시다!

시민 2 : 갑시다! 불을 가져오시오!

시민 3 : 가서 가구들을 몽땅 부숴버립시다!

시민 4 : 갑시다! 가서 창문이든 뭐든 몽땅 부숴버립시다!

 교육이라는 단어는 라틴어 'educo'에서 그 유래를 찾을 수 있다. 이 단어의 원래 의미는 '한도 내에서 개발한다'이다. 가장 교육을 잘 받은 사람이란 자신의 마음을 가장 잘 계발시킨 사람인 것이다.

※ 강조점은 '내'가 아닌 '당신'

바로 이것이 브루투스의 최후였다!

브루투스는 차분하게 로마 군중의 시점에서 생각하는 판단력이 부족했기 때문에 일을 그르칠 수밖에 없었다. 그 일을 안토니는 해낸 것이다. 안토니는 자신이 처해 있는 위치를 잘 파악했고 자신이 해야 할 일에 대해 긍지가 있었다. 현시대에도 우리는 이런 면에서 브루투스와 닮은 사람들을 보곤 한다.

그러나 이들을 자세히 살펴보면 그들이 많은 것을 얻지는 못한다는 사실을 발견한다. 만약에 안토니가 아주 오만한 자세로 단상에 올라가 이런 말로 연설을 시작했다고 상상해보자.

"로마 시민들께 고할 것이 있습니다. 브루투스는 더러운 살인자입니다!"

만약 이런 식으로 연설을 계속했다면 군중들은 그를 끌어 내리려 난동을 부렸을 것이다. 영리한 세일즈맨이었고 실질적인 심리학자였던 안토니는 그가 하고 싶은 말이 그의 개인적인 생각이 아니라 전체 로마 군중들의 생각인 것처럼 표현했던 것이다.

솔선수범과 리더십에 대한 장을 다시 한번 읽어보라. 그리고 마크 안토니가 했던 연설과 비교해보라. '내'가 아닌 '당신'이란 문구가 많이 강조된 것을 알 수 있다. 지금 우리가 읽는 이 장과 열정에 대해 기술한 7장은 꽤 비슷한 맥락에서 출발한다.

지금 이 시점에서 생각해 볼 때 셰익스피어는 아주 유명한 작가인 동시에 또한 유능한 심리학자였다. 그는 모든 작품을 인간 내면의 마음을 바탕으로 해서 그렸다.

그의 작품에서 인용된 안토니의 연설을 처음부터 끝까지 살펴보면 그가 얼마나 '여러분'이라는 말을 자주했는지 알 수 있다. 이는 로마 군중들이 자신들의 뜻에 따라 스스로 행동한 것이라고 믿게 했다.

자, 다시 한번 집중해보자. 안토니가 군중을 상대로 썼던 이 방법은 어찌 보면 약간 교활한 방법이라고도 하겠다. 이 방법은 보통 사기꾼들이 자신의 욕심을 채우기 위해 상대방에게 사용하는 방법이기도 하다.

안토니가 정말로 위대한 셀프컨트롤을 보여준 것은 사실이지만 연설 초반에 보여준 브루투스에 대한 태도는 거짓이었다. 이 태도가 로마 군중들에게 어떤 영향을 미칠지 알았기 때문에 연설의 첫머리를 아첨으로 시작한 것이다.

나는 절대로 잃어버리지 않을 소중한 재산이 있다. 이 재산은 낭비할 수도 없을 뿐더러, 주가 하락이나 투자의 실패로도 잃을 수 없는 재산이다.

자기계발을 통한 성격 형성

이 책의 7장에 소개된 두 개의 편지는 '당신(혹은 여러분)'이라는 단어가 얼마나 효과적인지와 '나'라는 단어가 얼마나 치명적인지를 잘 보여주고 있다.

그러므로 7장으로 돌아가 편지들을 다시 한번 읽어보기 바란다.

그리고 마크 안토니의 방법이 그 두 가지 방법 중 어느 것에 더 가까웠는지 분석해보라. 그 두 가지의 방법은 서로 반대되는 듯하다. 당신이 상업용 서신을 쓰든, 설교문을 쓰든, 혹은 책이나 광고지를 만들든 마크 안토니가 사용한 방법을 똑같이 따라한다면 좋은 성과를 올릴 수 있을 것이다.

※ 성품을 발전시킬 수 있는 방법

자, 이제 유쾌한 성품을 좀더 발전시킬 수 있는 방법에 대해 연구해보자.

먼저 개개인의 성격에 대해 알아보자. **누구든 긍정적인 성격을 갖지 않고는 유쾌한 성품을 지닐 수 없다.** 우리가 흔히 말하는 단어 중 '텔레파시'가 있다. 어떤 사람을 처음 봤을 때의 '직감(直感)'을 일컫는데, 처음 접촉하는 사람으로부터 이러한 '직감'을 얻어내지 못할 때는 그 사람을 신뢰할 수 없을 것이다.

가장 예쁜 옷으로 최신 유행을 따라 자신의 외모를 아름답게 꾸밀 수는 있다. 그러나 **마음속에 탐욕과 질투, 증오와 이기심이 가득한 사람은 아무리 아름답게 치장을 한다 해도 같은 부류의 사람 말고는 절대 남에게 매력을 느끼게 하지 못한다.**

유유상종이라고 했던가. 아마도 당신이 매력을 느끼는 사람은 당신과 비슷한 성향을 가진 사람일 것이다. 물론 인위적인 미소로 자신의 감정을 숨기거나, 노련한 악수 기술을 연습할 수는 있다. 그러나 진실성이 없는 이러한 행동들은 상대방으로 하여금 거부감만 느끼게 할 뿐이다.

그럼, 과연 어떤 방법으로 자신의 성격을 형성해 갈 수 있을까?

그 첫 번째 과정은 의지 있는 자기계발이다.

이 책의 2장과 8장을 보면 특정한 성격 패턴을 선택한 후 그에 따라 성격을 형성하는 방법에 대해 배울 수 있다. 그 내용들이 다음에 소개된 것들과 중복이 되므로 여기에 다시 한번 적어본다.

첫째 : 당신이 닮고 싶은 성격을 가진 사람을 한 명 골라라. 그리고 그 사람과 닮아가도록 노력하라. 먼저 2장에서 설명했듯이 꾸준한 자기암시로 계속 정진하라. 마음속으로 가상의 회의용 탁자를 하나 만들고 매일 밤 자신의 성격을 구성하는 요소들을 하나씩 자리에 앉힌 후에 각각의 성격으로부터 자신이 원하는 것이 무엇인지 간결하고 명확하게 정리해보라.

그리고 당신이 세운 목표를 확실한 단어로 소리내서 자신에게 말하라. 이 과정 동안에는 눈을 감고 2장에 소개된 방식대로 상상 속의 탁자에 둘러앉아 있는 사람들을 바라보라.

둘째 : 8장에서 언급했던 '자제력'을 참고해 긍정적인 사고방식을 가지려 노력하라. 당신이 닮고 싶어하는 사람의 사고방식을 머릿속에 그려보라. 하루에 적어도 열두 번 이상 시간 날 때마다 상상 속 테이블에 앉아 있는 사람들의 기질에 대해 눈을 감고 생각하는 연습을 해야 한다. 그리고 믿음을 갖고 자신의 성격이 점차적으로 원하는 방향으로 변해가고 있다는 것을 느껴보도록 한다.

셋째 : 당신이 칭찬할 수 있는 사람을 하루에 적어도 한 명 이상을 찾아라. 그리고 그 사람을 칭찬하려 노력하라. 이때의 칭찬이란 간사한 아첨과는 분명히 구분되어야 한다. 진정으로 칭찬할 수 있는 사람을 찾아야 한다. 듣는 사람이 감동받을 수 있도록 진심을 다해 칭찬해야 한다.

이런 방법을 반복하다보면 당신은 그들의 장점을 당신 것으로 만들 수 있을 것이다. 그리고 다른 사람의 장점을 살필 줄 아는 인격형성의 다음 단계로 들어서자. 다른 사람들의 장점에 대해서 툭 터놓고 의욕적으로 칭찬하는 습관은 매우 중요하다.

칭찬하는 과정을 통해 스스로 자긍심을 갖게 되고 다른 사람들로부터 감사하다는 말을 듣게 되면서 점차적으로 자신의 성격이 개선될 수 있기 때문이다. 그렇게 되면 당신의 성품은 크게 바뀔 것이다.

유유상종의 원리대로 당신이 칭찬하는 그 사람들이 당신을 볼 때는 당신과 똑같은 시선으로 보게 될 것이다. 당신이 가진 신념과 꼭 같은 비율만큼 당신은 이 방법을 통해 성공을 거두게 될 것이다.

나는 단순히 이런 방법이 좋다는 사실을 말하려는 것이 아니라 – 이 방법이 정말 좋은 것은 사실이다 – 내가 스스로 이런 방법을 사용해서 성공을 했고, 다른 사람들에게도 권해서 그들이 성공하는 모습을 보아왔기 때문에 여러분도 똑같이 이 방법을 사용하여 효과를 볼 수 있다고 확신하는 것이다.

따라서 이 방법으로 당신의 성품을 갈고 닦는다면 당신을 아는 사람들도 놀랄 만큼 빠른 속도로 나아질 수 있을 것이다. 당신의 인격을 수양하는 것은 순전히 당신이 자신을 어떻게 컨트롤하느냐에 달려 있다. 그러므로 노력 여하에 따라 큰 이익을 얻을 수도 있고 이 소중한 특권을 다 놓치게 될 수도 있다.

호감이 가는 성품을 구성하는 여러 가지 요소 중 말의 필요성에 대한 이야기를 해보고자 한다. 이 과정을 통해 다음과 같은 2가지 바람직한 효과를 얻을 수 있다.

첫째 : 자신이 하는 말의 이면에 있는 생각이 잠재의식 속에 들어가 뿌리를 내리고 성장하여 나중에 자신의 외형적, 신체적 활동을 제어할 수 있게 되고 자신의 생각을 현실로 만들어줄 수 있게 된다.

둘째 : 힘 있고 확신 있게 말할 수 있도록 도와주고 결과적으로 대중 앞에서 훌륭한 연설을 할 수 있게 해준다. 자신의 인생 목적이 무엇이든간에 당당하게 두 발로 서서 자신의 의견을 설득력 있게 말할 수 있는 능력은 매력적인 성격을 만드는 과정에 필수적인 요소이다.

사람들에게 말을 할 때는 꽉 찬 목소리로 당신의 느낌과 감정을 실어라. 당신의 목소리 톤이 너무 높다고 생각되면 기분 좋고, 부드러운 목소리가 될 때까지 톤을 낮춰라. 거칠고 톤이 높은 목소리로는 자신의 성품을 좋게 나타낼 수가 없다. 다른 사람이 듣기에 리듬 있고 유쾌한 목소리가 될 때까지 연습하라.

자신의 성격을 나타내는 데 목소리만큼 중요한 요소는 없다. 때문에 당신의 목소리가 때로는 부드럽게, 때로는 힘 있게 들리도록 연습해야 한다.

내 기억을 돌이켜봐도 눈에 띌 정도로 매혹적인 성품을 가진 사람 중에 힘 있고 설득력 있게 말하지 못하는 사람은 단 한 명도 없었다. 오늘날 주목할 만한 성공을 거둔 위인들을 살펴보라. 그들은 어디에서나 힘 있는 어조로 말을 한다.

과거의 정치인들을 떠올려보자. 그들의 어조는 모두 힘이 있고 설득력이 있었다. 경제나 산업, 금융계에서 일하는 사람들을 생각해보라. 그 분야의 리더들은 대중 앞에서도 스스럼없이 연설을 할 수 있는 사람들이다.

신념에 가득 찬, 힘 있는 연설능력을 계발하지 않고 각종 사업에서 주목할 만한 성공을 거둘 수 있을까? 아무도 그럴 수 있다고 생각하진 않을 것이다. 반면 세일즈맨들은 보통 대중연설을 하지 않는다.

하지만 대중 앞에서 연설할 수 있을 만한 능력을 계발한다면 그들이 갖는 보통의 대화에서도 설득력 있는 세일즈를 할 수 있게 될 것이다. 이 능력이 세일즈맨들에게 이익을 가져다줄 것은 분명한 일이다.

열정이란 영혼의 태엽과도 같다. 그 태엽을 멈추지 말고 계속 감아 올려라. 그러면 당신이 진정으로 필요한 힘을 항상 얻을 수 있을 것이다.

※ 좋은 성품을 형성하는 7가지 요소

자, 이제 지금껏 공부한 유쾌한 성품을 가질 수 있는 방법을 요약해보자.

첫째 : 타인에게 관심을 갖는다. 그들의 좋은 점을 찾아내고 칭찬하는 습관을 기른다.

둘째 : 일상 속에서의 대화든, 대중 앞에서의 연설이든, 힘 있고 설득력 있는

목소리로 말하는 습관을 기른다. 조금 큰 목소리로 말하는 것이 좋다.

셋째 : 복장은 자신의 몸과 자신이 하고 있는 업무에 어울리게 입는다.

넷째 : 이 장에서 배운 방법을 통해 긍정적인 사고방식을 기른다.

다섯째 : 노련한 악수 기술을 배운다. 상대방으로 하여금 당신의 온기와 열정을 느낄 수 있게 한다.

여섯째 : 남의 매력을 찾으려 하기 전에 내가 먼저 남에게 매력적으로 보이도록 노력한다.

일곱째 : 자신의 유일한 한계는 모두 자기 마음속에서 이미 결정되었다는 점을 기억하라.

이 7가지 요소들이 유쾌한 성품을 형성하는 데 가장 중요한 요소들을 다 포함한다. 그러나 이 요소들이 그러한 성격을 저절로 형성해 주지는 않는다는 사실을 명심하자. 여기에 소개된 요소들을 몸소 실천하고 자신의 성격을 변화시키고자 하는 굳은 의지가 있어야만 성격을 변화시킬 수 있을 것이다.

내 생각에는 앞의 7가지 요소들 중 둘째와 넷째 요소가 가장 중요한 것 같다. **긍정적인 성격의 근본이 되는 생각, 느낌, 행동들을 계발하고 자신의 생각을 힘 있고 설득력 있게 표현하는 방법을 배운다면 자신의 성격을 더욱더 매력적으로 변화시켜 나갈 수 있을 것이다.**

이 요소들을 기반으로 이 장에 소개된 다른 자질들도 익힐 수 있을 것이다.

긍정적인 사고방식을 가진 사람에겐 그 사람을 더욱 매력적으로 보이게 하는 위대한 힘이 있다. 이 힘은 비록 보이진 않지만 그 힘만큼이나 큰 파워를 가진다. 이 힘을 가진 사람과 대화를 하다보면 비록 많은 말은 하지 않더라도 뭔가 '보이지 않는 힘'을 느낄 수 있을 것이다.

뭔가 '꺼림칙한 일'을 할 때마다, 부정적인 생각을 할 때마다, 그리고 쓸데없는 일에 탐닉할 때마다 당신은 자신의 인격을 조금씩 갉아먹는 셈이 된다.

다음은 에머슨의 말이다.

"우리들의 눈에는 모든 고백이 들어 있다. 얼굴의 미소와 인사말, 남과 악수하는 자세에서도 이 모든 고백을 찾아볼 수 있다. 죄가 있는 사람은 그것 때문에 몸이 망가지게 되고 자신의 좋은 인상을 망친다. 이유는 모르겠지만 사람들은 죄 지은 사람을 결코 신뢰하지 않는다. 그가 지은 죄 때문에 그의 눈빛은 흐려지고, 뺨의 색깔은 천해지며, 코는 점점 오그라들고 그의 분위기는 한 마리의 금수같이 변한다. 마치 앞이마에 '오, 바보! 바보!'라고 써 있는 것 같이 느껴진다."

자, 이제 유쾌하고 훌륭한 성품을 만들기 위한 그 첫 번째 방법에 대해 주의를 돌려보자.

지금까지 장황하게 기술한 내용을 종합해 보면 요점은 남에게 호감을 줄 수 있는 사람이 되도록 노력하라는 것이다. 여기서 얻을 수 있는 가장 큰 이점은 결코 금전적인 것은 아니다. 자신의 인격을 수양함으로써 유쾌한 성품을 가질 수 있다.

남에게 호감을 주는 사람이 되고자 노력한다면 당신은 물질적으로든 정신적으로든 큰 이익을 보게 될 것이다. 다른 사람을 즐겁게 하는 것만큼 자신이 행복해지는 일은 없다.

지금 짊어지고 있는 무거운 짐들을 벗어버리고 타인과의 쓸데없는 논쟁에서 벗어나라. 이젠 색안경을 벗어던지고 당신 눈에 보이는 인생의 행복을 즐겨라. 삶은 얼마나 푸른가. 거기에 '친구'라는 햇살까지 더해진다면 말이다.

남을 부수기 위한 망치를 과감히 버리고 의심으로 가득 찬 노크를 이제는 멈춰라. 인생의 행복은 주변의 모든 것을 부수는 파괴자에게 돌아가는 것이 아니라 긍정적인 사고를 하는 사람에게 돌아가는 것이다.

예술가는 집을 짓고 고물장수는 집을 무너뜨리는 일을 한다. **만일 당신이 불평불만에 가득 찬 사람이라면 이 세상은 당신의 불만을 들으려 하지 않을 것이다. 그러나 만일 당신이 우호적이고 낙관적인 사람이라면 세상은 자발적으로**

당신의 말을 들으려 할 것이다.

불평불만이 가득한 사람은 유쾌한 성품을 가질 수 없다. 좋은 느낌을 주는 사람이 되는 것만으로도 성공적인 세일즈맨십을 위한 튼튼한 기반을 갖출 수 있다.

나는 마을에서 5마일이나 떨어진 곳으로 자동차 기름을 넣으러 간다. 물론 집 근처에도 주유소는 있다. 그럼에도 불구하고 변두리 주유소에 가는 이유는 결코 그 집 기름값이 저렴해서가 아니다. 주유소 사장의 인간성에 호감이 가기 때문이다.

나는 뉴욕 브로드웨이 5번가 레갈 슈즈 스토어(Regal Shoes Store)에서 신발을 사 신는다. 같은 가격에 좋은 구두를 찾지 못해서가 아니다. 그 신발가게 사장인 콥(Cobb) 씨의 인간성에 매료되어서 꼭 그 가게까지 찾아가 구두를 산다. 그는 내 구두를 만들고 신겨주면서 진심으로 내 마음에 와닿는 말을 한다.

나는 44번가와 5번가 사이에 있는 해리맨 국립은행에 적금계좌를 가지고 있다. 집 근처에 은행이 없어서가 아니다. 이 은행에는 나를 반기는 사람들이 있다. 친절한 은행원과 로비의 청원경찰, 점장 해리맨 씨까지 내가 만나는 모든 사람들에게 호감이 간다. 내 적금계좌의 돈은 매우 적은 금액이지만 그들은 내 계좌를 마치 어마어마한 돈을 다루듯 소중하게 대한다.

나는 록펠러 주니어를 존경한다. 그가 세계에서 가장 큰 갑부의 아들이라서가 아니라 그의 인간성을 사랑한다. 그 역시 유쾌하게 지내는 것을 습득하고 있기 때문이다.

펜실베이니아의 작은 시골마을 랭커스터 출신 가빈(T. Garvin)이라는 남자는 가장 성공한 상인이라는 명성을 갖고 있다. 내가 사는 곳에서 몇 백 마일을 가야 하는 곳이지만 나는 꼭 그와 사업을 같이 한다.

이유는 단지 그가 부자 상인이라서가 아니라 그의 비즈니스에는 남에게서 느끼지 못하는 어떤 매력이 있기 때문이다. 그가 이룬 금전적인 성공 뒤에는 그의 훌륭한 성품이 있었다. 이것은 의심할 수 없는 사실이다.

내 조끼 주머니 안에는 파커 만년필이 꽂혀 있다. 내 아내와 아이들도 같은 상표의 펜을 사용한다. 다른 상표의 만년필이 품질이 안 좋아서가 아니라 파커 만년필 회사 사장인 조지 파커의 인간성에 호감을 느껴서 이 상표의 펜만 쓰고 있다.

내 아내는《레이디스 홈 저널》을 구독한다. 다른 좋은 잡지가 없어서가 아니라 몇 년 전 이 잡지의 편집장인 에드워드 보크란 사람에게 호감을 느낀 후론 줄곧 이 잡지만을 구독해 보고 있다.

친구와의 관계를 이용하여 상대방에게 짐이 될 만큼 뭔가를 요구하거나 기대해서는 안 된다. 이런 행위는 결국 친구와의 관계를 깨뜨리게 마련이다.

✽ 인간 나폴레옹에 대한 감회

"무지개의 끝을 찾아 헤매는 방랑자들이여! 가는 길 잠시 멈추고 시간을 내서 성공한 사람들의 이야기를 들어보시오. 그들은 모두 다른 사람에게 호감을 주는 방법을 알고 있기에 성공할 수 있었던 것이오!"

호감을 주는 방법을 배우려 하지 않더라도 무자비하고 야비한 방법으로 잠시나마 성공을 할 수도 있고 힘과 빈틈없는 전략으로 필요 이상의 것들을 얻을 수도 있다. 그러나 당신은 조만간에 양심의 가책을 받고 가득 찬 지갑을 봐도 공허함을 느끼는 시기를 맞게 될 것이다.

나는 무력으로부터 얻어진 권력, 지위, 부에 대해 생각할 때마다 나폴레옹의 무덤가에 서서 자신의 감정을 표출했던 어느 이름 없는 한 남자의 감회를 생각한다.

"나는 조금 전 나폴레옹의 무덤 앞에 서 있었다. 그의 무덤은 화려한 장식과 금박으로 장식되어 마치 신전이라 해도 믿을 것 같았다. 나는 그곳에서 가만히 대리석으로 만든 관을 바라보았다. 살아 생전에 지칠 줄 모르는 정열의 한 인간이 한줌의 재가 되어 들어 있으리라.

나는 난간에 기대어 세상에서 가장 위대했던 한 군인의 생애를 되새겨 보았다. 나는 그를 툴롱에서 만난 적이 있다. 센 강변을 거닐며 자살을 생각하는 그를 본 적이 있다. 나는 파리 시내에서 폭도를 진압하고 있는 그를 본 적이 있다.

그가 지휘하는 부대가 이탈리아로 진군하는 것을 본 적이 있다. 손에 프랑스 국기를 든 채 로디 강을 건너는 것을 본 적이 있다. 나는 그가 이집트 피라미드 그늘에 서 있는 것을 본 적이 있다.

나는 그를 마렌고와 울름, 아우스터리츠에서도 본 적이 있다. 내가 러시아에서 본 그의 군대는 눈과 폭풍으로 초토화되어 있었다. 그리고 전쟁에서 비참하게 패한 후 파리까지 후퇴했다가 짐승처럼 꽁꽁 묶여 엘바 섬으로 귀양 가는 것을 보았다.

나는 그가 엘바 섬을 탈출한 뒤 다시 권력을 쟁취하는 것을 보았다. 나는 워털루 전쟁터에서 그를 보았는데, 한때 유럽을 손에 거머쥐었던 사람의 운명이 산산조각나는 것을 보았다.

나는 세인트헬레나 섬에서 그를 보았을 때 그는 손이 뒤로 묶인 채 슬프고 어두운 바다를 가만히 응시하고 있었다.

그리고 나는 그 때문에 생겨났을 수많은 과부와 고아를 생각했으며 그의 영광에 희생된 병사들의 땀을 생각했다. 또한 그에게 버림받은 후에도 영원히 그만을 사랑했던 한 여인을 생각했다.

나라면 어떤 삶을 살았을까?

차라리 포도덩굴 휘감긴 낡은 오두막집에서 눈부신 가을 햇살을 받으며 포도가 익어가는 것을 바라보며 살았을 것이다. 가난하지만 행복한 농부가 되어 해질 무렵 내 곁에서 뜨개질을 하는 아내와 장난기 가득한 아이들과 조용히 살

앉을 것이다. 희망 없는 먼지에 파묻혀 조용히 살지언정 시기와 살인을 일삼는 탐욕스런 황제가 되지는 않았을 것이다."

자, 이제 나는 이 장의 클라이맥스로써 가장 적절할 것으로 생각되는 이 에세이의 핵심을 소개한다. 그것은 무력에 의존해서 살았으며 동료들로부터 버림을 받고 수치스럽게 죽어간 한 남자에 대한 불멸의 이 에세이에 대해 곰곰이 생각해보라는 것이다.

그는 다른 사람들에게 호감을 주는 성격을 갖지 못했다. 그 이유는 그가 추종자들을 위해 '자신'을 희생하지 못했거나 혹은 다른 동료들이 갖고 있는 좋은 성품을 배우려 하지 않았기 때문이다.

11장
정확한 사고
Accurate Thought

Napoleon Hill

필요에 의해 친구의 도움을 요청할 수는 있지만, 그 친구와의 우정을 계속 지키고 싶다면 과도한 요청은 삼가라.

11장

정확한 사고

'믿어라! 당신은 해낼 수 있다!'

이번 장에서 다루어질 주제는 이 책의 전체 내용 중에서도 가장 중요하면서도 가장 재미있고 가장 어려운 내용이 될 것이다. 왜냐하면 지금부터 언급할 주제는 이 책 전반에 걸쳐 논의되고 있기 때문이다. 그리고 어렵다고 전제하는 이유는 그 내용이 독자들이 일상적으로 경험할 수 있는 범위를 넘어서는 영역, 즉 익숙하지 않은 사고의 영역에 대해서 설명하기 때문이다.

마음을 열고 이번 장의 내용을 공부하도록 하라. 그렇지 않으면 당신은 당신 인생에 가장 중요한 교훈을 놓치는 우를 범할 수도 있으며, 그것은 당신이 평생 성공의 근처에도 가보지 못하는 결과를 낳게 될 수도 있을 것이다. 그리고 약속하건대 이번 장을 다 읽고 난 후에는 이전과는 달라진 사고방식을 갖게 될 것이다.

부탁이 있다면 설령 이 책을 처음 읽고 내용을 완전히 이해하지 못했다 해도 결코 실망하진 말라는 것이다. 대부분의 사람들은 자신이 이해하지 못하는 사실은 믿지 않는다. 그런 이유로 이 책을 처음 읽었을 때 책 내용을 다 이해하지 못하더라도 마음을 닫고 돌아서지 않길 바란다.

성공에 도움주는 정확한 사고

인류는 과거 몇 천 년 동안 나무로 배를 만들어 왔으며 나무 이외에 다른 재료로 배를 만드는 것은 상상조차 하지 못했다. 왜냐하면 오직 나무라는 재료만이 물 위에 뜬다고 믿어왔기 때문이다. 그 당시 사람들의 사고방식으로는 철제가 물에 뜬다고 상상도 하지 못했다.

그만큼 이들의 생각은 진보적이지 못했다. 같은 양의 물질이 존재할 때 물보다 가벼운 물질은 무엇이든 물에 뜬다는 사실은 알지 못해서 이 사실을 발견할 때까지 인류는 오직 나무로 배를 만들어왔다.

얼마 전까지만 해도 대부분의 사람들은 오직 새만이 하늘을 날 수 있다고 생각했다. 그러나 지금은 새보다 오히려 더 빠른 속도로 하늘을 날고 있다. 또한 얼마 전까지만 해도 사람들은 공기라고 불리는 공간이 지구상의 어떤 것보다 더 활기차고 민감한지에 대해서 알지 못했다.

인간의 음성이 전기선을 통하지 않고도 번개와 같은 속도로 먼 곳까지 전해지리라곤 상상하지 못했다. 이 모든 발전이 과연 사람들의 오픈 마인드 없이 가능할 수 있었을까?

이번 장의 목표가 바로 여기에 있다. 당신이 마음을 활짝 열고 정확한 사고를 할 수 있도록 돕는 것이다. 그리고 이러한 마음가짐은 당신이 성공을 거두는 데 큰 도움이 될 것이다.

지금까지 이 책의 내용은 누구라도 쉽게 이해하고 적용할 수 있는 것들이었음을 독자들은 눈치챘을 것이다. 그리고 이 책을 읽으면서 성공의 의미가 물질적인 것에 국한되었다고 이해했을 수도 있다. 왜냐하면 대부분의 사람들이 생각하는 성공이란 단순히 '부의 축적'이기 때문이다.

물론 이전까지의 내용 중 일부는 분명 물질적인 부를 찾아 헤매는 사람들을 위한 것이었다. 만일 내가 성공으로 가는 길을 설명할 때 사업, 금융, 산업과 같은 것이 아닌 다른 측면으로 설명을 한다면 이 과정을 듣는 대부분의 독자들이 실망할 것이라는 사실을 안다.

일반적으로 대부분의 사람들은 SUCCESS(성공)라는 단어를 '$UCCE$$' 라고 쓰고자 하는 것이 현실이기 때문이다.

좋다. 그저 보통 사람들이 그리는 성공을 기대하는 사람들에게는 지금까지의 내용만으로도 충분할 것이다. 하지만 다른 사람보다 좀더 높은 경지에 오르고 싶은 사람들, 즉 물질적인 잣대만으로 성공을 가늠하지 않는 사람들을 위해 지금부터의 내용을 살펴보기로 하자.

※ 정확한 사고를 위한 필수적인 요소

정확한 사고를 하기 위해서는 다음과 같은 2가지의 필수적인 요소가 있다.

첫째 : 새로운 정보뿐 아니라 그 정보에 포함된 진실을 가려낼 줄 알아야 한다. 당신이 수시로 접하는 수많은 정보들 중 사실을 근거로 하지 않은 것들이 상당수 존재하기 때문이다.

둘째 : 그 정보를 중요한 것과 중요하지 않은 것, 혹은 타당성이 있는 것과 그렇지 않은 것으로 분류할 줄 알아야 한다.

이 과정을 거쳐야만 비로소 당신은 정확하게 사고를 할 수 있게 된다. 쉽게 말해 당신의 성공에 크게 사용된 정보는 중요할 뿐 아니라 타당성이 있는 것들이며, 버려진 정보들은 중요하지도 않고 타당성도 결여되어 있는 것들이었다.

같은 능력과 기회가 있었음에도 불구하고 사람간에 차이가 나는 이유는 이러한 분류를 잘하는 사람이 있는 반면에 그렇지 못한 사람도 상당히 많기 때문이다.

당신 주변의 많은 사람들 중에도 인생을 통틀어 당신보다 기회가 없었던 사람이 있었을 것이고, 더 이상 아무런 기회가 주어지지 않는 사람들도 있을 것

이다. 또 당신보다 능력이 못한 사람도 있을 것이고, 당신보다 위대한 성공을 거둔 사람도 있을 것이다.

왜 이런 차이가 나는지 궁금하지 않은가?

주위에 성공하는 사람들을 잘 살펴보라. 그 사람들은 어떤 일을 할 때 중요한 것을 골라내고 적절히 사용할 줄 안다. 결국 열심히 일만 한다고 해서 얻어지는 것이 성공은 아니다. 오히려 그 사람들은 당신보다 적게 혹은 쉽게 일할 것이다.

그들은 중요하거나 중요하지 않은 진실을 가려내는 능력 덕분에 마치 지렛대를 밟고 올라서는 것처럼 단지 손가락 하나만으로도 다른 사람들이 온몸을 바쳐 감당해야 하는 무게를 지탱하고 있는 것이다.

중요한 진실만을 신중히 골라 자신의 일에 이용하는 사람들은 남들이 1파운드의 힘을 지닌 망치로 공사를 할 때 10톤의 위력을 지닌 망치를 가지고 공사하는 것과 같다. 그만큼 성공이라는 고지에 남들보다 한 발자국 앞서갈 수 있는 것이다.

앞의 비유가 매우 유치하다고 생각하는 사람이 있는가?

이 책의 독자들 중에는 아직 복잡한 용어들을 사용하여 사고할 수 있는 능력이 부족한 사람들이 있을 것이다. 그들에게 복잡한 것을 강요하는 행위는 아무런 희망도 남겨주지 않은 채로 그들을 버려두는 것과 마찬가지라는 점을 명심하자.

이제 이쯤 설명하면 중요한 진실과 단순한 정보를 구분하는 일이 얼마나 중요한지 이해할 수 있을 것이다. 자신의 귀에 들리는 모든 말을 곧이곧대로 믿는 사람이 있다. 이러한 부류의 사람은 바람소리에 실려오는 소문에도 심지가 흔들리며 아무런 분석이나 판단 없이 신문에 게재된 사실 혹은 남들이 판단한 결과를 그대로 믿어버린다. 심지어 자신의 적이나 경쟁자가 말한 것도 그대로 받아들인다.

당신이 알고 지내는 사람들 중에도 이러한 부류의 사람이 분명히 있을 것이다. 그 중 한 명을 골라 잘 살펴보라. 보통 이 사람들은 대화를 할 때 '내가 신문에서 봤는데……' 혹은 '누가 그러는데……'와 같이 시작한다.

그러나 정확한 사고를 하는 사람들은 신문에 난 기사들이 모두 사실이 아니라는 것쯤은 알고 있다. 그리고 '누가 그러는데……'라고 시작하는 말들은 대부분 진실보단 거짓이 많다는 걸 알고 있다. 당신이 위와 같이 남의 말을 잘 믿어버리는 부류의 사람이라면 정확한 사고를 하기엔 갈 길이 너무 멀다.

물론 대부분의 진실이나 중요한 정보는 마치 소문의 한 부분인 양 신문에 보도되는 경우가 많다. 그러나 정확한 사고를 하는 사람들은 결코 자신의 눈에 보이는 것과 귀에 들리는 말을 무조건 믿지 않는다.

이 부분이 내가 가장 강조하고 싶은 부분이다. 왜냐하면 눈에 보이고 귀에 들리는 많은 말들은 바다에 있는 돌이나 암초와 같아서 사람들이 잘못된 정보의 바다에서 빠져나오지 못하고 허우적거리게 하기 때문이다.

소송절차에 보면 '증거의 법칙'이라는 원칙이 있다. 이 원칙의 목표는 진실을 얻는 것. 자신의 판단하에 진실이라고 생각되는 정보만을 받아들인다면 지금 하고 있는 모든 일들을 공정하게 처리할 수 있을 것이라는 점이다.

그러나 증거의 법칙을 무시하고 성급한 결론을 내린다거나 근거 없는 소문을 믿고 모든 일을 판단해 버린다면 죄 없는 사람들을 무고할 수도 있다.

또한 증거의 법칙은 이것이 적용되는 주제나 쓰이는 배경에 따라 변하게 된다. 확실한 것이 없는 상황에서도 만약 자신의 앞에 놓인 확실한 증거물에 기반을 두어 판단하게 되면 크게 잘못된 결정을 내리지는 않을 것이다.

이번 장에서 가장 결정적이고 중요한 포인트가 바로 여기 있다. 결코 가볍게 넘기지 마라.

대다수 사람들이 자신이 지금 실수하고 있다는 것을 알면서도 실수를 저지를 때가 있다. 지금 자신의 행동이 다른 사람의 권리를 침해하는지는 전혀 고려하지 않고 오직 자신의 관심사 때문에 진실을 악용하는 경우가 허다하다.

시간이 지나 뼈저리게 후회를 하겠지만 요즘 세상의 추세가 그렇다. 진실의 정확도는 고려하지 않고 오직 자신의 입맛에 맞게 해석해 버리곤 한다.

이번 장 '정확한 사고'를 공부하는 우수한 독자들은 이 사실을 알면서 무척 놀라게 될 것이다. 대다수 사람들은 자신에게 이익이 생길 때는 '정직'하다가도 정직하지 않을 때 더 큰 이익이 생긴다면 자신을 합리화할 수천, 수만 개의 이유를 찾아낸다. 여러분은 이런 부류의 사람들을 자주 봐왔을 것이다.

그러나 정확한 사고를 하는 사람들은 자신이 정한 기준을 철저히 지킨다. 그 기준이 자신에게 이익을 주든 손해를 주든 상관하지 않는다. 또한 이 사람들은 항상 사실만을 고집한다. 그 사실이 자신의 관심사든 아니든 냉정한 판단으로 공과 사를 구분한다. 이 사람들이 최고 자리에 오를 수 있는 이유가 바로 이 습관 덕분이다. 고대 철학자인 크로에수스의 말을 명심하자.

"세상에는 인간의 관심사라는 바퀴가 있다. 이 바퀴는 항상 돌고 있기 때문에 인간에게 찾아오는 행운을 막아버리곤 한다."

정확하게 사고하는 사람들은 타인과의 교류에 자신을 다스리는 엄격한 잣대가 있다. 설령 이 잣대가 자신에게 일시적인 손해를 입히더라도 그들은 이를 예외 없이 지키고 있다. 정확한 사고를 하는 사람이 된다는 것은 어찌 보면 자신만의 엄격한 기준을 지키느라 잠시 동안 손해를 본다는 말도 될 것이다.

하지만 기억하라. 그 손해는 조만간 더 큰 보상으로 자신에게 다시 돌아온다는 것을……

위대한 발명가 에디슨은 백열등을 발명하기 전 수만 번의 실패를 거듭했다. 겨우 한두 번의 실패로 좌절하거나 포기하지 마라.

※ 완전한 지식과 타인의 간접 경험

이제 정확한 사고를 하기 위해 무엇이 필요한지 점검해보자.

먼저 원칙을 지키는 철저한 이성(理性)과 남의 말에도 흔들림 없는 성격이 뒷받침되어야 한다. 이 두 가지를 얻기 위해 당신은 지금 이 책을 읽고 있는 것이다. 정확한 사고를 하는 데 아주 잠시 동안 손해를 입을지도 모른다는 것은 누구도 부인할 수 없다.

하지만 분명한 것은 이 손해엔 반드시 보상이 따른다는 점이다. 자신이 입은 손해에 비해 상상할 수도 없을 만큼 거대한 보상이 따를 것이다. 이 점에 대해선 의심하지 않아도 좋다.

진실을 찾아 나서는 사람에게 꼭 필요한 몇 가지 요소가 있다. 그것은 완전한 지식과 타인의 간접 경험이다. 자기 귀에 들리는 정보는 물론이고 그 정보를 준 사람에 대해 신중하게 검토를 해본 뒤 그 결과가 믿을 수 있을 만큼 타당하다면 좀더 자세한 조사가 필요하다.

왜냐하면 그 증거를 통해 이득을 얻을 수 있다면 많은 증거 제공자들이 그 이득을 얻기 위해서 증거를 왜곡할 수 있기 때문이다.

만약 어떤 사람이 다른 사람을 비방하는 경우 그 사람의 말은 조심해서 주의 깊게 들어야 한다. 왜냐하면 대부분 사람들이 자신이 싫어하는 사람에게는 나쁜 점만 찾으려 하기 때문이다. 바로 이것이 현대의 추세이다.

이에 반해 정확한 사고를 하는 사람들은 심지어 적 앞에서도 자신의 허물에 대해 가감 없이 밝힐 수 있으며 자신의 미덕에 대해선 최대한 겸손하게 말한다.

유능한 사람들은 자신의 적이나 경쟁자를 하찮게 여기는 등의 저속한 습관을 갖고 있지 않다. 그리고 이 점은 여러 번 강조해도 지나치지 않다. 지금 내가 말하는 세상의 추세를 명심해서 살펴볼 필요가 있다. 이 점이 당신의 정확한 사고력을 그르치게 하는 요인들이다.

정확한 사고를 하기 전에 분명히 다음과 같은 사실을 염두에 두고 이해할 줄 알아야 한다. 그것은 어떤 사람이 삶을 살아가면서 지도자의 자리에 올라서게 되면 그 사람을 중상모략하는 사람들이 주변에 생기게 마련이고 그의 인격에 대해 이런저런 소문들이 떠돌게 되는 법이라는 점이다.

성격이 아주 좋은 사람이라 하더라도 자신이 어떤 일을 하는데 남에게 해를 주는 나쁜 사람들을 평생 피하면서 살아갈 수는 없다.

링컨의 반대파들은 그가 유색인종 여자와 같이 산다는 소문을 퍼뜨렸다. 워싱턴의 반대파들도 이와 비슷한 소문을 퍼뜨렸다. 반대파들은 링컨이나 워싱턴이 모두 보수적인 남부 출신이어서 이 소문이 두 명에게 주는 여파는 치명적일 것이라 믿었던 것이다.

남을 중상모략하는 사람들의 증거를 찾기 위해 초대 대통령의 역사까지 들춰낼 필요는 없다. 조금만 기억을 더듬어보면 그 예를 얼마든지 찾을 수 있다. 하딩 전 대통령의 일화를 살펴보자. 그의 반대파들은 하딩 전 대통령의 몸속에 흑인의 피가 흐른다고 소문을 냈다.

또한 윌슨 전 대통령이 파리회의 참석 후 국제분쟁을 조정하는 구상을 하고 귀국했을 때 그의 반대파가 낸 소문 때문에 국민들은 그가 네로나 유다와 같은 사람이라고 생각하기도 했었다.

그릇이 작고 소심한 정치인들은 자신의 주관 없이 모두 하나가 되어 거대한 소문에 입을 맞추고 있었다. 역사상 가장 위대했던 전쟁을 종식시키기 위해 끊임없이 노력했던 그를 파괴하고자 말이다.

반대파들은 하딩과 윌슨 두 명 모두를 죽였다. 아주 사악한 거짓말로 그들을 매장시켰다.

링컨 역시 같은 상황이었다. 다만 미치광이의 총알이 좀더 그를 일찍 죽게 했을 뿐이다.

중상모략이 판을 치는 분야는 유독 정치계뿐만이 아니다. 산업분야나 경제분야 역시 남을 비방하는 사람들의 목소리는 크기만 하다. 함께 일을 하는 사람들 중에는 그를 칭찬하기 위해서가 아니라 그의 명성을 떨어뜨리려고 하는 사람들이 반드시 있다는 것도 분명하다.

금전등록기 회사의 패터슨(Patterson) 전 회장의 일화는 경쟁을 통해 타 업체보다 더 좋은 상품을 개발한 사람에게 어떠한 일이 생길 수 있는지에 대해 잘 보여준다. 정확한 사고를 하는 사람들은 경쟁자들이 패터슨 회장에 대해 퍼뜨렸던 악성 루머들을 뒷받침해 줄 수 있는 증거가 아무것도 없다는 사실을 잘 알고 있다.

윌슨이나 하딩의 경우 후대들이 그들에 대해 어떻게 평가할지를 알려면 후대들이 링컨과 워싱턴을 어떻게 기억하는지를 살펴보면 된다. 오직 진실만이 살아남는다. 진실이 아닌 것들은 시간이 흘러감에 따라 잊혀지는 법이다.

이 예를 제시한 이유는 더 이상 칭찬하지 않아도 누구나 존경하는 이 분들을 칭찬하려는 것이 아니라, 남의 비방을 밥 먹듯이 하는 사람들에게서 나온 정보는 신중한 검토를 할 필요가 있다는 사실을 말하고자 한다. 특히 부정적이거나 남을 음해하는 사실에 대해서는 더욱 그렇다.

만약 누구에게도 긍정적인 정보를 들었다면 그대로 받아들인다 해도 아무런 해가 없을 수도 있다. 그 반대의 경우에는 증거의 법칙하에 면밀한 조사가 필요하다.

이렇게 보면 정확한 사고라 함은 당신의 특권인 동시에 의무이다. 그러므로 어떻게 해서라도 소문과 사실을 구분해야 한다.

다른 사람으로 하여금 그에게 아무런 이익을 가져다주지 못할 일을 하게끔 하려면, 사전에 계획을 세워야 할 것이다. 만일 당신이 인생에 대한 예리한 이해를 하고 있어서 이런 계획조차 필요없다면, 당신은 성공으로의 탄탄대로에 들어선 것이다.

※ 진실을 찾아내는 능력의 이점

자신에게 들려오는 모든 정보에 줏대 없이 흔들리거나 경망스럽게 행동해서는 결코 정확하게 사고하는 사람이 되지 못할 것이며 그렇게 되면 당신은 인생의 '명확한 중점 목표' 를 달성하지 못할 것이다.

대다수의 사람들은 편견과 증오심으로 경쟁자의 장점을 과소평가하는 바람에 실패하게 된다. **정확한 사고를 하는 사람들은 사실을 본다. 선입관이나 증오 혹은 질투심 없는 객관적인 시선으로 정보를 받아들인다.**

정확한 사고를 하는 사람은 스포츠맨에 견줄 수 있다. 적어도 스스로에게는 정정당당하고 타인에게서 단점은 물론 장점도 찾아낼 줄 안다.

"난 다른 사람을 속일 수 있다고 생각하지 않는다. 다시 말해 난 나 자신을 속일 수 있는 능력이 없다."

이것은 정확한 사고를 하는 사람의 모토가 되어야 함은 물론이다.

지금까지 주어진 '힌트' 들이 사실을 찾아내는 것의 중요성을 충분히 전달했다는 가정하에 이제는 이런 사실들을 구성하고 분류하고 사용하는 문제에 대해서 알아보자.

다시 한번 여러분 주변의 사람들 중 노력하는 것에 비해 큰 성공을 거두는 사람들을 살펴보라. 이 사람들은 자신에게 들려오는 정보들 중 진실만을 적절히 골라 사용하는 방법을 터득하고 있고 앞에서 배운 보수보다 많은 일을 하는 습관을 잘 이용하는 일종의 전략가임을 알게 될 것이다.

자긍심을 가지고 진실만을 이용해 일을 하는 사람들은 임기응변에 능하지는 않지만 모든 일을 처리함에 망설인다거나 우유부단하지 않다. 덕분에 그들이 얻는 결과는 남들의 그것보다 훨씬 향상된 것이다. 남들보다 빠르게 움직이지만 진실한 정보를 이용할 줄 모르는 사람에 비해 더 많은 것을 성취할 수 있는 이유가 바로 여기에 있다.

진실을 찾아내는 능력을 가진 사람은 정확한 사고를 하는 단계에 한 걸음 더 가까이 간 셈이다. 그 중에서도 중요한 것과 중요하지 않은 사실을 가려내는 능력을 가진 사람은 더 정확한 사고를 할 수 있는 단계에 다가간 셈이다.

후자는 이렇게 비유할 수 있다.

'남들은 만 번의 망치질을 해야 얻을 수 있는 성공을 이 사람은 단 한 번으로 얻는다.'

간단히 분석해보면 오직 소수의 사람들만이 중요한 진실 혹은 타당성 있는 사실을 자신의 일에 이용할 수 있었다. 그 내용들을 고대로 돌아가 위대한 사람들의 예에서 찾아보자. 플라톤, 아리스토텔레스, 에피테투스, 소크라테스, 솔로몬, 모세, 그리고 예수……. 그들이 어떻게 진실을 사용했는지 주의 깊게 살펴보면 된다.

물론 굳이 고대의 역사에서 찾지 않아도 지금 현재 우리 주위에서도 훌륭한 예를 많이 볼 수 있다. 현재 세상이 말하는 성공은 바로 '부의 축적'이다.

그렇다면 역사상 가장 많은 부를 축적했던 존 록펠러를 한번 살펴보기로 하자.

록펠러의 인간성 중 유독 빛나는 별처럼 가장 두드러진 점이 있었다. 자신이 하는 사업에 타당성이 있는 진실만을 이용했다는 점이다. 그가 어렸을 때(다른 말로 하자면 그가 가난했을 때), 그의 인생 목표는 '부의 축적'이었다. 그러나 결코 이것만이 록펠러의 인생을 살펴보자는 목적은 아니다.

혹자는 '록펠러가 그의 경쟁자들을 대할 때 항상 공정하지만은 않았다'고 말한다. 이 말이 사실일 수도, 그렇지 않을 수도 있다(정확한 사고를 하는 사람들처럼 이 점에 대해서는 그냥 넘어가겠다).

그러나 아무도(심지어 그의 경쟁자까지도) 록펠러가 경솔하게 판단하는 사람이라고 하지 않으며 그의 경쟁자를 과소평가하는 사람이라고 말하지 않는다. 그는 언제 어디서든 자신의 사업에 유용한 진실을 인식하고 받아들였다. 뿐만 아니라 자신의 잣대에 비추어 그 정보가 진실이라고 확신할 때까지 정보에 대한 조사를 멈추지 않았다.

또 하나의 훌륭한 예로 토머스 에디슨을 들어보자. 에디슨은 자연의 법칙을 첫 번째로 삼았기 때문에 이 법칙들을 이용하기 전 반드시 진실임을 확인했을 것이다. 당신이 전기 스위치를 켤 때마다 우리가 누리는 이 편의는 에디슨이 타당성 있는 진실만을 가려 사용한 덕이라는 점을 기억하자.

역시 축음기에서 나는 소리를 들을 때마다 확인된 사실만을 이용한 에디슨의 노력의 결과라는 점을 기억하라! 아울러 당신이 영화를 보러갈 때마다 에디슨이 중요한 진실만을 가려 연구에 이용한 덕분임을 기억하라!

과학분야에 타당성 있는 진실은 가장 힘센 무기이다. 단순한 정보나 남에게서 흘려들은 사실들은 에디슨에게 가치 없는 무용지물일 뿐이었다. 만약 에디슨이 아무런 판단 없이 들려오는 모든 정보들을 이용했다면 그는 평생을 쓸데없는 일에 시간을 낭비했을 것이다.

어디선가 흘려들은 증거로는 백열등을 발명할 수 없었고 축음기나 영화를 발명할 수도 없었다. 그럼에도 혹시 어떤 발명이 있었다면 그것은 단순한 '우연'이었을 것이다. 이번 장을 읽음으로 해서 그런 '우연'을 피할 수 있는 사람이 되어보자.

이제 타당성 있는 진실은 과연 무엇인가 하는 궁금증이 떠오를 것이다.

이에 대한 대답은 당신의 인생의 명확한 중점 목표가 무엇이냐에 따라 달라진다. **중요하고 타당성 있는 진실이란 당신이 이용할 수 있는 진실이다. 타인의 간섭 없이 당신 자신만의 목적에 맞게 이용되는 진실을 가리킨다.** 그 외의 것들은 덜 중요할 뿐더러 당신의 성공에 관계없는 정보일 뿐이다.

이런 중요하지 않고 관계없는 정보들을 구성하고, 분류하고 사용하는 데도 똑같이 노력할 수는 있겠지만 중요하고 관계있는 정보들을 위해 노력하는 것에 비해서 많은 것을 얻지는 못할 것이다.

'세일즈맨십' 이란 자신이 팔고자 하는 물건 혹은 서비스의 사실적인 장점을 소비자가 잘 알게 해주고 잘 볼 수 있게 하는 것이다.

창조적인 사고와 자기암시

지금까지 정확한 사고의 여러 측면 중 연역적 추론(演繹的 推論)에 기반을 둔 한 가지 요소에 대해서만 알아보았다. 이제는 단순히 사실들을 모으고 구성하고 결합하는 것을 넘어선 사고에 대해서 생각해 볼 차례이다.

이 단계는 이 과정을 듣는 독자들에게 다소 낯설 수 있다. 이것을 '창조적인 사고' 라고 칭하기로 하자. 왜 이것을 창조적인 사고라 부르는지 이해하기 위해서는 사람이 생각하는 능력을 갖기까지 어떤 진화과정을 거쳤는지 간략하게나마 공부할 필요가 있다.

사람이 가진 사고능력은 오랜 시간 진화를 거듭한 결과물이다. 트로와드(T. Troward) 판사는 그의 저서인 《성경의 신비와 의미(Bible Mystery and Bible Meaning)》를 통해 '진화의 최고봉은 인간이 될 것이다. 이는 필연적인 결과이다' 라고 말했다.

생각의 능력을 갖기까지의 진화과정

사고하는 인간이 창조되기까지 인류가 거쳐온 5단계에 대해서 추리해보자.

1. 광물(무기물) 단계 : 가장 기초적인 형태. 동작이 없고 활동력도 없다. 운동성 없이 다량의 무기물만이 존재한다.

2. 식물 단계 : 조금 더 활성화된 단계이다. 음식을 모을 수 있고 생산할 수 있다. 하지만 고정된 자리에서 더 이상 나아가지 못한다.

3. 동물 단계 : 좀더 고등상태로 진보되어 지능도 제법 갖추고 여기저기 옮겨 다니는 생활을 하기도 하는 단계이다.

4. 생각하는 사람의 단계 : 최고의 지식단계로서 인류는 드디어 사고할 수 있는 능력을 갖게 되었다. 인류가 가진 에너지의 형태 중 '사고'란 최고의 에너지 형태이다. 사고하는 인간에게 한계란 없다. 번개와 같은 속도로 사고의 결정체를 우주의 별까지 쏘아 올릴 수도 있으며 타당성 있는 사실들을 모아서 조립한 뒤 새롭고 다양한 조화를 만들어낼 수도 있다.

가설을 세우고 해석한 뒤 실제로 가능한 상황을 만들어낸다. 이 모든 일들이 인간의 '사고'를 통해 이루어진다. 그러므로 인간은 귀납적으로 혹은 연역적으로 추리할 수 있으며 이 둘을 동시에 활용할 수 있다.

5. 영적인 단계 : 이 단계에서는 앞에서 언급한 4가지 단계들이 하나로 수렴된다. 지금 이 순간부터 '사고'하는 인간은 무한한 지성을 향해 꿈을 펼치고 성장한다. 우리가 생각하는 '사고'하는 인간은 아직 아기 단계와 같다. '영혼'이라 불리는 무한한 지성을 어떻게 자기 것으로 만드는지 모른다.

또한 몇몇의 예외를 제외하고는 그 무한한 지성에 접근하는 연결고리가 '사고'라는 것을 많은 사람들은 아직 모르고 있다. 그 몇몇의 예외란 모세, 솔로몬, 예수, 플라톤, 아리스토텔레스, 소크라테스, 공자, 그리고 또 다른 성인들의 경우를 말한다.

물론 그들이 살던 시대 이후로 지금까지 우리는 이 위대한 진실을 부분적으로나마 발견한 사람들을 많이 볼 수 있다. 그러나 그 위대한 진리는 아직도 그 당시의 수준에 머물러 있는 실정이다.

창조적인 사고를 하려면 신념을 갖고 일해야 한다. 대부분의 사람들은 이 사실을 모르고 신념이 부족한 나머지 창조적인 사고를 하지 못한다. 가장 무지한 사람들이라도 연역적 추론이나 물리적이고 물질적인 본질에 기반을 둔 사고를 할 수는 있다. 그러나 한 단계 올라가서 무한한 지성을 가지고 사고하는 것은 전혀 다른 차원이다.

보통 우리들은 자신이 가진 오감(시각, 청각, 촉각, 미각, 후각)이 느끼는 것만 받아들인다. 그러나 무한한 지성은 이 오감만으로 길러질 수 있는 것이 아니다.

그러면 어떻게 무한한 지성을 얻을 수 있을까? 자연스런 질문이다. 대답은 창조적인 사고를 통해서이다!

지금까지 내가 한 말을 더 명쾌히 설명하기 위해서 나는 이 책의 앞부분에서 다루었던 몇 가지 원칙들을 다시 설명해야 한다. 그 원칙들을 통해 독자들은 앞으로 전개될 창조적인 사고를 더 잘 이해하게 될 것이다.

이 책 2장에서 잠깐 언급했던 내용 중 '자기암시(자기 자신에게 암시를 거는 것)'를 기억해낼 수 있을 것이다. 이 단어를 다시 음미해보자. 자기암시야말로 당신의 대화를 도울 수 있는 일종의 전화선이며, 이를 통해서 얻고 싶은 것이나 계획, 구상 등을 잠재의식 속에 기록하는 것이다. 그것은 쉽게 배우고 이용할 수 있는 것이다.

잠재의식이란 의식세계와 무한한 지성을 연결하는 매개체이다. 또한 잠재의식을 통해서만 무한한 지성으로 가는 통로를 발견할 수 있다. **잠재의식에서는 당신이 정확히 무엇을 하고 싶은지 알려준다. 바로 이곳에서 우린 각자가 세운 인생의 명확한 중점 목표에 더 가까이 갈 수 있게 된다.**

만일 당신이 당신의 인생 최고 목표, 즉 명확한 중점 목표의 중요성을 아직 느끼지 못했다면 이번 장을 다 읽기 전에 반드시 알게 될 것이다.

내 자신이 이 분야에 대한 공부를 처음 시작했을 때 '잠재의식'과 '자기암시' 그리고 '창조적인 사고'들과 같은 단어들에 대해 내가 무지했던 경험이 있기 때문에 이 단어들의 의미를 더 명확하게 이해하는 데 도움이 될 적절한 내용들을 책 전체에 걸쳐 언급했다.

따라서 이 책을 읽는 사람 모두가 더 명료하게 이해할 수 있을 것이다. 그런 관점에서 이 책 전체에 걸쳐 이 단어들이 계속 언급될 것인데, 이 단어의 의미를 이미 정확하게 파악한 독자에게는 양해를 구한다.

※ 잠재의식에서부터 자기암시로

자, 이제부터 잠재의식의 특징에 대해서 알아보도록 하자.

'잠재의식은 자기암시를 통해 자신이 전달한 내용을 기록하고 있다가 무한한 지성을 통해 자연적인 행동으로 나타나게 된다.'

앞 문장을 잘 읽어보고 이해해야 한다. 아주 중요한 문장이다. 이 문장을 이해하지 못한다면 이 책의 기초원리가 되는 무한한 지성을 이해하는 데도 어려움이 따를 것이다. 그 기초원리란 입문단계에서 설명했던 '마스터 마인드' 법칙의 활용인데 이를 활용하면 무한한 지성을 얻고 그것을 자신의 의지대로 사용할 수 있게 된다.

앞의 단락과 이후 나올 부분들을 신중하게 명상하며 공부해 주기 바란다.

잠재의식이란 인간이 지닌 괄목할 만한 특징이다. 이것은 자신에게서 전달된 모든 제안들을 받아들이고 행동에 옮긴다. 그 제안이 건설적이든 파괴적이든, 외부로부터 오든 자의식에서 오든 상관하지 않는다.

달리 말하면 증거의 법칙에 기초하여 사실을 받아들여야 한다는 교훈이 얼마나 중요한지 다시 한번 깨닫게 될 것이다. 이번 장 첫 부분에 언급되었던 잠재의식에서 자기암시로 가는 과정을 신중하게 공부하자.

이것을 공부하면 과연 인간이 왜 그토록 진실을 찾아 헤매는지 알게 될 것이다. 그리고 남을 비방하는 자들에게 귀를 기울이는 것은 잠재의식에 독이 든 음식을 주는 것과 같아서 창조적인 사고를 방해하게 된다. 때문에 중상모략가나 험담가들에게 귀 기울여서는 안 된다.

잠재의식은 마치 카메라의 감광판(感光板)과도 같다. 모든 움직임을 일일이 다 기록할 수 있다. 카메라의 감광판은 녹화하고 싶은 것만 녹화할 수가 없다. 렌즈에 들어오는 모든 영상을 편집 없이 다 녹화해버린다. 반대로 깨어 있는 의식은 셔터와 같다. 카메라를 작동하는 사람 마음대로 찍고 싶은 것만 찍을 수 있다.

카메라의 렌즈는 자기암시와도 같다. 왜냐하면 그것은 기록되는 이미지와 카메라 감광판 사이의 매개체 역할을 하기 때문이다. 그리고 무한한 지성은 감광판을 현상하는 사람과 같은데 이유는 영상을 물리적인 현실, 즉 실제적으로 눈에 보이는 사진으로 만들기 때문이다.

이와 같이 평범하고 일상적인 카메라가 창조적인 사고의 전 과정을 설명해주는 훌륭한 도구가 된다. 그러므로 반복하자면 창조적인 사고의 과정은 우리가 카메라를 가지고 사진을 찍는 과정과 유사하게 설명될 수 있다.

우선 카메라 앞에 사진을 찍을 사물을 위치시킨다. 이것은 인생에서의 최종 목표를 정하는 것에 비유될 수 있다. 그 다음으로 자기암시라는 렌즈를 통해 잠재의식이라는 감광판에 그 목표라는 사물을 찍는 것이다. 무한 지성은 여기서 목표라는 사물을 그 본성에 적합한 물리적 형태로 바꿔주는 역할을 한다.

이제 당신이 해야 할 역할은 분명하다!

당신은 찍고 싶은 장면(인생의 명확한 중점 목표)을 선정하게 된다. 그 다음에 자기암시를 위한 잠재의식과의 교류를 통해 포즈를 취하듯이 자신의 의식을 고정하고 나서 사진을 찍는다. 이후 그 사진이 제대로 표현되었는지를 확인한다.

명심하라. 당신은 무한한 지성이 명확한 중점 목표를 달성할 수 있게 해줄 것에 대한 기대 때문에, 즉 사진을 보고 싶은 기대 때문에 앉아서 기다리거나 침대로 기어들어가 잠들어 있으면 안 된다는 것이다.

인생의 목표를 달성하기 위한 가장 효과적인 수단인 신념과 자긍심을 가지고 9장 '보수보다 많은 일을 하는 습관'에 제시한 대로 매일매일 정진하라.

물론 마지막 단계까지 한 번에 그 길이 열리지는 않을 것이다. 그러나 한 번 노력에 한 단계 정도는 분명히 열릴 것이다. 그러므로 첫 번째 단계를 취할 기회가 왔다고 생각될 때는 망설임 없이 그 요지를 받아들여라. 최종적인 목적을 달성하는 데 필수적인 두 번째, 세 번째, 네 번째, 그리고 그 이후 단계에서도 마찬가지이다. 그것이 당신의 명확한 중점 목표를 달성하는 데 매우 중요하다.

평범한 일을 한다 해도 자신의 소명과 상관없이 다른 사람들에게 진정으로 도움을 주고자 하는 마음가짐과 위대한 마인드를 갖고 있다면 누구나 위대해질 수 있다.

❉ 돈을 벌거나 빌릴 수 있는 방법

무한한 지성이 당신에게 편안한 안식처를 마련해 주지는 않는다. 당신이 들어가서 쉬기만 하면 될 편안한 집을 배달해 주지는 않지만 그런 집을 지을 수 있는 재료와 기술은 가르쳐 줄 것이다. 그것으로 당신은 자신의 집을 손수 지어야 하는 것이다.

무한한 지성은 당신에게 쓸 만큼의 돈을 준비해 주지는 않는다. 당신 스스로가 잠재의식에 제안을 해야 할 일이며 그들은 당신이 돈을 벌거나 빌릴 수 있는 방법을 알려줄 것이다.

무한한 지성은 당신을 백악관에 모셔놓고 대통령을 만들어주지 않는다. 단지 당신에게 적합한 환경에서 대통령 못지않은 목표를 달성할 수 있도록 도움을 줄 것이다.

당신의 목표를 달성하는 과정에 기적을 바라지 마라. 무한한 지성이 당신을 인도하겠지만 그 자연스런 방법을 통해 자연의 법칙을 따라 목표를 달성해야 하는 것은 당신이다. 다시 말해 무한한 지성이 당신의 목표를 달성하게 해줄 수는 없으며 단지 그 목표에 한 발 다가가게 해줄 것이라는 점이다.

초보자 단계에서는 무한한 지성이 당신을 위해서 재빠르게 움직여 줄 것이라고 기대하지 마라. 그러나 자기암시 원칙을 사용하는 데 익숙해지고 믿음과 이해를 가지고 있다면 최종 목표를 달성할 수 있고 그 결과가 현실적으로 나타나는 것을 볼 수 있을 것이다.

당신이 처음 걸음마를 연습했을 때를 회상해 보라. 첫 연습에 걸을 수는 없었을 것이다. 하지만 지금 성인이 되고 난 후(걷는 것에 익숙해 진 후) 아무런 노력 없이도 당신은 걸을 수 있다. 심지어 당신은 지금 어린아이가 뒤뚱거리며 걸음마를 연습하는 모습을 보고 피식 웃을지도 모른다.

창조적인 사고를 처음 배우기 시작하는 사람으로서 당신은 이제 막 걸음마를 배우는 아이와도 같다. 이 비교가 정확하다는 증거를 가지고 있지만 열거하진 않겠다. 다만 당신 스스로의 힘으로 당신만의 방식으로 발견하게끔 도와줄 것이다.

항상 진화의 법칙을 명심하라.

이 법칙을 통해서 물리적인 모든 것들이 영구히 향상되고 유한 지성을 벗어나 무한 지성의 단계로 넘어갈 수 있다. 인류는 진화의 법칙을 보여주는 가장 고등하고 가치 있는 본보기이다. 인류는 고대 광물단계의 미네랄에서 처음 발견되었다. 생명은 있었지만 지성은 없었다.

다음 인류가 성장하고 식물의 발전(진화)을 통해 생명보다 높은 수준에 이르게 되었다. 이때 인류는 연명하기 위해 어느 정도의 지능을 사용했다. 그 다음으로 동물시대에 접어들게 된다. 비교적 높은 지능을 가졌으며 거주지를 옮길 수 있는 능력이 있었다.

이렇게 마지막으로 인간은 동물의 계보 중 우뚝 선 존재가 된다. 무한한 지성을 이용해 생각할 줄 아는 존재로 자리매김한 것이다. 물론 단 한 번의 노력으로 이 단계까지 온 것은 결코 아니다. 단계별로 한 번 혹은 몇 번의 환생을 거쳐 인간의 단계에 온 것이다.

바로 이 점을 명심하라. 왜 당신이 자연의 법칙을 앞질러 무한한 지성을 가질 수 없는지 알게 될 것이다. 때로는 이 법칙을 거슬러 갑작스럽게 단계를 뛰어오른 예를 보고 싶다면 일확천금으로 부자가 된 졸부들이나 부모에게 어마어마한 유산을 상속받은 사람들을 살펴보면 될 것이다.

록펠러가 가졌던 돈의 의미란 무엇이었을까. 그에게서 '돈'이란 물론 믿을 수 있는 존재였을 뿐 아니라 전 세계에 걸쳐 만연했던 무지나 전염병을 없애는 수단 혹은 그 이상 수천 가지의 방법으로 인류에 봉사를 하는 수단에 불과했다.

만일 록펠러의 재산이 록펠러가 아닌 고등학교도 나오지 못한 아이의 손에 있었다고 한다면 우리는 전혀 다른 이야기를 듣게 되었을 것이다. 아이가 그 재산을 어떻게 썼을지는 당신의 상상력과 인간의 본성에 대한 당신의 이해 정도에 맡기겠다.

이 내용에 대해서 하고 싶은 말이 더 있지만, 추가적인 이야기는 14장에서 계속 하기로 하자.

만약 농사를 지어본 경험이 있다면 추수를 하기 전에 꼭 해야 할 몇 가지 과정이 있다는 것을 알 것이다. 당신도 알다시피 곡식은 햇볕이 잘 안 드는 나무 아래서는 잘 자라지 않는다. 성장에 필요한 적당한 햇볕과 수분이 필요하기 때문이다. 또한 농부는 반드시 땅을 일구고 그 땅에 적합한 곡식을 심어야 한다.

이 모든 과정이 끝나야만 자연이 돌려주는 대가를 기다릴 수 있다. 자연은 그저 묵묵히 사람이 한 만큼 되돌려 줄 뿐이다. 이것이 한 사람의 명확한 중점 목표를 제대로 이룰 수 있는 방법을 설명해주는 훌륭한 예이다.

우선 씨를 뿌릴 땅을 일궈야 하는데 이것은 명확한 중점 목표라는 씨앗이 심어질 수 있도록 무한한 지성과 신념, 그리고 자기암시와 잠재의식의 원리에 대한 이해를 갖추게 됨을 의미한다. 그 다음에는 그 목표라는 씨앗이 싹을 틔우는 것을 기다리는 시기가 필요하다.

이 기간에는 씨가 말라버리지 않도록 꾸준한 햇볕과 수분이 공급되어야 한다. 즉, 꾸준히 신념을 가지고 노력해야 한다. 그렇게 되면 거대한 수확의 시간이 올 것이다.

내 자신의 초기 경험에 비추어볼 때 지금 시작하려는 강좌의 대부분이 처음에는 이해되지 않을 것이다. 그러나 진화과정이 진행될수록(진화는 반드시 진행될 것이다. 이 부분에서 실수를 하지 말라) 이번 장과 이 과정의 다른 장에서 설명된 모든 법칙들이 구구단을 외우듯이 익숙해질 것이다.

여기서 중요한 사실은 구구단과 마찬가지로 이 법칙들은 변함없는 확실성을 가지고 동작한다는 점이다.

각 장에서 당신이 명심하고 따라야 할 지침을 제시했다. 최대한 간단명료하게 언급된 것이어서 누구든지 보면 이해할 수 있을 것이다. 독자들이 해야 할 일은 단지 믿음을 가지고 여기에서 지시하는 대로 따라하는 것뿐이다. 이런 믿음이 없다면 이 책의 내용 자체가 의미가 없다는 점은 분명하다.

나는 조국을 자랑스럽게 생각하는 사람을 보는 것이 좋다. 또한 조국이 그를 자랑스러워 하는 모습을 보는 것도 좋다.

– 링컨

※ 4가지의 필수적인 등반 코스

이번 장에서는 당신이 친숙해져야 할 4가지 요소를 다루고 있는데, 독자들이 그것들에 익숙해지라는 의미에서 다시 한번 소개한다.

자기암시, 잠재의식, 창조적 사고, 무한한 지성이며 이 4가지는 지식의 최고 봉으로 가기 위한 필수 등반 코스라고 볼 수 있다.

이 중 3가지는 여러분이 컨트롤할 수 있는 요소이다. 또한 당신이 이 3가지 코스를 지나가는 방식에 따라 네 번째 요소인 무한한 지성에 영향을 주는데 구체적으로는 앞의 3가지가 수렴되는 시간과 장소에 따라 결정된다는 사실이다. 그리고 이 부분이 가장 강조하고자 하는 부분이다.

당신은 이미 자기암시와 잠재의식이 무엇인지 잘 알고 있다. 또 창조적 사고가 무엇인지도 공부했다. 부연하자면 이것은 긍정적이고 건설적인 사고를 가리키며 창조적인 본성을 일컫기도 한다.

8장 '자제력'의 내용은 창조적인 사고를 준비하고 이를 잘 이해할 수 있도록 도와줄 것이다. 그러므로 아직 8장을 완전히 이해하지 못했다면 당신은 목표를 성취할 준비가 덜 된 것이다.

우리는 지금까지 목표를 달성해 가는 과정을 농사에 비유해 보았다. 이 과정을 다시 한번 생각해보자. 창조적 사고란 밭에 뿌린 씨앗이 잘 자라게 하기 위해 비료를 주고 건사하는 것과 같다.

만약 당신의 마음을 증오와 질투, 시기, 그리고 이기심과 탐욕으로 가득 채운다면 당신의 잠재의식은 인생의 명확한 중점 목표라는 씨앗의 싹을 틔우지 못할 것이며, 무한한 지성 또한 실제 행동으로 나타나지 못할 것이다. 부정적이고 파괴적인 생각들은 당신의 목표인 씨앗의 성장을 방해하는 잡초와도 같다.

창의적 사고는 당신이 명확한 중점 목표를 달성하려는 마음가짐을 계속 유지할 것이라고 가정한다. 즉, 당신이 정해진 과정과 순서에 따라 그 목표를 달성하게 될 것이라는 믿음과 확신을 가지고 있다고 전제하는 것이다.

만일 내가 이번 장을 쓴 의도대로 이루어진다면 3장 '자기 확신'에 관한 내용을 더 충분히 이해할 수 있을 것이다. 자, 이제 당신은 씨앗을 뿌리는 방법도 배웠고 거름을 주는 방법도 배웠다. 이제 당신은 자기 자신을 믿고 기다려야 하는 필수적인 이유가 생긴 것이다.

그리고 당신이 진화과정 중의 현 시점에 이른 이상 자신의 힘의 원동력이 되는 진정한 근원에 대해서 잘 알게 된 것이다. 그리고 이를 통해 그동안 자신감에 공을 돌리던 모든 것들을 무한한 지성에 공을 돌리게 되어야 함을 알게 되었을 것이다.

자기암시는 건설적으로 이용되었을 때 위대한 성취를 가능케 하는 강력한 무기이다. 이것이 부정적으로 쓰인다면 모든 성공의 가능성을 없앨 것이며 또 계속 쓰인다면 당신의 건강마저도 해칠 수 있다.

외과의사와 정신과의사들의 경험을 신중하게 비교 분석한 결과 놀랄만한 정보를 얻을 수 있었다. 의사를 찾는 환자들 중 75%가 우울증으로 고통받고 있다고 한다.

쉬운 말로 풀어쓰자면 우울증이 있는 사람은 자신이 일종의 상상의 병으로부터 고통을 받고 있다고 생각하고 이 불쌍한 사람들은 자기가 모든 병에 걸렸다고 착각을 하게 된다.

우울증은 대개 스스로 중독이라는 증상을 일으키며, 혹은 장기기관의 이상을 초래한다. 이와 같이 고통스러운 증상을 겪고 있는 환자는 정확하게 사고할 수 없을 뿐 아니라 변태증상, 파괴적 증상, 심지어 환영(幻影)을 보기도 한다.

간단한 장청소나 구연산 마그네슘 한 병으로 해결될 증상이 우울증 환자들에겐 빈번한 편도선 제거수술이나 치아발치, 맹장수술 등으로 이어진다(이 정보를 제공한 외과의사 친구에게 양해를 구한다).

우울증은 정신이상의 초기 증상이다. 자기암시의 권위자인 헨리 로즈(Henry R. Rose) 박사는 다음과 같은 전형적인 사례를 들고 있다.

「"만약 내 아내가 죽는다면, 나는 더 이상 신의 존재를 믿지 않겠습니다."

그의 아내는 폐렴을 앓고 있었으며 내가 그의 집을 방문했을 때 그런 말로 인사를 했다. 그의 아내를 계속 치료하던 주치의는 회복의 여지가 없다고 말했다(대부분의 의사들은 이런 얘기를 환자에게 직접 할 정도로 어리석지는 않다).

그녀는 남편과 두 아들을 침대 쪽으로 불러 마지막 인사를 했다. 이어 나를 불렀다. 나는 방 앞에 서서 혼자 울고 있는 남편을 봤다. 두 아들은 엄마에게 버팀목이 되기 위해 최선을 다하고 있었다.

방에 들어갔을 때 그녀는 힘들게 호흡하고 있었다. 그리고 간호사가 지금 맥박이 매우 낮고 상태가 아주 나쁘다고 일러주었다.

그 부인이 나를 부른 것은 자기가 죽은 후 두 아이들을 보살펴달라고 부탁하기 위해서라는 사실을 알았다. 그때 나는 그녀에게 이렇게 말했다.

"포기하면 안 됩니다. 당신은 죽지 않을 겁니다. 당신은 언제나 강하고 건강한 여자였어요. 하느님도 결코 당신이 죽는 걸 원하지 않을 겁니다. 두 아들만 남겨놓고 떠날 생각은 하지 말아요. 그 누구의 곁도 떠나지 마세요."

나는 계속 그녀에게 말을 걸었다. 시편 103장을 읽어주었으며 기도하면서 그녀가 영생으로 들어가기보다는 회복될 수 있기를 계속 기원했다. 그리고 죽음에 관한 모든 생각과 마음을 버리고 굳은 신념으로 죽음에 맞서 싸우라고 말해주었다. 나는 그 방을 떠나면서 "교회 예배가 끝나면 다시 오겠습니다. 당신이 많이 회복된 것을 보러 다시 오겠습니다"라고 약속했다.

그때가 일요일 아침이었다. 예배가 끝난 오후에 난 그 집에 전화를 했다. 그녀의 남편은 밝게 웃으면서 말했다.

"당신이 떠난 뒤 아내는 두 아들을 불러 말했습니다. 그러면서 아내는 '로즈 박사가 그러는데 나는 죽지 않을 거라고 얘기했다면서 정말 지금 회복되고 있는 것 같다' 라고 얘기했어요."

정말 그녀는 회복이 되었다. 어떻게 이런 일이 일어날 수가 있었을까?

그것은 두 가지 때문이다. 자기암시와 신념이 그런 결과를 가능케 한 것이다. 내가 그녀에게 했던 말이 신념이 되어 그녀는 자기암시를 걸었던 것이다. 나는 아슬아슬하게 제 시간에 맞춰 온 것이었고 나에 대한 그녀의 믿음은 너무나도 강해서 내가 그녀에게 나을 것이라는 믿음을 안겨줄 수 있었던 것이었다.

그녀가 상황을 역전시켜 폐렴을 극복해 낼 수 있었던 것은 이 믿음 덕분이었다. 의사들이 어떤 약으로도 고칠 수 없다고 말해왔던 폐렴이 바로 이 믿음을 통해 고쳐진 것이다.」

슬프게도 한때 어떤 약으로도 고칠 수 없는 것으로 인식된 폐렴이었다. 그러나 이 경우와 마찬가지로 마음가짐에 따라 이러한 상황이 바뀔 수도 있다. **생명이 있는 곳에는 희망도 있다. 희망이라는 것은 절대적인 힘을 갖고 있으며 원래 의도된 대로 좋은 일을 수행할 수 있는 것이다.**

※ 긍정적인 마음가짐의 효과

여기 긍정적인 마음가짐이 가져올 수 있는 놀라운 일이 또 하나 있다.

한 내과의사가 어떤 중년 부인을 소개해줬다. 그녀에게는 아무런 문제가 없었음에도 불구하고 아무것도 먹지 못했다. 이상하게도 그녀의 위는 아무것도 받아들이지 못했다. 그녀는 거식증에 시달렸고 서서히 죽음의 문턱으로 치닫고 있었다.

나는 그녀를 보러갔다. 안타까운 점은 그녀에게 신앙이 없었다는 것이다. 그녀는 신에 대한 신념을 잃어버렸다. 또한 음식을 먹을 수 있는 자신의 힘에 대한 자신감이 없었다. 내가 첫 번째로 한 일은 그녀의 신념을 다시 찾아주는 것이었다. 나는 그녀에게 말했다.

"신이 항상 당신과 함께 할 것이며 당신의 힘을 다시 찾아줄 것입니다. 지금부터 당신은 당신이 원하는 것은 무엇이든 먹을 수 있을 것입니다."

내 말은 사실로 되었다. 실제로 그녀는 자신감을 회복하였다. 내 설득이 그녀를 감동시킨 것이었다. 바로 그날부터 그녀는 다시 식사를 할 수 있었으며 3일 후엔 침대에서 일어날 수 있었다. 지금 그녀는 건강하고 행복한 여성이 되었다.

그녀를 바뀌게 한 힘은 과연 무엇이었을까? 그것은 앞서 말한 예와 같은 맥락이다. 외부적인 암시(그녀는 그것을 신념으로 받아들였고 이내 자기 것으로 만들었다)와 내부적인 확신으로 치유된 것이다.

이렇게 마음이 아프면 몸도 아플 때가 있다. 이때는 자기 신뢰와 신념을 굳건히 함으로써 좀더 강한 마음으로 치료를 할 필요가 있다. 이것이 암시의 힘이다. 이 힘이 바로 자신이 가지고 있는 신뢰를 다른 사람에게 전달하게 된다.

그리고 이 힘을 가진 사람은 가능성이 있고 신뢰성 있는 사람으로 보인다.

이렇게 암시의 힘으로 우리 모두가 치료사가 될 수 있고 그럼으로써 동료들을 도울 수가 있다. 다음 얘기를 기억하라.

"인간 정신의 파워에 관한 훌륭한 책을 읽어야 하며, 인류의 행복과 안녕을 위해 사람의 마인드가 얼마나 놀라운 일을 해낼 수 있는지 배워야 한다. 우리는 그릇된 생각에 따른 최악의 상황들을 종종 목격하곤 한다. 더 나아가 이러한 상황들은 사람을 극단의 상태까지 몰고 간다.

바로 지금이 사람의 마인드가 할 수 있는 일을 발견하기에 적절한 시기이다. 정신적인 질병뿐 아니라 육체적인 질병 또한 고칠 수 있다."

앞의 주제를 조금 더 깊이 연구해 보기로 하자.

물론 사람이 마음먹은 대로 모든 병을 치료할 수 있다고 할 수는 없다. 신념이나 정신적 믿음만으로 암이란 질병을 다 치료할 수 있다는 명확한 증거는 없다. 암을 고치려면 그 초기에 외과적인 치료를 받아야 한다. 그 외에 다른 방법은 딱히 없다. 만약 이것 말고도 다른 방법이 있다고 한다면 그는 범죄를 저지르고 있는 것이다.

그러나 분명한 점은 사람의 마인드가 정신적 혹은 육체적 질병의 치료에 도움을 준다는 사실이다. 따라서 우리는 생각하는 것보다 더 많이 이 인간의 정신에 의존해야 한다.

이집트 원정 당시 나폴레옹은 흑사병으로 죽어가던 수백여 명의 군사 집단 속으로 걸어 들어갔다. 그 중 한 군사를 부축하고 다른 한 군사는 등에 업었다. 그는 그 병이 다른 원인뿐 아니라 병사들의 두려움을 타고 퍼져나간다고 생각했기 때문에 병을 두려워하지 말라고 그들을 격려했다.

괴테는 이 상황에 대해 이렇게 말했다.

"그는 무시무시한 고열이 있는 곳에 들어갔음에도 절대 위축되지 않았다. 왜냐하면 그는 자신의 의지를 이미 마음속에 심었기 때문이었다."

✳ 인간의 위대한 힘, 상상력

앞에서 본 위대한 사람들은 우리가 서서히 이해하기 시작하는 자기암시의 힘을 이미 알고 있었던 것이다! 이것은 자신이 병에 걸리거나 아플 수 없다고 믿으며 스스로에게 암시를 주는 것을 의미한다.

이 자동적이고 잠재적인 의식은 병을 이겨내고 병에 대항할 수 있게 해주며 병에 대한 생각이 우리에게 공포를 안겨주지 못하도록 막아준다. 또한 우리가 환자들, 특히 전염병 환자들 사이를 들락날락할 때에도 병에 대한 생각을 하지 않도록 해준다.

'상상력만으로도 고양이를 죽일 수 있다'라는 격언이 있다. 이것은 바꿔 얘기해서 상상력은 사람도 죽일 수 있다는 뜻이 된다. 다시 말해 **상상력이란 인간을 성공으로 인도하는 위대한 힘이 될 수 있다**는 말이다. 이 사실을 입증할 수 있는 확실한 증거가 여기 있다.

어떤 사람이 예리한 칼날로 자신의 정맥을 베었다고 상상했다. 사실 그 옆에는 얼음이 녹아 물이 되어 똑똑 떨어지고 있었고, 이 소리는 그에게 마치 자신의 손목에서 피가 떨어지는 것처럼 들렸을 것이다.

그는 실험 전부터 눈을 가리고 있었기 때문에 이 사실을 몰랐다. 놀랍게도 이 사람은 실제로 사망했다.

당신이 오늘 아침을 상쾌하게 출발했다고 생각하는데 회사 동료들이 모두 '오늘 많이 아파보이네요. 의사한테 가보셔야겠어요'라고 한다면 얼마 지나지 않아 몸에 이상한 기운이 도는 것을 느낄 수 있을 것이다. 그리고 퇴근 후 집에 도착할 때쯤이면 온몸이 나른하고 기운이 빠져 병원에 가봐야겠다고 생각하게 될 것이다. 바로 이 힘이 상상력 혹은 자기암시의 힘이다.

이렇게 상상력이란 사람의 정신력에 절대적인 영향을 미친다. 신중하게 조절하지 않고 그저 방치한다면 자신도 모르는 이상한 속임수에 당할지도 모른다.

만약 '최악의 상황'을 상상한다면 정말로 당신은 최악의 상황을 맞게 될 것이다. 실제로 젊은 의대생들 중 적어도 하루에 한 가지씩 수업시간에 배운 질병에 걸린다고 생각하는 학생이 적지 않다고 한다.

앞서 언급했듯이 우울증이란 체내에서 발현되는 독성물질로부터 걸리게 된다. 즉, 몸속의 수비수가 제거하지 말아야 할 것을 제거함으로써 걸리게 되는 병이다. 이에 따라 잘못된 경보장치를 울려서 터무니없는 상상력을 발휘하게 하는 것이다. 이 우울증은 실제로 신체적인 문제에서 발생될 수 있지만 지나친 상상력만으로도 나타날 수 있다.

의사들 역시 이 사실에 상당 부분 동의한다!

스코필드(Schofild) 박사는 암에 걸린 한 여인을 통해 이 사실을 증명했다. 의사들은 그녀를 수술 테이블에 눕히고 마취를 시작했다. 하지만 이상하게도 종양은 사라졌고 그 당시엔 어떤 수술도 필요없었다. 그러나 그녀가 의식이 깨어나자 종양은 다시 나타났다.

의사들은 그녀가 종양에 걸린 친척과 함께 살고 있다는 사실을 알았고, 그녀는 친척의 증상처럼 자신의 몸속에도 종양이 자라고 있다는 상상을 해왔던 것이다.

그녀는 다시 수술대 위에 눕혀졌고, 의사는 마취제를 투여했다. 그리고 마치 진짜 수술을 하는 것처럼 그녀의 팔과 다리를 끈으로 붙들어 맸다. 수술이 끝나고 그녀는 완전히 회복되었다. 그리고 그녀에게 수술이 성공적이었으며 다만 상처부위에 붕대를 좀 감아야겠다고 했다.

그녀는 의사를 신뢰한 것이다. 마침내 붕대를 풀게 되었고 더 이상 종양은 생기지 않았다. 그녀는 사실 그 어떤 수술도 받지 않았다. 단지 그녀의 잠재의식 속에서 회복된 것뿐이었다. 그녀는 순전히 자신의 상상 속에서 종양을 앓고 있었던 것이다. 물론 지금 그녀는 너무나 건강하다.

자기암시에 따라 상상 속의 병이 치료될 수도 있고 또 없던 병도 걸릴 수 있다는 것이 증명된다.

좋지 않은 상상력을 고칠 수 있는 가장 좋은 시간이 밤이다. 그 중에서도 **막 잠이 들려고 하는 바로 그 시간이 잠재의식이 모든 것을 가장 잘 받아들이는 시간이다.**

잠재의식을 사용하기 위해서 다음과 같은 방법을 한번 써보라. 결코 실현 불가능한 것이 아니라는 걸 알게 될 것이다.

내일 아침, 당신은 7시에 일어나야 한다고 생각하자. 혹은 당신이 평상시에 일어나던 시간과 조금 다른 어떤 시간을 택해도 좋다. 그리고 잠이 들 무렵 자신에게 암시를 걸어라.

'난 내일 아침 7시에 일어나야 한다.'

몇 번이고 반복해라. 이 말은 당신의 마음에 각인될 것이다. 이어 이 암시는 당신의 잠재의식에 전달되어 정확히 7시에 일어날 수 있을 것이다.

내 경험에 따르면 이 실험은 몇 백 번을 해봐도 다 성공적이었다. 이것은 잠재의식이 당신을 깨우는 것이다. 아무리 이른 시간이라 해도 마치 누군가가 당신의 침대에 와서 어깨를 두드리는 것처럼 제 시간에 정확히 일어날 수 있는 것이다.

하지만 주의할 것은 분명하지 않거나 명확하지 않은 명령을 내려서는 안 된다는 점이다. 예를 들어 잠자리에 들면서 잠재의식에게 어떤 바람직한 성품을 계발하라는 명령을 내려보라. 그러면 당신의 잠재의식은 자기 신뢰와 용기라는 덕목을 발전시킬 것이며 이 요소들이 당신이 내린 명령을 수행하게 하는 것이다.

사람의 상상력은 없던 병도 만들어낼 수 있다고 언급했었다. 정말로 한 사람을 상상 속의 병만으로 침대에 드러눕게 만들 수도 있다. 그러나 역시 같은 방법으로 병을 치료할 수도 있다.

우리는 우리가 포기했던 계획들을 발판으로 천상에 올라가게 된다. 실패라는 것은 우리가 성공으로 향해 더 나아갈 수 있도록 안내해 주는 친구와 같은 것이다.

정신력은 모든 사고의 원동력

인간은 화학물질의 조립품이며 그 가치는 26달러로 환산될 수 있다고 하나 그 가치에는 인간정신이라고 하는 위대한 힘의 가치는 누락되어 있다.

전체적으로 보았을 때, 사람의 정신은 복잡한 구조를 지닌 것처럼 보인다. 그러나 실제로 그 정신이 사용되는 측면에서 보았을 때 이것은 영속적 움직임에 가장 가까운 것이다. **사람의 마인드는 우리가 잠이 들었을 때는 자율적으로 작용한다. 그러나 우리가 깨어 있을 때는 자율적인 작용과 의지에 따른 자의적인 작용을 동시에 수행한다.**

이 정신의 작용에 대해서는 가능한 상세하게 분석을 해볼 가치가 있다. 왜냐하면 모든 사고의 원동력이 되는 것이 이 마인드이기 때문이다.

※ 정신에 대한 6가지 지식

이 장의 목표인 정확하게 사고하는 법을 배우기 위해서는 다음과 같은 정신에 대한 6가지 지식을 철저하게 이해해야 한다.

첫째 : 사람의 정신은 각자 의지에 따라 조절되고 긍정적인 방향으로 이끌어진다. 이리하여 창조적이고 건설적인 결말을 맞을 수 있다.

둘째 : 물론 이 정신은 파괴적인 결말을 맞게 될 수도 있다. 각자가 세운 계획을 심사숙고하지 않거나 건설적인 방향으로 인도하지 않는다면 흐지부지될 수도 있다.

셋째 : 정신은 신체를 구성하는 각 세포를 조절하는 힘을 가졌다. 또한 세포들로 하여금 명령받은 일을 완벽하게 수행할 수 있도록 해준다. 물론 게으르거나 나쁜 방향으로 명령을 내려 세포의 정상적인 목표를 파괴시킬 수도 있다.

넷째 : 인간이 성취해 온 모든 것들은 사고의 결과물이다. 이 사고 과정에서 우리의 신체는 두 번째로 중요한 것이고, 대부분의 경우에는 사고를 할 수 있는 장소의 역할밖에 하지 못하게 된다.

다섯째 : 사람이 이룩한 놀라운 성취들 - 문학, 예술, 경제, 산업, 상업, 교통, 종교, 정치, 과학 등 어떤 분야든 - 은 보통 사람의 머릿속에 상상만 해오던 아이디어의 결실이다. 그러나 사실 이와 같은 아이디어들은 보통 정신과 육체를 함께 사용할 수 있는 다른 많은 사람들에게 현실화된다(즉, 한 아이디어가 어떤 사람으로부터 현실화되기보다 아이디어를 가지고 있다는 자체가 더 중요하다. 왜냐하면 유용한 아이디어를 가진 사람은 극소수이지만, 그 아이디어를 실행할 사람은 수백만 명이 있기 때문이다).

여섯째 : 사람의 정신 속에서 상상하는 사고의 대부분은 정확하지 않은 것들이 많으며 오히려 자칫 '여론'이나 '속단' 등과 같이 정확한 것들과는 관련이 없는 것이 더 많다.

알렉산더는 큰 한숨을 내쉬었다. 왜냐하면 (그가 생각하기에) 더 이상 정복할 땅이 없을 것이라고 생각했기 때문이다. 그때 알렉산더의 기분은 현대의 알렉산더들 - 과학, 산업, 발명 등의 분야에서 정확한 사고력을 바탕으로 항공과 바다를 정복한 사람들 - 과 같은 기분이었을 것이다.

이 사람들은 지구를 탐험하며 몇 세대 전만 해도 상상 못할 기적과도 같은 자연의 비밀을 들춰내는 사람들이다. 그러나 이런 발견들과 물리적 요소들에 대한 지식 중에서 우리가 가장 중요한 힘인 인간의 정신을 간과한 사실이 신기하지 않은가!

사람의 정신을 연구하는 모든 과학자들은 인간에게 내재된 정신의 연구는 아직 시작도 못했다는 사실에 모두 동의한다. 이제 이 분야의 관심이 제기되고 연구를 해야 할 때가 된 것이다. 이 의견에 대해 과학자들의 주장은 앞으로의 위대한 발견들은 인간의 정신 영역에서 이루어질 것이라고 말하고 있다.

이러한 발견들의 특성은 이 책의 모든 장에서 여러 가지 형태로 제시되어 왔고 특히 이번 장과 다음 장에 자세히 설명되어 있다.

만약 이러한 제안들을 접하는 데 평소 우리가 갖고 있던 의식세계보다 더 심오한 세계로 들어가야 한다면 이 점 한 가지는 명심하는 것이 좋다. 이 책을 읽는 독자들은 각자의 사고와 연구를 통해 그 준비가 될 때까지는 그 어떤 단계에서도 멈출 수 있는 특권이 있다는 점이다.

이 책의 저자로서 먼저 독자들을 인도하는 것이 그들이 평균적인 인간 사고보다 조금 더 앞서 나가게 하는 데 도움이 될 것이라고 생각한다.

이 책을 처음 읽는 초보자가 한 번에 이 모든 철학을 받아들일 수 있다고는 절대 생각하지 않는다. 그러나 독자의 마음에 건설적인 생각의 씨앗을 뿌리고자 하는 궁극적인 목표만 달성한다면 나의 임무는 완벽히 수행한 셈이다. 그 나머지는 시간이 해결해 줄 것이며 지식에 대한 독자들의 열망이 남은 부분을 메워줄 것이다.

이제 독자들에게 솔직히 고백해야 할 때가 온 것 같다. 사실 이 책에서 제안되어 왔던 많은 것들을 말 그대로 따라했다면 독자들은 일반적으로 사업 철학이라고 불리는 범위를 훨씬 넘어선 경지에 올라가 있을 것이다.

다시 말해 이 철학을 사업이나 경제적 성공을 위해서 쓰려고 했다면 이 과정은 인간의 정신 작동 과정에 대해서 필요 이상으로 깊이 들어간 셈이다.

그러나 이 책을 읽는 많은 독자들은 정신의 힘이 단순히 성공의 수단이라고 생각하지 않고 그 힘에 대해 더 깊은 공부를 하고 싶어할 것이라 생각한다. 나또한 그런 독자들을 염두에 두면서 이 책을 구성하고 집필했다.

진정한 성공을 거둔 사람은 결코 혼자가 아니다. 왜냐하면 그 어떤 사람도 다른 사람의 도움 없이는 진정한 성공을 거둘 수 없기 때문이다.

✲ 정확한 사고력을 위한 요점정리

사람의 신체는 하나의 단위로 이루어진 것이 아니라 수십억 개의 지능을 가진 세포로 구성되어 있다는 점을 이미 배웠다. 그 세포 하나하나는 정확하고 잘 정리된 임무를 띠고 있어 신체를 발달시키고 유지한다.

이러한 세포들은 잠재의식 혹은 자율행동으로부터 각자 맡은 바 임무를 철저히 수행한다고 배웠다. 그리고 인간정신의 잠재의식은 의식세계나 자의적인 기능에 따라 조절될 수 있다는 것도 알았다.

또한 우리의 정신에 있는 아이디어나 생각들은 반복적인 과정을 통해 신체를 움직이게 된다. (자기암시에 따라) 잠재의식에 전달된 명령은 더 강력한 명령으로부터 취소되지만 않는다면 반드시 실행될 것이다. 잠재의식은 전달된 명령에 대해 의심을 하지 않는다. 명령받은 즉시 근육을 움직여 실행할 것이다.

이러한 사실은 우리가 암시를 받아들이는 환경과 우리가 영향받는 환경, 그리고 우리가 인지하지 못하는 방법에 영향받는 환경들을 세밀하게 정비해야 하는 이유이기도 하다.

인간 신체의 모든 움직임은 의식이나 잠재의식의 조절을 받는다는 것을 배웠다. 이 말은 몸의 근육이 움직이려면 적어도 이 두 가지 중 한 가지 기관에서 명령이 전달되어야 한다는 것을 의미한다.

이 법칙이 완전히 이해되어야만 우리는 우리가 만들어낸 아이디어나 생각이 미칠 강력한 영향력을 이해할 수 있다. **우리의 아이디어나 생각들은 상상력을 통해서 만들어지고 무의식을 담당하는 부분이 이들을 물질적인 것으로 변형시**

켜줄 때까지 의식세계에 머물게 된다.

어떤 아이디어가 의식세계에 떠올랐을 때 잠재의식은 그 아이디어를 계속 유지하고 있다가 행동으로 옮기게 된다. 이 과정이 이해가 된다면 다음 장에 기술되어 있는 집중력의 법칙을 공부할 때가 된 것이다(덧붙이자면 과연 집중력의 법칙이 지금 이 철학에 왜 필요한지도 이해할 수 있어야 한다).

상상력과 의식, 잠재의식간의 관계를 이해할 수 있을 때 비로소 우리가 그토록 열망하는 명확한 중점 목표의 달성에 첫 발걸음을 내딛게 되는 것이다. 이 목표에 대한 그림은 의식세계에 저장되어 있다. 집중력의 법칙을 이용해(다음 장에 기술될 과정을 통해) 잠재의식이 그 그림을 인식하고 해석한 후 인생의 궁극적인 목표로 각인될 때까지 그곳에 머물게 된다.

이 법칙은 이 장에서 몇 번씩이나 반복적으로 설명되었는데, 이는 이 법칙을 자세히 설명하려는 이유도 있지만 더 큰 이유는 이 법칙이 인간의 목표달성에 얼마나 중요한 역할을 하는지에 대해서 독자들의 마음에 깊은 인식을 심어주고자 함이다.

리글리 2세는 그의 모든 노력을 추잉검을 만드는 사업에 쏟았고, 그 결과로 어마어마한 부를 축적할 수 있었다. 이는 성공의 씨앗은 인생에 매우 작은 것 안에 놓여 있다는 사실을 다시 한번 입증해 주는 것이다.

✖ 명확한 중점 목표 채택의 가치

이번 장은 진정한 인생의 명확한 중점 목표에 대한 설명과 함께 그 목표를 실현하는 데 필요한 구조를 간단한 용어들로 설명하고 있다.

'먼저 상상력을 동원해 우리가 성취해야 할 목표를 정한다. 그리고 이 목표를 종이에 명확하게 문장으로 쓰면서 가장 중요한 목표가 무엇인지 알아낸다. 이렇게 쓴 문장을 매일같이 보면서 의식세계에 각인되게 한 다음 잠재의식에

전달될 수 있게 한다.'

다시 말해 몸 안에 갖고 있던 에너지가 열망이라는 경로를 통해 실제적인 행동으로 나타나는 것과 같은 맥락이다.

● 욕구

인간이 이룩하는 모든 성취 뒤에는 강하게 뿌리박힌 욕구가 있다. 과학자들에게 물체를 식별하는 최소 단위는 '전자'인 것처럼 욕구 역시 모든 성취를 구성하고 있는 기본적인 단위이다. 즉, 이 욕구는 우리가 아는 한도 내에서 뒤에 아무것도 없는 시작점이다.

욕구의 또 다른 이름인 명확한 인생의 중점 목표는 잠재의식 속에 깊게 각인되지 않았거나 그를 뒷받침할 만한 강한 의지가 없다면 그 목표의 가치는 허무하게 없어져 버리게 된다. 대부분의 사람들은 어떤 것을 '바라고' 있다.

그러나 '무조건 바라는 것'과 '욕구'는 구별되어야 한다. 다시 말해 단순히 바라는 행위는 욕구가 뒷받침되어 명확한 형태로 나타나지 않는다면 그 가치는 떨어지게 된다.

한 가지 주제로 수년간 연구해온 과학자들은 우주의 모든 에너지와 물질이 인력(引力)의 법칙을 따른다고 믿고 있다. 인력의 법칙이란 모든 원소와 힘은 한 중심부에 모인다는 뜻이다. 일정하고 깊게 뿌리박힌 강한 욕구가 물리적 세상에서 그 욕구의 대상이나 그 대상을 얻기 위한 도구 및 수단을 끌어당기는 것은 이 인력의 법칙이 동작하는 원리와 유사하다.

만약 인력의 법칙에 대한 가설이 사실이라면 성취를 이루기 위한 모든 과정은 이 법칙을 어느 정도 따르고 있다는 점을 알 수 있다.

우선 명확한 중점 목표와 몇 가지 다른 목표의 그림을 (강한 열망을 기반으로) 의식세계에 그려본다. 그리고 이 목표를 항상 생각하고, 달성할 수 있다는 것을 의심하지 않으며 우리의 의식세계를 이 목표에 맞춘다. 잠재의식이 목표에 대한 그림을 인식하고 실제로 행동으로 옮겨질 때까지 이 과정을 반복한다.

● 암시와 자기암시

성공의 법칙에 관한 이번 장과 다른 장들을 통해서 독자들은 주변 환경에서 혹은 다른 사람들의 말이나 행동에서 나오는 감각적 인상을 '암시'라고 하고, 자신이 스스로의 정신에 주입하는 의미 있는 인상을 '자기암시'라고 한다는 사실을 배웠다.

타인에게서 혹은 환경으로부터 오는 암시들은 우리가 잠재의식을 통해 받아들인 후에야 각자의 행동에 영향을 줄 수 있다. 자기에게 영향을 주는 암시들은 모두 자기 자신에게서 나와야 한다는 의미이다.

다시 말해 다른 사람의 영향을 받는 것을 자신이 동의하지 않고는 결코 그리 될 수 없다. 타인의 영향을 받는 것조차도 모두 자기 자신의 암시로부터 나오게 된다.

사람이 활동하는 동안 의식세계는 보초를 서는 것처럼 깨어 있다. 잠재의식을 지켜주면서 외부에서 들어오는 모든 종류의 암시들이 의식세계로부터 검증되고 통과될 때까지 감시하게 된다. 일종의 침입자에 대한 자연의 법칙과도 같다. 아주 현명한 조직인 셈이다.

● 목표달성에 자기암시의 가치

자기암시의 힘을 가장 가치 있게 사용하는 방법 중의 하나는 자신의 명확한 중점 목표를 달성할 때 쓰는 것이다.

이 방법은 간단하다. 방법에 대해서는 이미 2장에서 기술했으며 이 책의 다른 장에서도 언급한 바 있다. 다시 한번 설명하겠다.

'자신이 원하는 중점 목표를 간결한 문장으로 명확하게 쓴 후 그 문장을 적어도 2장 이상 복사해 하나는 당신이 일하는 동안에도 몇 번씩 읽을 수 있는 곳에 붙여두고, 다른 하나는 침실에 붙여 잠자리에 들기 전과 아침에 일어나자마자 몇 번이고 읽어본다.'

이 암시 방법은 (비현실적인 방법처럼 보이겠지만) 당신의 잠재의식에 명확한 중점 목표를 분명히 각인할 것이다. 그리고 당신은 마치 마법을 보는 것처럼 당신의 목표가 하나 둘씩 실현되는 것을 보게 될 것이다.

자신이 매우 열망하는 물건이나 환경, 직위와 같은 것에 대해 자신의 마인드에 명확히 정의를 해놓는 순간부터 당신이 책이나 신문, 잡지를 읽을 때 자신의 최종 목표와 관련된 기사나 자료들이 자신의 주의를 끌게 되는 것을 느낄 수 있다. 또한 당신의 최종 목표에 더욱 가까워질 수 있게 해주는 여러 기회들이 찾아오는 것도 알 수 있다.

정신의 작용과 관련된 내용을 모르는 사람들에게 이러한 것들이 불가능하고 비현실적으로 보인다는 사실은 누구보다 내가 잘 알고 있다. 그러나 이 방법은 의심하는 사람이나 회의적인 사람들까지 다 좋아할만한 것은 아니다. 가장 좋은 것은 이 법칙의 실용성이 나타날 때까지 실험해 보는 것이다.

지금 현재 기계적인 발명은 한계에 다다른 것 같다. 하지만 모든 지성인들은 (비록 정확한 사고를 하는 사람이 아닐지라도) 인간의 정신이 가지고 있는 힘과 관련해서는 지금 인류가 진화와 실험과 분석의 시대에 막 접어들었다는 점을 알고 있다.

인류역사상 '불가능' 이란 단어의 의미가 지금처럼 의미를 상실한 적이 없었다. 어떤 사람들은 자신이 하고자 하는 모든 것을 다 할 수 있다고 믿으며 이 단어를 그들이 쓰는 사전에서 지워버리기도 했다.

우주는 물질과 에너지 이 두 가지로 이루어져 있다. 우리는 끈기 있는 과학자들의 연구를 통해 지금껏 존재해 온 모든 물질들은 미세하게 분석해 보면 단순한 에너지의 형태인 전자로 귀결된다는 사실을 알 수 있게 되었다. 반면 모든 물질들은 맨 처음 에너지의 형태에서 창조되고 발견되었다.

아이디어의 씨앗은 사람의 상상력에서 만들어진다. 지구상의 모든 물질들은 에너지 형태에서 출발해 에너지 형태로 끝이 난다. 이렇게 모든 물질들은 여러 형태에 대한 에너지의 명령을 따르게 되어 있다. 그 중 가장 강력한 에너지의 형태는 인간의 정신이라는 에너지이다.

따라서 인간의 정신은 인간이 창조한 모든 것들을 이끄는 힘이고 과거에 창조한 것들은 앞으로 창조할 것들과 비교했을 때 보잘것없이 될 것이다.

우리는 사람의 정신이 인간의 힘 중에 가장 위대하다는 사실은 이미 알고 있다. 이 증거를 찾기 위해 시간을 투자할 필요는 없다. 우리가 세운 인생의 목표는 각자의 마인드에 이미 고정되어 있으며 그것이 현실화될 때까지 행동으로 나타날 것이다. 그 결과 목표를 달성하기 위한 행동은 그 누구에게도 굴하지 않을 것이다.

벅스톤(Buxton)은 이렇게 말했다.

"오래 살면 살수록 사람들 사이의 차이점 – 약한 사람과 강한 사람, 혹은 위대함과 하찮음 – 의 차이를 더 명확하게 느낄 수 있다. 그 차이는 바로 에너지(무적의 결단력)이며 목표가 한번 고정이 되면 그 뒤엔 승리 혹은 죽음이 있을 뿐이다. 이 에너지는 세상의 어떤 일도 해낼 수 있다. 비록 타고난 재능이 없어도, 훌륭한 환경이 뒷받침하지 않아도, 절호의 기회가 오지 않는다 해도 이 에너지는 견고한 창조물을 만들어낼 것이다."

도널드 밋첼(Donald G. Mitchell)은 일갈했다.

"결심은 사람을 정확하게 만든다. 강하고 끈기 있는 목표는 어려움과 위험을 헤쳐나갈 수 있게 한다. 한겨울에 눈을 끌어 모으는 소년의 눈빛을 생각해 보라. 그의 눈에는 불이 타오르고 있고 그의 머리에는 불가능을 물리치러 무던히 움직이고 있다. 의지는 초라한 인간을 거인으로 만든다."

위대한 디즈레일리(Disraeli)는 말했다.

"나는 오랫동안 명상한 결과 다음과 같은 확신을 얻을 수 있었다. 확고한 목표를 지닌 인간은 반드시 성취하도록 되어 있으며, 성취를 위해서 자신의 존재까지 걸 수 있는 의지를 꺾을 만한 것은 세상에 아무것도 없다."

존 심슨(John Simpson) 경은 강조했다.

"강렬한 욕구와 끈기 있는 의지는 불가능한 것(열정이 부족하고 소심하며 연약한 사람들에게는 불가능하다고 여겨지는 것)을 할 수 있게 한다."

존 포스터는 그의 증언에서 다음과 같이 덧붙였다.

"굽히지 않는 정신을 지닌 사람에게는 불의의 사고조차 피해가는 것을 보면 참으로 놀라운 일이 아닐 수 없다. 확고한 기상을 가진 사람이 나타나면 그 사람의 주변 공간이 깨끗이 정리되고, 그에게 자유로운 공간이 생겨나는 과정을 보는 것은 매우 흥미롭다."

에이브러햄 링컨은 그랜트 장군에 대해 이렇게 말했다.

"그랜트 장군의 가장 위대한 장점은 목표에 대한 끈기이다. 그는 쉽게 흥분하지 않을 뿐더러 그가 바라는 것은 꼭 이루고야마는 능력을 가졌다. 그가 한 번 하고자 하는 일에 아무것도 그를 멈출 순 없다."

성공한 외과의사는 환자들을 위한 처방약에 희망과 신념을 적절히 섞어주는 사람이다.

성공은 '사고'의 힘을 이용하는 것

이제 이 말을 하기에 적당한 때가 온 것 같다. 그것은 강한 욕구가 잠재의식 속에 자리잡기 위해서는 끈기를 가지고 노력해야 한다는 점이다. 단순히 몇 시간 혹은 며칠만으로는 명확한 중점 목표가 잠재의식에 각인되기엔 턱없이 부족한 시간이다.

열망, 즉 욕구가 마음 깊숙한 곳에 각인되어 있어야 하며 자의식 혹은 잠재의식이 이 욕구를 받아들일 때까지 아무도 물리칠 수 없는 끈기가 뒷받침되어야 한다. 지금까지는 욕망을 앞에 두고 한 걸음 물러서서 노력을 했다. 하지만 지금 이 순간부터는 당신이 욕구보다 한 발 앞서 적극적으로 성취를 향한 노력을 해야 한다.

끈기란 한 방울, 한 방울의 물이 강한 바위를 뚫는 것과 비교할 수 있다. 그러므로 인생의 마지막 페이지를 장식할 때쯤 되면 당신의 끈기가 성공에 얼마나 기여했는지 혹은 인생의 실패에 얼마나 중요한 역할을 했는지가 분명하게 드러날 것이다.

나는 시카고에서 열린 터니와 뎀시(Tunney & Dempsey)의 복싱경기(1920년대 세기의 대결이라고 했던 프로 헤비급 챔피언 결정전 – 편역자주)를 관전한 적이 있다.

나는 그들의 경기를 보면서 바로 전 라운드까지 두 사람의 시합전적과 심리상태를 상기해 보았다. 뎀시는 더 강한 복서였음에도 불구하고 다음에 소개되는 2가지 이유로 터니에게 지게 된다. 그럼 뎀시의 패인은 무엇이었을까?

첫째 : 그는 자기 확신이 부족했다. 그는 자신을 믿지 못하는 두려움 때문에 터니에게 패할 수밖에 없었던 것이다.

둘째 : 이길 수 있다는 터니의 자기 신뢰와 신념이 뎀시의 그것보다 앞섰기 때문에 뎀시는 패할 수밖에 없었다.

터니가 턱을 높이 치켜들고 링으로 걸어 들어왔다. 그의 걸음걸이에는 자신에 대한 확신이 가득했다. 반면 뎀시는 자신 없는 걸음으로 링을 들어왔다. 그의 눈에선 마치 '터니, 나한테 무슨 짓을 할 거지?' 라고 물어보는 것 같았다.

링 안으로 걸어오기 전부터 뎀시는 이미 마음속으로 경기에서 지고 있었던 것이다. 신문기자들과 보도요원들은 터니의 뛰어난 사고능력 덕분에 특종을 잡을 수 있었다.

승리를 위해 싸우는 어찌 보면 잔인하고 비천한 직업에서부터 가장 고귀하고 훌륭하다고 알려진 일까지 승리 이야기는 똑같다. 결국 성공이란 '사고'의 힘을 어떻게 사용하는지 이해한 사람의 것이었다.

이 책 전반에 걸쳐 환경 및 인간의 정신이 만들어내는 습관이 얼마나 중요한지 누차 강조하고 있다. 자신의 힘을 건설적으로 사용하고자 자신을 깨우고 자극하는 사람에게 행운은 따라온다.

결국 정확한 사고란 정신의 힘을 현명하게 사용하고자 하는 생각이며, 단순히 어떤 검증이나 분류 정돈에 그치지 않는다. 그것은 아이디어를 창조해 가장 적절하고 건설적인 행동으로 나타나게 하는 것이다.

이 책에 소개된 결론이나 가정들이 내가 독단적으로 만들어낸 것이 아니라는 사실을 명심하고 있다면, 독자들은 비관적인 마음을 갖거나 의심하는 마음 없이 이 장에서 설명하는 원칙들을 객관적으로 분석하는 자세를 지니게 되었을 것이다.

나는 사람의 정신세계를 연구하는 선두그룹 지도자들의 도움으로 이 장 전체에 걸쳐 이미 언급한 결론에 도달할 수 있었다.

'집중력'에 대한 다음 장에서는 자기암시의 원리를 적용하는 방법에 대해서 더 많은 지시사항들이 제시될 것이다. 사실 이 책은 진화의 법칙을 가능한 그대로 따르면서 점진적으로 요점을 다루어왔다. 즉 1장은 2장의 기초였으며 다시 2장은 3장으로 가는 준비과정이었다.

그러면서 나는 이 책에서 '자연이 인간을 만든다 - 정상의 고지를 향해 한 걸음씩 내딛는 것처럼'이라고 설명하고 싶었다.

이 책을 쓴 목적을 말로 설명하긴 어렵지만, 독자들은 책의 내용을 이해하면 할수록 더 빨리 나의 의도를 알 수 있을 것이다. 그런 논리로 이 장의 내용을 완전히 이해한다면 지식의 원천이 과연 무엇인지 알게 되었을 것이다.

물론 이것을 다른 사람에게 설명하기는 힘들 것이다. 자신의 마음속에서 추측하고 응용하여 얻을 수 있는 것이기 때문이다. 다른 사람에게 말로 설명하지 못하는 이유를 물어본다면 한 번도 색깔을 보지 못한 시각장애인에게 색을 설명하는 것과 같다고 말해주고 싶다.

> 어떤 사람은 과식으로 빨리 죽고, 또 어떤 사람은 과음으로 빨리 죽는다. 여전히 다른 사람들은 그 외에 할 일이 없기 때문에 병들어 죽는다.

믿음은 잠재의식으로 보내는 암시

나는 내가 알고 있는 지식들을 독자의 자기계발을 위해 지금까지 기술한 방법에 따라 원칙을 지키면서 충실히 써왔다. 때문에 설명하고자 하는 주제에 관한 삽화나 예가 없었다. 나의 경험으로만 설명하기 때문에 있을 수가 없는 것이다.

정확한 사고에 대해 이야기해 보면 이는 당신을 가장 높은 경지에 올려줄 것이라는 점이다.

성경 전체의 내용 중 인간이 가질 수 있는 유일한 희망은 건설적인 사고를 통해서 얻을 수 있었다. 나는 다음 문장에 놀라지 않을 수 없었다.

'말씀이 육신이 되어 우리 가운데 거하시매 우리가 그 영광을 보니 아버지의 독생자의 영광이요, 은혜와 진리가 충만하더라' (요한복음 1장 14절).

이 글을 읽는 당신이 초등학생일지라도 이 문장만큼은 사실이라는 것을 알 수 있을 것이다. 무엇보다 성경에서 한 가지 분명한 사실을 담고 있다면 그것은 자연의 모든 현상의 시작은 바로 '사고' 라는 점일 것이다.

※ 믿으면 당신은 해낼 수 있다

여러분은 이 책의 각 장 처음이 다음 문장으로 시작하는 것을 보았을 것이다.

'믿어라! 당신은 해낼 수 있다!'

이 문장은 성경이 주는 가르침 중 가장 실용적이고 중요한 전제가 되는 문장이다. '믿음' 이란 글자에 강조가 되어 있다. 이 단어의 의미를 되새겨 보자. '믿음' 이란 당신이 잠재의식으로 보내는 암시에 힘을 실어준다. 자기암시와 마스터 마인드 법칙을 생각하며 이 점을 잊지 말라. 지금 당신의 믿음은 단지 시작에 불과하다. 중간 과정과 마지막 과정에서 얻을 수 있는 힘에 대해 당신은 아직 생각조차 못하고 있다.

모든 사고는 창조적이다. 그러나 지구상의 모든 사고가 건설적이고 긍정적인 것만은 아니다.

만약 당신이 비극적이고 가난한 생각만을 한다면 그런 상황에 처하게 되어 벗어날 길이 없을 것이다. 심지어 당신의 사고 또한 비극적으로 바뀌게 될 것이며 그 결과로 저주를 내리게 될 것이다. 반대로 당신의 생각이 긍정적이라면 사고 역시 긍정적으로 바뀌게 될 것이다.

'사고' 는 당신의 인간성을 자석과도 같은 힘으로 끌어당긴다. 당신을 외향적으로 변하게 할 뿐더러 당신의 사고와 조화로운 행동을 만들어낸다.

이 사실은 이번 장을 읽은 후부터 좀더 명확하게 다가올 것이다.

여기서 다시 한번 반복하겠다. 물론 다음 장에서도 여러 번 반복될 것이다.

잠재의식에 명확한 목표를 심을 때 믿음이라는 비료를 줘야 한다. 무한한 지성이 목표를 잘 자라게 하고 당신이 원하는 만큼 성장하게 도와줄 것이다. 당연한 얘기로 약한 믿음은 당신에게 실망만 가져다줄 뿐이다.

당신의 잠재의식 속에 있는 강한 열망과 함께 명확한 목표를 말할 때는 신념과 믿음을 가져야 한다. 그래야만 자신이 세운 목표를 확실히 자기 것으로 만들 수 있다. 당신이 하려고 하는 일에 대해 정확한 태도를 취하라. 당신이 이미 목표에 대한 확실한 입장이 서 있다면 그 순간부터 잠재의식에 제안해도 좋다.

자기암시의 원리가 과연 통할까 의심하지 마라. 의구심을 갖지도 말고 그저 무조건 믿어라.

물론 이 내용은 지금까지 여러 번에 걸쳐 당신의 마인드에 각인될 만큼 충분히 강조해왔다. 목표를 달성할 수 있다고 믿을 때만 비로소 자신이 뿌린 목표의 씨앗이 싹을 틔울 수 있다.

> 사고가 무엇을 할 수 있을지 당신은 말하지 못한다.
> 그것은 증오를 가져다 줄 수도 있고, 사랑을 가져다 줄 수도 있다.
> 사고란 그런 것이다. 그리고 그들의 가벼운 날개는
> 비둘기보다 더 빠르다.
> 사고는 우주의 법칙을 따른다.
> 각자의 생각은 같은 종류의 생각을 만들어낸다.
> 당신 마음에서 무엇이 나오든지.

사고란 이런 것이다! 이것은 당신이 이해하고 난 후 위대한 진실로 다가온다. 이 진실은 지식의 경지로 가는 비밀 통로의 열쇠를 가져다준다. 물론 다른 사람이 알려줄 수도 있다. 이 진실을 터득했을 때, 당신은 그 문을 열 수 있다.

당신이 가진 사고의 힘은 당신만이 절대적으로 컨트롤할 수 있는 유일한 힘이다.

앞의 문장을 이해할 수 있을 때까지 읽고 공부해라. 자신의 사고를 통제할 수 있는 것은 자신의 힘에 달려 있다. 자신의 사고가 긍정적인 형태가 될지, 부정적인 형태가 될지는 자신에게 달려 있는 것이다.

이 말은 세계적으로 유명한 헨리의 다음 시를 연상시킨다.

온 세상이 지옥처럼 캄캄하게
나를 뒤덮은 밤의 어둠 속에서
나는 어떤 신들이든 그들에
내 불굴의 영혼 주심에 감사하노라

환경의 잔인한 손아귀에 잡혔을 때도
난 주춤거리지도 울지도 않았노라
운명의 몽둥이에 수없이 두들겨 맞아
내 머리 피 흘리지만 굴하지 않노라

분노와 눈물의 이승 저 너머엔
유령의 공포만이 섬뜩하게 떠오른다
허나 세월의 위협은 지금도 앞으로도
내 두려워하는 모습 보지 못하리라

상관치 않으리라, 천국 문 아무리 좁고
저승 명부에 온갖 형벌 적혀 있다 해도
나는 내 운명의 주인이요
나는 내 영혼의 선장이나니

헨리는 내가 앞서 말한 지식으로 가는 통로의 열쇠를 발견한 다음에 이 시를 썼다.

당신은 '당신 운명의 주인'이다. 그리고 '당신 영혼의 선장'이다. 왜냐하면 당신은 사고를 조절할 수 있고 그 사고의 도움으로 당신이 원하는 무엇이든 창조할 수 있기 때문이다.

※ 사고란 완전한 형태의 에너지

이 장의 마지막에 가까워지고 있다. 이제 죽음이라는 문에 드리워진 커튼을 옆으로 밀어내고 사후세계를 바라보자. 육체라는 형상 없이 우글거리는 존재들이 있다. 자세히 살펴보면 행복을 위해서든 고통을 위해서든 당신의 상상력에 따라 만들어진 존재들로 가득 차 있다.

당신이 죽여버렸다고 생각한 당신의 과거 생각들이다. 당신의 사고로부터 행동방식이 결정된 채로 거기에 그렇게 머물러 있는 것이다.

동료에 대해 증오와 시기, 질투, 이기심이 가득한 사람은 따뜻한 이웃을 만들지 못할 것이다. 그러나 분명한 것은 그들과 함께 살아가야 한다는 점이다. 그들을 거절하고는 결코 살아갈 수 없다. 다른 사람에 대한 사랑과 진실, 친절 등이 없다면 당신은 어쩔 수 없이 불행해질 수도 있다.

이런 우화적인 비유를 들어 생각해 보면 정확한 사고는 더 새롭고 중요한 의미로 나에게 다가온다. 일생 동안 자신의 사고가 조화롭지 못할 수도 있다면 우리가 음식을 먹는 것보다 '사고'를 더 중요하게 생각할 이유가 더 이상 없는 것이다.

'정확한 사고'라는 용어는 이 장에서 '창조에 따른 사고'와 같은 뜻으로 사용되고 있다. 다른 사람에게서 나온 사고는 비록 사실을 말하고 있다 할지라도 이 장이 말하는 정확한 사고가 아니다.

나는 '정확한 사고'의 최고봉까지 당신을 인도해 왔다. 그러나 더 이상 높이 데려갈 수는 없다. 당신은 끝까지 도달한 것이 아니고 이제 막 출발한 것이다. 여기서부터는 당신 혼자의 힘으로 가야 한다. 하지만 이번 장의 기본이 되는 진실을 간과하지만 않는다면 그 길을 찾는 데 그리 큰 어려움은 없을 것이다.

그러나 마지막으로 한 가지 주의를 주겠다. 그것은 이번 장의 기본이 되는 진실이 처음 읽어서 이해가 잘 안 된다고 해도 실망하지 말라는 점이다. 이것을 이해하고 명상하기까지 몇 주 혹은 몇 달이 걸릴 수도 있다. 그러나 그 정도의 시간을 투자할 가치는 충분히 있다.

이번 장의 첫 부분에 열거된 주제는 아주 기본적인 요소들이기 때문에 이해하기 쉽고 받아들이는 데 어려움이 전혀 없을 것이다. 그러나 이 장의 마지막까지 일련의 사고를 따라 여기까지 왔기 때문에 자신이 헤아릴 수 없이 깊은 물속에 빠져 있다는 사실을 발견할 수도 있다.

아마도 나는 다음과 같은 사실을 상기시키면서 마지막 한 줄기 빛을 던져줄 수 있을 것 같다. 지금 당신이 이 단락을 읽는 동안 발생하는 인간의 목소리, 음악의 모든 음들, 그리고 자연의 소리들은 지금 당신이 있는 곳의 에테르에 존재한다는 것이다. 이 소리들을 듣기 위해서는 현대의 라디오 원리가 필요하다. 이 장비의 도움 없이는 진리를 깨닫기에는 벅찰 것이다.

라디오가 나오기 전인 20년 전에 이런 주장을 폈다면 아마도 미치광이 혹은 바보라고 사람들은 손가락질할 것이다. 그러나 우리는 이 상황을 아무런 의심 없이 받아들인다. 왜냐하면 사실인 것을 알고 있기 때문이다.

'사고'란 고등하고 완전한 형태의 에너지이다. 따라서 지금 현재 하고 있는 모든 생각들과 여태껏 해온 모든 생각들이 에테르에 존재하고 이들을 해석할 수 있는 장비를 가지고 있는 사람들로부터 해석될 수 있다고 하는 것이 비상식적인 것만은 아니다.

그러면 '어떤 종류의 장비가 필요한가?' 당신은 의문을 가질 것이다.

이에 대한 답은 지식으로 가는 문을 통과했을 때 얻을 수 있다. 그 전에는 답을 얻을 수가 없다. 그 문에는 당신만의 사고를 통해서만 도달할 수 있다. 과거의 위대한 철학자들이 다음과 같이 훈계했던 이유가 여기에 있다.

"너 자신을 알라!"

이 말은 시대를 초월한 말이다.

신이 행하신 업적 중 풀리지 않는 미스터리 중 하나는 모든 위대한 발견은 항상 자신의 발견에 있다는 점이다. 인간이 찾아 헤매는 진실은 자신의 안에 있다. 따라서 삶의 황무지에서 혹은 다른 사람의 마음속에서 그 진실을 찾으려 하는 것은 아무런 의미가 없다. 그렇게 하는 것은 당신이 추구하는 진실로부터 오히려 멀어지게 하게 마련이다.

그리고 아마도 당신은 – 당신 말고 누가 알 수 있겠는가? – 이 장을 끝내면서 지식의 통로로 가는 문에 전보다 더 가까이 다가서 있음을 느낄 것이다.

이번 장을 읽고 나면 '마스터 마인드'가 소개되었던 부분을 좀더 이해할 수 있다. 물론 많은 사람들이 협동하며 사는 이유를 지금은 알 수 있다. 이러한 협력관계는 협력을 맺은 사람들로 하여금 진보적인 발전을 하게 해주고 그들의 사고가 무한한 지성에 이를 수 있도록 돕는다.

1장에서 언급한 주제가 당신에게 새로운 의미로 다가갈 것이다. 이번 장에서는 마스터 마인드 법칙을 이해하고 적절히 사용하는 사람들의 예를 들면서 당신이 왜 이 법칙을 사용해야만 하는지 그 이유에 대해 잘 설명하고 있다.

왜 극소수의 사람들만이 힘과 행운을 소유하고 있을까? 바로 지금이 이 해답을 이해할 때인 것 같다. 반면 주위의 다른 사람들은 가난에서 벗어나지 못한다. 아직 이 이유를 모른다면 이 책의 남은 과정을 읽은 후에 이해할 수 있다.

이 책을 처음 읽어서 내용을 완전히 이해하지 못한다고 해서 절대 기죽지 마라. 이번 장은 초보자가 읽기에 이해하기 어려운 내용 중 하나이다.

보물과도 같은 지식은 당신의 정확한 사고와 생활에의 적용, 그리고 명상을 통해서만 당신에게 전달될 것이다. 일주일 정도의 기간을 두고 적어도 4번 정도는 이 책을 읽기를 권하고 싶다.

특히 1장을 다시 한번 읽어라. 정확한 사고를 하는 사람이 되려면 마스터 마인드를 꼭 이해해야 한다. 이 말은 평이하면서도 중요해 보이지 않는가?

" 실패 "

변치 않는 천지전능한 섭리는 사람이 지성을 갖추는 나이가 되면 어떠한 형태든지 실패를 경험하게 한다는 점이다.

가난은 인간이 짊어진 가장 잔인한 십자가이다. 지구상에 살고 있는 수억 명의 사람들이 의식주를 충족시키기 위해 이 짐과 싸우고 있다. 가난을 이기는 노력은 결코 쉽지 않다. 그러나 위대한 성공을 거둔 사람들이 말하길 그러한 지위에 도달하기 위해선 가난과 싸우는 과정이 필요하다.

가난은 보통 저주라고 받아들여진다. 그러나 몇몇 사람을 제외하고는 실패가 자신의 생각에 저주로 받아들여졌을 때 외에는 진정한 저주인 것을 모르고 있다. 그래서 어떤 사람들은 영구적인 실패를 경험하기도 한다.

몇 년 동안의 경험을 되살려 보라. 당신이 겪은 실패는 대부분 축복으로 변했을 것이다. 실패 없이는 그 어떤 것도 배울 수 없다. 실패를 통해 전 세계적으로 통하는 언어를 배울 수 있으며, 그 실패가 가르쳐주는 가장 위대한 교훈은 바로 겸손이다.

위대한 사람은 모두 다 이 세상에 비해서, 빛나는 별에 비해서, 자연의 섭리 앞에서 자신이 초라하다는 생각을 한 번쯤은 했을 것이다.

부모로부터 많은 재산을 물려받은 자손들 중 나중에 성공한 사람들을 보면 한 가지 공통점을 발견할 수 있다. 그 자손들은 대부분 인간성이 좋은 건설적인 일꾼들이었다는 점과 다른 사람의 가난과 비극을 덜어줄 유익한 서비스를 제공했다는 점이다. 이것은 결코 우연이 아니다.

자신이 실패했다고 믿는 사람들의 대부분은 정말로 실패한 것이 아니다. 단

576

지 일시적으로 무너진 것뿐이다.

만약 당신이 자기 연민에 빠져 자신을 실패자라고 생각한다면 누가 봐도 불평할 만한 위치에 있는 사람과 입장을 바꿔보자. 당신에게 더 나빠질 것이 있는가?

시카고에 매우 아름다운 젊은 여성이 살고 있었다. 그녀의 눈은 밝은 파란색이었다. 그녀의 혈색은 정말 고왔다. 또한 아주 달콤한 목소리를 가지고 있었다. 고등교육을 받았고 그녀에게는 늘 기품이 있었다. 동부의 유명대학을 졸업한 후 그녀는 자신의 몸에 흑인의 피가 흐르고 있다는 걸 알았다.

그녀는 약혼자와 파혼을 하기에 이르렀고, 흑인과 백인 그룹 모두 그녀를 받아들이지 않았다. 그녀는 남은 인생에 영구적인 실패를 받아들여야 했다.

기억하라! 이것이 영구적인 실패이다.

이 일화를 집필하는 동안 미혼모에게 태어나 고아원에서 길러진 여자아이에 관한 소식을 들었다. 엄마의 사랑을 모르고 그저 형식적으로 길러진 아이, 이 불행한 아기는 다른 사람의 실수로 일생을 통해 고통을 감내해야만 한다.

이에 비해 당신은 얼마나 행운아인가. 당신의 상상 속에서 무엇을 실패하건 간에 당신은 이 아이만큼 불행하지 않다.

만약 당신이 강한 몸과 정신을 가졌다면 감사하는 마음으로 살아야 한다. 당신만큼 축복을 받고 태어나지 못한 사람들이 셀 수 없을 정도로 많다.

위대하다고 칭송받는 사람들을 분석해 보면 그들은 분명히 곤란한 상황에 처했었고 잠시나마 당신은 절대 상상하지 못할 실패의 쓴잔을 마셔야 했다.

우드로 윌슨은 중상모략하는 사람들로 인해 패배의 쓴잔을 마시고 일찍 세상을 떠났다. 그러나 시간이라는 이 위대한 기적의 일꾼은 모든 잘못과 실패를 성공으로 돌려놓았다. 시간은 윌슨 대통령을 역사상 위대한 대통령으로 바꿔놓았던 것이다.

현재 이 세상을 살아가고 있는 사람들 중에서 극히 일부만이 윌슨의 '실패'로부터 세계평화를 외치는 목소리가 높아져서 결국에는 전쟁을 하는 것이 점점 더 힘들어졌다는 사실을 알고 있다.

링컨은 미국을 지구상에서 가장 위대한 나라로 만들게 한 초석을 마련하고 끝까지 '실패'를 모르고 죽었다. 링컨과 윌슨이 그토록 보존하려 했던 위대한 나라를 발견한 콜럼버스는 감옥에서 실패를 모르고 죽었다.

생각 없이 '실패'라는 단어를 사용하지 마라.

기억하라! 잠시 버거운 짐을 지는 것은 실패가 아니다.

만약 당신이 진정으로 성공의 씨앗을 당신 마음에 심었다면 작은 역경이나 일시적인 고난은 그 씨앗의 싹을 틔워줄 비료 역할을 할 것이다.

신이 주신 위대한 능력으로 세상에 어떤 일을 하고자 할 때 분명히 '실패'라는 테스트가 있을 것이다. 당신이 실패할 것이라 생각된다면 인내와 끈기를 가지고 계속 노력하라. 지금 이 난관은 신이 주신 테스트를 통과하는 시간이라 생각하자.

능력이 있는 임원이라면 부하직원을 뽑을 때 그 사람이 믿을 만한지, 충성스러운지, 인내력이 있는지 등의 필수적인 자질을 반드시 고려하게 된다.

또한 봉급을 결정할 때에도 책임감 및 이에 수반하는 자질들을 통해 일시적 패배를 영구적인 실패로 받아들이지 않는 사람들이 더 높은 봉급을 받을 수 있게 된다.

시험에 드는 것은
자신이 만든 싸움이다.
그가 매일 보는 모래와도 같다.
그가 내딛는 한 걸음.
운명의 수도 없는 충돌과 폭풍들.

겁쟁이는 두려움이 없을 때, 미소 짓는다.

그의 앞에 아무런 장애물이 없을 때.

그러나 동료가 생겼을 때 사람은 용기를 낸다.

이것은 승리가 아니다.

형제가 만들어낸 싸움이다.

벽을 향해 운전하는 사람은

여전히 똑바로 서 있고,

운명에 맞서 고개를 쳐들고 있다.

피 흘리며, 멍이 들며, 겁에 질리면서도.

실패를 두려워하지 않는 당신은

미래에 성공할 사람인가?

이것이 당신이 처한 장애물이며

당신이 처한 난관이다.

그리고 당신의 용기가 잠깐 주춤한 결과이다.

슬픔에 쌓여 있을 시간에

포상은 당신에게서 멀어진다.

그것은 당신의 기질을 시험하고,

당신의 가치를 증명한다.

실패는 결코 당신이 가진 것을 날려버리지 않는다.

당신이 손에 쥔 것들을 날려 보낸다.

이때서야 당신이 가졌던 것이 진짜인지 아닌지 알 수 있다.

실패는 평범하지 않은 노력이 있는 곳에 존재한다. 즉, 이루기 힘든 일에는 당연히 실패가 공존한다. 많은 사람들이 더 이상 물러날 곳이 없는 상황에서 싸워서 승리를 거두었다.

시저는 영국을 정복하고자 하는 오랜 소망을 품고 있었다. 그는 조용히 화물선을 몰고 영국으로 갔다. 그는 필수품을 내리지 않은 채 모든 배를 태우라고 명령했다. 그는 군사를 불러놓고 말했다.

"자, 이젠 이기거나 아니면 죽는 길뿐이다. 우리에겐 달리 선택의 여지가 없다."

그들은 승리했다! 사람은 보통 승리하고자 마음을 다잡았을 때 승리한다.

당신 뒤에 대피할 수 있는 다리를 불질러버려라. 그리고 후퇴할 길이 없다고 생각했을 때 당신이 얼마나 뛰어난 능력을 발휘하는지 보아라.

어느 택시기사가 잠시 새로운 사업을 위해 휴직원을 제출하고 상업분야에 뛰어들었다. 그는 친구에게 말했다.

"새 직업에서 내가 성공을 못한다면, 난 언제나 옛날 직업으로 되돌아올 수 있어."

월말쯤에 그 기사는 택시운전 외의 어떤 것이라도 할 수 있다는 야심을 완전히 접은 채 돌아왔다. 만일 그가 일시적으로 휴가를 내지 않고 사직을 했었더라면 그 사람은 새로운 일에서 더 잘할 수 있었을 것이다.

이 책의 기본이 되는 성공의 15가지 법칙은 나의 20년간의 실패와 가난에서 만들어졌다. 처음부터 지금까지 이 과정을 충실히 따라온 사람이라면 지금쯤 행간에 숨겨진 의미를 알 수 있었을 것이다. 이런 고통의 과정 없이는 알 수 없었을 자기수련 및 자기발견에 관한 이야기들을 읽을 수 있었을 것이다.

인생의 여정에 대해 관찰하자. 이 여정을 가는 사람들은 모두 다 십자가를 지고 있음을 눈여겨보라. 당신이 져야 할 짐의 명단은 당신 손에 있다. **자연이 주는 가장 가치 있는 선물은 일시적인 실패를 경험한 후 주춤거리거나 포기하지 않는 사람들에게 돌아간다는 점이다.**

자연의 법칙은 이해하기 쉬운 것은 아니다. 누구나 이해하기 쉽다면 실패와 함께 책임감을 시험하고자 고난이 주어지지는 않았을 것이다.

> 자연이 사람을 만들었을 때,
>
> 고난을 주었을 때,
>
> 깨어 있게 만들었을 때,
>
> 자연이 사람을 만들었을 때,
>
> 사람이 할 일을 다 하게 하기 위해서
>
> 자연은 모든 재주를 동원해
>
> 영혼과 함께 갈망했다.
>
> 인간을 더 큰 존재로 만들기 위해
>
> 노련한 솜씨로 인간을 만드셨다.
>
> 사람을 괴롭히고 절대 용서하지 않으며
>
> 자극을 주고 슬퍼하게 하며
>
> 가난을 함께 주셨다.
>
> 자주 실망을 주시고
>
> 상처를 아물게도 하신다.
>
> 지혜로 잘못을 감싸주기도 하고
>
> 방관하기도 한다.
>
> 경멸로 인해 울기도 하지만
>
> 인간의 자만심은 없어지지 않을 것이다.
>
> 아직 힘든 고난을 주시는 자연은
>
> 인간을 외롭게 하신다.
>
> 오직 신의 메시지가 인간에게 전달되기 위해
>
> 자연의 법칙을 가르치기 위해
>
> 이는 모두 천사의 계획이었다.
>
> 인간이 이해하지 못할지라도

인간에게 열정을 주셨다.

냉정하게 인간을 자극하고

열정으로 분발시킨다.

보라, 이 위기를! 보라, 저 고함소리를!

지도자를 부르는 아우성이다.

인간에게 자비가 필요할 때

그가 이 나라에 오신다.

때가 되면 자연의 섭리가 작용하여

세상이 맞이하게 되는 것 그것은⋯⋯ 인간!

실패란 존재하지 않는다. 우리 눈에 보이는 건 실패가 아니라 일시적인 고난일 뿐이다. 그 일시적인 것을 영원한 것으로 만들지 마라.

12장
집중력
Concentration

Napoleon Hill

비판을 피할 수 있는 방법으로는 아무것도 아닌 사람이 되거나, 아무것도 하지 않는 방법이 있다. 길거리의 청소부로 취직해 마음속의 야망을 하나씩 죽여라. 당신이 원하는 대로 될 것이다.

집중력

'믿어라! 당신은 해낼 수 있다!'

이번 장의 기본이 되는 원칙은 다른 장을 설명하는 데 중요하므로 이 책 전체 내용을 두고 볼 때, 가장 핵심적인 부분이라고 할 수 있다. 여기에 쓰인 집중력이라는 단어는 다음과 같이 정의해 볼 수 있다.

'집중력은 자신의 특정한 욕구를 실현하기 위한 수단과 방법을 계획하고, 그 욕구가 성공적으로 이루어질 때까지 마음을 모으는 행위이다.'

특정한 욕구에 마음을 집중하는 과정에는 2가지 중요한 법칙이 있다. 그 첫 번째는 자기암시이고, 다른 하나는 습관의 법칙이다. 첫 번째의 경우 이미 앞에서 상세히 설명했으므로 여기서는 습관의 법칙에 대해서 자세히 알아보겠다.

습관은 같은 일을 같은 방법으로 반복하는 과정에서 자연스럽게 형성된다. 일단 습관이 형성되고 나면 시멘트 덩어리와 같아서 다시 깨뜨리기는 힘들다.

기억력 훈련에 기본이 되는 것이 바로 습관이다. 일례로 방금 만난 사람의 이름을 반복해 불러보면 그 이름을 기억할 수 있게 된다.

어터베리(Atterbury)는 다음과 같이 얘기하고 있다.

"교육의 힘이란 위대하다. 이를 통해 어린아이의 마음과 자세를 긍정적인 방향으로 형성할 수 있고, 또 이러한 습관이 영구적으로 남게 된다."

습관은 행동방식의 정신적 통로

인간의 사고는 사고의 바탕이 되는 기본적인 재료들은 주위 환경에서 모은다. 그리고 습관은 이 사고를 구체화하여 영구적으로 만들고, 사람의 잠재의식 속에 각인시킨다. 이런 잠재의식은 우리의 인격을 구성하는 데 핵심적인 역할을 하므로 이를 통해 우리의 행동방식을 결정한다. 그리고 우리의 선입견이나 경향을 형성하고 의견을 통제하는 데도 영향을 미친다.

한 위대한 철학자는 정직한 사람이 범죄에 빠지는 과정을 설명하는 동안 다음과 같은 말을 통해 습관의 힘이 얼마나 중요한지를 역설하고 있다.

"우리는 처음에는 견뎌내고, 그 다음에는 동정하며, 결국에는 포용하게 된다."

습관은 레코드판에 있는 굴곡과 같고, 마음은 그 굴곡을 따라 움직이는 레코드 바늘과 같다. 습관이 잘 형성되면 (사고와 행동의 반복을 통해) 레코드 바늘이 굴곡에 최대한 밀착되어 따라 움직이는 것과 같이 습관의 본질에 상관없이 마음도 습관을 따라가게 된다.

따라서 우리는 주변 환경을 주의 깊게 선택하는 것이 얼마나 중요한지에 대해서 알게 될 것이다. 왜냐하면 우리 마음을 형성하는 데 필요한 요소들을 이 주변 환경으로부터 얻을 수 있기 때문이다.

※ 모든 사람은 습관의 창조물

환경은 사고를 형성하는 데 필요한 요소들을 공급하고 습관은 이들을 영구적으로 만든다. 또한 '환경'은 시각, 청각, 후각, 미각, 촉각의 5가지 감각들을 통해 우리에게 영향을 주고 있다.

습관이라는 힘은 일반적인 사고를 하는 사람들로부터 인식되지만 대부분의 경우 좋은 측면이 배제된 좋지 않은 면들이 비춰지기 쉽다. 흔히 말하길 모든 사람은 '습관의 창조물'이라고 한다.

또한 '습관은 굵은 밧줄과 같다. 매일 실을 한 가닥씩 엮어나가면 그 밧줄은 나중에 가면 끊을 수 없을 정도로 튼튼해진다'고 말한다.

습관이 잔인한 독재자가 되어서 사람들의 의지, 소망, 경향에 반대되는 것을 강요하고 있다고 생각하는 사람이라면 – 물론 대부분의 경우 이런 것이 현실이다 – 누구나 다음과 같은 의문점이 생길 것이다.

과연 습관이라는 이 전능한 힘이 다른 자연적인 힘들과 마찬가지로 사람으로부터 통제될 수 없는 것인가? 만일 통제가 가능하다면 사람들은 습관의 노예가 되지 않고 주인이 될 수 있을 것이다.

근대의 정신학자들은 우리의 행동과 성격이 습관으로부터 통제되는 것이 아니라 우리가 습관을 통제하고 활용할 수 있다고 강력하게 주장한다. 실제로 수많은 사람들이 이미 이를 실행에 옮겼고, 습관이라는 힘을 새로운 방향으로 사용하게 되었다.

습관은 우리의 행동방식이 지나게 되는 '정신적 통로'라고 할 수 있다. 이 통로는 지날 때마다 더욱더 길어지고 넓어진다. 당신이 만약 어떤 길을 걸어가야 한다면 장애물이 있는 길 대신에 뻥 뚫린 길을 선호할 것이다. 이는 정신적 행동에서도 마찬가지이다. 즉, 가장 저항이 없는 길을 선택해서 이동하게 된다.

습관은 자연의 법칙에 순응할 때 반복적인 행동에 따라 형성된다. 이 자연의 법칙은 움직이는 생물체나 움직이지 않는 사물에서도 찾아볼 수 있다. 후자를 예로 들자면 한번 접혀진 종이는 다음번에도 같은 선을 따라 접혀지는 것을 들 수 있다.

다른 예로 재봉틀과 같이 정교한 기계를 사용해 본 사람들은 그 기계나 장비가 일단 길들여지면 그 이후에는 길이 든 상태로 동작한다는 사실을 잘 알고 있을 것이다. 악기에서도 동일한 예를 찾아볼 수 있다. 옷 또한 일단 주름이 생기게 되면 여러 번 다림질을 해도 그 주름의 흔적은 남아 있게 마련이다.

이상의 예에서 알 수 있듯이 이 법칙은 우리 주변 어느 곳에서나 쉽게 찾아볼 수 있다.

우리는 이러한 일화들을 통해 습관의 본질에 대해 잘 알 수 있을 것이며 또 그것은 옷에 새로운 주름이 생기듯이 새로운 정신적 통로를 만들어낼 수 있게 된다. 그리고 항상 다음과 같은 사실을 잊지 말자. 오래된 습관을 없애는 데 (유일하면서도) 최선인 방법은 그것을 대체할 반대되는 습관을 갖는 것을……

새로운 정신적 통로를 형성하여 그것을 따라 살게 되면 오래된 통로는 자연적으로 사용하지 않게 되고 결과적으로 소멸된다. 새로운 정신적 통로를 따라서 생활하면 할수록 그 길은 더욱더 깊어지고 넓어지게 되며, 그 이후에는 그 습관에 따라 행동하는 것이 더 쉬워진다.

이러한 정신적 통로를 만드는 것은 중요한 일이다. 따라서 자신이 원하는 정신적 통로를 만드는 일을 지금 바로 시작할 것을 권고한다. 연습하고, 연습하고, 또 연습해서 훌륭한 정신적 통로를 만들어라.

자신이 원하는 습관을 형성하는 데 따라야 할 중요한 신조들이 다음에 나열되어 있다.

첫째 : 습관 형성 초기에는 모든 힘과 열정을 쏟아 부어야 한다. 자신이 생각하는 것을 느끼고 지금 새로운 정신적 통로를 만드는 첫 단계에 있다는 사실을 기억한다. 처음에는 힘들지만 나중으로 갈수록 점점 더 쉬워질 것이다. 그 정신적 통로를 가능한 깊고 깨끗하게(장애물이 없도록) 유지하여 나중에 그 길을 가고자 할 때 그 길을 쉽게 찾을 수 있도록 해야 한다.

둘째 : 새로운 정신적 통로를 만드는 데만 집중하고 오래된 통로는 잊는다. 오래된 통로에 관한 모든 것을 깨끗이 잊고 미련을 두지 않은 상태로 새로

운 통로를 만드는 데 온 힘을 쏟아야 한다.

셋째 : 새로 형성된 통로를 가능한 많이 사용하라. 그 통로를 사용할 기회가 우연하게 생기기를 바라지 말고 스스로 그런 기회를 만들어 나가야 한다. 새로운 길을 따라 움직이면 움직일수록 그 길은 더 길들게 되고 결과적으로 그 길을 따라 여행하는 것이 쉬워질 것이다. 이렇게 새로 만든 정신적 통로를 따라 움직일 수 있도록 사전에 계획을 잘 세워두는 것이 좋다.

넷째 : 과거에 사용하던 오래된 통로를 따라 편하게 가고자 하는 유혹을 자제하라. 그런 유혹을 뿌리칠 때마다 자신이 더욱 강해지게 되고 다음번 유혹을 뿌리치는 것이 더 쉬워질 것이다. 그런 유혹을 뿌리치지 못할수록 점점 더 쉽게 그런 유혹에 넘어가게 되는 것이다. 처음부터 유혹과의 전쟁이 시작되는 것이고 이때가 가장 중요한 순간이다. 초기부터 자신의 결단력, 끈기, 의지력을 보여주어야 한다.

다섯째 : 자신이 원하는 목적과 부합이 되는 통로를 제대로 만들었는지 확인하고 제대로 된 것이라면 더 이상 의심하지 말고 두려움 없이 나아가라. 자신이 추구하는 목표를 세우고 그 목표로 향하는 깊고 넓은 정신적 통로를 만들어야 한다.

 'American(미국인)' 이라는 단어가 'I Can(할 수 있다)' 라는 말로 끝나는 것은 놀라운 우연의 일치가 아닐 수 없다.

❈ 습관과 자기암시의 공통점

이미 살펴보았듯이 습관과 자기암시에는 많은 공통점이 있다. 반복적으로 동일하게 수행되는 동작들은 습관을 통해 영구적으로 되는 경향이 있고, 결과적으로 우리는 그 동작들을 자동적으로 무의식중에 수행하게 된다.

예를 들어 피아노를 치는 것을 살펴보자. 연주자는 자신에게 익숙한 곡이라면 다른 생각을 하면서도 그 곡을 칠 수 있다.

자기암시는 우리가 정신적 통로를 개척하는 데 사용되는 도구이고 집중력은 그 도구를 잡고 있는 손이며 습관은 그 정신적 통로의 방향을 보여주는 청사진과 같다.

생각이나 욕망이 실제적인 행동으로 나타나기 위해서는 우리의 의식세계에 충실하고 지속적으로 의식세계에 머물러 있어야 한다. 그 후에 습관을 통해 그 생각과 욕망이 영구적인 형태로 나타나게 된다.

이제 환경에 대해 생각해 보자.

이미 앞에서 살펴보았듯이 우리는 우리 주변 환경으로부터 사고에 필요한 재료들을 흡수한다. 여기서 '환경'이란 말은 다소 광범위한데 이 주변 환경에는 우리가 읽는 책도 포함되고 우리가 만나는 사람들, 우리가 살고 있는 공동체, 우리가 하고 있는 일의 본질, 우리가 거주하는 나라, 우리가 입는 옷, 우리가 부르는 노래, 그리고 무엇보다 14세 이전에 받는 종교적, 지적 훈련 등이 포함된다.

환경이라는 개념에 대해서 분석하는 이유는 이 환경과 우리가 개발하려는 인간성과의 직접적인 관계를 보여주기 위함이다. 이 환경이 제공하는 것들을 기반으로 우리가 원하는 명확한 중점 목표를 달성할 수 있다.

우리의 정신은 환경을 통해 제공하는 것을 기반으로 성장한다. 따라서 가능한 우리의 명확한 중점 목표를 달성하는 데 도움이 되는 재료들을 많이 제공할 수 있는 환경을 선택하는 것이 중요하다.

만일 환경이 맘에 들지 않는다면 그 환경을 바꿔라!

첫째 단계는 자신의 명확한 중점 목표를 달성하는 데 가장 적합하다고 생각되는 환경에 대한 정확하고 명확한 그림을 자신의 마인드에 그려보는 것이다. 이어 그것이 현실화될 때까지 그 그림에 집중한다.

여러분은 이 책 2장에서 어떤 욕구를 이루기 위한 첫 번째 단계는 자신의 정신에 달성하고자 하는 목표에 대한 명확하고 잘 정의된 그림을 그려보는 것이라고 배웠다. 이것은 성공을 이루기 위해서 반드시 지켜야 할 첫 번째 법칙이다. 만일 이 법칙을 따르지 않거나 무시한다면 우연을 제외하고는 성공할 가능성이 없다.

당신과 같이 일하는 동료들은 당신 환경의 가장 중요하고 영향력 있는 구성요소이다. 그들의 본성(本性)에 따라 당신의 발전 혹은 퇴화에 중요한 역할을 한다. 그러므로 가능한 당신과 가장 친밀한 동료를 골라야 한다. 특히 당신의 목표와 이상 – 당신 인생 중점 목표 – 을 위해 열정과 자긍심과 판단력, 그리고 야망을 가진 사람으로 골라야 한다.

당신 귀에 들어오는 모든 말과 눈에 보이는 모든 것, 오감이 느끼는 모든 감각을 잘 기억하라. 이 모든 것들은 분명히 당신의 사고에 영향을 미친다. 이 말을 실감한다면 당신이 살고 있는 환경과 하고 있는 일이 얼마나 중요한지 알게될 것이다.

당신의 인생 목표와 관련 있는 책을 읽는 것은 얼마나 중요한가. 당신의 목표에 열정을 가지고 적극적인 자세로 동참하는 사람과 당신에게 용기를 주고 격려해주는 사람과 대화를 하는 것은 얼마나 중요한가.

우리는 지금 말 그대로 '문명화 시대'에 살고 있다. 명망 있는 과학자들은 입을 모아 다음과 같이 말한다.

"자연은 수백만 년을 거쳐 진화를 거듭해 현재 우리가 살고 있는 문명화 시대를 만들었다."

과연 얼마나 오랜 시간 동안 인디언 민족이 북미 대륙에 살아왔는가. 우리는 그들의 문명화를 평가할 수도 없고 정확한 조사도 할 길이 없었다. 그들의 환경은 미개했다. 그리고 환경을 바꾸고자 하는 노력도 없었다. 오직 까마득히 먼 곳에서 다른 민족이 들어와 약간의 문명화를 강제로 한 것을 제외하고는 말이다.

3세기 동안의 변화를 관찰하라. 예전의 사냥터는 거대한 도시로 바뀌었고, 인디언들도 교육을 받고 그들만의 문화가 생겼으며, 백인 형제들과 같은 능력을 얻기도 한다(15장에서 세계관의 중요성을 배우게 될 것이며, 젊은 사람들의 환경에 가장 큰 영향을 미치는 사회성의 요지에 대해서도 자세하게 언급할 것이다).

당신이 입고 있는 옷도 당신에게 영향을 미친다. 즉, 당신의 복장 역시 환경의 일부분이다. 더럽고 초라한 의상은 당신을 우울하게 만들고 자존심을 상하게 한다. 반대로 옷을 단정하게 입는다면 당신만의 스타일을 살릴 수 있으며 기분도 좋아진다.

어떤 사람을 알고 싶으면 그 사람이 일하는 책상이나 주위 환경을 보면 쉽게 알 수 있다. 잘 정돈된 책상은 잘 정리된 두뇌를 의미한다.

재고보유 문서를 가져오라고 시킨 후 당신이 작성한 서류를 보면서 나는 당신이 어떤 뇌를 가지고 있는지 말할 것이다. 한 사람의 행동과 정신적 상태는 밀접한 관련이 있게 마련이다.

환경의 영향은 공장, 가게, 사무실에서 일하는 사람에게 너무도 절대적이다. 고용주들도 그 중요성을 서서히 인식해 가면서 고용인에게 도움이 되는 환경을 만들고자 노력하고 있는 추세이다.

시카고의 한 진보적인 생각을 가진 세탁업자를 본 적이 있다. 그는 경쟁사들보다 월등한 실적을 올리고 있었다. 특이할 만한 점은 세탁실에 피아노를 설치해 근무시간 동안 드레스를 입은 젊은 여성이 계속 피아노 연주를 하고 있었다.

직원들도 모두 하얀색 유니폼을 입고 있었고, 그 어느 곳에서도 세탁일이 고된 일이라는 증거를 찾아볼 수 없었다. 기분 좋은 환경 덕분이었는지 이 세탁소 직원들은 더욱 열심히 일하고 물론 급여도 다른 경쟁사 직원들보다 더 많이 받고 있었다. 집중력이라는 주제를 설명하기에 가장 좋은 예가 아닐 수 없다.

※ 성공으로 가는 마법열쇠

자, 이제 여러분이 집중력이라는 주제에 직·간접으로 연관이 되는 원리를 적용하는 방법을 배울 때가 되었다. 이 방법을 이렇게 부르자. 성공으로 가는 마법열쇠라고!

먼저 마법열쇠에 대해 설명하기 전에 이것 한 가지만은 짚고 넘어가야 하겠다. 이 열쇠는 절대 내가 발명하거나 처음 발견한 것이 아니다. 긍정적인 사고방식과 새로운 사고를 하는 모든 사람들이 이미 한 가지 혹은 다른 방식으로 이미 사용해 온 열쇠이다. 이 마법열쇠의 힘은 그 누구도 저항할 수 없는, 그리고 누구나 사용하게 될 힘으로 만들어졌다.

그것은 부자로 가는 길을 열어줄 것이다!

그것은 명예를 얻는 길을 열어줄 것이다!

그리고 건강할 수 있는 길을 열어줄 것이다!

또한 교육받을 수 있는 길을 열어주어 당신에게 숨어 있는 재능을 모두 끄집어낼 것이다. 당신에게 걸맞은 자리가 어느 곳이든 그 자리로 갈 수 있는 승차권 역할을 할 것이다. 그러므로 이 마법열쇠만 있다면 지금까지 있었던 위대한 발명의 비밀을 알 수 있다.

이 힘이 바로 과거 천재들이 지녔던 힘의 원천인 셈이다.

만약 당신이 신분상승을 꿈꾸고 있는 노동자의 위치에 있다고 가정해보자. 바로 이 마법열쇠가 그 꿈을 이루도록 도와줄 것이다. 카네기, 록펠러, 힐, 해리맨, 모건, 그리고 또 다른 위인들이 이 힘을 이용해 거대한 부를 쌓을 수 있었다.

또한 죄수들 마음의 문도 활짝 열어 소외된 사람을 가치 있는 사람으로 만들

592

어 줄 것이다. 또한 실패를 성공으로, 비극을 행복으로 변하게 해줄 것이다.

이제 당신은 물을 것이다.

"도대체 그 마법열쇠가 무엇입니까?"

나는 단 한 단어로 대답할 수 있다.

"집중력!"

이제 여기에 사용된 집중력의 정의를 내려보자.

먼저 이 단어를 명확하게 이해하길 바란다. 나는 이 단어를 전혀 신비스럽게 설명할 의도가 없다. 그러나 많은 과학자들은 집중력이 만들어내는 실로 못 믿을 현상들을 설명하지 못한다.

집중력! 여기에 설명된 집중력은 일종의 능력을 일컫는다. 어느 한 주제에 친숙해지고 능통할 때까지 마음속에 명심하고 연습하는 능력을 말한다. 어떤 문제를 풀 때까지 그 문제에 계속 집중하고 풀어보려고 노력하는 자세를 말하는 것이다.

자신에게 필요없다고 생각하는 습관을 과감히 벗어던질 수 있는 능력이다. 자신이 원하는 습관을 새로 들일 수 있는 힘도 포함한다. 결국 이는 '극기'와도 일맥상통함을 알 수 있다.

다른 말로 하면 **집중력이란 생각하고자 하는 바를 사고할 수 있는 능력이다. 명확한 결말을 볼 때까지 사고를 조절할 수 있는 능력이며, 실행 가능한 행동 계획을 잘 정리할 수 있는 힘이다.**

이제 당신은 인생의 명확한 중점 목표에 집중하기 위해서는 그 목표에 섞여 있는 크고 작은 목표들을 제치고 가장 주된 목표에 집중할 수 있어야 함을 알았다.

성공적인 집중력의 가장 큰 요인은 야망과 욕구이다. 이 2가지 요소 없이 마법열쇠는 무용지물이다. 왜 수많은 사람들이 성공적인 집중력을 갖는 것에 실패할까? 그것은 야망이 부족함은 물론이요, 욕구도 그다지 뛰어나지 않기 때문이다.

당신의 욕구가 무엇이든지간에 그 욕구가 집중력의 마법열쇠를 얻기에 충분하다면 그 욕구는 곧 이루어질 것이다. 가슴속 깊숙이 자리잡고 있는 욕구를 이루어낸 사람들은 집중력의 위대한 힘을 이용한 것이다.

상상력으로 시작해 욕구를 거쳐 집중력의 힘으로 현실화되지 않고는 인류는 아무것도 창조할 수가 없다.

자, 이제 마법의 열쇠를 시험해보기로 하자.

먼저 당신의 마음에서 회의적이고 의심 많은 마음을 걷어내라. 믿지 않는 사람은 절대 마법열쇠가 주는 상을 받을 수 없다. 시험 기간 동안 당신은 원하는 바를 이룰 수 있다고 반드시 믿어야 한다.

우리는 당신이 이루고자 하는 목표가 성공적인 작가, 혹은 대중연설가, 혹은 성공한 기업간부, 혹은 금융업자라고 가정하겠다. 그 중에서 대중연설가를 택하겠다. 반드시 이 편지에 쓰인 대로 따라야 한다.

종이 한 장을 집어 다음의 글을 써내려가 보라.

나는 영향력 있는 대중연설가가 되겠다. 왜냐하면 세상에 도움이 되는 일을 할 수 있고 기본적인 생활에 필요한 돈을 벌 수 있기 때문이다.

나는 매일 잠자리에 들기 전과 아침 기상 후 10분씩은 이 욕구를 가슴 깊이 집중하겠다. 그 시간 동안 목표를 달성하기 위해 어떤 일을 할지 결정하겠다.

나는 영향력 있고 사람들을 한데 끌어당기는 연설가가 될 수 있다고 확신한다. 그 어떠한 것도 내 목표를 방해하진 못할 것이다.

서명_____

이 서약서에 사인을 하고 쓰인 대로 행동하라. 그리고 실제로 결과가 나타날 때까지 그 노력을 멈춰서는 안 된다.

집중력을 발휘하기 위해서는 이런 방법대로 밀고 나가야 한다. 1년, 3년, 5년, 심지어 10년 앞까지 내다볼 줄 알아야 한다. 세상에서 가장 영향력 있는 연설가가 된 자신을 상상해보라.

연설가가 되기 위한 노력의 대가로 얻은 당신의 집을 보라. 남들이 평생을 벌어야 가질 수 있음직한 은행의 잔고를 보라. 대중연설가로서의 엄청난 파워를 보라. 명예를 잃을까 두려워하지 않는 직업의식을 보라.

상상력을 동원해 이 성공의 그림을 깨끗하게 그려보라. 당신 마음속 깊은 곳의 이러한 욕구는 곧 현실로 다가올 것이다. 이 욕구를 집중력의 가장 큰 목표로 삼아라. 그리고 무슨 일이 일어나는지 관찰하라.

당신은 이제 마법열쇠의 비밀을 손에 넣은 것이다.

이 열쇠가 신비로움에 싸여 있지도 않고 우리 모두가 능히 이해할 수 있는 언어로 쓰여 있다고 해서 마법열쇠의 능력을 과소평가하지 마라. 세상의 위대한 진실은 분석해보면 항상 간단하고 이해하기 쉽다.

당신의 목표를 이루는 데 현명하게 이 열쇠를 사용하라. 분명히 행복과 성공을 가져다 줄 것이다.

이미 저지른 잘못이나 실패는 깨끗이 잊어라. 한번 지나간 일은 절대 다시 돌아오지 않는다는 것을 모르는가? 과거에 한 노력이 제대로 결과가 나오지 않았다면 모두 다시 시작하라. 5년 혹은 10년이 지난 후에 당신이 만족할 만한 성공을 이루게 될 것이다.

야망과 욕구, 그리고 집중력을 통해 세상에 도움이 될 만한 일을 해서 이름을 떨쳐라!

'할 수 있다고 믿는다면 당신은 할 수 있다!'

이것으로서 마법의 열쇠에 관해서는 충분히 설명되었다고 본다.

❋ 집중력을 통해 의식세계를 움직여라

의식세계에 있는 아이디어나 생각들은 그와 비슷한 생각을 불러 모으며 이에 따른 적절한 행동을 하게 한다.

집중력을 통해 의식세계에 당신의 열망을 심어라. 신념을 가지고 이 일을 하면 과학자들도 설명 못하는 더 큰 힘이 보태질 것이다.

집중력이 내는 힘에 좀더 익숙해지다 보면 왜 처음부터 인생의 명확한 중점 목표를 정하라고 했는지 이해할 수 있다. 마음 깊숙한 곳에 목표에 대한 욕구의 씨앗을 심고 집중력을 발휘해 노력하게 되면 또 다른 위대한 힘이 당신을 도울 것이다.

이것이 이 장에서 가장 중요하기도 하면서 이 책 전체의 내용 중 가장 중요한 요소이기도 하다. 기억을 되살려 다시 한번 반복하자.

'둘이나 그 이상의 사람들이 명확한 목표를 이루기 위해 완벽한 조화 가운데 연합하면, 그리고 그 구성원들이 충실히 그 연합을 유지하면, 그 연합은 개개의 구성원들에게 초인간적이고 불가항력적인 그런 힘을 가져다준다.'

앞 문장의 근간은 과학적으로 밝혀지지는 않았지만 이 책에서 수차례에 걸쳐 조직된 노력의 힘과 관련해 내가 서술한 것과 관계있는 법칙이다.

우리는 화학시간에 두 개 혹은 그 이상의 원소 화합물이 전혀 다른 물질을 만들어낸다는 것을 배웠다. 예를 들어 우리가 보통 마시는 물은 알려진 대로 H_2O라고 쓴다. 물이 수소원자 2개와 산소원자 1개로 이루어졌다는 것을 의미한다. 하지만 물은 수소도 산소도 아니다. 이 '결합'은 전체적으로 전혀 다른 원소를 만들어냈다.

마찬가지로 한 가지의 목표를 위해 완벽한 조화로 뭉친 사람들이 만들어내는 힘은 두 가지 원소가 모여 한 가지 위대한 물질을 탄생시킨 것과 같다.

이 세상의 모든 물질은 전자(에너지의 한 형태로 모든 물질을 구성하고 있는 가장 작은 단위)로 만들어졌다. 다시 말하면 사고라는 것 역시 에너지의 한 형태이다. 에너지의 가장 고등한 형태이다. '사고'라는 것이 발전기로부터 생성되는 전기 에너지와 같다는 말도 틀린 것은 아니지만, 엄밀히 말해서 사고가 조금 더 고등한 에너지 집합이다.

자, 모든 물질이 우리가 전기라고 부르는 전자들로 이루어졌다면, 또 정신이 고등하게 조직된 전자라면, 그 물질을 지배하는 법칙들이 정신을 다스리는 데도 똑같이 적용될 수 있지 않을까?

적당한 비율로 적당한 조건에서 두 개 혹은 그 이상의 원소가 혼합되었다면 물과 같이 전혀 다른 물질을 만들어낼 것이다. 같은 이치로 두 가지 혹은 그 이상의 정신들이 모여 개개인의 힘을 합한 것과는 상대도 안 되는 엄청난 힘을 발휘한다는 사실을 알 수 있다.

다른 사람 때문에 당신이 받은 영향을 생각하면 이 사실을 의심 없이 받아들일 수 있을 것이다. 어떤 사람은 당신에게 낙관적이고 열정적인 영향을 준다. 마치 그들은 당신의 마음에 자극을 줘서 중요한 행동을 나오게 하려는 것처럼 보인다.

반대로 당신 주위의 어떤 사람 때문에 당신의 생명력이 떨어지고 기분도 우울해졌다면 이 말 역시 사실임을 알 것이다.

그렇다면 당신이 생각하기에 주위 사람들 때문에 우리에게 변화가 생기는 이유가 과연 무엇이라 생각하는가?

이 물음에 대한 과학적인 기본원칙은 없다. 그러나 오랜 생각과 경험으로 결론지을 수 있었다. 그리고 이 사실을 꼭 당신이 증명할 필요는 없다. 그러나 당신의 영혼을 우울하게 만드는 사람이 있다면 이 사실을 실감할 수 있다.

당신의 영혼을 깨우고 자극시키는 사람은 당신의 목표를 성취하는데 큰 힘을 준다. 반면 당신을 우울하게 하고 생명력을 떨어뜨리는 사람은 이와 반대의 영향을 준다. 이 말은 가설의 도움 없이도 증명할 필요없이 당신이 가끔 경험한 사실을 통해 알 수 있을 것이다.

이제 원래 문장으로 돌아가 보자.

'두 명 혹은 그 이상의 사람이 모여 하나의 목적 아래 완벽한 조화를 이룰 때, 그리고 이 구성원들이 모두 신념을 가지고 노력할 때, 엄청난 힘을 낸다.'

강조된 앞 문장을 철저히 공부하라. 아마도 '정신적인 공식'을 발견할 수 있을 것이다. 하지만 확고한 신념 없이 이 문장을 공부한다면 당신에게 돌아올 긍정적인 영향은 기대하지 마라.

수소 원자 하나가 다른 산소 원자 하나와 결합되면 물이 되지 않는 것처럼 '완벽한 조화의 정신'이 수반되지 않는 이름뿐인 협력은 '초인간적이고, 그 누구도 거스를 수 없는 힘'을 생성하지 못한다.

 당신을 비방하거나 옳지 않은 일에 고집을 부리는 사람을 용서하게 되면 전혀 예상치도 못했던 이익을 얻게 될 것이다.

●●● 집중력은 큰 에너지의 원천

나는 켄터키주의 산악지역에서 6세대에 걸쳐서 살아온 한 집안을 알고 있는데, 이 집안 사람들은 세대를 거듭하면서 계속 선조들의 자취를 따르며 살뿐 정신적 측면에서 발전이 거의 없었다.

그들은 땅을 일구어서 생계를 유지했고 그들이 아는 우주는 렛처 카운티라고 불리는 작은 영역으로 구성된 그들의 마을만이 있었을 뿐이었다. 그들은 자신들만의 공동체 내에서만 결혼을 했다.

마침내 이 가족 중 한 명이 집단에서 이탈을 했는데 그는 이웃한 버지니아주에 사는 교양 있고 박식한 여자와 결혼을 했다. 이 여자는 이 우주가 단순히 렛처 카운티의 영역을 훨씬 넘어서 적어도 남쪽에 있는 주들을 전부 합친 것보다는 크다는 것을 배운 똑똑하고 야심 있는 여자였다.

그녀는 화학, 식물학, 생물학, 병리학, 심리학 등 교육에 중요한 다른 여러 가지 분야가 있다는 사실도 알고 있었다. 그녀의 아이들이 자라서 이성을 갖출 나이가 되었을 때 그녀는 이런 과목들에 대해 이야기했고 아이들은 많은 관심을 보였다.

그녀의 아이들 중 한 명은 지금 큰 교육기관의 대표로 일하고 있는데, 그곳에서는 이 과목들을 중요하게 가르치고 있다. 다른 한 명은 유명한 변호사가 되었으며 또 다른 한 명은 능력 있는 의사가 되었다.

그녀의 남편은 (그녀의 영향 덕분에) 유명한 치과의사가 되었고, 6세대만에 처음으로 가족의 테두리에서 벗어난 사람이 되었다. 그녀와 남편의 조화된 정신을 통해 그녀 없이는 알 수 없었던 야망을 그는 마침내 갖게 되었고, 그 야망을 꾸준히 추구할 수 있는 힘을 얻게 되었다.

몇 년 동안 나는 세상에서 위대하다고 일컬어지는 인물들의 자서전을 공부했다. 그들에게는 단지 우연이라고 치부하기에는 너무 중요한 공통점이 있었다. 그것은 세상이 위대하다고 하는 그 사람들 뒤에는 그들이 위대한 사람이 될 수 있도록 해준 사람들이 있었다는 점이다.

앞에서 소개한 이야기의 경우처럼 위인들의 아내들은 그들로 하여금 위대한 업적을 이룰 수 있도록 격려해 주고 지원해 주었던 것이다.

❈ 성공은 둘 이상의 정신적 조화를 통해

헨리 포드는 이 시대에 기적과도 같은 인물이다. 나는 여태껏 어느 나라에서도 그와 필적할 만한 산업적 천재를 본 적이 없다. 그러나 그의 성공 요인이 부인 덕이라는 것을 알고 있는 사람은 많지 않다.

우리는 포드의 성공과 그의 엄청난 수입에 대해서 읽었고 그 누구도 견줄 수 없는 축복받은 능력을 가지고 있다고 생각할 것이다. 실제로 그랬다. 그러나 그가 그런 능력을 가질 수 있었던 것은 아내 덕분이었다. 그녀는 '완벽한 조화를 통해 명확한 중점 목표를 얻고자' 하는 마음으로 그가 힘든 시절을 겪을 때 그와 함께 하면서 많은 도움을 주었다.

천재가 한 명 또 생각난다. 그는 에디슨이다. 그의 발명품들은 너무나도 유명해서 따로 언급할 필요가 없으리라 생각한다. 알다시피 그는 백열등과 축음기를 완성했다. 버튼을 눌러 전등을 켤 때, 혹은 축음기를 켤 때마다 아마도 당신은 에디슨을 떠올리게 될 것이다. 영화를 볼 때도 당신은 에디슨을 떠올리게 될 것이다. 그의 천재성이 이 거대한 산업을 가능하게 했던 것이다.

그러나 헨리 포드의 경우와 마찬가지로 에디슨 뒤에는 미국에서 가장 주목받을 만한 여인인 그의 부인이 있었다. 그러나 그의 가족이나 친한 친구들을 제외하고는 그녀가 그의 발명에 얼마나 지대한 영향을 미쳤는지를 알지 못하고 있다. 한번은 에디슨 부인이 나에게 말하길 에디슨이 가진 여러 가지 재능 중에 가장 뛰어난 것은 바로 '집중력'이라고 했다.

에디슨은 일련의 연구와 발명을 할 때 그가 찾는 답을 찾을 때까지, 혹은 그가 할 수 있는 모든 것을 다 했을 때까지는 결코 중간에 그만두는 법이 없었다.

이렇게 본다면 에디슨에게는 두 가지 힘의 근원이 있었던 셈이다. 하나는 그의 '집중력'이고 다른 하나는 '그의 부인'이었다.

에디슨은 매일 밤을 그런 열정을 가지고 일했고 하루에 3~4시간밖에 자지 않았던 것이다(이 책 7장 '열정'에서 열정의 효과에 대해 어떻게 쓰여 있는지 다시 검토하라).

작은 사과 씨를 적절한 땅에 적당한 시기에 심으면 작은 가지가 나고, 점차 한 그루의 사과나무로 성장할 것이다. 이 나무는 땅으로부터만 나온 것도 아니고 공기에 있는 성분에 따라 나온 것만도 아니다. 이 두 가지 요소가 함께 작용해야만 사과나무가 될 수 있다.

아직까지 사람들은 땅과 공기가 어떻게 조화를 이루어 사과나무가 존재하는지 알아내지 못했다. 그 나무는 작은 씨앗으로부터 생겨난 것이 아니다. 그 씨앗은 단지 시작일 뿐이다.

두 명 이상의 사람들이 '명확한 목표를 달성하기 위해 완벽한 조화정신'을 가지고 협동한다면 그 최종 목표는 앞에 말한 사과나무에 비유될 수 있다. 마찬가지로 둘 이상의 마인드는 각각 땅과 공기에 비유될 수 있고 이들은 자신의 욕구를 이룰 수 있도록 해주는 구성요소가 된다.

그러나 중요한 것은 사과나무가 그 씨앗으로부터 '성장'한다는 것이고, 위대한 업적은 절대적 목표를 통한 둘 이상의 정신의 조화를 통해서 이루어질 수 있다는 점이다.

다음 13장에서는 조화된 사고를 통해 생각하는 훈련이 되어 있지 않은 사람들의 상상력이 왜 흔들리는지를 배우게 될 것이다. 그리고 그 과정을 통해 조화된 노력의 법칙을 잘 이해할 수 있을 것이다.

그러나 이를 자세하게 설명하기 위해서는 전체 16개 과정이 모두 필요하다. 이들 중 단 하나만 빠져도 전체적인 연관 관계가 깨질 수 있다.

앞에서도 수차례 여러 가지 방법으로 기술했지만 강조의 의미로 다시 한번 반복하겠다. 어느 한 가지 일에 마음을 집중하게 되면 그와 관련된 많은 사실들이 여기저기에서 나타나게 될 것이라고 말했다. 즉, **마음속에 깊이 자리잡은 욕구가 적절한 '정신적 토양'에 자리잡는다면 이 욕구의 본질과 잘 조화될 수 있는 모든 것들을 끌어당길 수 있는 자력을 가질 수 있게 된다.**

워싱턴 DC에 있는 엘머 게이트 박사는 세계적으로 가장 유능한 심리학자 중 한 명일 것이다. 그는 심리학뿐 아니라 심리학과 직접, 간접적으로 관련 있는 여러 과학 분야에서 전 세계적으로 가장 학식 있는 사람으로 유명하다.

잠시 시간을 내서 나와 함께 그가 사용한 방법을 공부해 보자.

게이트 박사는 여러 차례의 조사 과정을 통해서 관련 있는 자료들을 가능한 다 모은 후에는 연필을 들고 앉아서 그 주제에만 집중해서 생각한다. 그는 떠오르는 대로 그의 생각들을 적어 내려간다. 그는 중요한 것들은 대부분 이 방법을 통해 발견되었다고 했다.

내가 게이트 박사와 이 주제에 대해 처음 이야기한 것은 20년쯤 전의 일이다. 그 이후로 라디오의 원리가 일반화되면서 우리는 그의 '방법'에 대해 합리적으로 설명할 수 있는 가정들을 생각해냈다.

근대 라디오 기술을 통해 알아냈듯이 공기는 끊임없이 진동하는 상태에 있다. 음파는 이 공기 중의 에테르를 통해서 퍼져나가기는 하지만, 거리가 조금만 넘어가면 특수한 장비를 사용하지 않는 한 감지될 수 없다.

이제 지금껏 알려진 것 중에서 가장 잘 조화된 에너지인 '사고'라는 것도 에테르를 통해 진동을 보낸다고 가정하는 것이 지나친 억측은 아닌 것 같다. 그러나 이런 진동은 음파와 마찬가지로 잘 조율된 정신을 통해야만 감지되고 정확하게 해석될 수 있다.

게이트 박사가 방에 앉아서 조용하고 평온한 마음상태를 유지할 때 그의 마음속에 있는 주된 생각들은 그의 주위를 떠도는 사고의 진동들 중 관련 있거나 유사한 진동들을 자석과 같이 끌어오게 된다.

근대 라디오의 원리 발견 이래로 나는 다음과 같은 생각을 종종 하곤 한다. 여러 사람들로부터 잘 조화된 형태로 유출된 사고들은 공기 중에 에테르의 형태로 존재하고 우리 주위를 계속해서 빙빙 돌고 있을지도 모른다는 것이다.

 패배는 두통과 마찬가지로 무엇인가가 잘못되었다는 것을 경고해준다. 만일 현명한 사람이라면 그 원인을 찾아보고 그 경험을 통해 도움을 받을 것이다.

❉ 최종 목표에 집중할 수 있는 능력

특정 주제에 대해 자신의 마음을 집중하게 되면 강도 높은 사고의 진동을 발사하게 되고 그 진동은 에테르에 머물러 있던 유사한 진동들과 조화되면서 혼합되게 된다. 그렇게 함으로써 정신을 집중하는 사람과 그의 주위의 에테르에 머물고 있던 유사한 사고 사이에는 직접적인 통신망이 형성된다고 볼 수 있다.

한 걸음 더 나아가 자신의 마음을 조절하여 사고의 진동률과 공기의 진동률을 맞추게 되면 과거의 조화된 사고과정을 통해 축적된 생각들을 알아낼 수도 있지 않을까?

이런 가정을 염두에 두고 다시 2장으로 돌아가서 카네기가 그의 재산을 모으는 과정에서 설명한 '마스터 마인드'에 대해 공부해 보라.

카네기는 20명 이상의 엄선된 사람들과의 조화를 통해 이 세상에서 가장 강한 산업적 영향력을 형성할 수 있었다. 카네기와 마스터 마인드를 함께 한 사람들은 몇몇의 불행한 경우를 제외하고는 그와 함께 생각을 하고 하나처럼 행동했다.

그리고 그렇게 형성된 '마스터 마인드'는 단 하나의 목적에만 집중했고, 그 목적은 그를 알고 있는 사람들, 특히 같은 철강사업을 하는 사람들에게는 매우 친숙한 것이다.

헨리 포드의 기록을 잘 살펴보면 그의 업적 중 가장 두드러진 것 중 하나가 바로 조화된 노력이라는 사실을 알 수 있을 것이다.

30년쯤 전 그는 자기가 제작하고자 하는 자동차의 일반적 형태에 대해 표준화하는 방안을 도입했고, 1927년에 이르러 대중들이 그것을 바꿀 것을 요구할 때까지 그 방안을 고수했다.

몇 년 전 나는 포드 공장에서 일했던 선임연구원을 만났는데, 그는 포드가 자동차에 대한 경험이 별로 없었던 사업 초기에 있었던 일화에 대해서 이야기해 주었다. 그 사건은 그의 경제 철학의 근간 중 하나가 바로 집중력에 있다는 것을 보여준다.

그때 포드 공장의 기술자들은 뒤 차축을 개선하기 위한 방안에 대한 회의를 하기 위해 사무실에 모였다. 포드는 모든 사람들이 전부 한마디씩 할 때까지 서서 경청한 후에 앞으로 나아가 도면을 손으로 짚으며 말했다.

"자, 잘 들으시오! 우리가 현재 사용하고 있는 축은 당초에 의도되었던 기능을 훌륭히 하고 있기 때문에 우리는 이 축을 그대로 사용할 것입니다."

그는 돌아서서 가버렸고 그날 이후로 포드자동차 공장의 뒤축 제조 공정은 그대로 유지되었다. 자동차 제작 및 판매에 포드가 성공할 수 있었던 것은 그의 노력을 마음에 가지고 있는 최종 목표 하나에만 집중할 수 있는 능력 덕분이었다.

몇 해 전 나는《메인주에서 온 사나이(The Man From Maine)》라는 에드워드 보크의 책을 읽었다. 그 책은 그의 장인이면서《새터데이 이브닝 포스트》《레이디스 홈 저널》등 여러 잡지사의 사장인 사이러스 커티스(Cyrus H.K. Curtis)의 전기였다.

나는 그 책을 읽으면서 그의 사업철학이 명확한 중점 목표 달성을 위한 집중력에 있다는 것을 알았다.

그가《새터데이 이브닝 포스트》의 사장이 된 지 얼마 안 되었을 때 그는 별 가능성 없는 사업에 많은 돈을 쏟아 붓는 상황이었다. 그가 그 일을 계속 할 수 있었던 것은 극소수의 사람만이 소유한 집중할 수 있는 능력 덕분이다.

《메인주에서 온 사나이》를 읽어보라. 그 책은 집중력이라는 주제에 관한 훌륭한 교재이며 이 장에서 말하고자 하는 것의 세부적인 것까지 자세히 설명되어 있다.

《새터데이 이브닝 포스트》는 지금 현재 가장 잘 팔리는 잡지 중 하나이지만 훌륭한 잡지를 만들겠다는 커티스의 명확한 목표가 없었더라면 그것은 불가능했을 것이다.

우리는 환경과 습관이 집중력이라는 주제에 얼마나 중요한 부분을 차지하는가를 살펴보았다. 이제는 앞의 두 가지 못지않게 중요한 세 번째 주제인 기억력에 대해서 간략하게 알아볼 차례이다.

정확하고, 확고한 기억력을 훈련시킬 수 있는 법칙은 수가 적으면서도 비교적 간단하다.

1. **보존** : 오감을 통해 받아들이는 감각 정보를 의식 속에 정리해 놓는 것. 이 과정은 카메라의 감광판에 그림을 기록하는 과정과 유사하다.

2. **회상** : 잠재의식 속에 기록된 감각 정보를 의식 속으로 불러오는 과정. 이 과정은 검색카드를 살펴보고 그 중 하나를 꺼내는 과정과 동일하다.

3. **인식** : 의식으로 불러들여진 감각 정보를 인식하고 이를 원래의 감각 정보와 동일하게 복제해서 최초 기록될 때의 감각 정보와 연계시키는 능력. 이 과정을 통해 '기억' 과 '상상력' 을 구분할 수 있다.

이상이 기억을 만들어내기 위한 3가지 훈련과정이다. 이제 이 법칙들을 어떻게 하면 효율적으로 사용할 수 있는지에 대해서 알아보자.

첫째 : 이름, 날짜, 장소 등의 감각 정보를 회상할 수 있는 능력을 확인하고자 한다면 이 정보들의 세부적인 것까지 마음을 집중해서 떠올려 본다. 가장 효과적인 방법은 기억하고자 하는 것을 여러 번 반복하는 것이다. 카메라의 감광판에 이미지를 기록하려면 적절한 시간 노출을 해줘야 하는 것처럼 우리의 잠재의식이 우리가 원하는 감각 정보들을 적절하고 명확하게 기록할 수 있도록 시간을 주어야 한다.

둘째 : 기억하고자 하는 것을 자신에게 친숙하고 언제든지 쉽게 떠올릴 수 있는 이름, 장소, 날짜와 같은 사물들과 연관시킨다. 예를 들어 고향, 친한 친구, 생일 등이 좋은 예이다. 그렇게 되면 당신의 마인드는 당신이 기억하고자 하는 감각 정보들을 쉽게 기억할 수 있는 사물들과 연관시키고, 나

중에 이 사물을 떠올리면 해당하는 감각 정보들도 함께 떠오르게 되는 것이다.

셋째 : 기억하고자 하는 것에 마음을 집중하고 여러 번 반복해서 떠올린다. 이 과정은 마치 아침에 일찍 일어나기 위해서 전날 자기 전에 여러 번 암시를 주는 과정과 유사하다. 우리가 사람들의 이름을 잘 기억하지 못하는 이유는 처음 그 이름을 받아들일 때 그 이름을 제대로 기록하지 못하기 때문이다. 이름을 기억하고 싶은 사람을 소개받은 경우, 그 이름을 제대로 이해했는지 집중하면서 네다섯 번 반복해 본다. 만일 그 이름이 자신이 잘 알고 있는 다른 사람의 이름과 비슷하다면, 그 두 이름을 같이 연계시킨 다음 그 이름을 떠올릴 때마다 그 두 이름을 함께 떠올린다.

 부메랑이란 단어는 몇 년간에 걸쳐 사전에 실려 있었지만, 부메랑이 던진 사람의 손으로 돌아와서 그 손을 다치게 할 수 있다는 사실을 알고 있는 사람이 많지 않다. 이상하지 않은가?

✳ 연상의 법칙은 기억력의 핵심 부분

누군가가 편지를 부쳐달라고 하면, 편지를 살펴보고 상상력을 동원해서 그 편지가 우체통 문에 걸려 있다고 생각해 보자. 그리고 나서 상상 속에서 편지의 크기를 대문짝만큼 크게 만들어 보자. 그 다음에는 우체통과 연관을 시킨다. 그러면 길을 가면서 우체통을 볼 때마다 지금 주머니에 가지고 가는 그 편지가 떠오르게 될 것이다.

엘리자베스 쉬어러(Elizabeth Shearer)라는 이름을 가진 여자를 소개받았고 그 여자의 이름을 기억하고 싶다고 해보자.

그녀의 이름을 반복하면서 3m 정도 되는 큰 가위('shear'라는 단어가 가위라는 뜻을 가지고 있음 - 편역자주)와 엘리자베스 여왕을 떠올려 보자. 그러면 가위나 엘리자베스 여왕을 떠올릴 때마다 그녀의 이름인 엘리자베스 쉬어러를 떠올리게 될 것이다.

로이드 케이스라는 이름을 기억하고 싶다면 자신이 쉽게 떠올릴 수 있는 로이드 조지와 케이스 극장을 떠올리면서 그 이름을 반복해 보라.

이 연상의 법칙은 가장 단순하면서도 잘 훈련된 기억력의 핵심적인 부분이다. 이 법칙을 활용하기 위해 당신이 해야 할 일은 기억하고 싶은 것의 이름을 자신이 쉽게 기억할 수 있는 것의 이름과 함께 기억하는 것이고 그렇게 되면 어느 하나를 떠올릴 때마다 다른 하나가 같이 떠오르게 된다.

약 10년 전쯤 친구 한 명이 나에게 위스콘신 밀워키에 있는 그의 집 전화번호를 알려주었다. 그 번호를 적어두지 않았음에도 불구하고 나는 지금도 그때처럼 생생하게 그 번호를 기억할 수 있다. 내가 기억한 방법은 다음과 같다.

전화번호는 'Lakeview 2651'이었다.

그가 전화번호를 알려줄 때에 우리는 기차역에 있었다. 앞쪽으로는 미시간 호(Lake Michigan)가 보였다. 그래서 나는 그 호수를 전화번호와 연계시켰다. 그리고 우연히도 전화번호는 내 동생의 나이(26세)와 내 아버지의 나이(51세)와 일치했다. 따라서 전화번호를 기억하고 싶을 때 나는 미시간 호수와 내 동생, 아버지만 떠올리면 됐다.

내가 아는 사람 중 한 명은 흔히 '건망증'이라고 불리는 것 때문에 고생을 하고 있었다. 그는 점점 '정신 나간' 상태에 빠졌고 기억할 수가 없었다. 그가 이 난관을 어떻게 극복했는지 그의 말을 그대로 인용해보자.

"난 50세이고 최근 10년간 큰 공장의 부서장이었다. 처음에는 내 책임이 얼마 되지 않았지만 회사가 점점 확장되기 시작하면서 점점 내 책임이 커져만 갔다. 내 부서의 여러 젊은 사람들은 열정과 능력이 있었고, 그 중 적어도 한 명은 내 자리를 넘보고 있었다.

나는 편안함을 추구하게 되는 나이가 되었다. 회사생활도 오래 했고 나는 편안한 생활에 정착할 수 있을 것이라 생각했다. 이런 정신적 태도는 나의 위치를 위태롭게 했다.

약 2년 전부터 나는 내 집중력이 약해지고 내게 주어지는 책임들에 싫증이 나기 시작했다. 나는 우편물과 보고서들이 수북이 쌓일 때까지 확인하지 않았다. 내가 일을 안 하면 안 할수록 부하직원들의 불편은 점점 더 커져만 갔다. 내 마음은 이미 업무에서 떠나버린 상태였고 나는 그저 책상 앞에 앉아 있기만 했다.

다른 상황들을 봐도 내 마음은 이미 업무에서 떠나 있었다. 나는 회사에서 직원들과의 중요한 회의를 깜빡 잊고 참석하지 않은 적도 있었다. 부하직원 중 한 명은 중요한 계산 착오를 발견했고 결국은 매니저도 그 사실을 알게 되었다.

나는 이 사건에 매우 충격을 받았고 이것저것 생각해보기 위해서 일주일간의 휴가를 달라고 했다. 나는 사직을 하거나 잘못된 점을 찾아 고치거나 둘 중의 하나를 선택해야 하는 상황에 처했다. 휴양지에서 며칠간의 반성 후에 나는 내가 마음의 방황을 하고 있다는 사실을 알았다.

나는 집중력이 부족했고 특히 책상 앞에서 신체적, 정신적으로 점점 산만해졌다. 나는 내 일에 집중하지 못함으로써 점점 더 부주의해졌고 속수무책으로 후회만 늘어갔다. 내 자신에 대한 분석이 끝난 후 나에게는 해결책을 찾는 일만 남았다. 나는 새로운 습관이 필요했고 그렇게 하기로 마음먹었다.

연필과 종이를 들고 나는 하루에 대한 계획을 다음과 같이 짰다.

'우선 아침에는 우편물을 확인하고, 그 후에는 주문서를 작성하고, 명령을 내리고, 부하직원들과 회의를 하고, 기타 잡다한 일들을 하고, 집에 가기 전에 책상을 깨끗이 한다.'

'습관은 어떻게 형성이 되는가?'에 대해서 나는 스스로에게 물어보았고 결국 '반복에 따라서'라는 답을 얻었다. 내 안의 또 다른 내가 '나는 이 일을 수천 번이나 반복했는데'라고 묻자 '그게 사실이지만 집중을 한 상태로 한 적은 없었지'라는 응답이 왔다.

나는 마음을 단단히 먹은 후 다소 안절부절 못하는 마음으로 사무실로 돌아왔다. 그리고 새로운 계획을 당장 실행에 옮겼고, 가능한 매일 같은 과정을 반복하려고 노력했다. 내 마음이 해이해지려고 할 때마다 나는 마음을 바로잡았다.

내 의지력으로 만들어진 정신적 자극을 받으며 나는 새로운 습관 만들기 작업으로부터 점점 효과를 보기 시작했다. 하루하루가 지날수록 나는 생각을 집중하려고 노력했다. 반복적인 과정이 점점 편안하게 느껴질 때 나는 내가 승리했다는 것을 알았다."

저쪽에 있는 행운아가 보이십니까? 내가 비밀을 하나 말씀해 드리죠. 운명이 저쪽 모퉁이 뒤에서 몽둥이를 들고 그를 기다리고 있습니다. 그 방망이는 솜방망이가 아닙니다.

❋ 집단적으로 집중력을 발휘하는 과정

기억력을 향상시키거나 원하는 습관을 형성하는 능력은 전적으로 당신에게 달려 있다. 당신은 마음의 감광판에 당신의 목표가 새겨질 때까지 그 목표에만 온 정신을 집중해야 한다. 이렇게 보면 **집중력은 다름 아닌 정신을 얼마나 잘 통제하느냐에 달려 있는 것이다.**

익숙하지도 않고 생전 처음 보는 문구를 하나 읽은 후 눈을 감아보자. 당신은 그 문구들이 마치 직접 보고 있는 것처럼 떠오르는 것을 알 수 있을 것이다. 사실 당신은 그 문장을 보고 있는 것이다. 다만, 그 대상이 종이가 아니라 당신의 마음속에 있는 감광판에서 읽는다는 것이 다를 뿐이다.

이 실험을 해보면 아마 처음에는 성공하지 못할 것이다. 이는 당신이 그 문장에 집중을 하지 않기 때문이다. 그러나 이 과정을 여러 번 반복해 보다보면 성공하게 될 것이다.

예를 들어 시를 암기하고자 한다면, 그 문장들을 주의 깊게 살펴보고 눈을 감은 상태에서도 당신의 암시 속에서 그 글들을 읽을 수 있을 때까지 연습을 하면 금방 암기할 수 있다.

주의력을 통제한다는 주제는 아주 중요해서 독자들이 가볍게 여기고 넘어가지 않도록 여러 번 강조하고자 하는 충동을 느낀다. 그리고 그 부분이 이번 장의 내용 중에 가장 중요한 부분이기 때문에 이 장의 맨 마지막으로 미루겠다.

수정이나 유리구슬을 가지고 운명을 예언하는 점쟁이들이 놀라운 결과를 보이는 것은 전적으로 하나의 주제에 대해 그들의 집중력을 한 곳으로 모을 수 있는 능력을 가졌기 때문에 가능한 것이다. 그러므로 '수정구슬 점'은 단지 정신집중 현상에 지나지 않는 것이다!

주의력을 집중하는 과정을 통해서 주위에 떠돌아다니는 에테르의 진동속도에 주파수를 맞추면 헤아릴 수 없을 정도로 많은 이 세상의 모든 비밀들이 마치 하나의 책과 같이 기록되어 원할 때는 아무 때나 읽을 수 있게 된다. 이 얼마나 생각해 볼만한 가치가 있는 일인가?

나는 주의력을 집중함으로써 다른 사람의 마음속도 이해할 수 있게 된다는 사실을 믿고 또한 이를 증명할 증거도 충분히 가지고 있다.

그러나 이것이 내가 수년간의 연구를 통해 얻어낸 가설의 전부도 아니고 가장 중요한 부분도 아니다. 왜냐하면 인간은 다른 사람의 마음을 이해하는 것을 넘어서 한 걸음 더 나아가 모든 지식이 담겨 있는 광범위한 정신세계에 채널을 맞추어 그 지식을 활용할 수 있기 때문이다.

전통적인 지식에 심취되어 있는 사람들의 입장에서 봤을 때 이 말이 비합리적인 것처럼 들릴 수 있다. 그러나 이 주제에 대해서 심도 있는 이해를 하는 사람들의 입장에서는 이 가설들이 충분한 가능성이 있는 것이다.

이 가설들의 검증은 각자의 직접 실험에 맡긴다!

실험 대상으로 가장 좋은 것으로는 자신이 가지고 있는 명확한 중점 목표만한 것이 없다. 자신의 중점 목표를 더 이상 보지 않아도 반복할 수 있을 정도로 암기한 다음 아래에 설명된 방법으로 하루에 적어도 두 번 이상 자신의 정신을 그 목표에 집중해 보자.

아무에게도 방해받지 않을 조용한 곳으로 가서 자신의 몸과 마음의 긴장을 완전히 풀어준다. 그 다음에 눈을 감고 손가락들을 귀에 대서 일반적인 음파나 빛의 파동으로부터 격리시킨다. 그 자세로 자기 삶의 최종 목표를 반복한다.

이와 동시에 자신의 상상력을 동원해 자신이 오직 그 목표에 대해서만 집중하고 있는 모습을 상상해 보라. 만일 그 목표의 일부가 돈을 모으는 것이라면 아마도 대부분이 그렇겠지만 돈을 소유하고 있는 모습을 상상하라.

만일 그 목표의 일부가 집을 소유하는 것이라면 실제로 갖길 원하는 집의 모습을 상상해 보라. 만일 그 목표의 일부가 힘 있고 영향력 있는 대중연설가라면 훌륭한 바이올리니스트가 연주할 때처럼 관중들을 압도하는 모습을 상상해 보라.

이제 이번 장의 종반에 가까워졌다. 다음의 2가지 중 하나를 선택해야 할 시기가 된 것이다.

첫째 : 특정 목표에 대해 원할 때마다 집중할 수 있는 능력을 향상시키는 연습을 하는 것인데, 이 능력을 갖게 되면 자신의 명확한 중점 목표는 반드시 실현될 수 있다고 믿어도 좋다.

둘째 : 이 과정의 내용이 허튼소리라고 생각하면서 냉소적인 미소를 지을 수가 있는데, 이는 자신을 바보로 만드는 것이다.

자, 이제 선택을 하자!

이 책은 논쟁거리를 만들기 위해서 쓴 것이 아니다. 자신이 원하는 대로 책의 내용을 부분적으로나 혹은 전체적으로 받아들일 수도 혹은 거부할 수도 있는 것이다. 그러므로 좋을 대로 선택하기 바란다.

그러나 이 시점에서 하고 싶은 말은 이 시대가 냉소주의나 의심이 많은 시대가 아니라는 것이다. 지금 우리는 하늘과 바다를 정복하고 우리의 목소리를 지구 반대편까지 단 몇 초만에 전달할 수 있는 시대이다. 이런 시대는 분명히 '의심이 많은 사람'이나 '불신이 깊은 사람'들의 시대가 아닌 것은 확실하다.

인간은 '석기시대' '철기시대', 그리고 '강철시대'를 거쳐 왔으며 지금 내가 심각하게 착각하고 있는 것이 아니라면 이제 우리는 '마인드 파워, 즉 정신력의 시대'에 들어서고 있다. 이 시대는 엄청난 것들을 성취해 가면서 이전의 모든 시대들을 능가하는 시대가 될 것이다.

그러므로 특정한 목표에 대해서 자신이 원하는 시간만큼 집중을 할 수 있는 능력을 배워라. 그렇게 되면 힘과 풍족함으로 가는 숨겨진 길을 발견하게 될 것이다. 이것이 집중력이다!

이번 장의 내용을 통해서 우리는 두 사람 이상이 협조해서 형성하는 '마스터 마인드'의 궁극적 목표가 집중력의 법칙을 개개인별로 수행할 때 더 효과적으로 적용하려하는 것이라는 점을 알 수 있다.

마스터 마인드라 불리는 이 법칙은 단지 하나의 명확한 목표에 대해 여러 사람들의 집단적으로 집중력을 발휘하는 과정이며, 이런 상호작용을 통한 상승 효과 덕분에 더 큰 힘을 얻을 수 있게 된다.

물고기는 내가 원한다고 먹이를 물지 않는다. 계속해서 노력하라! 먹이를 바꾸고 계속 기다려라. 계속해서 노력하라! 행운은 어느 한 곳에만 다가가는 것이 아니다. 당신이 부러워하는 사람은 오히려 당신이 하고 있는 일을 많이 부러워한다. 계속해서 노력하라!

다른 사람과의 조화로운 협력

이 책의 전반에 걸쳐서 여러 번 설명했듯이, **성공이란 것은 다른 사람들과의 기술적이고 조화로운 협력에 달려 있다.** 일반적으로 다른 사람으로 하여금 자신이 원하는 일을 할 수 있게 하는 방법을 터득한 사람은 어떤 일이건 성공할 수 있다.

이제 집중력 법칙의 클라이맥스인 법칙을 소개하겠다. 이 법칙을 통해 사람들은 서로 영향을 받고 협력이 이루어지며 적대감이 없어지고 우정이 형성될 수 있다.

강요는 언뜻 보면 만족할 만한 결과를 얻을 수 있을 것처럼 보인다. 그러나 결코 오랜 기간 동안의 성공을 얻지는 못할 것이다.

세계대전은 무력을 통해 인간의 마음을 움직이려는 것이 얼마나 부질없는 일인지를 여실히 보여주는 예라 하겠다. 별도의 부가적인 설명이 없더라도 대부분의 사람들은 이 무력이라는 것이 지난 40여 년간 독일 철학의 기반이었다는 사실을 잘 알 것이다. 힘에 기반을 둔 독일 철학은 옳은 것처럼 보이려 노력했음에도 불구하고 전 세계적으로 심판대에 올랐고 결국에는 실패하고 말았다.

인간의 몸은 물질적인 힘에 따라 구속될 수 있겠지만 정신은 그렇지 않다. 신은 인간에게 자기 자신의 정신을 스스로 통제할 수 있는 권한을 주었고, 이 권리를 행사하는 한 그 어떤 사람도 건전한 사고를 가진 사람의 마인드를 통제할 수는 없다.

그러나 대부분의 사람들이 이 권리를 행사하지 못하고 있다. 그들은 잘못된 교육체제 때문에 그들 정신에 잠재하는 엄청난 힘을 미처 발견하지 못한 채 세상을 헤쳐나가고 있는 것이다.

가끔씩 아주 우연하게도 자신의 진정한 힘을 발견하고 그것을 산업이나 그 외 분야에 사용하는 사람들을 볼 수 있다. 천재가 태어난 것이다!

※ 인간의 정신은 어떻게 작동하는가

인간의 정신은 지속적으로 성장하고 탐험을 하지만 어떤 시점에 이르면 정체된다. 이때 일상에서 벗어난 어떠한 자극이 없으면 그 장애물을 넘지 못하고 그 지점에서 멈추게 된다. 이 지점은 매우 낮을 수도, 매우 높을 수도 있다.

자신의 마인드를 인위적으로 자극해서 장애물을 극복할 수 있도록 해줄 수 있는 방법을 터득한 사람은 그의 노력의 본질이 건설적이라면 명예와 부를 얻을 수 있을 것이다.

만약 이런 과정을 교육할 수 있는 사람은 역사적으로 인간에게 가장 좋은 축복을 줄 수 있는 사람이다. 물론 우리는 이런 일을 해줄 수 있는 자극제나 약물을 모른다. 또한 그런 것들은 일시적으로 장애를 극복할 수 있게 해주는 것 같지만 결국에는 당신을 무너뜨리게 된다.

그러나 우리는 순전히 정신적인 자극제는 알고 있다. 이 자극제는 마스터 마인드가 형성되는 기본 요소들인 강한 흥미, 욕구, 열정, 사랑 등이다. 이런 발견을 한 사람이라면 범죄를 해결하는 데 많은 도움을 준다.

다른 사람의 정신세계에 영향을 미치는 방법을 배운 사람은 그들에게 거의 모든 것을 할 수 있다. 정신은 커다란 땅으로 비유된다. 이 땅은 매우 비옥해서 씨만 뿌리면 많이 수확할 수 있다.

문제는 가장 적당한 씨앗을 고르는 일과 어떻게 씨앗을 뿌려야 뿌리를 잘 내리고 빨리 자랄 수 있는가이다. 우리는 우리의 마인드에 매일, 매시, 매초마다 씨앗을 뿌리고 있다.

그러나 이 과정은 무의식적으로 이루어진다. 우리는 이 과정이 잘 설계된 계획에 따라서 이루어지도록 하는 방법을 배워야 한다. 우리의 마인드에 뿌린 만큼 수확할 수 있기 때문이다. 여기에는 예외란 없다.

역사를 살펴보면 법을 준수하고, 평화를 사랑하고, 건설적인 시민들이 방랑하면서 사악한 악당들로 변하는 경우를 많이 찾아볼 수 있다. 반면 비천한 범죄자형의 사람들이 건설적이고 법을 준수하는 시민으로 변하는 모습도 많이 볼 수 있다. 이 모든 경우에 사람이 변해가는 것은 그의 정신에 변화가 일어나기 때문이다.

그들은 어떤 이유에서인지 자신이 열망하는 것을 마음속에 그리면서 그것을 현실화하게 되는 것이다. 사실 자신이 열망하는 환경이나 여건들에 대한 그림이 그려지고, 그것에 마음을 집중하고, 강한 욕구가 있다면 그런 그림을 정신적, 물리적 현실로 바꾸는 것은 지극히 단순한 일이다.

심리학자들은 인간의 심리 흐름에 관한 많은 내용들을 연구해 왔는데, 세계대전을 통해서 그들의 연구를 뒷받침해 주는 놀라운 인간의 성향들이 나타났다. 다음에 소개되는 젊은 산악인은 품성이 거칠고 난폭하고 교육도 제대로 받지 못했는데 그의 이야기가 이런 대표적인 사례에 해당한다.

> 실패하는 데에는 12가지 좋은 이유가 있다. 첫 번째 것은 자신이 대가를 받는 것 이상을 하지 않으려는 것이고, 그런 사람들은 거울 앞에 서면 나머지 11가지를 볼 수 있을 것이다.

❋ 앨빈 요크 이야기

「자신의 신앙수호를 위해 싸웠던 위대한 전쟁 영웅

[테네시주의 문맹자, 다람쥐 사냥꾼, 앨빈 요크에게]

글 : 조지 딕슨(George W. Dixon)

테네시주 출신의 문맹자이면서 다람쥐 사냥꾼인 앨빈 쿨롬 요크(Alvin Cllom York)는 미국의 프랑스 원정군 최고의 영웅이 되었고 세계대전의 역사에 길이 남을 인물이 되었다.

요크의 고향은 펜트리스 카운티이며 이곳의 토박이였다. 그는 그곳에서 태어나 테네시 숲의 건장한 산지인들 사이에서 자랐다. 펜트리스 카운티에는 기차도 들어오지 않았다. 어린 시절에 그는 모험심이 강한 아이였고 사격의 명수였다. 그는 리볼버를 가진 명사수였으며 그의 용맹은 테네시주 사람들 사이에 널리 알려져 있었다.

어느 날 한 종교집단이 그의 가족이 사는 마을에 와서 텐트를 치고 머물기 시작했다. 보기에도 이상한 그들은 개종자를 찾으려 그 마을에 왔던 것이었다. 그러나 그들이 전하는 복음의 내용은 다소 열성적이었고 감동적이었다. 그들은 비열하고 이웃들을 이용하는 사람들을 죄인이라 규정했다. 그들은 자기들의 교리를 모두가 따라야 하는 표본이라고 생각했다.

● 앨빈, 종교를 갖다

어느 날 앨빈 요크는 간증자석에 모습을 보여 이웃들을 놀라게 했다.

요크가 테네시 산의 그늘 아래서 자기 죄에 대해 간증하고 있을 때 노인들과 여인들은 목을 길게 빼고 쳐다보았다.

요크는 점점 새로운 종교의 열렬한 사도(使徒)가 되었다. 그는 마을의 종교적 지도자가 되었고 그의 사격 솜씨가 여전히 뛰어났지만 정의로운 길을 걸어갔기 때문에 사람들은 아무도 그를 두려워하지 않았다.

세계대전의 전쟁 소식이 테네시 골짜기까지 전해졌을 때 주민들은 그들이 곧 징집될 것이라는 말을 들었다. 요크는 그 소식을 받아들일 수 없었다. 성경에 '살인을 하지 말지어다' 라고 쓰여 있듯이 그는 비록 전쟁에서라도 사람을 죽이는 것을 거부했다. 그는 이 말에 충실했고 그것이 전부였다. 그는 '양심적인 징집거부자' 로 알려졌다.

징집 담당자들은 문제가 생길 것이라 생각했고, 그의 결심이 확고했기 때문에 그의 마음을 움직이기 위해서는 협박이나 처벌이 아닌 다른 방법으로 그에게 접근해야 한다는 것을 알았다.

● 성스러운 명분의 전쟁

그들은 성서를 들고 요크를 찾아가서 전쟁이 '인간의 자유' 라는 성스러운 명분을 위한 것이라 설명했다. 그들은 자신들도 세상을 자유롭게 하기 위해, 죄 없는 여자와 아이들을 폭력으로부터 구원하고, 가난하고 억압받은 자들이 더 살기 좋은 세상을 만들고, 기독교의 이상을 추구할 수 있는 자유로운 세상을 건설하고자 하는 신성함 때문에 전쟁에 참가하게 되었다고 설득했다.

그들은 이 전쟁이 정의와 사탄과의 전쟁이라고 정의했다. 그들은 사탄이 그의 부하인 독일 황제 카이저와 그의 부하들을 통해 세상을 정복하려 한다고 말했다. 요크의 눈은 분노의 불길로 이글거렸고 그는 큰 손을 꽉 움켜쥐었다. 그는 다음과 같이 중얼거렸다.

"카이저 이 짐승 같은 놈! 여자와 아이들을 죽인 살인마! 내 총의 사정거리 안에만 들어오기만 해라!"

그는 총을 들고 어머니에게 작별인사를 한 다음 카이저를 반드시 죽이고 돌아오겠다고 했다. 그는 훈련소에 가서 성실하게 훈련을 받았고 명령에 절대 복종했다. 그의 사격술은 사람들의 관심을 끌기에 충분했고 그의 동료들은 그의 높은 점수에 혀를 내둘렀다. 그들은 숲에서 다람쥐나 잡던 사냥꾼이 저격수가 될 만한 사격술을 갖고 있다는 사실에 놀랐던 것이다.

전쟁에서 요크가 세운 공은 역사에 남을 만했다. 퍼싱 장군은 그를 전쟁에서 가장 뛰어난 영웅이라 했고 그는 많은 훈장을 받았다. 그는 독일군을 대할 때 죽음에 대한 공포가 전혀 없었다. 그는 그의 종교를 옹호하기 위해서 싸웠고, 여자와 아이들에 대한 사랑을 위해 싸웠으며, 기독교적 이상의 보존을 위해 싸웠고, 가난하고 억압받은 자들의 자유를 위해 싸웠다.

그의 사전에 두려움이란 없었다. 그의 용맹함은 백만 명 이상의 사람들을 놀라게 했으며 세상 사람들은 테네시주의 산골짜기에서 온 이상하고 글도 모르는 무지한 영웅에 대해 두고두고 이야기하게 되었다.」

만일 징집 담당자들이 요크에게 약간 다른 방향으로 접근했다면 그는 징집을 거부했을 것이고 그의 조국에 대해 크게 실망했을 것이며 나라에 대한 보복을 하려는 무법자가 되었을 것이다.

그에게 접근했던 징집 담당자들은 인간의 정신이 어떻게 작동하는지에 관한 법칙에 대해서 알고 있었다. 그들은 우선 요크의 저항심을 없애고 그가 자발적으로 나서게 했다. 이 부분에서 수천 명의 사람들이 이 법칙을 잘못 접근함으로써 결국에는 범죄자나 위험하고 사악한 사람으로 분류된다.

만약 적절한 제안을 통해서 이 사람들이 납득을 했더라면 그들도 요크와 마찬가지로 매우 효율적으로 활용될 수 있었을 것이며 매우 유용하고 생산적인 인적 자원이 될 수도 있었다.

자신이 추구하는 것을 이룰 수 있게 자신의 마인드를 움직이고 싶다면 다음과 같은 사실을 상기하라. 당신을 화나게 하고 당신으로 하여금 증오, 혐오, 냉소 등의 감정을 일으키게 하는 모든 것은 당신에게 파괴적인 영향만을 줄 뿐, 결코 당신에게 좋지 않다는 점이다.

자신의 마인드가 분노나 두려움으로 동요하지 않도록 자신을 컨트롤하는 방법을 배우지 않는다면 자신의 마인드로부터 건설적인 행동이 나오는 것을 기대하지 말라!

이 분노와 두려움은 분명히 당신의 마인드를 파괴할 것이고, 이것들이 남아 있는 한 만족스러운 결과를 얻지 못할 것이고, 자신의 능력보다 못한 결과를 얻게 될 것이다.

열정처럼 전염성이 강한 것은 없다. 그것은 오르페우스 신화에도 비유적으로 표현되었다. 오르페우스의 하프 소리는 바위와 짐승까지도 매혹시켰다. 열정은 성실함의 정신이고, 진실은 열정 없이는 승리할 수 없다.

– 불베르

※ 군중들이 집단심리로 가는 과정

현대의 심리학자들은 종교적 부흥집회의 대부분은 영적이라기보다는 심리적인 것이며 그것도 비정상적인 심리현상이 짙다고 한다. 또한 관계자들은 설교하는 사람의 감정적인 호소에 대한 군중들의 흥분은 진정한 종교적 경험에 따라서라기보다는 최면효과와 같은 것으로 분류되어야 한다고 한다.

이 주제에 대해서 집중 연구를 한 사람들은 그러한 흥분이 사람들의 정신을 고양시키기는커녕 오히려 정신을 약화시키고 지나친 광적 흥분으로 정신을 타락시킨다고 한다. 각각의 현상에 익숙한 일부 사람들은 '종교적 부흥집회' 가 '최면을 이용한 오락' 과 함께 정신적 노취 및 히스테리성 과다현상이라고 분류한다.

스탠포드대학의 명예총장인 데이비드 스타르 조던(David Starr Jordan)은 "위스키나 코카인, 알코올은 일시적으로 정신이상 현상을 불러온다. 종교적 부흥집회의 경우도 마찬가지이다"라고 말했다.

유명한 심리학자이면서 하버드대학의 교수였던 고(故) 윌리엄 제임스 (William James) 교수는 "종교적 부흥집회는 술에 취한 것보다 더 사회에 위험하다"라고 언급했다.

여기서 말하는 '부흥집회' 라는 것은 협의(狹義)의 의미에서 현재의 감정적 종교집회를 의미하는 것이지 예전에 청교도나 루터교를 비롯한 종교단체에서 동일한 이름으로 진행되었던 훌륭한 집회들을 뜻하는 것은 아니다.

이 '부흥집회' 라는 주제에 대한 일반적인 해석은 다음과 같다.

"부흥집회는 모든 종교에서 다 이루어진다. 하나의 부흥집회가 있으면 영적인 것에 관심이 없던 사람들도 관심을 갖게 되고 중요성을 알게 된다. 그리고 영적, 도덕적으로 변하게 되고 다른 사람들을 전도하려는 데 대단한 열정을 보이게 된다.

이슬람교의 부흥집회는 코란 경전에 엄격히 따를 것을 강요하고 이를 전파하는 데 무력을 사용했으며 그곳에 살고 있는 소수 기독교도들은 그들로부터 언제 학살될지 모르는 위험에 처해 있다.

성경 강림 운동은 개척교회 사이에서 부흥집회를 많이 일으켰고 많은 사람들을 개종시켰다.

비록 같은 이름으로 불리지는 않았지만 종교개혁에 이를 때까지 로마 시절에도 부흥집회는 있었고, 수도원의 규율을 정립한 사람들을 비롯한 여러 사람들을 통해 교회에서 계속적으로 이루어졌다. 종교개혁이 있게 한 정신적 자극과 이와 상반되는 예수회의 등장 모두 연관이 있다.

그러나 신교도 교회내의 영적 활동이 급격하게 증가하면서 '부흥' 이라는 단어의 사용이 제한되었다. 1738년부터 계속된 미국과 영국의 웨슬리 앤 화이트필드(Wesleys and Whitefield) 계획은 전적으로 부흥집회의 소산이었다.

그 이후로도 많은 부흥 운동들이 때때로 일어났고 거의 모든 교파에서도 이를 수용하려 했다. 이런 부흥집회는 성경에 대한 기도, 며칠 밤 동안 계속 되는 야간집회, 간증, 감명받은 사람들을 위한 모임 등으로 구성되었다.

마침내 이런 의식들 중 일부는 널리 퍼져나갔고 일부는 점차 사라져갔다. 간혹 부흥집회에 참석한 사람 중 어떤 사람은 날카로운 비명을 지르고 심지어 정신을 잃고 쓰러지기도 한다. 그러나 이러한 병적인 형태는 점차 사라져가고 있으며 지금은 그 숫자가 점점 적어지고 있다."

요셉 야스트로(Joseph Jastrow) 교수는 그의 저서 《사실과 우화의 심리학》에서 이렇게 소개하고 있다.

'이러한 정신적 상태는 선동자로부터 정신적 전염의 힘을 내면적으로 나타내고 있다. 진실과 마찬가지로 오류도 군중 속에서 번성한다. 연민의 감정에서 모두 편안함을 느낀다. 전염의 성질은 속으로 숨어 들어가서 항시 체크하기는 어려우며 해로운 것들, 즉 공포, 방황, 광란, 무법, 미신, 실패 등을 전염시키는 작용을 한다.

나는 다수의 군중 앞에서 연설하는 것이 매우 쉽다고 느껴진다. 왜냐하면 수많은 이유 중에서도 먼저 군중은 경외심과 연민을 일으키기 쉽다. 또한 그들 자체의 의식을 잘 잊어버리곤 하기 때문이다.'

르 봉(Le Bon) 교수는 그의 저서 《군중》에서 다음과 같이 말하고 있다.

'같은 길을 갈 때나 목표가 같을 때 개개인의 의식은 사라지게 된다. 이러한 총체적인 의식들은 더 나은 표현방법을 찾지 못한 채 심리적으로 예민한 군중으로 변해간다. 이러한 변화는 군중을 하나로 만들고 군중의 연합을 촉진한다.

이때의 군중들은 특이한 점이 있다. 어디서부터 유래했는지는 모르지만 혼자 있는 개인은 고독을 느낀다. 이들은 총체적인 의식에 사로잡혀 있는 것이다.

개개인이 특징을 가지거나 혹은 군중으로 하여금 행동을 유도하지 못할 경우에 사용할 수 있는 확실한 아이디어가 있다. 군중에게는 축적된 지식이 없다. 총체적인 의식이 나타나게 되면 개인의 지적 성향이나 중요성은 약해진다.

어떤 개인이 군중의 무리 속에 일정 시간 동안 같이 있게 되면 그는 자신이 특별한 상황에 있다고 착각하게 된다. 그 결과 의식이 있는 개개인의 성질은 모두 사라진다. 그들의 식별력은 빛을 잃게 된다.

모든 의식과 생각은 최면술사(화자)의 의지로부터 꺾이게 마련이다. 이러한 상황 아래서 그는 격렬한 군중의 반응과 함께 그가 원하는 내용을 성취하게 된다. 이러한 격렬함은 군중의 수에 따라서 더욱더 늘어난다. 또한 이러한 반응은 상호교환에 따라서 더욱더 힘을 얻는다.

게다가 그는 조직된 군중을 마치 계단을 만들 듯 분위기를 유도해 간다. 군중 속에서 화자는 독립된 개인이며 본능에 따른 개인이다. 그는 폭력적이고 흉폭하며 원시적인 정열과 영웅의식을 가지고 있다. 군중 속의 개인이란 다른 곡식 속에 둘러싸여 있는 모래 속 한 알의 곡식일 뿐이다.'

데이븐포트(Davenport) 교수는 그의 논문 〈종교적인 부흥회의 원시적인 특징〉에서 이렇게 쓰고 있다.

'군중심리는 이상하게 원시인의 심리와 닮았다. 군중 속의 한 사람 한 사람은 감성적으로 보면 원시인들과는 많이 다르다. 그럼에도 불구하고 군중이 모이면 원시인들의 심리와 거의 비슷한 경향을 보인다. 충동은 순간적인 행동을 낳는다. 왜냐하면 충동은 그들의 사고를 잠시 멈추게 하기 때문이다.

냉정하고 이성적인 연설가는 감성적이고 기술 있는 연설가 옆에 있으면 기회를 얻기가 힘들게 마련이다. 연설을 듣는 군중들은 이미지를 통해 생각하기 때문에 연설도 그들이 받아들일 수 있는 형태로 이루어져야 한다.

군중들의 상상력에 따라 극도의 효과를 보게 된다. 군중은 이성보다 감성으로써 뭉치게 된다. 감성은 군중간의 자연스러운 연결고리가 된다. 수천 군중들의 감성은 개개인의 감성이 더해지면서 생겨나고 존재하게 된다.

군중들의 이러한 집중력은 주변 상황이나 연설가의 아이디어에 따라서 좌우된다. 무리 속의 개인들의 행동은 그들의 감성으로부터 좌우된다.

연설가는 자신의 감성을 극대화함으로써 군중들의 감성도 극대화시킨다. 원시적 이성의 예를 살펴보면 상상력은 감성의 물꼬를 터놓고 광기와 광란을 불러일으킨다.'

어떤 사람들은 누군가가 뒤에 있을 때나 격려해줄 때만 성공하는가 하면, 어떤 사람들은 설령 지옥에 있을지라도 성공한다. 당신만의 선택을 해야 한다.

※ 감성 고조를 통한 저항감의 약화

부흥집회에 참여한 군중들은 군중심리로부터 발생하는 '복합적인 정신'에 영향을 받고 결과적으로 저항력이 약해진다. 또한 군중들은 다른 두 가지의 아주 강한 정신적 암시를 받는다.

우선 부흥집회 연설가는 마치 전문 최면술사와 같이 군중들을 압도하게 되고 이와 더불어 사람들은 자신도 모르게 전체적인 분위기에 휩싸여 군중심리가 흘러가는 대로 따라하게 되는 것이다.

덕하임(Durkheim)의 심리 연구 결과를 보면 개개인의 사람들은 그의 주변에 있는 군중에 의해 두려움을 느끼게 된다고 한다. 그리고 소수의 군중에 따른 군중심리에 자신이 흔들리게 되는 경험을 하게 된다. 다른 사람의 암시에 쉽게 영향받는 사람은 전도자의 권위 있는 암시나 조언자의 장려에 쉽게 반응한다.

아울러 그 사람에게 받은 영향을 쉽게 행동으로 표출한다. 양치기의 목소리와 양들의 목에 달려 있는 방울은 처음에 한 마리의 양을 뛰게 하지만 그 다음에 서 있는 양은 앞서 뛰는 양을 보고 무조건 뛰게 된다.

리더는 모든 무리를 움직이게 하는 힘이다. 이것은 과장된 표현이 아니다. 인간은 방황, 공포, 일련의 깊은 감정상태에서는 양처럼 다른 무엇인가를 따라 하거나 소나 말이 놀라서 우르르 달아나는 것과 유사한 성향을 보인다.

심리학 실험에 경험이 많은 학생이라면 부흥집회와 최면술 사이에 많은 공통점이 있다는 사실을 알고 있다. 이 두 가지 모두 사람들의 관심과 흥미를 끌기 위해서 특이한 방법을 사용한다. 사람들에게 깊은 인상을 주기 위해 준비된 말과 행동을 통해 사람들은 신비함과 경이로움을 느끼게 된다.

단조로우면서도 강한 인상을 주는 목소리에 따라 감각은 무디어지게 되고, 마침내 전달하고자 하는 내용이 강한 명령조로 표현된다. 사람들은 이 최종적 암시를 받기 전에 이미 작은 암시들을 받게 된다.

예를 들어 최면술사의 경우 '일어나라' 혹은 '여기를 보아라' 등의 작은 암시를 주고, 부흥집회의 경우 '그렇게 생각하시는 분들은 일어나 주세요' '더 나은 삶을 살고 싶은 사람은 일어나세요'와 같은 암시를 받게 된다.

따라서 사람들은 작은 암시를 받아들이면서 자연스럽게 더 큰 암시를 받아들일 상태로 변해가는 것이다. 그리고 '이쪽으로 오세요. 바로 여기로 오세요'와 같은 최종 암시를 받게 되면 사람들은 서둘러 앞으로 뛰어나가게 된다.

마음만 먹는다면 뛰어난 부흥집회 연설가들은 놀라운 최면술사가 될 수 있고, 최면술사도 뛰어난 부흥집회 연설가가 될 수 있다.

부흥집회에서 암시를 건다는 것은 군중들로 하여금 감성을 높여서 사람들의 저항감을 없앨 수 있다는 장점이 있다.

어머니, 집, 천국 따위를 묘사한 이야기들이나, 'Tell mother, I'll be there(어머니에게 말해주오. 내가 그곳으로 가겠다고)' 등과 같은 노래, 개인의 과거와 전생에 대한 호소 같은 것들은 사람을 감성적으로 만들고 반복적인 강한 암시를 쉽게 받아들이게 해준다.

젊은 사람과 히스테릭한 여자들이 특히 이런 감성적 암시를 쉽게 받아들인다. 그들의 감성은 동요되고, 예배나 노래, 설교자나 동료의 간증에 따라 영향을 받는다. 가장 감정적인 기억은 그 순간에 다시 깨어나고 예전의 마음상태는 다시 일어나게 된다.

'방황하는 나의 어린 양, 오늘은 어디에 있는가?' 와 같은 말은 어머니에 대한 기억이 아련한 사람들에게서 눈물을 자아내게 된다. 또한 어머니가 천상의 기쁨을 누리면서 하늘 저편에 살고 있다는 식의 설교의 내용은 많은 사람의 마음을 움직이게 된다.

부흥집회에서는 공포의 감정도 느낄 수 있다. 예전의 경우보다는 많이 줄어들긴 했지만 여전히 그런 분위기는 남아 있고 오히려 공포의 정도가 더 심해졌다. 군중들은 급작스런 죽음에 대한 설교를 들은 후 찬송가 소리와 함께 '지금, 혹은 오늘이라도 그런 죽음이 다가올 수 있습니다. 형제여, 무엇을 더 기다리십니까?' 라는 설교자의 말이 들려오면 심한 공포심에 휩싸이게 된다.

이에 대하여 데이븐포트는 다음과 같이 소개한다.

'상징적인 이미지를 사용함으로써 군중의 감성을 자극할 수 있다는 사실은 널리 알려진 것이다. 부흥집회에서 자주 사용되는 용어들은 십자가, 월계관, 천사들, 지옥, 천국 등 상당히 많다. 뚜렷한 상상과 강력한 느낌, 그리고 강한 믿음을 통해 사람들은 충동적인 행동의 경우와 마찬가지로 암시를 잘 받아들이는 상태에 머무르게 된다.

아울러 이런 암시에 걸린 군중들의 힘은 개별적인 죄인들에 대해서는 상당히 고압적인 태도를 취하게 된다. 부흥집회에서는 기도나 설교를 통해 외부의 아이디어를 배제하는 방식을 사용하고 있다. 따라서 사람들은 암시받는 내용에 대해서 매우 감성적으로 받아들이게 된다.

만일 웨슬리나 휘네이처럼 강한 최면능력을 가진 사람들이나 화이트필드와 같이 설득력 강하고 남을 끌어들이는 능력을 가진 사람들이 집회를 진행한다면 사람들은 비상식적인 최면상태에 쉽게 빠져들게 된다.

게다가 그들은 이내 자신들의 의지를 포기해버리고 '신에게 모든 것을 맡기게 된다'. 왜냐하면 그들은 '항상 모든 것을 신에게 지금 바로, 당장 바쳐라' 혹은 '믿으면 구원받을 것이다' 아니면 '예수님에게 기대보시지 않겠습니까?' 라는 말을 항상 들어왔기 때문이다. 그들은 항상 어깨와 어깨를 맞대고 설득적인 암시를 통해 자기 자신들을 죄인으로 만들며 항상 훈계받고 기도하는 것이다.'

부흥집회에서 사용하는 방법을 좋아하면서도 그 방법 중 정신적 암시가 가장 중요한 부분을 차지한다는 사실을 인지하고 있는 사람들도 앞에서 논의된 반대이론은 수용하지 않고 있다.

그 이유는 정신적 암시가 좋은 목적으로 쓰일 수도 있고 나쁜 목적으로도 쓰일 수 있는 것과 마찬가지로 여기에 명시된 부정적인 측면들이 부흥집회에서 사용되는 방법에 대해서는 유효하지 못하다고 생각하기 때문이다.

이들은 암시라는 것이 선한 목적으로 사용되는 경우에는 악을 상대하는 무기와 같은 역할을 한다고 주장한다. 그러나 이러한 주장은 그 효과와 결과를 생각해 볼 때 불완전하다.

우선 이것은 부흥집회를 통해 감성적이고 히스테릭한 정신상태를 증명하려는 것처럼 보인다. 이것은 가짜이면서 진짜처럼 행세하려고 한다. 마치 힘과 생기를 주는 영적인 태양 옆에 있는 사악하고 음험한 달과 같이 말이다.

이것은 최면효과가 마치 사람의 마음속에 영적인 감흥을 받은 것처럼 보이게 하려 한다. 그러나 최면과 영적 감흥의 차이를 아는 사람들이라면 이들의 차이가 얼마나 큰 차이가 있는지 잘 알 수 있을 것이다.

 당신은 "난 이 직업 돈 안 받으면 안 해"라고 말하는 사람과 경쟁하는 것을 두려워 말라. 그는 절대로 당신의 경쟁자가 아니다. 하지만 일이 끝난 후에도 계속 일하고 기대 이상으로 더 많은 일을 하는 사람은 항상 경계하라. 그는 당신에게 도전하고 당신의 위에 설 수도 있다.

❋ 집중의 법칙, 마스터 마인드의 법칙

근대 종교 사상의 흐름을 보여주는 안내서로 《종교와 기적》이 꼽히는데, 이는 보스턴의 뉴 올드 사우스 교회(New Old South Church)의 조지 고든(George A. Gordon) 목사의 책이다. 본문 내용 중에 다음과 같은 부분이 있다.

'이러한 신앙부흥운동은 그 조직, 사람의 소망을 충족시키려 노력하는 스태프들, 광고 시스템과 함께 주변의 비평을 배제하고 감정에 호소하며, 우아함이나 영광과는 직접적인 연관이 없는 방법들을 사용했는데, 이는 전혀 적절한 것이 아니었다.

세상 사람들이 바라는 것은 비전, 열정, 순수와 히브로의 예언가가 말한 진실성이다. 세상 사람들은 기독교 사도의 장엄함과 정신적 에너지를 기다린다. 세상은 예수와 같은 위대한 마인드를 가진 존재를 기다리고 있다.'

물론 부흥집회를 통해 감성적인 환희를 느끼고 그 이후에도 영적으로 충만한 삶을 사는 사람들의 예가 많기는 하지만 아직까지 부흥집회는 사람들에게 순간적인 효과만을 줄 뿐이고, 집회를 하는 동안 받은 스트레스로 종교에 대해 무관심하게 되거나 심하게는 종교에 대한 반감을 갖게 되는 경우가 더 많다. 그리고 그러한 반감은 초기의 감정과 거의 동일하다.

데이븐포트는 다음과 같이 말했다.

"공포로부터 오는 충격이나 후회에 대해 고민할 시기가 아니다. 그렇게 잘못 인도된 종교적인 광신으로부터 오는 결과는 특히 여성들에게 불건전함과 히스테리, 어둠과 의심과 같은 성향을 만들어내기 쉽다."

비성상석인 종교적 격앙과 지나친 성적 본능의 자극 사이에 존재하는 밀접한 관계에는 여러 가지 요인들이 있다. 성적 본능에 대한 주제는 이미 모든 사람들이 잘 알고 있기 때문에 따로 언급하지는 않겠다. 하지만 데이븐포트는 이 주제의 목적에 도움이 될 만한 힌트를 다음과 같이 주었다.

'사춘기 때는 거의 같은 시기에 성적으로나 정신적 활동이 활발하게 성장한다. 물론 성적인 활동과 정신적 활동에 관한 인과관계의 증거는 없다. 그러나 두 활동이 다른 방향으로 갈라지는 물리적 성장 시점에 밀접하게 관련되어 있고, 한 활동의 극단적인 흥분상태가 다른 활동에 영향을 준다는 것이 사실로 나타났다.'

이 문장을 명심하고 이해하라. 과거에 선한 인품을 가진 환자가 부흥집회에 가서는 날뛰듯이 흥분하는 현상을 쉽게 이해할 수 있다. 우리 조상들이 악마의 영향이라 생각하던 현상이 나타나긴 했지만 이 현상은 오직 정신적, 생리학적 면에만 적용된다.

그렇다면 권위자들은 새로운 부흥, 즉 미래에 대한 부흥과 현실 부흥에 대해 어떤 의견을 가지고 있을까?

데이븐포트 교수야말로 비평가라는 직업에 아주 어울리는 사람이니 이 사람이 비평가를 대표하는 입장에 있다고 가정하자. 그는 다음과 같이 말했다.

"부흥집회가 개개인의 이성을 억누르고 의지를 짓밟는 아주 어리석고 강압적인 수단이라고 보는 것은 잘못되었다고 생각한다. 공개적인 종교 모임의 영향은 생각보다 간접적이고 온화하다. 최면이나 강압적 선택이 영혼을 약하게 한다고 인식될 것이지만 흥분 혹은 전염, 암시와 같은 환경 아래서 어떤 중대한 문제를 결정하도록 강요하는 시도는 없을 것이다.

개심자는 소수일지도 모른다. 혹은 다수일지도 모른다. 개심자들은 최면상태를 이용한 전도자의 능력보다는 일반 기독교인들의 사심 없는 포용력에 매료될 것이다.

이런 점들을 통해 종교에 따른 구속의 시대가 곧 사라질 것이라고 확신한다. 지적이고 이성적이며 자기희생적인 신앙심의 시대가 서서히 도래하고 있다.

공정하게 행동하는 것, 자비롭게 사랑하는 것, 신이 인도하시는 길을 겸손하게 걷는 것 등이 인간이 치러야 할 시험의 과정으로 남아 있다. 종교적 경험은 시대의 발전이 낳은 산물이다. 우리는 기본적이고 원시적인 것에서부터 이성적이고 정신적으로 나아가고 있다.

그리고 영혼의 자녀인 바울을 믿는 것은 더 이상 금기시된 잠재의식의 표현이 아니라 이성적 사랑, 기쁨, 평화, 인내, 인정, 친절, 신뢰 등에 대해 자신을 제어하는 한 방식이다."

'집중력'의 법칙이란 '마스터 마인드'로 설명된 원리를 충실하게 공부하려는 모든 사람들이 현명하게 적용해야 하는 중요한 원리 중 하나이다.

지금까지 살펴본 세계적인 권위자들의 견해가 '집중의 법칙'을 더 잘 이해할 수 있게 해준다. 이 견해들은 종종 군중의 마음을 모아 뜻을 함께 하기를 바라는 사람들이 인용하기도 한다.

독자들은 이제 '협력'의 법칙을 연구할 준비가 되었다. 성공의 철학에 적용되는 법칙들을 공부하는데 다음 장의 내용인 '협력'은 다른 법칙들을 활용할 수 있도록 도와주는 중요한 내용이다.

여러분과 의견이 다른 사람들에게도 관대할 때까지, 자신이 과소평가하는 사람에게도 상냥하게 말하는 습관을 가질 때까지, 타인의 단점보다는 장점을 먼저 찾으려는 습관을 들일 때까지 여러분은 결코 성공한 것이 아니다.

13장
협력
Co-operation

Napoleon Hill

불길 속에서 망설이거나 왔던 길로 되돌아간다
면 당신은 승리자가 아닌 패배자가 될 것이다. 악
마조차도 그런 사람은 싫어한다.

협력

'믿어라! 당신은 해낼 수 있다!'

협력은 모든 조직된 노력의 시발점이다. 2장에서 이미 언급했듯이 앤드류 카네기는 20여 명의 소수정예로 구성된 조그만 그룹의 조직된 노력을 통하여 거대한 재산을 축적했다. 당신도 이 원리를 활용하여 큰 성공을 이룰 수 있다. 그럼 지금부터 이 원리를 이용해 행운을 얻는 법을 배워보자.

이 장에서 다루고자 하는 '협력'에는 다음과 같은 2가지 형태로 구분해 볼 수 있다.

첫째 : 어떤 목표를 달성하기 위해 모인 사람들이 집단을 이루거나 혹은 연합을 형성하는 협력, 이른바 '마스터 마인드'의 법칙 아래 모인 사람들과의 협력이다.

둘째 : 의식과 잠재의식과의 협력인데, 이 둘은 무한한 사고를 만들어 그것과 대화할 수 있는 인간의 능력에 대한 합리적인 가설을 전제로 이루어지는 것이다.

이 주제에 대해 심각하게 생각해보지 않은 사람에게는 이 가설이 근거 없이 들릴지도 모르겠다. 하지만 증거를 찾아보고 이 가설이 근거하고 있는 사실을 공부하라. 그러면 당신만의 결론을 내릴 수 있을 것이다.

우리의 신체를 예로 들어 간단하게 시작해보자.

성공요소로서의 협력의 가치

우리의 몸은 신경계가 전체를 관통하고 있다. 그 신경계는 마음이라 부르는 영혼적 자아와 신체의 기관을 연결한다는 것은 익히 알려져 있다. 이 신경 시스템은 2가지로 되어 있다.

하나는 교감(交感)신경으로 우리의 의지와 상관없이 움직인다. 즉, 소화기관 같은 장기를 움직이거나 세포를 매일 교체시키는 등의 일을 하는 신경조직 같은 것이다.

다른 하나는 수의적(隨意的)인 신경계 또는 뇌척수 시스템이라 부른다. 이것은 외부의 물리적 자극을 받아들이고 신체의 움직임을 관장한다. 이 신경조직의 중추는 뇌에 있으며 교감신경 조직의 중심부는 위(胃)의 뒷부분에 위치한 신경 집단에 있다. 이곳은 태양신경총(神經叢)이라 불리며 때로는 복부의 뇌라고도 한다.

뇌척수 신경조직은 몸의 움직임과 관련 있다. 그리고 교감신경계는 정신적 혹은 무의식적 행동 – 신체의 기본 바이오리듬을 지지하는 – 에 관계한다. 그러므로 뇌척수 시스템은 의식의 기관이고, 교감신경계는 무의식의 기관이라고 볼 수 있다.

그러나 의식세계와 잠재의식간의 상호작용이 이루어지기 위해서는 뇌척수 신경조직과 교감신경조직 사이에 상호교신이 되어야 한다. 이때 양쪽 신경조직 사이의 상호교신이 가능하게 해주는 것을 미주(迷走)신경계라고 한다.

이 미주신경들은 수의적인 신경을 담당하는 뇌를 지나서 발음기관을 담당하는 기관을 지난다. 그리고 더 앞쪽인 흉부를 거쳐 심장과 폐에 전달된다. 마지막으로 횡격막으로 지나가는데 여기서 신경을 감싸고 있는 물질(불수의신경)이 사라지고 교감신경으로 탈바꿈한다. 이를 통해 신경과 교감신경계간의 연결고리가 형성되면서 인간을 물질적인 하나의 존재로 만들어준다.

이와 유사한 방법으로 뇌가 서로 다른 영역으로 분리가 되어 있는 것은 마치 마음과 마음 사이의 연결로 보인다. 일반적으로 뇌의 앞부분은 앞으로 닥쳐올 일을 관장하고 뇌의 뒷부분은 지나간 일을 담당하며 중간부분은 두 부분을 다 맡는다.

직감에 해당하는 부분은 뇌의 윗부분으로 뇌의 앞부분과 뒷부분 사이에 위치한다. 생리적으로 봤을 때 직관적인 생각들이 관련된 부분이 바로 이곳이다. 이 생각들은 처음에는 다소 미숙하고 일반적인 것이지만 의식세계에 인식된다.

또한 자연의 생리는 이 생각들을 더 정확하고 실용적인 형태로 변형시킨다. 즉, 의식은 수의신경을 타고 전달되어 불수의(不隨意)신경으로 흘러간다. 이어 주체적인 정신으로 전달된다.

뇌의 꼭대기로부터 뇌의 앞부분을 타고 수의신경계를 통해 태양신경총까지 전달되어 내려오는 진동 전류는 방향이 바뀌어 거꾸로 올라간다. 반대로 흐르는 이 전류는 정신의 주체적인 행동을 나타낸다.

만약 우리가 뇌의 윗부분 표면을 벗겨낸다면 뇌량(腦梁 : 좌우의 대뇌반구가 연접된 부분으로 변지체(體)라고도 함 – 편역자주)이라 불리는 반짝 띄는 벨트 모양을 발견할 수 있을 것이다. 바로 이 부분이 주체와 목적의 중간이 만나는 곳이다. 전류는 태양신경총에서부터 이 부분으로 돌아온다.

이 전류는 뇌에서 주체적 정신으로부터 얻어진 목적을 담당하는 부분에 저장된다. 이와 같이 처음에 불분명하게 인식된 개념은 목적을 담당하는 부분에 정확하고 실행 가능한 형태로 저장되고 뇌 앞쪽을 통과하여 (비교와 분석을 담당하는) 명쾌하게 아이디어를 실행에 옮기고 잠재되어 있는 능력까지도 끌어낸다. – [트로워드(T. Troward) 판사의 정신과학에 관한 에딘버로우 강의에서]

❋ 상호보완적인 이중신경 시스템

앞에서 등장하는 용어 중 '주체적 정신'은 '잠재의식'과 같은 맥락이며 '목적을 담당하는 부분'은 '의식세계'와 같은 말이다. 이 두 가지 다른 단어를 완벽히 이해하길 바란다.

신체가 에너지를 전달하는 이중 시스템을 공부하다보면 이 두 가지 시스템은 서로 연관되었다는 점을 발견할 수 있다. 그리고 의식세계에서부터 잠재의식까지 사고를 전달할 수 있다는 것도 발견할 수 있다. 상호보완적인 이중신경 시스템은 협력의 가장 대표적인 예라고 할 수 있다.

이 시스템을 이해하고 나서 진화의 내용을 생각하면 이전에 언급했던 정확한 사고력을 키우는 데 큰 도움이 될 것이다.

당신의 잠재의식이 어떤 아이디어를 인지했을 때 이것은 자기암시를 거쳐 이중신경 시스템을 통해 직접 행동으로 실행된다. 그리고 잠재의식이 어떤 욕구를 통해 명확한 계획을 세웠을 때는 그 계획은 이중신경 시스템을 통해 의식세계로 전달된다. 이러한 신경의 협력 시스템은 문자 그대로 우리의 의식세계와 무한한 사고를 연결하는 직행선과 같은 것이다.

이 주제를 처음 공부하기 시작했을 때 그때까지의 경험으로는 지금 내가 서술하는 내용을 이해하기 꽤 어려웠다. 그렇지만 지금은 아주 간단한 방법으로 독자가 이해하고 스스로 증명할 수 있도록 가설을 전개하겠다.

오늘 밤 잠자리에 들기 전에 내일 아침 새벽 4시에 일어나겠다고 마음먹어라. 만약 당신이 판단하기에 이 계획이 긍정적인 것으로 결정된다면 잠재의식이 이 계획을 실행해 새벽 4시에 정확히 일어날 수 있다. 이렇게 얘기하면 아마도 다음과 같은 질문이 나올 것이다.

"만약 나의 잠재의식에 일정한 시각에 일어나는 것을 명령할 수 있다면, 그리고 그 시간에 정확히 일어날 수 있다면 왜 좀더 중요한 다른 욕구들은 이와 같이 되지 않는 겁니까?"

만일 스스로에게 그것을 물어본다면, 그리고 이에 대한 답을 얻기 원한다면 이 책 11장을 참고해 가까운 곳에서 답을 찾아보라.

이제 어떤 일정한 목표를 달성하기 위해 연합을 형성하거나 그룹을 조직해 상부상조하는 사람들의 협력 패턴에 대해 살펴보자. 이것의 개략적인 내용은 이미 2장에서 설명된 바 있다.

장마다 협력에 대해 언급한 부분들이 있다. 물론 이 책의 목적은 독자들이 힘을 기를 수 있도록 해주는 것이고, 그 힘이란 것은 계획된 노력을 통해서만 이루어질 수 있으므로 협력에 관한 이번 장의 내용은 필수적이다.

우린 지금 서로 돕고 살아야 하는 시대에 살고 있다. 근처에서 볼 수 있는 성공한 사람들은 어떤 형태로든지 협력에 기본을 두고 성공을 했다. 전문적인 분야는 물론 산업이나 경제분야에서도 마찬가지이다.

의사와 변호사는 의료기술연합 혹은 법정연합과 같은 동맹을 맺고 있다. 은행가도 지역은행과 국립은행간의 상호조약을 맺고 있다. 소매상들도 같은 목적을 가진 사람끼리 연합을 맺고 있다. 자동차 소유주들도 그들만의 클럽이나 연합을 가지고 있다.

인쇄업자 또한 그들만의 연합이 있으며 배관공이나 석탄 공급업자들도 마찬가지이다. 노동자들도 자신들만의 모임을 가지고 있으며 이는 운영 자본을 공급하고 여러 목적의 노조 창설을 돕고 있다. 협력이란 이 모든 연합들의 공통된 목표인 셈이다.

 신의 축복과 함께 평온한 마음을 가진 사람을 놀라게 할 수는 없다. 그런 사람의 마음에는 두려움이 끼어들 공간이 없다. 두려움이 환영받는다는 것은 깨달아야 할 무엇인가가 있다는 말이다.

※ 성공적인 리더들의 덕목

비록 '협력'의 정확한 의미를 아직 규명하진 못했지만 각 국가 역시 동맹을 맺고 있다. 하딩 전 대통령은 국제사법재판소를 완벽하게 운영하기 위해 노력했고, 뒤따라 윌슨 전 대통령은 국제연맹의 기능을 활발히 하고자 애썼다.

이러한 경향들은 지금 이 시대가 얼마나 협력을 중요하게 생각하는 시기인지 잘 말해주고 있다.

결과적으로 협력의 골자를 기반으로 하는 사람들이 가장 오래 살아남고 있다는 것은 현실이다. 이 법칙은 가장 하등한 동물부터 가장 진화된 인간에게까지 적용되고 있다.

카네기, 록펠러, 포드의 일화는 협력의 가치가 얼마나 위대한지 잘 말해준다. 그들은 원하는 사람들에 한해서 부를 쌓는 방법을 가르쳐 주었다. 이렇게 보면 협력이야말로 성공적인 리더들이 지녀야 할 기본적인 덕목이다.

헨리 포드의 가장 큰 자산은 잘 조직된 대리점 세력이었다. 이 조직들은 생산할 수 있는 최대물량의 판로로서 그를 지지했을 뿐 아니라 어떤 응급상황에도 대체할 수 있도록 경제적 지원 또한 아끼지 않았다. 이 한 가지만 봐도 협력이 얼마나 중요한지 증명할 수 있다.

협력의 가치를 잘 이해하고 적절히 이용한 결과 포드는 경제분야에서 보통 사람이 오를 수 있는 곳보다 더 높은 곳에 올랐으며 그 혼자 가졌던 영향력보다 월등히 큰 상업적 영향력을 갖게 되었다.

미국이 경제공황에 빠질 것을 대비해 미리 대책을 세운 연방준비은행의 구조는 협력의 또 다른 본보기이다. 체인스토어 시스템 역시 상업적 협력의 좋은 예이다. 이 시스템은 판매의 이익과 더불어 물품의 배급에서 오는 이익도 얻을 수 있다.

현대의 백화점은 한 건물의 지붕 아래 작은 여러 상점이 모여 운영되고 있다. 이들은 하나의 관리 회사 밑에 같은 자본으로 운영된다. 상업부문에서도 협력이 얼마나 중요하게 이용되는지 잘 보여주고 있다.

협력의 가장 우월한 형태의 가능성을 15장에서 읽을 수 있다. 그곳을 보면 각각의 영향력을 발전시키기 위해 협력이 얼마나 중요한 요소인지 알게 될 것이다. 당신이 이미 배웠듯이 '힘'이란 계획된 노력에서 나온다. 계획된 노력엔 다음과 같이 중요한 3가지 요소가 있다.

① 집중력(Co-ncentration)

② 협력(Co-operation)

③ 조정(Co-ordination)

우리가 이미 앞에서 본 바에 따르면 힘이란 조직된 노력 혹은 조직된 에너지와 같은 말이다. 개인의 힘은 각자의 정신능력을 발전시키고 계획하며, 조정함으로써 생긴다. 또한 개인적인 힘은 15가지 중요한 법칙을 마스터하고 실제생활에 적용하면 성취될 수 있다. 이 법칙들을 마스터하는 데 필요한 필수적인 과정은 16장에 자세히 언급되어 있다.

개인의 힘을 개발하는 것은 협력을 통해 얻어질 수 있는 잠재적인 힘(그룹 파워)의 개발에 첫 번째 단계이다. 지금까지 큰 행운이나 부를 쌓아온 사람들은 모두 유능한 '조직자(organizer)'들이었다는 점은 잘 알려져 있다. 이는 협력을 이용해 자신에게 없는 능력을 다른 사람의 능력으로 채워 나갔다는 것을 뜻한다.

이번 장의 가장 큰 목표는 계획된, 협력된, 그리고 연합된 노력의 법칙을 살펴보는 것이다. 독자들은 이들의 중요성과 철학을 잘 이해하기 바란다.

당신이 선택한 사업이나 전문분야를 예로 들어서 관찰하자. 각 분야에서 나타나는 한계점이란 대개 계획성과 협력의 부족이 초래한 것들이다. 그 예로 법조계를 보자.

❋ 협력 통한 힘의 계발 가능성

만일 한 로펌회사가 한 가지 유형의 법률지식에만 정통한 사람들만 고용되어 있다면 그런 사람들은 아무리 많아도 효율적이지 못하다. 복잡한 법률체계는 한 사람의 능력보다는 여러 사람의 복합적인 재능을 요구하는 것이다.

그러므로 조직된 노력만 가지고는 확실한 성공을 거두기 힘들다는 것을 알 수 있다. 조직은 반드시 다양한 재능을 가진 사람으로 구성되어야 한다는 점이다.

잘 조직된 법률회사는 한 사건을 준비하는 데 여러 가지 능력을 가진 사람들을 투입한다. 관찰력과 상상력이 풍부한 사람과 더불어 사건에 적용될 법들을 어떻게 적절히 조화시킬지 또 증거들을 어떻게 확보할지 잘 아는 사람들로 준비한다. 그러나 이러한 능력을 갖춘 사람이 꼭 법정에서의 진술에도 월등할 것이라는 법은 없다.

그러므로 법정 진술에 강한 사람도 필요하다. 더 나아가 분석해보자면 세상엔 여러 가지 사건들이 있다. 준비과정과 사건을 진행하는 두 가지 능력이 모두 필요하다. 회사법 관련 사건에 능통한 변호사가 형사사건에는 번번이 패할 수도 있다.

법률 파트너를 구성할 때 계획과 협력의 법칙을 잘 이해한 사람은 여러 가지 분야에 박식한 사람들과 그가 중점을 두는 분야에 능력을 갖춘 사람을 뽑을 것이다. 반면 협력의 잠재적 힘에 대해 알지 못하는 사람은 뽑으려는 사람이 어느 분야에 정통한지는 확인하지 않고 인간성이 좋은 사람이나 안면이 있는 사람을 뽑으려 한다.

앞장에서 이미 조직된 노력에 대해서는 여러 번 언급이 됐다. 그러나 이번 장에서 또 언급하는 이유는 목표하는 바를 이루기 위해 필요한 재능을 가진 사람들이 동맹을 맺거나 협력해야 하는 필요성을 다시 한번 피력하기 위해서다.

우리 주위의 모든 상업적 기업을 보자. 거기엔 적어도 3가지 분야가 있다. 이름 하여 구매, 판매, 그리고 재정이다. 이 3가지 분야가 계획적이고 상호 협력적인 노력을 할 때 개인이 결코 가지지 못한 힘을 갖게 되는 사례를 많이 볼 수 있다.

사업에 실패하는 많은 경우를 보면 그 사업체가 이들 중 어느 한 부류의 사람들로만 구성되어 있는 것을 볼 수 있다. 원래 대부분의 세일즈맨들은 낙관적이며 열정적이고 감성적이다. 반면 경제전문가들은 보통 감성적이지 못하고 계획적이며 보수적이다.

이 두 부류의 사람들은 모두 기업의 성공에 필요한 존재들이다. 그러나 어떤 사업에서든간에 어느 한 부류의 사람들만 많게 되면 다른 부류의 사람들과 조화롭게 변화되는 효과를 얻을 수 없게 된다.

제임스 힐(James J. Hill)은 미국에 다시 없을 가장 영향력 있는 철도건설업자였다. 그러나 그는 산업기술자도 다리기술자도 아니었으며 철도기관사도 공학기술자도 화학자도 아니었다. 이 모든 분야가 철도건설에 필요한 데도 말이다.

힐이 가지고 있든 재능은 계획된 노력과 협력의 골자를 다 이해하고 있다는 것이다. 그러므로 그의 곁에는 항상 그에게 없는 능력을 가진 사람들이 그를 돕고 있었다.

현대의 백화점은 조직적이고 협력적인 노력을 보여주는 훌륭한 본보기이다. 백화점을 구성하고 있는 각 판매점은 구매나 마케팅에 능통한 한 관리자 밑에 있다. 판매, 구입, 재정의 전문가, 그리고 관리자로 구성된 그룹이 이 백화점을 위해 일하고 있다. 이러한 형태의 계획성 있는 노력은 판매·구매에 각 부서들이 독자적으로 운영되었을 때는 기대하기 힘든 효과를 얻을 수 있게 한다.

미국은 세계에서 가장 영향력 있으며 가장 많은 자본을 소유한 나라이다. 분석에 따르면 이 위대한 힘은 각 주(州)의 계획성 있는 노력을 잘 조합한 결과라고 한다.

불멸의 영웅 링컨 대통령은 이 힘을 보존하기 위해 메이슨 - 딕슨 라인(자유주와 노예주의 분계선으로 간주되던 주 경계선으로, 후에 남부 주와 북부 주를 나누는 기본이 됨 - 편역자주) - 을 없애고자 마음먹었다.

각 주의 힘을 보존하는 것이야말로 남부의 노예를 해방시키는 것보다 더 중요한 것이었다. 그렇지 않았다면 현재 미국이 전 세계적으로 가지고 있는 강력한 파워는 지금과는 많이 달랐을 것이다.

같은 생각을 가진 윌슨 대통령은 국제연맹을 창설했다. 마치 링컨 대통령이 각 주의 힘을 중화하고 조화시키기 위해 주 연합을 유지했던 것처럼 그는 국가 간의 전쟁을 방지해줄 기구가 필요했다고 예측했다.

따라서 계획된 협력적인 노력을 통해 개인적 힘을 개발할 수 있듯이 그룹의 힘도 이 법칙을 통해 개발할 수 있다.

앤드류 카네기는 강철사업 분야에서 항상 독보적인 존재였다. 그 이유는 계획과 협력의 요지를 잘 알았기 때문이다. 그의 주위에는 경제분야, 화학분야, 세일즈분야, 도매·구입분야, 운송분야 등 산업에 필수적인 분야의 전문가들이 있었기 때문이다.

그는 이 사람들을 '동업자'로 생각했고, 그의 '마스터 마인드' 힘을 이루는 범주에 이들을 포함시켰다.

이에 관한 또 다른 예로 종합대학교를 들 수 있다. 교수진은 전문화된 사람들, 즉 능력이 제각각인 사람들로 구성되어 있다. 한 학과는 문학의 전문가들로 구성되었고, 수학 전문가로 구성된 학과도 있으며 이외에도 화학 전문가, 경제철학, 의학, 법학 전문가들로 각 학과가 구성되어 있다.

전체적으로 대학은 여러 단과대로 이루어진 그룹이라고 볼 수 있다. 이들 단과대는 각 분야의 전문가들로부터 운영되고 협동과 노력을 통해 더욱더 효율적으로 한 명의 총장으로부터 운영된다.

어디에 있는 힘이든 어떤 형태의 힘이든 최대한 분석해 보아라. 그 뒤에는 잘 조직된 개체나 이들 사이의 거대한 협력 라인이 형성되어 있다는 것을 알게 될 것이다. 이 중요한 사실의 증거는 미미한 식물에서부터 고등동물인 인류에게까지 전체적으로 분포되어 있다.

자긍심을 갖게 되면 큰 노력을 들이지 않고 어떤 지위를 얻는 데 성공할 수 있다. 그러나 그 후에 그 지위를 유지하려면 받는 것보다 더 많이 일하려는 열정과 결단력이 있어야 한다.

● ● ● 타인과의 협력이 주는 보상

노르웨이의 해안가를 따라가 보면 세계에서 가장 큰 소용돌이가 있다. 이 소용돌이에 휘말리는 사람은 단 한 명도 생존한 기록이 없다.

그런데 조직된 협력의 법칙에 대해 알지 못하는 사람들은 인생의 큰 소용돌이에 휘말리어 그 노르웨이의 조수에 휘말린 것 못지않게 위험에 노출되는 것이며, 더 나아가 자신이 파괴될 것이라는 사실에 대해 알지 못하는 불행한 일이다.

인정하겠지만 우리는 현재 적자생존 시대에 살고 있다. '적자' 라 함은 힘이 있다는 것이고 이 힘은 조직된 노력으로부터 나온다. 반면 불행이란 이를 무시하는 사람, 자기중심주의에 물들어 있는 사람, 의지가 약한 사람에게 온다.

이런 부류의 사람들은 조만간 바다의 소용돌이보다 더 무서운 인생의 소용돌이가 기다리고 있다는 것을 알게 될 것이다. 전쟁의 본질이나 명분에 관계없이 전쟁을 하고 있는 사람들은 점점 더 이 인생의 소용돌이에 가까이 가고 있다.

이미 높은 위치에 오른 사람은 다 알고 있듯이 모든 자연법칙의 기본은 조화로운 협력에 있다. 인생의 성공은 협력적인 노력 없이는 거둘 수 없다. 독자적으로 노력을 한다고 해서 성공을 거둘 수는 없는 것이다.

640

만약 어떤 한 사람이 문명세계와 동떨어진 황무지에서 혼자 수행자로 살아간다 해도 그는 살아남기 위해서 자신 외의 외부세계에 의존하지 않을 수 없다.

하루 벌어 하루를 사는 사람이나 여태껏 모아놓은 재산의 이자만으로도 사는 데 지장 없는 사람들도 다른 사람과의 협력을 통해 돈을 번다. 그러므로 **경쟁관계보다 협력관계를 중요시하는 사람은 공을 크게 들이지 않더라도 수많은 기회와 부를 손에 넣을 수 있을 뿐 아니라 다른 사람은 느끼지 못하는 행복도 덤으로 느낄 수 있다.**

❈ 성공을 거두는 힘의 지식

협력을 바탕으로 얻게 된 행운은 절대 다른 사람의 마음에 상처를 주지 않고, 이는 경쟁과 투쟁을 통해 다른 사람으로부터 강탈한 행운에 비해 훨씬 더 가치 있는 것이다.

그저 껍데기뿐인 재산이든 혹은 가치 있는 명품이든 물질적으로만 부를 쌓아온 사람들은 우리가 지금껏 들인 노력의 시간을 낭비해온 사람들이다. 물질 만능주의 풍조를 바꿀 수 없다면 적어도 협력의 방법이라도 변화시키자.

다른 사람과 협력하게 되면 2가지 형태의 보상을 받을 수 있다. 하나는 인생을 변화시킬 수 있는 기회와 눈에 보이는 재산이 있고, 또 하나는 무엇이든 욕심부터 내는 탐욕스런 사람들은 절대 느끼지 못할 마음의 평화가 그것이다.

물론 탐욕스런 사람들은 굉장한 부를 축적할 수도 있다. 이 사실엔 변함이 없다. 하지만 그 과정에서 모든 것이 엉망진창으로 될 뿐더러 심지어 자신의 영혼을 팔아야 할지도 모른다.

성공을 거두는 힘은 지식으로부터 발전된 힘이라는 것을 잊지 말자. 이 힘은 '행동'이라는 것을 통해 계획되고 표현된다. 건설적 서비스 형태의 지식만이 대가를 받을 수 있다.

미국에서 가장 유능한 은행사업가로 알려진 사람이 졸업을 앞둔 어느 실업학교에서 연설을 하게 되었다. 그는 이렇게 말했다.

"여러분은 자신이 받은 학위를 매우 자랑스럽게 생각할 것입니다. 왜냐하면 그 학위는 적어도 사업분야에서는 여러분이 직접 인생의 준비를 철저히 했다는 증거가 되기 때문입니다. 실업학교 과정의 가장 큰 장점은 여러분이 앞으로 어떤 일을 하며 살아야 할지 준비할 수 있게 해준다는 것입니다.

다른 과정의 장점을 과소평가하는 것은 아닙니다. 단지 현대의 실업학교 과정을 찬양하고자 하는 말입니다. 저는 다른 학과에서 미래를 위한 준비를 제외한 쓸데없는 과정을 가르치는 점을 많이 보아왔습니다.

여러분은 오직 한 가지의 목적으로 이 학교에 입학했습니다. 다른 사람에게 유용한 서비스를 제공해 돈을 버는 것, 단순히 돈을 벌고자 옷을 만드는 사람이 있다고 칩시다. 당신은 그 직업에 전혀 흥미를 느끼지 못할 것입니다. 그 대가는 여러분에게 중요하지 않기 때문입니다.

여러분은 단지 한가한 오후에 커피나 따르기 위해 이 과정을 연마한 것이 아닙니다. 또한 남들이 부러워하는 가운을 입고 일하고자, 비싼 고급차를 몰고자 이 과정을 공부한 것이 아닙니다. 자신의 미래를 위해 어떤 방식으로 일해야 하는지를 배우고자 온 것입니다."

그 졸업식에 참석해 강연을 들었던 학생 중 13명은 사실 너무도 가난해 근근이 학비를 대는 정도였다. 어떤 학생은 낮엔 수업을 듣고 밤엔 아르바이트로 생활비를 마련하기도 했다.

그 연설은 25년 전의 일이었다. 작년 여름 나는 그 학교의 교장선생님을 만날 일이 있었는데, 우연히 그때 그 학생들이 지금 무엇을 하고 있는지 듣게 되었다.

한 학생은 유명한 제약회사의 사장이 되었고, 또 한 학생은 성공한 변호사가 되었다. 두 명의 학생은 자신의 재단으로 경영대학을 운영하고 있으며, 미국의 가장 유명한 대학의 경제학 교수가 된 학생도 있었다.

또 한 명은 큰 자동차회사의 사장이 되어 있었고, 또 다른 두 명의 학생은 은행장이 되어 있었다. 백화점 사장도 있었고, 철도회사의 부회장도 있었다. 한 명은 공인중개사가 되어 있었으며 한 명은 도중에 사망했다. 마지막 13번째 학생은 성공의 법칙에 관한 이 책을 쓰고 있다.

13명의 학생 중 11명이 성공했으면 그리 나쁜 편은 아닐 것이다. 이것은 실업학교의 훈련과정의 덕분으로 계발된 행동의 정신 덕분이다. 그러므로 중요한 것은 당신이 받은 교육과정 자체가 아니라 교육받은 그 내용을 잘 조화된 지적 행동을 통해 얼마나 잘 표현했는가 하는 것이다.

그런데 이 말에 오해 없기 바란다. 이 말이 결코 고등교육을 깎아내리려는 것은 아니다. 다만 그런 교육을 받을 기회가 없었던 사람들이라도 미약하나마 그들이 아는 지식을 열정적이고 건설적인 방향으로 잘 행동하면 반드시 성공할 수 있다는 희망과 용기를 주기 위해 격려하려는 마음일 뿐이다.

미국의 대통령들 중 한 명은 학교 교육을 거의 받지 못했음에도 불구하고 그가 가지고 있는 적은 지식을 행동에 옮기는 과정을 통해 미국 역사에 길이 남을 훌륭한 업적을 남길 수 있었다.

어느 도시나 마을에 패배자들은 항상 있게 마련이다. 이 불행한 사람들의 공통점은 무슨 일을 하든 질질 끄는 습관을 지녔다는 것을 쉽게 알 수 있다. 성취하려는 노력이 부족한 사람들은 무슨 일을 하던 뒷걸음치고 어떤 고난에 빠지면 그대로 주저앉고 만다. 그런 상황에서 벗어나는 길은 지금까지 해왔던 습관을 버리고 어떤 획기적인 행동을 하는 것인 데도 말이다.

당신은 이와 같은 상황에 처하지 않도록 하라.

모든 사무실이나 상점, 은행 등 어느 장소를 가나 이런 꾸물거림으로 실패의 늪에 서서히 빠져드는 사람들이 있다. 그들은 추진력 있는 노력을 하지 않아 결국엔 실패하게 된다.

여러분이 매일매일 만나는 사람들을 잘 분석하면 반드시 그런 유형의 사람들을 지적할 수 있다. 그들에게 말을 걸어보면 그들은 틀림없이 다음과 같은 거짓된 철학을 지니고 있을 것이다.

"저는 제가 받은 만큼만 일을 합니다. 덕분에 생활은 뭐 그럭저럭 합니다."

그렇다. 그들은 그저 '그럭저럭' 산다. 그러나 바로 지금 상황이 그들에겐 전부이다. 그것으로 그들은 끝인 것이다.

처음부터 많은 돈을 벌려고만 하는 사람들은 그들에게 주어진 큰 기회를 잃어버리곤 한다. 만약 당신이 찾고 있는 직업이 결실을 얻을 때까지 아무것도 얻을 수 없을지라도 당신의 열정을 다할 수 있는 일이라면 놓치지 말고 잡아라. 당신이 해낸 만큼 대가를 받을 수 있을 것이다.

※ 누구도 기회를 주지 않는다

몇 년 전 실업률은 높아지고 연봉수준도 턱없이 높았을 때 어떤 신체 건장한 젊은이가 시카고의 한 공원에서 아무것도 하지 않고 누워 있는 것을 보았다. 난 그들이 어떤 변명을 늘어놓을지 너무 궁금해서 그 중 7명을 인터뷰했다.

먼저 담배와 여송연을 건네 분위기를 화기애애하게 만들어 비교적 우호적인 분위기 속에 인터뷰할 수 있었다. 그들이 모두 입을 모아 늘어놓는 이유는 아무도 자신을 써주지 않는다는 것이었다. 그들은 똑같이 다음처럼 말했다.

"세상이 내게 기회를 주지 않습니다!"

느낌표는 내가 붙인 것이다. 그 대답에 나는 한숨이 나왔다.

생각해 보라. 세상은 결코 '그들에게 기회를 주지 않는다'.

물론 세상은 그들 말고도 그 누구에게도 기회를 주지 않을 것이다. 기회를 얻기를 원한다면 노력을 해야 한다. 누군가 그들에게 고운 은쟁반에 기회를 담아주길 기다린다면 그들은 실망할 것이 뻔하다.

644

유감스럽게도 젊은이들 사이에는 세상이 기회를 주지 않는다고 생각하는 풍조가 만연해 있다. 바로 이 점이 가난과 실패에서 벗어나지 못하는 이유이다.

그 화창했던 오후에 내가 일곱 번째로 인터뷰한 사람은 드물게 훌륭한 외모를 하고 있었다. 그는 얼굴에 신문을 덮고 누워 있었다. 내가 그의 얼굴에서 신문을 치우자 그는 다시 내 손에서 신문을 빼앗아 얼굴에 다시 덮고 누웠다.

그러자 나는 다시 신문을 치우고 그가 닿지 못하는 곳에 던져버렸다. 그제야 그는 자리에 일어나 앉았고 나는 그를 인터뷰할 수 있었다. 그는 동부 유명대학에서 석·박사학위를 취득한 인재였다. 그가 들려준 이야기는 조금 측은했다.

그는 여러 직장을 구했었지만 고용주나 동료 직원들은 '그를 미워했다'고 한다. 그는 대학에서 배운 자신의 가치를 보여줄 기회를 얻지 못하고 있었다. 그들은 그에게 '기회'를 주지 않았기 때문이다.

유명한 상과대학을 졸업하고 전문직에 대한 능력도 있는 이 사람은 꾸물대며 모래 위에 집을 짓지 않았더라면, 그가 알고 있는 지식에 대해 세상 사람들이 대가를 지불해야 된다고 하는 그릇된 신념을 지니지 않았더라면, 커다란 기업의 사장이나 전문 경영인이 될 뻔한 사람이었다.

다행스럽게도 대부분 대학 졸업자들의 의지가 이렇게 약하지만은 않다. 왜냐하면 이 세상의 그 어떤 대학도 자신이 아는 것을 가지고 무엇을 할 수 있는가는 생각하지 않고 자신이 아는 것을 통해 대가를 얻으려는 사람에게는 성공의 영예를 가져다준다고 가르치지는 않기 때문이다.

내가 마지막으로 인터뷰한 사람은 버지니아에서도 가장 유명한 집안의 아들이다. 그의 조상은 최초로 메이플라워호를 타고 미국에 왔다(제1세대 패밀리 –이하 명문가). 그는 어깨를 젖히고 주먹으로 가슴을 치며 외쳤다.

"생각해 보십시오. 선생님! 저는 버지니아의 유구한 역사를 자랑하는 집안의 자손입니다!"

나는 '미국 명문가'의 가족이나 자손이 항상 행복한 것은 아니라는 생각이 들었다. 많은 경우 명문가의 자손들은 집안의 이름을 이용해 3루 베이스에서 홈 베이스로 도루하려고 한다.

내 개인적인 생각이지만 세상에 정말로 중요한 일을 하는 사람들은 자신의 조상을 자랑하는 데 인색한 편이다.

얼마 전 내가 태어난 남부 버지니아로 여행을 간 적이 있었다. 20년이 넘는 오랜 시간이 지난 후에 처음으로 가보았다.

20여 년 전 '미국의 명문가 집안'이라고 칭했던 집안의 자손들과 그저 평범한 집안의 자손들로 태어나 열정적인 행동을 통해 사업에 성공해서 열심히 살아가고 있는 사람들을 비교하는 것은 슬픈 일이었다. 왜냐하면 그 비교에서 소위 명문가 자제들은 결코 좋은 점수를 얻지 못하고 있었다.

그런 이유로 내가 보통의 집안에서 태어난 것이 참 다행이라고 말하더라도 그것은 결코 과장된 표현은 아니다.

물론 그것은 내가 선택할 성질의 것은 아니지만 만약 나에게 기회가 주어진다면 나도 물론 '명문가'에서 태어나기를 바랐을 것이다. 그러나 분명한 것은 소위 '명문가 집안'의 자식들이라고 해서 태어날 때부터 성공하는 데 필요한 특별한 것들을 지닌 채 태어나는 것은 아니라는 점이다.

얼마 전, 보스턴의 한 대학에서 강연을 제의받았다. 강연이 끝나고 위원회에서 제공한 하버드대학 및 캠브리지를 관광했다. 그곳에 머무르는 동안 나는 수많은 '명문가' 자손들을 만날 수 있었다. 그 중 어떤 사람은 유명한 패커드 자동차를 몰고 다녔다.

20여 년 전에 내가 패커드 차와 함께 하버드의 학생이 되었다면 나는 큰 자부심을 가졌을 것이다. 그러나 세월이 흘러 숱한 경험을 한 지금 나는 하버드대학에 다니더라도 자가용은 타지 않고 다니겠다는 결론을 얻었다.

나는 자동차를 가지지 못한 몇몇 하버드 학생을 유심히 관찰했다. 그들은 식당 등지에서 아르바이트를 하며 열심히 생활하면서도 그 어떤 것도 부러워하지 않았다. 또한 '명문가' 부모들한테 물려받은 재산을 자랑하면서 뽐내는 학생들과 비교당하는 것으로부터 받는 스트레스에도 고통받지 않았다.

물론 내가 말하는 것이 하버드대학에 대해 논하려는 것도 아니고 하버드 학생을 자식으로 둔 모든 '명문가'들의 이야기를 하고자 하는 것도 아니다. 다만, 나와 같이 가진 것도 별로 없고 쌓아 놓은 지식도 없지만, 건설적이고 유용한 노력을 하는 사람들에게 용기를 북돋워주고자 하는 바람에서 이 글을 쓰고 있는 것이다.

당신의 직원에게 해줄만한 농담이 있다. 일터에 조금 일찍 나가고 늦게 퇴근해라. 이 습관을 몸에 밸 수 있도록 해라. 동료에게 상사의 칭찬을 해라. 만약 할 일이 더 남아 있다면 자원해서 하고 와라. 만약 경영자가 당신에게 와서 과장 자리를 맡긴다거나 동업자가 되어달라고 해도 놀라는 기색을 보이지 마라. 바로 이 부분이 '농담'의 가장 재미있는 부분이다.

✖ 부정적인 집단심리

행동하지 않는 게으름, 이른바 '나태함'이야말로 한 마을을 죽게 할 수도 있는 무서운 요소이다. 어떤 마을을 예로 들어보자. 내 설명을 듣다보면 어느 지방을 말하는지 알게 될 것이다.

이 마을은 블루 로(Blue-Law : 18세기 뉴잉글랜드 지방의 매우 엄격한 청교도적인 법 - 편역자주)를 지키기 때문에 일요일엔 모든 식당이 문을 닫는다. 열차도 이 마을을 지날 때엔 시속 12마일의 느린 속도로 달려야 한다. 모든 공원엔 '잔디에서 떨어지시오'라는 간판이 걸린다.

바람직하지 못한 도시의 법령 때문에 이 도시는 다른 도시들에게 산업의 우위를 빼앗길 수밖에 없었다. 이 마을의 그 어느 곳에서도 엄격한 제재의 잔해를 볼 수 있었다. 길을 걷는 사람들의 얼굴이나 행동, 심지어 걸음걸이에서도 느껴진다. 당연히 이 도시의 집단심리는 아주 부정적으로 나타났다.

기차를 타고 이 마을 정거장에 내리는 순간부터 풀죽어있는 마을 분위기를 느낀 사람은 뒤에 오는 기차를 타고 다음 마을로 향하고 싶은 마음이 굴뚝같았다. 마을은 마치 묘지와도 같고 사람들은 걸어다니는 유령같았다. 주민들에게는 아무런 삶의 의욕도 없어 보였다.

그들의 재정상태만 봐도 이러한 부정적인 분위기를 느낄 수 있다. 상점의 쇼윈도에서도, 점원들의 얼굴에서도 마찬가지였다. 어느 날 나는 긴 양말을 사기 위해 한 가게로 들어갔다. 단발머리를 한 젊은 여성이 양말박스를 카운터로 휙 던졌다. 내가 박스를 들어 양말을 한번 보고는 불만 가득한 얼굴을 하자 그녀는 나른하게 하품을 해댔다.

"집으신 그 양말이 이 가게 물건더미 중 가장 좋은 거예요."

'물건더미!'

그녀가 내 마음을 읽은 것이 분명했다. 그녀가 말하기 전에 나도 이 단어를 생각했었다. 그 가게는 마치 쓰레기를 쌓아 놓은 듯했다. 도시의 전체적인 분위기도 그러했다. 더욱더 이상한 건 그 분위기가 마치 내 핏속에도 흐르는 것 같았다. 부정적인 사람들의 정서가 내 안으로 엄습하고 있었다.

오직 메인(Maine)주(州)만이 블루 로 때문에 고통받는 것은 아니다. 다른 주의 이름도 말할 수 있으나 언젠가 내가 정치에 발을 들여놓을지도 모르므로 삼가겠다. 이제 이 이야기는 그만하고 나머지는 당신의 분석에 맡기겠다.

열의가 가득 찬 도시와 무기력함 때문에 타락해버린 도시를 비교해보라.

무기력 때문에 망해가는 기업들도 몇 군데 알고 있으나 그 이름을 거론하는 것은 그만두겠다. 아마 당신도 그들 중 몇 곳의 기업은 알고 있을 것이다.

몇 년 전, 미국의 가장 유명한 은행가인 프랭크 밴더립(Frank A. Vanderlip)이 뉴욕에 있는 내셔널 시티뱅크로 왔다. 그는 능력이 있었고 성공적인 성취를 해온 사람이라 그의 가치는 높게 평가되어 있어서 그가 일을 시작할 때 받던 연봉은 평균치를 훨씬 넘었다.

그는 원목의 고급책상과 가구들로 배치된 훌륭한 개인 사무실도 배정받았다. 그 책상 위에는 버튼만 누르면 비서실로 연결되는 장치가 있었다. 첫날은 아무 일도 없이 앉아만 있었다. 둘째 날도, 셋째 날도, 넷째 날도 그저 아무 할 일도 없이 자리에 앉아 있어야 했다. 그 누구도 그에게 와서 말을 걸지 않았다.

주말이 되자 그는 불편해지기 시작했다(유능한 사람은 자신의 앞에 일이 없어지면 항상 불안해한다). 그 다음 주가 되자 프랭크 밴더립은 사장실로 찾아가 말했다.

"보십시오. 당신은 나에게 높은 연봉을 주면서 아무것도 시키지 않고 있습니다. 저는 마치 보이지 않는 감옥에 갇힌 기분입니다."

사장은 날카로운 눈에 생기를 띠며 바라만 보고 있었다.

"제가 할일이 없어 앉아 있는 동안 생각을 해봤습니다만, 은행의 규모를 더 크게 할 수 있는 방안이 한 가지 떠올랐습니다. 그것을 제안하겠습니다."

사장은 '생각'과 '제안'이란 단어의 가치를 높게 평가하며 그와의 대화를 계속 이어갔다.

"제 경험에 비추어 보면 다른 업체와 연합을 맺는 것이 은행에 더 큰 이익이 될 것입니다. 은행의 가맹점을 모집하고 광고를 하는 게 어떨까요?"

"뭐라고? 은행을 광고하자고? 사업을 시작하고부터 나는 한 번도 광고를 해본 적이 없다네. 광고 없이도 잘만 되었는데."

"글쎄요. 지금부터가 광고를 해야 할 때인 것 같은데요. 그리고 가장 먼저 은행의 가맹점 모집 광고를 내야 합니다. 제가 계획했던 대로요."

밴더립의 승리였다. 행동으로 옮기는 사람은 항상 승리한다. ― 이 점이 승리하는 사람들의 특징이기도 하다. ― 내셔널 시티뱅크 또한 승리를 거두었다. 이 대화야말로 그 어떤 은행에서도 시도하지 않았던 진보적이고 실리적인 대화였던 것이다. 이 일로 내셔널 시티뱅크는 미국에서 가장 영향력 있는 은행이 되었다.

밴더립 역시 은행과 함께 영향력을 키워나갔다. 소신 있게 행동을 추진하는 사람은 그가 어떤 일을 맡아도 항상 승리한다. 마침내 그는 미국 최고의 은행장이 되었다.

상상력에 대해 공부할 때 오래된 아이디어와 새로운 계획을 어떻게 결합해야 하는지 이미 배웠다.

하지만 실리적인 계획도 추진력 있는 행동이 뒷받침되지 못하면 아무 쓸모없는 것이 되고 만다. 자신이 되고자 하는 사람에 대한 혹은 자신이 얻고자 하는 신분에 대한 꿈과 비전을 갖는 것은 존경할 만한 일이다.

그러나 이 꿈과 비전이 열정적인 행동을 통해 현실화되지 못한다면 아무런 의미가 없다. 세상에 꿈꾸는 사람은 많으나 그들은 아무것도 하지 않는다. 반면 어떤 사람들은 이런 몽상가들의 꿈을 현실로 만들어 대리석, 음악, 좋은 책, 철도, 증기선 등을 만들어냈다.

한편 꿈꾸는 것과 현실화, 이 2가지를 모두 다 하는 사람들도 있다. 이런 사람들을 군이 구분하자면 '이상과 현실을 겸비한' 타입이라고 할 수 있겠다.

어째서 집중적으로 노력하는 습관을 길러야 하는지에 대해서는 경제적인 이유와 심리적인 이유가 있다.

인간의 몸은 수십억 개의 작은 세포로 이루어져 있다. 이 세포들은 극도로 민감하며 당신이 마음먹기에 따라 수시로 변할 수 있다. 만약 당신의 마인드가 나태하게 혼수상태에 빠진다면 당신의 세포 또한 게을러지고 나태해질 것이다. 흐르지 않는 호수에 고인 물은 이내 더러워지고 썩게 된다. 마찬가지로 나태한 몸에 있는 세포는 곧 병들게 될 것이다.

세포의 나태함으로 게으름이 생기게 된다. 몸이 나른할 때 사우나에 가서 뜨거운 물속에 몸을 뉘어보라. 그러면 곧 뜨거운 물이라는 인위적인 자극제가 나태함을 사라지게 할 것이다. 혹은 당신이 정신을 바짝 차릴 만큼 좋아하는 게임을 해보라. 당신의 나태함은 곧 사라질 것이다.

650

무엇이든 배우려는 자세로 눈과 귀와 마음을 열면 '실패' 뒤에 감춰진 교훈을 얻을 수 있다. 모든 역경은 축복이 잠시 변장을 하고 우리 곁으로 온 것이다. 반대와 일시적 실패를 겪은 사람만이 자신이 얼마나 강한지 알 수 있게 된다.

✳ 활동적이고 다이내믹한 정신력

육체의 세포는 정신상태에 반응을 보인다. 도시를 감싸고 있는 전체적인 분위기가 개개인의 몸속의 세포에도 영향을 미친다. 따라서 만일 지도자들이 도시를 살리기 위해 활발한 활동을 한다면 그 도시에 사는 사람들은 금세 긍정적인 영향을 받게 될 것이다. 몸과 마음의 관계도 그러하다. 활동적이고 다이내믹한 정신력은 몸의 항상성을 유지하게 한다.

대도시의 주민들이 대부분 겪고 있는 '자가 중독'이라는 증상이 있다. 이는 내장의 움직임이 활발하지 않아서 생기는 병이다. 대부분의 두통은 아랫배를 청소해주면 한 시간 안에 다 낫는다.

하루에 물 여덟 잔을 마시는 것은 마치 운동을 한 효과와도 같아 관장효과를 낸다. 일주일만 시도해보아라. 계속할 의무는 없지만 만약 평상시에도 운동을 많이 하고 물도 많이 마시는 사람이 아니라면 아마 새로 태어난 듯한 기분을 느낄 수 있을 것이다.

하루 24시간 중 16시간 동안을 건강하고 활동성 있게 살고 싶은 보통의 사람이라면 이 책의 두 페이지 정도에 실려 있는 충고를 따르면 된다. 하지만 이 충고들은 너무나 간단해서 사람들이 오히려 잘 따르려 하지 않는다.

내가 매일매일 해내는 엄청난 업무량에도 불구하고 지금까지도 건강을 유지하고 있는 것은 나를 잘 알고 있는 사람에겐 놀라움이며 미스터리한 일일 것이다. 하지만 결코 미스터리가 아니다. 내가 따르고 있는 방법엔 돈 따위는 전혀 들지 않는다.

여기에 그 방법을 소개하니 원한다면 이 방법을 따라해 보라.

첫째 : 아침에 일어나 식사하기 전에 한 잔의 따뜻한 물을 마신다.

둘째 : 아침식사로 밀빵, 시리얼, 과일, 가끔가다 삶은 계란, 그리고 커피를 마신다. 점심으로 모든 종류의 야채를 먹고 밀빵과 우유를 한 잔 마신다. 저녁으로는 일주일에 한두 번씩 스테이크를 먹고 양상추를 위주로 한 야채와 커피를 마신다.

셋째 : 하루에 10마일(약 16km) 정도를 걷는다. 교외 쪽으로 5마일 걸어갔다가 되돌아온다. 이 시간이 나에겐 명상과 상념에 잠기게 하는 시간이다. 이 시간이 나에게는 무척 가치 있는 시간이며 더불어 걷는 운동도 할 수 있는 일석이조의 시간이다.

넷째 : 의자의 앉는 부분에 등을 똑바로 드러눕는다. 머리와 팔은 거의 바닥에 닿을 정도로 긴장을 풀고 눕는다. 이 자세는 신체 각 신경의 균형을 맞춰준다. 아무리 피곤해도 10분 정도 이 자세를 유지하면 피로에서 완전히 회복할 수 있다.

다섯째 : 열흘에 한 번씩 관장을 한다. 필요하면 더 자주 해도 된다. 체온보다 조금 낮은 온도의 물에 소금 한 숟가락을 타서 마신다.

여섯째 : 아침에 일어나 뜨거운 물로 샤워를 한 뒤 찬물로 마무리한다.

나는 나 자신을 위해 이 간단한 일들을 실행으로 옮겼다. 나의 건강에 필요한 그 외의 부분은 자연의 어머니가 돌봐줄 것이다.

장을 깨끗이 하는 것이 얼마나 중요한지 알기 때문에 되도록 스트레스를 안 받으려고 노력한다. 현재 대부분의 많은 대도시 주민들이 '자가 중독' 증상을 보이고 있다.

하지만 물 한 잔으로도 간단히 장을 깨끗이 청소할 수 있다. 장이 안 좋아져 변비증상이 나타날 때까지 기다리기만 해서는 안 된다. 물론 변비에 걸렸을 때 약을 복용하면 잠시 나아질 수도 있겠지만, 평상시에 장을 깨끗이만 한다면 변비 때문에 겪는 고통에서 평생 해방될 수 있다.

지난 15년 동안 나는 두통 없는 주말을 보낸 적이 없었다. 그때마다 아스피린을 복용했고 잠시 잠깐이나마 고통에서 해방되기도 했다. 그때는 나도 몰랐던 자가 중독 증상에 고통받고 있었다. 내 문제점이 무엇인지 알았을 때 여러분께 추천한 것과 마찬가지로 두 가지 일을 했다. 아스피린의 복용을 중지했고, 내가 먹던 음식의 양을 절반으로 줄였다.

아스피린이란 - 그것을 파는 사람조차도 좋아하지 않을 - 두통의 영원한 치료제가 될 수 없다. 이것은 마치 화재신고를 하고 있는 사람의 전화선을 끊어 놓는 전기배설공과도 같다. 아스피린은 위나 장기에서 오는 신경의 흐름을 무감각하게 차단시켜 버린다. 자가 중독은 혈액 혹은 뇌로 독소를 쏟아 부어 심각한 통증을 수반하기도 한다.

화재신고를 하는 전화선을 끊는다고 해서 불이 꺼지는 것은 아니다. 마찬가지로 아스피린을 먹는다고 해서 두통이 해결될 수 있는 것도 아니다.

당신의 뇌에 자가 중독 증상이 판을 치는 한 당신은 활동성 있는 사람이 될 수 없다. 거기에 걸맞은 대비를 해야 한다. 또 보기 좋은 하얀 빵(천연 음식의 영양을 모두 없애버린)만을 고집하는 사람, 자신이 소화시킬 수 있는 양보다 훨씬 많은 음식을 먹는 사람 역시 활동적인 사람이 될 수 없다.

매번 약병을 들고 다니는 사람이나 약에만 의존하는 사람 혹은 한 잔의 소금물로도 충분히 처방할 수 있는 데도 아스피린을 꿀꺽 삼키는 사람 역시 추진력 있는 사람이 될 수 없다. 음식을 많이 먹고 운동은 하지 않는 사람은 활발한 활동을 할 수 없다.

항상 약품 광고지만을 들고 다니며 암시의 법칙을 교묘하게 이용한 광고 문구를 보고 자신이 그 병과 같은 증상이라 믿으며 상상으로 병을 키우는 사람역시 활동가가 될 수 없다.

나는 지난 5년간 남들보다 일을 훨씬 더 많이 했음에도 불구하고 단 한 번도약봉지에 손을 댄 적이 없었으며 아프거나 병석에 드러누운 적도 없었다.

그 이유는 건강한 육체를 만드는 데 아주 기본적인 영양소가 있는 음식을 먹었기 때문이며 모든 일에 열정과 인내와 추진력을 가지고 일했기 때문이다. 그리고 샤워를 함으로써 내 몸에 있는 잔여물을 모두 제거했기 때문이다.

이렇듯 간단하고 기본적인 방법들을 당신도 한번 이용해 보아라. 내가 효과를 본 것처럼 당신도 분명 효과를 볼 수 있다면 독자와 나 모두가 이 책에 소개된 내용을 통해 도움을 받은 것이다.

이 논의를 끝내기 전에 미지근한 물의 위대함에 대해 설명을 하겠다. 이 물은 대장을 청소하는 데 도움을 준다. 내장근육에 직접 닿기 때문에 내장기관의 구멍으로부터 독소를 뽑아낸다. 다른 방법으로 관장을 하지 않아도 자연적인 방법으로 내장근육을 활발히 움직이게 해주므로 장을 청소하는 데 도움이 된다. 너무 따뜻한 물은 오히려 관장에 방해가 된다. 내장근육의 긴장을 너무 풀어줘 활동이 잠시 멈추기 때문이다.

이제 마지막으로 현재 건강관련 직업을 가진 내 친구들에게 사과한다. 의사, 접골사, 척추교정 전문지압사, 그 외에 건강에 관한 직업을 가진 내 친구들이 내가 건강에 대해 언급한 이 장을 읽지 않았으면 한다.

가끔씩 찾아오는 불행은 좋은 것이다. 그 어떤 사람도 혼자서 살 수 없다는 것을 잊지 않게 해주기 때문이다.

자신은 스스로 생각하는 모습

당신이 추진력 있는 사람이 되기 전에 물리쳐야 할 또 하나의 적이 있다. 걱정하는 습관이다. 걱정, 질투, 시기, 증오, 의심, 두려움 따위의 감정들은 당신의 행동을 파멸로 몰고 갈 것이다.

654

이와 같은 감정들은 몸과 마음을 모두 파괴시켜 소화된 음식물이 몸의 곳곳으로 흘러가는 기능을 방해할 것이다. 이 방해 공작들은 신체적인 것에서 끝나는 것으로 보이나 사실은 정신적으로도 영향을 미치기 때문에 성공에 대한 욕구들을 모두 없애버리고 만다.

2장에서 인생의 명확한 중점 목표는 불타는 욕망이 뒷받침되어야 한다고 배웠다. 당신이 부정적인 마음을 가지고 있다면 절대 욕망을 불태우는 일은 일어나지 않을 것이다.

긍정적인 마음을 유지하고 있으려면 아주 효과적인 '분위기 전환제'를 마련해야 한다. 어려운 방법으로 분위기를 바꾸라는 말은 아니다. 분위기 전환이란 그저 건강한 웃음 한번이면 족하다.

누군가와 쓸데없는 논쟁으로 기진맥진해 있을 때 분위기 전환이 필요하다. 그럴 때마다 나는 아무도 날 방해하지 못하는 곳으로 가서 한바탕 크게 웃고 온다. 만약 주위에 웃을 일이 없다면 그냥 인위적으로라도 한번 크게 웃고 온다. 결과는 둘 다 같다. 그저 5분 정도의 웃음으로 나의 정신적이고 육체적인 부정적인 생각은 크게 달라진다.

내 말을 그냥 흘려듣지 말고 꼭 시도해보라!

※ 사람의 2가지 유형

얼마 전 축음기에서 흘러나오는 '바보의 웃음'이라는 콩트를 들은 적이 있다. 5분간의 웃음을 찾는 사람에게 추천할 만한 콩트인 것 같다.

어떤 여자와 남자가 녹음하였는데, 남자는 코넷이라는 악기를 연주하고 여자는 그 남자를 비웃는다. 그녀의 웃음은 너무도 우스꽝스러워서 마침내 남자도 웃게 만든다. 그것을 듣고 있노라면 나도 모르게 저절로 웃음이 나온다.

'마음으로 생각하는 그대로의 모습이 바로 자신인 것이다.'

마음속에 두려움을 갖고서는 용감하게 행동할 수 없다. 마음속에 증오를 가득 담고는 남에게 친절하게 대할 수 없다. 마음속에 있는 생각이 – 강하고 깊게 뿌리박힌 생각은 – 분명히 행동에 영향을 준다.

당신 머릿속의 생각은 몸속 세포 하나하나에 영향을 준다. 머릿속에 두려움을 갖고 있으면 이 전파를 다리 근육에 전달하고 이 근육은 재빨리 당신을 그 상황으로부터 도망가게 한다. 겁에 질려 도망가는 사람은 그의 다리가 뇌로부터 두려움의 전파를 받아 움직이는 것이며 이러한 지시는 무의식적으로 내려진다.

이 책 1장에서 텔레파시를 통해 다른 사람에게도 생각이 전파된다는 것을 배웠다. 이번 장에서는 한 걸음 더 나아가 당신의 생각이 사람들의 마음뿐 아니라 당신 몸의 세포 하나하나, 그들 몸속의 세포 하나하나에도 영향을 미친다는 중요한 사실을 배워야 한다.

이 요지를 이해하기 위해 다음 문장을 다시 한번 읽어보자.

'마음으로 생각하는 그대로의 모습이 바로 자신인 것이다.'

행동이라는 단어는 정신적, 육체적 두 가지 의미로 쓰인다. 불수의신경을 제외하고 몸이 활동하지 않는 시간에도 당신의 마음은 활발하게 움직이고 있다. 혹은 몸과 마음이 모두 활동할 수도 있다.

이 두 가지 타입을 이렇게 정의할 수 있다. 전자는 관리인 타입으로, 안정적인 자세로 남을 격려하는 사람이며, 후자는 어떤 행동을 개시하는 사람 혹은 세일즈맨 타입이다.

이 두 가지 유형의 사람은 사업이나 경제분야에 모두 필요하다. 한 타입은 '발전기(활동적인)'에 비유될 수 있고, 다른 한 타입은 '평형바퀴'(안정시키는)라고 불릴 수 있다. 물론 이 두 가지 성향이 모두 있는 사람을 종종 발견할 수는 있으나 매우 드문 일이다.

대부분의 성공적인 기업은 이 두 가지 유형의 사람들을 적절히 고용하고 있다. '평형바퀴' 형 사람은 아무것도 하는 일이 없어보일지도 모르나 능동적인 성격으로 사람들에게 아이디어를 파는 적극적인 사람만큼이나 중요한 역할을 한다. 어떤 사람이 능동적인 성격을 가진 사람인지 아닌지를 알아보기 위해서는 그의 정신적, 육체적 습관 모두에 대해서 분석해 보아야 한다.

이 책 첫머리에 이런 말을 한 적이 있다.

'세상은 당신이 하는 일에 대가를 주지, 당신이 알고 있는 일에 대해선 대가를 주지 않는다.'

이 문장은 자칫하면 오해가 될 수도 있다. 세상 사람들이 정말로 지불하는 것은 행동하는 것 혹은 행동하도록 만드는 것에 대가를 지급하는 것이다.

다른 사람을 설득해 동업을 꾀하는 사람이나 서로 힘을 합쳐 좀더 노력하자고 권유하는 사람보다는 실제로 세상에 유용한 서비스를 하는 사람이 더 활동적인 사람이다.

산업이나 경제분야에서는 다른 사람을 설득해 자신의 협력자로 만들면서 더 큰 힘을 키워가는 사람이 있다. 가장 대표적인 예로 카네기를 들 수 있다. 그는 주위 사람들을 진두지휘하는 능력이 있어 자신이 필요로 하는 능력을 가진 사람을 항상 주위에 두었다. 그 결과로 큰 재산을 모을 수 있었다.

어떤 분야에서든 위대한 지도자들은 아마도 같은 능력을 가졌을 것이다. 재산을 모으는 것만이 지도자들이 가진 능력의 전부가 아니다. 그들의 리더십을 통해 많은 사람들이 이득을 얻고 있다.

그래서 경제분야의 뛰어난 감각을 가진 사람이 반대 성향을 가진 직원들을 호되게 꾸짖는 경우를 종종 볼 수 있다. 그러나 만약 같은 성향을 가진 사람끼리 모여 사업을 한다면 불황의 구렁텅이로 빠질 것이다.

수천 명의 사람들이 칼루멧 광산으로 달려간다. 그러나 오직 묵묵히 일하는 한 사람만이 주석을 발견한다. 당신은 지금 당신이 해야 할 일이 무엇인지도 모른 채 '칼루멧 광산'에 서 있는 것과 같다. 당신의 자리 밑에 어떤 보물이 있을지 열심히 파고 또 파 보아라.

❈ 계획을 실행에 옮기는 능력

이 책의 첫머리에서 이미 협력의 중요성은 수차 강조한 바 있다. 어떤 한 사람은 미래의 가능성을 점치고 계획을 세우는 데 능하고 또 다른 사람은 계획을 세우기보단 이미 세워진 계획을 실행에 옮기는 능력이 더 뛰어나다.

앤드류 카네기가 큰 성공을 거둔 이유는 계획을 세우고 실행하는 사람을 두루 곁에 두었기 때문이다. 카네기의 곁에는 세계에서 가장 유능한 세일즈맨이 포진해 있었다. 하지만 모든 팀원을 유능한 세일즈맨으로만 구성했다면 그는 큰 부자가 될 수 없었을 것이다. 추진력 있는 행동이 물론 중요하지만 훌륭한 지도자의 지휘 아래 추진되는 것이 더 현명하다.

미국에서 가장 유명한 로펌은 두 명의 변호사로 구성이 되었는데, 한 명은 법정엔 전혀 출두하지 않는다. 그는 단지 사건의 정황이나 자료들을 수집하고 분석할 뿐 또 다른 변호사가 법정에서 진술한다.

만약 이 두 명의 변호사가 모두 법정에서 진술하는 능력만 갖췄다면 그들은 미국 일류의 로펌을 운영하지 못했을 것이다.

대부분의 경우 어떤 일을 수행할 때 행동이 필요한 만큼 준비과정에서 그에 못지않은 행동이 필요하다.

이 세상에서 당신이 어디에 서 있는가를 알고자 한다면 자기 자신을 분석해보아라. 당신이 남들보다 앞장서는 활동가 타입인가? 평형바퀴 타입인가? 당신이 타고난 능력을 잘 조합시켜서 거기에다가 명확한 중점 목표를 설정해야 한다.

당신이 만약 남들과 동업을 한다면 당신만큼이나 동업자의 능력도 잘 파악해야 한다. 그들의 적성에 어떤 일이 가장 어울릴지 파악을 해야 한다.

다시 말해 사람들은 '추진형'과 '관리자형'으로 나뉜다. 추진형의 예로는 진취적인 세일즈맨이나 사업을 계획하고 추진하는 주최자 등이 있고, 관리자형의 예로는 일단 모아진 자산을 잘 보존하고 관리하는 사람이 있다.

관리자형 타입의 사람에게 책을 관리하는 책임을 맡기면 그는 행복해 할 것이다. 하지만 그 책을 팔아오라고 하면 그는 불행해 할 것이고 이내 그 직업에 실패할 것이다. 추진형 타입의 사람에게 책을 맡겨놓고 관리하라고 한다면 그는 불행해 할 것이다. 그의 천성은 행동하는 것이다. 그는 수동적인 행동에 만족스러워 하지 못한다. 심지어 실패의 두려움까지 느끼게 될 것이다.

종종 목격할 수 있는 공금횡령사건들은 추진형 타입의 사람에게 돈을 맡겨놓았기 때문이며, 이 종류의 사람들은 제한된 일에 갇혀 있으므로 유혹을 떨치지 못하게 된다.

사람들에게는 자신이 타고난 능력에 걸맞은 직업을 주어야 한다. 그러나 무엇보다 비극적인 일은 대부분의 사람들이 자신의 적성에 맞는 일을 찾지 못한다는 점이다. 그저 돈을 모으려는 목적으로 직업을 찾기 때문에 자신의 적성과는 상관없는 직업을 평생의 업으로 삼기도 한다.

만일 돈만이 성공을 구성하는 전부라면 그 방법도 괜찮을 것이다. 그러나 **진정한 성공이란 자신에게 꼭 맞는 일을 하는 사람들만이 얻을 수 있는 즐거움과 안정된 마음이 있어야만 얻을 수 있는 것이다.**

이번 장의 목표는 당신이 타고난 적성이 무엇인지 분석하고 가장 어울리는 일이 무엇인지 아는 데 있다. 그러므로 명확한 중점 목표를 설정하기 전에 이 책의 개론 부분에 있는 차트를 참고로 당신을 신중하게 분석하라.

이제 당신의 추진력 있는 행동이 좀더 발전되어야 할 시기에 왔다. 어떻게 하면 꾸물거리지 않고 추진력 있는 행동을 할 수 있을까.

여기엔 다음의 제안들이 있다.

첫째 : 가장 하기 싫은 일은 가장 먼저 하자. 처음엔 어려울지 모르나 한번 습관을 들인다면 어려움 없이 수행할 수 있다.

둘째 : 다음 문장을 적은 종이를 침실에 붙여두고 아침에 일어나자마자 읽

고, 잠자리에 들기 전 몇 번이고 읽어라. '사람들에게 당신이 무얼 할 수 있는지 말하지 말고, 행동으로 보여줘라'.

셋째 : 잠자리에 들기 전 열두 번 정도 큰소리로 다음 문장을 읽어라. '내일 내가 할 일을 제때에 모두 하고야 말겠다. 내가 해야 할 때이고, 내가 해야 하기 때문이다. 가장 어려운 일을 먼저 하자. 그렇지 않으면 게으름이 내 몸속을 파고들 것이다'.

넷째 : 이 지침들을 신념과 믿음을 가지고 행동에 옮겨라. 분명히 당신의 목표를 이루게 될 것이다.

이 책의 큰 특징은 당신이 할 일을 명료하게 요약해 놓았다는 점이다. 위대해 보이는 것도 알고 보면 기본적인 사실은 간단하다. 누가 연설을 하든 혹은 교양강좌에 대한 글을 쓰든 그 목적하는 바를 가장 명료하고 간결한 방법으로 전달되어야 한다.

이 장을 끝내기 전에 건강한 웃음이 주는 가치에 대해서 다시 한번 되돌아보자. 한번 크게 웃는 효과에 덧붙여 노래가 주는 효과를 생각해보자. 노래하는 것도 동일한 효과를 낸다는 점에서는 같다.

빌리 선데이는 세계에서 가장 활동적이고 에너지 넘치는 목사이다. 하지만 그에게 성가대가 없었다면 그의 예배는 훨씬 무거웠을 것이다.

세계대전의 역사를 보면 알겠지만 독일 군대는 항상 승리를 거뒀다. 어떤 사람은 그 이유가 독일 군대는 노래하는 군대였기 때문이라고 한다. 그들이 노래하는 이유는 전투하는 군인에게 신념을 심어주기 위해서였다. 독일군이 노래를 멈추자 이내 세계의 대세는 독일군에게 불리하게 변해갔다.

교회에 가는 이유가 성가대에 참석하는 것 이외에 다른 의미가 없다고 생각하는 사람들이 있다. 하지만 성가대에 참석하는 것 그 자체만으로도 교회에 가는 의미는 있다. 왜냐하면 찬양을 하는 사람들은 점점 더 찬송가를 좋아하게 되기 때문이다.

오랜 세월 동안 나는 성가대의 노래를 듣고 난 후 더 좋은 글을 썼다. 내 말을 증명하고 싶다면 다음 일요일 아침 교회에 가서 찬송가를 부르고 와보면 알 것이다.

전쟁 기간 동안 나는 전쟁용품의 생산을 가속화할 방법을 궁리했다. 공장에는 3천여 명의 근로자가 일을 하고 있었다. 나는 밴드를 조직해 10분 간격으로 '그곳에' '딕시' '그 마을엔 좋은 일이' 등의 쾌활한 노래를 부르게 했고, 노래를 시작한 지 30일도 안 되어서 생산율이 45%나 성장했다.

근로자들은 노래의 리듬을 타고 생산에 더욱 열을 올렸다. 이 음악을 들은 근로자들은 상상도 못할 추진력을 냈다. 그런데 수많은 근로자를 감독하는 사람들이 이런 효과를 이해하고 있는 것 같지는 않다.

여행 중에 있던 일이었다. 보스턴에 있는 필렌 백화점은 음악으로 직원들의 사기를 올려주었고 나는 그 백화점의 사장을 만날 수 있었다. 여름 동안 이 백화점은 개장 전 30분간 오케스트라가 최신 댄스음악을 연주한다.

백화점 문을 활짝 열어놓고 직원들은 복도로 나와 춤을 춘다. 그 활기찬 기운은 하루 종일 지속된다. 우연일진 모르겠지만 필렌 백화점의 직원들처럼 예의 바르고 일 잘하는 직원들을 본 적이 없다.

백화점의 한 관계자가 말하길 아침 음악 프로그램 덕분에 직원들은 큰 노력을 들이지 않고도 고객들에게 최상의 서비스를 하는 것 같다고 말했다.

전쟁터에서든 백화점 카운터에서든 노래하는 사람에겐 승리만 있을 뿐이다. 조지 와튼 제임스(George Wharton James)가 지은 《신과 함께 노래를》이란 책이 있다. 노래가 주는 영향에 대해 궁금한 독자에게 권한다.

조금은 단조롭고 무거운 분위기의 공장이라면 음악 프로그램을 신설해 보라고 권하고 싶다. 뉴욕 브로드웨이에 사업체를 가지고 있는 한 그리스 사람은 독창적인 아이디어를 냈는데, 축음기로 음악을 틀어 고객과 직원들을 즐겁게 해주는 방법이 그것이었다.

그곳에 오는 모든 사람들은 음악에 맞춰 즐거운 기분으로 옷을 골랐다. 만약 이 그리스 주인이 직원들의 근무 속도를 빠르게 하고 싶을 때는 단지 음악을 좀 빨리 돌리면 그만이었다.

자신이 받을 대가보다 더 열심히 일하는 사람은 예상하지 못한 부분에서 분명히 보상을 받게 된다.

✳ 슈퍼 파워는 완벽한 조화로

어떤 명확한 중점 목표를 달성하기 위해 두 명 혹은 그 이상이 모여 협력하는 것은 개개인의 노력보다 훨씬 더 강한 힘을 낸다.

비록 그라운드 외에서는 서로 친하지 않고 어긋나는 점이 많은 풋볼 팀이라도 경기 중에 호흡만 잘 맞는다면 그 팀은 항상 승리할 것이다. 동료에 대한 이해나 애정이 없는 팀일지라도 같이 협력하여 하는 사업에서는 성공을 거둘 수도 있다.

마스터 마인드에 기인한 원칙의 조화 없이도 많은 부를 모으고 잘 사는 부부들도 있다. 하지만 반쪽만 조화를 이루어 해내는 일보다 완전히 조화를 이루어 해내는 일의 가치가 더 높다.

일반적인 협력만으로도 물론 힘을 낼 수 있다. 이 점엔 의심할 여지가 없다. 하지만 완벽한 조화 아래서는 슈퍼 파워를 낼 수 있다.

같은 목적으로 모인 사람들이 한마음으로 노력한다면 마스터 마인드를 더욱 발전시킬 수 있다. 그룹의 하나된 목표 아래 개개인이 자신을 희생할 각오가 있다면 이루고자 하는 목표도 함께 이룰 수 있다.

미국은 지구상에 가장 영향력 있는 나라 중 하나이다. 그 이유는 각 주(州)간의 협력이 큰 힘을 냈기 때문이다. 미국은 가장 강력한 마스터 마인드로 설립된 나라라는 점을 기억해야 한다. 그 주인공들은 미국의 독립선언을 한 사람들이다.

독립선언서에 사인을 한 사람들은 마스터 마인드의 힘을 빌려 그들에 대항하는 모든 군사를 물리쳤다. 그들은 단순히 돈을 보고 싸운 것이 아니라 가장 큰 동기인 '자유'를 위해 싸웠다.

산업 혹은 경제분야에서 위대한 리더는 그룹 구성원들이 열정을 갖고 따라야 할 목표에 적절한 동기부여를 할 줄 안다.

정치계에서는 '살아있는 이슈'를 제안하는 것이 전부이다.

'살아있는 이슈'가 의미하는 것은 대중을 규합할 수 있는 목표를 가리키며 시민들의 시선을 집중시킬 수 있는 것을 일컫는다. 이러한 '이슈'는 보통 뚜렷한 슬로건으로 표현된다.

예를 들어 '쿨리지(미국 30대 대통령)와 함께 침착하게!(Keep Cool with Coolidge)'라는 슬로건은 유권자로 하여금 쿨리지 대통령 후보와 함께 나라를 번영하게 하자는 말이며, 실제 쿨리지는 선거에서 승리했다.

링컨의 선거유세 동안에는 '링컨의 편에 서서 미국을 구합시다!'라고 했고 링컨도 승리했다. 윌슨의 재선 유세에는 '우리를 전쟁에서 구해줄 유일한 후보!'라고 했으며 그 역시 승리했다.

어떤 그룹의 협력을 통해 발생하는 힘의 정도는 항상 그들이 얻고자 하는 동기의 본질에 따라 측정된다. 어떤 목적으로 모인 사람들이든 협력을 발휘한다면 실제로 이익을 볼 수 있다.

그러므로 사람들이 감정적으로 동조할 만한 동기, 그들의 열정을 조화시킬 만한 동기를 찾아내라. 그러면 마스터 마인드를 창조할 수 있는 어떤 시발점을 찾을 수 있다.

단순히 돈을 목표로 일하기보다 자신의 이상을 실현하기 위해 일하는 사람이 훨씬 더 적극적이라는 점은 잘 알려진 사실이다. 모두가 납득할 만한 '동기'를 찾아내는 것이 더 큰 이익을 얻게 될 것이다.

이 책을 집필하는 동안 그들이 누구인지 잘 모르지만 철도회사를 비난하는 사람들이 많았다. 하지만 철도회사 측은 반대세력이 존재할 수도 있고, 꼭 존재해야 한다는 사실을 알고 있다. 왜냐하면 반대운동이 있다는 사실은 이 직업으로 생계를 유지하는 철도회사 직원들에게 힘을 합쳐야 한다는 동기를 부여하기 때문이다.

철도는 미국의 척추와도 같다. 철도 서비스를 막아버리면 도시에 음식 공급이 끊어져 주민들은 굶주림에 떨게 된다. 바로 이런 사실들이 공공회사가 시민들에게 지지받을 수 있는 동기이다. 또한 철도회사가 실행해야 할 자기 보호 방침이다.

수많은 철도회사 직원들의 결속으로 나타나는 힘과 철도를 유지하자는 시민운동으로 나타나는 힘이 합쳐지면 갖가지 형태의 반대운동을 물리치기에 충분할 것이다. 그러나 그 힘은 명확한 동기와 잘 계획된 노력 없이는 그저 잠재력에 지나지 않는다.

인간이란 기묘한 동물이다. 평범한 능력을 가진 사람에게 충분한 동기를 부여하면 보통의 상황에서도 엄청난 힘을 낸다.

남성들은 자신이 선택한 여성(여성은 남성이 행동하게 하기 위해 어떤 일을 해야 하는지 알고 있다)을 즐겁게 해주기 위해 놀라운 행동을 한다.

보통 남성들이 반응하는 데는 3가지 동기가 있다.

① 자기 보존의 동기

② 성적 유혹의 동기

③ 경제적, 사회적 성취의 동기

좀더 간단히 말하자면 남성을 행동하게 만드는 근원은 돈, 섹스, 그리고 자기 보존이다. 추종자들을 이끌 리더들이 찾는 대부분의 동기가 이 3가지 안에 모두 있을 것이다.

독자들도 알겠지만 지금 이 내용은 마스터 마인드를 다루고 있는 이 책의 개론 및 2장과 밀접한 관련이 있다. 물론 마스터 마인드의 힘없이도 협력하에 일할 수 있다. 예를 들어 정신의 조화 없이 필요성에 따라 협력하며 일할 수도 있는 것이다.

이러한 종류의 협력은 모든 조직원이 한마음이 되어 같은 목적으로 완벽한 조화를 이루며 일하는 사람들의 힘과는 비교도 할 수 없다.

조직원들에게 얼마나 강한 동기부여를 하느냐에 따라 그들이 행동하는 차원이 달라진다. 마스터 마인드를 만드는 완벽한 조화는 조직원 개개인이 자신만의 목적을 희생하면서 그룹의 목표만을 위해 혼신의 힘을 다할 때, 혹은 이상주의 자비나 박애를 위해 일할 때 이룰 수 있다.

이타적인 희생, 즉 자신의 모든 것을 바쳐서 일할 준비가 되어 있는 사람들을 이끌 리더가 부여해야 할 동기로, 이는 앞에서 본 3가지이다. 물론 강력한 동기로 그들을 한데 모이게끔 하지 않고는 사람들은 그 리더를 따르지 않을 것이다.

사람들은 자신이 사랑하는 일을 아주 잘한다. 각 그룹의 리더들은 이 점을 마음속에 명심하고 그의 조직원들로 하여금 동기를 잘 이해하게 해서 같은 목표 아래 열심히 일하도록 해야 한다.

이 모든 것을 다 갖춘 리더는 그의 조직원들도 자신과 같은 마음이 되게 한다. 왜냐하면 리더가 강력한 동기를 마음에 품었기 때문에 조직원 각각의 마음에도 이 동기가 전달된다. 그러므로 그 그룹의 멤버들이 완벽한 조화를 이루어 내는 것이다.

당신이 어떤 사람이고 명확한 중점 목표가 무엇이든간에 만약 다른 사람과의 협력을 통해 자신의 목표를 이루고 싶다면, 마스터 마인드의 힘을 기본으로

함은 물론이고 조직원들이 분열되지 않고 이기적이지 않도록 적절한 동기부여를 해야 한다.

이제 여러분은 14장을 읽을 준비가 되었다. 14장에서는 당신이 지금껏 경험했던 실수와 실패들을 어떻게 극복하는지 또 그것들로부터 어떤 교훈을 얻을 수 있는지에 대해 배울 것이다.

미국 굴지의 철도회사의 회장이 14장을 읽고 나서 다음과 같이 말해주었다.

"여기서 제안하는 것을 잘 이해하고 마음속에 명심만 한다면, 그 누구라도 자신이 고른 평생 직업에 진정한 장인이 될 수 있다."

여러분이 다음 장을 읽고 나면 그 이유는 분명해질 것이다. 이 14장을 내가 가장 좋아하는 이유가 바로 그것이다.

 현재 당신의 지위는 당신이 어떤 능력을 가지고 있는가를 보여줄 뿐이다. 자신이 투자한 만큼만 - 더 많지도, 더 적지도 않게 - 얻을 수 있다. 높은 지위는 수많은 작은 지위들이 축적되어온 결정체일 뿐이다.

"당신의 군대"

당신에겐 15명의 군사가 있고 그들에게는 다음과 같은 계급이 붙어 있다.

'명확한 중점 목표, 자기 확신, 저축하는 습관, 솔선수범과 리더십, 상상력, 열정, 자제력, 보수보다 많은 일을 하는 습관, 유쾌한 성품, 정확한 사고, 집중력, 협력, 실패로부터의 교훈, 인내, 황금률의 이행.'

진정한 힘은 조직된 노력에서 나온다. 이 15가지 힘을 모두 마스터하면 당신은 인생에서 원하는 것을 모두 얻을 수 있을 것이다. 그 어떤 것도 당신의 계획을 방해하진 못할 것이다.

이 15가지 요소를 완전히 당신 것으로 만들어라. 그러면 당신은 정확한 사고를 하는 사람이 될 수 있을 것이다.

앞에서 언급한 15명의 군사는 지구상에서 가장 힘센 군대이다. 이 군대는 항상 준비되어 있는 상태이며, 그 누구라도 명령을 내리는 사람의 말을 따를 준비가 되어 있다. 당신이 인수하기만 하면 당신의 군대가 될 수도 있다.

이 군대는 당신에게 힘을 줘서 당신이 만나는 모든 적들을 물리칠 수 있다. 따라서 당신이 가지고 있는 요소를 파악하고 또 어떤 군사가 당신에게 부족한지를 살펴보라.

만약 당신이 그냥 정상적인 보통사람이라면 당신은 틀림없이 물질적인 성공을 원할 것이다. **성공과 힘은 언제나 같이 있다. 만약 당신에게 힘이 없다면 성공했다고 확언할 수 없을 것이다.**

이 15가지 자격조건을 갖추지 못했다면 당신에게 힘이 있다고 말할 수도 없다. 이 15가지 요소들 각각은 군대의 연대장과 같다고 볼 수 있다. 당신 마음에 이 요소들을 발전시키면 힘을 갖게 된다.

이 15가지 중요한 요소 중 가장 중요한 것은 명확한 중점 목표이다.

명확한 목표 없이는 이 군대는 무용지물이다. 가능한 빨리 목표를 정하라. 목표를 정할 때까지 당신은 불어오는 바람에 따라 움직이는 방랑자일 뿐이다.

수많은 사람들이 자신이 진정 무얼 원하는지 모르고 인생을 산다. 물론 모든 사람은 목표를 가지고 있다. 하지만 그 중 2% 정도의 사람만이 명확한 중점 목표를 가지고 있다. 당신의 목표가 명확한지 아닌지 결정하기에 앞서 사전을 찾아 '명확한' 이라는 단어의 의미를 먼저 확인하라.

'자신이 무엇을 원하고 있는지 알고 있으며 그것을 얻기 위해 노력하는 사람에게 불가능이란 없다.'

콜럼버스는 명확한 목표를 가졌다. 그리고 그는 현실로 만들었다.

링컨의 명확한 목표는 남부의 흑인노예를 해방시키는 일이었다. 그리고 그는 이 목표를 현실로 만들어 놓았다.

루스벨트의 중요한 목표는 그의 임기 동안에 파나마 운하를 건설하는 일이었다. 그는 그 목표를 현실로 만들었다.

헨리 포드의 목표는 지구상에서 가장 경제적인 가격의 자동차를 만드는 일이었다. 그 목표는 그를 지구상에서 가장 영향력 있는 사람으로 만들었다.

버뱅크의 명확한 목표는 식물의 생활사를 진보시켰다. 그의 목표는 이미 전세계의 사람을 먹일 만큼의 농작물을 만들어냈다.

20여 년 전 에드윈 반스는 명확한 목표를 세웠다. 에디슨과 파트너가 되어 일을 하는 게 목표였다. 하지만 그 당시에는 에디슨의 파트너가 되기에 그의 자격이 좀 부족한 듯싶었다.

그는 이러한 불리한 조건에도 불구하고 기어이 에디슨의 파트너가 되었다. 4년 전 그는 은퇴했고 에디슨과 동업하면서 그가 평생을 쓰고도 남을 돈을 모았다.

'명확한 목표를 설정한 사람에게는 불가능이란 없다.'

기회, 자본, 다른 사람으로부터의 협력, 그리고 성공을 위한 모든 필수요소들은 자신이 무엇을 원하는지 아는 사람에게 자연히 끌리게 된다. 명확한 중점목표와 함께 당신의 마음에 활력을 불어 넣어라. 그러면 당신의 성공과 걸맞은 요소들이 당신에게 다가올 것이다.

위대한 철도건설업자인 제임스 힐은 원래 가난한 전신 기술자였다. 더구나 나이가 40이 되었을 때도 여전히 전신기를 두드리고 있었고 성공에 대한 아무런 낌새도 눈치챌 수 없었다. 그러다가 중요한 일이 일어났다.

제임스 힐에게, 그리고 미국의 모든 국민들에게 그는 미국 서부를 가로지르는 철로를 건설하기로 한 명확한 목표를 정한 것이다. 그때 그는 아무런 명성도 없었고 자본도 전혀 없었다. 그를 격려해주는 사람도 없었다. 하지만 그는 끝내 미국을 구석구석 가로지르는 철도를 건설한 위대한 건설업자가 되었다.

울워스는 박봉을 받는 잡화점의 직원이었다. 그의 눈에는 5센트와 10센트 할인점이 얼마나 큰 사업이 될지 보였다. 이 할인점은 그에게 명확한 목표가 되었다. 그는 이 목표를 현실로 만들었고 수백만 달러를 벌어들였다.

사이러스 커티스(Cyrus H.K. Curtis)는 자신의 명확한 목표로 세계에서 가장 많이 구독되는 잡지의 개발을 자신의 명확한 목표로 정했다. 《새터데이 이브닝 포스트》라는 잡지를 시작한 그는 여러 사람들의 부정적인 시각에도 불구하고 그의 목표를 현실로 만들었다.

마틴 리틀톤(Martin W. Littleton)은 세계에서 가장 돈을 많이 버는 변호사이다. 선임료 5만 달러 이하의 사건은 맡지도 않는다고 하는데, 그는 12세가 될 때까지 학교 근처에도 가본 적이 없었다고 한다. 그는 살인사건을 판결하는 법정에서 변호사의 변론을 들었다. 그리고 그 변호사의 변론에 큰 감동을 받았고, 아버지의 손을 꼭 잡고 이렇게 말했다.

"언젠가 저는 미국에서 가장 훌륭한 변호사가 될 거예요. 그리고 꼭 저 변호사처럼 변론하겠어요."

무지한 촌뜨기에게 무슨 기회가 있겠느냐고 빈정대는 사람들도 있을 것이다. 그러나 이 점을 기억하라. 자신이 무얼 원하는지 알고 그것을 얻기 위해 노력하는 사람에게 불가능이란 없다는 점을……

이 글을 더 읽기 전에 앞에서 얘기한 15가지 요소를 담은 군대를 다시 한번 상기해보라.

그런데 기억해야 할 것은 그 요소들을 개별적으로만 봤을 때 성공하기에 충분한 힘을 얻지 못할 것이라는 점이다. 그러나 그 요소들 중 단 한 가지만이라도 빼보면 전체 군대의 힘은 약해질 것이다.

영향력 있는 사람이란 이 15가지 요소를 모두 마음에 담고 발전시키는 사람을 가리킨다. 당신이 힘을 가지고자 한다면 우선 할 일이 **명확한 중점 목표를** 지녀야 하고 목표가 설정되었다면 자기 자신을 믿는 **자기 확신을** 가져야 한다. 또한 **솔선수범하는 리더십**과 함께 명확한 중점 목표를 현실로 만들기 위해선 **상상력**도 필요하다.

거기에 **열정**을 더해야 하며, 자신을 컨트롤하는 **자제력**을 갖춰야 한다. 또한 **보수보다 많은 일을 하는 습관**을 길러야 하고 **유쾌한 성품**을 지니도록 해야 하며 **저축하는 습관**도 길러야 한다.

정확한 사고를 하는 사람이 되어야 하는데 정확한 사고의 기본은 반드시 정확한 사실에 기반을 두어야 하며 흘려듣는 말이나 단순한 정보만 가지고는 안 된다. 한 번에 한 가지씩 일할 수 있는 **집중력**을 길러야 하고 당신의 계획을 능률적으로 이행하기 위해 **협력**하는 습관도 길러야 한다.

자신이나 남의 **실패로부터의 교훈**도 얻을 줄 알아야 하며 **인내**도 길러야 한다. 마지막으로 (그렇다고 의미가 작다는 뜻은 아니다) 다른 사람에게 영향을 주는 모든 행동의 기반으로서 **황금률의 이행**도 해야 한다.

매일매일 볼 수 있는 장소에 이 15가지를 붙여놓고 이 군사들을 불러내어 검토해보고 공부하라. 그리고 각각의 요지가 당신의 마음속에 분명히 와 닿게 해야 한다.

유능한 군대는 훈련이 잘 되어 있다.

당신 마음에 건설되고 있는 군대는 훈련이 잘 되어야 한다. 그리고 그 군대는 항상 당신의 명령을 잘 따라야 한다. 열세 번째 군사인 '실패로부터의 교훈'을 부를 때는 실패나 일시적 패배만큼 자신을 단련시켜 줄 수 있는 것은 없다는 사실을 기억하자. 이 실패에 대해 공부할 때 과연 이것을 통해 무엇을 얻었는지를 생각해 봐야 한다.

모든 사람이 한두 번은 실패를 경험하게 된다. 당신이 실패를 겪게 되면 그로부터 무엇을 배울 수 있는지 확실히 확인하라. 또 한 가지, 당신이 노력을 하지 않는다면 실패가 당신에게 와도 그로부터 아무런 교훈을 얻을 수 없을 것이다.

조금의 발전이라도 얻으려면 당신 마음속의 힘을 의지하면서 시작해야 한다는 점을 명심하라. 먼저 자신의 힘으로 시작을 했다면, 그 이후에 다른 요소의 도움을 받을 수도 있다. 하지만 처음 시작은 반드시 자신의 힘으로 해야 한다.

분명한 사실은 '시작'을 하고 나면 놀라울 정도로 많은 사람들이 당신을 돕겠다고 나설 것이라는 점이다.

성공은 많은 사실과 요소들로 이루어진다. 무엇보다 군사들로 표시되는 15가지가 대표적인 요소이다. 어느 한쪽에 치우치지 않은 성공을 즐기려 한다면 이 요소들을 적절히 사용하여 자신이 타고난 능력 중 부족한 부분을 채워나가야 할 것이다.

당신이 이 세상에 왔을 때 몇 백만 년의 진화를 거쳐 몇 천 세대를 거쳐 그 선천적인 능력을 부여받았다. 이 선천적 능력 이외에도 당신은 다른 많은 능력을 필요로 한다. 당신 주변 환경에서 오는 것들, 그리고 어릴 적 배운 것 등등. 당신이 타고난 능력과 후천적인 경험에서 오는 사고, 그리고 교육에 따른 모든 지식의 집합체가 바로 당신이다.

아주 우연하게도 약 백만 명 중에서 오직 한 명만이 선천적인 능력과 후천적인 노력으로 15가지의 요소를 모두 지닌다. 그러므로 성공에 필요한 필수적인 요소들을 손에 넣지 못한 사람들은 이를 얻기 위해 스스로 많이 노력해야 한다.

이 '계발' 과정의 첫 번째 단계는 당신이 가지고 있는 능력 중 모자라는 부분이 무엇인지 알아내는 것이다. 두 번째 단계는 당신이 부족한 부분을 채우고자 하는 강한 욕구를 갖는 일이다.

기도는 때때로 이루어지기도 하지만, 이루어지지 않을 때도 있다. 하지만 신념을 가지고 하는 일은 무엇이든 성공한다. 이 사실은 누구도 부인할 수 없고 누구도 설명할 수 없다. 우리가 믿음을 가지고 기도할 때 성공을 거둘 수 있다. 신념이 없는 기도는 단지 공허한 메아리일 뿐이다.

명확한 목표는 그것이 실현된다는 믿음을 가지고 노력할 때 현실화된다. 신념을 가지고 기도하는 사람이 자신의 목표를 현실로 바꿔놓듯이, 믿음을 가지고 명확한 목표를 위해 노력할 때에 그것은 현실이 된다. 그러므로 기도할 때마다 명심해야 할 것은 신념을 가지고 임해야 한다는 사실이다.

당신은 이 15가지 요소를 마음속에 담아두고 명확한 목표에서 황금률에 이르기까지 15개의 성품들을 개발하도록 힘써라. 그러면 신념을 가지는 것도 그렇게 어려운 일만은 아님을 알게 될 것이다.

당신이 어떤 능력을 가지고 있는지 파악해라. 15가지 요소 중 몇 가지나 당신이 가지고 있는지 생각하라. 그리고 그 모자란 부분을 보충하라. 그러면 무엇을 원하든지 그것을 얻을 준비가 되었다.

이 15가지 모든 요소들은 당신이 성공의 사원을 짓는 데 필요한 벽돌과 시멘트이다. 그런 이유로 이 15가지 요소들만 마스터한다면 당신은 어떤 사업에서도 완벽한 성공의 찬가를 연주할 수 있다.

또한 다른 사람의 권리를 침해하지 않고도 당신이 원하는 것을 다 얻을 수 있기 때문에 이 요소들을 가지게 되면 당신은 교양 있는 사람이 되는 것이다.

세상만사는 인간의 지배하에 있는 것.
그것이 인간의 영광이다.
그러나 여기엔 원칙이 있다.
우선 스스로 교육을 받아야 한다.
시작도 끝도 모두 경쟁이다.

14장
실패로부터의 교훈
Failure

Napoleon Hill

어제는 단지 꿈이고 내일은 상상일 뿐이다. 오늘을 알차게 보냄으로써 어제는 행복한 꿈이 되고, 내일은 희망찬 상상이 된다. 그러므로 오늘을 주목하라.

- 산스크리트

실패로부터의 교훈

'믿어라! 당신은 해낼 수 있다!'

우리는 보통 '실패'라는 단어를 부정적으로 받아들인다. 하지만 이번 장에서는 실패라는 단어에 새로운 의미를 부여해 보겠다. 우리는 지금까지 이 단어를 잘못 사용해왔다. 지금껏 실패라는 단어 때문에 얼마나 많은 사람이 슬퍼하고 고난을 겪었던가.

우선 '실패'와 '일시적인 좌절'을 구분해보자. **우리가 보통 실패라고 생각했던 대부분의 일들은 단지 일시적인 좌절에 지나지 않는다. 순간의 좌절은 축복이 변장을 하고 다른 모습으로 우리에게 다가온 것뿐이다.**

이 책 9장에서 우리는 저항을 통해 얻을 수 있는 힘에 대해서 배웠다. 더불어 이 장에서는 '실패'의 모습을 하고 있는 일시적인 좌절, 역경, 패배 등에 대해서도 배울 것이다.

실패를 교훈으로 삼는 사람들에게는 '일시적인 좌절'이나 불행은 더 이상 괴로운 것이 아니다. 사실 모든 좌절의 이면에는 훌륭한 교훈이 숨어 있다. 그리고 좌절을 경험함으로써 얻는 교훈은 그 어느 것보다 가치가 있다.

좌절이란 항상 이해하기 힘든 몸짓으로 우리에게 다가온다. 만약 우리가 한

676

번 경험한 좌절에서 교훈을 모두 얻었다면 다시는 실수하지 말아야 하며 자신이 했던 실수에 대해 더욱더 반성을 하고 연구해야 한다.

이번 장의 목적이 바로 여기에 있다. 실패가 '쓰레기 같은 언어'로 우리에게 다가오더라도 그 이면에 있는 교훈을 받아들이자.

●●●
좌절로부터의 전환점의 계기

나의 지난 30년간의 경험을 바탕으로 좌절이란 어떤 것인지 설명하는 데 최선을 다하겠다. 그 시절 동안 나는 보통 사람들이 실패라고 일컫는 일곱 번의 큰 전환점을 맞았다. 그때마다 사실 나는 끔찍한 실패를 했다고 생각했었다. 하지만 그 실패로 나는 올바른 길로 갈 수 있는 교훈을 얻을 수 있었다.

실패 속에서도 교훈을 얻을 수 있었던 이유는 수년 동안이나 내가 했던 경험을 차분하고 명상하는 자세로 분석했기 때문이다.

※ 첫 번째 전환점

나는 실업학교를 졸업한 후 5년 동안 속기사와 경리로 일했었다. 9장에서 배웠던 것처럼 '보수보다 많은 일을 하는 습관'으로 나이에 비해 높은 연봉을 받을 수 있었다. 나는 그 돈을 헛되이 쓰지 않고 차곡차곡 모아서 은행잔고는 수천 달러에 이르게 되었다. 내 명성은 빠르게 퍼져갔고 나를 스카우트하고자 하는 사람들이 줄을 서게 되었다.

고객들의 요구에 따라 내 고용주는 나를 매니저로 진급시켰고 이때 나는 세상의 중심에 서 있는 것으로 자만했었다.

아! 그러나 그 순간은 내 인생에 가장 슬픈 순간이었다.

운명이란 것이 드디어 나에게도 찾아왔다. 내가 일하던 회사는 부도를 맞았고 나는 결국 직장을 잃고 말았다. 비록 내 의지와는 상관없는 일이었지만 나는 좌절했다. 오랜 시간이 흐른 후 나는 이 일로 많은 것을 배울 수 있었다.

❋ 두 번째 전환점

나의 두 번째 직업은 남부의 대규모 목재생산 공장의 세일즈 매니저였다.

목재에 대해서는 아는 바가 없었지만 세일즈에는 어느 정도 자신이 있었다. 그리고 이곳에서 일하는 동안 '보수보다 많은 일을 하는 습관' 을 몸에 확실히 배게 했으며 누가 시키기 전에 일하는 습관을 들이기 시작했다. 은행잔고와 전 직장에서의 성실함이 오직 나의 무기였다.

다행히도 나는 빠른 속도로 승진할 수 있었으며 1년이 지나고는 초봉보다 2배의 연봉을 받을 수 있었다. 세일즈 실적이 뛰어난 편이어서 내 고용주는 나에게 동업을 제의했다. 나는 다시 돈을 많이 벌 수 있었고 세상의 꼭대기에 우뚝 서 있다는 느낌을 가지게 되었다.

이 느낌은 물론 나에게 커다란 기쁨이 되었지만 그 자리를 지키는 것은 무척 힘이 들었다. 그때까지만 해도 나는 돈과 권력이 성공의 척도라고 생각했었다. 아마도 그 당시엔 내가 감당할 수 없을 만큼의 돈과 권력을 가졌기 때문이었을 것이다.

내 관점으로 나는 성공했을 뿐 아니라 그 직업이 나의 적성에 딱 맞는 직업이라 생각했다. 그 어떤 것도 나의 관심을 돌려놓진 못했다. 운명의 신은 내 스스로 자신의 중요성을 알 때까지 자만하면서 뽐내게 나를 놔두었다.

만약 운명이라는 것이 그대로 나를 자만 속에서 허우적거리게 놔두었으면 어땠을까 생각해본다. 적어도 내 미래에는 반듯이 놓인 레일이 있는 듯했다. 지하창고엔 연료가 가득하고, 탱크엔 물이 가득 차 있으며 나는 그 조종석에 앉아 있다. 그리고 서서히 속도를 높인다.

아! 그런데 그 순간 운명은 둔탁한 방망이가 되어 내 머리를 내리쳤다. 마치 마른하늘의 날벼락처럼 1907년 대공황이 내 사업을 휩쓸고 지나갔고 내 수중엔 단돈 1달러도 남아 있지 않았다.

이 일은 나에게 정말 중대한 시련이었다. 나는 그때 그것을 실패로 오인했었다. 하지만 그것은 실패가 아니었다. 그 이유는 이번 장이 끝날 때쯤 알려주겠다.

가장 위대했던 지도자 중 한 사람이 "친절은 강제보다 훨씬 강력하다"라고 말했다.

※ 세 번째 전환점

1907년 대공황으로 좌절의 쓴맛을 본 나는 법률에 대해 공부하기 시작했다. 좌절을 제외하고 세상의 그 어떤 것도 내 인생의 전환점이 되진 못했다. 어쨌든 세 번째 전환점으로 나는 실패를 거의 극복할 수 있었다.

로스쿨에 입학할 당시에 나는 확고한 신념으로 내 목표를 달성할 수 있을 것이라 생각했다. 물론 이때까지도 나는 돈과 권력이 곧 성공이라고 믿고 있었다. 밤에는 야간학교를 다니고 낮에는 자동차 세일즈를 했다. 목재 공장에서의 경험이 큰 밑바탕이 되었다.

나는 정말 열심히 일했고 그 결과 자동차 생산과정에서 사업 기회를 발견했다. 이때 나는 자동차에 관한 지식의 필요성을 절감했고, 그때까지 모은 돈으로 부품공정과 자동차 조립, 보수에 관한 기술학교를 설립했다. 학교는 수강생들로 성황을 이루었고 그 결과 한 달 수입이 수천 달러에 이르게 되었다.

다시금 나는 내 목표에 근접했다고 생각했다. 내 계좌 담당 은행원은 사업이 날로 번창하는 것을 보고 사업 확장을 위한 자금을 무한정으로 대출해주었다. 원래 은행의 특징이 장사가 잘 되는 사업체에는 주저 없이 돈을 대출해주는 것이다.

내 주거래 은행은 심지어 내가 엄청난 빚에 몰릴 때까지 계속 대출을 해주었으며, 나중에는 마치 자기들 것인 양 내 학교를 가로채 가고 말았다. 한 달에 수천 달러씩 벌던 내가 순간 빈털터리가 되어 버렸다.

20년이 지난 지금은 그때 운명의 손길이 나의 상황을 바꾸어 준 것에 대해 감사하고 있다. 하지만 그때 당시에는 이것을 '실패'라고 생각했었다. 그 어느 곳에서도 '희망'은 보이지 않았고, 나는 더 이상 돈을 모을 기회가 없다고 생각했다.

그 후로도 수년 동안 여러 번에 걸친 순간적인 좌절은 내게 가장 큰 축복이었다. 왜냐하면 내가 겪은 좌절 덕분에 나는 사업에서 손을 떼고 더더욱 나를 발전시킬 수 있었기 때문이다.

나는 내 인생에서 처음으로 자신에게 물었다. 과연 돈과 명예 말고 또 다른 무언가가 있지 않겠는가라고. 하지만 질문만 하는 자세로는 내가 원한 답을 얻기 힘들었다. 단지 덧없는 생각에 지나지 않았고 이내 관심사 밖으로 밀려나기 일쑤이다. 지금 내가 알고 있는 실패로부터의 교훈의 법칙을 그때도 알았더라면, 지금의 판단력으로 그때 일을 판단했더라면 아마 운명이 나에게 주는 교훈을 그저 작은 언덕 정도로 받아들였을 것이다.

그때까지 겪었던 것 중 가장 험난한 투쟁이 끝난 후 나는 일시적인 패배를 실패로 간주하고 네 번째의 전환점으로 뛰어들었다. 거기에서 나는 내가 획득한 지식을 활용할 수 있는 기회를 맞게 된다.

※ 네 번째 전환점

아내의 권유와 설득으로 나는 가장 큰 석탄회사의 부장으로 취직했다. 내 연봉은 초임자치고는 상당히 높았다. 내 생각엔 내가 가진 능력보다 더 많았던 것 같다. 이러한 부담감을 '보수보다 많은 일을 하는 습관'으로 메워나갔고 누

680

가 먼저 시키기 전에 자발적으로 열심히 일했다.

그 결과 별 어려움 없이 내 위치를 지켜가고 있었다. 편안한 삶 속에서 주어진 직장에 안주하며 하루하루를 보내고 있었다. 하지만 기어이 나는 친구와 가족의 조언도 무시하고 일자리를 박차고 나와 버렸다.

이것은 내 인생에서 첫 번째로 나를 위한 선택이었다. 누구도 강요하지 않았으며 내 운명의 옛 친구를 스스로 걷어 차버린 것이다. 물론 가족들을 설득하는 일이 가장 어려웠다. 그들은 내가 현명한 판단을 한 것이라고 믿어주지 않았다. 하지만 나는 회사를 그만두고 나온 것이 현명한 일인 것을 잘 알고 있었다.

내가 사직을 한 가장 큰 이유는 내게 주어진 일이 나에겐 너무나 쉬웠고 전혀 노력을 기울이지 않아도 결과가 만족스러울 만큼 나왔다. 나는 점점 타성에 젖었고 삶이란 편하게 즐기는 것이라 생각했다. 나에게 채찍질을 해주는 친구는 없었다. 내 실력을 맘껏 발휘하지 않고도 내 자리를 지킬 수 있었다.

내가 버는 돈으로 원하는 무엇이든 살 수 있었고 멋진 차와 명품도 많이 사들였다. 더 이상 무엇이 필요할까? 아무것도 없었다! 나는 나 자신과 대화를 하기 시작했다.

지금까지의 세월에서 아무것도 얻은 것이 없다는 생각에 나는 점점 추락하고 있다는 것을 깨달았다. 모든 사람들이 말렸던 사표를 제출하면서 내 안에 있던 용기에 나는 깜짝 놀랐다. 지금까지 내가 무시했던 요소들이 오히려 끊임없는 노력과 갈등 속에서 나에게 힘을 주고 나를 발전시킬 수 있다고 생각했다.

이때의 방향전환으로 나는 다음에 다가오는 내 인생의 다음 전환점으로 인도되어 갔던 것이다. 그러나 그것은 10년 후에나 이루어졌으며 그동안 나는 인간이 맛볼 수 있는 거의 모든 비애를 겪어야만 했다.

결국 나는 친구들과 가족들이 그토록 원하던 안정된 직장을 버리고 말았다. 지금에서야 인정하건대, 그 일은 내가 어떻게, 왜 용기를 가져야 하는지 알 수 있게 해준 사건이었다. 나 자신을 납득시킬 수 있는 해명거리가 있는 한 나는 얼마든지 사표를 던질 수 있다고 생각했다.

나는 재기를 위한 곳으로 시카고를 선택했다. 왜냐하면 그곳은 혈연이나 지연의 도움 없이는 살아남기 힘든 곳으로 유명했기 때문이다. 만약 내가 그곳에서 인정받는다면 나는 진정한 실력을 갖춘 것이라고 판명될 수 있었다. 어떻게 보면 이상한 논리라고 생각할지도 모르겠다. 적어도 나에게는 이해할 수 없는 논리임엔 분명했다.

우리는 보통 명예를 곧 현명함이라 생각하고 자신을 통제하지 못하는 것을 두려워한다. 우리의 모든 행동을 스스로 통제할 수 있다고 생각하는가? 그 생각을 잠시 멈추고 당신 삶에 크게 영향을 줄 수 있는 것들을 찾아보길 바란다. 적어도 최종적으로 결론이 날 때까지 순간의 좌절을 '실패'라고 받아들이지 말길 바란다.

시카고에서의 내 첫 직업은 통신학교의 광고를 하는 일이었다. 광고에 대해서 그다지 아는 바는 없었지만 세일즈의 경험을 되살려 나의 가치를 충분히 높일 수 있었다.

첫해 나의 수입은 5,200달러였다. 수입만을 본다면 퇴보한 것으로 보이지만 내용으로는 그야말로 화려한 컴백을 한 셈이었다. 나에게는 다시금 무지개의 끝자락이 보이는 듯했다.

역사를 보면 화려한 축제가 끝나고 항상 사람들은 굶주림에 시달렸다. 나 역시 마찬가지였다. 축제 분위기에 도취되어 있었을 뿐 그후에 오는 굶주림에 대해서는 상상도 하지 못했다. 나는 모든 것이 잘 풀려나갔기 때문에 내 자신의 능력에 대해 완전히 과신하고 있었다. 이것은 매우 위험한 상태이다.

이 교훈은 대부분의 사람들이 죽을 때까지도 얻지 못하고 만다. 그 중 몇몇 사람은 아예 배우지도 못할 뿐더러 진실을 아는 사람들도 겨우 좌절의 난해함을 이해할 뿐이다. 그래서 나는 개인적으로 좌절보다 과신을 더욱 두려워한다. 이에 따라 나는 다섯 번째 전환점을 맞게 되었는데 그것 역시 내가 선택한 전환점이었다.

이 점을 기억하라. 어떤 일이 당신에게 역경으로 닥쳐올 때 당신 얼굴에 역력한 기쁨의 미소는 바다 건너 멀리까지 비출 것이다.

다섯 번째 전환점

통신학교에서 성실하게 근무를 한 덕택이었는지 학교장은 나에게 캔디 제조 공장을 동업하자고 권유했다. 그래서 우리는 베찌 로즈 캔디 공장을 설립했고 나는 초대 사장이 되었다. 내 인생의 중요한 전환점이 다시 이루어졌다.

사업은 빠른 속도로 성장했고 전국에 18개의 체인점을 계약하기에 이르렀다. 또다시 나는 무지개의 끝자락을 밟고 서 있는 듯했고, 이제야 내 평생의 직업을 얻었다고 생각했다. 캔디 공장은 엄청난 이윤을 남겼고 나는 성공의 문턱에 다다랐다고 생각했다. 왜냐하면 이때도 마찬가지로 나에게는 성공의 기준이 오직 '돈'이었기 때문이다.

내가 선택한 세 번째 동업자가 우리 사업체의 이익을 고스란히 가로챌 때까지 모든 일은 순조롭게 흘러갔다. 그 동업자의 계획은 대단히 성공적이었으며 생각보다 나의 반항이 격렬하자 모함으로 나를 체포당하게 하기에 이르렀다. 그는 나의 모든 재산을 가로채 갔다. 나는 그때 인간이 그렇게까지 잔인하고 비열하며 비겁할 수 있는지 처음 알게 되었다.

사건 초기에는 내 편에 서줄 증인들을 쉽게 확보할 수 있었다. 하지만 나의 결백과 그의 부도덕함을 증언해 달라고 부탁하면서 증인들을 한 명씩 지치게 하고 있었다.

이 사건으로 나는 회복할 수 없는 인간관계의 상처를 입었다. 그리고 시간이 흐르면서 불법적인 행동을 했다고 믿게 만들어내 인격에 치명적인 상처를 내고 말았다.

일리노이 주법을 따르자면 피소자는 판결기간 동안 감옥에 수감되어 있어야 한다. 나는 생각보다 무거운 형을 선고받았다. 나를 망가뜨린 사람들 역시 중형을 받게 할 수도 있었다. 내 인생에 처음으로 적들에게 정면으로 역공을 할 수 있는 기회가 생긴 것이다. 나는 강한 무기를 가지고 있는 셈이었다.

하지만 이 생각들은 나를 곧 미묘한 감정으로 몰고 갔다. 내 적들을 감옥에 보낼 수도, 그들을 용서할 수도 있는 힘이 내게 있었다. 그렇게 함으로써 나의 이미지를 좀더 긍정적인 쪽으로 바꿀 수도 있었다.

결국 나는 그들을 자유롭게 놓아주었다. 그들을 용서하기로 결심한 것을 보면 당시 이미 나의 마음속에는 이 책 16장의 기반이 되는 원리가 형성되어 있었던 것처럼 보인다.

오래 전 내가 결심했던 바는 그들도 다시 헤어나지 못할 파멸에 이르게 할 생각이었다. 그러나 시간이 약이라고 했던가. 시간은 내가 상상했던 복수보다 더 무서운 형벌을 그들에게 내렸다. 그들 중 한 명은 범죄 사실이 드러나면서 중형을 구형받고 지금 교도소에 수감되어 있다. 또 다른 한 명은 극빈자로 전락해버렸다.

설령 우리는 잠시 동안 법을 기만할 수 있을지 몰라도 보복의 법칙을 속일 순 없다. 시카고 대법원에서 결국 나는 무죄를 판결받았다. 이 사건을 겪고 난 뒤 나의 무죄를 입증해준 사건의 승리보다 더 중요한 것을 깨달을 수 있었다.

나를 파멸시킨 적들에 앙갚음을 하는 대신 그들을 자유롭게 놓아줌으로써 나의 성품에 상처를 내지 않고도 나를 강하게 키울 수 있었던 것이다.

아무리 누명이었다 할지라도 체포되었던 당시의 기억은 정말이지 끔찍한 기억이다. 이 시간 동안의 내 과거를 좋아하지도 않을 뿐더러 다시는 비슷한 경험조차 하고 싶지 않다. 하지만 이 경험은 내 인생에 큰 가치가 있음에는 분명하다. 왜냐하면 복수라는 것은 내가 할 수 있는 일이 아니라는 점을 깨달았기 때문이다.

이제 이번 장의 핵심이 되는 내용을 설명하겠다.

내가 겪은 한 가지 한 가지의 실패가 내 가슴에 큰 역사를 남겼고 각 장의 내용을 쓰는 데 이 경험들이 바탕이 되었다. 우리가 겪을 경험을 두려워하지 말자. 피해 도망 다니지도 말자. 나의 경험과 마찬가지로 수많은 사람들이 잔인한 경험을 하게 될 것이다. 이는 우리가 어려운 일을 해낼 수 있는 사람인지 운명이라는 신이 테스트를 한다고 생각하자.

다음 전환점을 말하기 전에 지금껏 다섯 번의 전환점이 나를 무지개의 끝자락으로 인도했고 내 영원한 인생철학의 한 부분이 되었다는 이야기는 지금 강조하지 않겠다. 각 전환점들은 내게 유용한 지식을 남겨주어 후일 영구적인 철학을 이루어낼 수 있었다는 점을 강조하고 싶다.

❈ 여섯 번째 전환점

지금까지의 전환점에서는 얻지 못했던 내 목표에 거의 근접했던 전환점이 바로 여섯 번째이다. 내가 이 시기에 맡았던 일에 나의 능력을 모두 쏟아 부을 수 있었고, 그 결과 다른 사람들이 일찍이 얻지 못했던 중대한 진전을 할 수 있었기 때문이다.

이 전환점은 아이러니하게도 캔디 공장에 대한 내 꿈이 산산이 부서진 후에 찾아왔다. 그 당시 나는 중서부의 한 대학에서 광고와 세일즈에 대해 강의하고 있었다.

위대한 현자들은 말하길 누군가를 가르치기 전까지 진정으로 아는 것이 아니라고 했다. 강의를 하면서 이 명언을 뼈저리게 실감할 수 있었다. 다행히도 내가 강의한 수업은 수강생들로 대성황을 이루었다. 통신교육과정에는 영어권 국가의 학생들로 넘쳐났다. 전쟁의 여파에도 불구하고 학교는 빠르게 성장했고 나는 또다시 내 목표를 이룬 듯보였다.

그런데 그때 2차 징집이 있었고 대부분의 학생들은 군대로 끌려가야 했다. 학교는 파산하기에 이르렀다. 이때 나는 7만 5천 달러의 수강료를 받지 못했고 심지어 내 자신도 군대에 징집이 되었다.

다시 한번 나는 무일푼 신세가 되었다. 하지만 진정한 불행이란 가난에서 오는 두려움을 한 번도 느끼지 못한 사람들의 것이다. 에드워드 복이 말한 것처럼 **가난이란 인간이 겪을 수 있는 가장 값비싼 체험이지만 가능한 빨리 벗어나야 하는 경험이다.**

나는 또다시 나의 열정을 다른 곳으로 – 내 인생에 가장 중요한 마지막 전환점 – 돌려야 할 때가 왔다. 이번 전환점은 내 인생에 아무런 의미도 부여하지 못했지만 지금껏 겪어온 전환점을 살펴보면 이들은 다음 전환점으로 가는 중요한 문턱이라는 것을 알 수 있다.

여기서 짚고 넘어가야 할 점은 영원한 좌절 혹은 성공을 위한 재기를 가늠하는 잣대는 바로 과거의 경험이라는 것이다. 만약 나의 이야기가 여기서 끝이 난다면 독자들은 아무런 이익도 얻을 수 없을 것이다. 하지만 가장 중요한 경험이 남아 있다.

지금까지의 이야기를 돌아보면 이 세상에서 내가 설 자리를 아직 확실히 얻지 못했다. 이 말은 아직 나의 심장과 영혼을 쏟아 부을 만큼의 내 평생직업을 찾지 못했다는 말이다. 자신에게 가장 잘 맞는 일을 모색하는 것은 곧 자신이 가장 사랑하는 일을 찾는다는 것이다.

※ 일곱 번째 전환점

나의 역사를 마치기 전에 마지막 전환점에 대해 이야기하겠다. 그러기 위해선 평생 잊지 못할 1918년 11월 11일로 돌아가야 한다.

그날은 역사적인 휴전협정일이었다. 앞서 말했듯이 전쟁은 나의 모든 것을 앗아가 버렸다. 그러나 끔찍한 전쟁이 끝나고 이성이 다시 빛을 발할 것을 생각하니 기쁘기 그지없었다.

나는 사무실의 창가에 서서 종전의 기쁨에 환호하는 군중들을 바라보았다. 문득 어느 친절한 노신사가 나의 어깨에 손을 얹으며 이야기했던 그날을 되돌아보았다.

"당신이 좀더 교육을 받는다면 세상에서 큰일을 할 사람이 될 것입니다."

그런데 나도 모르는 사이에 교육을 받고 있었다. 내 인생의 전환점들을 읽으면서 알아차렸겠지만 근 20년이 넘도록 '세상 경험의 학교'에서 공부를 하고 있었던 것이다. 과거의 쓴맛과 단맛, 그리고 인생의 상승과 하향 등 그 시절의 모든 경험들이 주마등처럼 스쳐 지나갔다. 그리고 '이제 또 다른 전환점이 올 때가 되었구나!'라고 생각했다.

나는 타자기 앞에 앉아서 타이핑을 하기 시작했다. 나는 지금껏 타자기를 이렇게 빠르고 쉽게 쳐본 적이 없었다. 무엇을 써야겠다고 생각하거나 계획한 것은 없었다. 그저 내 마음속에 있는 말을 옮겼을 뿐이다.

나는 무의식적으로 내 삶에서 가장 중요한 전환점을 찾은 것이다.

올바른 소수의 사람들의 지식이 잘못된 다수의 지식보다 낫다. 왜냐하면 올바른 지식은 언제나 승리하기 때문이다.

●●● 대접받고 싶은 대로 대접하라

나는 심혈을 기울여 타이핑을 끝내고 모든 영어권 국가에서 발행되는《내셔널 매거진》에 보낼 원고 준비도 끝을 냈다. 이 원고는 나 자신의 경력뿐 아니라 수천, 수만 명의 사람들에게도 적지 않은 영향을 미쳤다.

이때 쓴 원고는《힐의 황금률》이라는 잡지에 '편집자 탐방' 이라는 부제로 실렸으며 내용은 다음과 같다.

「나는 이 글을 1918년 11월 11일 월요일에 쓰고 있다.

오늘은 역사상 가장 큰 축제일로 기록될 것이다. 거리에는 사람들이 길거리로 쏟아져 나와 지난 4년간 사람들의 운명을 위협했던 전쟁의 종결을 축하하고 있다.

전쟁이 끝난 것이다. 머지않아 프랑스에 가 있던 우리의 아들들이 돌아올 것이다. 무차별 공격을 감행했던 군대는 이제 한낱 과거의 망령에 불과하다.

2천 년 전 예수는 어느 한 곳에도 평안히 머무를 곳 없는 방랑자였다. 하지만 지금은 상황이 뒤바뀌어 악마들이 발붙일 곳이 없어져 버렸다.

우리는 세계대전을 통해 많은 교훈을 얻을 수 있었다. 즉 정의와 자비에 기반을 둔 사람들만이 - 그들이 약자이든 강자이든, 부자이든 빈자이든 다함께 - 살아남을 수 있다는 것이다. 다른 사람들은 모두 패배했다.

이 전쟁으로부터 새로운 이상, 즉 황금률에 기초한 법칙이 탄생할 것이다. 이것은 우리를 곁에 있는 친구처럼 직접 돕지는 않지만 옳은 길로 인도해 주며 우리가 겪을 고난을 조금이나마 완화시켜 행복의 길로 인도한다.

에머슨은 이러한 이상을 그가 주장한 '보상의 법칙' 에서 구체화시킨 적이 있다. 또 다른 위대한 철학자는《인간은 심은 대로 거두리라》라는 책을 통해 이 사상을 이미 논하고 있다.

이제 황금률이 무엇인지 공부할 때가 왔으며 그것을 실천할 시기가 왔다. 사업이나 사회생활을 함에 이 법칙을 무시하거나 거부하는 사람들에겐 실패만 있을 뿐이다.

나는 종전의 기쁨에 도취되어 있는 동안 다음 세대를 위해 무엇인가를 해야 하는 것이 아닌가 하는 의문이 들었다. 그래서 22년 전으로 돌아간 것처럼 나는 모든 기억을 동원해 이 글을 쓰고 있다. 당신도 함께 하고 싶진 않은가?

❋ 인간은 심은 대로 거두리라

내가 사회생활을 시작했던 22년 전 11월의 어느 쌀쌀한 아침 나는 버지니아의 한 광산에서 일당 1달러를 받고 일을 하고 있었다. 그 당시 소년들에게 1달러는 꽤 큰돈이었다. 그 당시 나의 하루 생활비는 50센트였다.

일을 시작하고 얼마 지나지 않아 광부들은 그동안의 불만을 삭이지 못하고 파업을 결정했다. 나는 그들이 하는 말을 귀담아 들었고 과연 파업의 우두머리는 누가 될 것인지 궁금했다.

이내 우두머리가 결정됐고 나는 그의 화법에 큰 감동을 받았다. 그는 내가 들어본 연설 중 가장 부드러운 화법으로 연설을 했고 나를 매료시키기에 충분했다. 그의 말을 나는 아직까지도 기억하고 있다. 그는 나에게 크나큰 영향을 미쳤다.

대부분의 사람들이 노조집회의 선동자들은 심오한 철학가가 아니라고 생각할 것이다. 물론 나도 그렇게 생각하는 사람 중 한 명이다. 그는 비록 심오한 철학자는 아니었지만 내가 그에게서 찾아낸 철학은 심오한 것이었다.

그는 낡은 가게에 박스를 세워놓고 그 위에서 집회를 열었다. 그때 그는 다음과 같이 연설했다.

"여러분! 우리는 지금 파업에 대해 논의하고 있습니다. 투표를 하기 전에 양해를 해주신다면 도움이 될 만한 이야기를 하고자 합니다.

우리는 임금인상을 요구하려 합니다. 그리고 우리는 그럴만한 자격이 있으니 이 요구가 받아들여지길 원합니다. 하지만 임금도 인상하고 광산 주인과 우호적인 관계를 지속할 수 있는 방법이 없겠습니까?

우리는 파업을 강행함으로써 광산 주인에게 정당한 보수를 받을 수도 있습니다. 하지만 우호적인 관계는 유지할 수 없을 겁니다. 파업을 결정하기 전에 광산 주인에게 당당히 물어봅시다. 그가 얻는 이익을 정당하게 나눌 용의가 있는지 먼저 대화를 요청해야 합니다.

만약 그가 찬성한다면 – 아마도 찬성하겠지만 – 그에게 지난달의 수익이 얼마인지 물어보고 우리에게 충분한 양을 되돌려준다면 다음달에도 우리는 열심히 일해야 합니다. 우리와 같은 인간이라면 그는 충분히 그러겠다고 할 것입니다.

우리가 진정으로 원한다는 것을 알게 한다면 그는 우리의 계획에 찬성할 것입니다. 만일 그렇게만 된다면 여러분들이 미소를 띠며 다음 한 달도 열심히 일해주기를 바랍니다. 여러분들도 이 광산 사업에 당당한 일원이라는 생각을 가슴에 새기고 일해주시기 바랍니다.

여러분들의 인품을 깎아 내리지 않고도 두 배의 일을 해낼 수 있으며 또 그만큼 일을 하면 광산의 수익에 도움이 됩니다. 또 광산 주인은 그만큼의 수익을 우리에게 재분배할 것입니다. 기업경영 원칙에 비추어 분명히 그렇게 할 것입니다.

우리 위에 하느님이 계시다는 것을 증명하듯 그는 분명히 보답할 것입니다. 만약 그가 찬성하지 않는다면 제가 모든 책임을 지고 여러분 앞에서 이 광산을 없애버리겠습니다.

바로 이것이 제가 하고 있는 생각입니다. 저와 함께 하시겠습니까?"

그들은 실제로 그와 생각을 같이 했다. 그의 말은 내 가슴속 깊은 곳에 자리 잡았다. 다음달 모든 광부들은 보너스를 두둑이 받았다. 그후 매달 그들은 보너스가 담긴 밝은 빨간색 봉투를 받았다. 봉투 바깥에는 이렇게 쓰여 있었다.

'이것은 당신이 그동안 받지 못했던 당신 몫입니다.'

20여 년 전 나는 꽤 힘든 시간을 보냈지만 '보수보다 많은 일을 하는 습관'을 얻었던 행복하고 가치 있는 시간이었다.

한 가지 흥미로운 점은 내가 석탄회사를 다니면서 마지막에 맡았던 가장 높은 지위가 법률고문위원장이었다. 이것은 평범한 인부에게는 엄청난 진급이었고 나는 지금까지 내가 알고 있는 법칙 없이는 해낼 수 없는 일이라고 생각했다.

여러 번 힘든 일이 닥칠 때마다 이 법칙의 도움을 받은 사례는 일일이 열거하기도 힘들다. 오랜 시간 동안 져온 빚을 갚느라 정신없이 일을 했다. 일을 하는 동안 내가 가장 중요하게 생각한 것은 상사로부터 차별대우를 받는다는 생각을 버리는 것이었다.

나는 남을 증오하는 마음으로 그 사람의 행운을 가로챈다면 언젠가는 나 자신에게 큰 화가 미친다는 사실을 굳게 믿고 있다.

앞서 말했듯이 나는 11월 11일 아침에 군중들이 정의는 승리한다고 소리치는 함성을 들으며 글을 썼다. 나는 내 마음속의 모든 것을 세상 밖으로 꺼내놓고 알려야 한다고 생각했다. 그 중 몇몇 생각들은 세계대전에서 열심히 싸운 미국 병사들을 포함한 미국인들의 마음에 깊이 새겨질 것이다.

이런 내 마음속의 생각들을 세상에 내놓기 위해《힐의 황금률》이라는 잡지를 편찬하고자 했다. 잡지를 발행하기 위해서는 많은 돈이 필요했지만 나는 그만큼의 돈을 갖고 있지 않았다. 하지만 처음 몇 달간 만이라도 내 철학이 담긴 잡지를 발행해야 한다고 생각했다.

그러므로 당신이 어떤 사람이든 어디서 무얼 하든 다음의 내 철학은 당신을 도와줄 것이다.

'모든 사람은 자신만의 가치를 만들어야 한다. 비록 미래의 계획이 불투명하더라도 자신이 열망하는 일에 대해서는 노력을 아끼지 않아야 한다.'

이를 위해 가장 좋은 방법이 바로 '보수보다 많은 일을 하는 습관'이다. 어떤 독자는 학교 교육이 짧을 수도 있고 어떤 독자는 자금이 없을 수도 있을 것이다. 그러나 어떤 경우에도 자기가 받는 보수에 상관없이 지니고 있는 재능을 최대한 발휘하여 정직하게, 그리고 열심히 최선을 다한다면 당신 앞에 놓여 있는 어떠한 장애물도 쉽게 뛰어넘을 수 있을 것이다.」

(해설 : 지금은 11월 21일 오후이다. 앞의 글을 쓴 지 정확히 10일이 지났다. 나는 방금 조지 윌리엄스(George B. Williams)에게 글을 보여주었다. 그는 내

철학에 도움을 받아 밑바닥부터 거쳐 성공을 거둔 사람인데,《힐의 황금률》잡지의 편찬을 도와주었다).

나를 만난 사람이 확신과 즐거움 속에서 돌아가지 못한다면, 나는 올바르게 살지 못한 것이다.

– 릴리안 와이팅

❋ 긍정적인 사고와 선의

이 일은 20여 년간의 나의 욕구를 실현해 준 것이다. 나는 항상 신문의 편집장이 되기를 갈망해 왔다. 30년 전 내가 아주 어렸을 때 아버지가 찍어내는 조그만 주간지의 매력에 푹 빠져 살았으며 잉크냄새를 사랑하며 성장해왔다.

아마도 이러한 열정이 지금의 전환점에 용기를 낼 수 있게 한 것 같다. 여러분께 알리고 싶은 사실은 내가 드디어 이 세상에서 내가 설 만한 적절한 자리를 찾았고 그 일을 매우 사랑했다는 점이다.

이상하게도 이 직업을 맡으면서 나는 무지개의 끝자락을 동경하거나 황금단지 따위를 갖고 싶은 생각은 한 번도 없었다. 내 인생에 처음으로 돈보다 중요한 것이 무엇인지를 찾았기 때문이리라.

편집장으로 일하는 동안 내 마음속엔 오직 한 가지 생각뿐이었다.

'이 일이 나에게 아무런 이득이 되지 않더라도 내가 할 수 있는 한 최선을 다하리라.'

이 잡지를 발행하면서 전 세계의 지식인들과 교감을 나눌 수 있었다. 1920년 초반에는 전국 연설 투어를 통해 그 당시 진보세력과의 대화를 나눌 수 있었으며 한편으로는 '긍정적인 사고'와 '선의'에 대한 메시지를 사람들에게 전달할 수 있었다.

이들과의 만남에서 나는 내 직업에 대한 자부심과 잡지출판을 계속할 수 있는 용기를 얻었다. 이 투어는 자유로운 교육과정 중 하나였다. 이때 만난 사람들은 모두 자신만의 인생을 슬기롭게 살아온 사람들이었고, 이들로 하여금 미국이라는 나라가 실로 거대한 나라라는 것을 실감했다.

착한 일 한 번 하는 것이 수천 번의 기도보다 훨씬 나에게 기쁨을 준다.

– 사디

성공으로 가는 마법의 사다리

이제 내 인생의 일곱 번째 전환점의 클라이맥스를 밝히기로 하겠다.

나는 순회 투어 중 텍사스의 한 식당에 앉아 지금껏 한 번도 본 적 없는 폭우를 지켜보고 있었다. 쏟아지는 비는 유리창을 때리며 두 개의 큰 물줄기를 타고 흘러내렸다. 그리고 조그만 물줄기들이 움직이면서 하나의 큰 물줄기를 만들어내고 있었다.

이 장면을 보면서 나는 내 인생에서 일곱 번의 전환점을 겪으면서 배운 모든 것들과 성공한 사람들을 연구하며 배운 것들을 한데 모아서 '성공으로 가는 마법의 사다리'라는 제목으로 책을 만들면 어떨까 하는 생각을 하게 되었다.

나는 그 자리에서 봉투의 뒷면에 지금까지 내가 말한 법칙에 실질적인 기본이 되는 일시적인 실패를 인생의 전환점으로 바꾸어줄 15가지 요점을 적었다. 내가 알고 있는 모든 지식은 이 요점에 따라 그 가치가 결정될 것이다.

※ 일시적인 좌절은 인생의 전환점

험난한 세상살이에 지친 당신은 과연 어떠한 힘이 나로 하여금 실패가 곧 전환점이라 생각하게 했는지 궁금할 것이다.

좋다! 여러분에게 솔직하게 털어놓기로 한다.

우선 이 책의 판매에 따른 예상수입이 내가 가진 재산의 전부라는 것을 밝힌다. 그럼에도 불구하고 나는 출판업자에게 포드의 법칙을 실천하여 가능한 많은 사람들이 볼 수 있도록 적당한 가격을 책정해 달라고 요청했다.

여기서 그치지 않고 전국에 발행되는 신문에 칼럼을 쓰는 것이다. 이 칼럼의 핵심은 물론 지금까지 언급했던 15가지 포인트이다.

지금까지의 수입은 어림잡아도 내가 계산한 것보다 훨씬 웃돈다. 게다가 나는 지금 과학자, 정신분석학자, 사업가들과 그룹 연구를 계속하고 있다. 그들은 이미 15가지 포인트를 인지하고 있을 뿐 아니라 최근에 발견한 법칙까지 이해하고 있다. 내가 오직 이 법칙들만을 언급하는 이유는 성공을 금전적인 잣대로만 평가하는 얄팍한 철학들이 넘쳐나기 때문이다.

지난 세월 동안 정말로 가난했다. 하지만 그 상황이 중요하지 않다. 왜냐하면 내가 알고 있는 지식들의 대부분을 그 세월 동안 깨달았기 때문이다.

일곱 번의 전환점으로 이루어진 내 삶을 통해 나는 좌절을 통해서만 얻을 수 있는 금싸라기 같은 지식을 얻었다.

그 경험들을 통해 믿게 된 한 가지 사실은 실패의 '쓰레기 같은 언어'는 한번 배워 놓기만 하면 사실 세상에서 가장 바르고 영향력 있는 언어라는 사실을 알았다. 실패라는 것이 자연이 만든 소리 없는 언어라고 생각한다. 그리고 수많은 좌절을 겪은 것에 대해 감사하게 생각한다. 그 좌절은 나에게 여러 번의 기회를 준 셈이다.

내가 편안하게만 살았더라면 시작도 안했을 일에 도전할 기회마저 없었을 것이다. **좌절은 오직 사람들이 이것을 실패로 인정하는 순간에만 파괴적인 힘을 낸다. 반대로 그 뒤에 숨겨진 교훈을 얻어내는 사람에게는 축복으로 변한다.**

나는 나의 적들을 증오했었다. 하지만 내 약점을 노리고 나에게 온 시련이 오히려 내 약점을 찾을 수 있게 도와준 것이었다. 친구들은 이런 역할을 하지

694

않는다. 이러한 시각으로 나는 내 적들의 가치를 평가했다.

조아퀸 밀러(Joaquin Miller)의 시는 훌륭한 예를 보여준다.

'승자에게 모든 영광을' 이라고

세상은 수천 년 동안 주장해왔으나

노력하고 실패하고 죽어간 자들에게

나는 경의를, 영광을, 찬사를 보낸다.

명예와 영광과 찬사를

최선을 다하다 실패한 모든 이에게 바치니

시간의 흐름 속에 그들이

시간과 함께, 시간에 앞서 존재한다.

자신의 이름을 빛낸 영웅은 훌륭하지만

수치심 속에 죽어간

수많은 사람의 그것이 더 위대하다.

신에게 나머지를 맡기자.

칼을 뽑아든 사람은 위대하며

와인 앞에 절제하는 사람은 훌륭하다.

하지만 인간은 실패하더라도 계속 싸우나니

보라! 그들은 바로 내 쌍둥이 형제라.

우리에게 적들의 숨겨진 과거사를 엿볼 기회가 주어진다면, 그에 대한 모든 적개심을 풀
수 있는 열쇠가 될 것이다.

ㅡ 롱펠로우

※ 역경은 베일에 감추어진 축복

계속 싸워나가는 사람에게 실패는 있을 수 없다. 좌절을 실패로 받아들이지 않는 한 그 사람에게 실패는 존재하지 않는다. 일시적인 패배와 실패 사이에는 엄청난 차이가 있다. 그 차이야말로 내가 이 장에서 밝히고자 하는 것이다.

안젤라 모건(Angela Morgan)은 그의 시 '자연이 한 인간을 원할 때'를 통해 이 강좌에서 다루고 있는 사상, 즉 역경과 패배는 베일에 감추어진 축복이라는 진리를 강력하게 주장하고 있다.

> 자연이 사람을 가르칠 때
>
> 두려움에 떨게 할 때
>
> 소리 없이 도와줄 때
>
> 자연이 사람의 성품을 만들 때
>
> 자연이 진심으로 사람을 위대하게 만들 때
>
> 세상은 자연을 칭송하리라.
>
> 자연의 방식을 보라.
>
> 자연의 방법을 보라.
>
> 자연이 선택한 인간을
>
> 무정할 정도로 완벽히 만든 것을.
>
> 인간을 괴롭히고 고통을 주고
>
> 위대한 힘으로 인간을 바꾸어 놓는다.
>
> 오직 자연만이 이해하는 고난 속에
>
> 인간의 상처받은 영혼은 울부짖고 간청의 손길을 원하니,
>
> 자연은 인간의 영혼을 휘어버리나 부러뜨리진 않고
>
> 모든 목적을 모아 만든 인간을 빛나게 만든다.

자연이 사람을 만들었을 때

고난을 주었을 때

깨어 있게 만들었을 때

자연이 사람을 만들었을 때

사람이 할 일을 다하게 하기 위해서

자연은 모든 재주를 동원해

영혼과 함께 갈망했다.

인간을 더 큰 존재로 만들기 위해

노련한 솜씨로 인간을 만드셨다.

사람을 괴롭히고 절대 용서하지 않으며

자극을 주고 슬퍼하게 하며

가난을 함께 주셨다.

자주 실망을 주시고

상처를 아물게도 하신다.

지혜로 잘못을 감싸주기도 하고

방관하기도 한다.

경멸로 울기도 하지만

인간의 자만심은 없어지지 않을 것이다.

아직 힘든 고난을 주시는 자연은

인간을 외롭게 하신다.

오직 신의 메시지가 인간에게 전달되기 위해

자연의 법칙을 가르치기 위해

이는 모두 천사의 계획이었다.

인간이 이해하지 못할지라도

인간에게 열정을 주셨다.

냉정하게 인간을 자극하고

열정으로 분발시킨다.

날카로운 눈으로 인간을 선택할 때

자연이 사람을 명명했을 때

명예를 주었을 때

사람을 길들일 때

자연이 사람을 모욕줄 때

최선을 다 하게 하기 위해

고난도의 테스트를 하신다.

이것은 이미 계산된 것이다.

사람이 자만하며 왕이 되길 원할 때

채찍질하고 엄하게 다스린다.

그의 육신은 희생된다.

자연이 인간으로 하여금 열정을 불태울 때

영혼을 줄 때

사람으로 하여금 그리워하게 하고

목표를 불태우게 하고

영혼을 유혹하고 찢어버리고

그의 영혼을 도전하게 하고

더 높게 날게 하시고

정글에 가서도 극복하게 하고

사막에서 두려움에 떨게도 하고

정복할 힘을 주시고

자연이 사람을 만들고

그리고 그의 영혼을 시험에 들게 하고

큰 산에 그의 길을 내게 하고

쓰디 쓴 결정을 내리게 하고

잔인하게 그 앞에서 있다.

오르라. 아니면 벌을 줄 것이다.

자연의 목표를 보라.

자연의 방식을 보라.

자연의 계획은 신비하다.

이해할 수 있을까.

바보들은 자연이 아무것도 모른다고 한다.

그가 고난에 닥쳤을 때

사람은 겁을 모르고 질주한다.

그의 최고속도를 넘어 질주한다.

새로운 길이 번쩍인다.

신이 주신 힘으로

실패에 도전하라.

그의 열정은 여전히 빛나리니

사랑과 희망은 좌절을 없앤다.

이 위기를 보라. 고함소리를 보라.

선구자를 불러야 한다.

인간에게 자비가 필요할 때

그가 이 나라에 오신다.

그리고 자연의 섭리를 보여주신다.

세상에 필요한 '인간'을 발견했을 때.

나는 자연이 인간으로 하여금 고난을 스스로 이겨낼 만한 의지를 주셨다고 믿는다. 또한 자연은 고된 시련을 주어 인간의 불순물을 깨끗이 정화해준다고 믿는다. 이러한 증거를 고대의 현자들이나 소크라테스, 예수가 한 말에서도 알 수 있다.

우리가 거둔 성공의 뒤에는 같은 양만큼의 시련도 있다. 게다가 어떤 위대한 사람도 좌절이 주는 치명타에 굴복하거나 꺾이지 않았다. 좌절은 그 나름대로의 언어로 인간에게 말한다. 우리는 '좌절'을 '축복'이라고 믿을 수 있는 용기를 가져야 한다.

마침 이 장의 사상과 일치하는 내용의 시가 있어 이를 소개한다(다음 시 중에 Sand는 모래 외에 용기라는 의미를 함축하고 있음 - 편역자주).

나는 어느 날 철도 위의 증기 기관차를 본 적이 있다.
그 기관차는 기지로 들어가기 위해 기다리고 있었다.
그것은 오랜 여정으로 지쳐 있었다.
그리고 모래로 가득 찬 박스가 있었다.

기관차는 혼자서 갈 수 없다.
철도의 조그마한 흠집에도 바퀴는 빠져버린다.
그리고 미끄러운 부분에도 방향을 잃고 만다.
철도에 부딪히면 불꽃을 낸다.

마치 인생의 트랙을 도는 우리의 인생과도 같다.
당신이 짊어진 짐이 무겁다면 항상 뒤로 물러설 것이다.
우리가 알고 있는 기관차라면
좋은 재질의 모래를 싣고 달려야 한다.

달려야 하는 길이 경사지고 가파르다면

미끄러진 곳을 누가 먼저 다녀갔다면

고원의 꼭대기에 다다랐다면

풍부한 모래를 준비해야 할 것이다.

당신이 만약 추위와 싸운다면

두꺼운 코트를 가져와야 하고

신속한 결정이 필요하며

이때 준비한 모래가 없다면 바닥으로 미끄러지리라.

인생의 예정대로 어느 정류장에서도 멈출 수 있고

야망이 너무 강해 불이 났다면

물 창고로 가서 적당한 속도로 조절하고

모든 미끄러운 장소에 좋은 모래를 깔아라.

당신이 할 수 있다면 이 시의 문구를 외워서 활용해 보아라. 그리고 그 기초 사상이 되는 철학은 당신의 것으로 만들어야 한다.

이제 이번 장의 막바지에 다다랐다. 마음속에 셰익스피어의 철학 한 구절이 떠오른다. 나는 그 구절을 인용하고 싶다. 그것은 그럴만한 가치를 지니고 있기 때문이다.

인간의 일이란 조류가 있는 법

홍수에 휩싸여 행운으로 갈 수도 있다.

마치 넓은 바다에 떠 있는 것처럼

현재의 흐름에 맡겨야 한다.

그렇지 않으면 여행을 망치고 말 것이다.

❉ 삶은 행복과 불행의 순환

공포와 실패를 인정하고 나면 스스로 슬픔과 고난에 빠진다. 그러면 기회를 상실하고 '모래톱'에 걸려 비참해진다. 우리는 이 조류를 맞이하여 이러한 속박을 벗어던져 버릴 수도 있다. 그러나 그것을 유리하게 이용할 수 있도록 그 안에 내포된 가르침을 배워야만 한다.

> 고통을 모르는 사람은 인생을 반만 살고,
>
> 실패를 모르는 사람은 노력을 모르고,
>
> 울어보지 않은 사람은 웃지도 못하고,
>
> 의심 없는 사람은 생각도 없다.

이제 거의 막바지에 접어들었다. 나는 눈을 감고 조용히 성공과 좌절의 기로에 서 있는 수많은 사람들을 생각해본다.

그 중에는 진정한 실패를 했다고 할 만큼 최후의 순간까지 간 사람이 있고, 그보다는 나은 상황에 있지만 계속되는 가난과 고난에 허덕이는 사람들도 있다. 용기라는 미소는 그들의 입에서 떠난 지 오래고 그들에겐 싸울 의지가 없다. 하지만 장면은 변한다!

까마득히 오래전 시대에도 실패는 있었다. 그 시대의 실패는 오히려 지금보다 더 그 의미가 컸다. 나는 기나긴 실패의 여정 끝에 서서 그를 괴롭히던 사람들이 강제로 주는 독약을 마시기 전의 소크라테스의 얼굴을 보며 그가 느꼈을 영원을 생각해보았다.

또한 나는 미지의 대륙과 바다를 개척한 콜럼버스의 감옥생활을 생각했다. 미국혁명을 주도하고 영국인들에게 죽음을 당한 토머스 페인에 대해서도 생각해보았다.

십자가에서 고난을 받았던 분을 생각했다. 그는 고통을 받으면서도 인류를 구원하기위해 끝까지 인간의 편에 서 계셨다.

그들 모두 '실패자' 들이었다!

오, 그런 실패자만 되었다면……. 역사를 되짚어 보면 실패한 사람들 모두 개인적 사정과 물질에 대한 욕심을 넘어선 용기 있는 사람들이었다.

그런 '실패자' 들이 세상의 '희망' 이다.

> 오! 실패자라고 낙인찍힌 사람들이여, 일어나라! 다시 실행하라!
>
> 세상의 어느 한쪽에선 여전히 당신을 필요로 한다.
>
> 소심하고 다시 시도하길 포기하는 사람들을 제외하고
>
> 성실한 사람에게는 실패란 기록되지 않는다.
>
> 영광은 트로피 안에 있는 게 아니라 행동 안에 있다.
>
> 어둠 속에 서 있는 벽은 태양의 키스를 비웃을지 모른다.
>
> 오! 지치고 상처받고 쓰러진 이여. 오! 운명의 아들의 잔혹한 바람이여.
>
> 나는 실패한 사람들을 위해 기꺼이 노래 부르리라…….

모든 사람들은 실패라고 불리는 좌절에 감사하라. 왜냐하면 당신이 그곳에서 살아남고 계속 도전한다면 그 노력에 따라 더욱더 당신의 능력을 검증받을 수 있기 때문이다.

당신 자신을 제외하고 그 누구도 당신에게 실패자라는 낙인을 찍을 수 없다.

절망의 순간에 스스로 낙인을 찍으려 한다면 페르시아 왕의 충실한 조언가였던 크로에수스의 말을 되새겨 보라.

"왕이여! 제 말을 새겨들으십시오. 인간사는 바퀴 하나가 회전하는 것과 같아서 어느 한 사람도 항상 행복하리란 보장이 없습니다."

이 얼마나 멋진 말인가. 매일매일 잘못됐다고 생각하는 사람들은 그저 위대한 인생의 수레바퀴에 평평한 면만을 보았기 때문이다. 바퀴는 항상 돌고 있다. 그것이 오늘 당신에게 슬픔을 주었다면 내일은 분명 행복을 줄 것이다.

밤이 되면 낮이 따라오는 것처럼 삶은 행복과 불행의 순환이다. 운명의 바퀴는 멈출 수 없다. 하지만 불행 다음엔 반드시 행복이 온다는 사실을 기억해야 한다.

위대한 업적을 남긴 링컨이 자주 듣고 하던 말이다.

'이것도 곧 끝날 것이다.'

만약 당신이 일시적인 패배의 쓰라린 고통을 당하고 있을 때 그것을 잊기 힘들다면 월터 말론(Walter Malone)의 짧은 시를 읽어 보아라.

기회

더 이상 할 수 없다고 말하자 틀렸다고 했다.

당신에게 기회를 주려 했지만 실패했고,

그때 나는 매일 당신의 문 밖에 서 있었다.

당신을 깨우고 싸우게 하고 이기게 했다.

이미 가버린 것들을 그리워하지 마라.

화려했던 날을 그리워하지 말라.

낮에 있던 일을 회상하며

태양이 뜨고 다시 태어난다.

미소는 행동하는 소년에게 돌아간다.

기쁨이 장님, 귀머거리, 벙어리가 되지 않게

내 판단은 죽음도 무찌른다.

기회가 올 때까지 장님이 되진 말아라.

늪지대가 당신을 울게 해도

'할 수 있다'는 말과 함께 내 손을 빌려주리다.

깊은 물에 빠져도 창피해 하지 말고

다시 한번 일어나라.

이대로 젊음을 보낼 것인가?

정당한 대가를 치르자.

불명예스런 과거의 일을 지워라

눈처럼 깨끗한 미래의 페이지를 펴라.

지금 슬픔에 빠져 있는가? 주문에서 깨어나라.

당신이 죄인이라 생각하는가? 죄는 용서될 것이다.

아침마다 그대의 날개는 지옥으로부터 나오게 하고

밤마다 뜨는 별은 당신을 천국으로 인도한다.

15장
인내
Tolerance

Napoleon Hill

당신이 받는 고통과 의심을 굳이 없애고자 노력
하지 마라. 당신이 찾는 평화는 결국 이 안에 모두
있다.

- 케리

인내

'믿어라! 당신은 해낼 수 있다!'

인내하지 못하는 사람, 이른바 분노를 참지 못하는 사람에게는 2가지 특징이 있다. 첫머리에서 이 점을 짚으면서 이야기를 시작하도록 하자.

첫째 : 참지 못하는 분노는 '무식'의 다른 형태이다. 성공을 이루기 위해서 꼭 극복해야 할 사항이 무식인 것이며 또한 모든 분쟁의 씨앗이기도 하다. 지금까지 대부분의 전쟁은 인내심이 없는 사람들 때문에 일어났다.

사업과 같은 직업의 세계에서도 인내하지 못하는 사람은 꼭 적을 만들어 내기 일쑤이다. 이것은 사회조직을 붕괴하는 첫 번째 요인이며 전쟁 종식을 위해 넘어야 할 거대한 장벽이다. 이는 냉정한 이성을 밀어내고 그 자리에 어리석은 군중심리를 대신 채워 넣는다.

둘째 : 분노는 또한 종교의 신성한 힘을 더럽히는 주된 요인이기도 하다. 모든 종파(宗派)가 힘을 합쳐 세상의 악을 몰아내야 함에도 불구하고 서로 다른 파로 갈라져 종교의 신성함을 모두 파괴해 버린다. 이러한 사례는 너무나 흔해 어디서나 찾아보기 쉽다.

분노가 주는 일반적인 영향

이제 분노가 주는 일반적인 영향이 개개인에게는 어떻게 작용하는지 살펴보자.

간단히 말해 문명화의 발전에 거대한 걸림돌이 된다. 또한 개개인의 발전에도 방해가 됨은 분명하다. 다시 말해 개인의 마음을 나태하게 하고 정신적, 윤리적 발전을 더디게 하며 문명화에도 심각한 영향을 준다.

하지만 앞의 사실들은 모두 추상적인 진술일 뿐이다. 추상적인 사실은 마음에 와 닿지도 않을 뿐더러 그 안에서는 아무것도 얻을 수 없다. 이제 인내심이 없는 사람들은 어떠한 불이익을 당하는지 좀더 구체적으로 살펴보자.

우선 지난 5년간의 내 연설에 빠지지 않고 등장했던 일화를 먼저 들어보겠다.

하지만 내가 전달하고자 하는 메시지가 단지 차가운 종이 위의 글씨로만 여러분께 전해져 그 영향이 변질될 것이 염려된다. 그러므로 내가 전달하려는 내용 그 자체만 받아들이길 간곡히 부탁하는 바이다.

만약 당신이 나태한 사람이어서 인내의 의미를 군이 공부하고 싶어하지 않는다면 자신의 나태함을 애써 은근슬쩍 넘어가려고 할 것이다.

내가 겪은 일화를 읽으면서 독자들도 만약 내 상황에 처한다면 과연 어떻게 행동했을지 또 거기에서 어떤 교훈을 얻을 수 있을지 생각해보길 바란다.

※ 육체적, 사회적 세습의 연관성

어느 날, 보기 드물게 훌륭한 외모를 한 젊은이를 소개받게 되었다. 그의 맑은 눈과 따뜻한 악수, 부드러운 목소리는 그를 빛나 보이게 했으며 지적인 인상이 강하게 인식되었다.

그는 전형적인 젊은 미국 대학생의 인상이었으며 보통사람들도 그러했을 테지만 그를 정신없이 훑어보고 있는데 순간 그의 조끼에 있는 '콜럼버스 기사회' (미국 가톨릭교도의 자선사업단체 - 편역자주) 배지를 발견하게 되었다.

나는 순간적으로 차가운 얼음을 잡았다 놓는 것처럼 그의 손을 확 놓아버리고 말았다! 너무도 순식간에 일어난 일이라 우리 둘은 서로 놀랄 수밖에 없었다. 나는 미안하다고 양해를 구하며 걸어 나가기 시작했다. 그리고 내 조끼에 붙어 있는 비밀 공제조합인 '메이슨' 배지를 봤다.

나는 그의 조끼에 있는 콜럼버스 기사회의 배지도 번갈아 쳐다보았다. 그리고 생각했다. 도대체 아무것도 모르는 우리 둘 사이에 저 조그만 배지 하나가 어떻게 이렇게 큰 장벽을 만들 수 있는지…….

그날 오후 내내 나는 그와의 일을 생각했다. 나는 평소에 내가 모든 사람을 포용할 수 있는 능력이 있다고 생각해 왔다. 그러나 내 잠재의식 깊숙한 곳에 자리잡고 있는 포용력 부족한 마음이 순간 폭발하고 만 것이다.

이 사건으로 나는 큰 충격을 받았고 원인을 찾기 위한 분석과 함께 그 무례함이 과연 어디에서 나왔는지 생각하기 시작했다. 그리고 내 자신에게 몇 번이고 거듭 물었다.

'왜 그 젊은이의 손을 갑자기 놓아버렸는가? 어떻게 그에 대해 아무것도 모르면서 등을 돌릴 수 있었는가?'

물론 대답은 그의 조끼에 있던 콜럼버스 기사회 배지 때문이었다. 하지만 이것은 정답이 아니었다. 결코 나는 이 답에 만족하지 못했다. 이 일이 있은 후 나는 종교에 대해 연구하기 시작했다.

※ 자연현상과 인간의 습성 연구

나는 천주교와 개신교의 근원을 찾을 때까지 계속 연구했다. 이때 시작한 종교 연구는 지금까지 연구해 왔던 그 어떤 것보다 나에게 큰 공부가 되었다. 그 결과 한 가지 놀랄만한 발견을 했다. 천주교와 개신교가 미치는 영향은 거의 차이가 나지 않으며 단지 그 형식에만 차이가 난다는 점이다. 이 두 종교는 정확히 같은 기독교에서 출발했다.

그러나 결코 이 점이 내 연구의 전부는 아니며 가장 중요한 부분은 더더욱 아니었다. 이후에 자연현상과 인간의 습성 연구를 보충하기 위해서 생물학에 발을 들여놓게 되었다. 나는 다윈의 진화설을 공부하기 시작했고 그의 가설을 공부함으로써 이전에 내가 정립한 학설을 좀더 넓게 이해할 수 있었다.

이 공부를 시작하면서 비뚤어져 있던 내 시야는 점점 똑바르게 되었고 세상을 보는 눈도 더 넓어짐과 동시에 다음과 같은 것을 이해하게 되었다.

'과거에 내가 알던 모든 정보를 깨끗이 잊음과 동시에 사실이라고 믿었던 것들 또한 훌훌 털어버리는 과정이 필요함을 뼈저리게 느꼈다.'

앞 문장의 의미를 충분히 이해하고 넘어가자.

지금껏 당신이 쌓아온 철학이 자기중심적인 편견으로 가득 찼다고 상상해보자. 진정한 학자가 되기 위한 길은 아직 멀었을지 몰라도 이 상상을 하는 만큼은 지적인 학생이 되기 위한 최소한의 자격을 갖출 준비가 된 것이다. 바로 이 자리가 내가 발견한 나의 위치였다.

그러나 이 연구를 시작하면서 가장 중요한 결론 중 하나는 바로 육체적, 사회적 세습의 연관성이었다. 방금 전 언급한 젊은이에게서 등돌리게 된 내 태도도 바로 여기에서 나온다고 할 수 있다. 내가 지금껏 익혀온 종교, 정치, 경제와 같은 분야가 어떻게 어디서 익혀졌는지 알 수 있는 순간이었다.

그리고 나는 이 말을 할 수 있게 된 점을 기쁘게도 후회스럽게도 생각한다. 즉, 나는 지금껏 정확한 가설의 뒷받침 없이 잘못된 인격을 쌓아오고 있었던 것이다.

※ 15세 이전의 교육과 훈련의 결과

나는 최근 전 상원의원 로버트 테일러(Robert L. Taylor)와의 정치에 관한 대화를 떠올려봤다.

우리는 비슷한 정치적 신념을 가지고 있었기 때문에 그 대화는 무척 우호적인 분위기였다. 그러나 그가 나에게 어떤 질문을 했고 나는 너무 화가 나 있었다. 그후 나의 공부가 어느 경지에 이를 때까지 나는 그를 용서하지 못했다.

"내가 보기엔 당신은 무척 미온적인 민주주의자 같은데요. 그 이유를 당신도 알고 있는지 궁금하군요."

그 질문을 받고 몇 초가 지나서 나는 불쑥 이렇게 대답해 버렸다.

"저는 당연히 민주주의자이지요. 왜냐하면 내 아버지께서 그랬으니까요!"

그는 잠시 크게 웃은 다음 이 대답으로 나를 꼼짝 못하게 만들었다.

"바로 내가 생각한 대로군요! 그럼 당신 선친께서 말 도둑이었다면 당신도 말 도둑이 되었을까요?"

이 연구를 시작한 지 몇 년이나 지난 후에야 테일러 상원의원의 농담을 이해할 수 있었다. 우리는 소리 없는 교훈을 너무나 많이 놓치고 산다.

내가 언급한 일화에 어떤 교훈을 얻었으리라 생각한다. 그리고 당신이 쌓아놓은 철학을 어떻게, 그리고 어디서 습득했는지 이제는 알았을 것이다. 당신의 선입견이 어디서부터 비롯된 것인지 그 원천을 찾을 수 있다. 그리고 내가 찾아낸 것처럼 여러분도 15세 이전에 받은 교육과 훈련의 결과로 형성된 사람이라는 것을 발견했을 것이다.

이제 내가 전쟁 종식을 위해 에드워드 보크 위원회와 미국 평화 시상식에 제출했던 기획서의 전체 내용을 기술하겠다.

이 기획은 내가 지금껏 언급했던 가장 중요한 포인트일 뿐 아니라 2장에서 언급했던 조직된 노력의 원리가 우리가 풀어야 할 문제점에 어떻게 적용할지를 보게 될 것이다. 그리고 당신의 인생 최고 목표를 이루기 위한 아이디어도 얻을 수 있다. 그럼 지금부터 전쟁을 종식시키는 방법에 관한 주장을 보자.

전쟁을 종식시키는 방법

「전쟁을 방지하기 위한 이 계획을 적용하기 전에 이 계획이 어떻게 짜여졌는지 그 배경을 설명하는 것이 급선무인 것 같습니다. 전쟁의 원인에 대해서는 자세히 언급할 필요가 없습니다. 왜냐하면 전쟁을 근절하는 방법과 그다지 큰 관련이 없기 때문입니다.

그러면 두 가지 중요한 요인을 먼저 설명해 보겠습니다. 그 두 가지는 문명화를 조절하는 가장 중요한 요인이기도 한데 바로 육체적 유전과 사회적 세습입니다.

몸집의 크기, 피부의 감촉, 눈 색깔, 그 외 모든 생체기관들이 육체적 유전의 결과물입니다. 이것은 정적이며 고정되어 있어 바꿀 수 없습니다. 이것은 또한 몇 백만 년 진화의 결과이기도 합니다. 하지만 지금부터 우리가 언급할 가장 중요한 요인은 사회적 세습입니다. 사람의 일생을 통해 유년기 시절부터 환경에 따라 꾸준히 훈련된 결과이기도 합니다.

우리가 정립한 종교, 정치, 경제, 철학, 그리고 전쟁을 포함한 그 외 비슷한 분야의 개념은 모두 환경과 훈련을 통해 형성되는 것으로 그 결과를 종합한 것이라고 볼 수 있습니다.

천주교 신자는 원래부터 천주교 신자였습니다. 왜냐하면 일찍부터 그렇게 훈련되었기 때문입니다. 또한 개신교 신자는 같은 이유로 원래부터 개신교 신자입니다. 그러나 명확한 한 문장으로 이 사실을 설명하기엔 매우 어렵습니다.

아마 이렇게 말하는 것이 좀더 나을지 모르겠습니다.

"천주교 신자는 단지 천주교 신자이고, 개신교 신자는 단지 개신교 신자이다. 왜냐하면 그들은 어쩔 수 없이 그렇게 된 것이다!"

몇 가지 예외를 빼놓고는 종교를 가진 성인들은 대부분 그들의 유년기, 특히 4세부터 15세 사이에 부모나 학교에서 가르친 종교를 그대로 믿어버리는 수가 많습니다.

한 지혜로운 성직자는 사회적 세습의 영향력을 사람들에게 이해시키기 위해 이렇게 말했습니다.

"아이들이 12세가 되기 이전까지 그 조절 능력을 저에게 주십시오. 그리고 그 이후로 당신들이 어떠한 종교를 가르치셔도 좋습니다. 내가 그 아이들의 마음속 깊숙이 나만의 종교를 심어 놓을 것이기 때문에 지구상의 그 어떤 힘이 와도 되돌릴 순 없을 것입니다."

사람들의 생각 중 가장 우위를 차지하고 있는 신념은 강요된 것이든 혹은 무의식적으로 받아들여진 것이든 감수성이 예민한 시기에 형성된 것들입니다. 이렇게 감수성이 예민한 시기에는 평상시에 1년이 넘게 걸려 복음을 받아들일 것을 단 한 시간의 예배로도 아주 강렬히, 그리고 깊게 받아들일 수 있습니다.

거의 모든 미국인들의 마음에는 워싱턴과 링컨 대통령이 깊숙이 자리하고 있습니다. 그 두 사람은 나라가 어렵고 국민의 마음이 가장 약해져 있을 때 훌륭하게 정치를 한 지도자들이기 때문입니다.

사회적 세습의 주요 골자를 따르자면 아마도 대부분의 미국인들은 어릴 적 학교에서(미국의 역사 시간) 워싱턴과 링컨 대통령의 업적을 배우고 기리며 가슴속 깊이 새기는 것 같습니다.

사회적 세습의 가장 중요한 역할을 하는 3가지 요소는 바로 학교, 교회, 그리고 언론입니다. 이 3가지 요소의 적절한 조합을 유년기부터 훈련시킨다면 가슴에 깊이 자리잡게 되어 나중에 성인이 되고 나서도 절대 저항할 수 없게 되는 것입니다.

✳ 주입을 통한 사회적 세습의 형성

1914년 어느 날 아침, 온 세상은 전대미문의 화염과 교전에 휩싸였습니다. 집어삼킬 듯한 화염보다 시민들을 더 놀라게 했던 건 무섭도록 잘 조직된 독일 군대의 군기였습니다. 이 군대가 육지를 장악하는 속도는 3년이 넘는 시간 동안 초스피드로 이루어졌고, 사람들은 조만간 독일 군대가 세계를 지배할 것이라 생각했습니다.

마치 기계와도 같은 독일 군대는 이전의 전쟁에서는 볼 수 없었던 효율적인 작전으로 모든 전투에 승리해갔습니다. '독일정신'(나치시대 국민정신 고양에 사용되었던 단어 - 편역자주)으로 무장한 독일 군대는 지도자의 부재에도 불구하고 수적으로 우세한 상대 병력을 모조리 물리쳐 나갔습니다.

이 전쟁에서 가장 놀랄만한 점은 '독일정신' 훈련을 받은 독일 군사의 희생정신이었습니다. 이는 역사상의 두 인물이 노력을 기울인 결과였습니다. 아델베르트 포크(Adalberrt Falk) 프러시아 교육부장관과 독일 황제 윌리엄 2세(William Ⅱ)가 그들입니다.

이들은 독일군 교육체제를 통해 세상을 전쟁으로 몰아넣고 그 정신철학을 '독일정신'이라고 정의해 훈련시킨 것입니다. 이 두 사람이 만들어낸 결과가 사회적 세습입니다. 감수성 예민한 유년기에 교육을 하는 시스템입니다.

국가 이념으로서의 '독일정신'은 젊은 독일인의 마음에 각인되었으며, 초등학교서부터 교육된 이 이념은 고등학교와 대학교 때까지 계속 유지되어 오고 있습니다.

학교 교사와 교수들은 이 '독일정신'을 학생들의 마음에 주입시키도록 강요되었으며 단 한 세대만에 국익을 위해서 개인을 희생할 수 있는 사람으로 길러진 것입니다.

벤자민 키드(Benjamin Kidd)는 이 상황에 대해 이렇게 언급했습니다.

"독일의 국가 목표는 관료들과 종교단체, 군대, 정부에 장악된 언론, 산업체를 통해 국민들이 현대 독일의 정책을 인지하고 거기에 지지를 보내도록 각 부분의 의견을 수렴하고자 하는 것이다."

독일은 언론과 성직자, 학교를 점령했습니다. 그렇기 때문에 단 한 세대만에 모든 아이들이 '독일정신'을 지지하는 군대의 병사로 성장할 수 있었던 것입니다. 나라를 위한 희생이 아주 선택받은 특권임을 어려서부터 훈련받아온 아이들이 나라를 위해 죽음도 불사하는 장면은 너무 뻔하지 않습니까?

다른 사람을 비난하는 데는 단 몇 초밖에 걸리지 않는다. 하지만 그 사람이 자신에게 돌아온 비난을 잊는 데는 평생이 걸린다.

❋ 국익을 위한 개인의 희생

이제 다른 예로 일본을 들어봅시다.

독일을 제외하곤 사회적 세습의 영향을 명확하게 적용하고 있는 나라는 없습니다. 하지만 또 다른 이상한 현상인 일본을 살펴보기로 하겠습니다. 불과 한 세대만에 일본은 후진국에서 열강들과 어깨를 겨루게 되었습니다.

일본을 연구해 보면 독일이 했던 방식과 비슷하게 어린 학생들에게 국익을 위한 개인의 희생을 가르쳤다는 것을 알게 될 것입니다.

일본이 중국과 교섭한 모든 내용을 보면 교육기관을 장악함으로써 중국 젊은이들의 마음을 암암리에 조종하고자 했습니다. 만약 일본이 중국 젊은이들의 마음을 어려서부터 조종할 수 있었다면 한 세대도 안 되는 시간 안에 거대한 중국 대륙을 지배할 수도 있었을 것입니다.

만약 그 외의 다른 서방 국가들 중에서 사회적 세습을 이용해 국민을 교육시킨 사례를 보고 싶다면 러시아에서 소비에트 정부가 정권을 장악한 뒤에 발생했던 현상들을 살펴보면 됩니다. 이 현상을 분석해줄 전문가도 필요없습니다.

소비에트 정부는 젊은이들의 마음속에 국가사상을 고취시켰는데, 그 사상에 대해서는 더 이상 언급하지 않아도 될 것입니다. 지금의 러시아인들이 유년기에 이미 사회적 세습을 충분히 교육받았다면 그 결과는 소비에트 정부가 원하는 만큼 실현될 것입니다.

1차 세계대전 후 소비에트 정부가 신문 전면을 할애해 선전한 연재물의 홍수 중 가장 중요한 부분이 다음과 같습니다.

「러시아 공산 정부에서 독일과 2천만 권의 책을 인쇄계약하다. 이 계약의 목표대상은 어린이들이다. 즉, 어린이들을 위한 홍보책자이다.

기자 / 조지 위트

1920년 11월 9일자 시카고 〈데일리 뉴스〉 외신특보, 베를린, 독일.

아이들을 위한 러시아어 번역판 2천만 부 계약은 독일에서 진행되었는데 이때 러시아측에서는 페트로그라드 출판사의 사장이자 막심 고리키의 친구인 그르세빈이 진행하였습니다. 당초에 그르세빈이 같은 사안으로 영국을 방문했을 때 이 문제에 관하여 영국 정부는 별 관심을 보이지 않았다고 합니다.

그러나 독일인들은 그를 열렬히 환영했을 뿐 아니라 그의 책을 아주 저렴한 가격을 제시해 그 어떤 다른 나라에서도 경쟁을 하지 못하게 했습니다. 베를린의 신문사이면서 출판사인 울슈타인사(社)의 편집국장은 원가에도 못 미치는 가격으로 인쇄하기로 동의했다고 합니다.」

이 기사만 봐도 러시아에서 무슨 일이 일어나고 있는지 대충 짐작이 갈 것입니다. 이러한 특보의 충격에도 불구하고 미국 대부분의 신문은 이 기사를 다루지도 않았을 뿐더러 책도 출판하지 않았습니다. 더구나 이 계약의 부작용만을 아주 조금 다루었을 뿐입니다.

20여 년이 지나고 나서 이 책을 읽은 아이들이 군대에서 교육받을 무렵이면 소비에트 정부가 무엇을 이루려던간에 이 젊은이들은 정부를 지지할 것입니다. 전쟁 가능성은 오늘날에도 분명히 존재합니다. 사회적 세습은 전쟁을 승리로 이끄는 데 큰 도움이 될 뿐 아니라 실제로도 전쟁을 준비하는 주요 매개체가 되기 때문입니다.

이 말의 뒷받침이 되는 증거를 찾아보고 싶다면 미국 역사 혹은 세계사를 들춰보면 됩니다. 역사를 기록해 놓은 것을 보면 학생들로 하여금 전쟁이라는 것이 그리 충격적인 것도 아니며 정당화될 수도 있다고 언급한 사실을 알게 될 것입니다.

지금 바로 도시의 광장으로 달려가 전쟁용사 기념비를 보십시오. 그들의 꼿꼿한 자태를 말입니다. 전쟁을 일으켜 온 도시를 쑥대밭으로 만든 장본인의 자세가 아닌 위대한 용사의 상징처럼 서 있을 것입니다. 훌륭한 말에 올라 젊은이들로 하여금 전쟁은 아무것도 아니며 얼마든지 용서될 수 있는 것이라 믿게 하고 있습니다. 심지어 개인의 영광과 명예를 얻기 위한 정당한 수단이라고까지 인식하고 있습니다. 그 점에서 이 기념비는 얼마나 큰 역할을 하고 있습니까.

이 글을 쓰고 있는 지금 일부 좋은 뜻을 가진 여성 조각가들이 조지아주에 위치한 30m가 넘는 스톤 마운틴의 단단한 화강암에 남부 동맹군의 이미지를 조각하고 있습니다. 이들은 단 한 번도 유효한 명분으로 간주되지 못하고 빨리 잊혀져야 할 것으로 생각되었던 것을 영구히 기억하고자 이 이미지를 조각하고 있는 것입니다.

만약 러시아, 일본, 독일의 선례가 나오는 거리가 아주 멀다고 느껴진다거나 너무 추상적인 내용만을 담고 있다고 생각한다면 이곳 아메리카 대륙에서 행하고 있는 사회적 세습에 대해 다시 공부해 봅시다. 북쪽으론 캐나다, 동쪽으론 대서양, 서쪽으론 태평양, 남쪽으론 멕시코에 대해 살펴보겠습니다.

여기서도 역시 젊은이들에게 국가사상을 심어주고 있습니다. 더구나 그 사상들은 사회적 세습으로부터 효과적으로 심어지기 때문에 그 사상은 이미 이

나라의 지배적인 사상이 되어가고 있습니다. 그 사상이란 바로 부를 향한 욕구입니다. 즉, 젊은이들에게 제시된 이상은 재산의 축적입니다.

우리가 처음 만나는 사람에게 맨 먼저 하는 질문은 '당신은 누구십니까?' 가 아니라, '당신은 무엇을 가지고 있습니까?' 입니다. 다음 질문은 '그걸 가지려면 어떻게 해야 합니까?' 입니다.

우리가 세운 이상의 가치는 전쟁의 결과로 평가되는 것이 아니라 경제와 산업으로 평가됩니다. 몇 세대 전 떠받들어지던 패트릭 헨리와 조지 워싱턴, 에이브러햄 링컨 등은 이제는 철강소와 광산, 삼림지, 은행사업, 철도를 운영할 수 있는 지도자들로 대체되고 있습니다.

만약 원한다면 앞의 사실들을 부정할 수도 있습니다. 하지만 이미 역사 속에 평가된 진실들을 살펴보면 이 사실을 부정한다고 해도 큰 지지를 받지 못한다는 것을 알게 될 것입니다.

현재 미국인의 가장 큰 문제점은 어려운 일에 대한 두려움과 불안감입니다. 왜냐하면 대부분의 유능한 인재들이 재물을 축적하기 위한 과당경쟁에 휩싸여 있을 뿐 아니라 나라의 재물을 축적하는 기계에 지나지 않기 때문입니다.

이는 명백한 사실이어서 아무리 아둔한 사람이라도 잘 이해하고 있는 현실이므로 이 설명을 과다하게 길게 할 필요는 없다고 생각합니다. 부에 대한 욕심이 너무도 과하게 자리잡았기 때문에 자기의 재산에 피해가 오지 않는 한 다른 나라들이 전쟁을 일으켜 갈기갈기 찢어지기를 바라고 있는 게 현실입니다.

하지만 우리 스스로를 고발함에 가장 안타까운 부분은 이 점이 아닙니다. 왜냐하면 우리는 다른 나라들이 전쟁을 하게끔 바라기도 하지만 우리 중 일부는 다른 나라의 전쟁에서 군수품 판매에 따른 이익을 톡톡히 보고 있기 때문입니다. 다른 이의 절망적인 현실로부터 이익을 보고자 하는 부분이 가장 안타까운 점입니다.

❉ 인간 행동방식의 2가지 힘

전쟁은 동료들을 통해 이득을 보려하는 사람들의 탐욕으로부터 일어나는 것입니다. 그리고 이와 같은 탐욕의 불씨들은 자신을 위해 다른 사람의 이익을 빼앗는 사람들이 뭉쳐서 큰 불길로 커져갑니다.

전쟁은 갑자기 어느 한순간에 끝날 수는 없습니다! 전쟁은 교육에 따라서만, 혹은 개인의 이익을 전 인류를 위해 희생하는 과정을 통해서만 종식될 수 있는 것입니다.

앞에서 기술했듯이 인간의 행동방식은 다음과 같은 2가지 힘으로부터 정해집니다. 바로 육체적 세습과 사회적 세습입니다. 육체적 세습을 통해 사람들은 자신을 보호하기 위해 다른 사람을 무너뜨리는 예전의 습성을 그대로 이어받게 되었습니다. 이는 과거 약육강식의 잔재라 할 수 있습니다.

점차적으로 사람들은 다른 사람과의 연합을 통해 더 좋은 환경에서 살아남을 수 있다는 사실을 알게 되었고 이로부터 근대사회가 생성되기 시작했습니다. 많은 사람들이 모여 하나의 주(州)를 이루게 되었고 이 주들이 모여서 하나의 나라가 형성된 것입니다.

그리고 개인간, 혹은 그룹이나 나라간에 전쟁을 하려는 경향은 점차적으로 줄어들었습니다. 이는 사람들이 개개인의 이익을 단체의 이익에 희생하는 과정을 통해서만이 그들이 살아남을 수 있다는 사실을 사회적 세습의 법칙을 통해서 배웠기 때문입니다.

이제 남은 문제는 집단이나 국가가 형성되는 원리를 확장시켜서 각 나라들이 전체 인류의 더 큰 이익을 위해 각국의 이익을 희생할 수 있도록 하는 것입니다.

이 과정은 사회적 세습의 법칙을 통해서만 가능합니다. 그 방법은 모든 집단의 젊은이들에게 전쟁은 참여한 개개인에게 이익을 가져다주는 것도, 그들이 속한 집단의 이익을 가져다주는 것도 아니라는 사실을 각인시켜야 하는 것입니다.

그러면 자연스럽게 다음과 같은 질문을 할 것입니다.

"어떻게 그런 교육을 할 수 있겠는가?"

이 질문에 대답하기 전에 '사회적 세습'이라는 용어에 대해 정의해 보고 그 가능성이 무엇인지에 대해서 알아봅시다. **사회적 세습은 어린이들이 부모나 교사 혹은 성직자들의 교육을 통해 어른들의 믿음과 행동방식을 그대로 흡수해 나가는 과정을 가리킵니다.**

전쟁을 종식시키려는 계획이 성공을 거두기 위해서는 교회와 학교의 교육을 적당히 조화시켜 어린이들에게 전쟁은 반드시 종식되어야 할 것임을 인식하게 해야 합니다. 또한 전쟁이라는 단어 자체에 대해 혐오감을 느끼도록 교육시켜야 합니다.

전쟁을 종식시킬 수 있는 방법은 이것뿐입니다!

그 다음 질문은 다음과 같은 것입니다.

"과연 어떻게 이 큰 이상을 위해 교회와 학교들을 조화시킬 수 있는가?"

모든 단체들이 동시에 그런 협조체제를 구축하기는 힘들겠지만 충분한 수의 영향력 있는 단체들만 동참하기 시작하면 대중들의 요청에 따라 이 단체들이 나머지 단체들을 급속도로 끌어들일 수 있을 것입니다.

그러면 다시 질문이 생길 것입니다.

"누가 종교와 교육계의 영향력 있는 사람들을 불러 모을 수 있는 힘이 있는가?"

그 답은 미국 대통령과 의회가 할 수 있습니다.

이 일을 수행하기 위해서는 사상 최대 규모의 언론의 지지가 필요합니다. 이를 통해서만 이 안건이 전 세계의 문명화된 나라의 모든 사람들의 마음을 열고 전 세계의 교회와 학교에서 이 계획안을 받아들일 수 있게 할 수 있을 것 입니다.

※ 인간의 감성에 대한 호소를 통해

전쟁 종식을 위한 이 계획은 다음과 같은 요소들로 구성되는 하나의 극적인 연극에 비유될 수 있습니다.

무대 : 미합중국 의회

주연 : 대통령과 국회의원들

조연 : 미합중국 정부로부터 초청된 여러 종파의 종교 대표들과 대표 교육자들

프레스센터 : 전 세계의 뉴스기관 대표들 및 파견자들 집결

무대장치 : 모든 진행과정을 지구 반대편까지 전달할 수 있는 라디오 방송기기

제목 : "살인하지 말지어다!"

연극목적 : 모든 인종의 대표자들로 구성되어 국가간의 의견 충돌에 대해 판결을 내릴 수 있는 세계 법정의 설립

이 외에도 다른 많은 요소들이 필요하지만 그리 중요하지 않습니다. 가장 중요하고 필수적인 요소들은 앞에 이미 나열되어 있습니다.

이제 마지막 질문이 하나 남아 있습니다.

"과연 누가 미국이 이 일을 시작할 수 있도록 할 것인가?"

그 질문에 대한 답은 대중의 의견입니다. 대중의 의견들이 지도자들을 통해 잘 조화되어야만 대통령과 의회가 이 일을 시작할 수 있게 할 수 있습니다.

사람들의 마음속에 전쟁에 대한 생각이 남아 있는 한 국가간의 연합이나 상호 조약들만으로 전쟁을 종식시킬 수는 없습니다.

세계 평화는 처음에는 비교적 작은 수의 사상가들의 움직임으로부터 시작될 것입니다. 그리고 점차적으로 동참하는 사람들이 늘어나고 교육자들과 성직자들, 정치평론가들로부터 이런 움직임이 평화를 영구적으로 정착시켜서 현실로 만들게 될 것입니다.

이런 바람직한 목표는 적절한 지도력으로부터 한 세대 안에 달성될 수 있습니다. 그러나 지도력을 가진 많은 사람들이 부를 위해 시간을 빼앗기기 때문에 아직 태어나지 않은 세대까지 신경쓸 여력이 없고 따라서 이 목표 달성은 앞으로 태어날 여러 세대까지를 위한 것이 아니라 현 세대만을 위한 것입니다.

전쟁은 이성이 아닌 인간의 감성에 대한 호소를 통해 종식될 수 있습니다. 이 호소는 전 세계의 다양한 사람들을 잘 조화시켜 세계 평화에 대해 감성적으로 인식시키는 과정을 통해서 이루어져야 합니다. 그리고 우리가 우리의 아이들에게 각각의 종교에 대한 소개와 마찬가지로 이 계획에 대해서도 똑같이 아이들에게 알려줘야 합니다.

그렇다고 해서 지금 전 세계의 교회들이 한 세대 안에 반드시 국제적 목표로서 세계 평화를 이루어야 한다고 말하는 것은 아닙니다. 다만 지금 서로간에 반목하는 데 사용되는 에너지의 반만이라도 이 목표를 위해 투자하도록 하자는 것입니다.

여러 기독 종파들이 힘을 모아 교회의 힘만으로 3세대 안에 세계 평화를 이룰 수 있을 것이라고 말한다면 상당히 양보한 것입니다. 한 세대 안에도 선도적인 종교단체와 교육계, 일반 대중의 의견들을 통해 세계 평화라는 이상을 어른과 아이의 마음속에 심어줄 수 있을 것입니다.

만일 전 세계의 조직화된 종파들이 지금과 같이 세계 평화라는 대의를 위해 자신들의 이익을 버리려 하지 않는다면 이에 대한 해결책은 바로 모든 인종들이 동참할 수 있고 아이들에게 세계 평화에 대한 사상을 심어주는 것을 목적으로 세계 교회를 설립하는 것입니다. 그런 교회는 점차적으로 추종자들이 많이 생기게 될 것입니다.

만일 전 세계의 교육기관들이 세계 평화라는 이 높은 이상을 이루는 데 협조하지 않는다면 우리는 아이들에게 세계 평화의 이상을 심어줄 수 있는 새로운 교육기관을 설립해야 할 것입니다.

마찬가지로 만일 전 세계의 언론이 세계 평화의 이상에 동참하지 않는다면 우리는 독자적인 언론을 만들어 지면이나 방송을 통해 세계 평화의 이상을 지지할 수 있도록 해야 합니다.

요약하자면 만일 현존하는 세계의 조직들이 세계 평화 달성에 협조하지 않는다면 그렇게 할 수 있는 새로운 단체를 만들어내야 한다는 것입니다.

세상 사람들의 대부분은 평화를 원하고 있고 이에 힘입어 세계 평화는 달성될 수 있는 가능성을 엿볼 수 있습니다!

언뜻 생각하면 교회들이 힘을 모으고 각각의 이익을 통째로 문명의 이익을 위해 종속시킬 수 있다고 생각하는 것은 지나친 것처럼 보일 수 있습니다.

그러나 이런 극복할 수 없을 것 같아 보이는 장애물이 실제로는 전혀 장애물이 아닙니다. 왜냐하면 교회가 그 이상(理想)을 위해 손해 보는 만큼 혹은 그 수천 배만큼의 힘을 교회가 대가로 얻을 수 있기 때문입니다.

 시간이 있더라도 위대하게 시작하라! 그러나 운명에서는 장대하라. 낮은 목표를 세우는 것은 실패는 아니지만 죄악이다.

❋ 가장 위대한 잠재력을 가진 곳

이제 교회가 세계 평화라는 목표를 이루려는 이 계획에 동참함으로써 얻게 되는 이점이 무엇인지 한번 알아보겠습니다.

우선 명백한 사실은 어떤 교회도 다른 종파와 연합하여 이 이상을 추구한다

724

고 해서 손해를 보지는 않습니다. 이 연합으로 결코 교회의 신조가 바뀌거나 방해받지는 않는다는 것입니다.

모든 교회와 종파들은 이 연합에 들어오기 전에 가지고 있던 힘과 이익을 그대로 유지함은 물론이고 이와 더불어 역사에 남을만한 일에 선도적으로 동참함으로써 최대한의 영향력을 얻게 됩니다.

비록 교회가 연합에 동참했지만 다른 어떠한 이익을 얻지 못하더라도 이 영향력을 얻는 것 단 한 가지만으로도 충분한 보상이 될 것입니다. 즉, 이 연합에 동참함으로써 교회가 얻을 수 있는 중요한 이익은 그 교회가 추구하는 이상을 세상에 전달할 수 있는 충분한 힘을 갖게 된다는 사실입니다.

이 연합에 동참함으로써 교회는 조직화된 노력의 법칙에 관한 중요성에 대해서 이해할 수 있게 될 것이고, 이 법칙을 통해 쉽게 세상을 주도할 수 있으며, 교회의 이상을 문명세계에 전달할 수 있게 됩니다.

현재 교회는 이 세상에서 가장 위대한 잠재력을 가진 곳입니다. 그러나 그힘은 단순히 잠재력일 뿐이고 조화된 노력의 법칙을 활용하기 전까지는 그 상태로 머물러 있게 됩니다.

모든 종파가 조약을 통해 힘을 모아 아이들에게 세계 평화라는 고귀한 이상을 심어줄 수 있게 될 때까지 그 힘은 단순한 잠재력의 상태에 머물게 된다는 것입니다.

교회가 이 세계에서 가장 큰 잠재력을 지닌 이유는 그 힘이 인간의 감성으로부터 나오기 때문입니다. 이 감성이라는 것이 세상을 지배하고 교회는 오직 감성의 힘에만 의존하는 거의 유일한 단체입니다.

교회는 문명의 감성적 힘을 이용함으로써 사람을 움직일 수 있는 힘을 가진 유일한 사회 구성요소입니다. 왜냐하면 감성은 믿음에 좌우되는 것이고 이성에 영향을 받는 것이 아니기 때문입니다. 그리고 교회는 세상의 믿음이 집중된 유일한 조직체입니다.

오늘날 교회는 많이 단절된 힘의 단위 형태로 존재하고 있고, 이 단위들이 조직화된 노력을 통해 서로 연결되면 그 통합된 힘이 세상을 주도할 수 있고, 그 힘에 대항할 힘은 지구상에 없을 것이라는 말은 그리 과장된 것이 아닙니다.

하지만 이것은 결코 낙담할 만한 상황은 아닙니다. 즉, 세계 평화의 이상을 지지하고 보급시키기 위해서 교회의 여성신자들의 역할증대가 요구됩니다. 전쟁을 종식시킴으로써 얻는 이익은 고스란히 태어나지 않은 아이들 것이기 때문입니다.

쇼펜하우어의 여성에 대한 비판에서 그는 '여성은 개별적인 이익보다 인종을 더 중요하게 생각한다'고 함으로써 문명의 희망에 기반이 되는 사실을 무의식중에 기술했습니다. 그는 개인보다 인종의 이익을 중요시하는 여성의 타고난 기질 때문에 여성은 남성의 천적이라며 강경하게 여성을 고발했습니다.

세계는 1차 대전을 기점으로 이제 문명화가 새로운 국면으로 접어들었다는 주장은 신빙성 있는 예언입니다. 세계대전을 시작으로 여성의 손에 세계 평화의 윤리적 잣대가 쥐어졌다 해도 과언이 아닙니다. 이것은 희망적인 징조입니다. 왜냐하면 여성의 타고난 천성에는 현재의 관심사를 미래의 것으로 만드는 재질이 있기 때문입니다.

미래의 세대에게 이익을 줄 수 있는 사상을 젊은이들의 마음속에 심어줄 수 있는 것이야말로 여성의 본능에 적합한 것입니다. 남성들이 일반적으로 현재에 안주해 있는 동안 여성들은 우리가 가지고 있는 이상을 아직 태어나지 않은 세대로 전달할 것입니다.

쇼펜하우어는 여성을 공격했습니다. 하지만 그는 여성 본성에 대한 위대한 진실을 말했습니다. 이 진실은 잘 이용되어 세계의 이상과도 같은 우주 평화를 이룰 일꾼들을 훌륭히 길러낼 것입니다.

전 세계 여성들의 모임은 단지 여성만을 위해줄 것(투표권 등)을 요구하기보다 세계의 여러 문제에 참여하여 그 역할을 수행할 운명을 지닌 것입니다.

이러한 사실을 문명사회는 기억해야 합니다!

평화를 원하지 않는 사람은 전쟁으로 이익을 보는 사람들입니다. 만약 전쟁을 원하지 않는 대중이 높은 이상을 가지고 세계 평화를 위해 힘쓴다면 전쟁으로 이익을 보는 사람들은 다 사라지고 말 것입니다.

마지막으로 이 기획서를 다 끝내지 못하는 것에 대한 사과의 말씀을 올려야 할 것 같습니다. 그러나 한 가지 변명 아닌 변명을 올린다면 세계 평화를 이루기 위한 기본적인 재료들, 즉 집을 짓기 위한 벽돌이나 모르타르, 암반공사는 이미 다 했다고 보시면 됩니다.

세계 평화 이상의 실현화를 위한 정리와 재료 배합은 이미 다 한 것이나 다름없습니다. 실천만이 남은 셈이지요. 이만 줄입니다.」

그것은 사람의 손길이다.
당신과 당신 마음의 손길이다. 놀라는 마음이다.
안식처와 한 조각의 빵, 그리고 와인
밤이 끝나면 안식처도 없어진다.
빵은 하루밖에 갈 수 없다.
하지만 손길과 목소리는 항상 영혼을 노래한다.

– 스펜서 트리

●●●
인내와 사회적 세습의 적용

이제부터는 지금까지 다룬 사회적 세습을 산업, 경제 분야에도 적용시켜보자. 이것은 확실하든, 않든 물질적인 부를 쌓는 데는 분명히 큰 도움이 될 것이다.

만일 내가 은행가라면 내 사업장에서 가까운 고객들의 생일 리스트를 만들고 그 리스트에 이름이 있는 모든 아이들의 생일에 적절한 축하편지를 보내어 좋은 시기에 좋은 가정에서 태어났음을 축하한다는 뜻을 전달할 것이다.

편지란 아이들이 가장 좋아하는 왕래수단이기도 하므로 그 아이는 해마다 생일을 미리 알려주는 편지를 은행으로부터 받게 될 것이다.

만약 편지를 받을 아이가 동화책에 흥미 있어 할 나이라면 저축하는 습관이 얼마나 좋은지를 다룬 동화책과 함께 배달될 것이며, 만약 여자아이라면 종이 인형 책과 함께 편지를 받을 것이다. 각 인형 뒤에는 우리 은행의 이름이 써있을 것이며, 그가 남자아이라면 야구방망이를 선물로 줄 것이다.

그리고 은행의 가장 중요한 층에 아이들의 놀이방을 만들어서 그곳에 회전목마와 미끄럼틀, 시소와 스쿠터 등 각종 게임기와 모래사장도 함께 놓을 생각이다. 물론 아이를 봐주는 어른도 고용함으로써 아이들에게서 그 놀이방의 중요성이 점차 커지게 하겠다. 은행을 방문하거나 쇼핑을 할 때 엄마들이 마음 놓고 아이들을 맡길 수 있을 만큼 잘 운영할 것이다.

그 아이들이 성장해 우리 은행의 예금주가 될 때까지 즐겁게 왕과 같이 모실 것이다. 하지만 그런다고 그들의 부모를 소홀히 하는 것은 결코 아니다. 그러므로 그 부모들이 우리 은행의 고객이 되는 것도 결코 적지 않을 것이다.

✳ 아이들을 먼저 유혹하라

만약 내가 직업훈련 학교의 이사장이라면 아이들이 5학년이 되면서부터 고등학교에 들어갈 때까지 교육을 시키겠다. 그래서 고등학교 과정을 마치면서 직업을 선택할 때쯤 그들의 마음속에 우리 직업학교의 이름이 저절로 생각나게끔 하겠다.

만약 내가 식료품이나 백화점 혹은 잡화점을 경영한다면 아이들을 끌어들여 그 아이들과 부모들이 내 사업장에 흥미를 가지고 자주 드나들도록 할 것이다. 자식들에게 가장 많은 영향을 미치는 것은 당연히 부모들이다.

만약 내가 백화점 사장이라면 대부분의 사장들이 그러는 것처럼 신문 한 페이지를 모두 할애해서 광고를 할 때 그 광고의 아랫부분에 연재만화를 넣으면서 놀이방도 함께 보여줌으로써 아이들로 하여금 백화점의 광고를 읽도록 유도하겠다.

만일 내가 목사라면 교회의 지하에 놀이방을 근사하게 만들어 매주 주말마다 아이들이 교회에 오고 싶어하게 만들 것이다. 그리고 종종 놀이방으로 내려가 그들과 함께 놀아줌으로써 미래의 내 신도들에게 영감을 불어넣어 줄 것이다.

기독교적인 분위기와 함께 숨쉬는 것보다 그들에게 선교활동을 하는 더 좋은 방법은 없다. 그리고 동시에 어린아이들 사이에서 내 교회는 유명장소가 될 것이다.

만일 내가 전국적인 규모의 광고회사를 운영하고 있거나 혹은 통신판매업자라도 나는 어린이들과 교감이 통하는 방법을 개발했을 것이다. 다시 말한다면 아이들에게 가장 영향을 주는 것은 부모들이므로 아이들을 잡는 것이 곧 그들의 부모에게 영향을 주는 것이기 때문이다.

같은 이유로 내가 만일 이발사라면 아이들을 위한 방을 꾸밀 것이다. 그래서 아이들과 그 부모들이 내 이발소로 와 편하게 쉴 수 있는 공간을 마련하겠다.

도시의 변두리에는 아이들과 때때로 외식하기 위한 사람들을 위해 집에서 만든 음식보다 훨씬 질 좋은 음식을 팔 수 있는 무궁무진한 기회가 널려 있다. 나는 이곳에 싱싱한 고기를 잡을 수 있는 연못과 당나귀, 그리고 모든 종류의 동물과 새를 키워 아이들을 흥미롭게 하겠다.

내가 만일 그 가게를 경영한다면 아이들을 정기적으로 초청해 하루를 보내게 할 것이다. 이런 기회가 지천에 깔려 있는데 왜 사람들은 황금이 나는 광산만을 부러워하는지 모르겠다.

아이들을 먼저 유혹하라! 그러면 부모는 자연히 따라온다!

만일 정부에서 어린이들의 마음을 전쟁으로 향하게 해 오직 전쟁만을 위한 병사로 기를 수 있다면 같은 논리로 사업가들 또한 아이들을 키워 충성스러운 고객을 만들어낼 수 있을 것이다.

❋ 한마음 한뜻이 승리의 길

이제 우리는 또 다른 중요한 관점에 와 있다. 협동심과 조직화된 노력으로 얼마나 많은 힘을 쌓을 수 있을까를 다른 각도에서 살펴보자.

앞의 전쟁을 종식시키는 기획서에 보면 가장 영향력 있는 세 기관(학교, 교회, 언론)의 협력이 얼마나 필요한지 알 수 있다.

우리는 전쟁이 끝난 후에 값진 교훈을 배우곤 한다. 비록 난폭하고 파괴적이지만 조직화된 노력보다 중요한 것은 없다는 점을 뼈저리게 느낄 수 있다.

당신은 연합군이 포치(Foch) 장군의 지휘 아래 똘똘 뭉쳐 조직된 후에야 전세가 역전된 것을 기억할 것이다. 포치 장군은 각국 군대의 완벽한 협조를 연출해냈다.

세계 역사상 당시 연합군처럼 한 사람의 지휘 아래 한 집단이 집중된 힘을 낸 적은 없었다. 우리는 이제 이들을 분석함으로써 중요한 진실을 발견할 수 있다. 이들은 지구상에서 지금껏 훈련된 군대 중에 가장 세계주의적인 이념으로 훈련된 병사들이었다.

천주교든 개신교든, 유대인이든 아니든, 흑인이든 백인이든, 피부색이 누렇든 갈색이든, 지구상의 모든 민족이 그 군대에 가담했다. 만약 그들이 인종의 차이에 조그마한 문제라도 안고 있었다면 전쟁에 몸을 움츠리거나 숨어버렸을 것이다.

그들은 전쟁의 스트레스 아래서도 위대한 인간성으로 서로 협력해 피부색이나 종교문제를 떠나 각지에서 싸웠다. 그들도 목숨을 내놓고 전장에서 그렇게 열심히 싸웠는데 우린들 산업, 경제 분야에서 그 정도 싸우지 못할 이유가 있을까?

오직 문명화된 사람들만이 같은 목표를 향해 추진할 때만 완벽한 결과를 낼 수 있는 것일까?

만약 연합군 개개의 병사가 서로 한마음 한뜻으로 협력해 싸우는 것이 승리를 위한 길이었다고 생각했다면 도시 사람들도 한뜻이 되어 같이 일하는 것이 승리를 위한 것이라고 생각할 수 있지 않을까?

만약 교회와 학교, 신문사나 사회조직들이 연합을 해서 같은 동기로부터 일을 한다면 얼마나 성공을 거둘지 눈에 보이지 않는가?

아직도 당신 곁에서 맴돌고 있는 기회를 잡아라. 도시의 노사가 한데 뭉쳐 서로의 의견차를 줄이기 위한 목표를 가지고 연합하면 사람들에게 좀더 나은 서비스를 제공할 수도 있고 더 큰 이익을 볼 수도 있다.

우리는 세계대전을 통해서 일부분이 파괴되면 전체가 약화된다는 것을 배웠다. 한 나라의 국민이 가난에 빠지면 다른 나라도 같이 고통받는다는 것을 알았다. 다시 말해 **협동심과 인내야말로 성공을 위한 기초 디딤돌이라는 점을 배운 것이다.**

물론 사려 깊고 스스로 연구할 줄 아는 사람은 세계대전을 통해 배운 것만으로도 개인적으로 이익을 얻을 수 있고 결코 실패하지 않을 것이다.

나는 당신이 이 책을 읽고 난 후 개인적인 관점에서 많은 이익을 얻고자 한다는 사실을 안다. 바로 그러한 이유 때문에 나는 개인적인 입장에서 보는 모든 가능한 방법들을 동원해 여러분이 생각하지 못하는 부분까지 설명하려 노력하고 있다.

이번 장에서 여러분은 조직화된 노력과 인내, 사회적 세습의 요점이 어떻게 적용되는지에 대해 배웠다. 이는 마치 우리가 하는 사고에 음식을 주는 것과 같으며 생각할 수 있는 상상력 계발에도 큰 도움이 될 것이다.

이를 통해 당신의 관심사를 행동으로 옮기는 데 그 요점들이 어떻게 적용될지 분명하게 보여주려 나는 노력하고 있는 것이다.

여러분이 설교를 하든, 물건을 팔든, 자영업을 하든, 법 공부를 하든, 자원봉사를 하든, 노동자로 일을 하든 분명한 것은 이 장을 통해 당신은 좀더 높은 이상을 성취하는 데 자극을 받았을 것이다. 만약 당신의 직업이 광고 카피라이터라면 이 장으로부터 당신의 글에 힘을 실어줄 수 있는 재료를 얻을 수 있다.

만일 당신이 자영업자라면 이 장의 내용은 더 큰 이익을 볼 수 있게 도움을 줄 것으로 자신 있게 말하고 싶다. 또한 솔직히 말해서 분명 인내하지 못하는 사람이 겪은 부작용에 대해서도 많이 알았을 것이다. 하지만 이 또한 당신 삶에 시사하는 바가 많으리라고 생각한다.

건전한 인격을 형성하는 데 성공했다면, 다른 사람들이 그에 대해 말하는 것은 그다지 중요하지 않다. 왜냐하면 그는 결국 승리할 것이기 때문이다.

✳ 적당한 자극이 행동을 유발

여러분이 읽은 책과 거기에서 얻을 수 있는 교훈들이 있을 것이다. 물론 이 자체의 가치는 크지 않다고 말할 수 있다. 하지만 이들의 진정한 가치는 단지 종이에 쓰여 있는 글이 아니라 독자들이 그 글을 읽고 행하는 행동에서 평가된다.

예를 들어 내 책의 교정 일을 봐주던 여직원과 그녀의 남편은 이 책의 원고를 처음 읽었을 때 너무 감동을 받았다고 했다. 그래서 그들은 광고경영학교에 입학했고 이내 은행의 광고를 대행하는 사업을 구상하게 되었다. 그들의 사업계획에 따르면 먼저 어린이들의 눈길을 끌고 그를 통해 부모들에게도 관심을 갖게 함으로써 1년에 1만 달러 이상의 수입을 올릴 자신이 있다고 말했었다.

솔직히 나는 그녀의 계획이 너무 마음에 든다. 감히 그들이 하는 일을 평가한다면 최소한 그녀가 말한 액수의 3배는 족히 되고도 남을 것이라 확신한다. 탄탄한 계획 아래 유능한 세일즈맨까지 가담한다면 5배가 된다 해도 과언이 아니리라.

이 책의 모든 내용이 완성되기도 전에 성취된 것은 그것만이 아니었다. 내가 이 장의 초고를 한 유능한 경영학교의 이사장에게 보여줬더니 그는 학생을 길러내는 사회적 세습 부분에 대해 중요한 조언을 해주었다. 그리고 내가 제시한 제안을 적극적으로 신뢰했고 그 중 일부를 직접 실행에 옮기고 있었다.

그는 미국과 캐나다의 1,500군데가 넘는 학교에 그 응용방법을 적용할 수 있을 것이라 장담했다. 분명히 이는 대통령의 급여보다 많은 돈을 벌 수 있는 기초가 될 것임을 확신했다.

그리고 이번 장이 거의 끝나갈 즈음 애틀랜타에 사는 찰스 크로우치(Charks F. Crouch) 박사에게서 편지를 한 통 받았다. 내용인즉 애틀랜타의 유지들이 이제 막 황금률 클럽을 창설했다는 것이다. 그 클럽의 주요 목표는 클럽을 더욱 번성하게 하는 것뿐 아니라 세계의 전쟁을 종식시키는 것이라고 했다(이 책을 마치기 전에 전쟁 종식에 관한 원고의 한 부분이 크로우치 박사에게 배달된 적이 있었다).

불과 몇 주 사이에 이 세 가지 사건이 꼬리에 꼬리를 물고 일어났다. 이번 일을 계기로 내가 쓴 이 책 16장 중 이번 장의 내용이 가장 중요한 것임을 다시 한번 실감할 수 있었다.

그렇다고 하여 당신이 나의 생각을 전적으로 따를 필요는 없다. 당신에게 이 내용의 가치는 자신을 얼마나 자극하여 이 장이 아니었으면 행동하지 않았을 지도 모를 어떤 구체적인 행동을 할 수 있느냐에 달린 것이다.

이번 장에서 언급한 **인류의 가장 중요한 목표는 교육이다. 이때의 교육의 의미는 무엇을 가르치는 의미를 넘어 당신 안에 잠들어 있는 능력을 깨우는 적당한 자극이 행동으로 옮길 수 있는가에 참뜻이 있다.**

이제 마지막 결론으로 인내에 관한 나의 사적인 의미가 담긴 다음과 같은 글을 남기고자 한다. 이 간략한 글은 내가 가장 힘들었을 때 쓴 글이다. 자세히 말해서 적들이 나의 명예를 실추시키려 했을 때, 정직한 노력으로 내 인생을 바쳐 얻은 정당한 결과를 비방했을 때, 세상에 좋은 일을 하고자 순수한 동기로 일하는 나를 오해했을 때 썼던 글이다.

인내

현명함의 새벽은 동쪽 지평선으로 날개를 펼친다. 무식과 미신은 그들의 마지막 발자국을 시간의 모래에 남기고 걸어간다. 이 기록은 범죄 란에 기록될 것이며 이것은 인내가 없어 생긴 인간의 가장 큰 죄라고 적을 것이다!

인내하지 못하는 자의 쓰디쓴 결과는 종교적인 차이와 인종적 편견문제로 발생하는데 이는 모두 유년기 시절에 받은 훈련의 결과이다.

오! 인간 운명의 주인이시여! 언제쯤이나 우리 불쌍한 중생들이 교리와 신념이 다르다고 해서 서로를 헐뜯는 일이 덧없다는 것을 깨달을 수 있을까?

우리가 이 지구상에서 살아갈 수 있는 시간은 눈 깜짝할 사이에 지나가 버린다. 그리고 마치 금방 불붙이고 깜빡거리는 양초처럼 우리는 이내 꺼져버릴 것이다.

죽음이 임박했을 때 조용히 텐트를 걷고 죽음을 기다리는 위대한 대상(隊商)들처럼 왜 우리는 살지 못하는 것일까? 사막의 아랍인들처럼 대상들을 조용히 따르며 무서운 암흑 속에서도 두려움이나 떨림 없이 살 수는 없는 것일까?

진정 바라건대, 유태인과 이방인들, 천주교와 개신교, 독일인 혹은 영국인, 프랑스인 혹은 러시아인, 흑인 혹은 백인 등의 차별은 다른 쪽의 세계로 넘어가는 경계선을 지나면서 그 차이를 구별하지 않았으면 한다.

단지 그곳에는 인간의 영혼만이 존재했으면 한다. 오직 형제와 자매만이 존재하고 인종, 신앙, 피부색으로 구별하지 않았으면 한다. 이 지구에서의 짧은 체류를 혼돈과 비탄으로 몰아넣었던 투쟁과 무지, 미신, 지독한 오해 등의 방해를 받지 않고 한 영겁이나 두 영겁 동안 쉬고 싶기 때문이다.

16장

황금률의 이행
The Golden Rule

Napoleon Hill

성공의 법칙 철학에 대해서 읽어본 사람은 누구
든지 인생의 성공을 위한 준비를 해나가게 될 것
이다.

- 엘버트 게리

황금률의 이행

'믿어라! 당신은 해낼 수 있다!'

이번 장은 지금껏 언급해 왔던 성공의 법칙 중 가장 최고봉이라고 할 수 있다. 이 장의 내용을 통해 앞에서 배운 지식들을 적절하고 건설적인 방향으로 사용할 수 있는 방법을 익혀나가게 된다.

대부분의 사람들에게 이전 장에서 배운 지식들을 한꺼번에 소화시키기에는 분량이 너무 많다. 흔히 힘든 과정 없이 갑작스럽게 힘을 얻게 된 사람들에게 따라오는 암초나 장애물들은 이번 장의 내용을 잘 이해하고 제대로 적용한다면 무난히 극복하면서 배를 움직여 앞으로 나갈 수 있는 능력을 얻게 될 것이다.

나는 사람들이 힘을 갖게 되면 어떤 행동을 취하는지 지난 20년간 세밀히 관찰해왔다.

그 결과 점차적인 과정을 통해 힘을 얻는 것이 아니라 다른 방법으로 급하게 파워를 가지게 되면 자기 자신뿐 아니라 그의 영향력을 받는 모든 사람들에게 끊임없는 파괴의 위험을 던져준다는 사실을 발견하게 되었다.

황금률은 인간 행동의 규범

지금까지의 과정을 통해서 이미 알고 있겠지만, 이 책에서 의도하는 바는 '불가능' 해 보이는 것들을 가능하게 하는 힘을 얻는 단계에 대해 설명하고 있다. 이러한 힘은 이번 장에서 강조하는 중요 법칙을 잘 준수하기만 하면 얻을 수 있다. 그러므로 이번 장은 앞장에서 설명한 법칙만큼 동등하거나 상황에 따라서는 더욱더 중요할 수도 있다.

마찬가지로 이번 장에서 얻은 힘을 계속 유지하고자 할 때에도 앞의 법칙들을 잘 준수해야 한다. 이는 무모한 독자들이 스스로의 어리석음으로 위험에 처하는 것을 막아주는 안전장치와 같은 역할을 하기도 하고, 또 이 장에서 설정된 교훈을 회피하려고 함으로써 위험에 빠져드는 사람들을 보호하는 기능도 할 것이다.

게다가 이번 장을 통해 습득한 법칙을 완전히 이해하지 못한 상태이거나 혹은 이런 법칙을 준수하지도 않으면서 앞의 장들에서 소개된 지식들을 통해 획득할 수 있는 힘을 사용한다면 역효과를 낼 수도 있다는 사실을 잊어서는 안 된다.

나는 지금 내 생각이 사실이라고 추정되기 때문에 말하는 것이 아니라 진실을 분명히 알고 있기 때문에 언급하고 있는 것이다!

❈ 뿌린 만큼 거두리라

이 책의 모든 과정, 특히 이번 장의 토대가 되는 내용들은 내가 고안해 낸 것이 아니다. 내가 한 것이라면 20년이라는 세월 동안 이 내용들이 우리 일상생활에서 변함없이 적용되는 것을 목격한 것과 덧없는 인간의 나약함이라는 관점에서 그 사실들을 최대한 활용하려고 한 것뿐이다.

이런 사실들의 타당성에 대한 증명은 단 한 가지 방법에 따라서만 가능하다. 그것은 당신 스스로가 직접 이 사실들을 체험해 보는 것이다. 스스로에게 이 법칙들을 직접 적용해 보아야지만 그 법칙들의 타당성에 대해서 이해할 수 있게 될 것이다.

만일 이보다 더 본질적이고 권위 있는 증거를 원한다면 예수, 플라톤, 소크라테스, 에픽테토스, 공자, 에머슨, 그리고 근대 철학자인 제임스와 뮌스터버그(Munsterberg)의 가르침과 철학에 대해 공부해 보라.

이 책의 핵심적인 부분들을 작성하는 데 나는 이 위대한 철학자들의 작품에서 많은 부분을 활용했고 미약하나마 나의 경험도 추가했다.

4천 년이 넘는 세월 동안 인간은 황금률을 인간 행동의 규범으로 삼아왔다. 하지만 불행히도 그 규범의 진정한 의미를 알지 못했다. 우리는 단지 황금률 철학을 윤리적 행동규범으로 여겼을 뿐 그것이 기반으로 하는 법칙에 대해서는 이해하지 못했던 것이다.

나는 지금까지 황금률을 많은 사람들이 인용하는 것을 봐왔지만 그 기본 법칙에 대해서 언급한 예는 단 한번도 보지 못했다. 그리고 얼마 전에야 나는 비로소 그 법칙에 대해서 이해하게 되었고 황금률을 인용했던 사람들이 그 법칙에 대해 전혀 이해하지 못하고 있었다는 사실을 알게 되었다.

황금률의 핵심은 입장을 바꾸어 '다른 사람이 당신에게 해주기를 바라는 것과 똑같이 다른 사람에게 하라'는 것이다.

왜 그럴까? 왜 다른 사람들을 이토록 사려 깊게 배려해야 하는 것일까? 그 이유는 다음과 같다.

우리는 '뿌린 대로 거둔다'는 영구한 법칙을 알고 있다. 다른 사람을 대하는 자신의 행동을 결정할 때 만일 자신의 선택에 따라서 다른 사람들에게 이로움을 줄 수도 있고 해를 끼칠 수도 있다는 사실을 알면 공평하고 올바른 선택을 하려고 할 것이 분명하다.

738

'뿌린 만큼 거두리라!' 를 당신의 삶의 지표로 삼으라.

다른 사람들을 부당하게 대우하는 것은 자신이 가진 특권 중 하나이지만 황금률의 기본 법칙을 제대로 이해했다면 그러한 부당한 대우가 결국에는 자기에게 돌아오는, 즉 자업자득이 될 것이라는 사실을 알고 있을 것이다.

만일 여러분이 11장 '정확한 사고' 에서 설명된 법칙들을 완전히 이해했다면 이 황금률이 기본으로 하는 법칙을 이해함은 어렵지 않을 것이다.

여러분은 이 법칙을 왜곡하거나 변경시킬 수는 없으며 다만 할 수 있는 것은 자신을 이 황금률의 법칙에 적응시킴으로써 위대한 업적을 이룰 수 있는 무한의 힘을 얻을 수 있을 뿐이다.

이 법칙은 다른 사람들에 대한 당신의 부당하고 불친절한 행동들이 당신에게 단순히 되돌려주는 것으로 끝나는 것이 아니라 훨씬 많이 작용하고 있다. 즉, 당신이 떠올린 모든 사고의 결과도 당신에게 돌려주는 것을 의미한다.

따라서 이 보편적인 법칙으로부터 혜택을 받으려면 **'다른 사람들이 당신에게 해주기를 바라는 대로 행동하는 것'** 뿐 아니라 **'다른 사람들이 당신에 대해 생각하기를 바라는 것만큼 다른 사람들에 대해 생각하는 것'** 이 중요하다.

당신이 어떤 생각을 함과 동시에 좋은 방향이든 나쁜 방향이든 이 황금률 법칙은 당신에게 영향을 미치기 시작한다.

사람들이 대부분 이 법칙을 이해하지 못했다는 사실은 비극이 아닐 수 없다. 이 법칙의 간단함에도 불구하고 인간에게 영속적인 가치를 주는 것은 이것이 전부라는 사실을 배워야만 한다. 왜냐하면 우리가 우리 운명의 주인이 될 수 있게 해주는 것이 이 법칙이기 때문이다.

이 법칙을 이해하면 성경에서 알려주고자 하는 모든 것을 다 이해할 수 있을 것이다. 성경의 교훈은 인간은 스스로가 사고와 행동을 통해 그 자신의 운명을 개척해 나간다는 사실에 대한 무수한 증거들을 보여주기 때문이다.

현재보다 문명화가 덜 되었던 시절 수많은 위대한 철학자들은 이 보편적인 법칙을 발견하고 모든 사람들이 이해할 수 있도록 하기 위해 그 중 몇몇은 생명까지 걸었다. 과거 역사에 비추어 보았을 때 몇 세기 전에는 목숨을 걸고 기록했어야 할 내용들을 지금은 아무런 위협 없이 기술할 수 있게 되었다. 이런 사실 자체는 인간사회도 점점 더 무지를 떨쳐버리고 발전하고 있다는 것을 입증해 주는 좋은 예이다.

> 누구나 다른 사람이 자신을 속이지 않기를 바란다. 그러나 자신 스스로 다른 사람들을 속이지 않기를 바라는 날이 올 것이다. 그 후에는 모든 것이 순조로울 것이다. 그런 사람들은 시장의 카트를 태양의 전차로 변화시킨 것이다.

※ 기도의 힘(황금률의 효과)

이 책은 인간이 인식할 수 있는 최고의 보편적인 법칙에 대해서 다루고 있지만, 이 장의 목적은 이러한 법칙들을 일상생활에서 실질적으로 활용할 수 있는가에 초점을 맞추고 있다. 이 점을 기억하면서 다음의 예를 통해 황금률의 효과에 대해서 분석해 보도록 하자.

변호사는 "아니오, 나는 그 사람에 대한 당신의 소송을 맡지 않을 겁니다. 원하신다면 다른 사람을 찾아보시든가, 소송을 취하하시든가 하시죠" 라고 말했다.

"왜 돈이 안 될 것으로 생각하십니까?"

"물론 약간의 돈은 생기겠지요. 그러나 그 돈은 사람이 머무는 작은 집을 팔아서 생기는 것이 아닙니까? 어찌되었든 저는 그 사건을 맡고 싶은 생각이 없습니다."

"겁을 먹은 게로군요. 그렇죠?"

"전혀요."

"그 사람이 도와달라고 간청했던 모양이죠?"

"글쎄요, 그랬던 것 같네요."

"아마도 그 사람의 부탁을 거절하지 못했겠군요?"

"그렇습니다."

"도대체 어떻게 된 겁니까?"

"제가 눈물을 좀 흘렸던 것 같네요."

"그 노파가 끈질기게 부탁했던 거죠?"

"아니요, 저는 그렇게 말한 적은 없습니다. 그분은 저에게 아무 말씀도 하지 않았으니까요."

"그럼 그 사람이 당신이 듣고 있는 동안 어떤 사람에 대해서 언급했는지 물어봐도 괜찮을까요?"

"전능하신 하느님이요."

"아, 그 사람이 기도를 했다는 말씀이시네요. 그렇죠?"

"적어도 저를 위해 기도한 것은 아닙니다. 아시다시피 저는 그 작은 집을 쉽게 찾을 수 있었고, 조금 열려 있는 바깥쪽 문에 대고 노크를 했습니다. 그런데 아무도 그 소리를 못 들은 것 같아서 작은 거실로 들어갔고 문의 갈라진 틈을 통해 안락한 방을 보았습니다.

그 방의 침대에는 머리가 하얗게 센 할머니 한 분이 누워 있었고 그녀가 주위를 바라보고 있는 모습은 마치 저의 어머니가 세상을 떠나시면서 보이셨던 모습과 흡사했습니다.

제가 막 노크를 하려고 하는 찰나에 그녀는 '하느님, 저는 이제 준비가 되었습니다. 이제 시작하시죠'라고 말했습니다. 그녀 옆에는 남편으로 보이는 백발의 한 남자가 무릎을 꿇고 있었습니다. 저는 그 상황에서 도저히 노크를 할 수 없었습니다. 그 노인은 기도를 시작했습니다.

우선 그들이 여전히 하느님의 어린 양이라는 사실과 하느님의 뜻을 거역하지 않을 것이라고 기도했습니다. 그 나이에 병들고 힘없는 아내와 함께 집 없이 길거리에 나앉게 되는 것은 그들에게 무척 힘든 일이었습니다. 자식들 중 한 명이라도 살아 있었더라면 상황이 많이 달랐을 텐데!

그가 기도를 잠시 멈추었을 때 침대보 밑에서 흰 손 하나가 나와 그의 머리를 어루만졌습니다. 그는 계속해서 말하길 자기와 아내는 헤어지지 않겠지만 아이들과의 이별이 가장 뼈아픈 일이었다고 했습니다.

그러나 마침내 남편은 그들이 그토록 사랑하는 집을 잃게 되는 것, 즉 거지 신세에 빈민수용소 생활을 해야만 하는 상황이 그들의 잘못이 아니라는 사실을 알고 계신다고 하면서 스스로를 위로하기 시작했습니다.

그리고 그는 하느님을 믿는 사람들을 안전하게 보호해 주실 것을 몇 번이고 기도했습니다. 그 기도는 내가 여태껏 들었던 기도 중 가장 감동적인 기도였습니다. 마침내 그는 그의 집을 합법적으로 빼앗아 갈 사람들에게도 신의 은총이 있기를 기도했습니다."

그러고 나서 변호사는 더 낮은 톤으로 말했다.

"저는 그런 소송으로 내 마음과 손에 얼룩을 남기느니 차라리 제가 그런 빈민구호소에 갔으면 하는 마음이 들었습니다."

"그 노인의 기도를 물리칠 자신이 없었던 거죠? 그렇죠?"

"아마 당신도 그 기도를 물리칠 수 없을 겁니다!"

이렇게 말한 변호사는 말을 이었다.

"그는 모든 것을 신의 뜻에 맡겼습니다. 그러나 그는 우리가 원하는 것을 신에게 알려줘야 한다고 했습니다. 여태껏 내가 들었던 기도 중에서 그의 기도가 가장 훌륭했습니다. 아시다시피 저는 어린 시절부터 그런 것들을 배우면서 자라왔습니다. 어쨌든 제가 왜 그 기도를 들으러 가게 되었을까요? 그 이유는 알 수 없지만 저는 이 사건을 맡을 수가 없습니다."

의뢰인은 불편한 듯이 몸을 꼬더니 이렇게 말했다.

"저한테 그 노인의 기도에 대해서 말을 안했더라면 더 좋았을 것 같네요."

"왜죠?"

742

"글쎄요, 저는 그 집을 팔아서 돈을 갖고 싶거든요. 그렇지만 저도 어릴 때부터 성경을 충분히 배워왔기 때문에 당신이 말한 것에 대해 반하는 행동을 하기 싫어지네요. 당신이 그의 기도를 듣지 않았더라면 더 좋았을 걸 그랬어요. 다음번에는 제가 듣지 않아도 될 탄원문은 듣지 않으렵니다."

변호사는 미소를 지었다.

"당신은 또 한 가지 틀렸습니다. 그들의 기도는 저뿐 아니라 당신도 들어야 할 것이었습니다. 그게 바로 신의 뜻입니다. 제 기억으로 저의 어머니는 하느님의 신비로운 섭리에 대해 찬양하시곤 하셨습니다."

"저의 어머니도 그러셨죠."

의뢰인은 고소장을 손가락 사이에서 비틀면서 말을 이었다.

"원하신다면 내일 아침 그 사람들에게 전화해서 소송이 취하되었다고 하셔도 됩니다."

그러자 변호사가 웃으면서 말을 받았다.

"신비하게도 기도가 들어맞았다고 말이죠?"

※ 노래의 힘(감정적인 변화)

이번 장이나 이 책의 전체 과정이 감상적으로 흘러가는 것은 아니다. 그러나 어쩔 수 없는 진리는, 가장 위대하고 고상한 형태의 성공이라는 것은 사람으로 하여금 인간관계를 바라볼 때 이 변호사가 노인의 기도를 엿들은 후에 느낀 것과 같은 깊은 감정을 가지고 바라볼 수 있게 해준다.

좀 구식으로 들릴 수도 있겠지만 개인적으로 나는 가장 숭고한 형태의 성공이라는 것은 간절한 기도의 도움 없이는 얻을 수 없다는 믿음을 떨쳐버릴 수가 없다!

기도는 11장에서 언급된 비밀의 문을 열 수 있는 열쇠이다. 부의 축적이나 생존 자체를 위해 살아가는 것과 같이 세속적인 일들로 가득 찬 이 시대에는 대부분의 사람들은 간절한 기도의 힘을 알지 못하고 지내게 된다.

그렇다고 해서 그때그때 해결해야 할 일상적인 일들에 대해서도 기도에만 의존하라는 말은 아니다. 나는 경제적인 성공을 원하는 사람들이 공부하는 과정에서 그 정도까지 깊이 들어갈 필요는 없지만 한 가지 권유하고자 하는 바는, 성공을 위해 가능한 모든 것을 다 했는데도 그것을 이루지 못한 경우라면 한번 기도의 힘에 의존해 보라는 것이다.

샌프란시스코 경찰법원의 판사 앞에 30명의 사람들이 눈은 충혈되고 머리는 헝클어진 채로 줄맞춰 서 있었다.

그들은 주정뱅이거나 풍기문란을 일으킨 사람들로서 경찰법원에서는 매일 아침 이들에 대한 판결을 내리고 있었다. 일부는 나이 많은 상습범들이었고, 나머지는 수치심에 고개를 숙이고 있었다. 약간의 소란 끝에 그들이 조용해졌을 때 이상한 일이 발생했다.

저 아래 어디선가 맑은 노랫소리가 들려왔던 것이다.

"어젯밤 나는 죽은 듯이 잠들어 있었지.
그리고 아름답고 생생한 꿈을 꾸었지."

'어젯밤이라구!'

그들에게는 '어젯밤'은 인사불성의 시간이었거나 악몽과 같은 시간이었다. 그 노래의 내용이 그들의 경험과는 너무나도 대조적인 것이어서 그 자리의 모든 사람들은 큰 충격을 받았다.

"나는 예전 예루살렘에 올라가
그곳의 신성한 성전 옆에 섰다네."

노래는 계속해서 이어졌고 판사는 잠시 판결을 미루었다. 판사는 누가 노래를 부르는지 조용히 알아보았는데, 그 노래의 주인공은 문서위조죄로 붙잡혀 와서 판결을 기다리고 있는 유명한 오페라 가수였다. 그리고 그가 감방 안에서 노래를 부르고 있다는 것을 알게 되었다.

그 노래가 계속 됨에 따라 줄을 서 있던 모든 사람이 감정적 변화를 일으켰다. 그 중 한두 명은 무릎을 꿇었고 줄의 끝에 서 있던 한 소년은 참으려고 하다가 결국에는 벽에 기대어 그의 얼굴을 팔 사이에 묻고 "어머니! 어머니!"를 외치며 흐느끼기 시작했다.

모든 사람들의 마음을 울린 그 소년의 울음소리와 아직도 샘솟듯이 법정 안으로 흘러들어오는 노랫소리가 한데 섞였다. 마침내 한 사람이 항의하기 시작했다.

"판사님! 이 노래를 계속 듣고 있어야 합니까? 우리는 죄에 대한 판결을 받으러 온 건데, 이건 좀……."

그러더니 그도 울기 시작했다.

더 이상 판결을 내리는 것은 불가능해졌지만 판사는 노래를 막지 않았다. 경찰들도 처음에는 사람들이 똑바로 줄에 맞춰 서도록 하려다가 나중에는 뒤로 물러나 벽에 기댄 채 쉬고 있었다. 그리고 노래는 절정에 이르렀다.

"예루살렘! 예루살렘!
이 밤이 끝나도록 노래 부르세!
천상의 호산나!
영원한 호산나!"

황홀한 멜로디 속에 마지막 가사가 끝나자 잠시 침묵이 흘렀고 판사는 앞에 서 있는 사람들의 얼굴을 살펴보았다. 그 노래에 감동받지 않은 사람은 단 한 명도 없었으며 충격을 받지 않은 사람도 없었다.

판사는 그 사람들을 개별적으로 판결하지 않고 충고를 한 다음 모두를 방면시켰다. 벌금형에 처한 사람도 없었으며 노역소에서 일하게 된 사람도 없었다. 그 노래가 처벌을 통해 할 수 있는 것보다 더 큰일을 한 것이다.

여기저기에 있는 사소한 친절함은 단순하고 작은 것이다. 그러나 아무런 대가를 바라지 않고 친절함을 베풀었다면 당신의 행복함은 더욱 커질 것이다.

※ 일상생활에서의 황금률 적용

당신은 황금률을 따르는 변호사와 판사의 일화를 읽었다. 일상에서 흔히 볼 수 있는 이 두 가지 일화를 통해 일상생활에서 황금률이 어떻게 적용되는지를 잘 보았을 것이다. 황금률에 대한 소극적인 자세는 아무런 결과도 가져다주지 않는다.

황금률을 믿는 것만으로는 충분하지 않고 다른 사람과의 관계에 이 철학을 적용하는 것이 중요하다. 만일 어떤 결과를 원한다면 이 황금률에 대해 능동적인 자세를 가져야 한다. 이 철학의 적용에는 소극적인 자세만으로 얻을 수 있는 것은 아무것도 없다.

마찬가지로 이 세상에 당신이 황금률을 믿는다는 사실을 공포하기만 하고 그 주장에 따른 행동이 뒷받침되지 않는다면 아무것도 얻을 수 없다.

다시 말하면 겉으로는 이 황금률 철학을 실천하는 것처럼 보이면서 마음속에서는 탐욕적이고 이기적인 본성을 감추는 수단으로 이 법칙을 사용하려 한다면 아무것도 얻을 수 없다. 그릇된 일은 반드시 탄로나게 마련이다. 가장 멍청한 사람도 그런 정체는 곧 '감지'할 수 있을 것이다.

인간의 성격은 스스로 드러나게 된다. 결코 감추어질 수 있는 것이 아니다.

그것은 어둠을 싫어하고 빛을 향해 간다.

일전에 한 유능한 카운슬러가 말하는 것을 들은 적이 있다. 그가 말하길, 자신의 고객이 무죄로 풀려나야 한다는 강한 믿음을 갖고 있지 못한 변호사의 경우 그가 하는 말이 배심원단에게 큰 영향을 미치기는 힘들다는 것이다.

만일 그가 믿지 않는다면 그의 불신이 은연중에 배심원에게도 비치게 될 것이고, 결국 그가 아무리 열심히 유창하게 변호를 하더라도 배심원들에게 그 마음이 전달되어 점점 피고인을 불신하게 되기 때문이다.

우리가 예술가의 작품을 보면서 예술가가 작품을 만들 때에 느꼈던 것과 동일한 마음상태에 빠지게 되는 것도 이와 비슷한 원리이다. 우리가 믿지 않는 것에 대해서는 아무리 반복하더라도 이를 적절히 표현하기 힘든 법이다.

스웨덴보그(Swedenborg)도 이와 유사한 말을 한 적이 있는데, 종교적 세계에 속한 사람들은 그들이 믿지 않는 명제에 대해서 표현하고자 무진 애를 썼지만 결국엔 실패하게 된다.

에머슨은 이런 글을 남겼다.

'인간은 자신의 가치만큼 전달할 수 있는 것이다. 그가 어떤 사람이라는 것은 얼굴이나 태도, 행동에 그대로 나타나게 되는데, 자기 자신은 이를 보지 못하지만 다른 사람들은 읽을 수 있다.

만일 당신이 어떤 일을 하고 있다는 사실이 알려지기 싫다면 그 일을 절대로 하지 말라. 어떤 사람은 바람부는 사막의 모래 위라고 아무런 글이나 쓸지 모르나 그 경우에도 모래 알갱이들은 그 글을 읽고 있을 것이다.'

앞의 인용문에서 에머슨이 참고한 것이 바로 황금률을 기반으로 하는 법칙이다. 그는 동일한 법칙에 기반하여 다음과 같은 글을 남겼다.

'모든 진리에 대한 부정은 거짓말쟁이의 자살이나 다름없으며 그 사회의 건강을 해치는 일이다. 잠시나마 거짓말을 통해 이득을 볼 수 있겠지만, 결국에는 그에 따라 더 큰 손해를 보게 된다.

정직함이 가장 좋은 철학이다. 왜냐하면 정직함은 정직함을 부르게 되고, 사람들을 편안하게 해주며, 사업관계를 친구관계로 전환시켜줄 수 있기 때문이다.

타인에 대한 믿음을 가지면 그들도 당신을 진실되게 대할 것이다. 다른 사람들에게 잘 대해주면, 그들은 사업규칙을 벗어나 예외적으로 당신에게 호의를 베풀어줄 것이다.'

황금률은 그 누구도 빠져나갈 수 없는 법칙에 기반한다. 이 법칙은 11장 '정확한 사고'에서 설명한 법칙과 동일한 것이다. 이 법칙을 통해서 우리가 생각하고 있는 것은 우리의 행동으로 현실화된다고 하는 원리와 동일한 것이다.

'우리 사고의 창조적 힘을 인정하게 되면 더 이상 고난을 겪지도 않을 것이고 더 이상 다른 사람에게 의존하지 않아도 될 것이다. 왜냐하면 우리가 원하는 것을 스스로 만들 수 있다고 한다면, 우리가 원하는 것을 얻는 가장 쉬운 방법은 그것을 다른 사람에게서 빼앗아 오는 것이 아니라, 스스로 만드는 것이기 때문이다.

또한 우리의 사고에는 한계가 없기 때문에 더 이상 힘들게 애쓸 필요도 없다. 만일 모든 사람이 이런 방식으로 자신이 원하는 것을 얻어간다면 이 지구상에서 분쟁이나 욕망, 질병, 근심 등을 더 이상 찾아볼 수 없을 것이다.

성경의 내용은 모두 이 창조적 사고의 힘을 전제로 하고 있다. 만일 그렇지 않다면 믿음으로부터 구원을 받는다는 것이 무슨 의미이겠는가? 믿음이란 것도 본질적으로는 우리의 사고이다. 따라서 신에 대한 믿음을 가지라는 말은 곧 우리의 신에 대한 사고에서 나오는 힘에 대한 믿음을 가지라는 것이나 마찬가지이다.

구약성서에 보면 '믿는 만큼 얻을 것이다'라는 말씀이 있다. 성경 전체는 사고의 창조적 힘에 대한 하나의 말들이 계속해서 나열되어 있다고 봐도 과언이 아니다. 따라서 인간의 개체성에 대한 법칙은 자유의 법칙이고, 평화의 복음이다. 우리가 자기 자신의 개체성에 대해 완전하게 이해할 때에만 다른 사람에 대해서도 동일하게 이해할 수 있게 된다.

그리고 결과적으로 우리가 우리 자신의 개체성에 대해 중요하게 생각하는 것처럼 다른 사람의 개체성에 대해서도 존경하는 마음을 가질 수 있게 된다. 이 과정이야말로 황금률에서 말하는 '다른 사람이 나에게 했으면 하는 일만 다른 사람에게 하라' 는 말을 실천하는 것이다.

그리고 우리 스스로의 자유의 법칙이 창조적 힘을 마음껏 사용할 수 있어야 하기 때문에 다른 사람의 권리를 침해하고자 하는 유혹은 없을 것이다. 왜냐하면 앞에서 배운 법칙을 사용하여 우리의 욕망을 다 충족시켜줄 수 있기 때문이다. 이런 이해과정을 통해 경쟁이 사라지고 협동을 하게 되면 결과적으로 개인, 계층, 국가간의 대립이 사라지게 된다.'

(앞의 인용문은 작고한 전직 판사인 트로워드(T. Troward)에 의해 저술된《성경의 의혹과 성경의 의미》라는 책에서 인용된 것이다. 트로워드 판사는 이 외에도 여러 가지 흥미 있는 책들을 저술했는데, 그 중《에든버러 강의(Edinburgh Lectures)》라는 책은 꼭 한번 읽어보길 바란다).

> 목표를 높게 잡아라! 단 한 줄을 쓰더라도 최상의 글을 쓰도록 하라. 죄가 되는 것은 실패가 아니라 목표를 낮게 잡는 것이다.
>
> – 나폴레온 힐

당신이 바라는 대로 남들에게 하라

여러분이 만일 황금률 철학이 기반으로 하는 법칙을 무시하는 사람에게 어떤 일이 일어날지에 대해서 알고 싶다면, 주위에서 돈을 벌겠다는 단 하나의 목표만을 가지고 살아가면서도 돈을 모으는 과정에 대해서는 전혀 양심의 가책을 느끼지 않는 사람을 한 명 찾아보라.

그 사람에 대해서 연구해 보면 그의 영혼에 온기라고는 없고 그의 말에는 친절함이 없고 그의 얼굴에는 환영하는 기색을 찾아보기 힘들다는 사실을 알게 될 것이다. 그는 부에 대한 욕망의 노예가 되어버린 것이다.

그는 너무 바빠서 자신의 인생을 즐기지도 못하고 너무나 이기적이 되어서 다른 사람들이 인생을 즐기는 것을 보지 못하는 그런 사람이 되어버린 것이다. 그는 걷고, 말하고, 숨을 쉬지만 단순한 인간 로봇에 지나지 않는다.

그러나 우리 주변에는 그런 사람을 부러워하면서 어리석게도 그가 성공한 것이라고 믿고 그와 같은 위치에 이르기를 바라는 사람들이 많이 있다.

행복이 존재하지 않는 성공이란 없으며 다른 사람에게 행복을 나눠주지 않으면 자신도 행복을 느낄 수 없는 법이다. 이 행복을 나눠주는 것은 전적으로 자발적이어야 하며 힘들어하는 사람들에게 따뜻한 햇빛을 나눠주려는 것 이외의 다른 목적이 있어서는 안 된다.

❋ 상호 협조하는 세상의 형제애

조지 헤론(George D. Herron)은 황금률 법칙에 기반해서 다음과 같이 말했다.

"우리는 형제애에 대해서 많이 이야기해왔다. 그러나 이 형제애는 근대의 고상한 감정이기 훨씬 이전에 이미 우리 삶에 내제된 하나의 사실이었다. 우리는 단지 노예상태에서 고통을 받는 형제였고, 무지와 파멸의 형제였고, 질병, 전쟁, 욕망의 형제였고, 타락과 위선의 형제였다.

우리 중 누구 하나에게 일어나는 일은 조만간에 우리 모두에게 똑같이 일어난다. 우리는 피할 수 없는 공동의 운명에 속해 있는 것이다.

750

이 세상은 그 속에서 가장 밑바닥에 있는 사람의 수준에 맞추어가는 경향이 있다. 맨 밑바닥에 있는 그 사람이야말로 이 세상의 진정한 통치자이며 그는 그가 죽을 때까지 세상을 품에 안고 타락시킨다. 믿기 어렵겠지만 이것이 사실이고 또 사실이여야만 한다.

만일 다른 사람들과 달리 자유로워질 수 있는 방법이 있다면, 만일 다른 사람들은 다 지옥에 있을 때 혼자만 천국에 갈 수 있는 방법이 있다면, 만일 원치 않는 노동으로부터 오는 황폐함과 위험, 고통 등에서 벗어날 수 있는 방법이 있다면 이 세상은 파멸과 저주를 받은 곳이 될 것이다.

그러나 인간은 다른 사람의 고통과 잘못으로부터 떼려야 뗄 수 없는 관계에 있기 때문에, 그리고 우리는 어떤 형태이건 형제애에서 벗어날 수 없기 때문에, 그리고 우리는 매 시간 고통스러운 형제애와 행복한 형제애 중 하나를 선택해야만 하기 때문에 우리는 상호 협조하는 세상의 형제애를 선택하는 것만이 남았다. 그러면 그 부산물인 사랑과 자유를 얻을 수 있을 것이다."

세계대전을 통해 세상은 협력하는 시대로 접어들었다. 이 시대에는 '세상은 서로 도우면서 살아가는 것이다' 라는 법칙이 만연하게 되었다. 또 이런 협력에 관한 위대하면서도 보편적인 소명은 여러 가지 형태로 나타났다.

그 중 중요한 것들을 예로 들자면 대표적으로 로터리 클럽, 키와 니스 클럽, 라이온스 클럽, 그 외에 우호적 교제를 통해 사람들과 함께하는 다른 많은 단체들을 들 수 있다. 이 단체들은 사업상 우호적 경쟁을 하는 시대의 도래를 알렸다. 이제 할 일은 이런 단체들을 우호적 협동의 정신을 통해 하나의 연합을 구축하는 것만이 남았다.

우드로 윌슨과 동료들에 의해 설립된 국제연맹과 그 후에 동일한 목표를 위해 와렌 하딩으로부터 세워진 국제사법재판소는 세계의 여러 나라들이 함께 모일 수 있도록 하기 위해 황금률을 사용한 첫 번째 시도로 기록된다.

이제 세계는 조지 헤론의 표현처럼 "우리는 매 시간 고통스러운 형제애와 행복한 형제애 중 하나를 선택하게 된다"는 말은 전 세계적으로 널리 알려지게 되었다.

세계대전은 우리에게 다음과 같은 진실을 가르쳐 주었다. — 아니 강요했다는 표현이 더 적합할지도 모르겠다. — 그것은 바로 어느 한 나라의 고통은 반드시 전 세계의 고통으로 이어진다는 사실이다.

이런 사실을 여기서 언급하는 것은 도덕성에 관한 설교를 하기 위한 것이 아니라 이런 변화가 일어나게 되는 기반이 되는 법칙에 대해서 관심을 갖게 하기 위함이다.

4천 년이 넘는 세월 동안 이 세상의 많은 사람들이 황금률에 대해서 생각해 왔고 이 철학은 이를 적용하는 사람들로부터 우리에게 이익을 가져다 줄 수 있는 것으로 변화되었다.

이 책을 공부하는 여러분이 여전히 은행 잔고에 의해 표현되는 물질적 성공에 관심이 있다는 사실을 염두에 둘 때 이 시점에서 다음과 같은 사실을 알려주는 것이 적절할 듯싶다.

만약 자신의 경영철학을 전 세계적으로 일어나는 협력의 정신과 일치하게 한다면 당신은 엄청난 경제적 부를 얻을 수 있을 것이라는 점이다.

만일 당신이 세계대전 이후 전 세계적으로 일어나고 있는 엄청난 변화를 알아차렸다면, 만일 당신이 많은 사람들이 우호적 협동정신으로 함께 모이는 많은 단체들과 그와 유사한 다른 모임들의 의미를 알 수 있다면, 당신은 지금이야말로 당신의 사업이나 직업의 철학적 기반으로 이 우호적 협동정신을 채택하여 이익을 볼 수 있는 가장 좋은 시기라는 것을 알 수 있을 것이다.

바꾸어 말하면 시늉만으로 정확한 사고를 하는 척하는 사람들은 지금 당장 황금률을 그들의 사업 철학의 근본으로 삼아야만 경제적 파멸을 면할 수 있다는 점이다.

부자이든 가난한 자든, 백인이든 흑인이든, 교육을 받았든 받지 못했든간에 게으른 사람은 결코 안전하지 못하다.

- 부커 워싱턴

❖ 성공 요건으로서의 정직함

아마도 독자들 중에는 왜 성공 요건으로서의 정직함에 대한 언급이 이 책에 등장하지 않는지에 대해서 궁금해 할 것이다. 만일 그렇다면 여기서 그 답을 찾을 수 있을 것이다. 우리가 **황금률 철학을 제대로 이해하고 적용한다면 정직하지 않을 수가 없다. 황금률은 이기심, 탐욕, 질투, 완고함, 증오, 적의 등의 파괴적인 것들 또한 불가능하게 한다.**

이렇게 황금률을 적용하게 되면 당신은 동시에 판사와 피고가 되고 동시에 고소인과 피고소인이 되는 것이다. 따라서 자신에 대한 정직함이 생겨나게 되면서 점차 다른 사람에도 정직하게 되는 것이다. 황금률 철학에 기반을 둔 정직함은 편의주의에 따라 발휘되는 그런 정직과는 다르다.

정직이야말로 가장 높은 이윤을 주며 자신에게 중요한 고객을 잃지 않게 해주며 사기죄로 감옥에 가는 것을 방지해주는 훌륭한 성품이기도 하다. 만일 정직한 것으로부터 큰 이익을 볼 수 있는 경우라면 정직하다는 것이 존경할 만큼 훌륭한 것이라 할 수는 없을 것이다.

그러므로 정직함으로 일시적 손해를 입는 경우에도 불구하고 정직은 매우 존경스러운 일일 것이다. 그리고 그러한 정직함은 당신에게 축적된 힘과 명예를 가져다 줄 것이다.

황금률 철학을 잘 이해하고 적용한 사람들은 다른 사람들뿐 아니라 자기 자신에 대해서 성실하고 정직하다. 또한 그들은 다음과 같은 황금률의 근본이 되는 불멸의 법칙을 잘 이해하고 있다. 즉, 이 법칙의 수행을 통해 그들의 모든 사고와 행동 중 일부분은 언젠가는 직면하게 되는 어떤 사건이나 상황에서 그

대로 반영된다는 사실이다.

황금률을 지지하는 철학자들은 정직하다. 왜냐하면 그들은 정직함이 그들에게 생명력과 힘을 주는 '활력소'라는 것을 알고 있기 때문이다.

황금률을 기반으로 하는 법칙에 대해서 이해하고 있는 사람들은 다른 사람들에게 불공평하게 하는 것은 자기 자신이 마시는 물에 독을 타는 것과 같다는 사실을 알 것이다. 왜냐하면 그러한 행위는 육체적으로 고통스럽게 할 뿐 아니라 그들의 인격을 모독하게 되고, 명성을 더럽히면서 영구한 성공을 얻지 못하게 방해하기 때문이다.

이 황금률 법칙이 기반으로 하는 것은 자기암시 법칙이 기반으로 하는 것과 같은 것이다. 독자들은 이 말을 통해서 무엇이 본질적으로 중요한 것이고 가치가 있는 것인지에 대해 결론을 내릴 수 있을 것이다.

이 책을 얼마나 이해했는지 확인해 보고 싶다면 이 장을 더 읽기 전에 앞의 문장을 분석해 보고 그 문장이 당신에게 어떤 암시를 주는지에 대해서 생각하라.

황금률을 실천하면 당신이 상대방의 입장에 있는 것처럼 상대방을 대하는 과정을 통해 일련의 인과관계를 생성하게 되는데, 이때 다른 사람들은 당신의 행위에 따라 영향을 받게 되고 동시에 당신의 잠재의식을 통해 당신의 품성도 그 행위의 영향을 받게 된다.

당신이 황금률의 본질이면서 가장 중요한 내용인 이런 사실들을 알게 됨으로써 어떤 이익을 얻을 수 있을 것인가? 이 질문의 해답은 사실 질문에 이미 포함되어 있다. 그러나 독자 여러분들이 이 질문에 대해서 깊이 생각해 보라는 의미로 이것을 다른 형태로 바꿔보겠다.

※ 품성은 다른 사람을 당기는 자력

만일 다른 사람에 대한 당신의 모든 행위나 생각들이 자기암시 법칙에 따라 당신의 잠재의식에 기록되어 있고 이를 통해 당신의 품성이 형성된다면, 그 생각과 행동들을 보호하는 것이 얼마나 중요한 것인지 알 수 있지 않겠는가?

이제 우리는 다른 사람이 자신에게 하길 원하는 대로 다른 사람을 대해야 하는 그 진짜 이유를 밝히는 시점에 이르렀다. 그 이유는 바로 우리가 다른 사람에게 무엇을 하던간에 우리는 동일한 것을 우리 자신에게도 적용하는 것이 분명하기 때문이다.

다르게 표현하자면 당신이 하는 모든 생각이나 행동들이 그 본질에 따라 당신의 품성을 변화시켜 나간다는 것이다. 그리고 당신의 품성은 당신과 잘 어울리는 사람들과 분위기를 당신에게 끌어다주는 일종의 자력을 갖게 마련이다.

당신이 다른 사람에게 어떤 행동을 할 때 당신은 우선 그 행위의 본질을 생각하게 되고 그런 생각을 할 때마다 당신의 잠재의식 속에 그 생각의 본질이 기록되며 이를 통해 당신의 품성이 형성된다.

이 간단한 원리를 알고 있다면 왜 다른 사람들을 증오하거나 질투해서는 안 되는지 알게 될 것이다. 또한 왜 당신에게 불공평하게 대하는 사람에 대해서 똑같이 대하면 안 되는지에 대해서도 알 수 있을 것이다. 마찬가지로 '악(惡)을 선(善)으로 갚아라' 라는 말의 뜻을 이해하게 될 것이다.

그러므로 황금률이 기반으로 하는 그 원리를 이해하라. 그러면 모든 인류를 하나로 묶어주는 법칙, 사고와 행위를 통해 타인에게 상처를 주면 자신에게도 그 상처가 돌아온다는 법칙, 친절한 사고와 행위를 하면 자신의 품성도 그로부터 영향을 받게 된다는 법칙에 대해서도 알게 될 것이다.

이 법칙을 이해하면 의심할 여지없이 당신이 스스로의 잘못에 대해 끊임없이 훈계하고 건설적인 행동에 대해서는 끊임없이 칭찬을 하게 된다는 사실을 알게 될 것이다.

지금 생각해 보면 이 장을 쓰기 시작했던 바로 전에 내가 가장 혹독하게 부당한 일을 겪었던 것이 아마도 신의 섭리가 아니었나 싶다(일부 독자들 중에는 내가 무슨 말을 하려는지 알 것이다).

처음에는 그 부당함이 나에게 일시적으로 큰 고통을 주었지만 그 경험이 나에게 가져다준 이익과 비교하면 그 고통은 아무것도 아니었다. 왜냐하면 그 경험을 통해 나는 이 과정의 기반이 되는 내용들의 타당성에 대해 시험해 볼 수 있었기 때문이다.

그 부당함을 겪은 후 나에게는 2가지 선택권이 있었다. 나는 상대방에 대해 법적 대응을 함으로써 그 대가를 얻을 수도 있었고, 내 스스로 그를 용서할 수도 있었다.

전자를 선택하면 나에게는 상당한 돈과 기쁨, 그리고 상대방을 처벌했다는 사실로부터 오는 기쁨 등을 가져다주는 것이었고, 후자는 나에게 자긍심을 가져다줄 수 있는 선택이었다.

이 자긍심은 시련을 성공적으로 맞이하고 주기도문을 암송하며 그대로 행할 수 있는 정도까지 성숙했다는 사실을 발견한 사람들만이 느낄 수 있는 것이다!

나는 결국 후자를 선택했다. 상대방에게 대응하라는 친구들의 권유와 유능한 변호사가 무료로 그 일을 해주겠다고 했음에도 불구하고 나는 그렇게 결정했다.

엄밀히 말하면 그 변호사는 나에게 불가능한 일을 하라고 한 것이다. 어떤 사람도 아무런 대가를 치르지 않고서 상대방에게 대응을 할 수는 없기 때문이다. 이 대가라는 것이 항상 돈을 의미하는 것은 아니다. 때로는 금전보다 더 귀중한 것으로 치러야 할 것이기 때문이다.

황금률 철학에 친숙하지 않은 사람들에게 내가 왜 상대방에게 대응하는 것을 거부했는지를 이해시키는 것은 아마도 원시인에게 중력의 법칙을 설명하는 것과 마찬가지로 부질없는 일일 것이다.

그러나 만일 당신이 이 법칙을 이해하고 있다면 왜 내가 상대방을 용서하기로 했는지 이해할 수 있을 것이다.

주기도문에 보면 적을 용서하라는 말이 있다. 그러나 주기도문의 기반이 되는 법칙을 이해하지 못하는 사람들은 이 말에 귀를 기울이지 않을 것이다. 그 법칙은 황금률 철학이 기반으로 하는 법칙이다.

그 법칙은 이 전체 과정의 근본이 되는 것이고 그것을 통해 우리는 우리가 뿌린 만큼 거두어들일 수 있다. 이 법칙은 항상 작용하고 있으며 우리가 파괴적인 생각과 행동을 삼간다면 그 결과를 피하려 애쓸 필요도 없다.

> 모든 패배는 자기 자신으로부터 오는 것이다. 자신의 나약함을 제외하고는 극복하지 못할 장애물은 없다.
>
> *– 에머슨*

❈ 나의 윤리적 규범

이 장의 기반이 되는 황금률의 법칙을 더욱 구체적으로 설명하기 위해서, 그리고 황금률의 가르침을 문자 그대로 따라 하고자 하는 사람들을 위해 이 법칙을 다음과 같은 윤리적 규범으로 정리해 보았다.

● **나의 윤리적 규범**

1. 나는 황금률이 모든 인간 행위의 기반이라는 사실을 믿는다. 따라서 나는 다른 사람이 나에게 하지 않기를 바라는 일을 다른 사람에게 행하지 않겠다.

2. 나는 다른 사람들과의 교류에 아주 작은 부분까지도 정직할 것이다. 이는 다른 사람에게 공평하게 대하려는 나의 소망에서 뿐 아니라 내 잠재의식 속에 정직함에 대한 깊은 인상을 주어 이 필수적인 자질을 나의 품성에 포함시키기 위함이다.

3. 나는 나에게 부당한 행위를 하는 사람들을 용서할 것이고 그들이 용서받을 가치가 있는지에 대해서는 생각하지 않을 것이다. 왜냐하면 다른 사람

을 용서하는 것은 나의 품성을 굳건히 해주고 내 잠재의식 속에 있는 죄악을 씻어줄 수 있기 때문이다.

4. 비록 드러나지도 않고 어떠한 대가를 가져다주는 것도 아니지만 나는 항상 다른 사람들을 옳고, 너그럽고, 평등하게 대할 것이다. 이는 나의 행동과 행위를 통해 나의 품성을 형성해주는 법칙을 이해하고 적용하고자 하기 때문이다.

5. 나는 다른 사람들의 약점과 단점을 찾아내려 하지 않고 나 스스로의 잘못된 점을 고치려고 애쓰겠다.

6. 나는 다른 사람의 잘못이 있더라도 그를 중상모략하지 않겠다. 이는 나의 잠재의식 속에 파괴적인 것들을 심어주지 않기 위함이다.

7. 나는 사고의 힘이 인생이라는 바다와 나의 두뇌를 연결하는 통로 역할을 한다는 사실을 인식하고 나의 파괴적인 생각들에 따라 다른 사람들이 피해를 입지 않도록 하겠다.

8. 나는 인간의 보편적인 성향인 증오, 질투, 이기심, 앙심, 비관, 의심, 두려움을 극복하겠다. 이들로 세상의 많은 근심 걱정이 생겨나기 때문이다.

9. 내가 내 인생의 '명확한 중점 목표' 달성에 대한 생각을 하고 있지 않은 순간에는 용기, 자긍심, 다른 사람들에 대한 선의, 믿음, 친절함, 충성심, 진실에 대한 사랑과 정의에 대해 생각하겠다. 이들로부터 세상이 성장할 수 있기 때문이다.

10. 황금률 철학에 대한 소극적 믿음은 자신과 다른 사람들에게 아무런 가치가 없다는 사실을 이해하고 이 보편적인 법칙을 다른 사람과의 교류에서 적극적으로 활용하겠다.

11. 나는 나의 행동과 사고를 통해 나의 품성을 형성해 주는 법칙에 대해서 이해하고 이에 필요한 모든 것들을 잘 지켜나가겠다.

12. 나는 영원한 행복은 다른 사람들의 행복을 찾아주는 과정에서 얻을 수 있다는 사실과 친절한 행동은 비록 직접적이지는 않더라도 어떠한 대가를

가져다준다는 사실을 명심하고 기회가 있을 때마다 다른 사람을 도와주려고 최선의 노력을 다 할 것이다.

아마도 독자들은 이 책의 전 과정에 걸쳐서 에머슨을 많이 언급했다는 사실을 알 수 있을 것이다. 사실 이 책을 공부하는 사람이라면 에머슨의 저서를 한 권쯤 갖는 것도 좋을 것이다. 그 중에서 보상의 법칙에 대한 내용은 적어도 석달에 한 번씩은 읽고 공부하기 바란다.

그것을 읽다보면 알게 되겠지만 거기에서 언급하는 법칙과 황금률이 기반으로 하는 법칙이 동일하다는 것을 알게 될 것이다.

간혹 황금률 철학이 단순한 이론에 지나지 않고 불변의 법칙이 될 수 없다고 믿는 사람들이 있다. 그들은 다른 사람들에게 어떤 일을 해줄 때 그에 상응하는 대가를 얻지 못했던 경험으로부터 그런 결론에 도달하게 된 것이다.

다른 사람에게 어떤 일을 해주고 그에 대한 보상이나 감사를 받지 못한 사람이 얼마나 되는가? 나는 그런 경험이 여러 번 있었고 앞으로도 그런 경험을 할 것임에 분명하다. 그러나 나는 다른 사람들이 나의 노력에 대한 보상이나 감사를 하지 않는다고 하더라도 계속해서 그들을 위해 일할 것이다.

그 이유는 다음과 같다. 내가 다른 사람에게 어떤 일을 해줄 때, 혹은 친절한 행위를 할 때, 나는 마치 배터리를 충전하는 것과 같이 내 잠재의식에 내 노력의 효과를 축적하게 된다. 나중에 그런 행위가 어느 정도 누적되면 나는 긍정적이고 적극적인 품성을 갖게 되고 그것은 나와 유사하면서도 잘 조화될 수 있는 사람들을 끌어당기게 될 것이다.

나에게 당겨진 사람들은 내가 다른 사람에게 베풀었던 친절한 행위와 일들에 대해 같은 보상을 나에게 해줄 것이다. 따라서 보상의 법칙은 내가 베풀었던 일에 대한 대가를 전혀 다른 곳으로부터 얻게 해주면서 균형을 맞춰준다.

세일즈맨이 판매를 할 때는 우선 자기 자신에게 가장 먼저 판매를 할 수 있어야 한다. 자기 자신이 제품의 장점에 대한 확신이 없다면 결코 다른 사람들을 설득할 수 없을 것이다. 이것 또한 인력의 법칙이 작용하는 셈이다.

열정이라는 것은 전염성이 있어서 만일 세일즈맨이 자신의 제품에 대해 큰 열정을 갖게 되면 다른 사람들의 마음속에 그에 상응하는 흥미를 유발시킬 수 있기 때문이다.

자기 스스로를 유사한 성품을 가진 사람들을 끌어당기는 자석과 같이 생각한다면 이 법칙을 매우 쉽게 이해할 수 있을 것이다. 자신을 자석처럼 생각해서 잘 조화되는 사람들을 끌어당기고 어울리지 못하는 사람들을 밀어내는 과정에서 우리가 잊지 말아야 할 사실은 우리 스스로가 자석을 만드는 사람이라는 것이다.

그리고 자신이 원하는 이상에 따라 그 자석의 본질이 변할 수 있다는 사실도 잊어서는 안 된다. 가장 중요한 점은 그 변화과정 전체가 사고를 통해서 이루어진다는 사실이다! 당신의 성품은 당신의 사고와 행동의 집합체라는 의미이다! 이런 내용은 이 책의 전 과정에 걸쳐 여러 번 강조되었다.

이 위대한 진실이 있기에 다른 사람에게 어떤 일을 해주거나 친절을 베풀면 반드시 그에 상응하는 대가를 얻을 수 있게 된다. 같은 이유로 다른 사람에게 파괴적인 행동이나 생각을 하게 되면 자기 스스로가 그에 해당하는 만큼의 손해를 보게 되는 것이다.

모든 의무를 수행하고 나서 즐겁지 않다면, 그것은 모든 의무를 다 수행했다고 할 수 없다.

– 찰스 벅스톤

※ 당신의 인격은 당신이 만드는 것

긍정적 사고는 활동적인 성품을 형성하고 부정적 사고는 이와는 반대되는 무기력한 성품을 형성한다. 앞의 많은 과정들과 이번 장에서 긍정적인 사고를 통해 성품을 형성하는 방법에 대해 여러 번 언급했다. 특히 3장 '자기 확신'에서 자세히 설명되어 있고 우리가 따라야 할 신조들이 공식화되어 있다.

이 책의 전 과정에서 소개되고 있는 내용들은 기본적으로 사고의 힘을 통해 자신의 '명확한 중점 목표'를 달성하는 데 도움을 줄 수 있는 사람들을 끌어당길 수 있는 성품을 형성하는 데 도움을 주고자 하는 것들이다.

다른 사람에 대한 적대감과 불친절한 행동들이 결국 자신에게 돌아온다는 사실에 대해서는 더 이상 증명할 필요는 없을 것이다. 더구나 그런 보복은 즉각적이면서도 뚜렷하게 되돌아온다. 마찬가지로 다른 사람이 스스로 협력을 제공하고 싶을 정도로 그들을 대하면 더욱 많은 것을 얻을 수 있다는 것도 굳이 설명이 필요없을 것 같다.

만약 당신이 8장 '자제력'을 잘 이해하고 있다면 다른 사람으로 하여금 당신이 원하는 일을 어떻게 할 수 있도록 하는지에 대해 잘 알 것이다. 그것은 바로 그들에 대한 당신의 태도를 통해 그렇게 할 수 있는 것이다.

'눈에는 눈, 이에는 이'라는 것도 결국은 황금률의 법칙과 일맥상통하는 것이다. 이것은 이미 우리가 잘 알고 있는 '보복의 법칙'과도 하등 다른 점이 없다. 심지어 이기적이고 자신만 아는 사람들도 어쩔 수 없이 이 방법에 의존하고 있는 것이다!

만일 내가 당신의 안 좋은 점에 대해 이야기한다면 설령 그것이 사실이라고 해도 당신은 나를 탐탁지 않게 여길 것이다. 뿐만 아니라 당신은 어떻게 해서라도 상응하는 방법으로 내게 보복하려 들 것이다.

이렇게 대부분의 사람들이 자신이 당한만큼 되돌려주는 것을 생각해 볼 때 다른 사람의 덕에 대해 이야기한다면 당신에게도 우호적인 반응을 보일 것이다.

이런 원리를 모르고 있는 사람은 무심코 내뱉는 쓸데없는 말과 행동을 함으로써 다른 사람들로부터 끊임없이 고통과 슬픔, 증오, 그리고 질시를 불러들이고 있다.

"남들이 당신에게 해주었으면 하는 일만 남한테 해주어라!"

이 말을 수백, 수천 번도 넘게 듣고 살지만 그것을 정말로 실행하고 사는 사람은 과연 몇이나 될 것인가?

이 계명을 더 잘 이해하기 위해 다음과 같이 자세히 설명해 보자.

다시 반복하면 다른 사람들이 당신에게 해줬으면 하는 일만 다른 사람에게 하라. 인간의 본성은 자신이 받은 만큼만 돌려준다고 말할 수 있다. 이 점을 마음속에 항상 명심하고 살아야 할 것이다.

공자 역시 황금률 철학을 공부할 때 보복의 법칙을 마음속에 명심하고 있었을 것이다. 그리고 공자 또한 사람이 당한 만큼 되돌려주는 경향에 대해 어느 정도 공부하고 있었으므로 여기에 약간의 설명을 추가했을지도 모른다.

황금률이 기본으로 하는 법칙을 잘 이해하지 못한 사람들은 이에 대해 논쟁하기를 꺼려 대화 자체가 되지 않는다. 이런 이유로 그런 사람들에게는 '눈에는 눈, 이에는 이'의 요점이 그저 보복의 법칙 그 이상, 그 이하도 아니다.

만약 그들이 이 법칙의 부정적인 면을 충분히 인식하고 있다면 반대로 긍정적인 측면도 얼마든지 이용할 수 있을 것이다.

다른 말로 표현하면 만일 다른 사람이 당신을 헐뜯기 바라지 않는다면 당신역시 다른 사람을 헐뜯는 일을 당장 그만두어야 한다는 것이다. 더 나아가 다른 사람에게 친절하게 대하고 그 사람의 편에 서서 행동해보라. 그러면 그 사람들도 마찬가지로 당신의 편에 서서 같이 행동할 것이다.

그런데 혹시 남에게 베푼 친절이 당신에게 돌아오지 않았다면, 그 다음엔 어떤 일이 일어날까?

걱정하지 않아도 된다. 그런 경우에도 당신은 얻는 것이 분명히 있다. 즉, 당신이 행한 친절이 잠재의식 속에 자리잡게 되어 당신은 이미 친절한 사람으로한 발자국 더 나아간 셈이 된 것이다.

그러므로 황금률 철학에 기인한 친절을 항상 몸에 배게 하라. 그러면 최소한한 가지의 득은 확보하고 있는 것이며, 더 나아가 여러 가지 이익을 함께 얻을

762

수 있을 것이다. 이런 노력을 계속 한다면 언젠가는 남에게 바라지 않고도 그 친절을 계속 베풀 수 있을 것이다.

간혹 그 친절이 당신에게 다시 돌아오지 않을 수도 있다. 그러나 그동안에 이미 당신의 성격은 활기 넘치게 변해 있을 것이고 또한 당신의 긍정적인 성품은 감사하거나 되돌려줄 줄 모르는 사람에게 낭비된 것으로 알았던 친절이 이자에 이자를 덧붙여 다시 왔다는 사실을 확인하게 될 것이다.

기억하라! 당신의 명성은 다른 사람으로부터 만들어진다. 하지만 인격은 바로 당신이 만드는 것이다!

물론 당신은 당신의 명예가 훌륭하길 바랄 것이다. 하지만 명예는 다른 사람들이 만들어주는 것이다. 그러므로 명예를 얻기까지는 당신이 조절할 수 없는 다른 사람들의 의견이 있다는 사실을 기억하라. 당신의 인격을 이용해 다른 사람이 당신을 보는 눈을 달라지게 만들어라. 당신의 인격은 당신 자신이다.

당신 생각과 행동들이 당신의 인격이다. 그것은 당신이 충분히 컨트롤할 수 있지 않은가! 당신은 그것을 약하게 할 수도, 강하게 할 수도 있고 혹은 선하거나 나쁘게 할 수도 있다.

당신 성격이 당신의 지배권 내에 있다는 사실을 명심하고 그런 사실이 만족스럽다고 느껴진다면 그때는 이미 당신의 명예가 상처를 입지 않을까 걱정할 필요는 없을 것이다.

이런 사실들을 잘 직시하면서 살아온 에머슨이 이렇게 말했다.

"정치적인 승리, 사업 수입의 증대, 질병으로부터의 회복, 잃어버린 친구가 돌아왔을 때, 그리고 어떤 외부적인 요인으로부터 흥분되었을 때 당신의 시대가 되었노라고 생각할지 모르겠습니다. 하지만 그게 아닙니다. 절대 그럴 수 없는 일입니다. 당신 자신 외에는 그 누구도 당신 마음에 평화를 가져다줄 수는 없습니다. 원칙을 통한 승리 외에는 아무것도 당신에게 평화를 줄 수는 없는 것입니다."

다른 사람에게 친절하고 공정해야 하는 이유는 그 행동이 그대로 자기 자신에게 돌아오기 때문이다. 그러나 그보다 더 중요한 이유는 **남에게 베푼 그 친절과 공정한 마음이 긍정적인 성격으로 발전되어 우리 모두의 행동이 그렇게 변해가기 때문이다.**

다른 사람에게 친절하고 유용한 봉사를 제공했을 때 그 사람이 내게 상응하는 보답을 되돌려주는 것을 보류할 수는 있으나 나의 그런 행동이 내 성격을 형성하는 데 부가해주는 긍정적인 효과를 유보시킬 사람은 아무도 없는 것이다.

심리학에서 발견한 인간에 대한 가장 기초적인 법칙이 하나 있다. 그것은 아무리 훌륭한 사람일지라도 일정한 시간내에 절대로 하나 이상의 생각을 할 수 없다는 것이다.
– 나폴레온 힐

지금보다 더 큰 행복을 위한 과정

우리는 지금 위대한 산업사회에 살고 있다. 어디서나 우리 삶의 방식을 바꾸는 위대한 변화가 계속되고 있다. 그러면서 기본적인 삶을 영위하는 데 인간관계도 바뀌고 있다.

지금은 바로 조직화된 노력이 빛을 발하는 시대이다. 조직이야말로 모든 성공의 기본이라는 증거는 어디서도 찾아볼 수 있다. 물론 다른 요소들도 금전적인 성공을 거두는 데 한몫을 했겠지만 조직의 요소야말로 가장 중요한 요인이라는 사실은 변함이 없다.

이런 산업사회는 2가지의 새로운 용어를 만들어냈다. 하나는 '자본'이고 또하나는 '노동'이다. 자본과 노동은 조직된 노력이라는 자동차의 커다랗고 중요한 바퀴 역할을 한다. 또 이 2가지 요소는 황금률 철학을 이해하고 활용하는 데 중요한 역할을 한다.

이런 사실에도 불구하고 이 2가지 요소의 적절한 조화가 항상 승리를 거두는 것은 아니다. 그것은 불화를 일으키고 노조분쟁을 선동하는 신뢰의 파괴자들로부터 간혹 실패를 거두기도 한다.

나는 지난 20년간 노사간 불화에 대해 조사했다. 다른 연구자들이 연구한 정보도 많이 모았다. 그 결과 자본가와 노동자 사이에서 잘 활용된다면 더없이 좋은 방법을 한 가지 발견하긴 했다. 이 방법은 결코 나 혼자 발견한 것이 아니며 위대한 자연의 법칙에 그 토대를 두고 있다. 그 방법은 다음과 같다.

내가 제안하고자 하는 바는 현재에 충실하자는 것이다. 현재 내가 가져야 할 중요한 필요사항 그 이상이 되어서는 안 된다. 이 시점에서 한 가지 희망적인 것은 어떤 현명한 사람의 말을 경청하고 들음으로써 그들의 마음을 한데 어우러지게 할 수 있다는 것이다.

이러한 움직임이 널리 퍼져나간다는 사실은 새로운 삶이 인간의 마음속에 요동치고 있고 마치 그들에게는 언 땅과 식물의 싹 위에 불어오는 봄바람과 같다는 사실을 보여준다. 이는 큰 움직임의 동기가 될 수도 있고 얼어 죽어 있던 것들을 일깨워 줄 수도 있으며 때로는 파괴적인 결과를 낳을 수도 있다.

그러나 그것은 새로운 희망의 싹을 보여주는 것이며 인간이 원하는 것을 얻고 지금보다 더 큰 행복을 어떻게 하면 얻을 수 있는지 알게 해줄 것이다. 현명함을 무기로 이 새로운 힘을 행동으로 옮겨야 한다. 모든 사람에게는 올바른 의견을 형성하거나 혹은 대중을 옳은 길로 이끌 엄숙한 의무가 있다.

노동자들이 안고 있는 고통과 슬픔의 문제를 풀 수 있는 유일한 해법은 도덕적인 시각으로 영혼을 담아 그들을 보듬어 주는 것이다. 그들은 자신만의 불빛으로는 결코 불을 밝힐 수 없다. 인간이 지닌 이기심으로는 노동자와 자본가의 관계를 회복할 수 없을 것이다.

그들은 아마도 임금인상과 부의 축적의 잣대에서 서로를 볼 것이다. 보통의 사람들이 생각하는 재물의 축적이라는 목적을 가슴에 품으며 살고 있을 것이다. 현재 우리 앞에 놓여 있는 주제를 먼저 살펴보자.

❈ 자본가와 노동자의 상호 필요성

자본가와 노동자는 서로를 필요로 한다. 그들의 목표는 아주 가까운 것이어서 결코 분리될 수 없다. 산업화와 문명화에 그들은 서로 필수불가결한 존재이다. 만약 약간의 차이점이 있다면 노동자가 자본이 필요한 것보다 자본가가 노동자를 조금 더 필요로 한다는 것뿐이다. 자본 없이도 생명은 지속될 수 있다.

동물들은 일부를 제외하고는 소유 개념을 갖지 않으며 내일에 대해 걱정을 하지 않는다. 조물주는 인간이 모방할 가치가 있는 본보기의 역할을 동물들에게 위임하고 있다.

조물주는 '하늘을 나는 새들을 보라. 그들은 뿌리지도 아니하고 거두지도 않으며 곡식을 창고에 쌓아두지도 않지만 하느님은 그들에게 먹을 것을 주시지 않느냐?' 라고 했다.

야만인이야 자본 없이도 살 수 있다. 그러나 사실 인류의 대부분은 노동만으로 벌어서 하루하루를 살아간다. 그 어떤 사람도 자신의 재산만 가지고 혼자 살수는 없다. 당신이 가지고 있는 금과 은을 먹고 살 수는 없지 않은가? 자기 혼자옷을 지어 입을 수도 없고 증권을 만들어 팔 수도 없다. 자본이야말로 노동이없으면 아무 가치가 없다. 자본의 가치는 노동을 사들였을 때만 빛이 난다.

이것이 노동의 결과물이다. 노동이 자본에 얽매여 있다고 가정할 필요는 없다. 분명히 노동은 독립적인 것이다. 인류의 발전을 위해 노동의 가치가 필요한 것이다.

인류가 야만적인 시대에서 산업화와 문명화로 접어들 무렵 자본이 점차 필요하게 되었다. 사람은 타인과 점차 긴밀한 관계를 맺기 시작했으며 한 사람이 생활에 필요한 모든 일을 해냈던 시대에서 전문 분업화의 시대로 접어들었다.

이러한 방식으로 노동은 점차 분업화되어 간 것이다.

어떤 사람은 철을 만들고 어떤 사람은 나무를 벤다. 또 어떤 사람은 공장에서 옷을 만들고 또 다른 사람은 음식을 만든다. 이러한 시스템의 변화는 사람에게 꼭 필요한 도로를 건설하게 했고 부족한 인력을 보충해 나가기 시작했다. 게다가 인구가 늘어감에 따라 인력의 필요성은 급증하게 되었다.

사업은 점차 커지게 되었고 거대한 공장과 철도는 마치 지구를 허리띠로 매어놓은 것처럼 지구를 한 바퀴 돌게 이르렀다. 증기선은 각 해양을 누비며 물건들을 배달했고, 그 결과로 빵을 못 만들고 옷을 못 지어 입던 사람도 하고 싶은 건 뭐든지 할 수 있는 시대가 온 것이다.

산업화와 문명화가 거듭되면서 우리는 인류가 얼마나 종속적인 존재인지 알게 되었다. 한 개인은 자신만이 할 수 있는 전문직을 가지면서 남들보다 더 월등한 실력으로 일을 한다. 왜냐하면 남들보다 그 일에 더 많은 생각과 시간을 투자하기 때문이다.

당신이 모든 사람들을 위해 일할 때 주위의 모든 사람 역시 당신을 위해 일한다. 이것이 완벽한 생명의 법칙이다.

인간의 노동력 덕분에 인류는 기계를 사용할 수 있었고 고용을 증대시켰으며 각 지방에도 물건을 운송할 수 있었다. 세계 각국의 사람을 한데 뭉치게 할 수도 있었다.

그리고 그 결과로 상품의 가치를 함께 공유하게 된다. 바로 이 부분이 세계의 모든 사람이 염두에 두어야 할 점이다.

만약 자본이 그렇게 노동을 축복의 길로 인도했다면, 자본이 오직 노동에 따라 가치가 창출된다면 노조간의 투쟁은 왜 일어나는 것인가?

인간도리와 기독교적 정신을 따른다면 이러한 투쟁은 단 한 건도 없어야 되는 것이 아닌가. 사실은 그렇지 않다. 그들은 몰인정한 사상과 기독교적이지 않은 법칙으로 통치하고 있다. 그들은 최소한의 서비스로 최대한의 이익을 얻기를 원한다.

자본가는 높은 이익을 원하고 노동자는 높은 임금을 원한다. 그러므로 자본가와 노동자 사이에는 충돌이 생길 수밖에 없다.

이러한 투쟁 중에 자본가는 거대한 이익을 얻게 되었고 그것을 재빨리 자기 것으로 만들었다. 이때부터 자신을 부자로 만들어준 하인들을 업신여기기 시작했다. 노동자를 천한 직업 혹은 노예와 같다고 생각했고 그들의 권리나 행복은 존중될 필요가 없다고 생각했다.

이러한 사람들의 성향은 국회의 입법과정에도 영향을 미쳐서 힘을 가진 정부는 권력만 믿고 자신의 이익을 위해 칼을 휘두르기 시작했다. 자본가는 귀족으로, 노동자는 하인으로 바뀌기 시작했다. 하인들이 온순하고 주인에게 순종하며 자신에게 할당된 것에만 만족하고 살 때 충돌은 없다.

그러나 노동자는 이제 더 이상 노예와 같이 유순하고 희망 없는 상태에 머무르지 않았다. 노동자에게도 힘과 머리가 필요했다. 이젠 그들도 존중되어야 한다고 생각했고 대중들을 모아 그 의견을 피력하기 시작했다.

함부로 불만을 표출하지 마라. 곰곰이 생각해 보면 그 정도의 불행으로 그친 것이 신의 은총일지 모른다. 미움이나 증오는 모두 잊어라. 언제 어느 상황이건 잊을 수 있는 방법은 항상 있다.

– 나폴레온 힐

※ 서로 성공하는 필수적인 법칙

이 두 개의 당파는 서로의 이기적인 이익을 위해 싸웠다. 자본가가 생각하기를 노동자의 이익은 곧 자신의 손해라고 생각했고 자신의 이익을 첫째로 삼았다. 결국엔 노동 급여가 싼 노동자가 많을수록 자신이 얻는 게 많아질 것이라고 생각했다. 그 결과로 이익을 유지하려고 노동 급여를 최대한 낮췄다.

반대로 노동자들은 자본가의 이익이야말로 자신의 것을 뺏기는 것이라고 생각했으며 그 결과로 최대한 많은 임금을 받으려고 한다. 이 두 가지 상반된 관점에서 그들의 이익은 서로 적대시될 수밖에 없었다. 한 쪽이 얻는 것은 곧 다른 쪽이 잃는 것을 의미했다.

양쪽 다 이기적인 동기에서 행동했고 둘 다 틀릴 수밖에 없었다. 둘 다 반쪽짜리 진실밖에 볼 수 없었으므로 둘 다 망하는 쪽으로 실수에 실수를 거듭했다. 각자 자신의 땅을 밟고 서서 자신의 이익만을 위한 잘못된 생각을 고집했다. 잘못된 열정만이 불타올랐고 황금률에서 주장하는 것과 같은 사실을 이해하는 마음은 마치 눈 먼 장님같았다.

자신의 이익을 지키려고 다른 사람을 희생시켰다. 서로 다치고 손해를 입었다. 그들은 계속 싸웠으며 한쪽이 승리할 때까지 할 수 있는 모든 수단을 이용했다.

자본가들은 노동자들을 복종하게 하려고 마치 도시를 포위 공격하듯이 굶주림에 떨게 했다. 굶주리게 하는 것이야말로 자본가가 가진 가장 큰 무기라고 생각했던 것이다.

노동자들은 강력히 저항했다. 그들은 생산라인에서 손을 놓아버림으로써 자본가들에게 복수했다. 만약 필요에 따라 억지로 휴전을 시켰다면 싸움은 잠시 숨을 죽이다가 이내 새로운 국면으로 들어가 다시 싸웠을 것이다.

이 노사문제의 가장 중요한 관건은 자기 자신을 너무도 사랑한다는 것이다. 이 사랑이 지속되는 한 전쟁도 계속될 것이다. 이 전쟁은 순간순간 억제되고 진압될 수 있지만 일정 간격을 두고 계속 일어날 것이다.

현명한 사람들이 그 이유를 찾고 자기가 할 수 있는 일들을 해야 할 것이다. 맑은 시냇물에서 물을 끌어서 건강에 좋은 맑은 증기를 뽑아낼 수 있는 것과 같은 이치이다.

지금은 대립하고 있는 이 두 세력이 모두 성공하는 필수적인 법칙이 있다. 그것은 내가 발명한 것도 발견한 것도 아니다. 지금껏 이어 내려온 사람들의 지혜로 구체화된 것이다. 이해하거나 적용하는 데 그리 어려움은 없을 것이다. 어린아이마저도 이해하고 따라할 수 있을 것이다.

이것은 전 세계적으로도 적용이 가능한 아주 유용하고 쉬운 방법이다. 이 방법은 노동자들이 어깨에 메고 있는 무거운 짐을 내려줄 것이며 그들이 얻는 이익의 크기도 증가시킬 것이다. 자본가에게는 그들이 투자한 자본금을 지켜주고 생산성 또한 증대시킬 것이다.

이 방법은 바로 다음과 같은 황금률이다.

'다른 사람이 당신에게 해주기를 바라는 대로 남들에게 해주라. 이것이 예언자가 말한 정신이다.'

여러분은 주의를 기울여 이 법칙을 사용했으면 한다. 이 방법은 역사적으로 정치가와 철학자, 혹은 성직자들도 명심하면서 지키려는 방법이다.

이 법칙은 종교의 가르침을 구체화했고 우리가 마음속에 담고 사는 모든 교훈들의 기본이 된다. '악'을 이길 수 있는 '선'의 유일한 수단이며, 거짓을 넘어선 진실의 수단이며, 인류의 평화와 행복의 수단이다.

또한 이 법칙은 모든 것의 몸체가 될 만큼 중요한 것이다. 이것은 신의 사랑으로 이루어졌다. 다른 사람이 나를 존중해주길 바라는 만큼 나도 남을 존중해야 한다. 그가 나를 온 마음과 영혼을 다 바쳐 사랑해주기를 원한다면 내가 먼저 똑같이 그를 사랑하면 된다.

만일 그가 나를 자신처럼 사랑하고 이웃이 되어 살기를 바란다면 나도 그를 그렇게 사랑하면 된다. 여기 인류의 신성한 법칙이 있다. 사람의 지혜로 만들어낸 교훈이 아니다. 신의 세계에서 온 교훈이며 인간의 본성을 근거로 한 법칙이다.

자, 이제 이 법칙을 노동자와 자본가 사이에 적용해보자.

당신은 자본가이다. 당신의 자금은 공장, 광산, 상품, 철도, 배, 혹은 다른 사람에게 이자를 받고 빌려주었다. 당신은 간접적이든 직접적이든 자본을 위해 사람을 고용했다. 금과 은의 빛나는 광택은 당신의 마음에 마법을 걸어 당신의 이익 말고는 아무것도 볼 수 없게 했다.

당신 혼자 서 있으면서 오직 당신 자신의 입장만 보인다. 노동자들은 사람으로도 보이지 않으며 그들의 이익은 안중에도 없다. 당신에게 노동자란 당신의 재산을 불려주는 노예나 연장으로밖에는 안 보인다.

하지만 이제 당신의 시각을 바꾸어보자. 당신을 노동자 입장에 세워보라. 그리고 노동자를 당신의 입장에 세워보자. 그들이 당신을 어떻게 다뤄주길 원하는가? 아마도 거기에 답이 있을 것이다. 오늘의 자본가는 어제의 노동자였다. 오늘의 노동자는 내일의 고용주가 될 것이다.

노동자의 입장에서 서러운 경험을 많이 했을 것이다. 당신이 단지 돈을 버는 기계로 취급되기를 바라는가? 생면부지의 어떤 사람을 부자로 만들어주기 위해서 일을 하고 싶은가? 그저 생활에 필요한 생필품이나 살 수 있을 정도의 낮은 임금을 받으며 일하고 싶은가? 인정이라고는 털끝만큼도 없이 다뤄지고 싶은가?

당신의 피와 땀과 영혼을 동전으로 만든 후 기계에 넣어 지폐를 얻었다고 하자. 그 소중한 것을 다른 사람에게 주고 싶은가? 너무도 대답하기 쉬운 질문이다. 누구나 다 아는 사실이다.

물론 타인이 자신을 친절하게 대했으면 할 것이다. 자신의 권리와 이익이 보호되고 관심받기를 원할 것이다. 그리고 이러한 관심은 마음 깊은 곳에서부터 나온다는 것을 알고 있다.

친절은 친절을 낳는다. 존경은 또 다른 존경을 불러온다. 입장을 바꿔 생각하라. 당신이 그의 입장에 있다고 생각하라. 행동방식을 바꾸는데 그리 어렵지 않을 것이다. 그리하면 노동자들의 근육에서 단돈 1페니라도 더 만들려고 그들을 쥐어짜지는 않을 것이다.

가능하면 그들을 무거운 스트레스에서 해방시켜라. 또한 임금을 조금만 인상해주어라. 그의 노동에 깊은 존경을 표하라. 입장을 바꾸어 그가 당신에게 했으면 하는 일만 그에게 하라.

❈ 인격은 사고와 행동의 총합체

당신은 노동자다. 하루 일당을 받고 산다.

이제 당신이 고용주가 되었다고 생각해보자.

당신을 위해 일하는 사람에게 어떤 대접을 할 것인가? 그들이 당신을 적으로 생각해도 상관없는가? 그들의 노동을 덜어줘 적게 일하게 하고 임금은 많이 줘야 한다면 이 상황을 참고 넘어갈 수 있겠는가?

만일 놓치면 안 되는 큰 계약의 납품기일이 다가오는데 혹은 이미 막대한 손실로 고통받고 있는데도 노동자들의 입장을 충분히 고려해 그들의 급여를 올려줄 의향이 있는가?

당신의 사업방식을 방해해도 그들이 현명하고 옳다고 말할 셈인가? 친절과 영혼을 담아 그들에게 노동을 시킬 자신이 있는가? 할 수 있을 때 그들의 이익을 보호하고, 그들의 일을 덜어주고, 그들의 급여를 올려줄 생각이 있는가?

사람은 이기적인 본성으로 창조되었다. 그리고 어떤 사람은 너무 비겁해서 자신의 이익 말고는 아무것도 보지 못하는 게 사실이다. 사람의 심장이 근육이 아닌 금이나 은으로 만들어진 것으로 아는 사람이 있는가 하면, 사람의 마음을 진실한 감정으로 느끼지 못하는 사람도 있다.

이런 사람들은 단돈 1센트를 벌기 위해 다른 사람의 고통은 생각지도 않는다. 그러나 이것은 예외이고 법칙은 아니다. 우리는 다른 사람의 존경과 헌신에 지대한 영향을 받는다. 이 사실을 알고 있는 노동자는 고용주 입장에서 모든 일을 생각한다.

또한 고용주가 노동자를 공정하고 친절한 마음으로 대할 때야말로 노동자는 더욱더 열심히 일하고 공장의 생산력 또한 증대하게 된다. 그리고 마치 자신의 이익이 증대되는 것처럼 고용주의 이익을 배려하곤 한다.

나는 많은 사람들이 이 신성하고 자비로운 법칙을 마음에 두고 있다는 것을 안다. 하지만 이것은 지금과 같이 이기적인 세상에선 거의 불가능한 일이라는 것 또한 잘 알고 있다.

만약 이 두 그룹이 이런 사실들을 잘 알고 있다면 행복을 얻는 일은 그리 먼 일이 아니다. 그러나 사실은 그렇지가 못하다. 노동자들은 절대 강제로 일하지 않는다. 그들은 필요에 따른 이익만을 취하려고 한다. 고용주로부터 조금이라도 독립적으로 설 수 있는 부분이 나오면 너무 당당하고 거만한 자세로 고용주를 적대시한다.

고용주들은 노동자들을 어느 부분에서든 손에 꽉 쥐고 흔들고 싶어한다. 그들은 노동자가 일하는 매 작업장에 가서는 자기 입장만을 주입시키려 한다. 이러한 행동은 노동자를 더욱더 의존적으로 만들 뿐 아니라 비참함까지도 느끼게 한다. 그러나 이것은 실수이다.

세계의 역사가 말해주듯이 사람의 마음이 어떤 강요나 잔인한 잘못에 따라 강요되지 않을 때야말로 평화가 찾아오고 남의 말을 잘 들으며 사려분별을 할 줄 안다. 광산업에 종사하는 여러 명의 광부들이 말했다.

"우리는 명예스런 동기를 가지고 사람 대 사람으로서 양 방향이 같은 인간성으로 일할 때 평화스런 마음으로 솔직한 대화를 할 수 있다."

서로를 배려하는 마음 없이 욕심만 가득한 대화를 통해서는 노조관계가 서로에게 비참한 재난이 될 뿐이다. 사람의 마음이 이미 극단으로 치닫고 있을 때 그 상황을 만든 이유에 대해서는 귀를 기울이지 않게 마련이다. 이미 이들은 장님과도 같은 상태여서 남의 이익은 개의치 않는다.

분노하고 있는 동안은 그들이 느끼는 어려움은 없다. 투쟁하는 동안 그들은 절대 정착하지 못한다. 열정의 불길은 언제든지 다시 탈 준비를 하고 있을 것이다.

그러나 노동자나 자본가가 상대방이 순수하게 재물의 이익만을 원하며 양쪽 모두 한 배를 타고 있다는 것을 알게 된다면, 마치 바람이 멈춰 파도가 멈추는 것처럼 이 모든 투쟁은 끝날 것이다.

노동자와 자본가는 상호공생적이며 같은 목적을 가지고 있다.

어느 한 쪽도 다른 한 쪽의 도움 없이는 무용지물이다. 그들은 신체의 한 부분과도 같다.

만약 노동을 '팔'이라고 한다면 자본은 '혈액'과도 같다. 혈액을 빼버리거나 흘려버리면 팔은 그 힘을 잃고 만다. 또한 팔이 두 동강이 나서 파괴되어 버리면 혈액 또한 쓸모없어진다. 한 쪽이 다른 쪽을 돌봐주어야 한다. 그래야 양쪽 모두 이익을 얻을 수 있다.

우리 모두 황금률을 따르도록 하자. 그러면 모든 적대행위는 종식될 것이다. 노동자와 자본가 계급은 서로 손을 잡고 그들의 이익을 함께 나눌 것이다.

이 장의 기본이 되는 사실들을 이미 마스터했다면, 어째서 자신의 생각에 확신이 부족한 대중연설가가 대중들의 마음을 움직이지 못하는지 이해할 수 있을 것이다. 또한 자신이 먼저 물건의 장점에 대해 확신이 없는 세일즈맨은 구매자의 호기심을 자극하지 못한다는 것도 알았을 것이다.

이 책 전체의 내용을 통하여 특히 강조된 어느 한 가지 요점이 있다. 그것은 **'인격은 그 사람의 사고와 행동의 총합체'** 라는 것이다. 머릿속에 우월적으로 존재하는 사고의 결과물이 바로 인격을 형성하는 부분이다.

사고는 조직적으로 계획이 가능한 유일한 힘이다. 정확한 계획에 따라 사실의 축적과 조립이 가능하다.

흐르는 강물도 모래를 실어 날라 땅을 만들 수 있다. 폭풍도 거대한 찌꺼기를 모아 모양 없는 땅의 형태를 만들 수는 있다.

하지만 강이나 폭풍은 생각이 없다. 따라서 이것들이 모인 것은 그냥 모아진 것이지 계획성 있게 모인 것이 아니다.

사람은 유일하게 사고를 행동으로 옮길 줄 아는 동물이다. 사람만이 꿈을 현실로 만든다. 사람만이 이상을 가지고 그것을 얻기 위해 발전한다.

그렇다면 어떻게 해서 오직 사람만이 사고의 힘을 사용할 줄 아는 지구상의 유일한 존재물이 되었을까? 인간이 인류 진화의 최고봉이기 때문이다. 수백만 년의 진화를 거듭하면서 사람은 자신의 사고의 결과에 따라 영향받는 존재로 변신해왔다.

정확히 언제 어디서 처음으로 사고가 인간의 뇌 속으로 들어왔는지 아무도 모르지만, 모든 지구상의 다른 창조물과 비교되는 유일한 방법이 바로 사고인 것은 다 아는 사실이다. 사고야말로 다른 창조물들 사이에 우뚝 설 수 있게 해주는 힘이다.

그 누구도 사고의 한계를 모르며 심지어 그 한계가 존재하는지도 모른다. 인간은 할 수 있다고 믿는 것은 무엇이든지 언젠가는 해내고 만다.

몇 세대 전에 상상력 풍부한 작가가 감히 '말이 없는 마차'를 상상해서 쓴 적이 있었다. 하지만 보라! 이것은 현실이 되었고 우리는 상상 속에 있었던 자동차를 매일 타고 다닌다. 한 세대가 생각하고 열망하는 것들은 다음 세대에서 실현이 되었다.

이 책 전체의 내용에서 사고의 힘은 가장 중요한 위치를 차지하고 있다. 충분히 최고의 자리에 오를만한 힘을 가졌기 때문이다. 이 세상에서 사람이 가장 우월한 동물로 인지되는 것은 사고의 결과 때문이다.

또한 이 힘은 당신이 바라는 바가 무엇이든간에 인류의 성공을 위해 쓰여야 한다.

당신은 이제 중요한 어느 단계에 접어들었다. 잘 조화된 무난한 인간성을 얻기 위한 목적을 다시 한번 확인해야 할 시점에 와 있는 것이다.

성공을 위한 15가지 중요한 요소가 이 책에 언급되어 있다. 당신 스스로 신중하게 분석하되 필요하다면 다른 사람의 도움을 받아라. 그 분석을 통해서 당신에게 부족한 요소가 있다면, 그 부분을 확실하게 갖추기 위해 그 장을 충분히 읽고 소화할 수 있도록 공부하라. 그리하여 모든 요소가 고르게 발전할 수 있도록 해야 한다.

성공의 법칙 15가지를 마스터하는 것은 실패에 대비한 보험을 드는 것과 마찬가지이다.
— 사무엘 곰퍼스

"우유부단"

우유부단은 당신에게 주어진 모든 기회를 빼앗아갈 것이다. 지금껏 위대한 지도자치고 우유부단한 사람은 아무도 없었다. 당신의 야망이 한번 앞으로 나가기로 명령했다면 비틀거리거나 뒤돌아보는 일은 없어야 한다.

만약 당신이 우유부단한 성격의 사람이 아니라면 상당히 운이 좋은 사람임에 틀림없다.

1초 1초 시간은 당신과 경주를 하고 있다. 질질 끄는 행동은 곧 패배를 의미한다. 그 어떤 사람도 잃어버린 1초를 보상해줄 수는 없다.

시간이란 실패와 실망을 치료해주는 치료제이다. 잘못을 바로 잡아주고 실수를 만회할 수 있게 해준다. 하지만 이는 일단 결정을 하고 추진력 있게 행동하는 사람에게만 해당되는 사항이다.

인생은 바둑판과 같다. 당신과 싸우는 상대방은 바로 시간이다. 멈칫거리거나 망설인다면 바둑판 위의 당신 돌은 모두 없어질 것이다. 계속 움직이는 사람만이 승리한다.

당신이 하루에 헛되이 낭비하는 시간이 얼마인지 계산해본다면 아마 충격으로 쓰러질지도 모른다. 우유부단한 마음으로 시간과 경주하는 사람의 운명은 한쪽 구석으로 몰리고 만다.

유능한 세일즈맨에게 물어보면 그는 이렇게 대답할 것이다.

"우유부단은 대부분의 사람들이 지니고 있는 가장 큰 취약점이다."

모든 세일즈맨은 '좀더 생각해 볼게요' 라는 구실에 아주 익숙해 있는데 그것은 '예' 혹은 '아니오' 라고 말할 용기가 없는 사람이 파놓는 참호와도 같은 말이다.

그에 반해 세상에 알려진 유명한 지도자들은 빠른 결정을 내렸다.

그랜트 장군의 경우 명령이 들어오면 확고한 결정을 내리곤 했다. 장군의 이러한 성격은 그의 취약점을 크게 보완해 주었다. 그의 군사적인 승리에 관한 모든 이야기는 "우리는 이 여름이 다 지나간다 해도 전선을 지키기 위해 싸울 것이다"라는 말로 설명될 수 있을 것이다.

나폴레옹은 자기의 군대가 움직일 방향을 정하고 나면 어떤 일이 있어도 그 결정을 바꾸지 않았다고 한다. 만약 적이 파놓은 도랑이 앞을 막아선다면 그는 도랑을 죽은 병사들의 시체나 죽은 말들로 메워 다리를 만든 후 그 길을 건넜다고 한다.

우유부단함은 수백만의 사람을 실패로 이끈다. 사형을 선고받은 사형수는 이미 자신이 사형을 피할 수 없다고 생각하자 사형이 무섭지 않고 그 집행의 시간이 다가와도 두렵지 않더라고 말했다.

부흥집회 연사들에게도 가장 큰 장애물은 결단력의 부족이다. 그들의 가장 큰 목표는 사람들로 하여금 그들의 신앙을 받아들이기로 빠른 결정을 내리도록 해야 하기 때문이다. 그래서 빌리 선데이는 이렇게 말했다.

"우유부단함은 악마가 가장 좋아하는 무기이다."

앤드류 카네기가 세계 최대의 철강산업을 꿈꾸긴 했지만 만일 그가 그 꿈을 현실화시키기 위한 결단을 내리지 않았다면 오늘날과 같은 거대한 철강산업은 만들어지지 않았을 것이다.

제임스 힐은 그의 상상 속에서 거대한 대륙횡단 철로를 만들었지만 그 사업을 시작할 결단력이 부족했다면 현실화되지는 못했을 것이다.

상상력만으로는 성공을 할 수 없다. 수백만의 사람들이 명예와 부를 가져다 줄 계획을 상상하고 세운다. 그러나 그 계획들이 결단력의 단계까지는 못가는 것이 대부분의 현실이다.

사무엘 인슐은 토머스 에디슨이 고용한 속기사였다. 그는 상상력을 동원해 전기의 상업화를 점쳤다. 시간이 흘러 그는 생각한 것보다 더 큰 성공을 거두게 되었다. 그는 생각을 현실로 돌리겠다는 결단을 내렸고 오늘날 그는 전기로 백만장자가 되었다.

데모스테네스는 대중연설가의 큰 뜻을 품은 가난한 젊은이에 지나지 않았다. 일반 사람과 다를 것이 하나도 없이 '욕구'만을 가지고 있었다. 그러나 데모스테네스는 그 '욕구'에 '결심'을 더했다. 그는 말더듬이라는 장애를 극복하고 역사상으로 가장 위대한 연설가 중 한 명으로 우뚝 섰다.

마틴 리틀톤은 12세 때까지 학교는 구경도 못해본 가난한 젊은이였다. 어느 날 그의 아버지는 위대한 변호사가 변호하는 재판에 그를 데려갔고, 진술을 귀담아 듣던 소년은 아버지의 손을 꼭 잡으며 이렇게 말했다.

"아버지! 전 나중에 커서 미국에서 제일 가는 변호사가 될 거예요."

바로 이것이 명확한 목표이다! 오늘날 마틴 리틀톤은 소송의 대가로 5만 달러 이상을 번다. 그리고 그는 항상 바쁘다. 그는 빠른 결정으로 유능한 변호사가 된 것이다.

에드윈 반스는 토머스 에디슨의 파트너가 되기로 결심했다. 그가 가진 것은 낮은 학력과 기차 차비도 없을 만큼의 지독한 가난뿐이었다. 또한 에디슨을 소개시킬 만한 유능한 친구도 없었다. 하지만 반스는 에디슨이 있는 곳까지 화물차를 얻어 타고 찾아가 에디슨에게 자신의 존재를 피력해 파트너가 되는 기회를 얻었다. 그 결심을 한 지 20년이 지난 지금 반스는 은퇴했으며 평생 쓰고도 남을 만큼의 돈을 가지고 평화롭게 살고 있다.

결단력 있는 사람은 언제든지 그가 필요한 것을 얻는다.

예전에 오하이오 웨스터빌에서 만난 주류판매 반대 동맹 사람들이 기억난다. 술집 주인들은 그들이 농담을 하는 것이라고 생각했다. 사람들은 심심하면 그들을 놀리기 일쑤였다. 그러나 그들의 확고한 결심은 가장 영향력 있었던 술

집 주인을 궁지로 몰고 가기까지 했으며 결국은 판매금지법을 법제화시키는 데 성공한다.

윌리엄 리글리 2세는 5센트 하는 껌을 만드는 데 일생을 바치기로 결심했다. 그후 그는 그 껌으로 수백만 달러를 버는 백만장자가 되었다.

헨리 포드는 누구나 바라면 살 수 있는 소형차를 만들기로 결심했다. 그 결심은 포드사를 지구상에서 가장 힘 있는 회사로 만들었고 수백만의 사람들이 편하게 여행할 수 있게 했다.

이 모든 사람들은 2가지 특별한 능력이 있었다. 자신이 정한 목표를 현실로 돌리는 **명확한 목표와 확고한 결단력**이 바로 그것이다.

결단력 있는 사람은 시간이 얼마가 걸리든, 얼마나 어려운 과제든간에 그가 얻고자 하는 것을 얻는다.

어느 유능한 세일즈맨은 클리블랜드 은행의 은행장를 만나고 싶어했다. 하지만 물론 은행장은 그 세일즈맨을 귀찮아했다. 그러던 어느 날 아침, 세일즈맨은 은행장 집에서 가까운 곳에 차를 대고 기다렸다가 그가 출근함과 동시에 차를 몰고 나갔다.

그는 기회를 엿보다가 은행장의 차를 살짝 받았다. 차에는 조그마한 흠집이 생기고 말았다. 차에서 내린 그는 은행장의 명함을 받았다. 명확하고 재빠르게 그가 배상해야 할 손해에 대해 설명했다. 그러고는 새 차로 만들어드리겠다고 약속했다.

그날 오후 은행장의 집에는 깨끗한 새 차가 배달되었다. 그후 둘은 친구가 되었고 나중엔 사업상 파트너가 되었다. 다음 2가지 중에서 당신만의 선택을 하라.

결단력 있는 사람은 멈추어 세우지 못한다!
우유부단한 사람은 출발할 수 없다!

그의 뒤에는 음산한 아조레스군도가 놓여 있다.

그의 뒤에는 헤라클레스의 문이 있다.

그의 앞에는 해안가의 유령이 아니라,

오직 끝없는 바다가 펼쳐져 있을 뿐이다.

선원이 말한다.

'바로 지금이 기도할 때야. 보라! 별은 졌다.'

용감한 제독은 말했다.

'내가 뭐라고 명령해야 하지?'

왜 이렇게 말하지 않는가.

'계속 전진! 앞으로 나아가라!'

콜럼버스는 인류가 지금껏 꿈도 꾸지 못했던 가장 먼 항해를 시작할 결단을 내렸다. 그것이 자유 미국을 발견하게 될 계기가 되리라고는 꿈에도 생각하지 못했다.

결정에 대한 당신의 태도가 어떤지 되돌아보고 다음과 같은 이 사실을 꼭 명심하라. **성공한 사람들은 빠른 결정을 내렸으며, 일단 결정이 되면 그것을 단호히 견지했다.**

만약 당신이 오늘 결정한 것을 내일 또 바꾸는 사람이라면 당신의 운명은 실패를 타고난 것이다. 만약 당신이 어느 길로 가야 할지 모른다면 그냥 눈을 감고 어두운 길을 가는 것이 낫다.

세상은 당신이 실수를 해도 용서해줄 것이다. 그러나 아무 결정도 못 내리는 사람은 절대 용서할 수 없다. 왜냐하면 세상 사람들은 당신에 대해 듣지 못했기 때문이다.

당신이 누구든, 인생의 목적이 무엇이든 상관없다. 당신은 시간과 바둑을 두고 있다.

항상 당신이 시간보다 먼저 움직여야 한다. 빠른 결정으로 바둑알을 움직여

라. 그러면 시간은 당신 편이 될 것이다. 그 자리에 머물러 있다면 시간은 당신의 바둑알을 모두 쓸어가 버릴 것이다.

항상 옳은 결정만 할 수는 없다. 하지만 부지런히 움직이면 평균법칙에 따라 인생이라는 게임이 끝나기 전에 당신이 얻고자 하는 많은 것을 얻을 수 있을 것이다.

중앙경제평론사 Joongang Economy Publishing Co.

중앙생활사 | 중앙에듀북스 Joongang Life Publishing Co./Joongang Edubooks Publishing Co.

중앙경제평론사는 오늘보다 나은 내일을 창조한다는 신념 아래 설립된 경제 · 경영서 전문 출판사로서
성공을 꿈꾸는 직장인, 경영인에게 전문지식과 자기계발의 지혜를 주는 책을 발간하고 있습니다.

나폴레온 힐 성공의 법칙 〈최신 개정판〉

초판 1쇄 발행 | 2007년 2월 13일
개정초판 1쇄 발행 | 2023년 6월 22일
개정초판 4쇄 발행 | 2024년 5월 15일

지은이 | 나폴레온 힐 (Napoleon Hill)
편역자 | 김정수 (JyungSoo Kim)
펴낸이 | 최점옥 (JeomOg Choi)
펴낸곳 | 중앙경제평론사 (Joongang Economy Publishing Co.)

대   표 | 김용주
편   집 | 한옥수 · 백재운 · 용한솔
디자인 | 박근영
인터넷 | 김회승

출력 | 삼신문화   종이 | 에이엔페이퍼   인쇄 | 삼신문화   제본 | 은정제책사

잘못된 책은 구입한 서점에서 교환해드립니다.
가격은 표지 뒷면에 있습니다.

ISBN 978-89-6054-317-1(03320)

원서명 | The Law of Success in Sixteen Lessons

등록 | 1991년 4월 10일 제2-1153호
주소 | ⓟ 04590 서울시 중구 다산로20길 5(신당4동 340-128) 중앙빌딩
전화 | (02)2253-4463(代)   팩스 | (02)2253-7988
홈페이지 | www.japub.co.kr   블로그 | http://blog.naver.com/japub
네이버 스마트스토어 | https://smartstore.naver.com/jaub   이메일 | japub@naver.com
♣ 중앙경제평론사는 중앙생활사 · 중앙에듀북스와 자매회사입니다.

도서
주문   www.**japub**.co.kr
전화주문 : 02) 2253 - 4463

https://smartstore.naver.com/jaub
네이버 스마트스토어

중앙경제평론사/중앙생활사/중앙에듀북스에서는 여러분의 소중한 원고를 기다리고 있습니다. 원고 투고는 이메일을
이용해주세요. 최선을 다해 독자들에게 사랑받는 양서로 만들어드리겠습니다. **이메일** | japub@naver.com